【国学精粹珍藏版】

李志敏⊙编著

中华上下五千年

◎尽览中国古典文化的博大精深 ◎读传世典籍，赢智慧人生——受益终生的传世经典

卷一

民主与建设出版社
·北京·

© 民主与建设出版社，2022

图书在版编目（CIP）数据

中华上下五千年 / 李志敏编著；郑琦绘图
. —— 北京：民主与建设出版社，2015.8（2022.8重印）
ISBN 978-7 -5139 - 0769 -9

I.①中... II.①李...②郑... III .①中国历史–通俗读物
IV.①K209

中国版本图书馆CIP数据核字(2015) 第215191号

中华上下五千年

ZHONGHUA SHANGXIA WUQIANNIAN

编　　著　李志敏
责任编辑　王倩
装帧设计　王洪文
出版发行　民主与建设出版社有限责任公司
电　　话　（010）59417747　59419778
社　　址　北京市海淀区西三环中路 10 号望海楼 E 座 7 层
邮　　编　100142
印　　刷　永清县晔盛亚胶印有限公司
版　　次　2016年1月第1版
印　　次　2022年8月第4次印刷
开　　本　710 毫米 ×1000 毫米 1/16
印　　张　32
字　　数　460千字
书　　号　ISBN 978-7 -5139 - 0769 -9
定　　价　278.00元(全四册)

注：如有印、装质量问题，请与出版社联系。

前　言

在浩如烟海的中华古典名著当中,历史著作无疑是最璀璨的明珠。在中华文明的传统中,重视历史,重视史书的编著是一个重要的特征。民间自发的治史活动层出不穷,留下一些官史无法写、不敢写、写不到的史实和精辟篇章,这一点自不必言,历代统治者对史书的修撰更是异常重视,每一朝代的兴替,君临天下者的第一件事就是修撰前朝史书,以为本朝镜鉴。自有历史记载起,历朝历代都设有专职史官,虽则名称不同,其记帝、后之一言一行,载天灾人异的职责是一致的。因此,自司马迁修《史记》始,官修历史的延续性(或得到官方支持)再也没有中断过,这在世界范围内也是绝无仅有的。

正是这种重视和延续性,给我们留下了中华民族几千年生息、发展的清晰脉络,也留下了一部部浸透着古人心血和智慧的历史典籍。《上下五千年》就是其中最优秀、也是最具代表性的经典史籍之一。

《上下五千年》是以纯白话的通俗语言,从现代人的角度撰写的一部通史性的著作,对广大青少年了解中国历史、深刻地认识中国历史会起到应有的作用。它具有深厚的文化沉淀,不仅可作历史著作来读,亦可作为文学名篇或政治著作来读。

中国历代史学家都有秉实记事的优良传统,因此丢官、丢命者并不少见,这就基本保证了这些史书最大限度地接近历史真相。尽管随着封建专制制度的加强,形成了噤若寒蝉的政治环境和治史环境,一定程度上限制了史官对事实的忠诚记录,为尊者讳的记史风尚也使之遗漏了若干重大的历史事件,但总的来说,这些史学著作所记述的史实还是真实的、可信的。

如果本书的出版,能使广大读者更好地享受中国历史的丰硕成果,则读者幸甚,编者幸甚。

编者

目录

第一篇　蒙昧而遥远的传说时代

盘古开天 ·· （1）

女娲造人 ·· （1）

夸父追日 ·· （2）

尧舜禹禅让 ··· （2）

第二篇　新旧交替的夏朝

大禹治水 ·· （3）

第一个王朝的诞生 ··· （5）

少康中兴 ·· （6）

夏桀亡国 ·· （7）

第三篇　奴隶制鼎盛时期的商朝

玄鸟生商 ·· （9）

商汤灭夏 ·· （10）

帝乙归妹 ·· （12）

第四篇　宗法与封建并存的西周

周人先祖的传说 …………………………………………（14）

公刘居豳 …………………………………………………（15）

古公迁岐 …………………………………………………（16）

文王求贤 …………………………………………………（17）

殷纣王的暴虐残政 ………………………………………（19）

牧野之战 …………………………………………………（21）

周初大分封 ………………………………………………（23）

周昭王南征 ………………………………………………（26）

国人暴动 …………………………………………………（27）

宣王中兴 …………………………………………………（29）

周平王东迁 ………………………………………………（30）

第五篇　百家争鸣的春秋时代

郑庄公兄弟相残 …………………………………………（32）

楚武王伐随 ………………………………………………（34）

齐鲁长勺之战 ……………………………………………（36）

卫国亡而再生 ……………………………………………（38）

召陵之盟 …………………………………………………（40）

葵丘之会 …………………………………………………（41）

骊姬之乱 …………………………………………………（42）

秦晋韩原之战 ……………………………………………（44）

子带之乱 …………………………………………………（46）

秦穆公霸西戎 ……………………………………………（47）

秦晋殽之战 ………………………………………………（49）

晋秦麻隧之战 ……………………………………………（51）

晋厉公之乱 …………………………………………………………… (52)

晋齐平阴之战 ………………………………………………………… (55)

齐庄公袭晋 …………………………………………………………… (57)

吴楚柏举之战 ………………………………………………………… (59)

勾践卧薪尝胆 ………………………………………………………… (61)

第六篇　群雄争霸的战国时期

三家分晋 ……………………………………………………………… (64)

司马错灭巴蜀 ………………………………………………………… (67)

赵武灵王胡服骑射 …………………………………………………… (68)

秦赵长平之战 ………………………………………………………… (70)

信陵君救赵 …………………………………………………………… (71)

李牧击匈奴 …………………………………………………………… (73)

王翦灭楚 ……………………………………………………………… (74)

王贲灭齐 ……………………………………………………………… (76)

第七篇　一统天下的秦朝

修筑万里长城 ………………………………………………………… (78)

蒙恬征匈奴 …………………………………………………………… (79)

焚书坑儒 ……………………………………………………………… (80)

项梁起兵 ……………………………………………………………… (82)

巨鹿之战 ……………………………………………………………… (84)

刘邦入关中 …………………………………………………………… (86)

第八篇　强盛的西汉

鸿门宴 ………………………………………………………………… (91)

项羽分封诸侯 ……………………………………… (94)

楚汉彭城会战 ……………………………………… (95)

井陉之战 …………………………………………… (97)

四面楚歌 …………………………………………… (99)

平城之围 …………………………………………… (101)

吴楚七国之乱 ……………………………………… (103)

汉武帝反击匈奴 …………………………………… (106)

汉武帝平南越 ……………………………………… (109)

卷 二

李广利征大宛 ……………………………………… (115)

汉征朝鲜 …………………………………………… (117)

燕王谋反 …………………………………………… (119)

陈汤袭杀郅支 ……………………………………… (120)

昭君出塞 …………………………………………… (122)

王莽篡汉 …………………………………………… (123)

王莽改制 …………………………………………… (126)

绿林赤眉起义 ……………………………………… (128)

昆阳之战 …………………………………………… (131)

第九篇　宦官与外戚专权的东汉

刘秀平隗嚣 ………………………………………… (134)

窦宪征匈奴 ………………………………………… (138)

杨震之死 …………………………………………… (139)

党锢之祸 …………………………………………… (141)

陈蕃、窦武诛宦官 ………………………………… (144)

黄巾大起义 ·································· （148）

关东联军伐董卓 ····························· （150）

第十篇　政权割据经济发展的三国时代

曹魏的建立 ································ （152）

蜀汉的建立 ································ （156）

孙吴的建立 ································ （159）

吴蜀争荆州 ································ （162）

高平陵事变 ································ （165）

第十一篇　民族大融合的两晋南北朝时期

西晋的建立和统一 ··························· （169）

八王之乱 ·································· （172）

西晋的灭亡 ································ （176）

巴氏据蜀 ·································· （179）

刘渊起事 ·································· （181）

西燕小王朝 ································ （184）

后秦的建立 ································ （186）

后燕的建立 ································ （188）

东晋的建立 ································ （191）

王敦之乱 ·································· （193）

桓玄篡晋 ·································· （196）

拓跋部的兴起 ······························ （199）

北魏入主中原 ······························ （202）

孝文帝改革 ································ （205）

北齐的鲜卑化 ······························ （208）

北周的建立 ································ （211）

北周灭北齐 ·· （213）

刘裕建宋 ·· （216）

刘劭政变 ·· （219）

刘宋王朝自相残杀 ·································· （222）

南齐的建立 ·· （224）

第十二篇　加强中央集权并巩固统一的隋朝

杨坚称帝 ·· （227）

隋抗突厥 ·· （231）

统一南北 ·· （232）

隋炀帝及其暴政 ···································· （234）

隋末农民大起义 ···································· （236）

卷　三

第十三篇　空前繁荣的唐朝

李渊晋阳起兵 ······································ （243）

贞观之治 ·· （245）

女皇武则天 ·· （249）

安史之乱 ·· （252）

河北藩镇的割据 ···································· （256）

神策军中尉的设置 ·································· （259）

"二王八司马"事件 ································· （261）

元和中兴 ·· （263）

血腥的甘露之变 ···································· （266）

唐武宗灭佛 ·· （268）

第十四篇　南北对峙的五代十国时期

李存勖建后唐 ……………………………………………………（270）

耶律阿保机建契丹国 ……………………………………………（273）

刘知远建后汉 ……………………………………………………（275）

郭威建后周 ………………………………………………………（277）

十国的兴衰 ………………………………………………………（279）

第十五篇　积贫积弱的宋王朝

陈桥兵变建北宋 …………………………………………………（283）

后蜀之灭 …………………………………………………………（285）

平定南汉 …………………………………………………………（287）

平定南唐 …………………………………………………………（289）

吴越入朝 …………………………………………………………（291）

平灭北汉 …………………………………………………………（292）

澶渊之盟 …………………………………………………………（294）

宋辽交争 …………………………………………………………（296）

北宋与西夏的和战 ………………………………………………（298）

庆历新政 …………………………………………………………（300）

王安石变法 ………………………………………………………（303）

宋金海上之盟 ……………………………………………………（307）

靖康之变 …………………………………………………………（309）

金兵南侵 …………………………………………………………（312）

抗金五战役 ………………………………………………………（313）

绍兴议和 …………………………………………………………（319）

襄樊保卫战 ………………………………………………………（320）

南宋灭亡 …………………………………………………………（322）

第十六篇　对外扩张与兼并的元朝

铁木真统一蒙古 ……………………………………（325）

蒙古建国 ……………………………………………（327）

成吉思汗伐金 ………………………………………（328）

金宣宗南迁 …………………………………………（331）

成吉思汗西征 ………………………………………（333）

蒙古灭西夏 …………………………………………（334）

蒙古灭金 ……………………………………………（336）

蒙古南宋交恶 ………………………………………（337）

蒙哥汗之立 …………………………………………（339）

忽必烈治理中原 ……………………………………（341）

忽必烈征服大理 ……………………………………（343）

蒙哥伐宋 ……………………………………………（344）

忽必烈建国 …………………………………………（345）

元灭南宋 ……………………………………………（348）

第十七篇　封建社会经济文化继续发展的明朝

朱元璋起兵 …………………………………………（351）

防御蒙古 ……………………………………………（353）

靖难之役 ……………………………………………（354）

迁都北平 ……………………………………………（357）

改高丽国号 …………………………………………（359）

征服安南 ……………………………………………（360）

郑和下西洋 …………………………………………（363）

朱棣亲征 ……………………………………………（366）

卷 四

瓦剌南侵 ································ (371)

土木之变 ································ (372)

明景帝在位 ······························ (374)

南宫复辟 ································ (375)

弘治中兴 ································ (376)

朱宸濠之叛 ······························ (378)

明世宗崇道教 ····························· (379)

蒙古南犯 ································ (381)

东林党争 ································ (383)

明宫三案 ································ (387)

萨尔浒之战 ······························ (389)

宁远之战 ································ (391)

李自成进北京 ····························· (393)

大战一片石 ······························ (394)

第十八篇 从极端专制到封建末路的清王朝

清朝定都北京 ····························· (396)

大顺政权的覆亡 ···························· (397)

南明的兴亡 ······························ (399)

大西政权 ································ (401)

顺治帝亲政 ······························ (402)

抗击沙俄入侵 ····························· (404)

铲除鳌拜 ································ (405)

三藩之乱 ································ (406)

清政府统一台湾 ···························· (409)

康熙南巡 …………………………………………………… (410)

雅克萨之战 ………………………………………………… (412)

《尼布楚条约》 …………………………………………… (414)

康熙亲征噶尔丹 …………………………………………… (417)

征讨噶尔丹策零 …………………………………………… (419)

平定大、小金川 …………………………………………… (420)

乾隆皇帝南巡 ……………………………………………… (423)

平定准噶尔部 ……………………………………………… (424)

平定回部 …………………………………………………… (426)

土尔扈特部东归 …………………………………………… (428)

征讨安南 …………………………………………………… (429)

击败廓尔喀 ………………………………………………… (432)

《钦定西藏章程》 ………………………………………… (434)

乾隆惩治贪官 ……………………………………………… (436)

白莲教起义 ………………………………………………… (437)

虎门销烟 …………………………………………………… (441)

鸦片战争 …………………………………………………… (442)

太平天国起义 ……………………………………………… (445)

第二次鸦片战争 …………………………………………… (448)

中俄《瑷珲条约》 ………………………………………… (451)

洋务运动 …………………………………………………… (453)

中法战争 …………………………………………………… (457)

甲午战争 …………………………………………………… (460)

中日《马关条约》 ………………………………………… (463)

反割让台湾斗争 …………………………………………… (465)

戊戌政变 …………………………………………………… (467)

八国联军侵华 ……………………………………………… (469)

《辛丑条约》的签订 ……………………………………… (471)

中国同盟会成立 …………………………………………… (473)

预备立宪 …………………………………………………… （475）

武昌起义 …………………………………………………… （477）

辛亥南北议和 ……………………………………………… （479）

第十九篇　反抗内部专制与外来侵略的中华民国

中华民国的建立 …………………………………………… （482）

袁世凯窃取革命果实 ……………………………………… （483）

二次革命 …………………………………………………… （485）

袁世凯复辟帝制 …………………………………………… （486）

护国运动 …………………………………………………… （488）

军阀割据 …………………………………………………… （489）

张勋复辟 …………………………………………………… （490）

护法战争 …………………………………………………… （491）

新文化运动 ………………………………………………… （493）

五四运动 …………………………………………………… （495）

第一篇　蒙昧而遥远的传说时代

盘古开天

据传说,在人类还没有出现以前,天和地并不分开,四处一片黑暗混沌,好像一个大鸡蛋。人类的老祖宗盘古就孕育在这里。经过了 18 000 年,神通广大、力大无穷的盘古突然醒来。他什么也看不见,一气之下,抓来一把大板斧,朝前用力一挥,只听"轰隆"一声巨响,"大鸡蛋"破裂开了……于是,轻而清的东西飘浮上升,慢慢形成了天空,重而浑浊的东西逐渐下沉凝结,最后变成了大地。盘古怕它们再合拢来,用脚踩着大地,头顶着天空,站在当中。天每日升高一丈,地每天加厚一丈,盘古的身体也随着天地的变化而变化,一直撑在那里。直到后来,当天地的构造已经固定下来之后,盘古终于倒下了。临死前,盘古把他呼出的气化作风和云,把声音变成雷电,把左眼变成太阳,右眼变成月亮,头发和胡子化作闪闪发亮的星星。他的四肢五体变成大地的四极和五岳,血液化作江河,肌肉变成田土。就连那身上的汗毛也都变成草木,使大地披上了绿装。

女娲造人

传说自从盘古开辟天地以来,大地荒无人烟,毫无生气。这景象使得另一位天神——女娲感到非常的孤独,她总觉着似乎缺少了什么。一天,女娲找到一处清澈的水池,她在池边蹲下身来,拿起黄泥,按照自己的模样,做了一个泥娃娃。当她把这个泥娃娃放到地面时,泥娃娃居然蹦蹦跳跳地活了。女娲心里很欢喜,于是继续用黄泥塑造出许许多多男人女人来。这些赤裸的人围着女娲欢呼跳跃,虔诚地感谢她,然后就分散到各地去了。然而,人总是要死的,为了不使人类灭绝,这位慈祥的人类之母,就替人类建立了婚姻关系,命男女们互相找配偶,让他们生儿育女,一代一代地繁衍下去。

夸父追日

传说夸父是炎帝的后裔,耳垂两条黄蛇,手持两条黄蛇。他一心想追上西沉的太阳,希望阻止太阳落山。到达禺谷之后,由于长途奔走,十分口渴,可是河的水量不足,他只好北去大泽,最后渴死在途中。临死时他扔出的手杖,化为一片树林,名曰邓林。

尧舜禹禅让

尧是我国古代传说中著名的贤君。据说他当帝王后处处为人民着想,不乱使特权,住的是简陋的茅屋,过着粗衣淡饭、节俭朴素的生活。尧一心为民办事,但他的儿子丹朱却是个不肖之子。尧不传位给儿子,就决定让位给舜。舜名重华,是黄帝的七世孙,颛顼的五世孙。舜原先被封在虞,于是,又称为虞舜。舜天性笃厚,十分孝顺父母。舜在位长达几十年,深受人民的爱戴。舜也没有把王位传给整天只知唱歌跳舞的儿子商均,而禅让给治洪水有功的禹。

第二篇 新旧交替的夏朝

大禹治水

　　世界许多古老的民族,如古巴比伦人、犹太人、古埃及人等中间,都流传着远古洪荒时期有关洪水的神话。在这些神话中,人类往往是在神或上帝的帮助下,战胜了滔天的洪水,才得以生存、繁衍下来。中国也不例外。

　　群臣和四方部落的首领("四岳")都向尧推荐鲧,说鲧可以治理洪水。尧却不这么认为,他说:"鲧这个人,刚愎自用,不听命令,又和族人关系紧张,不适合干此大事。"但四方部落首领都坚持要鲧来干,说:"我们比较过了,没有比鲧更贤明的人,您还是试着用一下。"尧不得已,听从了四方部落首领之言,派鲧去治水。可是,鲧领导治水九年不成功。因为他不顾五常(金、木、水、火、土)之性,对性趋下的水采取堵和埋的办法,哪里有水害,他就指挥在哪里树起屏障,堵塞水流,结果越堵越糟。治水九年,水害仍然不断。尧到晚年,求得了舜作为继承人。舜登基之后,摄行天子之政,到天下四方去巡行。他发现鲧治水多年,全无功效,因此大怒,乃杀鲧于羽山。又一种传说认为,鲧为治水,到天上去偷了天帝的一种叫"息壤"的东西到下界。"息壤"可以生长。如果哪里被水淹没,在那里放上一点,那里就会长出平地。天帝发现息壤被盗,大怒,下令杀鲧于羽山。鲧化为黄熊,入于羽渊。还有一种传说认为,鲧在治理洪水之时,听从了鸱龟(实际应是两个以鸱、龟为图腾的部落)的计划,使人相曳、相连接筑堤坝以挡洪水,因而遭到失败。而鲧被杀于羽山之后,尸体三年不腐,剖之,则禹从鲧腹中诞生出来,即"鲧复(同腹)生禹"。

鲧治水失败被杀之后,舜帝更求治理洪水之人。四方部落首领又共同推荐鲧的儿子禹。舜同意了,让禹继承父亲的事业,并勉励禹说:"如(同汝)平水土,维是勉之。"禹接受了这个重任。舜同时命契、后稷、皋陶诸人帮助禹去治水。

禹为人敏捷勤奋,憨直而不强硬,仁而可亲,言而有信。他以身作则,勤勤恳恳,有章有节,行必中法度,深得民众拥戴。

禹受命治水之后,立刻和协助他的伯益、后稷等人遍谕诸侯,让他们发动民众,动土治水。自己又爬山越川,对山川形势反复观察测量,把天下的高山大川进行分类,并立下木桩作出标记。禹为父亲鲧治水不成被杀而感到伤心,因而治水之时,劳身焦思,辛苦备尝,居外治水 13 年,三过家门而不敢入。他自己节衣缩食,十分朴素勤俭,却敬于鬼神之事,祭祀丰洁。他住在简陋低矮的茅房之中,把大部分的费用都用于开辟引水的沟洫。在陆地上奔忙时坐车,在水中巡视时乘船。遇到泥沼,他就乘木板橇,在山上奔走则乘檋(qiáo)。一切都按规矩办事,顺从天地四时之宜。他吸取了鲧治水失败的教训,而改用疏导的办法,"掘地而注之海",开辟引水河道,把水引到海里去。他"左准绳,右规矩",量度山川湖海。率民众"开九州,通九道,陂九泽,度九山",终于控制住了洪水。在洪水消退、田野重现之后,禹又让伯益发给百姓稻种,让他们在卑湿的地方种植;让后稷发给百姓难得的食物,食物不够,就在诸侯之间均调有余以补不足。他又走遍天下,行相地之所宜,规定各方土贡。自冀州始,划天下为九州。"东渐于海,西被于流沙,朔、南暨,声教迄于四海"。于是,帝舜赐禹以玄圭,以告成功于天下,天下大治。禹也因治水之功,受到了天下百姓的拥戴。在帝舜之后,被推举为部落首领("帝")。

有关洪荒时期的大禹治水之传说,实际上是远古时代人类和自然界作艰苦斗争的反映。在使用耒、耜等木石工具的原始社会,生产力极其低下,任何大一点的自然灾害都是他们难以应付的。有关洪水泛滥的神话,必然是远古时期的水灾给古人留下的深刻而长久的记忆。与洪水的斗争,正是远古时期,人类筚路蓝缕、开拓世界,创造文明的一个伟大的写照。

第一个王朝的诞生

　　夏启是大禹的儿子。传说舜年老后禅位于治水成功的禹。禹在涂山(今河南西部会稽山)娶涂山氏(可能是当时的一个部落或方国)长女为妻,生子启。

　　伯益是和禹同时代的人,传说他曾帮助禹治水,并"作井"(发明挖井)、"作占岁"(发明占卜),还负责管理过山林川泽。但是,伯益辅佐禹的时间很短,没有取得天下民众的拥护。禹年老后,按照传统的禅让制,把部落联盟首领的职位传授给伯益,而不传授给启,但"以启为吏",给了启很高的职位。后来,禹东巡至会稽而去世。这时,启已经拥有相当大的实力,许多诸侯都反对伯益而拥护启。伯益发觉,拘囚了启。后来启设法摆脱拘囚,率领部下攻击伯益,并杀掉了他,即传说中的"益干启法,启杀之"。启遂继位,做了部落联盟首领,结束了禅让制。启继位后,建立了世袭王权,都阳城(今河南登封东)。因启的部落名夏后氏,故史称夏朝。

　　夏朝建立后,不少部落对启不服。于是"启有钧台之享",在钧台(今河南禹县)召开部落大会,还"征西河"征伐反叛自己的西河部落。反叛启的最大的势力是有扈氏。传说中的有扈氏是夏启的庶兄。《史记·夏本纪》:"有扈氏不服,启伐之,大战于甘。"甘是在有扈氏境内南郊的一个地方。在讨伐有扈氏之前,夏启在甘这个地方誓师,列举有扈氏的罪状,说:他蔑视国家大法,懈怠所掌管的政事,我执行天的意旨,兴兵剿灭他。同时告诫士兵,如果战车左边的士兵不努力射箭,战车右边的士兵不用戈矛奋力刺杀,驾车的士兵不控制好战车,就都是不服从我的命令,我就要在神位面前惩罚你们,贬你们为奴隶,或者杀死你们。如果都努力英勇,我就在神位面前赏赐你们。这次战争规模很大,战斗也很激烈。最后有扈氏被启击败,夏启君临天下。

少康中兴

启在巩固了统治之后,不久便生病死去。他的儿子太康继位为夏王。相传太康即位之后,将国都迁到斟鄩(今在河南巩县)。太康是个"盘于游田,不恤民事"的人。他安于现状,整天去打猎游玩,对朝政、国家大事根本不管。时间一长,又嫌在都城附近打猎游乐已不足尽兴,又跨过洛水以南去打猎,并且越游越远,以至外出100天都没有返回都城。本来太康这样只知盘游而不恤民事,人民就有怨恨之言,诸侯、方国也开始产生离心,此次他跨过洛水去行猎,长时间不返国都,就给地处黄河以北的有穷国方伯后羿造成了进攻的机会。

相传有穷是居住于今河南东北的一个方国,方伯后羿是尧时以善射著称的羿的后代。尧时的羿是东夷各部落中的一个较大的氏族首领,在禹时羿受封在鉏(今在河南濮阳西南)。羿在东夷各部落中仍有很高的威信,所以在有的古书中又称后羿作"夷羿"。后羿的箭法也很好,百发百中,箭无虚发。而他也就是仗恃自己的射箭技术高,长久以来对夏王朝怀有野心。启死之后,太康继位。后羿看到时机来了,便趁太康外出,拥兵攻打,占据了夏都,并以重兵把守洛水不让太康返回。昏聩的太康在洛水南打猎尽兴而归时,想渡过洛水回朝已不可能了,只好与随同出猎的少数兵员,暂住洛水以南,同时派人向各方国诸侯求援,可此时众方国诸侯已置太康于不顾了。太康在无可奈何中,向东方流落,最后找到一处地方修筑城池驻扎下来。此地后来就被称作太康,到秦汉之季,这里又称作阳夏(今在河南太康)。太康不能返国,史称"太康失国",他在阳夏居住下去,约10年后病死。

后羿将太康逼得向东流亡之后,便"自鉏迁于穷石,因夏民以代夏政"了,史称"后羿代夏"。虽然后羿取太康而代之,但因夏族自大禹以来,在众多方国、诸侯之中有很高的威望,后羿并没有完全得到他们的拥护。后羿掌管了夏朝的政事后,没有作巩固政权的打算,而自恃射术过人,武力强大,不理民事,也整日沉溺于田猎游乐之中,把政事交给寒浞处理。寒浞便诱使后羿以打猎为乐,不理国事,且乘机挑拨离间,制造混乱,培植自己的势力。几年后,寒浞趁一次后羿外出行猎,煽动族众将后羿杀死,寒浞夺取了大权,并且占有后羿的妻妾,霸占了后羿的财产,自称为王。

太康失国以后,其兄弟仲康也和他一起逃往外地,不久死去。仲康的儿子相投奔斟部落的斟灌氏,寒浞派浇攻杀相后又灭掉斟灌氏及同姓斟寻氏。这时相妻缗已经怀孕,从墙洞中逃归母家有仍氏(今在山东济宁),生下相的遗腹子少康。少康长大,当了有仍氏的"牧正",管理畜牧。寒浞的儿子浇听说相的儿子少康已经成人,便派椒去有仍氏那里抓少康,少康逃奔有虞氏(今在河南虞城),当了有虞氏的"庖正",管理膳食。有虞氏的首领很看重少康,把两个女儿嫁给他,分给他一成之田,一旅之众,使之站住了脚。

这时,夏的旧臣伯靡逃居于有鬲(今约在山东德州),他从有鬲氏收抚斟灌氏和斟寻氏的逃散人众,准备推翻寒浞。少康和伯靡相互配合,派亲信女艾刺探浇的情报,然后,少康亲自率大军灭浇于过。同时,伯靡也统领斟灌、斟寻之师攻杀寒浞。后羿和寒浞约有40年的统治结束了。

伯靡和夏后氏拥少康继位夏王。各地诸侯、方伯得知少康又回到了夏邑,恢复了夏禹的业绩,奉祀夏的先祖及天帝,重建了夏朝,又都纷纷带着贡品来朝贺。

夏朝从禹传子开始到太康时被后羿夺取政权后,又经历了三代人,约40年的时间,少康重建了夏王朝并使其统治得以巩固,进入了相对稳定国势向上的时期。所以后世史家称之为"少康中兴"。

夏桀亡国

夏朝传至14世孔甲时,开始衰落。孔甲"好方鬼神,事淫乱",以致诸侯方国纷纷背叛他,史称孔甲乱夏。《国语·周语》说:"孔甲乱夏,四世而陨。"孔甲之后四世是履癸,即历史上有名的暴君夏桀。

夏桀在位时,穷奢极欲。《史记·殷本纪》说桀"为虐政淫荒",《吕氏春秋》说桀"暴戾顽贪"。夏桀弃礼义,淫妇女。据记载,桀遍收倡优、侏儒、狎徒等入宫,做那些稀奇古怪的游戏;桀还广求美女,积之于后宫,以供自己淫乐。为了满足自己的奢望,耗费大量的粮食酿酒,并蓄酒为池,在池中行船。大臣关龙逢进谏,夏桀不但不听,反而杀了他。还传说夏桀有女乐三万人,都穿着非常华丽的衣服。夏桀还宠爱妹喜,并让人创作淫荡的音乐,日夜同妹喜和宫女饮酒取乐,事事听妹喜之言。妹喜喜爱听撕裂丝织品的声音,桀就不断地撕裂丝织品,以使妹喜快乐。《竹书纪年》说:"桀筑倾宫,饰瑶台,作琼室,产玉门。"还说桀毫不顾念民众的生死,"殚百姓之财"。同时,夏桀还屠杀下民像割草一样随意,并且赋敛无度,民众无法再生活下去了。民众恨透了夏桀,人人声讨夏桀,纷纷造夏桀的反,夏王朝内部阶级矛盾很尖锐。

夏桀时,夏王朝与周围部落、方国之间的关系也很紧张。夏桀不顾国力衰微,为掠夺财富和奴隶,屡次发兵征伐周边小国。掠夺战争给被侵扰的国家带来灾难,也使夏朝民众不堪负担。史载:"桀不务德而武伤百姓,百姓弗堪。"

夏王朝内部混乱,大小臣僚背叛夏桀的很多,各部落方国也痛恨桀,纷纷反抗。夏王朝岌岌可危,但夏桀竟说:天上有太阳,就好像我统治万民一样,太阳有灭亡的时候吗?太阳灭亡了我才灭亡呢!人们痛恨地对太阳说:太阳啊!你什么时候灭亡,我愿意和你一块灭亡。

就在夏王朝内忧外患加剧的时候,临近夏王朝东部边界的商族,在首领汤的领导下,逐渐强盛起来。不久,商汤起兵灭夏,鸣条一战,夏桀全军覆没。夏桀逃跑,死于南巢,夏王朝灭亡。

夏王朝从启到桀,共传16世,历时约430年。

第三篇 奴隶制鼎盛时期的商朝

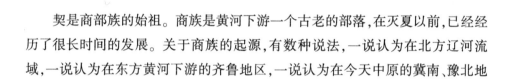

玄鸟生商

契是商部族的始祖。商族是黄河下游一个古老的部落,在灭夏以前,已经经历了很长时间的发展。关于商族的起源,有数种说法,一说认为在北方辽河流域,一说认为在东方黄河下游的齐鲁地区,一说认为在今天中原的冀南、豫北地区的漳水流域。

司母戊大方鼎

契的母亲是简狄氏,又作简易,因是有娀氏(今在山西永济西)之女,又称娀简。相传她随本氏族的两个姊妹偶然出行,在玄丘水中洗澡,有玄鸟(即燕子)飞来,生下一只鸟卵,简狄误取鸟卵吞食,因有身孕而生下了契。契长大后,因帮助大禹治水有功,被舜帝任为司徒,掌管教化,封于商地,赐姓子氏。

以神话传说来叙述本民族起源的,乃是一种常见的现象。中国及世界上其他国家均有这种情况。简狄误吞了玄鸟

(燕子)卵,因此降生了商的始祖契,虽属神话传说,但也说明两个问题。首先,商族原是东夷旁支,以鸟作为氏族的图腾。所谓"天命玄鸟,降而生商"(《诗经·商颂》),是由夷族鸟图腾推衍而来。图腾崇拜是产生于原始氏族社会的一种古老的宗教形式,这种原始崇拜是将本氏族的产生,同某一种动物或植物联系起来,认为自己的氏族与它之间存在着血缘关系,进而将它当做自己氏族的祖先、保护神或标记。由商代甲骨文中可以找到鸟图腾的证据,卜辞上记载了商王对高祖王亥的询问、祷告或祭祀,甲骨文写王亥之"亥"字,上面均加一鸟形。王亥是商人的"高祖",因此将氏族图腾符号"玄鸟"加于其名字之上。除加鸟形之外,更有在旁加手形的,《山海经·大荒东经》:"有人曰王亥,两手操鸟,方食其头。"王亥作为商的高祖与鸟有密切关系,说明商族确以玄鸟作为氏族的图腾。在东方夷族中不少氏族即以鸟作图腾,如少昊氏就有"以鸟名官"传说,可见商族也是起源于东方的夷人氏族。其次,商人的始祖是契,契母简狄乃有娀氏之女,为帝喾的次妃,帝喾应是契的父亲。帝喾为传说中的"五帝"之一,他生下来之后,能自言其名曰夋,所以帝喾又叫帝夋。帝喾有四个妃,元妃有邰氏女曰姜嫄,生后稷,次妃有娀氏女曰简狄,生契,次妃陈丰氏女曰庆都,生放勋(尧),次妃娵訾氏女曰常仪,生帝挚。若依此说,当时各族始祖的母亲都是帝喾之妃,帝喾也就不仅是商族的祖先,而且是古代几个族的共同祖先。而帝喾与颛顼——夏族、秦族及舜的远祖又有较近的亲缘关系,均为黄帝之后。司马迁《史记》记载,黄帝正妃是嫘祖,嫘祖生二子,一曰玄嚣,一曰昌意,昌意之子便是颛顼,玄嚣之子是蟜极,蟜极之子便是帝喾。颛顼和帝喾又都是几个族的祖先,依此排列,则尧、舜、夏、商、周、秦乃至南方的楚,统统由黄帝与嫘祖繁衍而来,各族均是"黄帝之子孙",黄帝也就成了汉族的始祖。

商汤灭夏

从契传到汤,共传了14世。汤早期活动的主要地区是现在的河南濮阳县,时间约在公元前16世纪。商族原是臣服于夏的方国,但汤时夏桀暴虐无道,商族在汤的领导下却乘机壮大起来。与夏桀暴虐统治相对照的,是商汤的仁德之政。《淮南子·修务训》说汤"轻赋薄敛,以宽民氓。布德施惠,以振困穷。吊死问疾,以养孤孀",以致"百姓亲附,政令流行"。在与周围部族关系问题上,商汤力图取得各方国和部落的拥护和支持。《史记·夏本纪》载:"汤修德,诸侯皆归商。"《墨子·非命篇》还说汤时"诸侯与之,贤士归之"。夏桀看出商汤对夏王朝的威胁,于是就把商汤召来,把他囚在夏台(监狱名,又叫钧台,在今河南禹县南),不久又放了汤。

汤任用伊尹和仲虺为左、右相,准备兴兵灭夏。商族活动的中心地区是亳(今河南商丘北),汤采用伊尹的计策,首先拓展自己的势力,逐个攻灭夏的属国,最后取夏桀而代之。离亳最近的是葛国(今河南宁陵北),汤先以助祭为名,送牲畜给葛国,又派人为葛伯耕田。葛伯杀了为助耕的人送饭的童子,汤以此为借口,出兵攻葛,灭了葛国。接着,汤又大举兴兵,连灭韦、顾、昆吾等夏桀的属国,"十一征而无敌于天下",使夏桀失去了依靠力量。

为观察夏桀的反应,汤又采取伊尹的计策,停止对夏桀的贡纳。夏桀大怒,下令"起九夷之师"攻打商族。汤见"九夷"还服从夏桀的命令,便暂时又恢复对夏桀的贡纳,继续积蓄力量。第二年,汤又停止贡纳夏桀。夏桀又大怒,在有仍地区召集属国,举行盟誓大会,准备联合各属国一起讨伐商国。但"九夷"中的有缗氏带头叛夏,使夏桀更加孤立。汤和伊尹看到"九夷之师不起",遂正式起兵灭夏。

汤发兵攻夏前,聚集兵士誓师。汤说:并不是我敢发动叛乱,是因为夏桀的罪恶实在太多。我敬畏上帝,夏桀有罪,上帝命我惩罚他,我不敢不去征讨。现在,希望你们跟随我执行上帝的意志,一起去惩罚夏桀。跟随我勇敢作战的,我将大大地赏赐。不听从我的话的,我就严厉惩治你们和你们的家属。

汤起兵后,夏桀率兵迎战,但一触即溃,"未接刃而桀走",商汤率大军追击。双方在鸣条(今山西境内)又大战,夏桀的军队再次溃退,夏桀大败而逃。汤率大军继续追击,夏桀逃到南巢(今山西中条山),最后死在山中。夏王朝灭亡。

夏王朝灭亡后,商汤继位,建立了商王朝。

帝乙归妹

早在商朝武乙时,商曾授给居住西部的周族首领季历以征伐大权,命其率兵西征,灭程、义渠等部,季历为表示对商王朝的臣服,还亲带贡物到商来朝见,受到武乙的赏赐。文丁即位之后,周季历对商朝仍恭顺不怠,文丁继位后第二年,居住在燕京山(今山西静乐北)的燕京戎反对商朝,季历率兵征伐,结果反被燕京戎所击败。两年之后,居住在余吾(今山西长治西北)的余吾戎反对商朝,季历又率兵去征伐,将其打败,余吾戎投降周人。于是季历遣派使者到商向商王文丁报捷,文丁听了十分高兴,并任命季历为商朝牧师(地方长官),管理商朝西部地区的征伐事宜。又过了3年,季历开始征伐始呼戎,打败了它使之投降臣服。几年以后,季历再次出兵,又征伐了翳徒戎,将其俘获的3名翳徒戎的首领,向商王献捷。

殷墟出土的甲骨文

季历相继征伐了西部地区许多戎人部落,扩大了土地,掠夺了财物,俘获了大量人员使其为奴,从而增加了势力。商王文丁见周人越来越向东发展,开始对周产生猜忌,十分融洽的商周间的臣服关系开始有了改变。

文丁借季历献俘报捷,装作高兴,还以祭祀时所用的美玉所雕制盛酒的圭瓒和以黍、香草酿制的香酒赏赐季历。文丁又加封季历为西伯,命其统领西部地区。住了一段时间后,季历向文丁辞行,要返回周地时,文丁不准,只许其随从回国,而将季历囚禁起来。连气带恨的季历便死在商朝。

季历死后,其子昌继位为周侯。两年后,文丁也死了,帝乙继了王位。昌为报父仇,准备兵力向商进攻,而此时位于商王朝东南的夷方也先后同孟方、林方等部落叛乱,反对商朝。帝乙为了避免东西两方同时受敌,也为了修好因其父杀季历而紧张的商周间的臣服关系,采用了和亲的办法来缓和与西部周人的矛盾。

帝乙有一胞妹,生得端庄秀丽。为了与周人和亲,帝乙先派遣使臣到周,先向周侯昌表示歉意,表示双方父辈所做之事业已过去,商王现在想将自己的妹妹嫁与周侯昌为妻,使双方结为亲家。当时周族的势力虽然逐渐强大,但要与商王朝相抗衡,恐为时尚早。如今的商朝势力虽不如前,毕竟还是统率全国的天子,叛商者还不及臣商者多,无十分把握,不如先行和好。考虑后,周伯答应了和亲一事,又备办了贡物,遣使臣入商朝见商王帝乙,商定吉日迎娶帝乙之妹。帝乙当然更加高兴,不但亲为选定迎亲之日,还特意准备了十分丰厚的陪嫁财物,派自己的亲军卫队护送其妹到周成亲。为了极力拉拢周伯,还命昌继其父为西伯,昌也尽力将婚事办得隆重盛大,亲自去渭水相迎,造船在水中搭成浮桥。周人自称"小邦周",而今能同商王之妹联姻,觉得是"天作之合",商周双方皆人欢喜。

帝乙嫁妹与周,使恶化了的商周关系得以恢复。帝乙可以征伐夷方,专门对付东南方的敌人,而周人在西部力量得以日益增强。这件事在当时影响很大,在《周易》中便设有"归妹"一卦,其来源于此。

第四篇　宗法与封建并存的西周

周人先祖的传说

　　周部族的始祖后稷是与尧、舜、禹同时的人物。后稷,姬姓,名弃,意思就是被丢弃的孩子。弃的母亲叫姜嫄,是有邰氏(今在陕西武功西)的女儿。相传姜嫄一天与同伴们到野外去游玩,忽然见到路上有一个非常奇怪的大脚印,姜嫄将自己的脚踩到了这个大大的脚印里,她的脚踩上去后,感到肚子里有了什么东西似的,结果怀孕了。孩子生下来以后,姜嫄认为这个没有父亲的小孩会给自己带来灾祸,便将他丢弃,让他自己慢慢地死去。一开始,她把孩子丢在狭窄的小巷子里,好让经过的成群牛马把他踩死。但是众多的牛马穿过小巷子时,都小心地躲开了孩子,没有一只牲畜踩他碰他一下。于是姜嫄抱回孩子,又丢到了荒无人烟的深山密林中,正巧遇到密林中来了很多人。姜嫄又将孩子抱出山林,丢在河面的冰块上,这一次又从天上飞过来许多鸟落在孩子周围,用毛茸茸、暖烘烘的翅膀覆盖在孩子身上,为其驱寒。姜嫄看到孩子大难不死,认为他一定有神保佑,也就改变了初衷,将这个孩子抚养下来。因为曾经想把他丢弃,所以就给他起名字叫做"弃"。

　　弃从孩提时起,就喜爱种植麻、豆等农作物。他所栽种的麻类、豆类作物长得非常好。弃长大成人之后,能够分辨土质的优良,能在适合各种不同农作物生长的土地上种植各种不同的庄稼,收获的时候总能获得很好的收成。周族的百姓们看到弃特别善于种庄稼,也纷纷学着他的样子去耕作,都增加了产量。所以周族以善于经营农作而著称于天下。

弃种植庄稼很有学问这件事就传开了,后来传到了尧的耳朵里。尧便让人把弃请来,任命他为管理农业的农官,教人民种田耕作,弃便将他种植庄稼的一套好办法向各地区推广。舜时,天降大雨,弃又参加协助大禹治理洪水的事业。大水退去后,赤地千里,颗粒无收,弃又受舜之命帮助百姓种植百谷。刚参加了治水工程的弃,又踏上了广阔的田野,教百姓耕种庄稼。

弃为管理种植黍稷的农官,所以人们又称他"后稷",我国以农立国,后世人们将他作为农神而长期奉祀。在我国最早的诗歌总集《诗经》中,就有一首专门歌颂后稷的诗《生民》,诗中唱道:

厥初生民,时维姜嫄。生民如何?克禋克祀,以弗无子。履帝武敏歆,攸介攸止。载震载夙,载生载育,时维后稷……

《生民》记载了后稷诞生的神异,以及他成长的过程。他也由此成为中国人祭祀的主要神灵之一。

公刘居豳

周族自后稷时期就进入了父系氏族社会。后稷利用周人对他的敬重,逐步地把姬姓部落划归为周族。后稷死后把王位传给自己的儿子不窋。

不窋末年,夏王朝走向衰败。当时夏朝统治者太康,政治腐败,生活奢侈,国内诸侯间矛盾尖锐,社会秩序动荡不安。不窋继承父亲后稷的职务,做主管农业的官,但夏朝统治阶层无心过问农事,以致后来干脆把这个官给罢免了。不窋被罢官后,率领姬姓部落迁移到戎狄地区。不窋死后,君位便传给了他的儿子鞠。鞠死后,又传给儿子公刘。

公刘身处戎狄之间,以放牧为业,但始终对畜牧业不感兴趣,时刻想念着高祖后稷重视农业,发展生产的传统。公刘为了能恢复农业生产,整天在田间劳作,带领部落里的人平整土地,春种秋收。一年下来,部落里的粮食获得大丰收,各系家族也有自己足够的积蓄。

公刘不满足于这种现状,他在巡视的时候,发现渭河对面豳地是个种植庄稼的好地方。为了能得到这块土地,公刘率领部落里的人,手持弓、矢、斧、钺,在武装男子的护卫下到了豳地。部落里的人来到豳地后,看见这里有山有水,土地肥沃,远远比戎狄富庶,便都安心定居下来。公刘让大家辛勤建造房屋,命令杀猪、宰羊,一起痛快地欢庆胜利。当村民们安定下来后,公刘又率领大家去伐树除草,开垦荒地,为种庄稼做准备工作。公刘登上山顶,利用太阳的影子测量土地,观察土地的变化情况。后来,他将土地分给父系氏族的家庭,并按照每个家庭的土地多少交税。从此,豳地逐渐被开发,百姓也一天天地富有了。与公刘一起到达豳地的部落成员都有了一定积蓄,而留在戎狄地区的人们,也因公刘在时,学会了种植农作物,也有了存粮。豳地的人民和戎狄地区的人无不称颂公刘。

公刘在豳地居住时,开发荒地,种植庄稼,使周族的生产力有了长足的发展,据说此时的人们已学会了使用天然的陨铁制作农业生产工具了,这样更促进了姬姓部落的向前发展。由于部落的不少家庭有了剩余的粮食、牛羊,因而私有财产就产生了,氏族社会开始向高一阶段发展。

由于公刘继承了后稷的传统,重视农业的开发,为后代周族的强盛打下了良好的基础。周族的后代铭记公刘的伟大功绩,为之作《公刘》一诗。诗中唱道:

> 笃公刘,匪居匪康,迺场迺疆,迺积迺仓,迺裹餱粮,于橐于囊,思辑用光。弓矢斯张,干戈戚扬,爰方启行……

古公迁岐

公刘死后,到第十代时,古公亶父被拥立为姬姓部落的君主。古公亶父依然沿袭着后稷、公刘重视农业和治理部落的方法。姬姓部落的经济因此发展较快。古公亶父为人谦和、善良,因而当时政事稳定,百姓也安居乐业。

临近的戎狄部落看到姬姓部落的富裕,渐起贪心。熏育戎狄公然对公刘所在的豳地大举进攻,抢劫姬姓部落的财物,古公不得不把许多财物白白地送给这些"野蛮人"。但是这样做并没有换来豳地人民的安宁,反而使熏育人更加变本加厉。古公部落的成员得知这些苛刻条件后,个个怒气冲天,决心要与戎狄部落决一雄雌。他们纷纷到古公面前请战,古公面对部下说:"大家推举我做君王,为的是让我能多为你们做些好事。眼前戎狄要发动战争,目的是想强占我们部落的土地和人民。你们在我管理下生活与在戎狄那里生活有别吗?你们如果决心要与戎狄拼一死活,难道不是为我而战?你们当中有的人的父亲或儿子会战死的,他们为我战死,与我把他们杀死有何区别?我绝不忍心让你们干这样的事。"古公便带着部落人众离开了居住多年的豳地。

古公一行跋山涉水,翻山越岭,渡过了漆水和沮水(今陕西麟游县),爬过了梁山(今陕西麟游县东南一带),来到岐山(今陕西岐山县东北)下的平原,在这里安营扎寨。岐山之阳自古就是一片水美土肥的地方,人们称这里为"周原",传说连苦菜生长在这里也是甜的。古公向上帝和祖先举行占卜,得到的是好兆头,于是就在这里建起房子定居了。从此,姬姓部落的人就被称为"周人"。

古公亶父在周原带领人民开垦荒地,修筑沟渠。古公亶父还命令官吏修建起一座座宗庙和宫殿,在宗庙和宫殿的外围又垒起坚固的城墙。古公亶父废除了戎狄的一些习俗,设立了司徒、司马、司空、司土、司寇等官位。这样,周人向阶级社会大大迈进了一步,而古公亶父便成了这个新生国家的君主。

由于古公亶父迁到周原,使这个原来野兽出没、到处荆棘丛生的荒野,变为人口兴旺、土地肥沃、庄稼丰硕的美好乐园,周部族也日益强大,所以《诗经·大雅·绵》说古公之后,周人强盛,"虞芮质,厥成,文王蹶厥生。予曰有疏附,予曰有先后。予曰有奔奏,予曰有御侮",从而形成西方一支强大的力量。

文王求贤

周族日趋强盛,引起了商王朝的恐惧。以致商王文丁借故将周部族首领季历杀死,季历的儿子姬昌继承了王位。姬昌被封为西方诸侯的首领"西伯",后人又称文王。周与商王之间是一种隶属关系。文王一方面继承后稷、公刘的治理方针，努力发展农业；一方面按照古公亶父、季历的办法，努力把周国治理强大，以报商王朝的杀父之仇。在治理朝政时，牢记古公亶父的遗训，广为招贤纳才，对有真才实学的人倍加敬重，甚至中午饭都来不及吃好，一沐而三握发，一饭而三吐哺，也要招待"贤才"。不少人听到周文王广求"贤才"的消息都纷纷跑到周国归属于他。

这时，商王朝的大臣崇侯虎把周人聚集人力、物力准备反商的情况报告了商纣王。商纣王听后十分恼怒，马上把周文王抓来，关在羑里（今河南汤阴县北）。周文王手下想出了一条妙计，把美女、好马和大量的财宝奉献于纣王，以示周国对商朝的忠诚顺从。贪婪的商纣王果然中计，释放了文王，还赐给他弓、矢、斧、钺等仪仗，授予文王对小国有自行征伐的权力。文王出来后，对商纣王更加仇恨，加强了早日复仇的信念。他为了能找到辅佐周国讨伐商纣王的人才，不惜余力。

一次，文王出去打猎，在渭水的南岸看到一个垂钓的老者。他与这个白发苍苍两鬓斑白的老人交谈，愈谈愈投机。那老人滔滔不绝地谈论治国安邦的精辟见地，使文王意识到他正是自己需要的贤才。周文王兴奋地对老人说："像你这样有本领的人，我们老太公望盼好久了！"自此后，把这个老者称为"太公望"。周文王把他请上了车子，与他一同回到王宫，封他为专理军事的太师。这位老人姓姜，名尚，字牙，又叫姜子牙。他老家住在东方，祖先在舜时当过大官，曾与禹一起治水，立过大功，被封在吕，所以又姓吕。到夏朝后，吕姓子孙逐渐分化，很多成为穷人，吕尚家里也很穷。他年轻时，为了维持生活，在商都朝歌宰牛卖肉，后又到孟津开酒铺。在商朝徒有才华，没有施展之地，转眼已成为70多岁的老人，但还存有一线希望，想找到用武的机会。当听说西方的周文王广求贤德，便每天在岐山西南渭水支流的一条小河边钓鱼，等待着能碰见周文王。周文王得到吕尚后，事事与他商量，用各种计谋动摇商朝的统治基础。周文王不仅加强本国的治理，还与周围各小国联盟，使虞、芮等小国都归属了周朝。同时又对西面的一些少数民族大举征伐，吞灭了犬戎和密须（今甘肃灵台），消除了周国的后患。紧接着东渡黄河，灭了黎国（今山西长治西南），又攻占了邘（今河南沁阳），从邘又回师灭掉了商西部重要的同盟国崇，抓到大批俘虏。在不断的对外战争中，周国不断强大，经济上也有很大发展，并在沣水西岸修建了丰京（今陕西长安西北)。从此后,天下三分,周文王占其二,政治、经济、军事等力量大大地超过了商王朝,一步步向商都朝歌逼近。

殷纣王的暴政

　　商朝帝乙的长子叫启,由于他不是王后所生,因而不能立他为太子,只能称庶子。帝乙的小儿子叫受,为王后所生,称为嫡子。帝乙原打算立启为太子,但朝中太史官极力反对,说这是"嫡庶"不分。帝乙只好立受为太子。封长子启于微(今山西潞城东北),后人称他为"微子启"或"微子"。

　　古时,受、纣二字同音,所以称受为纣王,又称商纣王或殷纣王。纣长得又高又大,聪颖多才,勇智超群,能赤手与猛兽搏斗,且善辩能言,因此他恃才傲物,从不听臣僚们的劝谏。帝乙两次率兵征伐人方,虽然没有彻底打败人方,但使商朝的东南部得到暂时的安宁。由于征服了盂方,又使东部地区的矛盾大大缓解。纣继位后,贪图享乐,挥霍无度,整日与美女在一起,常常彻夜嗜酒寻欢。王室中的贵族都纷纷效仿,也随之恣意奢靡。有的谀臣为了讨纣的欢心,还时常向纣提出各种玩乐的方式。纣嫌商都(今河南安阳小屯村一带)游乐的地方少,被历代祖先的宗庙和自盘庚后代各王的陵墓所占,再加之每年中都要有不少祭祀活动,于是下令在商都朝歌以南(今河北南淇县)建起离宫别馆。在商都以北的邯郸(今河北邯郸市)沙丘(今河北平乡东北)修建了南北长200多里的林苑亭台。在沙丘又营建一个很大的苑囿,里面饲养了禽兽,种植下果木,供他打猎围捕。

　　纣王性情残暴,不仅反对他的人,就是向他提出善意劝谏的亲信臣僚,也要一律施以重刑。轻者终生残疾,重者全家丧命。东夷部落由于不愿忍耐纣的暴行,便起来反叛商朝,纣王大怒,决定征伐东夷。大量的军事费用,使百姓的生活更悲惨。对邻近的一些诸侯国,纣王采取威逼的政策,从粮食、牛、羊五畜,到珠宝玉器,无所不取。在商王朝沁阳(即依)田猎区旁有个小属国有苏(今河南武陟东),因地小人稀、物产也不丰富,进献纣的贡赋总有欠缺,纣便认为有苏在故意反商,就派人去征战。有苏无力抵御,又深知纣喜欢美女,只得从族人中挑出一个叫妲己的美女献纣,以求宽容。纣见妲己生得漂亮,心情一下好转,才撤兵免贡。

纣伐有苏氏后，各属国不敢抗贡，人方是东夷中的一个方国，是纣征伐的主要目标。纣率领上万商军向东夷进攻。纣又下令东方各诸侯国出兵助商伐东夷。在这庞大的征战队伍中，有一支用象组成的队伍，这些象被捉来，经饲养驯服后，用做驮运工具，征战时还可当做进攻敌人的"武器"。东夷各部落经不起商军的攻打，几次战役后，被商俘虏不少士兵，东夷只好投降。纣为了保持东夷的长久安宁，留下商军驻守。由于大批商军的留守，朝聘往来频繁，从经济、文化上都加速了东南地区的开发。纣也得到一段短暂的安泰。但同时在各诸侯国中也种下了不满的种子。

纣生活上更加花天酒地，无心管理朝政。为了弥补由于征战而加大的经济开销，纣用加重赋税的办法，把这些负担全部转嫁于百姓身上。妲己喜欢观看歌舞，纣就命乐师延创作了怪诞之舞。商王朝盛行打猎，纣更加肆无忌惮，不惜把商都附近的大好农田荒废，让禽兽任意践踏，供贵族玩乐。为满足自己的淫乐，纣竟又想出"酒池肉林"的方式。"酒池"就是在人工挖成的池塘中放满了酒，传说池中的酒能在里面划船，可供数千人狂欢而不竭；"肉林"即是把肉悬挂在树上，人们可随便伸手摘取食用。每当纣王朝臣取乐时，就命令成群的赤身裸体的男男女女在酒池肉林间嬉笑寻欢，常常是通宵达旦地狂欢。纣王朝中的谀臣费仲、蜚廉、恶来、崇侯虎，常陷害忠良，向纣进谗言。纣发明了酷刑"炮烙"之法。"炮烙"之刑就是用青铜铸造一根中间空的柱子，把"罪人"绑在柱子上，上面烧火，将人活活烙死。纣的这些惨无人道的暴行引起了朝内诸侯大臣们的反对。有个在朝的诸侯叫梅伯，曾多次劝谏纣不要恣意对臣民滥用重刑。纣一意孤行，竟把梅伯杀了，还将他剁成肉酱分赏给诸侯们吃，并宣布再有劝谏者，照此处罚。被列为商王朝三公的（西伯、九侯、鄂侯）之一的九侯（封于今河北临漳），有一女子长得很漂亮，被纣得知欲选入宫中。九侯因为看不惯纣与妲己的淫荡，表示反对，就被纣杀死，并施醢刑。同为三公的鄂侯（封于今河南沁阳西北）为此事指责纣，也被纣杀了，纣命人将其尸制成干尸示众。西伯姬昌当时在商都，见两公接连遇害，只是叹惜地说了句"太过分了"，被崇侯虎听见报告纣，纣下令将西伯囚在姜里。

囚禁西伯的这一消息传到周后，周的大臣闳夭、散宜生等人料到费仲是个好利的谀臣，纣又是喜色之徒，便在有莘国（今陕西合阳东南）选了一个美女，在西戎选了些骏马和美玉、宝物,让费仲向纣贡献,并为西伯说情。纣见有莘氏后,果然万分高兴,说:"此一物(指美女)足以释西伯,况其多乎?"于是下令放了西伯,并赐予西伯弓、矢、斧、钺等兵器,授命西伯有征伐诸侯的权力,还说:"谮西伯者,崇侯虎也。"西伯献出洛水以西的地方,请求纣废除"炮烙"之刑,纣同意,西伯又回到了周。

当商纣王一味沉湎于花天酒地、歌舞升平时,周人开始了灭商的复仇大业。

牧野之战

周文王得到姜尚(姜子牙),如虎添翼,整训兵士,积蓄实力,争取诸方国的支持。在周文王宽厚的政策下,虞、芮等一些小国相继归属周人。周先是攻占西部的犬戎和密须(今甘肃灵台),后又率军东渡黄河,消灭黎国(今山西长治西南)、邢(今河南沁阳),从邢回师灭掉了商王朝西部的重要同盟国崇。灭崇后便在沣水西岸修建了一个城邑,取名丰(今陕西长安西北),并迁都于丰。迁都后叛商归周的人更多了。

周文王灭商的凤愿还没实现就病逝了,姜尚又继续辅佐文王的儿子周武王。周武王即位九年后,在太公望(姜尚)、周公旦(文王子)、召公奭(文王子)、毕公高(文王子)等人的辅佐下,开始伐纣。

当周武王在孟津检阅军队时,纣根本不作任何防御,朝中众叛亲离,怨声四起。纣的叔父比干、哥哥微子多次劝谏纣都无济于事,于是微子就逃到民间隐蔽起来了。纣的另一个叔父箕子看微子逃走,不忍心离开纣,便在奴隶中装疯。纣知道后命武士把箕子囚禁起来。比干知道后,冒死去劝谏纣,纣恼羞成怒,杀了比干,还剖比干的腹,挖其心,大臣们个个心惊胆战,最后连商朝中两个管理祭祀的乐官太师疵和少师强也抱着宗庙中祭祀时使用的乐器投奔了周。

周武王向全国诸侯发表了伐纣檄文说:"纣有深重的罪恶,不可不消灭。"周武王率领戎车300乘、虎贲(敢死队)3000人、甲士(披甲的士兵)45 000人东进伐纣。

周武王的军队来到孟津,会合了伐纣的各路人马,争取到分布在西北、西南和长江、汉水流域的氏族、方国的支持。庸、蜀、羌、微、卢、彭、濮等也来助战。周武王在孟津举行了誓师大会。誓词说："各位邻邦友长，各位将士，大家听我说，天地是万物的父母，人是万物之灵，只有特别聪明有才干的人才能做天子。天子是人民的父母，要爱护人民，而商纣王不敬上天，祸害下民，沉湎酒色，实施暴虐，残害百姓；他听信妇人言，不敬天地，不祭祖宗，遗弃同祖兄弟，任用有罪的逃犯，乱杀忠良，囚禁正直的人，耗竭民力，大修宫苑亭台，这样的无道之人一定要灭亡。我们必须同心同德来消灭他！"誓师后，武王率大家渡过黄河北上进攻。

周武王姬发像

纣此时正在鹿台酒宴歌舞，得知周武王的军队已到孟津，忙命人于东夷各地调兵遣将，又将在王畿内各种劳役的奴隶集中编队，发给矛、戈等兵器，还调集朝歌、沙丘等处的亲军卫队，一共70 000人。纣本打算等驻守东夷的商军到达后再去与周交战，但周武王率领的联合大军已迅速到来，纣只得南下，刚走到朝歌南郊牧野（约今河南淇县南70里），得知周军已先到达。周军人数虽不如商军多，但旌旗鲜明，队列严整，士气高昂。商、周两军在牧野交锋，周武王为了鼓动士气，再次宣布了纣的罪行，誓死灭纣，周军士气大振，而"纣师虽众，皆无战之心"。周武王十一年（约前1027）正月甲子日昧爽（拂晓），展开了我国历史上著名的牧野之战。

纣将临时编成的奴隶兵队放在头阵，作为先锋队，亲军、卫队在其后，驱赶奴隶去冲锋陷阵。奴隶们平日在纣王朝的统治下积存了多年的怨恨，曾经多次反抗过，现在又被驱赶送死。当他们一接触到训练有素的周军时，不战自败，掉转戈矛向商军杀去。周军在倒戈商兵协助下，直抵朝歌城下。纣见大势已去，深知自己若被擒获，必死无疑，就登上了鹿台，穿好衣服，把多年搜刮来的宝物堆积在身边，然后命人放火焚烧鹿台，自焚而死。

周武王率军在朝歌城下得知纣自焚于鹿台，亲自举旗，将伐纣的诸侯们召集起来。诸侯们向周武王拜贺。然后，周武王率领诸侯进入朝歌，在鹿台前，亲自对着鹿台连射三箭，从车上下来，用剑对着鹿台挥舞三下，以示自己将纣消灭，又命人把纣的尸体抬出。周武王用黄钺斩下商纣的头，挂在大白旗上，昭示商纣已被诛杀。妲己和有莘氏都已自杀，周武王也斩其头，挂在小白旗上。翌日，周武王在朝歌郊设立了祭坛，举行隆重的礼仪，宣告天下："周革了殷（商）的命，商朝灭亡。我受天命管理天下。"自此，"小邦周"取代了"大邦殷"。

周初大分封

西周初年，在消灭商朝以后，为统治东方广阔的被征服地区，曾经大规模封同姓、异姓和古代贵族后代为诸侯，作为王室的屏藩，即"封邦建国"。这种"封邦建国"，实际上是一种比较原始的武装部落殖民。相传，周武王、周公、成王等曾先后建置了71个诸侯国。其中，武王的兄弟15人（一说16人），同姓40人。周王的子弟一般都得到了封地，立为大小诸侯。如文王的弟弟封于东虢、西虢，文王之子封于管、蔡、郕、霍、鲁、卫、毛、聃、郜、雍、曹、滕、毕、原、酆、郇；武王之子封于邘、晋、应、韩；周公之子封于凡、蒋、邢、茅、胙、祭等。异性贵族中以姜姓贵族居多，也有其他各姓的传统贵族。在周康王以后，仍陆续分封诸侯，如周厉王的儿子在周宣王的时候还受封为郑国。每个诸侯国，都是按照成周的模型而建立的统治被征服民族的据点，又起着拱卫周王的作用。通过分封诸侯，周朝不但牢固地统治了原来商朝的地方，而且不断地扩大其势力和影响，成为远远超过商朝的一个强盛的奴隶制国家。

在周朝分封的各诸侯国中，比较重要的有卫、鲁、齐、燕、宋、吴等，这些诸侯国后来在春秋历史中扮演着重要角色。

周成王把武王的弟弟康叔分封在原商王所在的殷都旧地，以朝歌为中心，划定武父（约在今河南、河北两省交界）以南，圃田（今河南郑州东）以北为卫国封地，并分到殷代遗民七族：陶氏、施氏、繁氏、锜氏、樊氏、饥氏、终葵氏，作为卫国的种族奴隶。康叔的权势也很重，他既统治着原商朝的中心地区，又兼为周王室的司寇，握有生杀之权。周公在分封之时对康叔说，如果殷民反抗，就要严厉镇压。在殷墟东南不远的河南浚县，曾发现了西周时代的卫国墓地，出土过有"康侯"铭文的青铜器,有一件簋的铭文记载了康叔封卫的事迹。

　　鲁国是周公长子伯禽的封地,这里原来是奄国所在(今山东曲阜),是周公东征的主要对象之一,它和徐人联合淮夷和其他邦国,曾形成一个声势浩大的反周势力。因此,周朝统治者对这一地区十分重视。周公平定叛乱之后,便由自己受封,而由长子伯禽前往,因"商、奄之民",在"少皞之墟"等建立鲁国。鲁国的封疆北及泰山之下,东过龟、蒙,南包凫、峰诸山,附近的若干小国都是它的附庸。鲁受封时,又分有"祝、宗、卜、史,备物典策,官司彝器",具备有周王室的各种文物制度。所谓"大启尔宇,为周室辅",成为代表周王室镇抚徐、奄、淮夷及僻远"海邦"的东方大国。鲁也分到殷民六族:徐氏、条氏、萧氏、索氏、长勺氏、尾勺氏。伯禽到封地后,对徐夷、淮夷继续用兵,巩固了周朝在东方的统治。

　　齐国,周成王把太公望封为齐侯,统治薄姑氏(今山东博兴一带)的土地和人民,都于营丘(今山东临淄北)。太公望,民间习称之为姜太公。在灭商和东征中立下大功,所以封地相当大。周公在东征时,命召公授权给太公望,说:"东至海(今黄海),西至河(黄河),南至穆陵(今山东沂水北),北至无棣(今山东无棣北),五侯九伯,实得征之。"齐国附近有不少东夷小国,先后均被齐国并灭,因而齐国成为周朝的东方大国。

　　鲁、齐、卫三国分别统治着武庚发动叛乱的地区,是周朝控制东方的重要支柱。

　　在卫国之西,还有晋国。这一带河东地区,(即今山西中南部)是防御北方群翟部落内侵的前哨。为加强这一带的镇守,周成王在攻灭唐国之后,把这一片地区封给自己的弟弟唐叔虞,建立晋国(今山西冀城西),分给他怀姓九宗和职官五正。怀姓九宗本是商朝的种族奴隶,现在换了主人,成为晋国的种族奴隶。晋国附近有许多戎狄部落,先后都被晋国并灭,所以晋国成了那一带的大国。

　　在卫国以北有燕国。燕国的始封人是召公奭的长子。召公奭是周王朝的同姓贵族,有的记载说他是周文王的庶子。燕国是周朝较北的一个同姓诸侯,其统治区延伸到遥远的地方。燕建都于蓟(今北京市)。在辽宁省的喀左旗曾发现了大批西周青铜器,其中有燕侯盂,说明当时燕国的势力已到达这一地区。燕国同鲁、齐、卫、晋等遥相呼应,互成掎角之势,这应当是周朝的有意安排。由于燕国同周朝其他诸侯相距较远,长时间较独立地存在于北方,以致最早几代燕侯的名号我们今天已不清楚了。但从出土的大批燕国遗物看,当时的燕国对我国文化的发展无疑做出了巨大的贡献。

燕国之东有孤竹(今河北卢龙南),是商朝的同姓国。

燕国的东北方是肃慎,肃慎族那时散布在松花江直到黑龙江流域的广大地区,很早就和周朝建立了联系,曾向周武王贡献楛矢、石砮等。周公东征胜利后,肃慎遣人来贺,成王以礼答谢,使荣伯作《贿肃慎之命》,可见肃慎族是周朝的远方属国。

在周朝的东南方,最大的是宋国,由商朝原来的贵族微子启受封而建立,都商丘(今河南商丘),统治着商朝早期活动的地区。在武王克商的时候,微子启自缚衔璧,让族人抬着棺木,向周军乞降,后来他也没有参加武庚的叛乱活动,因而武庚被杀之后,他作为商朝的后裔受封为宋国。宋国靠近徐夷、淮夷,是周朝东南的屏障。

在宋国的周围,周朝还分封了一些异姓小国,如姒姓的杞(今河南杞县),妫姓的陈(今河南淮阳)。另外,蔡叔的儿子蔡仲也受封于蔡(今河南上蔡西南),同宋、陈等一起守卫着周朝的东南方。与这些诸侯国面对的主要是徐夷和淮夷,主要有嬴姓的徐(今江苏泗洪南)、江(今河南正阳南)、黄(今河南潢川西),偃姓的英(今安徽金寨东南)、六(今安徽六安北)和巢湖沿岸的群舒(舒庸、舒廖、舒龚、舒鸠)等方国部落。他们大都曾跟随武庚叛周,以后又时服时叛,是周初用兵的主要对象。

其他一些姬姓同姓诸侯的地方主要是:管在今河南郑州,霍在今山东西霍县,毛在今河南宜阳境内,郕在今山东城武东南,雍在今河南沁阳东北,曹在今山东定陶,滕在今山东滕县,毕、原在今河南武陟、温县境等。

周朝在东南方最远的同姓诸侯国是吴(今江苏无锡东南)。传说吴国是季历的哥哥太伯、仲雍率领一部分周人跑到那里,和当地居民相结合而建立的。太伯和族人接受了当地居民"断发文身"的习俗,同时还把周人传统的耕作、筑城等技术带到那里,加速了我国东南地区的开发。

除了在黄河流域建立封国之外,周朝很早就向南方的江汉地区发展势力。如江汉一带的庸、卢、彭、濮等方国部落曾随武王伐纣。灭商之后,周朝沿汉水北岸分封了许多同姓诸侯,称为"汉阳诸姬",其中最大的是随国和曾国。但后来,楚国的兴起阻止了周人势力的南下。

在西周鼎盛时期,周王对诸侯拥有很大的权威。各封国的诸侯要定期朝见周王,报告封国内的情况,听取周王及其辅佐的命令。如临时发生重大变故,还要及时向周王报告。他们都必须向周王贡献本封国的土特产物和周王所需要的东西。他们有保卫王室的义务,包括为周王提供作战军队。对周王的死丧、嫁娶、巡游,他们也要尽特定的义务。如果他们不履行自己的义务或超越周王赋予他们的特权,周王可以收回或削减他们的爵禄,可以改变他们的封地和爵禄,可以废除和另立国君,甚至灭掉他们。如康王时,晋侯建造的宫殿过分地宏伟了,就受到周王的谴责。周共王曾灭掉封在密须故地的密国。周夷王曾朝会诸侯,烹死齐哀公。周王有时还向诸侯的封国派遣监国的使臣,与诸侯并称为“诸监”。诸侯在自己的封国内拥有土地和奴隶,掌握政治、经济和军事权力。他们不仅能聚族立宗,分封卿大夫,组成强有力的宗族政治集团,而且还依照王室的官僚制度和组织,设置百官有司,统治奴隶和平民。他们可以在自己的封地内修建城池,征集军队,成为相对独立的政权。卿大夫在其封地内,对诸侯的关系也是这样。

周昭王南征

周王朝建立后,在南方,巴、濮、庸、卢等“群蛮”各国,以楚国为中心,很多还是商朝附属国,他们在南方延续着商文化。周成王封熊绎为楚君,但在政治上却歧视他们。成王派熊绎在歧阳举行盟会,只做看管祭神火堆的职务,不准他参加大会。楚人对这件事一直耿耿于怀,时刻都在积蓄自己的势力,扩大自己的领土,吞并了周围的小国,曾一度自称为楚王,寻找机会与周抗争。周王朝当时是天下共主,当然难容楚国坐大,因此,自周初以来一直没有放弃对楚国及其附属国的征讨。成王时期就曾多次伐楚,并派军队戍守汉水一带。

昭王是西周建国后的第四代君王,周王朝已达到鼎盛时期。于是,征服楚国,平定南方的条件基本成熟。昭王多次率领军队向南方进攻,并多次获得胜利,同时,俘获大量的奴隶及财物。昭王还调用成周的八师驻军前去攻打楚国。成王时期的一件著名的铜器的《令簋》记载了这次伐楚事件的铭文:“昭王于伐楚伯在炎。”

连年的征战,虽使周王室有所收获,但也激起楚国各族人民的憎恨与反抗。昭王五十九年(前977),昭王再次率领浩浩荡荡的六师人马前往伐楚。传说,在南渡汉水的时候,当地人民把一艘用胶黏起来的大船献给了昭王,昭王得意洋洋地上了这艘船,在船行驶到汉水中心时,胶水被河水溶化,船散了,坐在船上的周昭王和同行的祭公一起掉进了水里。恰好有个力气大、胳膊长的侍卫辛游靡,奋力把昭王从水里捞起来,但这时的昭王早已被水淹死了。昭王率领的六师人马也被楚人打得一败涂地。

自此之后,周王朝失去了对南方的控制权,西周时期,楚国及整个南方没有被征服。楚国不断发展壮大自己的力量。夷王时,楚王熊渠分封三个儿子,把势力扩展到汉水长江中下游。到春秋时期,楚国终于成为五霸之一,雄踞南方,问鼎周疆,创造了光辉灿烂的楚文化。

国人暴动

西周夷王去世后,其子厉王继位,即周朝第九代君王。周厉王时期,社会矛盾日益尖锐。在当时的社会中有"国人"和"野人"之分。"国人"是指居住在城市里和城郊的人,他们中大多数是周部族的基本群众。"野人"是居住在都邑之外的被统治的异族或奴隶。

厉王是周朝一个著名的暴君,他行事专断,生性贪婪。厉王手下有个叫荣夷公的大臣,贪图货利,醉心于各种横征暴敛的手段。厉王却重用褒奖他,任他为卿士。

早在周恭王时代,一些贵族的"私田"就愈占愈多,土地国有已形同虚设,不少山林湖泊也成为贵族的私有财产。平民百姓为了生存常到这些地方打鱼捉虾,砍树采果。到厉王时,荣夷公建议厉王禁止民众去这些地方谋生,并为厉王宣示,山林河湖中的一切产品都归国王所有,史书称"厉王专利"。于是激起了国人的愤怒,连一些王室的大臣也反对这些政令。一个叫芮良夫的大夫,意识到这样下去会对周王朝的统治不利,他不顾个人安危反复劝谏厉王,让他远离佞奸荣夷公,废除专利。芮良夫说:"鱼虾林果是自然天地生成的,君王应开发财产广施于百姓,有人要独占它们,专横财利,会触怒很多人,那么君王的统治还能长久吗?"

周厉王对芮良夫披肝沥胆的忠言一句也听不进。下层民众对厉王的倒行逆施更加不满,街头巷尾议论纷纷。大臣召公禀告厉王道:"人民已经不能忍受这种暴政了。"厉王便派卫国的巫师去监视敢于怨谤的人,巫师告诉厉王谁说了什么,厉王就立刻将谁杀掉。国人不敢公开指责朝政,只能在路上相互碰面时,用眼色表示对厉王的愤恨。厉王自以为他的恐怖政策奏效了,得意地对召公夸耀说他能制止百姓的诽谤,召公听后不以为然地说:"这样做比用堵塞江河的方法来治水患更为危险。堵截的河水会因流淌不畅冲垮堤岸。对于百姓只能广开言路,让百姓通过各种渠道把话统统讲出来。君主一定要随时体察下情,根据民情决定自己的政令,这样才能把国家治理好。反之,用堵住百姓嘴的方法对待言论,会后患无穷。"

3年后,悲剧终于出现了。周共和元年(前841),国人拿起武器,袭击厉王,厉王仓皇逃到彘的地方。厉王的太子静躲在召公家里,国人知道后,包围了召公家。召公说:"从前我屡次劝谏王上,而王听不进,才有今天这样的局面。如果你们杀死了王太子,厉王会认为是我因仇怨他才让人杀死太子的。事奉国君的人不能仇恨、埋怨,何况是天子呢?"于是召公就以自己的儿子代替了王太子,因此太子得以逃脱。

这是我国史书记载中的第一次民众暴动,这次暴动使西周的统治基础发生了动摇。

后来,厉王在彘的地方流亡,周朝的政权由周公(是西周初期周公旦的次子的后代)和召公共掌。从国人暴动到公元前828年周厉王死,14年没有立王,所以历史上把这14年叫"共和行政"(有说共伯和执政),周共和元年即公元前841年,是我国历史上有确切记载年代的开始。共和十四年(前828),厉王死于彘,周公、召公立太子静为君王,为宣王。

宣王中兴

周共和十四年（前828），周厉王死后，召公把太子静奉为天子，即周宣王。周宣王针对所处的内外交困的动荡局面，采取了一些措施，缓和了社会矛盾，使经济出现短暂兴旺的景象。

首先，周宣王在政治上不专断，有事与大臣共同商议，《毛公鼎》上记载他发出的政令要有毛公的签字才有效。他申令各级官吏不要欺压百姓，不可贪财，不准酗酒，以扭转官府中腐败的作风。其次，在经济上，取消了厉王时期的专利政策，放宽了山林川泽的控制，还宣布"不藉千亩"，废除藉田典礼。"藉"就是"借"，藉田是让族众耕种王室和贵族的土地。西周以来，周天子和各级奴隶主贵族控制着大面积的良田沃土，这些土地称为公田。由于当时生产技术低下，耕作公田时需要进行大规模的集体耕种。每年春季，周天子和贵族官员都要举行"藉礼"。废除藉田制，是把贵族、王室的公田分给族众们让他们去耕种，然后王室收取成果。

"不藉千亩"的措施，也使一部分国有土地上的奴隶转化为"隶农"，他们的劳动生产积极性有所提高。原没有人格的奴隶，具有了半独立的人格，成为"隶农"，农业生产逐渐有所恢复。宣王凭借暂时得到恢复的国力，开始了对外的征战，北伐猃狁、西戎，南征荆蛮、淮夷，使周朝一度出现"中兴"局面。

自西周中叶，少数民族就时有犯周的行动，为了解除这些少数民族的威胁，转移国内视线，周宣王先后发动了对西北猃狁、东方徐戎、南方楚和西方戎人的征伐。

周宣王二年（前826），宣王开始对南方的荆蛮和东南的淮夷发动战争。他命令方叔带兵攻打荆蛮，命令召虎率师攻伐淮夷，命令尹吉甫征讨徐戎。直到宣王十八年（前810），历经16年的苦战，才把这些部落征服，这样，周王朝的版图又扩大了。周宣王把新征伐的土地赏赐给召虎、申伯、仲山甫等功臣。

宣王时的征战，从少数民族手中收复了周朝中期以后因国力衰弱而失去的国土，并且恢复了边疆少数民族与周王朝的关系。这与周共王以来那日渐冷落的局面形成鲜明的对比。因此，后人称周宣王的这一时期为"宣王中兴"。

宣王晚年,不断的对外战争,使国力损耗很大。宣王三十六年(前792),征伐条戎、奔戎,遭到惨败。三十九年(前789),征伐西戎时不得不把"南国之师"调来作战。但这一仗,宣王再次败北,"南国之师"被戎人彻底消灭了。财力和人力的严重困乏,使得宣王想到了利用各级贵族手下没有被国家控制的"隶农",让贵族们按照实际的人数带领他们从事战争和各种劳役,这便是历史上所说的"料民于太原"。所谓"料民"就是统计人口。在实行这个政策前,王室中就设有"司民",掌握天下人口数字,国家对应服兵役和各种徭役的人数也是清楚的。但由于奴隶是没有姓氏的,没有资格列入统计之内,因此,贵族们就利用奴隶们的剩余劳动为自己开辟私田,想方设法向王室隐瞒人口的实际数字。实行"料民"就引起了王室与贵族间的矛盾,当然遭到贵族的反对。有一个名叫仲山甫的大臣,曾对宣王说,老百姓的人口数目是不能统计的。但周宣王不顾贵族的反对,坚持"料民",而使周王朝所能控制的人口数目有所增加,兵源问题也得到暂时的补充。

但是,由于西周奴隶制王朝已不是一朝一王所能挽救的,宣王的"中兴"只是延缓了社会崩溃。宣王死后,到了他的儿子幽王时,西周王朝终于在天灾、人祸和外族入侵中灭亡了。

周平王东迁

周宣王死后,太子继位,即周幽王。幽王执政时,暴虐荒淫,百姓怨声载道。幽王宠幸褒姒,褒姒生的儿子取名为伯服,幽王废掉太子,同时又废除太子的母亲王后,立伯服为太子,立褒姒为王后。太史伯阳父说:"祸患已经酿成了,谁也没有办法了!"

周幽王时设有烽燧台和大鼓,当敌寇入侵,就点燃烽火以召集援兵。褒姒不爱笑,幽王为了取悦褒姒,让士兵点燃燧火,诸侯们率兵赶来,却不见敌人,褒姒见此果然大笑。幽王喜欢她的笑,就屡次点燃烽火。最后诸侯们再也不来了。

虢石父是幽王时的部下,为人谗佞巧诈,善于逢迎好利,百姓都厌恶他,而幽王任命虢石父为卿,执掌政事。这事使被赶走的太子和被废除的申后极为愤怒,便纠集了缯国和西夷、犬戎一并攻打幽王。幽王燃起烽火,以召唤援兵,但诸侯却都不派兵,最后,犬戎将幽王杀死在骊山下,俘走了褒姒,掳光了周京的财物。而后,诸侯跟着申侯一起拥立前幽王太子宜臼,即平王,以供奉周朝的祭祀。

周平王即位时,周朝都城镐京(今陕西长安西北)已残破不堪,戎人遍布王畿各地,周王朝常受其滋扰。因此,平王元年(前770),周平王在各诸侯的护卫下迁都到洛邑(今洛阳)。由于洛邑在镐京的东部,所以历史上称为"平王东迁"。迁都后的周王朝便称为东周。

平王东迁时,主要依靠的力量有郑国、卫国、秦国、晋国。这四个国在当时地理位置上是围绕着东周王室,可起到护卫王室的作用,还兼有与东周王朝联系方便的利处。

郑国的桓公是周宣王的庶弟,被封于郑。他执政有方,颇得郑国百姓的拥戴。周幽王时提升他为王室的司徒,又得到河、洛地带民众的好感。犬戎入侵时,他坚持在王朝守职,和幽王同时被杀。郑桓公的儿子武公一心替父雪耻,在与戎人的交战中,身先士卒,临危不惧,战功显赫,周平王命他继承父职,为周王朝的司徒。

卫国封于周初,卫国的祖先卫康叔原是周武王的弟弟。周夷王时封卫顷侯为侯爵。到了卫武公时期,他一心恢复卫康时实施的各项德政,使国家繁荣,百姓安宁。当卫武公得知犬戎杀死幽王的消息时,他带领将兵立即前往宗周,与戎人勇猛作战,立下了大功,被周平王晋封为"公"的爵位。

秦国的襄公与西戎是世代冤仇,他的祖先是周宣王时的秦仲。宣王时提拔秦仲为大夫,在讨伐西戎的战斗中殉职。秦仲的长子庄公带领四个兄弟,继承父业,得到宣王补充的7000人马后,大胜西戎,后被宣王封为西垂大夫。秦庄公的长子名世父,他一心想为祖父秦仲报仇,誓言:"戎人杀了我祖父,我必得杀死戎王!"他把应他继承的爵位让给了弟弟襄公,自己则率兵与西戎拼搏去了。后来出师未归,战败后成为戎人的俘虏,被关押了一年多才回来。秦襄公在幽王被杀以后,为雪祖恨兄辱,带兵竭尽全力挽救周王室,并立下功勋。

第五篇　百家争鸣的春秋时代

郑庄公兄弟相残

　　春秋时期的郑国为姬姓国，其始封者为周宣王母弟郑桓公姬友，始封地则在今陕西华县东北。周幽王时，郑桓公为王室司徒，深感王室多变故，欲为后世寻避难之所，将一些王室财产藏匿于虢、郐之间，后来郑武公因取而都之，其地即今河南新郑。春秋初年，郑国实为诸侯中之大国。但不久，当武公子庄公即位之后，郑国却发生了内乱。

　　当初，郑武公娶于申（姜姓诸侯），妻子曰武姜。武姜生了郑庄公和段两个儿子。庄公出生的时候，是逆着生出（足先出而头在后），被姜氏视为不祥，因而厌恶他，而喜爱小儿子段，并且想立段为太子，以便将来继承王位。姜氏几次向郑武公请求，都被郑武公拒绝。后来郑庄公即位之后，武姜向庄公要求把制（今河南荥阳汜水镇）作为段的封邑。郑庄公拒绝了，说："制是国家的险要之邑，东虢君恃之以作乱，而死在这里。其他不论哪个邑都行。"武姜又要求京（在今河南荥阳南20余里），庄公答应了，让段居于京。郑大夫祭仲看出了其中潜伏的危险，对郑庄公说："都邑的城墙长度超过百雉（一雉三堵，一堵长一丈、高一丈，则一雉高一丈长三丈，百雉长三百丈），就会对国家产生危害。按照先王的制度，大的都邑不能超过国都城墙长度的三分之一，中等都邑不得超过五分之一，小的不能超过九分之一。而如今，京邑不合于法度。这样下去，君将不堪。"其实，郑庄公心里比谁都明白，却不在面子上露出来。听了祭仲的话，郑庄公回答说："姜氏(指其母武姜)想这样，我有什么办法？"祭仲说："姜氏何厌之有？对太叔段，您应及早处置，不要让他发展起来。等到他地盘、势力蔓延发展起来，您可就难办了。蔓延生长开来的野草就不可除，何况是君之宠弟呢？"郑庄公说："多行不义，必自毙。你等着就是了。"

过了不久，太叔段又下令让郑国西部与北部边境的两个城邑"贰于己"，即使这二邑，既属郑庄公管辖，又要听他的号令。此事在郑国大臣中引起了不安。郑大夫公子吕对郑庄公说："国家是不可能同时听命于两个人的。您若是想把君位让给太叔，我请求您允许我去服侍他。如果您不让，则请您除掉他，不要让民众的心倒向他那边。"郑庄公听了以后，说："用不着，他将自己找祸。"又过了不久，叔段将西边和北边两属的城邑收为己有，势力一直发展到廪延(在今河南延津东北)。这一来，有些大臣更惊慌了。公子吕对郑庄公说："行了，该行动了，让他的势力再增长下去，便可能获得国人的支持。"郑庄公心里早已有数，说："不义则不能获众心，势力发展下去，只能走向崩溃。"

叔段为夺取君位，更加紧准备，修缮城墙，积聚粮食，修补甲兵，征召军队，训练士卒。等这一切准备停当之后，叔段准备偷袭郑国国都，而庄公母武姜将暗中接应，打开城放他们进来。从一开始，郑庄公便在密切注意着叔段的一切行动，并采取相应的对策。只是庄公过于狡猾，不像叔段那么张牙舞爪。他只在暗中准备，因而别人看不出来。这时，庄公派出去的间谍向庄公报告了叔段行动的准确日期。郑庄公听了以后，说："行了，到时候了。"立即先发制人，派公子吕率200辆战车向京邑发动进攻。叔段只想着要进攻庄公，却没想到庄公突然派兵来攻他，毫无准备，被打了个措手不及。而京邑的人也不支持叔段，背叛了他而向郑庄公投降。叔段被打败，从京邑逃到鄢(今河南鄢陵西)。郑庄公的军队又追踪到鄢。叔段又从鄢出奔到共(卫国邑，今河南辉县)去了。郑庄公在这场斗争中取得了完全的胜利。这一年是周平王四十九年(前722)。

叔段出奔以后，郑庄公余怒未消，把母亲武姜也抓了起来，囚禁在城颍(今河南临颍西北)，并发誓说："不及黄泉，无相见也。"意思是不死不相见。可过了一段时间，郑庄公又后悔了。因为武姜毕竟是自己的母亲，但话已出口，不好收回。

颍谷(地在今河南登封西南)封人(边疆地方长官)颍考叔知道了郑庄公的

窘境以后,便去为郑庄公出主意,给庄公找台阶下。他去见郑庄公,郑庄公赐之食,颍考叔食而舍肉不吃。郑庄公问为什么,颍考叔回答说:"小人的母亲已备尝小人奉献的食物,却还未尝过您赐给的羹饭。请您允许我带给她。"郑庄公听了,长叹一声说:"你有母亲可以带肉给她,而我却没有。"颍考叔明知其故,却故意问道:"敢问这是何意?"郑庄公就把事情的前后经过都告诉了颍考叔,并说自己很后悔不该那样做。颍考叔听了以后说:"您有什么可担忧的? 如果掘地及泉,在地下的隧道中相见,别人还能说什么?"郑庄公听了,认为是个好主意,便照颍考叔的话办了。隧道挖好后,郑庄公和母亲即在隧道中相见,恢复了母子关系。

从这个故事中,我们可以看出郑庄公是多么阴险而虚伪。他对弟弟的行动了如指掌,暗中准备,表面上却不动声色,对母亲姜氏恨之入骨,却又装出孝顺的样子。这样的人,轻躁妄动的太叔段如何是他的对手。

楚武王伐随

商周时期,我国汉水和长江流域的原始部族,被商、周中原王朝统称为"荆蛮",在经济和文化上长期处于落后状态。从《诗经·商颂·殷武》等篇章中可知,早在商代武丁时期,商代就"奋伐荆楚",对南方各部落进行征伐。西周时期的《过伯簋》《史墙盘》等铜器铭文和《诗经·小雅》中的《采芑》《江汉》诸篇,更反映着周代统治者频繁地从荆楚地区掠夺财富和奴隶。到春秋初期的楚武王时代(前741～前690),楚人开始成为南方的一个强盛的国家。虽然在当时中原地区先进国家看来,楚国仍然是一个野蛮的国家,但楚国已经具备了颇为雄厚的力量,开始向北发展势力,与中原诸国一较高低。楚武王是楚国开辟疆土、北进中原的第一人。然而,楚人势力的北进面临重重障碍。早在西周初年,周王朝就在汉水流域建立了申、邓、随、黄等姬姓或姜姓诸侯国,形成几个据点,挡住了楚人北进的道路。而在这些诸侯中,以随国(在今湖北省随县南)最为强大。所以,楚武王北进的第一步,就是拔掉随国这个钉子。

周桓王十四年(前706),楚武王在做长期准备之后,率军进攻随国。他先礼后兵,派大夫先到随国去"求成"(和谈),而自己驻军于瑕(随国地名,不详在何地)以待之。随国派少师前去主成。楚臣斗伯比对楚武王说:"我们不能够在汉水以东得志,实在是我们自己的原因。我们张开三军,摆开阵势,大张旗鼓,用武力来威胁。他们感到恐惧,便相互团结和我们对抗。所以,我们难以对付他们,也难以离间他们。汉水以东的诸侯以随国为大。随国如果自高自大,必然轻视其他小国。其他小国离随对楚十分有利。随国少师这个人非常自傲。请您下令藏起精锐而以疲弱士卒代之,示之以弱,少师必然自骄自大,中我们的圈套。"楚武王听从了斗伯比的建议,打乱军队的原有部署而接待随少师。

少师在楚军中走了一圈后,果然上当,回去以后,便请求随侯发兵进击楚军。随侯听信了少师的话,准备答应,季梁拦住了他,说:"楚人正在兴盛强大之时,那些疲弱士卒是楚人在诱骗我们。臣听说,小之所以能敌大,是因为小道大淫。所谓道,即忠于民而信于神。君上思利民为忠,祝史不虚称君美为信。而如今,民众冻馁,君上却欲逞其志,臣不知其可。您姑且改进政治,和兄弟之国团结友好,庶几能免于难。"随侯听了之后,觉得有理,便停止发兵,勤于修政。楚武王见其如此,只好退兵。第一次伐随无功而返。

楚军退兵之后,随侯放松了警惕。少师重又得势。两年之后,斗伯比见随国政治开始混乱,便对楚武王说:"可以了。敌人出现了空隙,此大好机会,不可错过。"十六年(前704)夏,楚武王在沈鹿(今湖北钟祥东)会汉东诸侯,黄国和随国未参与。楚武王以此为借口,第二次出兵伐随。

楚军进入随境之后,驻扎在汉水和淮河之间,摆开阵势,等待随军。季梁看到楚强随弱,战必不利,便请求随侯先派人去向楚军求和,如果楚人不许求和,而后再和楚军作战,这样可以激怒我军,懈怠楚军,我怒而敌怠,就有希望打败楚军。可少师却对随侯说:"必须赶快进攻,否则,楚军就会逃跑。"随侯听信少师之言,率军出战。望见楚军时,季梁又建议说:"楚人以左为上,其左军必为精锐。您必须率左军当其右军,勿与楚王相遇,而猛攻其右军。楚军右军疲弱,必败,右军败,其他士兵必然跟着溃败。"少师却说:"不与楚王相当,那算什么对手呢?"随侯不听季梁之言,却听了少师之言。随、楚两军战于速杞(今湖北应山西),随军被打得大败,随侯弃军逃跑。楚军将领斗丹缴获了随侯坐的战车,还把少师抓住了。

这年秋天,随国派人到楚国求和。楚武王想不允许,进而想攻灭随国,斗伯比说:"天去随国之疾,让我们抓住了少师,去了随国之患。现在随国还难以消灭。"楚武王答应了随国和谈的要求,和随国订立了盟约,而暂时把精力用在了对濮地的扩张上。从周桓王十六年(前704)至周庄王七年(前690)这十余年中,楚武王连连向西北进兵,攻伐绞(在今湖北郧县境)、州(在今湖北监利县境)、蓼(在今河南唐河县境)等诸侯,取得了一些胜利。到周庄王七年(前690),又把进攻矛头对准了随国。

这一年的三月,为进攻随国,楚武王先指挥军队演习了一种名叫"荆尸"的阵法,并将戟这种兵器发给士卒,以用于伐随。将要在太庙举行斋戒仪式的时候,楚武王感到身体不适,对夫人邓曼说:"我感到心神动摇、怔忡。"夫人邓曼听了以后,叹息着说:"王禄即将尽矣。物满必动,满盈而荡,灭之道也。先君已知之,故于王临武事,将发大命之时而摇荡王心。如果军队不遭损失,而王薨(死)于途中,是国家之福。"虽然预感到自己会死,但楚武王还是率军出发了。果然,楚武王在途中发病,而死于军中。

楚武王死后,楚令尹斗祈和莫敖屈重恐消息泄露,动摇军心,便装出无事的样子,继续前行,开辟道路,在溠水(源出随县西北,南流入于涢水)上架设桥梁,让军队通过后,兵临随国都下,建筑营垒,佯示随人以久战之计。随人有些恐惧,派人向楚军求和。莫敖屈重假称奉了武王之命,入于随国,和随侯签订盟约,并且请随侯日后和武王在汉汭(其地约在今湖北钟祥北汉水隈曲处)相会。随侯答应了。屈重从随国回来后,立即率军撤退,渡过汉水,回到楚境之后,才为武王发丧,从而保证楚军全师而还。

楚武王三次攻随皆未成功,主要还是因为当时楚国的力量尚且有限,不足以吞灭汉东各诸侯,随国的力量还比较强大。直到春秋晚期,随国还存在,可见其坚持之久。然而,楚武王伐随,是楚国势力北进中原的开始。从此以后,楚国逐渐成为一支中原各国不敢忽视,足以和晋、齐等国相抗衡的强大力量了。

齐鲁长勺之战

周庄王十一年(前686),齐襄公被叔伯兄弟公子无知杀死,不久,无知又被

大夫雍廪杀掉。齐国无君,在国内的大夫高傒与公子小白(即后来的齐桓公)关系甚好,就派人前往莒国迎接他回国做国君。鲁国也派军队护送在鲁的公子纠回国夺位,同时派管仲率兵拦截从莒归国的公子小白。管仲在途中遇上小白一行,未及正式交战,就先向小白前胸射出一箭,小白中箭后倒在车中。管仲以为射死了小白,派人报知公子纠,公子纠得知对手已死,就慢悠悠地在旅程行走。其实,管仲的箭正好射在小白腰间的带钩上,小白为麻痹对方,就顺势倒下,然后抢先回国,做了国君。等公子纠六天后到达齐都临淄,小白已经即位。鲁国不肯罢休,就将军队驻扎在临淄以东的乾时(今山东桓台县南)。两军相战,鲁军大败,鲁庄公弃车而逃,秦子、梁子两名武士打着庄公的旗号引开齐军,成为齐军的俘虏,鲁庄公坐轻车逃归鲁国。

管仲画像

　　齐桓公在乾时败鲁后,又派鲍叔牙带领军队逼着鲁国杀死公子纠、交出管仲和召忽。召忽自杀而死,管仲被囚入齐。鲍叔牙回到齐国,立即推荐管仲为相,主持齐国大政。

　　十三年(前684)春,齐国又派大军进攻鲁国。鲁国积极准备迎战。这时,有个叫曹刿的人请求进见,他的同乡人相劝说,有权势的人自会谋划这件事,你又何必掺和呢?曹刿认为有权势的人见识浅陋,不能深谋远虑,于是入宫进见。他问鲁庄公凭借什么来作战,庄公回答,暖衣饱食这些用来养生的东西,不敢独自享受,一定把它分给别人。曹刿认为,小恩小惠不能遍施民众,所以民众是不会跟从的。庄公说,祭祀用的牛羊玉帛不敢虚报,祝史祷告一定诚实。曹刿认为,小的信用不足以取信于神,神灵不会保佑。庄公又说,大大小小的案件,虽然不能一一明察,但必定按照实情来审判处理。曹刿说,这才是忠于职守,为民众尽力,可以凭此去战。若战,请允许我跟从您去。

　　齐、鲁两军在鲁国的长勺相遇交战。鲁庄公与曹刿同乘一辆兵车。庄公要击鼓进击齐军,曹刿劝阻道:"还不到时候。"等齐军三通鼓罢,曹刿才让庄公击鼓反击齐军。齐军经三次冲锋已疲惫不堪,遭到鲁军的猛烈反击,马上大败而逃。庄公又要下令追击,曹刿阻拦住,他下车察看齐军逃跑时的车轨确实很乱,又登车瞭望到在逃齐军的旗帜东倒西歪,确知齐军真败,才请庄公下令发起追击,一举把齐军赶出国境。

长勺之战是我国古代以弱胜强、以少胜多的著名战例。齐国在长勺大战之后,战略重点转入征服門围的小国和整顿内政上。

卫国亡而再生

春秋时期,中原地区仍处于华夏族和戎、狄杂居之中。在卫、齐、燕、晋等北方诸侯国之间的空隙地带,住满了总称为"狄"的少数部族。狄人经常和晋、卫、燕等国发生武装冲突。有关与狄人交战的记载史不绝书。狄人甚至几次进攻东周。中原诸侯不得不多次联合起来对付狄人的侵犯。当时,欲称霸中原的齐桓公,为获得各诸侯国的支持和信任,便以抗狄相号召。周惠王十六年(前661),狄人侵伐邢国(今河北邢台附近),管仲对齐桓公说:"戎狄如豺狼,永不满足;中原华夏诸侯为王相亲近之国,不可抛弃之。安逸等于毒药,不可贪恋。《诗》云:'岂不怀归,畏此简书。'所谓简书,其意义在于一国有恶,它国同以为恶;一国有急难,它国同以为忧而相救,是之谓相恤。请发兵以救邢国。"于是,齐国派出大军,逐走了攻邢的狄人。而第二年,便发生了狄人侵凌华夏诸侯的最严重的事件,即狄人灭卫。

周惠王十七年(前660),卫国是卫懿公在位。时卫国都朝歌(今河南淇县),卫懿公非常喜欢养鹤,对所养的鹤娇宠无比,甚至以卿之禄宠之,以卿之禄食之,而对国家政事却不管不顾。国人见卫懿公玩物丧志,都十分愤怒。这一年的冬十二月,狄人侵入卫国。卫懿公把国人组织起来,发给他们甲胄兵器,要他们去抵抗狄人。国人之受甲兵者都不愿意去为卫懿公打仗,说:"让鹤去抵挡!鹤有俸禄有地位,我们怎么能打仗?"说完,大家一哄而散。卫懿公无奈,亲自出征。临行前,卫懿公把玉玦给大夫石祁子,玦与决谐音,意即石祁子有自行决断之权。卫懿公又把令箭给大夫宁庄子,让他有权指挥军队。然后,他命令石祁子和宁庄子留守国都。他又把绣衣给夫人,嘱咐他自己走后听从石祁子和宁庄子的指挥。一切吩咐完毕,卫懿公以渠孔御戎,子伯为右,黄事为前驱,孔婴齐殿后,率领召集起来的部分卫军出城去抵挡狄人。双方战于荥泽(约在河北),卫军大败,几至全军覆没。卫懿公不愿丢弃自己的旗帜,故而败后为狄人俘得而杀死。卫国史官华龙滑和礼孔二人也被俘虏。狄人带着他们去追击卫兵,二人对狄人说:"我们是卫国的太史,掌管卫国的祭祀。不让我们在前为你们领路,你们是不能得到卫国的祭器的。"当时,人们视祭祀与祭器极重,故狄人信之,使二人在先带路。二人到了卫都,对守城的人说:"狄人势大,不要抵挡了,赶快撤走。"当天半夜,和国人一起撤出了卫都。狄人进入卫都后,又从卫都追出来,追到黄河边上击溃了卫人。

当初,卫惠公即位之时(在周桓王二十一年,前699),年纪只有十五六岁。时惠公父卫宣公已死,齐国使惠公之母宣姜和公子顽私通,而生了齐子、戴公、卫文公、齐桓公夫人和许穆公夫人。卫懿公立后,卫国政乱,卫文公预感到卫国多难,便先到舅家齐国去,寻机结援。等到卫懿公被狄人杀害,卫国被灭的消息传出后,齐桓公夫人让齐桓公到黄河边去营救卫国之人。齐桓公趁夜色渡过黄河,到河北迎着卫人,查点一下人数,卫国遗民总共只有男女730人。其他或死或亡,不知下落,一片凄惨景象。不久,诸侯之救兵也赶到了,将狄人逐走。此时,卫国散亡的人又逐渐聚拢来,加上共(今河南辉县)、滕(卫邑,不详所在)二邑的遗民,一共有5000人。为重建卫国,诸侯共立卫戴公申在曹(今河南滑县西南白马故城)即位。许穆公夫人听说卫被狄人攻灭的消息,急忙从许国(其地在今河南许昌市东)赶来。她为故国遭难,而许国力小,不足以救援卫国而感到悲伤,在行进的路上赋了一首凄婉哀怨的诗,这就是《诗经》中的《载驰》一诗。齐桓公派公子无亏率300乘战车和3000名甲士戍守曹。因为卫国国都焚灭,家室荡尽,齐桓公又赠送给卫国遗民牛、羊、猪、鸡、狗各300只,还有用来做门板的木材,让他们重新安家立业,又送给卫公夫人鱼皮装饰的轩车和30匹重锦。因为邢国也遭到攻伐,所以齐桓公派出军队和人员,把邢国迁到了夷仪(今山东聊城西),让卫国迁都于楚丘(今河南滑县东)。齐桓公的这些做法,深得人们的赞许,史称"邢迁如归,卫国忘亡"。

卫戴公即位不久,旋即死去,卫文公即位。卫文公二年(前658)春天,齐、鲁、曹等诸侯国派出人员在楚丘为卫国建起城墙和宫室、民居。卫人作诗以颂美之,这就是《诗经》中的《定之方中》一诗。诗云:"定之方中,作于楚宫。揆之以日,作于楚室。树之榛栗,椅桐梓漆,爰伐琴瑟。"(当营室之星昏中而正之时,在楚丘作为宫室。选择好日子,营起宫室、宗庙、库厩以次于居室。栽上椅、桐、梓、漆、榛、栗等树木。它们长大后,可以伐为琴瑟。)史载,"卫文公衣大布之衣,大帛之冠",操劳国事,务在广植才用,劝民勤于农亩;通商贩之路,以令货利往来;加恩惠于百工,以赏其利器用;援百官为政之常法,任用有才干的人。在他即位的元年,卫国只有革车30乘;而到他在位的末年(前635年左右),卫国已经有革车300乘,人口重新繁衍起来,民殷国富。卫国重新成为一个比较重要的诸侯国。

召陵之盟

齐桓公在中原取得霸主地位之时,位于南方的楚国也迅速强大起来,北上中原争雄。楚国以江汉平原为中心,北到今河南南部,东到今安徽中部,南达今湖南的资兴、郴县,地大物博,有着良好的自然条件和比较发达的采矿业。物质力量雄厚的楚国,先平定了周围的一些小国,到楚成王时,战略重点放在向北扩张上,先后灭掉申、息、邓等国,并伐黄服蔡,屡次攻伐随国,逼近郑国。郑国无力与楚抗衡,准备依附楚国。在这种情况下,齐桓公于周惠王十八年(前659),召集鲁、宋、郑、曹、邾等国商议救郑。后来江、黄两国背离楚国与齐、宋在阳谷(今山东阳谷县境)结盟,便形成中原诸国与楚国对峙的局面。

齐、蔡本是友好国家,蔡姬是齐桓公的夫人。周惠王二十年(前657),齐桓公和蔡姬在园林里坐船游玩,蔡姬故意摆动游船,使齐桓公摇来晃去,桓公不习水性,非常害怕,让她停止,蔡姬却摇晃得更起劲。桓公一怒之下,把她送回蔡国,但未断绝关系;蔡侯也赌气把蔡姬改嫁,并倒向楚国。二十一年(前656),齐桓公率领齐、宋、陈、卫、郑、许、曹、鲁八国的军队攻打蔡国,蔡国寡不敌众,一战即溃,八国军队长驱直入,南进达于楚国边境。

楚成王派遣使者对齐侯说,君王住在北方,楚君住在南方,即使是牛马发情狂奔也不能彼此到达,没想到君王竟跋涉到我国的土地上,质问桓公这是何缘故。齐相管仲以楚国不进贡土特产,使天子的祭祀缺乏物资、不能漉酒请神和昭王南征不返为由来答对。楚国使者表示:没有送去贡品,是楚君的罪过,今后保证及时进贡;至于昭王没有回去,与楚国无关,最好去责问汉水边上的人吧!桓公见楚国使者态度强硬,也不敢轻易与楚交战,就率领诸侯的军队进兵到陉地(今河南郾城县南)。

这年夏天,楚成王派遣使者屈完去与诸侯军队言和,诸侯军队退兵到召陵(今河南郾城县东)驻扎。齐桓公把诸侯的军队列成战阵,与屈完一起乘车观看。桓公假意表示:诸侯起兵,绝不是为了齐国,先君建立的友好关系应当继续,贵国应当和敝国共同友好。屈完表示这正是楚国的愿望。桓公又指着诸侯的军队说,用这样强大的军队打仗,战无不胜,攻无不克。屈完表示:君王如果以德行安抚诸侯,谁敢不服?若用武力威胁,那么楚国可以把方城山(今河南叶县南,方城县东北)作为城墙,以汉水为护城河,君王的军队虽多也无用。齐桓公见屈完的话软中带硬,有理有节,便在召陵与屈完订立了盟约。

召陵之盟等于楚国事实上承认了齐国在中原的霸主地位,也暂时阻挡住了楚国向北扩张的势头。但召陵之盟同时也说明楚国当时力量之强大,足以和齐等八国之师抗衡。因而召陵之盟可以说是两大军事力量暂时处于平衡状态之下的见证。

葵丘之会

周惠王二十一年(前656),齐桓公率领八国军队逼近楚境,在召陵与楚国结盟修好,暂时挡住了楚国北上的势头。当时,周天子欲废太子郑,改立宠妃所生的公子带为太子,为了安定王室,齐桓公于二十二年(前655)会宋、鲁、陈、卫、郑、许、曹诸君在首止(今河南睢县东),与太子郑相盟,以定太子之位。此前,周天子派周公宰孔召郑文公,告诉他天子打算立公子带为太子,要他约同楚国,辅佐王室。所以郑文公借口国内有事,逃盟而去。其余七国歃血为盟,约定:凡我同盟,共辅太子,佐助王室,谁违盟约,即受天罚。二十三年(前654),齐国以郑文公逃盟为理由,率鲁、宋、陈、卫、曹等国军队讨伐郑国,楚成王出兵围许以救郑,诸侯解郑围救许,楚亦释围回军。二十五年(前652),周天子去世,太子郑继位,是为襄王。襄王担心其弟带争位,秘不发丧而求助于齐。这一年,齐国又出兵攻打郑国。周襄王元年(前651),齐桓公率鲁、宋、卫、许、曹的国君及陈世子与周襄王的大夫在洮地(今山东鄄城西南)会盟,以巩固襄王的王位,襄王定位而后发丧,郑文公也去乞盟。

为了巩固已取得的成果,齐桓公于周襄王元年(前651)与宋、鲁、卫、郑、许、曹等国的国君及周襄王的使者宰孔在葵丘(今河南兰考县境)相会,齐桓公把公子昭托付给宋襄公,周襄王为了感谢桓公对他的支持,派宰孔把天子祭祀祖先的祭肉赏赐给桓公。按照当时的礼制,天下祭祖的礼物只分给同姓国家,齐是姜姓,没有分享祭品的权利,周襄王赏赐桓公祭肉,是表示对桓公的特别敬重。桓公听从管仲的意见,下堂行跪拜礼,宰孔又说襄王命令加赐爵位一等,不必下拜。桓公表示谦虚,跪拜受赐。

然后,齐桓公率诸侯盟誓,盟辞初命道:"诛不孝,无易树子(不能随便废立太子),无以妾为妻。"再命道:"尊贤育才,以彰有德。"三命道:"敬老慈幼,无忘宾、旅。"四命道:"士无世官,官事无摄(公家职务不要兼摄),取士必得(贤才),无专杀大夫。"五命道:"无曲防(不要堵塞河流),无遏籴(不要自己囤积粮食而禁止邻国的购买),无有封而不告(不要分封而不报告盟主)。"盟辞还声称:凡是参加我同盟的国家,结盟之后要言归于好,不许再互相攻伐。盟誓完毕,周襄王的使者及诸侯相继散去。这样,本来应该周天子召集的盟会,发布的盟誓,现在由齐这样的诸侯代替了。此后一段时间,齐桓公的霸业主要放在平戎攘夷之上。

骊姬之乱

晋献公本来在贾国娶妻,但没有儿子。他与父亲武公的庶姜齐姜通奸,生太子申生及秦穆公夫人;后来又在戎娶大戎狐姬,生重耳(即晋文公);娶小戎子,生夷吾(即晋惠公)。周惠王五年(前672),晋献公攻打骊戎(今山西晋城西南),骊戎男把骊姬姊妹送给晋献公,回国后,骊姬生奚齐,她的妹妹生卓子。

骊姬备受晋献公的宠爱,想立自己的儿子奚齐为太子,于是就贿赂献公身边的近臣梁五和东关嬖五。"二五"对晋献公说,曲沃是君王的宗邑,蒲地(今山西隰县西北)和屈地(今山西吉县北)是君王的边疆,宗邑缺乏强有力的主管者,百姓就没有畏惧,边疆缺乏强有力的地方官,就会遭受戎狄的侵犯,这都是晋国的祸患。如果让太子申生主管曲沃,再让重耳和夷吾主管蒲地与屈地,就可以使百姓畏惧,戎狄害怕。晋献公听信了他们的话,就把申生派到曲沃,重耳、夷吾派到蒲地和屈地,而把骊姬姐妹所生的奚齐、卓子留在绛城(今山西翼城东)。这样,骊姬就把诸公子的力量分散,使他们不能联合起来。

骊姬初受宠时,晋献公就想立她为夫人。占卜,不吉利,但占筮却吉利。献公就准备取占筮的结果。卜人说:"占筮常常不灵,而占卜则往往灵验,不如按照灵验的。再说,根据占卜的结果,将有后患,所以,不能立骊姬为夫人。"献公不听,立了骊姬。等到献公把太子申生等人派往各地后,骊姬又施展新诡计。她对太子说:国君梦见你母亲齐姜,你快回去祭祀吧。太子到曲沃去祭祀,带来祭品献给献公,献公刚好外出打猎,骊姬便在祭品的酒肉中放了毒药。献公回来,以酒祭地,酒一洒使土都堆起;又把肉给狗吃,狗当即毙命;再给宦官吃,宦官也马上死去。骊姬哭着说:"这是太子的阴谋。"申生闻讯,逃归曲沃,献公杀了他的老师。

有人劝太子申生辩解,申生认为:国君失去骊姬,就会居处不安,饮食不香。如果辩解,骊姬必然获罪,国君也会因为骊姬有罪而不高兴,因而他自己心情也不会愉悦。别人又劝他逃往国外,申生不肯走,不久便上吊自尽。

骊姬害死申生,又诬陷重耳和夷吾,说太子想谋害献公,他们俩也参与了。献公正要追问,二人听到风声,各自逃回自己驻守的地方。这样,献公更信以为真,派寺人披到蒲地去捉拿重耳,寺人披当天就赶到蒲城,重耳在慌乱中跳墙而逃,被寺人披砍下一截袖子,重耳逃亡到翟国。贾华被派往屈地捉拿夷吾,夷吾逃到梁国。献公的其他公子,在骊姬等人的谗言下相继被逐,于是立奚齐为太子。

周襄王元年(前651),晋献公死。临死前召见荀息,把奚齐托付给他,所以荀息等人拥立奚齐为君。重耳的老师里克和大臣丕郑力图使重耳回国继位,于是联合申生、重耳、夷吾的旧部,杀死奚齐。荀息等人又立卓子为君,也被里克等在朝廷上杀死,荀息亦自杀。

周襄王二年(前650),逃亡梁国的夷吾在周襄王、齐桓公、秦穆公的帮助下复国,是为晋惠公。

秦晋韩原之战

　　夷吾能够归国为君，主要是靠秦穆公的支持。夷吾在将要即位时，其姐秦穆夫人嘱咐他照料嫡长嫂贾君，并要他把逃亡在外的公子们都接纳回国。但夷吾归国后，既不接纳各位公子，又与贾君私通。他曾答应赏赐大夫里克汾水以北土地百万亩，赏赐丕郑负蔡地方土地70万亩，后来也都不给。他曾许愿奉送秦穆公黄河以西、以南的五座城，还有黄河以北的解梁城（今山西永济县境），后来也背弃了诺言。周襄王五年（前647），晋国发生灾荒，请求秦国卖给粮食，秦穆公不计较惠公的失信，把大批粮食运到晋都绛城（今山西翼城县东）。第二年秦国发生饥荒，晋国收成不错，秦向晋求援，晋国却一颗粮食不卖给秦国。这样更激怒了秦穆公。七年（前645），秦国起兵伐晋。

　　晋惠公亲自率兵迎战，结果屡战屡败，一直退到韩地。晋惠公问大夫庆郑："敌军深入，怎么办？"庆郑回答说："实在是君王使他们深入，能够怎么样呢？"晋惠公责备他放肆无礼；又占卜兵车右卫人选，庆郑得吉卦，但惠公不用庆郑，让步扬驾战车，家仆徒为车右，并以从郑国得来的小驷马驾车。庆郑劝说，惠公根本不听。

　　九月，晋惠公准备迎战秦军，派韩简去探察情况，韩简回报说，秦军少于我们，但请战人员却倍于我军。惠公问是什么原因，韩简说：君王流亡期间是依靠秦国的资助，回国为君是由于秦国的帮助，晋国发生饥荒又吃的是秦国的粮食，三次给予我们的恩惠而无所报答。现在又要迎击秦军，我方懈怠，秦军振奋，这样，斗志相差还不止一倍！惠公认为，一个普通人尚且不能轻侮，何况是国家？便派韩简去请战道：寡人不才，能集合部下但不能让他们离散，秦军如果不回去，晋军是没有地方逃避命令的。秦派公孙枝回话，表示答应请战，韩简退下去说："我如果能被秦军囚禁就是幸运的了。"

　　九月十四日，秦、晋两军在韩原交战，晋惠公的小驷马陷在烂泥之中盘旋不出，惠公向庆郑呼喊相救，庆郑说："不纳忠谏，违背占卜，本来就是自找失败，现在又为什么要逃走呢？"于是离开了。梁由靡驾驭韩简的战车，虢射作为兵车右卫,遇上了秦穆公,将要俘虏他,庆郑招呼营救惠公,因而失掉了俘获穆公的机会,而此时秦军却俘虏了晋惠公,然后班师回军。晋国的大夫们披头散发,拔了帐篷要跟随被俘的惠公西行。秦穆公派人辞谢说:"诸位何必如此忧伤,寡人跟随惠公西行,怎么敢做得太过分了!"晋国的大夫三拜叩头,说:"您脚踩后土,头顶皇天,皇天后土都听到了您的话,我等谨在下风处听候吩咐。"

秦穆夫人是晋惠公的姐姐,听说秦军俘虏惠公将要来到,便领着太子罃、公子弘和女儿简璧登上高台,踩着柴草,准备自焚。她派人免冠束发、穿着丧服去迎接秦穆公,并捎话说,上天降灾,使秦、晋两国国君不以正常的礼节相见,而是兴动甲兵,如果晋国国君早上进入国都,那么婢子就晚上自焚,晚上进入,那么就翌日清晨自焚,请君王裁夺!秦穆公只好把惠公安置在国都外的灵台。

秦国的大夫请求把晋侯带入国都。穆公认为:俘获晋侯,本是带着丰厚的收获回来的,但一回来就要发生丧事,那么这种收获也就没有益处了。再说晋国大夫以忧伤感动自己、用天地约束自己,如果不考虑晋国人的哀痛,就会加重他们的怨恨,不履行自己的诺言,就是违背天地。加重怨恨,难于承当;违背上天,不会吉利。因此,打算放惠公回国。公子挚认为,不要再积聚邪恶,应当杀掉他。子桑则认为,放惠公回国而把他的太子作为人质,这样会收到好的效果,杀了惠公而不能灭亡晋国,只会增加仇恨。于是秦穆公就允许与晋国媾和。

十月,晋国的阴饴甥与秦穆公在王城(今陕西大荔县东)相会,订立盟约。秦穆公询问晋国内部是否和睦,阴饴甥巧妙地回答说:不和睦。小人以惠公被俘为耻,又哀悼他们战死的亲属,不惜征收税赋,修治兵甲以立圉为国君,并表示一定要报仇,否则宁肯因此而事奉戎狄。君子则爱护他的国君,也知道他的罪过,征收税赋、修治甲兵以听候秦国的命令,表示一定要报答秦国的恩德,至死也无二心。因此,晋国内部不和睦。秦穆公又询问晋国人对惠公的结果怎么看,阴饴甥回答说:"小人忧伤,说惠公不会被释放;君子宽恕,认为他一定会回来。小人说我们损害过秦国,秦国岂能让晋君回来?君子说我们已经知罪,秦国一定会让晋君回来。惠公当初对秦有二心,就拘囚他;服了罪,就释放他,没有比这再宽厚的德行,也没有比这更威严的刑罚了。服罪的人怀念德行,有二心的人畏惧刑罚,韩原这一仗,秦国可以称霸诸侯了。"秦穆公表示,这正是他的心意,便重新安排了惠公的住处,并馈赠给他七牢的礼品。

晋惠公将归国,晋大夫蛾析对庆郑说:"你还不赶紧逃走?"庆郑认为,使国君陷入败境而自己不以身死难，又使国君不能惩罚自己，这就不合人臣之道了。为人臣不尽做臣的职责，即使逃亡，又投奔哪里呢？于是留下。十一月，晋惠公回国，二十九日这天，杀庆郑然后进入国都。

这一年，晋国又发生饥荒，秦穆公又馈赠给晋国谷物，并说："我怨恨晋君而怜悯晋国的百姓。晋国还是很有希望的，我姑且树立德行，来等待晋国有才能人的出现。"从此，秦国开始在晋国黄河东部征收赋税，同时设置官员。

韩原之战，使秦国在各诸侯国中的威信更高。不久，惠公去世，在秦做人质的太子圉扔下妻子，逃回即位，是为怀公。秦穆公很生气，把曾嫁给太子圉为妻的女儿怀嬴改嫁给晋公子重耳，并护送重耳回国杀怀公，即位为文公。从此晋国展开了图霸的大业。

子带之乱

子带亦称太叔带，周惠王少子，周襄王之弟。周惠王在世时，宠爱子带，曾有废太子郑而立子带之意。周惠王二十四年（前653），周惠王去世，太子郑继位，是为周襄王。襄王害怕其弟子带趁机夺取王位，秘不发丧而向齐国求助。次年，齐桓公同鲁国、宋国、卫国、许国、曹国的国君以及陈世子与襄王之大夫会盟于曹国洮（今山东鄄城西南），相约帮助襄王。

然而，子带觊觎王位，于周襄王三年（前649），召引杨、拒、泉、皋、伊雒等方国（位于王城四周及伊、洛两水一带），进攻京师，焚东门，图谋取襄王之位而代之。周襄王在秦国和晋国的帮助下，讨伐子带。次年秋天，子带逃奔到齐国。

十四年（前638），周大夫富辰鉴于当时周王室实力削弱，各诸侯争做霸主，建议襄王召回子带。他说："《诗》曰：'协比其邻，昏姻孔云。'你们兄弟之间不团结，焉能怨诸侯之间不和睦呢？"襄王采纳了富辰的意见，召子带自齐国返回京师。

两年后，滑国背叛郑国与卫国亲近，郑文公遂派大军征讨滑国。周襄王遣使赴郑，为滑求情。不料，郑以襄王袒护卫、滑为理由，扣押了使臣。襄王大怒，遂用狄人军队讨伐郑国，占领栎（郑邑，今河南禹县）。战后，襄王感激狄人相助，纳狄君之女隗氏为王后。

是年秋,子带与隗氏私通。襄王发觉后,废黜了隗氏。子带逃到狄国,勾结狄人军队攻入洛阳,并捕获周公忌父、原伯、毛伯、富辰。襄王逃奔至郑国汜城(今河南襄城县南)。子带自立为天子,将朝政交周公、召公处理,自己带着隗后住到温邑(今河南温县西南)。

周襄王遣使向晋、秦、鲁等诸侯求救。秦闻讯后,乃列阵于黄河岸边,准备接纳周襄王。晋国狐偃对晋文公说:求霸莫如尊周,我们如抢在秦国之前接纳襄王,就有称霸的资格了。此言正合晋文公之意。文公迅速辞退秦军,出晋军两路,右军围子带于温邑,左军赴汜城迎纳襄王。十七年(前635),晋军护送襄王回到洛阳,并在隰城(今河南武陟西南)诛杀了子带。

周襄王为了酬谢晋文公的功劳,把阳樊、温、原和攒茅四邑(今河南济源、武陟一带)赐给了晋国。

晋文公兴兵勤王不仅获得了大量土地,更提高了晋国在中原诸侯中的威望,为其后来跃升为中原霸主奠定了基础。

秦穆公霸西戎

秦本是古部落名,嬴姓,相传是伯益的后代。非子在做秦部落首领时,居于犬丘(今陕西兴平东南),后被周孝王封于秦(今甘肃张家川东)。传到秦仲,周宣王命为大夫。秦仲被犬戎杀死,其子庄公打败犬戎。庄公子襄公因护送周平王东迁有功,被周分封为诸侯,后建都于雍(今陕西凤翔东南),占有今陕西中部和甘肃东南部。

周惠王十八年(前659),秦穆公即位。当时,秦国的经济实力已经相当强大,秦穆公乘势积极展开对外军事、政治攻势,刚一即位就率兵跨过黄河灭掉茅戎(今山西平陆)。晋国担心秦过河东进,就派兵灭掉虞、虢两个小国,控制住秦通向中原的咽喉桃林塞。秦深知晋力量雄厚,目前不便与晋交兵,就向晋献公求婚,结秦晋之好。晋献公答应了秦穆公的请求,把女儿嫁给了他。在陪嫁的奴仆中,有一名叫百里奚的人。百里奚本是虞国的大夫,晋灭虞,百里奚做了俘虏。

秦晋联姻,他被作为陪嫁物。百里奚在被送往秦国的途中,设法脱逃,但又落入楚人之手,成了楚国的奴隶。秦穆公听说百里奚有才有知,准备出高价把他赎回,又恐楚人不给,就派人游说,说有一个陪嫁秦国的奴隶叫百里奚,听说逃到贵国,请以五张羊皮相赎。楚人就把他交给秦使者。当时,百里奚已经是70多岁的老人了,秦穆公为他解去囚装,相与谈论,非常钦佩,就封他为大夫。因为百里奚是用五张公羊皮换来的,所以人称"五羖大夫"。秦穆公将国家政事委托百里奚来管理,百里奚又推荐了蹇叔,秦穆公就派人带着大批财物去请蹇叔到秦国,封为上大夫,与百里奚共同掌管国政。

秦穆公在百里奚和蹇叔的辅佐下,国家大治,国力更强,于是开始向东扩张,进军中原,力图争夺中原霸主,侵芮、围魏、伐晋、袭郑、灭滑,但秦军东进的战略始终受到晋国的扼制,殽之战和彭衙之战,秦国向东扩张的行动连连受挫,很难向东推进。于是,秦穆公就把战略重点转向西,展开了称霸西戎的大业。

犬戎王见秦国日益强大,便派由余前去观察。由余的祖先本是晋人,后逃亡到犬戎。由余入秦后,与秦穆公一席谈,既得穆公的赏识,又使穆公忧心忡忡。穆公退而问内史廖说:我听说邻国有圣人,是敌国的忧患,现在犬戎有由余这样的贤臣,正是我们的祸害,对他该怎么办?内史廖认为:戎王地处僻壤,不曾听得中原的舞乐,不妨馈赠他女乐,以夺其志,然后离间由余和戎王的关系,留下由余,让他逾期不归,这样,戎王必然要怪罪怀疑他,然后,我们再将他收纳。穆公赞同他的主意。于是,秦穆公一方面召由余时常饮酒闲聊,一方面让内史廖把16位女乐赠送戎王。过了一年多时间,秦国才放由余归犬戎。由余看到戎王沉溺于歌乐不理政事,多次进谏,但无成效。穆公又派人乘机离间戎王和由余的关系,迫使由余离开犬戎,投奔秦国。

秦穆公以盛大的礼仪接待由余,向他询问征伐犬戎的情况。周襄王二十九年(前623),秦穆公使用由余的计谋征伐戎王,逐渐灭掉戎人所建立的12个国家(一说20个国家),向西开辟土地千余里。周襄王派召公过赐予秦穆公金鼓以示祝贺,史称"秦穆公霸西戎"。

秦晋殽之战

　　周襄王二十二年(前630),烛之武说退秦师后,秦、郑结盟,杞子、逢孙、杨孙等大夫带两千人马被派往郑国戍守。两年后,杞子从郑国派人向秦穆公报告说:他已经掌管了郑国都城北门的钥匙,如果秘密发兵前来,里应外合,郑国肯定会到手。秦穆公召集大臣商量出兵之事,年迈的蹇叔和百里奚都不赞同,认为军队劳苦跋涉去袭击远方的国家,将卒辛劳、精疲力竭,郑国又有防备。再说千里行军,谁人不知?劳苦而无所得,将士也不会满意。秦穆公不听蹇叔的劝告,召见百里奚的儿子孟明视和蹇叔的儿子西乞术、白乙丙三人为大将,率领大军从国都东门处出发。蹇叔哭着对孟明视说,我只能看见军队开出去,却看不到他们回来了!秦穆公派人对他说:你知道什么?如果你六七十岁死了,你坟上的树现在也该有两手合抱那么粗了!蹇叔的儿子参加了出征的队伍,蹇叔哭着送他说:"晋国必定在殽山(今河南济宁西北)一带阻击秦军。殽山有两座大的山陵。南面的山陵,是夏后皋的坟墓;北面的山陵,是周文王避过风雨的地方。你们必将死于两座山陵之间,我在那里为你们收尸吧!"

　　秦军向东进发。二十五年(前627)春天,秦军经过周王都洛邑的北门,兵车的左右卫脱去头盔,下车步行,以表示对周王的敬意,但是随即就跳上车,战车有300多辆。周共王的玄孙王孙满年纪还小,看到秦军的这种举动,认为秦国的军队轻佻而无礼,必然打败仗。

　　秦军到达滑国(今河南巩县西北),遇上了准备到周王都贩牛的郑国商人弦高。弦高见秦军突然而来,郑国毫无准备,急中生计,自称是郑国派来的使臣,先送4张熟牛皮,然后又奉送12头牛犒劳秦军,假称受国君的委托来犒赏秦军,对秦穆公说:敝国并不富裕,为了您的随从能够在这里生活方便,住下就提供一天的食物,离开就准备一夜的守卫。同时,派人火速向郑国报告。

　　郑穆公得到消息后,派人去馆舍探视杞子等人的动静,发现他们已经装束完毕,磨利兵器,喂饱战马了,于是派皇武子下令逐客。杞子逃跑到齐国,逢孙、杨孙二人逃到宋国。秦军得到报告,主将孟明视认为郑国已有准备,没有得到郑国的希望了。攻郑不能取胜，围郑又无后续，建议早日回军。因此，秦军回师，顺路灭掉滑国。

就在这时，晋文公刚刚去世，晋国大臣认为秦国此举严重威胁晋国的霸业。晋国大夫先轸认为机不可失，放走秦军要生后患，一定要阻止秦军。栾枝则认为，先君复国，靠的是秦国的支持，未及报恩就攻打人家，对不起死去的先君。先轸反驳说：秦国不因我们的丧事而悲伤，反而攻打我们的同姓国，这是秦国无礼。一旦放走敌人，几辈子要受祸患，我们为晋国子孙后代着想，这可以对去世的国君说！于是发布命令，紧急动员姜戎的军队，晋襄公染黑丧服，领兵出征，梁弘驾驭车，莱驹做保镖。

同年夏四月，晋军在殽山击败秦军，俘虏了孟明视、西乞术、白乙丙，胜利而回。然后晋襄公身着黑色的丧服安葬了晋文公。晋文公的夫人(秦穆公的女儿、晋襄公的母亲)文嬴请求释放秦国的三位将帅，说是他们三人挑拨晋、秦两国国君的关系，如果父王(秦穆公)得到这三人，就是吃了他们的肉也不满足，何必屈尊晋君去惩罚他们！莫如让三人归秦接受刑戮，也使父王快意。晋襄公答应了她的请求。

先轸入朝进见晋襄公，问起秦国的囚犯。襄公说："母亲代他们求情，我把他们放了。"先轸大怒，认为将士们拼力把他们从战场擒获，一个妇人说几句谎话就把他们从国都释放，毁伤自己的战果、助长敌人的气焰，亡国没几天了！说着说着对着晋君就往地下吐唾沫。晋襄公十分后悔，立即派阳处父去追赶孟明视等人，追到黄河岸边，孟明视等已经上船离岸了。阳处父解下车左的骖马，说是晋襄公要赠送他们，请他们上岸。孟明视等在船上叩头辞谢道：蒙晋君的恩惠，不用我等的血涂军鼓，使我们回归秦国接受刑戮。秦君如杀了我等，死而不朽；如托晋君的恩惠得到赦免，三年之后，必将拜谢晋君的恩赐。这实际上是说三年之后必来报仇。

秦穆公衣着素服，在郊外对着释放归国的将士号哭，说："我不听蹇叔的忠告，致使你们几位蒙遭耻辱，这是我的罪过！"继续任用孟明视等人。

殽之战以及其后的秦晋彭衙之战，使秦国向东扩张的战略连连受挫，无法东进。于是，秦穆公就把战略重点转向西，展开了称霸西戎的大业。

晋秦麻隧之战

　　周定王十年(前597)晋楚邲之战以后,晋国一时失去了中原霸主的地位。但晋未忘争霸中原。鉴于邲的失败,晋国调整了争霸方略。在东方,晋通过公元前589年的鞍之战,击败齐国,逼齐附晋。在北方,晋用全力攻灭了为患多年的赤狄,将白狄逐走,解除了后方的威胁,并把都城迁至新田(今山西侯马)。剩下来的,便是西方的秦国。秦国自殽函之战失败后,遂与晋成世仇。晋要与楚争霸中原,必须彻底解除秦国的威胁。因此,周简王六年(前580)晋厉公即位之后,首先派大夫郤至到楚国请求结盟,晋厉公又亲自和楚国盟于赤棘,稳住楚国。之后,晋厉公派人征集齐、鲁、卫、郑、曹、邾、滕七个诸侯国的军队,约定共同伐秦。周简王八年(前578)四月,晋厉公派魏相到秦国去,宣布和秦国绝交,并宣读了一篇很长的与秦绝交书,其内容历数秦晋旧日恩怨,特别提到,晋秦合围郑国而秦单独撤军(指烛之武退秦师事)后又趁晋文公去世,经晋国土地殽而伐郑、伐郑不成,又灭滑,才有了殽之战。秦良公是晋的外甥,却总是摇荡我边疆,图谋我社稷,与晋国先后打了"令狐之战""河曲之战",导致秦晋交恶。最后又讲:

　　及君(指秦桓公)嗣位,我君景公引领西望,说:"秦该抚恤我晋了。"可是,君却不称晋望,趁我有狄人之难,攻我城邑,杀我人民,我是以有辅氏之战(周定王十三年,前594年),后又背弃盟誓。白狄是君之仇人而我之姻亲,君来约我伐狄,我君不敢顾婚姻之亲,畏君之威,而准备伐狄。哪知君有二心于狄,曰"晋将伐女",幸好狄人告诉了我们。楚人也厌恶君之反复无常,告诉我们说:"秦背盟而来求盟于我,并说,虽然与晋往来,但唯利是视。"诸侯们闻听君言,无不痛心疾首,同声讨伐。但寡人唯好是求。君若惠顾诸侯,哀矜寡人,则与我结盟,是寡人之愿也,诸侯马上退军。君若不施大惠,则寡人也无法让诸侯退军,只有邀君一战。

这篇绝交书,实际上是一篇声讨书。其目的有二:一是掩盖伐秦的真实目的,不引起楚国的注意,二是获得诸侯的同情,借以为伐秦之助。事实上,这个目的确实达到了。在此之前三年(周简王六年,前580年),秦桓公邀晋会于令狐,却又不肯过河。既而背盟而招狄人和楚人伐晋。因此,各诸侯国普遍同情晋国。与秦绝交后,晋厉公立即调动军队,以栾书将中军,荀庚佐之;士燮将上军,郤锜佐之;韩厥将下军,荀莹佐之;赵旃将新军,郤至佐之。晋厉公自任统帅。秦桓公虽被晋国声讨,却不甘认输,也尽起全国之兵以御晋军。周简王二年(前578)五月,以晋国为首的诸侯联军到达麻隧(在今陕西泾阳县北)。从秦都雍城(今陕西凤翔)出发的秦军也到达该地,双方摆开阵势,进行决战。由于诸侯联军在兵力上占优势,所以秦军抵挡不住,被打得大败。秦军将领成差和不更(秦官名)女父被晋军俘获。而联军方面,曹宣公战死。当双方未开战之时,秦军和诸侯联军隔泾水对峙,诸侯联军都迟疑观望,谁也不肯首先挥师渡河,向秦军攻击。晋大夫叔向对鲁大夫叔孙穆子说:“诸侯都认为秦不恭而来讨伐。如今到泾水边却停下来,何益于伐秦之事?”叔孙穆子回答说:“我的责任,是‘匏有苦叶’(《诗经》句),不知其他。”叔向听了,回去对晋军掌管舟船的舟虞和掌兵的司马说:“匏(葫芦)对人没有其他用处,只有用来渡河。鲁国的叔孙赋《匏有苦叶》,诗以言志,鲁军必将先渡河。”马上命令他们准备舟船渡具。果然,开战之时,鲁军率先渡过泾水,诸侯之师紧随其后,是以大败秦军。晋军一直追到侯丽(在泾水南岸),才收军还师。

麻隧之战后,秦国力量大衰,数世不振,直到春秋时期结束,不能再对晋国构成大的威胁。所以,晋厉公进行的这一战役是十分成功的。麻隧之战后,晋国方得以倾其全力,投入与楚国的争霸斗争,并在随后的鄢陵之战中击败楚国,重获霸主。

晋厉公之乱

周简王六年(前580),晋厉公即位。即位以后,颇有作为。首先是在即位的第三年(周简王八年,前578),率诸侯联军进行了麻隧之战,彻底击垮了秦国,解除了秦国从西方对晋国的威胁。之后，南向与楚争锋，在周简王十一年（前575）的鄢陵之战中击败了楚军，巩固了晋国的霸主地位。

但是，晋国自身的矛盾和危机却在此时暴露了出来。按晋国的惯例，卿权太重。晋国当时执政的大族便有郤氏、栾氏、赵氏、范氏等。他们大权在握，发号施令，而作为君主的晋厉公反而并无太大的权力。上卿之间也矛盾重重。晋厉公即位以后，想加强自己的权力，重用胥童、夷羊五和长鱼矫等人，逐步削夺诸大夫的权力。因而厉公和诸大夫的矛盾越来越尖锐。在鄢陵之战作战之前，晋大夫士燮便看出晋国将要爆发一场内乱。因此，他不愿和楚军作战，反复强调"为人臣者，能内睦而后图外""不有外患，必有内忧""若外宁，则必有内忧"。与楚国作战，"战若不胜，则晋国之福也；战若胜，乱地之秩者也。其危害将大"。可是，晋在鄢陵之战中却偏偏打了胜仗。所以，士燮从鄢陵回来后，便让自己的祝宗祈祷自己赶快死去，因为他不愿意看到晋国即将发生的惨祸："君骄侈而克敌，是天益其疾也，难将作矣。爱我者惟祝我，使我速死，无及于难，范氏之福也。"鄢陵之战后一年（前574）的九月，士燮就死了。

晋厉公从鄢陵返回晋国以后，就开始动手削弱大夫之权，"欲尽去群大夫，而立其左右"。晋厉公所信用的胥童，因为自己的父亲胥克为郤氏所废（胥克原为晋下军佐，因患蛊疾而为执政郤缺所废），怨恨郤氏。大夫郤锜曾夺取过夷羊五家的田地，双方矛盾极深。夷羊五也深得晋厉公信任。另一大夫郤犨和长鱼矫争夺田地，郤犨将长鱼矫抓来戴上枷锁，还把长鱼矫的父母妻子一起抓来，将他们和长鱼矫一起拴在车辕上。长鱼矫怨恨郤氏，而又取得了晋厉公的信任。晋国主要执政大夫之一的栾书，因为在鄢陵之战中郤至不听从自己的意见而出击并打败楚军，使自己丢了脸，也想报复郤氏，除掉他们。因此，栾书从鄢陵回来后，便制造一个阴谋，指使鄢陵之战中被晋军俘虏的楚公子茷告诉晋厉公说："这一仗，实际上是郤至让我们楚国国君来打的。他说趁齐、鲁、卫三国之军来至，晋军军帅又未到齐（晋有四军，将佐当有八人，但荀罃以下军佐留守晋国，郤犨以新军佐的身份到诸侯国去征集军队，故四人未到齐），一定能打败晋军。还说他将奉孙周（即后来的晋悼公，此时流亡在周）以事楚。"晋厉公将这话告诉栾书，栾书装作不知道，说："肯定有这事。不然，他怎会不怕死而和楚王在战场上谈论别的事呢？您让他到周（即周王室）去聘使，暗中观察一下即可知道了。"晋厉公就派郤至到周室去献鄢陵之捷，栾书暗中让孙周和郤至相见。孙周不知其中有诈,便去见了郤至,给晋厉公的人看见后,回来报告了晋厉公。晋厉公遂以为郤至阴谋废掉自己而立孙周,而相信了栾书的话。

这时候,恰巧又发生了另外一件事。晋厉公带着宫中的妇女和诸大夫出去打猎,按惯例,应由晋君先发箭射杀禽兽,再由大夫发箭,妇人和宫中之内嬖是不能参与此事的。可晋厉公却先和妇人发箭射猎,射完坐下来饮酒,然后才让大夫们去射。这本已颠倒了。郤至发现了一头猪,正想要射,晋厉公的内嬖寺人孟张却要来抢,郤至不服,先发箭将猪射倒。晋厉公由此认为郤至轻视自己,加上栾书的挑拨,遂对郤至十分怨恨。

十二年(前574),晋厉公在一切准备停当之后,和胥童等人商议从何下手。胥童说:"必须先从三郤(郤锜、郤犨、郤至)开刀。他们宗族大,仇人多。除掉大族,公室便不受逼迫。讨伐多怨者,容易成功。"晋厉公答应,但这事被郤氏知道了。郤锜便欲发兵向晋厉公进攻,说:"即使我们失败了,他也必然陷入危险。"郤至本无反心,闻后不同意,说:"人之所以立于世,是以信、以智、以勇。信不叛君,知不害民,勇不作乱。失去这三者,谁还同情我们?死就死了,不用增加仇怨。君之杀臣,谁又奈何?我若有罪,现在死已经晚了。若杀无辜,更会失去民心,能得好结果吗?"所以,郤氏就没有主动进攻。胥童和夷羊五准备率800名甲士向郤氏进攻,长鱼矫认为不需要。他另出计谋,让晋厉公派清沸魋帮助长鱼矫。两个人各自抽戈,衣襟相结,伪装成争斗的样子,请"三郤"前来作公断。三郤不知其谋,正要为他们评判,长鱼矫突然抽戈击杀了郤锜和郤犨。郤至连忙逃向自己的车子,长鱼矫一直追到车跟前,用戈将郤至杀死。"三郤"被杀后,晋厉公把三个人的尸体都陈列在朝堂以示威。

杀掉"三郤"后,胥童又指挥甲士在朝堂上扣押了栾书和荀偃。长鱼矫对晋厉公说:"不除此二人,祸必及于君。"晋厉公说:"一天就杀了三个卿,我不忍再杀了。"长鱼矫说:"人家将忍心杀君。臣听说,乱在外为奸,在内为轨。用德御奸,用刑御轨。不施惠而只知道杀人,不可谓德;臣逼君而不讨伐,则不可谓刑。德、刑不立,奸、轨并至。我还是走吧。"于是,长鱼矫离开晋国,出奔到了狄。长鱼矫走后,晋厉公把栾书和荀偃释放掉,说:"寡人只想讨伐郤氏。郤氏既伏其辜,大夫无辱。"恢复了二人的职位。二人叩首称谢。晋厉公任胥童为卿。

可过没几天,晋厉公到臣丽氏(晋大夫)家中宴饮,栾书和荀偃就派人把晋厉公劫持了。然后,他们找另一个执政大夫商议如何处置晋厉公。他们又找韩厥，韩厥说："古人有言曰'杀老牛莫之敢尸'，杀老牛尚且如此，何况是国君？你们不能事君，找我商量干什么？"荀偃大怒，要攻韩厥，栾书拦住了他。

将晋厉公抓起来以后，栾书和荀偃就杀掉了胥童。第二年(周简王十三年，前573年)春，栾书和荀偃派程滑杀死晋厉公，而迎立孙周即晋君位，是为晋悼公。从此，晋国上卿的权力更加扩大，"政出多门"的情况更为严重。

晋齐平阴之战

周灵王十四年(前558)，晋悼公英年早逝，幼子继位，是为晋平公。晋悼公的去世，使晋国的霸主地位一时动摇。首先想取晋而代之的是齐灵公。在此前两年，周灵王为讨好齐国，派使至齐，期望他"股肱周室，师保万民""王室之不坏，繄伯舅是赖"，使齐灵公得意非凡。晋悼公死，齐灵公便欲起而争为霸主。为压服鲁国，他首先联合莒、邾二国发兵攻伐鲁国，逼鲁投降。此外，齐灵公又发卫国之兵攻伐曹国，一面又与楚国结盟，寻求楚国的支持，并且派兵进驻于齐西界之平阴(今山东平阴)，一时咄咄逼人。

晋平公即位后，晋国内部作了一些调整。羊舌肸(即叔向)为傅，张君臣为中军司马，祁奚、韩襄、栾盈、士鞅为公族大夫。齐灵公欲争盟，晋国首先与之对抗。周灵王十五年(前557)，晋平公会诸侯于温(今河南温县)，齐使高厚临席脱逃。第三年，即周灵王十七年(前555)，晋国开始向齐国反击。晋国首先抓了替齐灵公发卫国兵攻曹国的卫国行人(外交官)，解除了曹国之患。齐灵公犹不悔改，仍发兵攻鲁。是年十月，晋国便联合宋、鲁、卫、曹、郑、邾、滕、薛、杞等诸侯组成联军，攻伐齐国。晋军以荀偃将中军，赵武将上军，魏绛将下军，合诸侯之兵，共约12万人。晋军东渡黄河时，荀偃以玉祭河，求神灵保佑。

齐灵公看到诸侯联军来伐，亦倾其全国兵力出战，与诸侯军相持于平阴。齐军在平阴筑了一道城堑，以作防御之用，并想以此为据点，进攻晋军。齐大夫夙沙卫向齐灵公建议转移阵地，凭险据守，齐灵公不听。双方摆好阵势以后，晋军即向齐军营垒发动猛攻。因齐军所筑工事简陋，不足以据守，故齐军伤亡惨重。在交战中，荀偃看见齐大夫析文子(子家)，告诉他说，鲁国和莒国的军队已经从侧翼绕道进攻齐都临淄。析文子赶紧将这个消息报告齐灵公。齐灵公一听，才感到有些害怕。齐大夫晏婴也在军中，听了这个消息说："君（指齐灵公）本来就无勇力，而又听说这个消息，齐军恐怕支持不了多久了。"

为了迷惑齐军，荀偃派了一些士兵在平阴之南的山泽间遍张旗帜，让乘车的甲士"左实右伪"（乘车之士三人，一居中，一在左，一在右。在左实有人、在右乃伪装之人），车前打着大旗，车后拖着干柴，来回奔驰，荡起满天尘土。齐灵公登上平阴北边的巫山向晋军阵地张望，看见这个阵势，以为晋有大军在后，非常恐惧。十月二十九日晚上，齐灵公趁着月黑天连夜撤军，向东逃回齐国。晚上，晋军听见平阴城中马匹嘶鸣，第二天白天又见平阴城的齐军营垒上有许多乌鸦，方知齐军逃跑。十一月丁卯，晋军进入平阴，立即挥军追赶。齐大夫夙沙卫殿后，一边走，一边把大车连起来堵在山道上，以阻碍晋军通过，并杀马填住山隘。齐军勇将殖绰和郭最二人看不惯夙沙卫如此小心，硬让夙沙卫先走，他们二人率军殿后。晋军勇

晏婴像

将州绰率军追到，向殖绰连射两箭，一箭中左肩，一箭中右肩，正好夹住殖绰的脖子。州绰说："若不再奔逃，就当我们的俘虏；若再逃，我就要射中间了。"殖绰害怕被杀，向州绰说两个人立一个私誓，便不再逃，州绰说："有如日！"随即扔掉弓箭，将殖绰反缚起来，郭最也同时被绑。州绰将两人置于中军之鼓下，继续追击。

晋军追入齐境以后，一路势如破竹，进展顺利。十二月初，晋军便攻到了齐都临淄城下。晋军将领范鞅攻临淄的西门雍门，攻了三天后，焚烧了雍门和雍门的西郭和南郭。刘难和士弱率诸侯之师焚烧了临淄南门前的竹木，临淄的阳门（西北门）、束闾（东门）等也遭攻破。齐灵公大惧，准备率众突围，逃到邮棠（在今山东平度南）。太子光和大夫郭荣拉住他的马，劝他说："诸侯之师来得快，退得也快，君何惧焉？而且，社稷之主不可轻易行动，轻动会失去众心。您必须坚持下去。"齐灵公急着要逃跑，驱马想从他二人身上践踏过去。太子光抽剑斩断了齐灵公马脖子上的马鞅，使马无法架车。齐灵公只好停了下来。晋军向东一

直打到潍水边上,向南打到大沂河。

郑国的郑简公率郑国军队参加了诸侯联军,出国作战,留守大夫子孔想借这个机会除掉与他有矛盾的郑国其他大夫,便暗中派人到楚国去,请楚国发兵袭郑。楚令尹公子午考虑到中原诸侯方和睦于晋国,出兵对楚国不利,因而不答应。楚康王知道后,却坚持要出兵,以为袭郑可以解除晋国对齐国的进攻。公子午不得已,乃派兵于汾(在今河南许昌西南),兵临郑境。郑国诸大夫中,子蛴、伯有、子张跟从郑简公出征,子孔、子展和子西留守。楚军出兵后,子展和子西发现了子孔的阴谋,立即加强守备,并派人监视子孔。子孔以国内有备,遂不敢乱动。这一来,楚军便失去了内应。楚军侵郑分为两路,一路由北,打到费、滑(俱在今河南巩县、偃师境),以威胁晋军的侧后方;另一路由南侧涉过颖水,攻郑之南境。之后,两师相会于郑都,攻郑国都城。因郑国有备,楚军屯兵于坚城之下,久攻不克。这一年冬天,天气特别寒冷,许多楚军士卒被冻死,而军中之役徒几乎冻死殆尽,故不得已而撤兵。

晋军在齐围攻临淄的时候,得到了楚国出兵攻郑的消息。荀偃及将领们担心晋国后方受到威胁,便撤兵回晋。晋军撤退不久,齐灵公便病死了。晋、齐之战暂时结束。而晋国的霸业更加巩固。

齐庄公袭晋

齐灵公死后,其子庄公即位。周灵王二十年(前552)秋,晋国大夫范宣子与栾盈争权,驱逐了栾盈。栾盈出奔楚国。范宣子又尽杀箕遗、黄渊、司空靖、邴豫、董叔、羊舌虎等十大夫(皆栾氏之党)。第二年秋天,栾盈从楚国到了齐国,与齐庄公一拍即合,二人共同准备报复晋国。齐国大夫晏平仲劝齐庄公说:"齐已受命于晋,禁锢栾氏。如今却纳栾氏入国,将安用之?小之所以事大是靠信。失信则难以安身立国。"齐庄公不听。

周灵王二十二年(前550),晋平公将嫁妹于吴。齐庄公派析归父媵之(送媵妾随嫁),暗中却以带有篷盖的车辆密载栾盈及其武士于其中,将他们送至栾盈的旧封邑曲沃(今山西闻喜县东)。栾盈至曲沃后,夜见晋守曲沃大夫胥午,将自己的报仇计划告诉了他。胥午说:"不可。天之所废,谁能兴之? 你若举事,必不免于死。我并非惜死,是因事情成不了。"栾盈说:"虽然如此,因你而死,我决不后悔。举事不成,那是天不祐我,非你之过。"胥午答应帮助栾盈。为探视众心,胥午将栾盈藏匿起来,而设宴聚集曲沃之众士。宴会上,胥午对大家说:"如今让栾孺子(即栾盈)回来如何?"人们回答说:"得以为主人而死,虽死犹生。"大家都叹息,有人甚至悲泣起来。互相举杯之后,胥午又说了一遍,大家都说:"得到主人,有死无二。"栾盈见状,这才从里面走出来,遍拜众人,感谢大家对自己的忠诚。

四月,栾盈率领曲沃的甲士,靠魏舒的帮助,在白天进入了晋都绛(今山西侯马)。当初栾盈为晋国下军佐,而魏舒为下军帅,私相亲爱。所以魏舒帮助了栾盈。但是,晋国的其他几家大夫中,赵氏因原、屏之难(见《左传》成公八年原、屏被杀之事)而怨恨栾氏;韩氏和赵氏关系正亲密;中行氏也因伐秦之役怨栾氏(事见《左传》襄公十四年),并且范氏和中行氏和亲。智氏的智悼子年少,而听命于中行氏。所以,只有魏氏和七舆大夫(见《左传》僖公十年)帮助栾氏。栾氏非常孤立。

栾盈入绛的事,很快被范宣子知道了。大夫乐王鲋为他分析了形势,认为帮助栾氏的只有魏氏,劝范宣子赶快去找魏舒。范宣子到魏家,见魏氏的甲士已经排列成队,准备去和栾氏会合。范宣子急忙逆迎魏舒,而赂之以曲沃。魏舒知栾氏之变难成,便中途退出。范宣子又派斐豹杀了栾氏的力士督戎。因此,栾盈攻公宫未成,只好率众退守曲沃,以待援兵。

是年秋天,齐庄公起兵伐晋。齐军编为六队,有前队、后队、左队、右队等,以精选的武士为骨干作远程奔袭。组织十分严密,战斗力极强。晏婴谏齐庄公说:"君恃勇力,以伐盟主(指晋国当时为诸侯的霸主),若不济,是国之福也。不德而有功,忧必及君。"齐庄公不听。准备完毕后,齐军先到达卫国,然后以极快的速度攻入晋国,占领了晋国在东方的军事重镇朝歌(今河南淇县)。然后,齐军分为两路:一路入孟门(在今河南辉县),登太行,沿今山西南部的高平、沁水一线而直趋晋国都城绛;另一路则沿太行南麓,经今河南沁阳、济源,越过王屋山的关隘,准备和北路军会师于绛。南路军攻取了邢邵(在今河南济源西 120 里之邵源镇)。随后留一部兵力守城,而主力则由此北进,与北路军会师于荧庭(今山西翼城南)。此地西距晋都不过百里,齐军在此与晋军遭遇,故在此筑垒为营,和晋军展开激战。因齐军皆为精选的精锐,战斗力很强,所以晋军伤亡惨重。但齐军却因此而不得前进,不能和困守孤城的栾盈取得联系。齐庄公乃命堆积晋军战死者尸体于少水(即今沁水)筑成高堆,以为京观,然后扬威而还。晋国赵胜率晋东阳(泛指晋属太行山以东之地)之师追击,抓获了参加伐晋之役的晏婴的儿子晏氂,但并未给齐军以打击。这年冬天,曲沃终于被晋军攻破,栾氏之党全部被歼。齐庄公伐晋之役也到此结束。

吴楚柏举之战

周敬王十四年(前506),晋定公以周王室名义,会诸侯于召陵,谋划进攻楚国。沈国人因为亲附于楚国,因而未去参加召陵之盟。于是,晋国就让蔡国攻打沈国。这年夏天,蔡国灭沈国。秋天,楚国又派兵包围了蔡国。吴国的大将伍子胥与太宰伯嚭商量乘机伐楚,蔡昭侯将自己和大夫的儿子送去吴国做人质,以表示与吴联合伐楚的决心。冬天,吴王阖庐、蔡昭侯与唐成公联合出兵,攻打楚国。

吴军把船停泊在淮水沿岸的凹曲处,从豫章和楚军隔着一条汉水对峙。楚国的左司马沈尹戌主张,由令尹子常率兵沿汉水与吴军周旋,自己带领一部分人马绕道先毁掉吴军的船只,回军堵塞汉水东边险隘的关口,然后子常可渡过汉水正面交战,自己从后面夹击。子常却想独占功劳,听信大夫史皇的话,立即渡过汉水。

十一月十八日,两军在柏举(今湖北麻城)摆开阵势。阖庐的兄弟夫概王认为,子常不仁,他的臣下没有死战的决心,主张派兵先向子常的亲兵发起进攻,然后以吴军主力猛击,一定能取胜,阖庐不同意。夫概王认为人臣见义便行动,不必待命,拼死一战,定要攻入郢都,于是带领自己所属的5000兵士发起进攻,果然楚军大败,子常奔郑,史皇战死。吴军乘胜追击,到达清发河(今湖北安陆县)。阖庐准备进攻,夫概王认为困兽犹斗,何况是人!不如等楚军渡河时再发起攻击。阖庐听从了夫概王的主张,再次击败楚军,并在雍澨(今湖北京山县)又一次击败正在吃饭的楚军。吴军屡战屡胜,经过五次战斗,长驱直入,到达楚都城郢(今湖北江陵)。

二十七日，楚昭王带了他妹妹逃出郢都，徒步渡过睢水（今湖北当阳县沮水）。二十八日，吴军攻入郢都，按照爵位尊卑、班次对等的关系，分别住在楚国君臣的宫室里面。楚国的左司马沈尹戍到达息地（今河南息县西南）就往回退军，在雍澨打败吴军，自己也受了伤。他耻于做吴国的俘虏，就让小臣句卑砍下自己的头，藏好尸体，裹首而逃。楚昭王逃入云中（今武汉与沔阳之间的汉水区域），遭到当地强盗的袭击，又逃奔郧地（今湖北安陆）。楚昭王的父亲楚平王曾杀死郧公斗辛的父亲，所以斗辛的弟弟斗怀打算杀死昭王，斗辛与另一弟弟斗巢带着昭王又逃到随国（今湖北随县）。吴军追赶到随国，要随国交出楚昭王，昭王之兄子期长得像昭王，建议昭王逃避，由自己装扮作昭王，让随人交给吴军，这样可以使昭王免于祸患。随国占卜，将子期交出去不吉利，于是婉言辞绝了吴军的要求，吴国人从随国退兵。楚昭王为了表示心诚，就割破子期胸前皮肤，取血与随国人盟誓。

当年伍子胥逃吴时，与申包胥很友好，曾表示一定要报仇雪恨，颠覆楚国。申包胥表示，你能颠覆楚国，我就一定能复兴它。等到昭王逃亡在随国时，申包胥就到秦国请求救兵。秦哀公不愿出兵，表示要商议，请他先在馆舍住下。申包胥回答说：我们的国君在远方避难，尚未得到安身之处，下臣哪敢贪图安逸？就靠在秦国宫廷门外哀哭，七天七夜勺水不入口。秦哀公为之所动，于是发兵车500乘救楚。

十五年（前505）夏，申包胥带着秦军赶到，在稷地（今河南桐柏县南）与吴军相会，在沂地（今河南正阳县境）大败夫概王，楚平王的庶长子子西，也在军祥（今湖北随县西南）打败吴军。七月，楚子期、秦子蒲联合灭唐。九月，夫概王回国，自立为王，但被阖庐打败，逃奔到楚国，楚封其为堂谿氏。

吴军在雍澨再败楚军，秦军赶到又打败吴军，吴军驻扎在楚国的麇地（今湖北京山县境）。子期用火攻击吴军，吴军败退。在公壻之谿（今湖北与陕西交界地带），秦楚联军又大败吴军，吴王阖庐俘虏了楚大夫闉舆罢归国，闉舆罢乘机逃回楚国。

吴楚柏举之战历时10多个月，吴军出动3万兵力，楚军投入12万的兵力，除了水师、步兵之外，还使用了象军。这在春秋史上是罕见的。这次战争，使楚国国都破损，国君逃亡，元气大伤。不久，楚国便向北迁都至鄀（今湖北宜城县东南）。吴军虽然最后几次伤败回吴国，但损失较小，回师次年（即周敬王十六年,前504)吴太子终累又以舟师大败楚军,俘虏了楚国的两个水军将领和7名大夫;同时,又在繁扬(今河南新蔡)打败了子期所率领的楚国陆军,为后来吴国的称霸奠定了基础。

勾践卧薪尝胆

周敬王二十六年(前494)吴王夫差兴兵伐越,吴军在夫椒(今太湖椒山)大败越军,并乘势攻入越国。越王勾践只剩5000甲士守着会稽山。为了免于亡国之祸,勾践接受大夫文种的建议,派文种到吴军,通过吴国太宰伯嚭,卑辞厚礼,向吴王请罪,并表示:越王勾践愿为吴王臣仆,夫人为奴妾,越国的大夫、士及其妻女为吴服役,越国的珍宝献与吴王。吴王夫差打算答应,伍子胥坚决反对,主张斩草必须除根,并举了夏时少康从危难中求得生存,积蓄力量,最后终于灭掉政敌寒浞,中兴夏族的例子。伍子胥还认为,吴越两国同处三江之地,势不两立,现在若不攻下越国将其灭亡,连后悔也来不及。更何况勾践不是平庸君主,还有文种、范蠡这班良臣呢!正当夫差犹豫不决之际,文种又向勾践献上计谋,精选美女8人和丰厚的礼物,送给吴国太宰伯嚭。伯嚭接受了贿赂,劝吴王说,从古以来,攻人之国无非是降服而已,现在越国请降,称臣纳贡,还有什么要求呢?被引见的越国大夫文种也软中带硬,表示越国万一得不到吴王的宽宥,勾践将杀妻灭子,毁宝销器,以5000甲士与吴军拼到底,这样,吴国也得不到什么好处。夫差认为越国偏小,这次会一蹶不振,不足为患,就答应了越国媾和的请求。于是,勾践等300人入吴称臣。伍子胥感叹道:这是养虎遗患啊!越国用10年繁衍积聚,10年教育训练,20年后,吴国的宫殿就要成为越国的池沼了。

吴王夫差意在进取中原,根本不把越国放在心上。与越媾和的当年,他出兵伐陈;次年借送聘礼名义侵入蔡国,逼着蔡侯杀公子驷、迁先君墓;三十一年(前489)再次攻打陈国;三十二年(前488)向鲁国哀公征取百牢贡礼;三十三年(前487)助邾伐鲁;三十五年(前485)联合鲁、邾、郯攻打齐国,兵败退回;次年又与鲁国联合在艾陵(今山东莱芜东北)大败齐军。

就在夫差进军中原期间,勾践忍辱负重,卑躬屈膝,为吴宫驾车养马,勾践夫人秽衣恶食,为吴宫打扫宫室,越国群臣百依百顺,唯命是听。据说,勾践为了取得夫差的信任与欢心,在夫差患病后还亲尝其粪便,终于得到赦免,君臣归国。归国后的勾践"悬胆于户,出入尝之""目卧则攻之以蓼,足寒则渍之水",发愤图强。

吴王的举动和勾践的行为使伍子胥深为担忧,他多次向吴王进谏,陈述勾践食不重味,衣不重彩,吊死问疾,休养生息,此人不死,必为吴患。伍子胥断定:"越不为沼,吴其泯矣!"但是夫差根本听不进去。伍子胥见夫差如此,就趁使者去齐,把自己的儿子改姓王孙氏,寄托到齐国的鲍氏家中。伯嚭与伍子胥不和,以寄子敌国诸事向夫差进谗言。夫差大怒,赐伍子胥以属镂剑自杀。临死,伍子胥对夫差说:"挖出我的眼睛挂在姑苏城的东门,总有一天我会看到越国灭吴!"夫差更为恼怒,把伍子胥的尸首包在皮革中抛入大江,名曰"鸱夷浮江",让他葬身鱼腹。

勾践归国后,积极推行富国强兵的措施。首先是招贤选士,整饬内政,设立招贤纳士机构,广招四方的贤士,安排文种负责内政,范蠡负责外交,计然负责财政;其次是发展生产,繁息人口,减轻赋税,鼓励垦田,发展冶铸手工业,号召适令婚嫁,奖励多生多育,照顾鳏寡孤独,收揽人心。还采取了按闾里征聚兵员的办法,严格军事训练,使士卒"进则思赏,退则思刑"。与此同时,还展开卓有成效的外交活动,制定了"结齐、亲楚、附晋"的方针,实施"三国伐吴,越承其弊"的战略。越国内部养精蓄锐,对吴国却不露一点声色,还不时奉送珍宝玉玩,结其欢心;伐取大木为吴国修筑姑苏台;假装饥荒向吴国借贷粮食,使其仓库空虚;又偿还煮熟的粮食让吴国做种子,使其当年颗粒无收;还施美人计,选西施、郑旦,入吴助长夫差的荒淫。

三十八年(前482),夫差决定挥师北上,与晋定公在黄池相会(今河南封丘南),争夺霸主。临行,太子友以螳螂捕蝉、黄雀在后的故事劝谏夫差,希望他停止这种徒劳无功的举动。然而夫差眼中根本没有越国,一心想尝中原霸主的滋味。吴军北上,越国倾全国的兵力,分为三路:范蠡、后庸率兵取海路入淮,断绝北去吴军的归路;畴无余、讴阳从吴国南境,直逼姑苏;勾践率中军随后进击。越军到达姑苏近郊,吴太子友、王子地、王孙弥庸、寿于姚出来观察,王孙弥庸一眼望见其父的"姑蔑旗"已被越军俘获,不顾主张坚守疲敌之计的太子友的劝阻,率士卒5000人,在王子地的支援下出击,小获胜利,俘虏了畴无余和讴阳两个将领。越王勾践赶到,吴军全线大败,太子友和王孙弥庸、寿于姚被俘,越军杀入吴都,并放火烧了姑苏城。

四十二年(前478),吴国发生大饥荒,民无粮食,军无精锐,越国君臣认为灭吴的条件完全成熟,于是整顿朝政,号令军中,起兵伐吴。双方在笠泽(今苏州南),夹江对峙。越国将军队分为左右两翼,形成钳形攻势,士卒披犀甲、佩弩矢,在夜半时分渡江进击,吴军大败,越军直逼姑苏城。

周元王元年(前476),越军攻打到姑苏城下,由于城池坚固,一时未能攻下。到四年(前472),越军发起强攻,攻进吴都。吴王夫差退逃到姑苏山,让大夫公孙雄肉袒膝行,向越王请和说:孤臣夫差往日曾在会稽得罪了您,不敢违抗您的命令,使君王与大臣归国。现在君王前来惩罚我的罪过,罪臣唯命是听。恳乞也像以前一样,允许我永为越王的虏臣。勾践动了心,打算接受请降。范蠡当即劝阻道:君王忍辱负重22年,难道不是为了灭吴吗?今日大功将成,您却要放弃,难道忘记了会稽的耻辱吗?况且上天赐予而不取,必然反受其咎。勾践准备听从范蠡的意见,但又不忍心亲自回绝使者。于是范蠡击鼓进军,说:君王已将政事嘱托于我,请使者速去,否则,就得罪了!公孙雄无奈,流着眼泪而去。勾践非常怜悯,派人对吴王说,我把你安置在甬东(今舟山群岛),以100家供你衣食。夫差辞谢使者说,我老了,不能侍奉您了。然后,长叹一声:"我没脸去见伍子胥啊!"就自杀而死。越王以礼埋葬了夫差,又处死了为臣不忠无信的吴国太宰伯嚭。

越灭吴之后,挥师北渡江淮,与齐晋诸侯会盟于徐州(今山东薛县),遣使贡礼周元王,周元王使人赐勾践胙,命为伯。于是,东方诸侯国都来朝贺,越国建筑贺台,勾践成为春秋时代的最后一位霸主。

第六篇　群雄争霸的战国时期

三家分晋

　　春秋初年,晋国还是一个弱小的国家。从晋献公开始,国力逐渐增强,先后灭掉了周围不少小国,疆域日益扩大。到了春秋中期,晋国已占有今山西省的大部分,河北省的西南部,河南省的北部和西部,陕西省的东部和山东省西部的一小块。献公死后,他的四个儿子夷吾、重耳、奚齐、卓子互相争夺君位,晋国一度大乱。后来,重耳在秦国等国的帮助下返国即位,是为春秋五霸之一的晋文公。晋文公在位时,当年跟随他出亡的赵衰、魏犨日益显贵,继而辅佐他称霸的荀林父(中行氏)、敬首(智氏)也先后被重用,加上稍后兴起的范会、韩厥,在晋国出现了赵、魏、韩、范、中行、智氏新兴的六大异姓贵族。这就是所谓的"六卿"。

　　"六卿"的势力日益强大,同晋国公室展开激烈的斗争,如赵氏家族,竟敢把晋灵公杀死。到了晋厉公即位后,异姓公族势力之大,已经到了难以驾驭的地步,为了巩固晋公室的统治地位,晋厉公笼络了胥童、夷阳五、长鱼矫等一些姬姓旧贵族,想凭借这些力量,扫除六卿的势力。而当时晋国朝中和赵氏关系密切的郤氏,同旧贵族之间积怨甚重,于是旧贵族栾书便与其他旧贵族串通,聚积甲士800人,准备用武力歼灭郤氏,长鱼矫认为强攻未必能取胜,主张用计消灭郤氏。当他得知郤至、郤犨、郤锜正在讲武堂议事时,便同厉公豢养的力士清沸魋各带兵器,装作两人斗殴前来告状,闯入讲武堂将郤锜、郤犨杀于座位之上,郤至明白中计,拔腿就跑,被长鱼矫赶上来,一戈毙命。晋厉公把"三郤"尸体陈列在朝堂,以此威胁和公室对抗的家族。但不久,厉公出游,栾书、中行偃(荀林父之孙)便率家兵囚捕了厉公,斩了胥童,并在周简王十三年(前573)派人杀死厉公,迎立晋悼公。

晋悼公任魏犨之子魏绛为中军司马,掌管军法。魏绛执法严明,不阿权贵,协助晋悼公改革内政,外和戎狄,使晋国一时间又称霸中原,而魏氏家族也因此更加显赫。

在当时的旧贵族中,栾氏是极为显贵的家族之一,居于卿位,世代相袭,亲属和党羽在朝中做官的很多,非常霸道。到栾书的儿子栾黡时,更是变本加厉,引起了新兴家族和国人的不满和反对。六卿之中,赵氏、韩氏、中行氏、智氏、范氏都与栾氏不和,尤其是栾、范两家,相为仇敌,只有魏舒因其父与栾盈有旧交,不愿同栾氏决裂。在这种情况下,范氏家族凭借自己的职权,挟持平公到固宫(有台、观等防御工事的别宫)。而这时,栾氏家族已经准备好进攻晋国都城绛(今山西曲沃西南),要发动兵变,歼灭新贵族的势力,终未能如愿。

晋之旧族衰落不振后,六卿内部的矛盾便日益突出。从他们在各自的领地所推行的税收制度来看,范氏、中行氏最重,智氏的剥削率次之,韩、魏二氏又次之,赵氏最轻,因此最能笼络民心。经济上发展的不平衡,导致了政治、军事之间的不平衡,六卿之中,赵氏的势力急剧膨胀,终于导致了赵氏与范氏、中行氏之间的一场激烈战争。

周敬王二十三年(前497),中行寅(中行偃之孙)、范吉射(范鞅之子)与赵氏旁支宗族赵稷结成同盟,背后取得晋定公的支持,外联齐、郑等国的统治者,对赵氏发起大规模的军事行动,赵鞅失利,退守晋阳。范吉射、中行寅穷追不舍,在城外修筑工事,围攻晋阳。而此时,与范氏、中行氏有仇隙的魏曼多(魏舒之孙)、智跞却胁迫晋定公讨伐范氏、中行氏。

同年冬天,智跞、魏曼多、韩不信(韩起之孙)率兵讨伐范、中行二家族,未能取胜。范吉射、中行寅乘胜反攻晋国都城,结果被韩、魏、智的军队打败,二人逃走,投靠了齐国。与此同时,经魏、韩两家的斡旋,赵鞅从晋阳返回国都,并于二十六年(前494)、二十八年(前492)、二十九年(前491)多次率兵围歼范氏、中行氏,到三十年(前490),范氏、中行氏被彻底打垮,这样,晋国六卿只剩下了四卿。

四卿专权之后,一方面继续削弱公室,一方面展开了内部激烈的斗争。智氏在四卿中势力最大,因而在周贞定王十一年(前458)四卿私分已经收归晋公室所有的范氏、中行氏的领地中,得到的最多,但智瑶贪心不足,又胁迫韩康子和魏曼多各送他一片有万户居民的领地,随即,又得寸进尺,向赵氏索要土地,不料,遭到赵无恤的严词拒绝。于是,智瑶就又胁迫韩、魏,于十四年(前455)出兵攻打赵氏。赵氏寡不敌众,退保晋阳。智瑶率三家的军队把晋阳城团团围住,但围攻了一年多也未攻下。智瑶又想出一计,开渠引汾水来淹晋阳城,几天之后,晋阳城外一片汪洋,水位离城头仅有三尺高。城内灶里都生了青蛙,人们只好悬锅做饭;城内粮绝,居民甚至有易子而食的;士卒病饿交加,身体非常虚弱,晋阳城形势万分危急。智瑶约魏驹、韩康子一同乘车在城外高地上观水,智瑶居中,魏驹驾车,韩康子陪乘。智瑶洋洋得意地说:"哈哈!今天我才知道用水可以灭掉别人的国家!"魏、韩二人听了,心中一震,他们想:苦是引汾水和绛水,不是同样可以灭掉魏都安邑(今山西夏县西北)和韩都平阳(今山西临汾)吗?魏驹下意识地用胳膊碰了碰韩康子,韩康子也用脚踩魏驹,两人心照不宣。

赵无恤死里求生,派家臣张孟谈坐筏子偷偷出城,来见魏驹、韩康子。相见后,张孟谈讲了一通唇亡齿寒的道理,力陈赵氏灭亡之日,就是魏、韩大难临头之时,说服魏、韩与其跟从智氏灭赵取祸,不如联合赵氏破智求安,最后相约联合灭智。

到了约定的时间,魏、韩乘夜色派兵杀了守堤的智氏士卒,掘堤放水,直灌智氏营寨。随即两翼夹击,赵氏士卒也从城内杀出。智瑶三面受敌,士卒溃败逃散,他本人被擒枭首。然后,韩、魏、赵三家灭掉智氏的家庭,瓜分了智氏的领地。

智氏被灭,晋国六卿只剩三家,号称"三晋"。三家不断蚕食晋公室的土地,到晋幽公为国君时,不但不能号令"三晋",反而降到了从属的地位,得去朝拜他们。周威烈王二年(前424),魏驹之子魏斯继位,称魏文侯;十七年(前409),赵无恤之孙赵籍继位,称赵烈侯;同年,韩康子之孙韩虔继位,称韩量侯。于是,晋国形成韩、魏、赵三家鼎立的格局。二十三年(前403),周威烈王正式承认魏斯、赵籍、韩虔为诸侯,此前三家已各有独自的纪年,三家分晋的事实被认可,晋国灭亡。

三家分晋是战国时期的一个重大历史事件,由此,我国进入了由封建割据走向兼并战争统一全国的新时期。

司马错灭巴蜀

今天我国的四川省,在远古时期曾经产生过与中原文明有着差异的、相对独立的古代文明,特别是今川西的成都平原一带,是古代著名的蜀国所在地。而今天的重庆及其附近地区,则是巴国所在地。

巴国原是周王朝在南土的封国,国君为姬姓,属周王室的分支。但巴国的人民被称为南蛮,因而他们与国君可能不属于同一民族。有关春秋战国时代巴国的历史,史书并无任何正式的记载。巴国的旧壤在汉代的巴郡、南郡,即今湖北省的荆门、江陵等地以西地区。因为巴国靠近楚国,在有关楚国的记载中,才附带地叙及巴国的叛服。从当时的记录我们可以知道,巴国在春秋时沦为楚国的附庸。它叛楚后,对楚用兵的那处在今湖北荆门县,鄾在今襄阳。战国以后,在楚国的逼迫下,巴国沿长江逐渐向四川盆地退却,先退据捍关(今重庆市奉节县),再向上游退至长江支流嘉陵江流域,先都平都(今重庆市丰都县),后又都江州(今重庆市)。到秦国向南进军时,巴国北上而定居在阆中(今四川阆中)。

蜀国的历史比巴国更为悠久。甲骨文中有商王征调蜀之"射人"的文字,周武王伐纣时,蜀是出兵助战的西南八个部族之一。在战国以前,除《尚书·牧誓》外,中国史书中没有任何有关蜀的记载。到战国时代,蜀国逐渐强大,出兵向北攻取南郑(今陕西汉中),向东攻伐兹方(今湖北松滋县),竟然和秦、楚这样的强国作战。《华阳国志·蜀志》载,战国时代的蜀王杜宇"自以为功德高诸王,乃以褒斜(即褒斜道,在今陕西南郊)为前门,熊耳、灵耳、灵关为后户,玉垒、峨眉为城郭,江、潜、绵、洛为池泽,以汶山为畜牧,南中为园苑",说明这时蜀已控制川西平原。以近年在四川地区出土的巴、蜀青铜器和其他遗物来看,巴、蜀文化已相当发达,其文字、形制等都独具地方特色。

直至战国中期,巴国还比较强大,还曾和蜀国联兵伐楚,此后逐渐衰弱,放弃了长期作为其政治、经济中心的江州而向北退居到阆中。蜀国的势力向东发展,与巴国连年交战。在此之前,蜀王将其弟封于汉中,号曰苴侯。苴侯和巴王交好。蜀王攻巴,因怒而攻苴侯。苴侯抵敌不住,便逃奔到巴。巴向秦国求救,蜀也派人到秦国请求出兵帮助。这一年,是周慎靓王五年(前316)。

秦国接到巴、蜀两国的告急文书后，立即在朝廷进行了讨论。当时在位的秦惠王很想出兵伐蜀，又觉得蜀国山高路远，行程艰难，韩国也恰在此时出兵进攻秦国的东界，因而犹豫不决。大臣们也意见不一。大将司马错请求乘机出兵伐蜀，丞相张仪却坚决反对。秦惠王让他们发表各自的意见。张仪说："如果我们亲近魏国，和楚国交好，然后兵进三川（指伊水、洛水和黄河交汇地区，即今河南洛阳地区），进攻新城（在今河南洛阳市南）、宜阳（今河南宜阳西），兵临二周之郊，据有九鼎，按天下之图籍，挟周天子以令于天下，天下莫敢不听，此霸王之业也。"司马错则提出："要想让国家富起来，就要扩大国家的地盘；要想使军队强大，就要先让百姓富足。想成就王业者，要先博施其德惠。这三者具备了，王业自然可以实现。如今，陛下国土狭小，人民贫困，所以臣愿陛下先从容易的事情上着手。蜀国地处偏僻的西方，为戎狄之长，国内正发生混乱。以我们秦国的力量去进攻它，就像豺狼追逐绵羊。得到其土地可以扩大国土，取其财富可以让百姓富足，付不出多少伤亡便可以征服它。消灭掉一个国家，天下人并不以为我们暴虐，利尽四海而天下人也不认为我们贪婪。这样，我们一举而名实相符，名利双收。但是，如果我们进攻韩国，劫持周天子，便只能得到恶名，这对我们并没有什么好处。而且，我们又落个不义之名，去做天下人不愿看到的事情。这种做法是危险的。臣请求详细谈一下其中的缘故：周天子为天下之所宗，齐国和韩国又互相亲睦。周天子知道自己将被灭亡，韩国知道自己将要丢失三川郡，他们便会并力合谋，依靠齐国和赵国的力量，和楚国、魏国取得谅解，将九鼎送给楚国，将地送给魏国，陛下是没有办法阻止他们这样做的。那时，我们的进攻就失去了意义。因此，臣以为出兵伐蜀为十全之策。"秦惠王听了，认为司马错的分析有道理，便采纳了司马错的意见。公元前316年任命司马错为将，率军伐蜀。秦军南越秦岭，自剑阁伐蜀，以摧枯拉朽之势，仅用了10个月的时间，便平定了蜀地，并乘势灭了巴国，将其纳入秦国的版图，贬蜀王为侯，而令陈庄相蜀。从此，秦国的土地面积扩大了一倍以上，国力更加富强，对山东诸侯国形成了更大的优势。

赵武灵王胡服骑射

赵武灵王为赵国第六代国君，是一个有作为的社会改革家和军事家。他在

位期间(前325~前299),正处于剧烈兼并战争时期。

赵国的北部多是胡人部落,这些游牧民族虽然没有与赵国发生大的战争,但小的冲突却经常有。胡人身穿短衣、长裤,往来迅速,弯弓射箭自如,上下马方便,而赵人穿的衣服,袖长腰肥,领宽摆大,加上烦琐的结扎、笨重的盔甲,行动十分不便。这种情况,同样存在于当时各诸侯国的军队,而且中原"冠带之民"的军队的组成又是以长袍大褂的带甲兵士和兵车为主,很少骑兵,进行作战的灵活性受到很大限制。赵武灵王有感于此,就准备采用胡人的服装,让军队学习骑马射箭,以利于作战。

周赧王八年(前307),赵武灵王召见群臣,商议教百姓胡服骑射一事,许多大臣认为改变衣着习惯,牵涉到自古以来中原的礼教习俗,不能轻易改变。大臣肥义支持赵武灵王的主张,认为办任何一件事,顾虑太多就不能成功,若要学习胡服骑射,就不必顾忌旧习惯势力的议论,而且自古以来,风俗习惯不是不能改变的,舜、禹就曾向苗、倮等部落学习和改变过习俗。赵武灵王听了肥义的话,坚定了信心,带头穿起胡服。

实行胡服首先遭到以王叔公子成为首的王族中一些人的极力反对,赵武灵王亲自到公子成家说服,整整一天,终于使公子成接受了赵武灵王的主张,并表示愿意带头身着胡服。但王族公子赵文、赵造、赵俊和大臣周造等人仍然坚决反对这项改革,指责赵武灵王变更古法。赵武灵王又与他们展开一场论辩,用大量的事实说明胡服的益处,赵文等人理屈词穷,只好同意胡服。这项改革推行全国,很快得到百姓的拥护。公族赵燕迟迟不改胡服,赵王准备对他处以极刑以示天下,赵燕吓得连连称罪,立即着胡服。

胡服改革推行之后,赵武灵王即组建骑兵,学习骑马射箭,并很快使骑兵成为赵军的主力。从胡服骑射的第二年(周赧王九年,前306)起,赵国军队的战斗力得到很大的增强。凭借着骑兵主力,赵国攻取胡地到榆中(今内蒙古鄂尔多斯),"辟地千里";十年(前305),赵武灵王率军大举进攻原来经常侵扰赵国的中山国,攻取丹丘、华阳、邸、鄗、石邑、封龙、东垣等地,迫使中山国献四邑求和;十五年(前300),又攻中山,扩地北至燕、代,西至云中(今内蒙古托克托东北)、九原(今内蒙古包头市西)。到十六年(前299)赵武灵王让位给儿子赵惠文王时,赵国已是"七雄"中的强国之一了。

赵武灵王胡服骑射极大地增强了军队的战斗力,使得赵国一跃而为实力雄厚的强国。同时,从胡人那里学习来的这种短衣长裤服装形式,以后就成为汉民族服装形式的一部分,极大地便利了人们的生活与劳动,2000多年一直沿用了下来。

秦赵长平之战

　　阏与之战不久,秦赵两国又爆发了战国史上规模最大的长平(今山西高平县境)之战。周赧王五十三年(前262),秦国发兵攻打韩国的野王(今河南泌阳县),野王守将降秦,使韩国上党郡与韩都之间的通道被切断。上党郡守冯亭火速派使者去赵国求救,愿以上党等17个城邑降赵,以共同抵御秦国,赵王接受了平原君的主张,派平原君领兵援助上党,派大将廉颇进军长平,成掎角之势,互相呼应。

　　五十五年(前260),秦将王龁攻取上党,上党守军败退到赵国,秦军随即进攻长平。廉颇修筑营垒,坚守长平,阻挡住秦军的攻势,两军呈相持状态。秦军不能推进,派奸细以千金贿赂赵国权臣,散布流言说,廉颇容易对付,准备投降,秦国最担心赵奢的儿子赵括为将领兵。昏庸的赵孝成王以为廉颇固守长平而不出战是畏惧秦军,又听到流言,便撤换了廉颇,准备以赵括代替。蔺相如极力劝阻,他认为将要误大事。赵王不听,坚持派赵括去代替廉颇。赵括的母亲得知赵王要用其子为将,也上书劝阻。赵王还是不听。秦国听说赵括已取代了廉颇,立即暗中改派武安君白起为将,以王龁为副将,通令全军:谁若是泄漏了白起为将的消息,马上斩首!

　　赵括走马上任,更换了赵国原来的将官,改变了廉颇的战略,下令大举进攻秦军。秦军伪装溃败,同时派出两支部队包抄赵军的后路,转而前后夹击赵军。白起又派5000骑兵攻破赵军原来的阵地,赵军被分割包围,粮道也被切断。赵军被迫原地坚守,等待援救,并向齐国请求粮食支援,齐国置之不理。这时,秦王亲往河北征发15岁以上的男子,全部开往长平,投入战争,阻断了赵军的救兵和粮饷。赵军被困40多天,粮尽援绝,暗中互相残杀,拿人肉充饥。赵括亲自率领一队精兵突围,结果被秦军射死。赵军全面崩溃,40万人投降秦军。秦将白起恐怕赵军作乱,除把240个小孩放归赵国外,其他士卒全部活埋。

　　长平之战是战国史上最大的一次战役,这次战役使山东各国对秦国更为怨恨,迫使各国联合起来共同对付强秦。不久,便爆发了邯郸之战和五国攻秦。

信陵君救赵

　　信陵君是魏昭王的少子,当时在位的魏安釐王的异母弟,为人仁而下士,士无论贤与不肖皆谦恭而以礼交之,并不因自己贵为王侯而骄人。所以,当时之士不远千里争往归附于信陵君,信陵君有食客3000。因为信陵君贤,多客,诸侯有十余年不敢加兵于魏。信陵君之礼贤下士,可以他与侯嬴的交往为典型。

　　当时,魏国有隐士叫侯嬴,年已七十,家境贫寒。在魏都大梁的夷门当监者(看门人)。信陵君闻其贤,前去请见侯嬴,想赠给侯嬴一些财物。侯嬴却不肯接受。信陵君乃置酒大会宾客。等宾客坐定后,信陵君亲自坐车去迎侯嬴赴宴。侯嬴也不客气,身着破旧衣冠而直上公子之车,想以此观察信陵君是否是真心。信陵君仍是非常谦恭,侯嬴又对信陵君说:"臣有客在市屠中,请您枉车骑过之。"信陵君让车子赶到大梁的市场上,侯嬴下车,去见其客朱亥,故意在那儿说了半天话,并暗中观察信陵君,信陵君脸色愈和,毫无怒意。当时,魏国将相宗室,宾客满堂,都在等待信陵君回去举酒开饮。市场上的人都围观信陵君为侯嬴赶车。信陵君之从骑都暗骂侯嬴。侯嬴见信陵君颜色始终不变,乃辞别朱亥上车。到信陵君家中,信陵君引侯嬴坐上座,并向宾客介绍和赞美侯嬴,宾客都大吃一惊。酒酣,信陵君起而为侯嬴上寿,侯嬴答曰:"今日侯嬴之为公子亦足矣。侯嬴不过为夷门之抱关者,而公子亲枉车骑,自迎嬴于众人广坐之中。嬴欲成公子之名,故让公子车骑久立于市中,过客以观公子,公子愈恭。市人皆以嬴为小人,而以公子为长者能下士也。"于是,侯嬴成为信陵君之上客。侯嬴又向信陵君推荐了朱亥。信陵君当时并未想到,这二人以后对他的事业起了巨大作用。

　　周赧王五十五年(前260),秦国和赵国在长平(今山西高平北)发生大战。赵军统帅赵括只会纸上谈兵,率领赵军轻易出击,被秦军切断后路,断粮46日,主力40万人全部被秦军歼灭。第二年(周赧王五十六年,前259),秦国复派王陵为将,率秦军主力从上党地区(今山西东南部长治地区)突破井陉关,进围赵国都城邯郸。赵国精锐尽失,不得不困守孤城。秦军日夜急攻,意在灭赵,形势十分危急。赵王之弟、赵相平原君在率军力战的同时,派使者四处求救。因为平原君的妻子是信陵君的姐姐，当此危急之时，平原君发使至魏，请信陵君让魏王发兵救赵。

魏安釐王接到求救书之后，便命晋鄙率10万魏军救赵。秦昭王听说后，便派使者到魏国去威胁魏王说："吾攻赵旦暮且下，而诸侯谁敢救之，拔赵之后，必先移兵击之。"魏安釐王怕秦军来攻，便命人让晋鄙停止前进，驻扎在邺（今河北临漳西南），筑垒固守。名为救赵，实持两端。平原君苦等救兵不至，接连派使去魏国，并写信责备信陵君。信陵君几次向魏王请求，并让宾客辩士万般劝说，魏安釐王畏秦，终不听从。信陵君自度达不到目的，又不愿自己独生而令赵国灭亡，便召集宾客，约车百余辆，准备往赴秦军，与赵国共亡。行过夷门，见了侯嬴，将自己的想法告诉了侯嬴，并与侯嬴诀别。侯嬴对信陵君说："公子喜士，名闻天下，今有难，无端而欲赴秦军，譬若以肉投饿虎，何功之有？嬴闻晋鄙之军的兵符常在王君的卧室之内，而如姬最得王君宠幸，经常出入于王君卧室，有机会得到这兵符。嬴闻公子曾为如姬报仇，如姬愿为公子去死，只是没有机会罢了。公子诚一开口请如姬，如姬必定答应，窃得兵符而夺晋鄙之军。北救赵而西却秦，有何不可！"信陵君听从其计，去请如姬帮忙，如姬果然将兵符盗出给了信陵君。

得到兵符后，信陵君准备出发。侯嬴对他说："将在外，君命有所不受，以便国家。公子去合了兵符，而晋鄙不愿交出兵权，事情必定难办。臣客屠者朱亥可与您一起去。朱亥是一个力士。晋鄙听命自然好，如不听命，便可让朱亥击杀他。臣本应跟您前去，只是老了，走不动了。请数公子行日，及至公子至晋鄙军之日，北向自刭，以送公子。"信陵君便出发了。

信陵君到达邺之后，矫魏王之命，要晋鄙交出兵权。晋鄙合过兵符之后，又起了疑心，不想交权。朱亥用40斤重的铁椎砸死了晋鄙，信陵君便统率了晋鄙所率的魏军。信陵君下令军中："父子俱在军中者父归，兄弟俱在军中者兄归，独子无兄弟者归养双亲。"最后得选兵8万人，进兵向秦军攻击。因魏军人人皆抱必死之心，故一个冲锋，便逼得秦军向后撤退。这时，赵平原君散掉家财，得敢死之士3000人为先，冲击秦军，秦军抵敌不住，后退30里。信陵君率领的魏军和楚国的救兵正好赶到，内外夹击秦军。秦军大败，向西撤退。秦军后部郑安平所率25 000人被切断归路，向赵军投降。邯郸之围遂解，赵国也转危为安。

信陵君之救赵，是战国时期的"士"阶层活跃于社会政治舞台的一个典型。所谓"得士者昌，失士者亡"。

李牧击匈奴

　　战国末年，位于中国北方蒙古高原的匈奴族逐渐强大起来。匈奴部族也有悠久的历史。在商代，中原人称之为"鬼方"，西周时期又称为猃狁（或玁狁），至战国时期始称匈奴。匈奴实际上是蒙古高原许多个部族的总称。他们都是游牧民族，惯于骑马，逐水草放牧牛羊。男子从小骑羊持弓射猎兔、鹿，长大则骑马。当时的匈奴部族还处于奴隶制初期，习于从别的部族抢掠财物。急则上马冲杀，成年男子皆为战士，败则溃散而逃，丝毫不以为耻。而进退神速，来去如风，给中原北方秦、赵、燕等诸侯国造成很大威胁。赵武灵王胡服骑射，仿照胡人习俗，组建起强大的骑兵部队，转而用之进攻匈奴分支之一的林胡等部，开地千里，收到了很好的效果。到战国末年，各胡人部落在匈奴的旗帜下逐渐统一起来，形成一支巨大的力量，严重威胁赵、秦、燕等国北方边境的安全。因此，这三个诸侯国在北方各自修筑长城的同时，又都驻扎有大量的防御部队，以抵御匈奴族的入侵。同时，也出现了一些抗匈奴的名将。赵国的李牧便是其中最有名的一位。

　　李牧前半生的经历，由于缺乏史料，无法知道。我们只知道他是赵国北方边境的名将，曾经在赵国的代郡（治今河北蔚县西南）和雁门郡（治今山西右玉南）一带防御匈奴。因匈奴兵皆为骑兵，来去如风，不易捕捉战机，必须一战得胜，才能赢得战场上的主动权，否则便会东追西挡，疲于奔命。为达此目的，李牧首先致力于团结将士，使上下齐心协力。他根据边境的实际情况设置官吏，开辟商业市场，然后把从市场上征收来的赋税都输入幕府，作为军费开支，每天都买些牛来杀掉，犒劳士兵。平日加紧督促士兵练习骑马射箭，提高战斗能力。在边防线上则命令军兵提高警惕，完善烽火等报警设施，并派出许多间谍侦探匈奴人的动向。但李牧却不准士兵出去和匈奴人交战，并向全军下令："如果匈奴兵来侵扰，立即收拾畜产、驱赶牛羊入城自保。谁敢出去抓

战国秦长城

匈奴者斩!"匈奴兵一进入赵国边地,赵军立即点燃烽火,入城据守,拒不出战。这样过了几年,赵国方面也并没有什么损失。匈奴人都认为李牧是个胆小鬼,就连赵国的边防士兵,也都这样看待李牧。为此,赵王派使者责嚷李牧,李牧却不听命令,依然故我。赵王见李牧如此,十分恼怒,便撤了李牧的职,改派他人驻守边防。在以后的一年多时间里,赵军屡次出战,却往往战败,死伤了不少人马,边郡地区也不能正常地耕田放牧。赵王不得已,又请李牧出任边将,李牧却紧闭家门,称病不出。赵王大急,强行请李牧出任,李牧说:"如果一定要用我为将,就必须照我说的办,我才敢奉命。"赵王答应了李牧的要求。李牧到边郡后,还采取以前的办法,匈奴连续几年里都没有抢到什么,却始终认定李牧胆怯。李牧又经常赏赐将士。赏赐多了,将士们无功受禄,于心不安,不愿意再接受这样无名的赏赐,都愿意和匈奴人大战一场。李牧见将士们士气已经养成,便从边防军中挑出1300辆战车,1.3万名精锐骑兵,能擒敌杀将的精锐步兵5万人,善射的弓箭兵10万人,把他们全部调集在一起,准备作战。然后,李牧下令大开城门,将牛羊都驱赶到田野里。一时间,牧畜、人民,布满山野。匈奴人闻讯后,立即前来抢掠。赵军佯装不胜,让匈奴人俘去数十人。匈奴单于见赵军不过如此,便率领大军进入边塞,想大捞一把。李牧见匈奴兵来到,便布下奇阵,命中军诱敌,左、右两军从侧翼包抄进击,形成包围,大败匈奴人,杀匈奴兵10多万人。之后,李牧率军乘胜消灭了襜褴部落,击破了东胡,并迫使林胡投降赵国。匈奴单于被打得抱头鼠窜,十几年都不敢靠近赵国边境。

王翦灭楚

王翦,频阳(今陕西富平东北)东乡人,战国末年秦国名将。秦始皇二十年(前227),王翦率秦军攻燕,第二年攻灭燕国,胜利而归。二十二年(前225),秦始皇又令王翦的儿子王贲率军进攻楚国,攻克十余座城池。然后回兵攻魏,魏王投降,遂定魏地。这时,赵、韩、魏、燕四国已被秦国吞灭。山东六国,只剩下齐、楚两国,秦始皇便把兵锋指向了南方的楚国。

在当时的秦国名将中,除蒙恬、王翦、王贲等人外,还有一个青年将领叫李信。李信是陇西人,少年壮勇,胆气过人。在跟随王翦攻燕时,燕王和燕太子丹率其精兵东保辽东,李信率数千精兵在后急追,连败燕军,而在辽东的衍水河上生擒燕王,为灭燕立下大功,并赢得了秦始皇的赞赏和信任。这时,秦始皇想灭楚,考虑秦军统帅的人选,首先便想到了李信。他问李信:"我想消灭楚国,依你的估计,用多少兵力才够呢?"李信豪气十足,说:"不过用20万人就足够了。"秦始皇又去问王翦,王翦说:"非60万人不可。"秦始皇一听,认为王翦之言不行,说:"王将军年纪大了,胆子也小了。李信将军果敢壮勇,他的话才有气概。"于是,秦始皇没有用王翦,而派李信为主帅,和蒙恬等将领统率20万秦军南伐楚国。王翦因为自己的话未被采用,便谢病归老于频阳。李信率秦军入楚境后,分兵两路,自率一军进攻平舆(今河南平舆北),而使蒙恬率军攻寝(今河南固始境),初战胜利,大败楚军。之后,李信率军向东,和蒙恬军会合。这时,楚国遣其名将项燕率军御秦。项燕率军先是坚守不出,及秦军作长途转战之际,以逸待劳的楚军突然出击,紧紧尾随在秦军之后,三日三夜不停顿,追及秦军。秦军大败,被楚军攻破两个壁垒,7个都尉战死。李信被迫率秦军撤退。秦始皇听说李信攻楚失败,大发雷霆,又后悔未用王翦之言,便亲自乘车驰至频阳,召见王翦,对王翦道歉说:"寡人因为不用将军之言,而使李信折辱秦军。如今楚军乘胜而西,形势危急。将军虽有病在身,难道扔下寡人不管吗?"王翦谢罪说:"老臣疲病悖乱,不堪为将,请大王另外选择贤将。"秦始皇又道歉说:"行了,将军不要再说了。"王翦说:"大王若一定要用臣为帅,非60万人不可。"秦始皇说:"听你的就是了。"于是,秦始皇征集秦国所有的精兵共60万人,交给王翦率领,南下攻楚。大军出发时,秦始皇亲自送行到灞上(今陕西西安东)。王翦乘此机会,要求秦始皇赐给自己好田宅园池,而且要的数量很大。秦始皇说:"将军勉力出征就是,用得着担忧贫穷吗?"王翦说:"为大王您带兵打仗,再有功劳也终不得封侯。所以,趁着大王还用得着老臣的时候,臣赶紧要点土地园池留给子孙。"秦始皇听了王翦之言,哈哈大笑。王翦在就要出关的时候,又前后5次派人向秦始皇请求赐给自己上好的土地园池。有人劝王翦说:"像将军您这样要东西,也太过分了。"王翦说:"不然。秦王性情粗暴,不肯相信别人。如今把秦国所有的精兵都调来而专委于我,我多要一点田宅园池为子孙之业,让秦王认为我只图小利,这样来坚定秦王对我的信任,不使秦王无由地怀疑我。"王翦到达前线后,便代替李信为秦军统帅。楚国听说王翦率领援军到达前线,也调集全国所有的兵力以抵御秦兵。王翦汲取了李信失败的教训,为避免作长途跋涉,便在率秦军到达平舆一线后,就地为营,筑起军垒,坚壁而守,不肯出战,并诱楚军前来,以变被动为主动。楚将项燕本欲采用击败李信军的战略方针，以逸待劳，相机出击。但楚王不识兵机，多次遣人逼迫项燕出战。项燕无奈，率楚军进至秦军军垒之前，两军对峙，并多次派人向秦军挑战，秦军始终坚壁不出。王翦在军中，每天让士兵原地休息，又管理好饭菜饮食，以抚恤士兵，并亲自和士兵一同吃饭。过了许多天，王翦派人去问："军兵们在干什么?"回来的人说："军兵们在比赛投石头，看谁投得远。"王翦听了之后，说："士兵可以用了。"楚军在秦军营前多次挑战，秦军不出，便有些气馁。项燕不得已，引军东向撤退，准备和秦军脱离接触。王翦趁楚军退兵之际，引军出击，命精兵向前奋击。楚军陷入混乱，因而大败，向东败退。秦军追至蕲县（今在安徽）之南，楚军主将项燕战死。楚军失去统帅，遂不能再战，四散溃逃。秦军乘胜占领了楚国的广大地区，将其置为楚郡。过了一年多，楚王负刍被俘。楚国遂亡。这一年是秦始皇二十四年（前223）。

王贲灭齐

秦始皇二十四年（前223），秦将王翦攻灭楚国之后，山东六诸侯国，只剩下了齐国。而燕王喜在都城蓟（今北京市）被占，太子丹被掳之后，仍率一部分军队在辽东地区据守顽抗。为彻底消灭燕国势力，并趁势消灭齐国，二十五年（前222），秦始皇调集大军，派王贲为统帅，远征辽东，击败燕国残余势力，俘虏了燕王喜。燕国至此彻底灭亡。灭燕之后，王贲率秦军南下，兵临齐国北境，准备灭齐。

这时，齐王建自公元前264年即位至今，已有40多年。齐国地处最东边，没有后患。在齐以西，韩、赵、魏三国又成为一道屏障，挡住了来自秦国的威胁。所以数十年中，平安无事，头发斑白之人，都不知兵祸。齐王建又昏庸无能，唯王太后（襄王王后，又称"君王后"）之言是听。齐王太后是个亲秦派，教齐王建恭事秦国，又避免和其他诸侯发生冲突。秦国日夜发兵进攻三晋和燕国、楚国，齐国竟袖手旁观。齐王太后快要死的时候，对齐王建说："群臣之中某某人可以信用。"齐王建记不住，要王后写下来。王太后说："好。"等齐王建取过笔和简牍，王太后却已经忘记了要说的人。齐王太后死后，一个叫后胜的人当了齐相，他接受了秦国的很多贿赂。齐国的宾客到秦国去，秦国又私下里送给他们许多黄金和财物。这些人回到齐国后，都请齐王建西向朝秦，又劝他不修攻战之备，也不帮助五国抗秦。所以，秦国得以从容陆续吞灭五国。而齐国也军备废弛，战斗力荡然无存。

二十五年（前222），燕、赵、韩、魏、楚五国被秦国攻灭之后，许多贵族和官吏都逃到了齐国。王贲所率秦军已兵临齐国北境，齐王建却在此时受后胜的怂恿，要西入秦国朝见秦王。当他就要出城门时，齐都临淄的雍门司马拦住了他，问："王位的设立，是为国家社稷呢，还是为王自己？"齐王建说："为社稷。"司马说："为社稷而立王，大王为何要离开社稷而去朝秦呢？"齐王建听了，只好旋车而返。

齐国即墨（今山东即墨）大夫听说此事后，赶来会见齐王，对齐王建说："齐国地方之大有方圆数千里，军队可以征集几百万。韩、赵、魏三国之大夫不服秦国统治而逃在阿（今山东东阿南）、鄄（今山东鄄城北）之间的有几百人。大王交给他们百万之众，让他们收复三晋故地，连临晋关（今陕西大荔东）都可以攻入。楚国大夫不服秦国统治而逃到城南（即南城，今山东枣庄北）之下的也有几百人。王招用他们，给他们百万之师，让他们收复楚国故地，就是武关（今陕西商洛南）也可以攻入。那时，齐国之威可立，而秦国可以灭亡，难道仅仅是保住自己的国家而已！"齐王建却不听。

二十六年（前221）春，在经过长期周密的准备之后，王贲率领秦军从燕国南部攻入齐国，如入无人之境，突然攻入齐国都城临淄（今山东临淄），齐国军民没有敢抵抗的。齐王建率领一部分人守卫王宫，王贲不想猛攻，派人去引诱齐王建，答应封给他500里土地。齐王建便率人投降了。秦国把齐王建迁到共（今河南辉县），把他放逐到共的松柏林中，活活饿死了。齐国人怨恨齐王建不早和诸侯合纵抗秦，却听信奸人宾客之言而亡国，因此而作了一首歌，歌中唱道："松树啊！柏树啊！让齐王建饿死在松柏林中的是那些宾客啊！"

齐国就这样灭亡了。统一的秦王朝开始了。

第七篇　一统天下的秦朝

修筑万里长城

　　秦始皇二十六年(前221)，秦统一中国，主要的外来威胁已转为北方匈奴的骚扰和岭南少数民族的叛乱。三十年(前217)，秦始皇巡游前往碣石时，曾派燕人卢生访求仙人，卢生回来后，为了向秦始皇说明鬼神之事，就奏上了一份谶纬文字。秦始皇看到其中有"亡秦者胡也"的言语，对匈奴问题更加重视，于三十二年(前215)派将军蒙恬率军30万北击匈奴，由长公子扶苏做监军，收复了沿黄河以东直至阴山的大片土地(原属赵国后被匈奴占据)，设立了44座县城，并在黄河险近筑城作为要塞。随后，秦始皇一方面命令蒙恬渡河攻取高阙(内蒙五原北)、阴山(内蒙阴山)等地，一方面又迁徙犯了罪的人进驻新设的34县，并于三十四年(前213)下令焚书的同时，又令发"罪人"修筑长城，迁民几万家到河套地区。

　　长城本是秦统一以前许多诸侯国家就有的沿着国界修筑的防御性工事。尤其是位居北方的秦国、赵国和燕国，还都分别修筑了防御匈奴进袭的北长城。其中燕国有两条长城，一条是西起造阳(今河北省独石口)、东至辽东，为防胡人而修筑的北长城，另外一条是用以防备齐国和赵国的南长城。赵国也有两条长城，北长城西起高阙(今内蒙古临河)东至代地(今河北省蔚县)用以防御匈奴的骚扰，而南长城则是为防备齐国和魏国而沿着漳河修筑的。秦国也有一条西起临洮(今甘肃省岷县)向东北经固原(今宁夏回族自治区境内)直至黄河的北长城，和与赵国魏国临界的两条南长城。除此以外,当时还有一条沿着洛水修筑的,魏国防备秦国的长城,以及齐国、韩国、楚国等几个国家之间的长城。秦、赵、燕三个国家的北长城本是三条彼此互不衔接的长城,秦始皇下令重新修筑长城,就是要将诸侯国之间的那些已失去使用价值且又妨碍交通、妨碍统一集权的长城拆除,而将北面的三段长城衔接在一起,以建成一条完整的防御工事。

蒙恬征匈奴

战国时期,匈奴族是居住在我国北方的游牧少数民族之一,在蒙古高原上过着逐水草而居的生活,其活动范围南达阴山,北至贝加尔湖,是北方一个强大的游牧民族。战国后期,匈奴人凭借骑兵行动迅速的优势,经常深入中原,屡次侵扰内地。当时,秦、赵、燕三国边境与匈奴毗邻,经常发生战争。但是,由于七国相争,三国也无力出兵抗击,只能在边境上采取守势,修筑长城并派军队戍守。

秦始皇二十六年(前221),秦始皇完成统一六国的大业后,匈奴族对秦朝的威胁依然存在,秦始皇为了保障大一统国家免受侵扰,加强了对匈奴的防范。二十七年(前220),为了向匈奴展示秦朝的实力,对匈奴起到威慑作用,秦始皇车驾出巡边郡,并登鸡头山(今宁夏回族自治区泾源县西)。二十九年(前218),秦始皇调集30万大军,派蒙恬为将,向匈奴居住地河南地(今内蒙古河套及鄂尔多斯市)大举进攻。三十二年(前215),将匈奴赶出河南地。三十三年(前214),蒙恬又率军渡过黄河,占领了高阙(今内蒙古乌拉特中后旗西南)、阳山(今内蒙古狼山)、北假(今内蒙古河套以北、阴山以南地区)等地。为了加强防御,秦朝在榆中(今内蒙古)以东、黄河以北直到阴山的广大地区内,设置34个县,并重新设立九原郡,将有罪官吏及内地人民迁徙到这一地区。三十六年(前211),秦始皇又令内地30 000户移居北河(今内蒙古河套地区)、榆中,垦田生产,开拓边疆。

在设置郡县的同时,蒙恬又沿袭战国时期筑长城拒匈奴的方法,于三十四年(前213),从内地征发在刑犯人,与边军戍卒一起,把秦、赵、燕三国长城连接起来,修成西起临洮(今甘肃岷县)东到辽东的万里长城。为加强关中与河套的联系,秦始皇又命蒙恬修筑从九原(今内蒙古包头西北)到云阳(今陕西省淳化西北)的直道,工程十分浩大。这条道至今遗迹尚存。

蒙恬率军在北地、上郡居住十余年,功劳卓著,威震匈奴,深得秦始皇宠信。三十七年(前210),胡亥篡位,蒙恬被赵高陷害,被捕入狱,后吞药自杀。

焚书坑儒

秦王嬴政统一六国,结束了长期的封建诸侯割据的局面,确立了专制主义中央集权的封建行政体制。这种专制皇权与自周代以来形成的封国建藩制度并不相容。许多人仍认为应沿袭周代的分封制度。当时的一些儒生、方士,抱着《诗》《书》、百家语不放,以古非今。新旧两种制度的维护者意见分歧很大。

秦朝统一的当年,在有关国家的行政体制上就发生了一场激烈的争论。以丞相王绾为首的一部分官吏,认为诸侯初破,燕、齐、楚等国离国都较远,主张立诸子为王,封国建藩。朝中不少大臣随声附和。廷尉李斯坚决反对,他认为战国时期之所以诸侯纷争,完全是西周实行分封诸侯造成的,只有废除分封制,才可能免除诸侯争立天下的战乱。秦始皇采纳了李斯的主张,在全国确立并推行郡县制。

三十四年(前213),秦始皇在宫中设宴款待群臣。宴会上,博士仆射周青臣称颂秦始皇灭诸侯、立郡县、统一中国的功德,认为这是前无古人的事业。博士淳于越反对,认为周青臣对秦始皇阿谀奉承,主张重新实行分封制。他认为,殷、周两代都分封子弟功臣,让他们辅助王室。现在秦始皇统一天下,而诸子都是平民,他们无法辅助秦始皇。一旦发生变故,无法互相帮助。凡事不师法古人而能够长久的,从来没有听说过。丞相李斯对淳于越以古非今的论调进行驳斥,他认为五帝不相重复,三代不相因袭。各代采用自己的方法去治理国家,并不意味着一定要和前代相悖,而是时代有所变迁。现皇帝创建万世功勋,那些愚蠢儒生们根本不可能理解,再照搬三代之法,毫无道理。因此他指出:现在天下安定,政令归于皇帝,百姓应致力于生产,读书之士应认真学习政府法令。但是现在的儒生置法令于不顾,不学习当代的东西,一味地模仿古制,他们标榜私学,攻击政府,入则心非,出则巷议,诽谤朝政,惑乱人心。政府如果不加以禁止,必有损于皇帝的权威,下臣结成惑乱朝政的私党,必会危及中央统治。李斯建议秦始皇焚书,把《秦纪》以外的各诸侯国史书和私人收藏的《诗》《书》、百家语通通烧掉,以后敢有议论《诗》《书》的,处以死刑。以古非今的,杀掉全家。官吏知情不报的,与犯人同罪。命令下达后30天不烧的,脸上刺字,发配边疆,罚筑城劳役四年。又规定,国家藏书及医药、卜筮、农业方面的书不在此列。同时禁止私学,提倡法治,以吏为师。秦始皇采纳了李斯的建议,并下了焚书令。大批书籍被付之一炬,古代文化典籍遭到严重破坏,并使"经书缺失而不明,篇章弃散而不具"。这一事件,史称"焚书"。

秦始皇晚年,笃信方术,希求长生不老。二十八年(前219),在东巡途中,齐国方士徐市(福)上书说,东海之中有蓬莱、方丈、瀛洲三座神山,可觅到仙人和长生不老药。秦始皇信以为真,派徐市率童男童女千余人乘船入海,求寻仙药。徐市出海后找到一座大岛屿,便就地称王,不再回来。三十二年(前215),秦始皇东巡到碣石,又派方士侯生、卢生再次入海觅求仙药。三十六年(前211),卢生等求不到仙药,怕遭诛杀,又认为秦始皇刚愎自用,野蛮专横,贪于权势,只任用酷吏治理朝政,便声称对这样无德行的人不能为他去觅求仙人仙药,随后便逃亡了。秦始皇得知后,十分气恼,"诽谤我,以重吾不德"。此前几次让人寻长生不老药,没有结果,现在更觉方士无用,于是下诏指责方士、儒生用妖言蛊惑天下百姓,并责派御史查讯他们的罪状。方士惹祸,连带了儒生,方士和儒生们为推脱责任,相互牵连告发,结果查出460余人。秦始皇下令将这些人全部在咸阳附近活埋,史称"坑儒"。

焚书坑儒是秦朝在建立国家行政体制上激烈斗争的表现。在当时的历史条件下,为巩固统一,禁止以古非今,采取统一的思想是很必要的。但是,焚书坑儒的手段却是愚蠢而又残酷的,特别是焚书,毁灭了许多古代文化典籍,使战国纪年至今无法搞清楚,造成了中华文化上的重大损失。

项梁起兵

　　项梁是秦代下相(今江苏宿迁)人。他的父亲就是原楚国著名的大将、被王翦所打败的项燕。项家在楚国世代为将,有着强烈的尚武传统。因战功显赫,被封于项(今河南沈丘),成为楚国的贵族。

　　秦始皇二十四年(前223),楚国被秦军攻灭,项燕战死,项家随即成为秦朝政府的打击对象。项梁万不得已,带着自己的侄子项羽逃到栎阳(今陕西临潼北)。这里距秦都咸阳很近,反而比较安全。可项梁在栎阳出了事,被栎阳县官抓起来,关进了栎阳狱,后被救出。但没过多久,项梁又杀了人,因而不得不带着项羽离开关中,逃到了几千里外的吴中(今江苏南部)。当时,六国诸侯虽然被秦吞灭,但六国贵族的后代时刻都在寻找时机,准备恢复自己昔日的割据局面,项梁也不例外。到达吴中后,项梁表面上和吴中的士大夫阶层处得非常好,暗中却交结豪杰,利用给别人主办徭役和丧事的机会,用兵法"部勒宾客及子弟",还要项羽学习兵法。而"吴中贤士大夫皆出项梁下",由此,项梁集结了一定的力量,为起兵反秦打下了基础。

　　秦二世元年(前209)七月,陈胜在大泽乡起义,天下纷起响应。秦会稽郡守殷通见天下义军蜂起,秦亡势成必然,也想乘机捞点利益。他素知项梁之能,便把项梁找来商议,欲以项梁和另一个豪杰桓楚为将。但项梁有自己的打算,他向殷通谎称,只有他一个人知道当时逃亡在外的桓楚的下落,然后以商议军情为名,让项羽持剑闯入,杀了殷通,夺取了印绶。"乃召故所知豪吏",告诉他们,自己要起兵反秦。"遂举吴中兵,使人收下县,得精兵八千人",公开打起了起义的大旗,很快占领了吴中地区。

　　是年腊月,陈胜被章邯军击败。广陵(今江苏扬州)人召平奉陈胜之命攻广陵,未能下。听说陈胜败走,不知下落,秦军很快就要打来,局势严重,他当机立断,渡江到吴中,"矫陈王命",拜项梁为楚王上柱国,并令他"急引兵西击秦"。项梁乃受命,以8000人渡江而西。一路上,他陆续收编了陈婴、黥布和蒲将军等人领导的几支义军。等到下邳(今江苏睢宁北)时,兵力已达六七万人。

项梁军至下邳时,广陵人秦嘉已经立景驹为楚王,驻扎在彭城(今江苏徐州)东。他听说项梁接受陈胜的指挥,便欲进兵攻击项梁。项梁大怒,谓军吏曰:"陈王先举事,战不利,未闻所在。今秦嘉背叛陈王而立景驹,逆无道。"随即挥军进击,击败秦嘉,追击至胡陵,杀死了他。

项梁消灭秦嘉后,准备挥兵向西。这时,章邯率领的秦军攻了过来。项梁派别将朱离石和余樊君二人率兵迎战,但二人被秦军打败,余樊君战死,朱离石逃了回来。项梁大怒,杀掉了朱离石,引兵入薛(山东藤县)。这时,陈胜牺牲的消息传来,项梁感到有必要重新树立一面反秦的大旗,便召集各路将领至薛商议大事。刘邦此时已在沛起兵,也参加了这次会议。会上,范增劝项梁立原楚国王室之后,认为"秦灭六国,楚最无罪。自怀王入秦不反,楚人怜之至今,故楚南公曰:'楚虽三户,亡秦必楚'"。立楚王之后,具有更大的号召力,项梁听从了范增的意见,乃求楚怀王的孙子、在民间为人牧羊的心立为楚王,仍号楚怀王,以从民望,而项梁自号为武信君。

在薛休整数月之后,项梁引兵西攻,在东阿(今山东东阿)大败秦军。他又派刘邦和项羽二人率军进攻定陶(今山东曹县)。项梁向西攻至雍丘(今河南杞县),在这里大败秦军,杀了秦丞相李斯的儿子、三川郡守李由。

接连获得几次胜利之后,项梁对秦军轻视起来,认为秦军不足惧。部下宋义劝项梁提高警惕,认为秦军在几次失败之后必然要增加兵力,寻机反扑,但项梁听不进去,并派宋义出使齐国。

秦军在几次失利之后,见项梁指挥的义军如此强大,便把进攻的重点对准了项梁。秦朝政府调集了所有的精锐部队,由章邯指挥,开始向义军反扑。这时,项梁还沉浸在胜利的欢乐中,对敌军的动向注意不够。章邯在做了充分准备之后,在一天晚上,趁着夜色急行军,令人马皆"衔枚",向项梁的义军发起突然袭击。毫无准备的义军被打得大败,项梁也在混战中牺牲。

项梁虽然死了,但他领导的义军主力并未被消灭。项羽和刘邦当时正率军在外,逃过了这场大难。以后,他们成为反秦、灭秦的主力。项梁在反秦战争中的功绩是不可磨灭的。

巨鹿之战

秦二世二年(前208)九月,秦将章邯率军突袭定陶,项梁战死。破项梁之后,章邯认为楚地兵不足忧,乃率秦军主力北渡黄河攻赵,大破赵军。当时,赵歇为赵王,陈余为将,张耳为相,张耳保护着赵王走保巨鹿(今河北平乡西南)。章邯命大将王离和涉间率秦军包围巨鹿,而自率秦军主力军于巨鹿城之南,在两军之间筑起一条甬道以保证王离军的粮草供应。陈余收恒山(治今河北石家庄东北)之兵得数万人,驻扎在巨鹿城之北,和城中遥相呼应。因兵力弱小,陈余不敢向秦军进攻,遂一面坚壁固守,一面派人向楚国和齐、燕等国求援。

项梁战死后,楚怀王和项羽、刘邦等人率余部退保彭城(今江苏徐州),又将项羽和吕臣等人所率之军统归自己直辖。接到赵国告急,便将全部兵力拔出,遣以救赵。因为在定陶(今山东定陶)之战前,宋义曾准确地预料项梁必败,楚怀王便召见宋义,和宋义交谈,认为宋义知道兵机,便以宋义为上将军,项羽为鲁公,为次将,范增为末将,率军救赵。诸别将为桓楚、英布、蒲将军等人,皆由宋义统辖,并号宋义为卿子冠军,以示尊崇。一面分遣刘邦向西略地,以袭扰秦军后方。

宋义率军出发,行至安阳(今山东曹县东),便停军不进,屯驻安阳达46日之久。项羽会见宋义说:"秦军攻赵很急,应赶快引兵渡河,楚军击其外,赵军应其内,定能击败秦军。"宋义却认为秦军方强,不敢进击,并回答说:"若牛虻在牛背之上,自然可以一下把它打死。若牛虻深藏在牛毛之内,就要运用智谋才能达到目的。如今秦军攻赵,若战胜赵国,士卒必然疲惫,我军可乘其弊。如果秦军战败,则我军可鼓行而西,一举攻破秦国。说到披坚执锐,冲锋陷阵,我宋义不如你;说到运用智谋,你不如我。"遂不采纳项羽的建议。宋义又觉得项羽盛气凌人,骄横难制,便下令军中说:"有猛如虎,贪如狼,强而不可使者,皆斩之!"宋义又派他的儿子宋襄到齐国为齐相,自己把儿子送到无盐(今山东东平),每天置酒高会。这时已是十月,天气转冷,又不断下起大雨,楚军士卒冻饥。项羽心中愤恨,便向军中宣称说:"我们出来齐心协力攻秦,却久留于此,不往前进。如今粮食歉收,人民贫困,士卒只能吃个半饱,军中无现成的粮食,主帅却每天置酒高会,不引兵渡河因赵地之粮,和赵军并力攻秦,还说什么承敌之弊。以强大的秦军进攻刚刚重建的赵国,其势必定击败赵国。击败赵国,秦军会更加强大,我们去承什么弊?而且,我军刚打了败仗,怀王坐不安席,扫尽境内所有军队而交给宋将军,国家安危,在此一举。如今,宋将军却不恤士卒而徇其私情,图其私利,非社稷之臣。"十一月初,宋义回到安阳。第二天清晨,项羽借朝见宋义之机,在帐中杀死宋义,并号令军中说:"宋义和齐国图谋反楚,楚王暗中命我杀掉他!"当是时,楚军诸将皆慑服,无人敢出异言,都说:"带头复立楚国的是将军一家,如今将军是诛杀乱贼。"他们因而相与立项羽为假上将军。项羽又派人到齐国追上宋义的儿子宋襄,将他杀死,又派桓楚向楚怀王报告此事。楚怀王无奈,只好以项羽为上将军,当阳君、蒲将军等皆属项羽。项羽乃巡视部曲,抚慰士卒,准备渡河救赵。

这时,王离所率秦军急攻巨鹿。城中兵少食尽,张耳几次派人催促陈余,让他率军击秦。陈余自度力弱不敌,一直不敢进攻。经过了3个月。张耳大怒,派张黡和陈泽二人去责备陈余,陈余仍然坚持说不行。张黡和陈泽表示要战死秦军。陈余迫不得已,交给二人5000人马,让他们先攻击秦军,二人至则尽为秦军所歼灭。

十二月,项羽杀掉卿子冠军宋义之后,威震楚国,名闻诸侯,楚军军心也大振。于是,项羽决心渡河攻击秦军,乃派当阳君英布和蒲将军先率楚军20 000人渡过黄河,向秦军进击。英布和蒲将军二军渡河后,先破坏了秦军补给线的甬道,使王离军乏食。恰在此时,陈余派来求救的使者又到达军中,项羽便率全军渡河,并令在渡过漳河之后,凿沉渡船,击破釜甑,烧掉庐舍,持三日粮,以示士卒必死,无一还心。渡过漳河后,项羽大军向北挺进,与秦军相遇,大战九次,彻底断绝秦军甬道,大败秦军,杀死秦将苏角,俘虏了王离。涉间不愿降楚,投火自杀。当时,诸侯之军救赵者十几壁,皆畏秦军之强,不敢向秦军进击。等楚军向秦军进击时,诸侯军将士都站在壁垒上观望,见楚军战士无不以一当十,喊杀之声震天动地。诸侯军之将士无不人人惶恐,战栗不已。于是楚军勇冠诸侯。击败秦军之后,项羽召见诸侯军将领。诸侯军将领入辕门之后,无不膝行而前,莫敢仰视。项羽遂为诸侯上将军,各国诸侯都统属项羽指挥。巨鹿之围解除后,赵王歇和张耳出城谢诸侯,犒劳将士。

秦章邯军在巨鹿城南战败后,败退至棘原(今河北大名北)。此时秦军兵力尚有20多万,但士气低落,不堪再战。项羽和诸侯国之军驻扎在漳水北岸,休整士卒。秦二世以章邯军数次战败,遣人责让章邯。章邯恐惧,派其长史司马欣到咸阳请罪。司马欣到咸阳后,在司马门守候3日,不得见赵高,又听说赵高有不信任之心,心下惊慌,便逃回章邯军中。赵高果然派人追,没有追上。司马欣回到军中之后,对章邯说:"赵高用事于中,下无可为者。战而能胜,赵高必妒忌我们的功劳;战而不能胜,我等必不免于被杀。愿您仔细考虑。"陈余也派人给章邯送信,历举秦将白起、蒙恬之死,及投降之利害。章邯此时外受强敌压迫,内受赵高之迫害,狐疑而不能决,便暗中派人去见项羽,想投降,项羽不答应。至第二年六月,两军相持已经6个月。项羽知章邯内心已经动摇,但秦军尚众,想乘机彻底击败秦军,便遣蒲将军先率军向南日夜急驰,渡过三户津(今河北临漳故城之西的漳水北岸),屯于漳水南岸,以切断秦军南退之路。恰好秦军一部退至此地,当即被蒲将军击败。章邯见局势不利,便率全军向南撤退,项羽遂引全军渡河,向南追击,追击洰水之上,又大败秦军。章邯在连败之下,又派人见项羽,重申愿意投降。项羽因为楚军粮食所剩不多,便同意接受章邯投降,并和章邯在洰水南岸的殷墟(今河南安阳西北小屯村一带)相会,签订降约。章邯投降后,项羽立章邯为雍王,置之楚军之中,然后率全军向西进入关中。

秦军主力就这样被消灭了。

刘邦入关中

刘邦是沛县(今江苏沛县)丰邑中阳里人,年轻时豁达大度,好酒及色,几近无赖。一次,刘邦到咸阳去服徭役,正遇上秦始皇出行。刘邦见了那威武的气势,心中极为羡慕,叹息说:"嗟乎,大丈夫当如此也!"刘邦又曾为亭长,为沛县往骊山(今陕西临潼东)送役徒,半路上有许多人逃跑了。刘邦估计到不了骊山人就会跑光,便把剩下的人都放走,自己也跑到芒砀山(今河南永城一带)中躲了起来。

秦二世元年(前209)七月,陈胜、吴广在大泽乡发动反秦起义,天下郡县群起响应。秦沛县县令见秦政权动摇,也想以沛县起兵响应陈胜。沛县掾曹参和主吏萧何劝县令说:"君为秦朝的官吏,如今要背叛秦朝,而率沛县子弟起兵,恐怕沛县子弟不会听从您的指挥。您应把那些在外面流亡的人招集回来,可以得到数百人,用他们劫持众人,众人不敢不听。"县令便令樊哙去找刘邦。刘邦手下这时已经有100多人。县令见刘邦手下人不少,又后悔了,恐怕刘邦加害于自己,下令紧闭城门拒守,并派人去抓萧何和曹参。萧何和曹参见势不妙,急忙从城墙上跳出去投奔刘邦。刘邦到达城下后,用箭向城中射了一封帛书,向沛县城中父老说明利害。沛县人乃共同杀了县令,开门迎接刘邦,立刘邦为沛公。萧何和曹参等又检选沛县子弟,得精兵3000人。

刘邦起兵不久,项梁和项羽叔侄二人也起兵于东南。陈胜兵败后,项梁引军渡江北上。秦嘉等闻陈胜兵败,另立景驹为楚王,驻扎在留(今江苏沛县东南)。刘邦觉得自己兵力太少,难以独立,便往依秦嘉。张良也聚集了数百人准备往依景驹,道遇刘邦,遂委心跟从。秦二世二年(前208)三月,项梁引军至下邳(今江苏邳县),与秦嘉、景驹发生冲突,项梁引军进攻,杀死秦嘉,刘邦遂并入项梁军。六月,在得到陈胜已死的确实消息之后,项梁会合诸将,另立楚怀王的孙子心为楚王,仍号楚怀王,遂引军西向,与章邯所率秦军大战,几次大败秦军。九月,章邯率秦军向定陶突袭,项梁战死。刘邦、项羽等收集残兵,保护楚怀王退保彭城(今江苏徐州)。

章邯攻杀项梁后,以为楚地兵不足忧,便引兵渡河,北攻赵,大败赵军,围赵王歇于巨鹿(今河北平乡西南)。赵遣使求救于楚。为发动对秦王朝的攻击,楚怀王决定一面遣军救赵,一面遣军向西进攻关中。楚怀王和诸将有约:"先入定关中者王之。"当时,秦军力量还十分强大,连败关东诸侯之军,诸将都不愿意先入关中。只有项羽怨恨秦军杀害项梁,自告奋勇,愿和刘邦一起西入关中击秦。楚怀王和一批老将认为项羽为人过于残忍,不宜西进,便没有答应项羽的要求,遣项羽和宋义一起率军救赵,而派刘邦向西略地,收集陈胜和项梁的残兵以西攻关中。

刘邦是名利心极重,又诡计多端的人。因楚军主力被宋义和项羽带走,刘邦所率仅楚军之一小部分,刘邦又急于先入关中,实现当关中之王的美梦,所以刘邦采取了避实击虚的战略,尽量避免与秦军大股主力作战,而专钻缝隙,逶迤而西。秦二世三年(前207)十月,刘邦在成武(今山东成武)击败秦东郡尉,十二月，至栗（今河南夏邑），夺楚怀王将刚武侯军 4000 余人以扩大自己的力量。二月，刘邦向北进攻昌邑（今山东金乡西北），遇上猛将彭越。彭越以所部从刘邦攻昌邑，昌邑秦军守备坚强，刘邦攻之不下，便撤兵向西，路过高阳（今河南杞县西南）。高阳人郦食其家贫落魄，为里监门，刘邦手下的骑士中有一个高阳人，郦食其对他说：“诸侯军将领从高阳经过的有几十个，我去打听，这些人都很龌龊，好讲究苛细的礼节，又刚愎自用，听不进大度之言。我听说沛公刘邦傲慢而轻视别人，却多大略，这个人才是我真正愿意跟从的人，可惜无人能给我引见。你见了沛公，就说：臣里中有一人叫郦食其，60 多岁，身长八尺，人都叫他狂生，郦食其自己说‘我不是狂生’。”骑士说：“沛公不喜欢儒生，宾客中有戴着儒生的帽子去见沛公的，沛公就把他的帽子解下来，撒一泡尿在帽子里。和别人说话，经常破口大骂。所以，不能说是个儒生要见他。”郦食其说：“你就给我说一次。”骑士回去后，把郦食其的话如实告诉了刘邦。

刘邦到高阳后，派人召见郦食其。郦食其至后入谒刘邦，刘邦正坐在床上，让两个女子给他洗脚。郦食其进来后，只作了一揖，却不拜倒，说：“足下是想帮助秦朝进攻诸侯呢，还是率诸侯共同攻秦呢？”刘邦骂道：“竖儒！天下人共同受暴秦之苦已经很久了，所以诸侯相率而攻秦，怎么说要帮助秦朝攻诸侯呢？”郦食其说：“若真的是聚众合义兵以诛无道之暴秦，就不应这样倨傲地会见长者！”刘邦一听，赶紧停止洗脚，站起身来，收拾好衣服，请郦食其上座，向郦食其道歉。郦食其和刘邦谈以前六国合纵连横的轶事，听得刘邦十分高兴，留郦食其和自己一起吃饭，并问道：“您有什么好计策呢？”郦食其说：“足下起纠合之众，收散乱之兵，还不满万人，却想径自率军西入强秦，这是虎口探食，太危险了。陈留（今河南开封东南）是天下之要冲，四通八达之地，城中还囤积着许多粮食。我和陈留县令关系很好，请让我先去劝他向足下投降。如果他不听，足下再引军进攻。我做内应。”刘邦大喜，即派郦食其在前先行，自己率军紧随其后，遂占领了陈留。以下陈留之功，刘邦号郦食其为广野君。郦食其又向刘邦引见了自己的弟弟郦商。郦商已聚了 4000 年轻人，这时便来跟从刘邦。刘邦以郦商为将，率陈留兵跟随自己作战，而郦食其从此成为刘邦的说客。

三月，刘邦率军攻开封，未能攻克，和秦将杨熊所部在白马（今河南滑县东）和曲遇（今河南中牟东）大战，大败秦军。四月，刘邦南攻颍川（今河南禹县），听从张良之计，攻略韩地。这时，赵别将司马卬准备渡过黄河西攻关中，刘邦怕司马印抢了头功,急忙北攻平阴(今河南孟津北),切断黄河渡口,又和秦军在洛阳城南交战,被秦军打败。刘邦只好南出轩辕关(今河南登封西北),改道从武关(今陕西商南境)入关中。六月,刘邦军击败秦南阳郡守吕齮军,攻略南阳,南阳郡守退据宛城(今河南南阳)坚守,刘邦急于入关中,率军绕过宛城而西。张良阻拦说:"您虽然急着想入关,但秦兵尚众,又据险守卫,如果我们不攻下宛城,则强秦在前,宛城之秦军又从背后袭击,这样我们就危险了。"刘邦听了张良之言,连夜率军从另一条道路撤回,偃旗息鼓,不令人知。到天快亮的时候,又回到宛城之下,围城三匝。南阳郡守见刘邦突然回师南阳,志在必得,知道守不住,想拔剑自杀,他的舍人陈恢说:"现在还不是死的时候。请让我去见一下刘邦,以脱此厄困。"陈恢从城墙上缒至城外,找到刘邦,说:"我听说足下与楚怀王相约,先入咸阳者王之。如今足下留下来攻宛,宛郡县连城数十个,吏民们自以为投降是死路一条,因此都上城墙坚守,如果您每天进攻,士卒死伤者必然很多。如果您率军撤离,宛军必然在足下的后面紧追。足下前则失咸阳之约,后面又有强宛之患,处境就危险了。为足下计,不如派人前去约降,封南阳郡守以官职,并让他留守南阳,然后将南阳之军引之而西,其他还未被足下攻下的城邑,也会争着开门以待足下,足下可以通行无阻,这不更好吗?"刘邦说:"好!"七月,南阳郡守齮向刘邦投降,刘邦封吕齮为殷侯,又封陈恢为千户。

南阳投降后,刘邦引兵而西,所过城邑无不开门迎降。刘邦到达丹水(今河南淅川西),后来的高武侯鳃(姓不详)和襄侯王陵率人加入刘邦军。刘邦还攻胡阳(今河南唐河南),遇到了番阳君吴芮的部将梅鋗所率之军,和梅鋗一起进攻析(今河南西峡)和郦(今河南南阳北),这两个城都投降了。刘邦又严明军纪,部队不论走到哪里,都严禁抢掠。因而秦民十分高兴。九月,刘邦率军过武关而西。这时,赵高杀了秦二世,秦王子婴又杀死赵高,派军队拒守峣关(在今陕西蓝田之南,武关之西)。刘邦进至关下,准备攻关。张良建议说:"秦军还很强大,不能轻敌。请您派人在山上多张旗帜为疑兵,再派郦食其和陆贾二人去劝说秦军将领,言明利害。"刘邦依计而行,秦军将领果然想和刘邦联和,刘邦准备答应,张良说:"这只是他们的将领想这样干,恐怕他们的士卒们不肯听从,不如趁着他们懈怠的机会进攻他们。"刘邦便率军绕过峣关,翻越蒉山,击秦军之后背。秦军急忙从峣关后撤,两军在蓝田(今陕西蓝田西)之南相遇,刘邦大败秦军,遂占领蓝田。接着,刘邦率军向北,又和从咸阳来增援的秦军大战于蓝田之北,秦兵大败。

汉元年(前206)冬十月,刘邦率军到达灞上(今陕西西安东)。秦王子婴素车白马、脖子里套着布条,封皇帝之玺、符、节,在轵道(今陕西西安北)迎降。将领们有的劝刘邦杀秦王子婴,刘邦说:"当初怀王派我入关中,本来就是因为我比较宽容,而且人已经投降,杀之不祥。"便派人把秦王子婴看守起来,然后整军进入咸阳。

第八篇 强盛的西汉

鸿门宴

汉元年（前206）十一月，项羽率诸侯联军攻取秦地到达函谷关，没料到有兵守关，不得进入。又听报告说刘邦趁他在河北同秦军决战时，已攻破关中，并派兵驻防，准备称王，项羽大怒，命令当阳君英布率军攻破函谷关。项羽随即带兵进关（今陕西临潼），驻扎于鸿门。

当时，沛公刘邦驻军于咸阳东南的灞上，没与项羽见面。刘邦的左司马曹无伤派人向项羽密报说："刘邦打算在关中称王，要任秦王子婴为相，还想将秦的全部珍宝据为己有。"项羽发怒，下令犒赏三军，明日一早出兵攻击刘邦的军队。

项羽有兵40万人，停驻在新丰鸿门，刘邦只有10万人，两军实力悬殊，距离也不过40里。范增向项羽献策说："刘邦以前在关东时，贪财好色，可自从入关后，对财物丝毫不动，对美女也不接近。从这些可看出他的志向不小。我曾命人观望过，发现沛公头上的云气呈龙虎五彩的景色，这是天子之气。要赶快攻打刘邦，千万不要坐失良机。"

楚左尹项伯是项羽的叔父，早年与留侯张良私交甚好。张良此次随刘邦入关，正在军营。项伯便趁夜骑快马飞奔到刘邦驻地，私下通知张良，项羽第二天要进攻沛公，并要张良和自己一起逃离。张良说："我是代韩王来送沛公的，如今沛公有危难，我私下逃走，这是不义的，我不能不报告沛公。"张良入见刘邦，报告了项伯所说的事。刘邦听后大惊说："这如何是好？"张良说："派兵驻守函谷关的主意是谁出的?"刘邦说:"是一个混蛋建议我守函谷关,不让诸侯入关,这样秦地就属于我了,就可以为王,所以我采纳了他的建议。"张良又说:"您估计我们的军队能够抵抗项羽的攻击吗?"刘邦茫然地说:"我们的军力不如项羽,事到如今该怎么办?"张良说:"这事只能由您亲自向项羽说清,说您不会背叛项羽。"刘邦问:"你怎么与项伯有如此深交?"张良说:"从前在秦朝的时候,项伯和臣有交往,项伯杀人,臣设法救了他,如今的事幸亏他告诉我。"刘邦又问:"项伯和你谁年长?"张良说:"项伯年长。"刘邦说:"请他进来,我要用兄长的礼节招待他。"

于是张良请项伯入见刘邦,刘邦自己举杯向项伯敬酒,并定下儿女婚姻。刘邦说:"我入关后,一切如旧,秋毫未犯;吏民造册存籍,府库公物都加封,只等项将军来接收。因此才派兵守关,防备盗贼入侵,还可预防突发变故。请兄长千万向项羽将军进言,我在这里日夜盼望项将军早日来。刘邦不敢叛道义,更无反叛之心。"项伯答应了刘邦,并嘱咐刘邦,明天要早点来向项羽谢罪。刘邦答应。项伯于是乘夜回到项羽营中,把刘邦的话详细地向项羽报告,随后又说:"假若不是刘邦先击破关中秦军,将军怎能直入关中呢?现在刘邦有入关破秦的大功,不如因此而善待刘邦。"项羽认为项伯言之有理,便答应善待刘邦。

次日清晨,刘邦只带随从骑士百余人来到鸿门,拜见项羽,并谢罪说:"我和将军联合攻秦,将军战于河北,我战于河南。我自己始料未及先破秦入关,而现在能在这里与将军会面。现在有小人间隙我和将军的关系。"项羽说:"这是您的左司马曹无伤说的,否则,我何至于如此。"

项羽当即留刘邦一起饮酒吃饭。项羽和项伯东向坐,亚父范增向南坐;刘邦面向北;张良西向坐。范增屡次使眼色示意项羽杀刘邦,又举起所佩带的玉玦,连做三次,要项羽速作决断,项羽却默然无任何反应。范增看到情形不对,起身出去叫来项庄,说:"君王为人心肠太软,不忍心下手。你进帐去,上前向刘邦敬酒,然后就请求在座前舞剑。乘舞剑之时,刺杀刘邦于座上。一定要除掉刘邦,否则,你我这些人都将被刘邦俘虏!"于是项庄进入帐中,向刘邦敬酒,敬酒完毕,项庄说:"君王和沛公饮酒,军中没有可供娱乐的,请准许我作剑舞,以娱宾客。"项羽说:"好!"项庄即拔剑起舞,项伯看出项庄的用心,也拔出剑来舞,多次用自己的身体掩蔽刘邦,使项庄没有机会刺杀刘邦。

张良看情况不妙,忙起身出帐,到军门找到樊哙。樊哙问张良:"今天的事情怎样?"张良说:"十分紧急!现在项庄拔剑起舞,但用心是刺杀刘邦!"樊哙说:"这太紧张了,我进去和刘邦同生死!"于是带剑、持盾进入军门。守卫的兵士交戟阻拦,不让他进去,樊哙持盾牌掩着身体面向士兵撞了进去,士兵倒在地上,樊哙进入帐中。樊哙面对项羽,张圆了眼睛,怒视着他,头发都竖起来,眼角也睁裂了。项羽大吃一惊,按剑而起,大声问道:"来客是何人?"张良说:"他是刘邦的随身侍卫樊哙。"项羽说:"壮士!赐他酒!"左右递过酒,樊哙拜谢,起立,一饮而尽。项羽又说:"赐给他一只猪腿。"左右又送过去一只大猪腿。樊哙把盾覆在地上,把猪腿放在盾上,拔剑切着肉大口嚼起来,接着吞咽下去。项羽看着樊哙,说:"真是壮士!你能再喝酒吗?"樊哙大声说:"臣连死都不怕,一杯酒还有什么可推辞的!现在秦王暴虐无度,杀人如麻,用刑最残酷,天下的人苦痛不堪,纷纷起来反秦。楚怀王和诸将约定:先破秦入咸阳的为王。如今沛公先破秦入关,把一切财产都封闭,驻守灞上只等大王前来接管。如此的功劳,没有被封侯,大王却听信小人谗言,要杀有功之人,这样的做法不过是继暴秦者而已!"项羽无言以对,只说:"你坐!"樊哙便随张良坐在一起。稍过片刻,刘邦见情势紧张,便以小解为借口,走出帐外,暗中招呼樊哙也出来。

刘邦出帐后,项羽便派都尉陈平请刘邦回去。刘邦和樊哙商议说:"我现在应该走了,但是出来的时候没告辞,怎么办?"樊哙说:"做大事的时候,不必太顾虑小节,大礼当前,无须拘执细小的谦让。如今人家是刀俎,我们是鱼肉,正等待人家来宰割,事情发展到如此地步,还讲什么礼节?"于是,刘邦决定立刻逃走,令张良留下向项羽辞谢。张良问:"沛公今天来时带了什么礼物?"刘邦说:"带来白璧一双,准备献给项羽,还有玉斗一双,是赠给亚父的,但看他们正在发怒,我不敢献,你替我献给他们吧!"张良答应了。

这时项羽的军队在鸿门,刘邦的军队在灞上,两地相距40里。刘邦留下车马随从,独自一人骑马而去,樊哙、夏侯婴、靳强、纪信等人同行保护刘邦。四人持剑盾抄小路走,刘邦向张良说:"从这条小路到我驻处不过20里。你估计我到军中,项羽来不及追赶我时,就进帐向项羽辞谢!"

刘邦走后,张良估计他已到军营,便进帐向项羽告罪说:"沛公不胜酒力,支持不住,所以没有进帐向大王告辞就走了。谨使张良奉白璧一双,拜献大王足下,玉斗一双再拜献亚父。"项羽说:"沛公此时在哪里?"张良说:"沛公听说大王对沛公有督责之意,甚为恐惧,故先行至军中了!"项羽接受了白璧放在座上,范增接过玉斗放在地上，拔剑将玉斗击碎，既恨又怒地叹息道："唉！这些无知之辈，不足以同谋大事！夺项王天下的人必定是刘邦！我们这些人都要做刘邦的阶下囚了！"

沛公刘邦回到军中，立即杀了曹无伤。

项羽分封诸侯

鸿门宴过后几天，项羽带兵西进咸阳，将宫中财宝掠夺一空，又杀了秦王子婴，焚烧秦宫，大火3个月不灭。项羽凭借手中的武力，以为天下从此已定。

这时，有人向项羽建议在关中建都，因为关中地处山河险阻，四面有关塞之隘。其间土地肥沃，能成霸业。项羽见秦宫室已成灰烬，心中怀念故乡，希望东归彭城，说："富贵而不归故乡，如同身穿锦绣夜间出游，谁知道他已经富贵了？"给他提建议的人因此看出项羽不足以成大事，说："人言楚人沐猴而冠，果然如此。"项羽知道后即大怒，将这个人抓起来处死。

项羽使人送信给楚怀王，希望楚怀王允许项羽为王，但楚怀王说应按原来的约定行事。项羽对楚怀王这一决定甚为不满，他说："天下开始起兵时，为了收拢民心不得不假立楚怀王的后裔，以便讨伐秦国。然而，三年间身穿铠甲，手持矛戈，冲锋陷阵，露宿山间，灭了暴秦，安定天下是各位诸侯将相和我项羽的功劳。"于是，便由项羽分割土地，分封诸将相为侯王。项羽有意压制刘邦，把道路险阻、秦时是迁居罪人居住的巴蜀之地封给沛公刘邦，名汉王。项羽把关中之地一分为三，封秦的降将三人为王：以章邯为雍王，占有咸阳以西之地，以废丘为都；长史司马欣，曾有恩德于项梁，封为塞王，占有咸阳以东至黄河之地，以栎阳为都；封董翳为翟王，占有上郡之地，以高奴为都；封魏王豹为西魏王，迁于河东之地，以平阳为都；瑕丘申阳，原是赵相张耳的宠信臣属，先攻下河南郡，迎接项羽军于河上，故而封瑕丘申阳为河南王，以雒阳为都；韩王成仍为韩王，仍以原都阳翟为都；赵将司马卬攻取河南，屡立战功，封为殷王，占有河内之地，以朝歌为都；封赵王歇为代王，迁于代地设都于代；赵相张耳素有贤名，又随项羽入关，故封张耳为常山王，占有赵地，以襄国为都；当阳君黥布为楚将，封为九江王，以六

为都;鄱君吴芮,曾率领百越将士协助诸侯收秦,又随军入关,故封为衡山王,以
邾为都;义帝的相国共敖领兵攻南郡,立功很多,因此封共敖为临江王,以江陵为
都;迁封燕王韩广为辽东王;燕将臧荼随楚军救赵,因而封臧荼为燕王,以蓟为
都;迁封齐王田市为胶东王,以即墨为都;齐将田都从共救赵,随军入关,故封田
都为齐王,建都于临淄;旧时齐王族田安攻下济北数城,引兵降项羽,封田安为济
北王,以博阳为都;田荣屡次背叛项梁,不合作,又不愿领兵从楚军攻秦,因此不
封爵;成安君陈余,抛弃相印而去,不跟从楚军入关,然而他平素享有贤名,又有
功于赵,因而把绕南皮的三县封给他;番君将梅鋗,立功很多,封十万户侯。项羽
自立为西楚霸王,有九郡之地,以彭城为都。

项羽这次大规模的分封,使原有各国国王大多缩小了地域,或失去了有利的
地区,大家都怒气满腹,尤其是沛公刘邦,被封在秦代流放罪人的巴蜀汉中,是公
开的贬谪。而秦地人民痛恨的三降将却封在秦国旧地,不但没有起到抑制刘邦
的作用,反而为刘邦势力的发展提供了有利的条件。因此,项羽所建立的暂时平
安的秩序,没过多久就不复存在了。

楚汉彭城会战

汉高祖元年(前206)八月,当齐王田荣反楚,项羽率军由楚地进击,陷入泥
潭而不可拔之际,汉王刘邦采用韩信之策,出兵关中,以定三秦。八月初,汉军开
始潜军北进,樊哙为先锋,进至白水河,然后溯故道北进,经故道县(今陕西宝鸡
南山中的双石铺)兼程疾进,出大散关而直趋陈仓(今陕西宝鸡东)。雍王章邯
仓促率军迎战,被汉军击败,被迫放弃雍城(今陕西凤翔)而退守废丘(今陕西兴
平南)、好畤(今陕西乾县)一带。汉军随即追至,包围好畤和废丘。塞王司马欣
闻讯,立即自栎阳(今陕西临潼东北)派军增援章邯;翟王董翳也从高奴(今陕西
延安)遣军南下,向泾水地区疾进,协助章邯和司马欣抵御汉军。双方在好畤一
线展开激战,三秦军大败。章邯死守废丘,司马欣也向东退走,雍地很快被汉军
全部占领。接着,韩信和刘邦率主力继至,迅速占领渭河河谷,并遣军四击,分向
略地。不满一月,关中即被汉军全部平定。

平定三秦之后，刘邦继续东进。汉高祖二年（前205）十月，河南王申阳降刘邦。同月，韩王郑昌也投降，刘邦改立韩信（另一个韩信）为韩王，从而占领了河南。次年三月，刘邦进略河北，亲率曹参、灌婴等从临晋关（今陕西大荔东）渡河，西魏王豹迎降。至河内（治怀，今河南武陟西南），殷王司马卬也投降了刘邦。一时之间，刘邦力量大增。他一面发宣言声讨项羽之罪，一面调集关中及诸侯之兵会集洛阳，又为义帝发丧，以求名正言顺。不久，各路人马皆集于洛阳，共达56万余人。四月，诸军分三路向彭城（今江苏徐州）进军。南路军很快攻克阳夏、萧（今安徽萧县）；北路军曹参等部攻克煮枣（今山东菏泽西南）和定陶（今山东定陶），与中路军会师。三路军在萧、砀地区会师，继续东进。因项羽自率精兵击齐，彭城空虚，所以刘邦军得以顺利进入彭城。

刘邦进入彭城之后，一面令吕雉之兄周吕侯驻军下邑（今安徽砀山），又拜彭越为魏相，派他去平定梁地，又命樊哙等人北攻邹、鲁等地，并在这一带驻守，以掩护彭城北侧的安全。刘邦又在楚宫中收集项羽的美人和金银珠宝，天天置酒大会，兴高采烈，以庆贺胜利。而正当刘邦在彭城得意忘形之时，项羽得知彭城失守，便留诸将继续击齐，而自率精锐骑兵3万疾驰南进，击破樊哙在瑕丘（今山东兖州）的守军之后，即往胡陵（今山东鱼台东南）和萧县一带采取包围闪击。项羽军在夜间抵达萧县，拂晓时分，便向汉军发起猛烈攻击，汉军大败退走。楚军追至彭城，又和汉军大战，至中午时分，大败汉军。汉军向谷水、泗水（今徐州近郊）溃败，楚军随后猛追，歼灭汉军十几万人，汉军尸体把泗水都堵塞了。刘邦见汉军不敌，又率溃军南走，想利用彭城南面的昌梁山以资抵抗，并收拾残兵。但在楚军的猛烈追击下，汉军不能驻足，无法成阵，被驱赶至灵璧（今安徽濉溪西）以东的睢水之上，淹死无数，又被歼十几万人，睢水为之不流。刘邦本人也被楚军包围了三层。正在危急之时，从西北方向忽然刮来一阵狂风，折木发屋，飞沙走石，白昼变晦，对面不见人。而且这阵风正迎着楚军当面吹来，楚军立刻陷入大乱，互相失散。刘邦乘机得以率数十名骑兵突围而出，向西逃去。刘邦想从沛县经过，把家小都接出去，项羽先行一步，派人去抓刘邦的家人，家人全都逃散。在路上，刘邦碰上女儿鲁元公主和儿子刘盈，把他们装在车上载走。不久，楚军的骑兵又追了上来，刘邦大急，伸手把两个孩子推下车去。滕公夏侯婴给刘邦驾车，见刘邦如此，急忙下车把两个孩子抱上车来，刘邦又把孩子推下去，夏侯婴又把孩子抱上来，如是者三次，说："形势虽然危急，车子跑不快，可怎么能把孩子扔掉呢?"说着,故意放慢了车速。刘邦大怒,拔出剑来砍夏侯婴,夏侯婴抱着孩子躲开了。这样反复十几次,最后还是带着两个孩子脱了险。刘邦的妻子吕雉和父亲从小路寻找刘邦,没有遇上,却遇上了楚军,因此都被抓去。项羽把他们押在军中作为人质。

彭城大战后,刘邦退守荥阳、成皋一线,楚汉战争进入相持阶段。

井陉之战

汉高祖二年(前205)四月,刘邦率领的汉、魏、河南、韩、殷等诸侯军队50多万人,在彭城一战中,被项羽率领的3万精兵打得大败,刘邦狼狈逃回荥阳,凭险据守。幸好此时韩信率领一支人马赶到,才挡住了楚军西进的步伐。

刘邦在彭城失败后,原来已投降刘邦的塞王司马欣、翟王董翳又背叛刘邦,投降了项羽。齐王田都、赵王歇等也反汉而与楚联合。刘邦一下子陷入困境。六月,一直跟着刘邦的魏王豹谎称要回家探望老人的疾病,向刘邦请假回家,一回到封地(在今山西南部),便派兵封锁了黄河渡口,而派人与楚联络。刘邦听闻后,派郦食其前去劝说,没有作用,因此大怒,以韩信为左丞相,派他引兵击魏。

从整体战略上讲,进兵河东,并进而攻占河北,对刘邦来说非常重要,因为这样可以从侧翼对项羽形成威胁。而且,刘邦也急需利用河东和河北的人力、物力以和项羽抗衡。

同年八月,韩信率军从关中出发,兵临黄河。魏王豹急忙派遣大军驻扎到蒲坂(今山西永济蒲州),堵塞了从临晋(今陕西大荔)到蒲坂的黄河渡口。韩信将计就计,在黄河西岸布置下更多的疑兵,多陈渡船,摆出一副要从此渡河的架势,暗中却向北急行到夏阳(今陕西韩城),从这里"以木罂缻渡军",到对岸后,直捣魏都安邑(今山西夏县)。魏王豹大惊,急忙引军回救,但军心已乱,被韩信打败。魏王豹也做了俘虏。魏地旋即被汉军占领,置为河东郡。韩信又挥兵北上,击败代王陈余(赵王为感谢陈余而划出一部分地盘封陈余为代王)的守兵,并擒获了代相夏说。

此时,代王陈余留在赵国辅佐赵王歇。韩信在击破代兵之后,和张耳引军东下,准备从井陉关(今河北井陉北)出击赵国。赵王歇和陈余得知后,尽起国中兵,号称 20 万,聚兵井陉口,先抢占了有利地形,准备迎击韩信。陈余的部下广武君李左车劝陈余说:韩信和张耳二人去国远斗,锋不可挡。但其致命的弱点是离根据地太远,粮草不容易接济。而"井陉之道,车不得方轨,骑不得成列",还要远行跋涉数百里,汉军的粮草必然在大军的后面。因此,他向陈余请求假奇兵 3 万,从小路出击,切断汉军的粮草,而陈余则"深沟高垒,坚营勿与战",这样,汉军进不得前,退不得还,背后又有奇兵骚扰,粮绝无援,不出 10 天,必然把韩信、张耳击败。可是,陈余是一个儒生,不懂得多少用兵之道,常称义兵不用诈谋奇计。听了李左车的建议,陈余很不以为然,说:"吾闻兵法十则围之,倍则战。而如今,韩信的部队虽然号称有几万人,实际上只有几千人。能够这样跋涉千里来袭击我们,已经把力量都用尽了。碰到这样的敌人,却躲避开去,不和他们交战,以后碰到更强大的敌人该怎么办呢?那时候,诸侯都会认为我们胆子小,会随便来攻伐我们。"便不听从李左车的计谋。

　　韩信派出的谍报人员探听到这个消息后,马上还报韩信。韩信一听大喜,方敢引兵东下,在离井陉关还有 30 里的地方,扎下营寨。当天半夜,韩信传令调动军队。他选了 2000 名轻骑,每人手持一面红旗,命令他们从小路赶往赵军大营。等到望见赵军的军营,便即隐蔽起来,勿让赵军发觉。韩信特别叮嘱他们:"赵见我走,必定空壁逐我,你们疾入赵壁,拔赵帜,立汉赤帜。"这 2000 名轻骑出发后,他又让裨将传令军中开饭,吃完饭后立即行动,并宣布当日打败赵军后,举行大会餐。诸将不相信会有这样轻而易举的事情,但都不敢违抗韩信的命令,只是口头上答应了。韩信又对军吏们分析说,赵军已经先抢占了有利地形,如果看不到汉军大将的旗帜,是不会轻易出击的,因为他们害怕汉军遇到险阻就往后退,他们打不着。准备停当后,韩信派一万名士兵先出发,走到井陉关下的绵蔓河边,背靠着河水摆开阵势。赵军从关上望见以后,都哈哈大笑,认为韩信不懂军事常识。因为背水而阵,根本没有退路,一旦不利,连逃的地方都没有。但他们并不理解韩信此举的深意。天刚亮,韩信建起了自己的大将旗鼓,鼓行而出,向井陉关上的赵军发起进攻。陈余命令赵军打开营门,冲出去迎战。双方混战在一起,大战良久。韩信、张耳见时机已到,命令战士们假装战败,抛掉锣鼓旗帜,向在水边列阵的汉军那里撤退。在水边列阵的汉军把他们让过去后,迎着赵军冲了上去,双方又大战在一起。赵军看见汉军败退,锣鼓旗帜丢了一地,果然空壁而出，去抢汉军丢弃的旗帜锣鼓，并去追逐韩信、张耳，想立大功。韩信、张耳率军撤到水边以后，战士们见无路可走，便返回身去，和赵军殊死作战，赵军人数虽多，一时却难以打败他们。韩信派出去的2000轻骑在赵军营垒附近等了很久，早已急不可耐。赵军去追韩信、张耳，营壁一空，他们立刻驰入赵壁，把赵军旗帜全部抛掉，换上了汉军的红旗。赵军在河边和汉军激战了半天，还打不败汉军，捉不到韩信、张耳，斗志有些松懈，想撤回营壁。可他们一回头，见自己的营壁全部插上了汉军的红旗，不禁大吃一惊，认为汉军已经俘虏了赵王。赵军立刻陷入混乱，士兵四散奔逃。赵军将领虽然杀了一些人，但仍然禁止不住。韩信见状，立即挥兵反攻，占领了赵军营壁的汉军也从后面夹攻，大败赵军。陈余逃跑，至泜水(今河北境内的滏阳河)被杀，赵王歇被俘虏。李左车也被汉军抓获，韩信释放了他，待以上宾之礼。

战事结束后，汉军将领们打扫完战场，都来向韩信祝贺，并问韩信："兵法右倍山陵，前左水泽，今天将军令我等反背水列阵，说破赵会食，我们不服。但竟然获胜，此何术也？"韩信回答说："这些兵法中是有的，只是诸君不理解罢了。兵法上不是说'陷之死地而后生，置之亡地而后存'吗？而且，我又不是平素深得众心，指挥他们打仗，实在是'驱市人而战之'，其势非置之死地，使他们各自为战，是根本不行的，给他们留下后路，他们就都逃跑了，还打什么仗？"诸将都大为佩服。

井陉之战后，汉军很快占领了赵地。河东和河北的大部分地区都落入刘邦的控制之下。而项羽的右侧翼便暴露在了汉军面前，这对刘邦在楚汉之争中从劣势转为优势起了决定性的作用。

四面楚歌

楚(项羽军)汉(刘邦军)经过数年征战，终于显出强弱。刘邦礼贤下士，群策群力，越战越强；而项羽一意孤行，军事实力日渐衰败。汉高祖四年(前203)，楚汉双方约定，中分天下，以鸿沟为界，东属楚，西属汉。鸿沟罢兵后，项羽将扣押的刘邦的父亲和妻子吕氏放还，然后引兵东归。刘邦也想西归，张良和陈平劝说："汉占有了天下的三分之二，而且诸侯都拥护我们。而项羽兵疲粮尽，这是上天要他灭亡之时。现在错过这个机会而不将他消灭，这是养虎遗患，以后要后悔的。"刘邦听从了二人的意见，发兵追击。追到固陵，楚军反击，汉军大败。刘邦不知所措，问张良该怎么办，张良说："项羽即将灭亡，而韩信、彭越二人还没有固定的封地，所以二人肯定不来。如果您能与二人共享天下，二人立刻就会到来。"刘邦听从了张良的计策，派人约定与韩信、彭越共分天下，结果韩信、彭越都请求进兵攻楚。韩信从齐出发，刘贾军从寿春并行共攻楚军。攻到垓下（今安徽灵璧东南）时，大司马周殷叛楚，以舒城之兵攻破六城，带九江全部兵力，随刘贾、彭越，会聚垓下合围项羽军。

项羽军在垓下扎营，兵少粮缺，被汉军和诸侯兵围了数层。项羽无法突围，夜间巡营，忽然听到四周的汉营中，响起了楚国的歌声。项羽大惊，自忖：难道汉兵已经取得了楚地？为什么汉营中有这么多的楚人？项羽因此闷闷不乐，便在帐中饮酒。项羽有一美姬叫虞姬，经常随项羽征战。有一匹骏马叫骓，项羽骑骓马征战。项羽在四面楚歌的危难情势下，面对美人虞姬、骏马骓，不禁百感交集，依依难舍，自己赋诗唱道："力拔山兮气盖世，时不利兮骓不逝；骓不逝兮可奈何，虞兮虞兮奈若何。"虞姬也和作一首诗："汉兵已略地，四方楚歌声；大王意气尽，贱妾何聊生！"项羽感伤竟而哭泣，项羽左右诸侯将相也悲痛万分。

项羽决定突围，他骑上骏马，一马当先，麾下骑士800多人，趁夜色突破包围，向南逃去。到天明时，汉军才发觉突围的是项羽，刘邦便命骑将灌婴带5000名骑兵急追。项羽渡过淮水，到了阴陵迷失了方向，向一耕田老者问路，老者骗项羽说向左走。项羽便依言而行，陷入沼泽地中，一时难于走出沼泽，被汉军追上。项羽又带骑士向东走，能随从项羽的人只有28个骑士，而追赶项羽的汉兵有数千人。项羽揣度已无法脱逃了，对跟随他的骑士说："我起兵已八年，身经七十余战，没人能抵挡我，也从未打过败仗，所以才能称霸于天下。而今被围困于此，这是天要我败，要我亡，绝不是我不会作战。我要连胜汉军三次，要斩汉将，砍倒汉旗，为各位突围，让你们看

楚霸王项羽

到今天的死是天意,不是我指挥战斗的失误。"

于是,项羽把他的28个骑士分为四队,向四个方向突围。四支部队飞驰而下,项羽斩汉军一将,都尉一员,兵士近百人。一阵厮杀后,再集合部队时,项羽仅亡两员骑士,骑士们佩服项羽的勇猛。项羽带着剩下的26个骑士退到乌江西岸,要渡江东归。乌江的亭长把船靠好,待项羽上船渡江。亭长对项羽说,江东虽小,也足有千里,民众数十万,足可为一方之王。现在只有臣的这只船,汉军追到也无法渡江,请大王快上船。项羽笑着回答:"天要亡我,渡过江有什么用,何况我项羽带了江东子弟8000人渡江西进,如今江东子弟没有一人能回去,只剩下我一人西回,即便江东父老兄弟爱我,怜我,拥我为王,我岂能无愧!我有何颜面去见江东父老。"项羽又说:"我知道亭长您是一位有德行的长者,这匹马我骑了5年,所向无敌,一天曾经走过千里,我不忍杀它,我把这马赐给您吧!"

项羽将马交与亭长,命骑士下马步行,持短兵迎战。汉军此时也追到,双方激烈冲杀,项羽最勇,一人杀汉军数百人,项羽也身受十余处创伤。奋战之中,项羽发现了汉骑司马吕马童。项羽说:"你不是我的老朋友吕马童吗?"吕马童不好意思与项羽为敌,指着项羽对王翳说:"这就是项王。"项羽说:"我知道汉王悬赏千金买我的头,还可封邑万户。吕马童,我们既是朋友,我赠与你这一好处吧!"说完,项羽挥剑自刎而死。

王翳在前,取得了项羽的头,其余的人争着夺取项羽的身体,郎中骑杨喜、骑士司马吕马童、郎中吕胜、郎中杨武各得项羽身体一部分。后来,刘邦把悬赏的封地分成五份,封吕马童为中水侯,王翳为杜衍侯,杨喜为赤泉侯,杨武为吴防侯,吕胜为涅阳侯。至此,楚汉相争彻底结束,天下重新统一。

平城之围

汉高祖六年(前201)春,刘邦徙韩王信于太原,都晋阳(今山西太原),以备匈奴。不久,韩王信上书,请治马邑(今山西朔县),刘邦许之。秋天,匈奴大举入侵,困韩王信于马邑。韩王信数次派使者至匈奴求和解。刘邦发兵援救,获悉韩王信与匈奴通使,便怀疑韩王信有二心,并致书责让说:"专死不勇,专生不任。寇攻马邑，君力不足以坚守乎？安危存亡之地，此二者，朕所以责于君王。"韩王信得书后大为恐惧，乃于九月和匈奴相约共攻汉，并以马邑城投降匈奴，而率军南窬句注山（今山西代县西北）以攻晋阳，攻下铜鞮（今山西沁县南），有直趋河南之势。

第二年十月，刘邦亲自率灌婴、靳歙等将步骑30万北击韩王信；同时，又令樊哙、周勃、夏侯婴等率骑兵自代越霍人（今山西繁峙）西至云中（今内蒙古托克托）、武泉（今内蒙古武川），骚扰匈奴后方，然后向南会师晋阳。

刘邦率军进至铜鞮即与韩王信军遭遇，汉军击败叛军，斩其将王喜。韩王信向晋阳退却，刘邦率步骑追击至晋阳，樊哙等军在收复马邑后前来会师，遂和韩王信军及匈奴军大战，又大败敌军，乘胜追击到楼烦（今山西西北部）、马邑等地，刘邦本人则驻守晋阳。汉军在击败韩王信军后，再往北进，便与匈奴军直接冲突。韩王信北退后，退屯于广武（今山西代县西句注山北）。匈奴冒顿单于派其左右贤王各率万余骑兵增援韩王信，冒顿单于则亲自统率30余万骑兵屯于代谷（今河北蔚县以北至怀安一带）。韩王信得到匈奴的有力支援后，军力复振，又与其将领曼丘臣、左黄等共立赵国苗裔赵利为赵王，以扩大反汉势力。此时，刘邦率32万大军（大多为步兵）在晋阳，于十一月又发动攻势，击败韩王信及匈奴左右贤王军，并乘胜逐北。但适逢天寒大雪，汉军士卒被冻掉手指者十之二三。汉军克复马邑、楼烦等地后，刘邦便有一举克敌之心，因此，连续派出间谍侦察匈奴兵的动静。冒顿单于知道汉朝使者窥探其军，为引诱汉军深入，便将其壮士肥牛马等藏匿起来，而以老弱及羸畜示之于外。因此，汉军使者十余批人连续回报，皆言匈奴人马老弱可击。刘邦不放心，最后派刘敬往使匈奴以窥探，并不待刘敬回报，即驱兵北进。御史劝刘邦说："夫匈奴人之性，兽聚而鸟散，我们追踪他们如同追逐影子一般。今以陛下之盛德以攻匈奴，臣窃为陛下危之。"刘邦不听，即发32万大军全军北进，并自率骑兵先进。越过句注山后，遇上刘敬返回。刘敬报告说："两国相攻，本应夸耀而露其所长。如今臣往使匈奴，只见其羸瘠老弱，这必定是匈奴人露其所短，埋伏奇兵以诱我上当以争利。臣愚以为匈奴兵不可击。"此时，汉军正在急速前行中，刘邦不但不听，反而骂道："齐虏（刘敬原是齐人）以口舌得官，如今乃敢妄言以沮吾军士气。"即命人将刘敬抓起来，械系于广武，而自己仍率骑兵疾进。及至平城（今山西大同），汉军步兵已被远远地抛在后面。刘邦至平城后，即登上白登山上的白登台（在平城东北30里），以窥望匈奴军。冒顿得知汉军已入平城,即纵其精骑 30 万从四面围攻而至。汉军被围七日,粮饷不继,人马俱困。刘邦不得已,采用陈平的秘计,派使者偷偷贿遗单于阏氏。阏氏对冒顿说:"两主不相困。如今得到汉地,而单于最终也不能居之。而且,汉主也有神灵保佑,望单于明察。"冒顿单于本来与韩王信的将领王黄及赵利等期会,而王黄、赵利未能按时到达。冒顿因此怀疑他们和汉军暗中有密谋,便下令解开包围圈之一角。当时,正赶上天大雾,汉军方面使人往来,匈奴人没有发觉。陈平请令强弩加两矢外向,以防匈奴骑兵突击,然后从缺口突围而出。刘邦走出包围圈后,想策马急驰,赶快逃跑,大仆滕公夏侯婴执意慢慢前进,才未惊动匈奴兵。至平城,汉军大队人马也已赶到,冒顿遂率匈奴兵退去。汉军也撤回。

平城之围后,刘邦意识到汉朝还没有足够的力量反击匈奴,便采纳刘敬的建议,一面与匈奴和亲,一面发展生产,积极备战。

吴楚七国之乱

汉景帝刘启(前 188～前 141)于文帝前元年(前 179)被立为太子。文帝病逝后,32 岁的刘启登基即位。

景帝面临的一个首要问题,就是诸侯王已成为中央王朝的严重威胁。贾谊和晁错都曾上疏主张削夺诸侯王的封国,但文帝无法采用他们的主张。现在景帝开始重视晁错的建议了。

晁错是汉代著名的政治家。他早年曾是韩人张恢的学生,学习申商刑名之学,后来又拜齐人伏胜,研读古文《尚书》。景帝即位后,成为御史大夫,位列三公。

晁错看到,吴王濞势力强大,在宗室中辈分高(刘邦之侄),封国早。刘邦料到他日后必反,曾好言劝导。景帝为太子时,吴太子进京,路遇景帝,竟与景帝争抢道路,被景帝误伤致死,此事无疑加重了刘濞对景帝的怨恨。至景帝登基,刘濞已积蓄力量 40 年了。所以,晁错劝景帝先拿吴王开刀,削减其封地。他说,吴王一贯不来京朝拜天子,现在又铸钱、煮海制盐、聚敛钱货、招诱天下罪犯,已成为朝廷最大的隐患，即便不削减他的封地，他也要反。若削减他的封地，迫使他仓促而反，可能还好对付。不然，等他从容做好准备，就成了大祸了。

朝议时，外戚窦婴不同意先削吴王，景帝只好先减楚王、赵王和胶西王的封地，同时让晁错修订有关律令，引起诸侯王的震动。晁错的父亲专程进京，告诫晁错说，你这样削夺藩王的封地，实际是疏远了他们与皇帝的骨肉之情，要招来四方怨恨。晁错解释说，唯此才能安定汉室的江山社稷。其父无奈，最后说："刘家的天下安定了，我们晁家可就危险了。我还是先走吧，不然会大祸临头了。"说完就服毒自尽了。

晁错仍然力主削吴王的会稽和豫章两个大郡。此时吴王秘密联络楚王刘戊，拟定叛乱部署。景帝前元三年（前154）正月，削减吴王封地的诏书下达。刘濞便公开起兵20万，渡过淮河与楚王刘戊联兵直趋梁地。赵王刘遂也将军队集结在自己封国的西境、马关，与楚联军遥相呼应。而胶东王雄渠、胶西王刘卬、济南王辟光、临川王刘贤则合兵包围了不愿参与叛乱的齐王刘闾的都城临淄，以响应刘濞的反叛。一时，西汉的半壁河山落入叛军控制之下。刘濞打出的旗号是"诛晁错"。

在这种情况下，朝廷内部又发生了一场大变故。曾任吴相的袁盎被窦婴引见给景帝，景帝询问他吴国的情况，问他如何平定叛乱。而袁盎过去与晁错不合，晁错以其曾为吴相，接受刘濞馈赠很多为由将其下狱治罪。后由于景帝干预，才被赦免为平民，现在袁盎终于找到报复的机会了。所以他当着晁错的面对景帝说：臣有退敌之策，但只能对陛下一人说。景帝就让晁错及左右都退下回避，袁盎这才对景帝说：吴王写的起兵口号是诛讨晁错，要求恢复原有封地，不是针对皇位的。现在看来，只有杀了晁错，同时分派使者赦免七国起兵之罪，还其封地，这样兵不血刃，就可平定叛乱。景帝听了这话，沉默良久，他与晁错君臣之间，毕竟有很深的交情了，晁错的措施明摆着是为皇帝着想，诛杀他实在于心不忍。但若兴兵平定叛乱，必然杀人盈野，血流成河。思量再三，又想到若杀一人而能定天下，还是划算的，最后下决心诛杀晁错，同时派袁盎等到吴军中，宣谕赦免吴王，还其封地。

袁盎与刘通至梁地，梁王刘武（景帝的同母弟）正率军与刘濞对峙，刘通是刘濞的侄儿，通过这一层关系，他先入吴王军帐，要刘濞跪拜接受诏书，刘濞笑着说："我已经是东方的皇帝了，还拜什么人呢？"不仅不拜，还挟持袁盎让他跟随自己一起叛乱,后来袁盎设法逃出了吴营。

这时景帝还在幻想,凭着一纸诏书,诸王便可罢兵。他问回来汇报军情的校尉邓公:"晁错已经死了,吴、楚还没有停止叛乱吗?"邓公陈言道:"吴王蓄谋叛乱几十年了,此次只不过是以朝廷削地、请诛杀晁错为名罢了,其本意并不在晁错身上。臣担心天下正直之士都不敢再进言了。""晁错用心,在于看到诸侯坐大,威胁朝廷,所以主张削藩,此举实为汉室万年基业,然而他刚采取措施,就身受大祸,这样一来,内绝朝臣良言,外为诸侯所挟,我看陛下错了。"景帝听后,悲情顿现,悔恨长叹。

景帝终于下决心以武力平定叛乱,以周亚夫率36将为主力讨伐叛军。周亚夫临行前建议以梁王刘武军牵制叛军主力,让叛军在梁地围攻睢阳,消耗力量,自己率军坚守昌邑,同时派军断绝叛军退路和粮道。景帝完全同意。

叛军见不得后退,便全力攻打梁王军队,刘武派人向周亚夫求援,周拒不出击。刘武军无奈,又通过景帝下诏要周亚夫出兵救梁,周亚夫援《孙子兵法》中"将在外,君命有所不受"的话,拒不受诏,坚持自己的战役设想。相持了一个时期后,形势开始变为对叛军不利了。刘濞试图向西,梁军城池久攻不下,转而进攻昌邑,周亚夫又坚壁不战。叛军粮道被断,终于导致士卒饥饿自散。周亚夫趁势出击,楚王刘戊自杀,刘濞逃奔东越后,被东越人杀掉。其他五个反叛的诸侯王也都兵败伏诛。短短三个月,就平定了叛乱。

景帝从此下令,诸侯王不能再亲自治国,封国中的官吏都由皇帝任免,同时裁减王国的官吏,降低其官吏的级别。这实际上是取消了诸侯王的独立地位,他们只能享受封国内的租税,不能过问行政事务,只有爵位而无实权,这样就无力与朝廷对抗了。

周亚夫平叛有功,但由于未出兵救援梁王使其损失很大,所以梁王与太后就常在景帝面前说周亚夫的不是。在更立太子时,周亚夫与景帝又有过争执。窦太后让景帝分封外戚王信为侯时,周亚夫又说:"高祖(刘邦)有约,'非刘氏不可封王,非有功不可封侯,违背此盟约,天下共讨。'王信虽是皇后之兄,但没有功劳,封侯是违背高祖之约的。"景帝只好作罢。后来景帝又欲封五个匈奴降将为侯,周亚夫反对不成,就告病辞职了。

景帝虽对周亚夫礼遇有加,但不满之意却日渐增多。后来,周亚夫之子为其买殉葬用的兵器,被人告发谋反。景帝派人责问周亚夫,周亚夫一言不答。景帝一怒之下，命人将其关入监狱。周亚夫在狱中绝食五日，吐血而死。

周亚夫的父亲周勃，是诛灭诸吕、迎立汉文帝的第一功臣，位居右丞相，后主动"请归相邸"。回绛县后，周勃经常在家身披坚甲，待客时也手持兵器，被人告发，汉文帝也曾以谋反罪名把周勃关进监狱。饱受狱吏凌辱后，又被文帝放出来。周勃、周亚夫父子二人都有大功于文景和景帝，然而遭遇却又极为相像。可见，所谓"文景之治"中的帝王，也并非绝对明主。尤其是景帝，曾被史家称为最宽厚的帝王，却先诛书生晁错，又害武将周亚夫，而此二人正是那些谋反的诸侯王的死敌。

汉武帝反击匈奴

汉元光元年(前134)马邑之战后，汉朝和匈奴双方便开始了大规模的武装冲突，双方都竭尽全力进行作战，作战的过程长达数十年。在汉武帝在位的前期和中期，双方大小战役15次，其中较大规模作战有6次。通过这6次战争，汉朝基本上扭转了被动挨打的局面，争取到了战争的主动权。

第一次大战在汉元朔元年(前128)。是年秋，匈奴发2万骑兵侵入辽西(治今河北卢龙东)，杀汉辽西太守，并掳去2000余人；又击败渔阳(治今北京密云西南)太守军1000余人，围攻材官(汉代称步兵为材官)将军韩安国。韩安国部下1000多骑兵几乎全军覆没，幸亏燕王救兵到达，渔阳才未被攻陷。匈奴本部兵攻入雁门郡(治今山西右玉南)，败雁门都尉，杀千余人。汉朝派将军卫青率3万骑兵援救雁门，李息率兵出代郡以声援渔阳。卫青军至雁门，匈奴兵败走。汉军斩首虏数千而还。

元光二年(前133)春，匈奴军再次侵入上谷(治今河北怀来东南)、渔阳。汉朝方面为巩固长安、争取主动，决定以主力打击匈奴右部，并采取大迂回的作战方针，在匈奴入侵上谷、渔阳二郡之时，立即派卫青和李息率数万骑兵西出云中(治今内蒙古托克托)，包围匈奴右部楼烦王和白羊王于今山西西北和内蒙古的伊克昭盟地区(今内蒙古鄂尔多斯市)，将其击败，获首虏5000余级，牛羊百余万头。白羊王和楼烦王向北逃跑,卫青追至高阙(今内蒙古杭锦后旗东北)而还。这一战,尽复秦蒙恬所置之河南地。卫青沿黄河向西南至陇西入塞。汉朝随之在此地置五原(治今内蒙古包头西北)和朔方(治今内蒙古乌拉特前旗南黄河南岸)等郡,长安北方的威胁从此解除。

元光三年(前132)夏,匈奴数万骑入代郡,杀代郡太守,掳走1000余人。秋天,又攻雁门郡,杀掠千余人。四年(前131)夏,匈奴更大举进犯,派9万骑兵分三路南攻代郡、定襄(治今内蒙古和林格尔西北)和上郡(治今陕西榆林南);同时,匈奴右贤王也向朔方郡进攻,边郡吏民被杀掠各数千人。

元光五年(前130)春,汉朝大举反击,派大将李息和岸头侯张次公率军出右北平(治今辽宁凌源)以攻匈奴左部;主力军以卫青为统帅,出朔方、高阙以进击匈奴右贤王。汉军秘密至朔方渡河,至五原,又于夜间潜军出高阙塞,疾袭匈奴右贤王幕。匈奴右贤王以为汉军不能至,方饮酒作乐,醉卧幕中,闻汉军突至,急忙率数百人突围北遁。卫青派轻骑校尉郭成等乘夜追击数百里,不及而还。这一役,汉军掳获右贤王裨王10余人,男女15 000人,牲畜数十万头。

汉元朔六年(前123)春,卫青仍率数将军出定襄,进击匈奴单于本部庭。初出定襄,即与单于军遭遇,将其击败。休军月余后,卫青挥军再出,进至阴山北侧,右部苏建和前将军赵信突遭匈奴左贤王袭击,汉军3000余骑死伤殆尽,赵信投降匈奴,苏建独自突围而还。卫青率军跟踪进击,斩首虏19 000余级而还。在这一役中,霍去病初显锋芒,率800轻骑突入敌后数百里,斩首虏2000余级而还。

汉元狩元年(前122),匈奴数万骑侵入上谷。第二年春,为打通河西走廊,汉朝以霍去病为骠骑将军,率一万多骑兵出陇西(治今甘肃临洮),过焉耆山(今甘肃山丹东)千余里,与匈奴右部主力短兵相接,大败匈奴兵。汉军长驱进击,转战6日,斩匈奴折兰王和卢侯王,俘获浑邪王子及休屠王的祭天金人等,获首虏8900余级而还。匈奴兵死者十之七八。这一战切断了匈奴右臂。同年夏天,汉朝再派霍去病与合骑侯公孙敖率数万骑兵分两路出击。霍去病出北地,公孙敖出陇西,均以祁连山地区为会师目标。为牵制匈奴左部主力,同时派博望侯张骞和郎中令李广出右北平,分两路进击匈奴左贤王。匈奴单于此时也率军入侵代和雁门二郡。霍去病出北地后,渡过黄河,过今甘肃省青玉湖,至居延海,然后沿额济纳河南下,至小月氏(今甘肃酒泉),耀兵于张掖,进击祁连山一带的匈奴兵,同时西逐诸羌,遂打通河西走廊。是役,霍去病俘匈奴王子以下到都尉100余人,降2000余人,斩首虏30 200级。在右北平方面,李广率4000骑先击左贤王,反为左贤王数万骑兵包围,激战二日,李广军死伤殆尽,幸亏张骞率10 000多骑兵赶到救援,方才脱险。但李广军也杀匈奴兵数千人。是年秋,匈奴伊稚斜单于迁怒浑邪王、休屠王在西方的惨败,欲招而杀之。浑邪王恐,与休屠王合谋降汉,遣使河上,边塞飞报长安。汉武帝虑其有诈降而袭边地,便派霍去病率军往迎之。休屠王后悔,浑邪王杀之,并其众。霍去病军渡河后,与浑邪王众相望,浑邪王望见汉军,恐被掩袭,而其下多欲不降者。霍去病驰往与浑邪王相见,斩其欲逃走者8000人,一面让浑邪王独自先到长安,一面尽率其众4万余人渡河,号称10万。此后,河西地区平定,汉朝方面得以减陇西、北地、上郡三郡戍卒之半,并在河西走廊置敦煌、张掖、武威、酒泉四郡,由此打通西域之路。

元狩三年(前120)秋天,匈奴单于气恼右部的惨败,分派数万骑兵大举入侵右北平和定襄二郡,各杀掠数千人而去。第二年春,武帝以河西地区已平定,遂欲对匈奴本部(活动于上谷、云中以北地区)以彻底打击,驱其远遁,以安北边诸郡。武帝与大臣商议,以降于匈奴的翕侯赵信为匈奴出主意,认为汉军不能轻入漠北而久留,如今若因其计而大举深入,必能攻其不备,达到目的。于是,汉武帝将汉军主力分为两队,分别由卫青和霍去病指挥,分向漠北进击。大将军卫青率郎中令李广、太仆公孙敖、主爵赵食其及西河、云中二太守为右队;霍去病率从骠侯赵破奴、昌武侯安稽和校尉李敢等为左队。左、右两队各精骑5万,而敢力战深入之士,皆属骠骑将军霍去病。两路纵队之后,又有负责辎重运输的步兵数十万。两军出塞时,边塞阅检官府及私从马匹又有14万。出军规模之大,亘古未有。当两军出征时,汉武帝判断匈奴单于所率主力必在西面,所以令霍去病所率最精锐的骑兵编成的纵队从定襄出击,以卫青所率军出代郡。但当霍去病出定襄,捕得俘虏,言匈奴单于在东,武帝因改为霍去病出代郡,而卫青出定襄。匈奴单于闻汉军大举北征,从赵信之计,一面调集其右部精兵集中于漠北(今蒙古国乌兰巴托东南地区)以待敌,一面将其辎重远置北方,以备决战。卫青出定襄后,捕得俘虏,得知了匈奴单于所在,便自率精兵前去迎击,而改令前军李广部与右军出东道以掩护。卫青军出定襄1000多里后,约在今蒙古国南部车臣汗部西南地区与匈奴军主力遭遇。于是,卫青令先以武刚车(一种战车)环绕为营,以防敌军突袭,然后派5000骑兵进击,匈奴也派10 000骑兵迎击,双方展开激战。

战至天黑,大风忽起,沙砾击面,两军不能相见。卫青乘机率主力分为左右两翼以包围态势前进,将匈奴军包围。匈奴单于见汉军人多马壮,又被包围,唯恐军败被擒,遂率数百精骑向西北方向突围逃走,但汉军不知。及汉军左校捕获俘虏,始知匈奴单于在黄昏时已突围而去,卫青急派轻骑乘夜追赶,而自率主力随后。匈奴兵在混战后也乘夜溃散败走。卫青追至天明,行200余里,不得单于,遂至寘颜山赵信城(在今蒙古国),得匈奴积粟,休军一日,悉烧其余粟而凯旋。卫青军共斩首虏19 000级。右路军霍去病出代郡后,不带军粮,轻骑直追,进抵梼余山(约在今达里湖北部),与匈奴左部展开激战。左贤王军大败,汉军猛打穷追,翻越难侯山,渡过弓庐之水,追至狼居胥山(今蒙古国乌兰巴托东),登临瀚海(今贝加尔湖),然后还师。计出代郡北征2000余里,斩获首虏7万余人。匈奴左部几乎被消灭殆尽。匈奴本部也遭到惨重打击,被迫北遁,从此大漠以南再无匈奴之王庭。而汉朝方面经历这场大战之后,士卒死伤数万,马死者十余万匹。此后,汉因马少,而不能再组建强大的骑兵集团。以后的几年中,双方处于休战状态。

汉武帝平南越

南越自陆贾在汉文帝时第二次出使以后,一直和汉朝中央保持了较好的臣属关系。但南越一直保持其半独立状态,只是时遣使者入贡而已。到汉武帝时,双方关系重又紧张起来。

汉建元六年(前135),南越王赵胡派儿子赵婴齐到长安。赵婴齐在长安娶了邯郸摎氏之女,生了一个儿子叫兴。南越王赵胡病死,赵婴齐继位,藏其先南越武帝赵佗的印信,去其僭号,上书请立摎氏为王后,兴为太子。汉朝数次派使者劝请赵婴齐入朝,但赵婴齐既立为王,自擅生杀之权,害怕入朝后被汉朝威胁而要南越用汉法比诸内地王侯,地位下降,所以一直称病而不入见。汉元鼎四年(前113),赵婴齐去世,赵兴继位为南越王,尊其母摎氏为太后。

摎氏在未成为赵婴齐的姬妾时,曾经和霸陵(今陕西西安东)人安国少季私通。这一年,汉武帝派安国少季出使南越,去劝南越王和王太后入朝,比内诸侯,又令辩士谏大夫终军等去宣读其辞,令勇士魏臣等帮助其决策。同时又派卫尉路博德率一支汉军驻扎在桂阳(今湖南郴州),以待他们的消息。当时,赵兴年纪尚小,太后又本是中原人。安国少季到达南越后,又和太后摎氏私通。此事南越人颇有知者,并因此而多不附于太后。太后恐乱起,又想倚靠汉朝的威风,数次劝南越王和群臣内属,并趁汉朝使者到来,上书请比关内侯,三年一朝,并撤除边关。赵兴上书后,武帝同意,并赐给南越丞相吕嘉银印及内史、中尉、太傅等印信,其余的吕嘉可以随意任用南越人;又下令废除黥、劓等刑,采用汉朝法律,比内地诸侯,出使南越的使者皆留下来镇抚之。

第二年(前112),南越王和王太后收拾行装,准备入朝。丞相吕嘉此时年纪已长,连相三个南越王,宗族仕官为长吏者70余人,男子皆娶南越王的女儿,女儿皆嫁给王室的子弟、宗室,在国中权势极大,又得众心。赵兴向武帝上书时,吕嘉几次出面阻止,赵兴不听。吕嘉怕南越内属后自己及家族失势,不愿内属,见赵兴不听,便生叛心,称病不见汉朝使者。汉朝使者为此都注意上了吕嘉,却无机会杀他。赵兴和太后也怕吕嘉先发制人,便想借汉使的威权杀掉吕嘉,便置酒宴请汉使,南越大臣皆侍坐。吕嘉之弟为将,率军守在宫外。喝酒时,太后对吕嘉说:"南赵内属,对国家有利,而相君若不便者,这是为何?"以此激怒汉使,汉使却狐疑不决,都未动手。吕嘉见情势不对,起身而出。太后怒,想以长矛刺吕嘉,赵兴拦住了她。吕嘉回家后,便称病不见汉使,暗中与大臣谋作乱。因他知道南越王赵兴平素并无杀自己之心,以故数月不发。

汉武帝听说吕嘉等不听命令,王、王太后又孤弱不能制之,汉使怯而无决,又认为王和王太后已经附汉,只有吕嘉为乱,不足以兴师动众,便派庄参率2000人到南越去。庄参以为以通好前往,数人便足,以武力前往,则2000人无以成事。武帝罢黜庄参。壮士韩千秋愿得300人往使,必斩吕嘉以报,武帝便派韩千秋和南越王太后摎氏的弟弟摎东率2000人前往。汉军一入南越之境,吕嘉便公开反叛,下令国中说:"大王年少,太后本中原人,又和汉使私通,专欲内属,尽持先王宝器入献天子以自媚;带上许多人走,至长安之后,便要将他们卖为僮仆。他们只取自己一时之利,而不顾赵氏社稷,也不顾国家万世长久之计。"吕嘉遂与其弟率军攻杀南越王、王太后和汉朝使者,派人告诸郡县,又立赵婴齐的长子赵越之子赵建德为南越王。韩千秋军入南越之后,攻破几座小城邑。其后越人开道放行,韩千秋到达离南越都城番禺(今广东广州)还有40里的地方,被南越军包围,全军覆没。吕嘉派人将汉朝使者所持符节放到边塞上,并发兵守卫要害之处。

元鼎五年(前112)春三月,武帝听说南越反叛,下令调集军队南下。秋天,伏波将军路博德出桂阳,顺湟水(今广东北部的连江)南下;楼船将军杨仆率军出豫章(今江西南昌),顺浈水(今广东东北部的瀹江)南下;归义粤侯严为弋船将军,出零陵(今广西兴安北),顺离水(今广西漓江上游)南下;甲为下濑将军,率军下苍梧(治今广西梧州),皆率罪人从军者及江淮以南楼船兵10万人。粤驰义侯遗别率巴、蜀罪人,发夜郎之兵,顺牂柯江(即珠江上游的红水河)东下,都以番禺为会师目标。

楼船将军杨仆军进入南越之境后,先攻下了寻峡(今广东清远东),又攻破石门(在番禺北),击败抵抗的南越军。不久,伏波将军路博德率军和杨仆军会合,一同南攻番禺。汉军以楼船军居前,直攻至番禺城下。南越王赵建德和吕嘉据城坚守。汉军将番禺城包围。路博德军居于东南面,杨仆军居于西北面。天黑之后,杨仆军击败南越军的抵抗,攻入城内,纵火焚烧。路博德军则就地扎营,招纳降者,赐给印绶,又放他们回去招降。杨仆军又奋力冲杀,将南越军向路博德营中驱赶。天亮之后,城中皆降。此时,武帝正出游至河东左邑桐乡,听到汉军攻下番禺的消息,就把当地改为闻喜县。赵建德和吕嘉已连夜逃亡入海。路博德派军追击,将二人抓获。武帝听到吕嘉被擒的消息时正在汲县的新中,就又把这个地方改名为获嘉县。这就是今天山西闻喜县和河南获嘉县名称的由来。这时,弋船将军、下濑将军和驰义侯等几支部队尚未到达,而南越已平。汉朝全部接管南越王地,在这一地区设立南海(治番禺,今广东广州)、苍梧(治广信、今广西梧州)、郁林(治布山,今广西桂平西南),合浦(治合浦,今广西合浦东北)、交趾(治赢陵)、日南(治西捲,今越南中部广治北)、九真(治胥浦,今越南清化西北)、珠厓(治暲都,今海南海吕东南)、儋耳(治儋耳,今海南儋县西北)九个郡。

【国学精粹珍藏版】

李志敏⊙编著

中华上下五千年

◎尽览中国古典文化的博大精深 ◎读传世典籍，赢智慧人生——受益终生的传世经典

卷二

民主与建设出版社
·北京·

李广利征大宛

　　汉建元三年(前138),汉武帝为了击败匈奴,派张骞出使西域,联络与匈奴不和的大月氏出兵,共同抗击匈奴。张骞一行在匈奴境内被扣留,11年后,张骞伺机逃脱,向西奔走到大宛国境内。大宛国王早听说汉朝有很丰富的财富,碍于交通,无法互通使者。见张骞到来,非常高兴。张骞以以后多送给他们汉朝的财物为条件,请求他们将他送到大月氏。大宛国王派遣使者将张骞送到大月氏。汉元朔三年(前126),张骞自西域返回,向汉武帝递上了一份出使西域经过的报告,报告中提到了大宛,说大宛有很多的良马,马出汗有血,故称汗血马。

　　此后,汉武帝击败匈奴,开拓了西域交通。汉朝派往西域的使者很多。有的使者向汉武帝说,虽然大宛的贰师城出产良马,但是,每当汉使者去时,大宛国王就将马藏起来,不给来使。汉武帝很喜欢大宛的汗血马,就派遣使者携带大量的金银珠宝和用金铸成的马出使大宛,向大宛国交换汗血马。大宛国已经得到了汉朝很多的财富,见使者来到,不想用宝马与之交换,并且自恃,即使不交换马,汉武帝因为路途遥远,也不可能派兵来抢夺,于是,拒绝了汉使者的请求。汉使者非常愤怒,当着大宛国王的面损坏金马,以示与大宛绝交。大宛群臣认为,汉使者这样做,是轻视我们大宛,所以,等汉使者离开贰师城行到郁成国时,命令郁成国派人杀死了汉使者,并夺取了金银财富。汉武帝得知消息后,非常震惊。以前曾出使过大宛的姚定汉等人,认为大宛国小兵弱,不堪一击,如果派3000军队,就可以令他们投降。汉太初元年(前104),汉武帝命宠姬李氏的哥哥李广利为将军,征召所属6000精锐骑兵,以及郡国中几万个游手好闲的人,前去攻伐大宛,使他们贡奉宝马。军队由王恢做向导,李哆任校尉。因为战争的攻击目标是产汗血马的贰师城,所以李广利号称"贰师将军"。

　　由于军队远征,粮草供应只能靠沿途小国。李广利率大军向西过了盐泽后,沿途小国坚守不出,不肯供应军队粮草。李广利指挥军队沿途攻占小国,取得粮食供应军队,军力消耗很大。到了郁成后,士卒不过数千人,都饥饿疲倦。攻郁成时,被郁成打得大败,士卒死伤很多。李广利见军队连个弱小的国家都攻不下,怎么能攻占大宛呢? 就与李哆、始成等将领商量,领兵撤回敦煌。到敦煌时,士卒生还的不过十分之二三。李广利上书天子说："征伐大宛，中途相当遥远难行，士兵不害怕打仗，但是害怕饥饿，因为粮食非常缺乏。请求暂时罢兵，等增派士兵以后再去攻伐。"汉武帝认为，既然已经下令讨伐大宛，大宛是个小国，汉军队攻不下大宛，则大夏等国就会轻视汉朝，而且大宛的良马也绝对不会送来，乌孙、仑头等小国也会像大宛那样欺凌汉使，决定继续征大宛。一方面他下令李广利不准撤回，并派遣使者把守玉门关，有军士敢从敦煌逃回玉门关的，立刻斩首。李广利只得按兵不动，留在敦煌。另一方面，汉武帝处罚了朝中阻止征伐大宛的官僚邓光等，征发成甲兵18万，在酒泉、张掖郡北面设置居延、休屠二县，以拱卫酒泉。征发天下骑兵及囚犯，组成一支6万多人的军队。军中备牛10万头，马3万余匹，驴、骆驼好几万，以供携带粮草，又征发天下犯七科罪的犯人，沿途载运干粮供应军队，转运粮草的车马人众相连不断。又命令水匠先期到达大宛城，断绝大宛城吃水的地下水道。经过一年的准备后，汉太初三年（前102），李广利率大军从敦煌出发，再度攻伐大宛。

这次军队众多，所行沿途小国慑于汉军的兵威，纷纷打开城门，供应军队粮草。到了仑头国，仑头不肯出降，汉军攻打几天，把仑头全国人都消灭掉了。汉军威风大增，军队长驱直入，3万大军攻击大宛。大宛国王派兵迎击汉军，被汉军打得大败，退保都城。李广利指挥军队包围城池，引决大宛的水源，大宛城深受困扰。攻打40多天，攻破了外城，俘虏了大宛贵人勇将煎靡。大宛兵非常恐惧，纷纷逃入中城。大宛贵人相互计议说："汉出兵攻打我们的原因，是因为大王母寡藏匿良马并杀掉汉使者，如果我们杀了母寡而献出良马，汉兵就会撤兵；假如汉兵还不撤兵，那时我们再死战。"于是，大宛贵人杀了大宛王母寡，拿着他的首级到李广利军中请求说："你们不要再攻打了，我们尽献出良马，任你们选取，并且开仓供应军队粮草。如果你们还攻打的话，我们就杀光所有良马，等待康居国的军队来救我们。那时，我们和康居的军队里应外合，不见得能失败。请你们仔细考虑。"李广利与赵始成、李哆均认为，现在大宛国王被杀，良马也可以得到，战争的目的已经达到，就同意了大宛贵人的请求。大宛尽献国中良马，随李广利前来的熟悉马匹的两个执驱都尉，选取上等好马数十匹、中马以下雌雄3000多匹，并立原来和汉使者比较友好的大宛贵人味蔡为大宛国王，和他结盟罢兵。汉军退出大宛。

汉军攻下大宛后，康居、乌孙等国慑于汉兵的威力，纷纷与汉结好。李广利大军撤回途中，沿途的小国听说汉军攻破了大宛，都命自己的子弟随从大军到汉朝进贡,拜见汉武帝,并留下子弟作为人质,以表示臣服汉朝。以后,汉派使者十余批到大宛西边诸国,寻求奇异珍物,并告谕宣扬汉军攻破大宛的军威。从此,敦煌、酒泉设置都尉,向西至盐水,设置要塞,有田卒数百人,守种田地储积粮食,以供应汉出使使者。中西交通进一步开拓。

征伐大宛的诸将也得到汉武帝的封赏,贰师将军李广利被封为海西侯,军正赵始成封为光禄大夫,上官桀为少府,李哆为上党太守。军中官吏做九卿的有三人,被封为诸侯相、郡守,食2000石俸禄的有100多人,千石以下的禄位有1000多人,赏赐士卒共4万金。攻伐大宛两次往返,前后4年。

汉征朝鲜

战国时期,中原战乱,邻近朝鲜的燕、齐两国人,为了逃避战乱,曾成批地迁到朝鲜。秦灭燕国以后,朝鲜属于辽东郡外侧的国家。汉朝建立后,由于距离朝鲜太远,难以防守,修筑了战国时辽东郡的原有要塞,一直到浿水(今鸭绿江)为界,将该地划归燕国。后来,燕王卢绾逃往匈奴,燕人卫满乘此机会,率领千余人,渡过浿水奔到朝鲜,立自己为朝鲜王,建都王险城(今朝鲜平壤市),统治朝鲜半岛西北部。

孝惠帝和吕后统治时期,天下刚刚安定。辽东郡太守就约卫满做汉朝的外臣,替汉朝防守塞外的蛮夷人,以防止他们滋扰汉边境。

汉武帝时,卫满的孙子右渠当政,招诱汉朝很多逃亡的人民,不去晋见汉武帝,而且,蛮夷族想晋见汉武帝的国王,也被右渠挡住。元封二年(前109),汉武帝派遣使者涉何出使朝鲜,指责右渠这种不友好的举动,右渠不服。涉何离开朝鲜,到达汉边境时,命令士兵杀死前来送行的右渠手下的裨王长。回国后,向汉武帝报告谎称"杀朝鲜将",汉武帝命涉何住辽东郡东部都尉。右渠因涉何杀死手下将领,派兵攻击辽东郡,杀死涉何,汉武帝下诏令,招募天下罪人编入军队,派遣楼船将军杨仆率领5万余人,左将军荀彘从辽东郡出兵配合,征讨朝鲜。

右渠派兵凭借险要地势进行抵抗。荀彘率领的辽东郡士兵先被击败。杨仆率精兵7000余人攻到王险城,右渠指挥军队出城迎战,杨仆的军队也被击败。

杨仆在山中躲避 10 多天,重新召集失散的部卒撤回。汉武帝见军队失败,派遣使者利用兵威去诏谕右渠,想令其不战而降。右渠见到汉使者后,就叩头谢罪说:"我本来愿意投降,只因怕被杨仆和荀彘欺骗,遭到杀害。现在,看到了你所持的信节,我请求投降。"派遣太子随汉使者到汉朝向武帝谢罪,并且献出 5000 匹马,并馈赠汉军军粮。右渠的太子随行的人有 1 万多,并且全副武装。在渡过浿水时,汉使者和荀彘怀疑其中有诈,就命令他们,既然是去谢罪的,不能携带兵器。太子怀疑汉使者此举是阴谋杀害他们,又率部众返回朝鲜。汉军又继续攻打朝鲜。荀彘率军攻破了右渠设在浿水的守军,继续向前推进,包围王险城。杨仆的军队也在王险城与荀彘军会师,两军合力攻打,但右渠率兵坚守不出,双方相持数月,汉军也无所建树。

被围困在王险城的右渠得知,荀彘在朝中任官,极受皇帝宠爱,军队作战力强。而杨仆的军队屡遭失败,心情沮丧,战斗力不强。右渠利用这种机会,假意派使者到杨仆军营中,声言向杨仆投降。杨仆很高兴,就和朝鲜使者多次商谈。荀彘几次和杨仆约定日期共同出兵攻击,杨仆的军队按兵不动,准备接受右渠的投降。荀彘派使者劝右渠投降,而右渠却扬言,要向杨仆投降。这样,造成杨仆和荀彘两将领之间的互相猜疑。荀彘怀疑杨仆按兵不动,阴谋联合朝鲜反叛。双方互相僵持。汉武帝见汉军久攻不下,派遣洛南太守公孙遂为使者,本着对国家有利的原则,前来督战。荀彘见到公孙遂后,就把杨仆军屡次不按约定的时间出兵,有阴谋联合朝鲜反叛的迹象告诉了他,并劝他捕杀杨仆,免生后患。公孙遂用天子所颁的符节,以征召杨仆到荀彘军中议事为名,逮捕了杨仆,将杨仆的军队归荀彘指挥。

荀彘率领两军合力攻城,右渠指挥军队奋起抵抗。右渠手下的相路人、相韩阴、尼溪相参、将军王唊见汉军攻城猛烈,而右渠又不肯投降,恐汉军攻破城后被杀,相继逃亡,投降汉军。元封三年(前 108)夏天,尼溪相参派人诛杀了右渠,逃出城去,投降了汉军。但是,汉军还是没有攻下城来。右渠的大臣成巳派人诛杀准备投降汉军的官吏,率兵继续抵抗。荀彘派遣右渠的儿子长降返回城中,诛杀了成巳,汉军终于占了王险城,平定了朝鲜。

汉武帝在朝鲜设置了真番、临屯、乐浪、玄菟四郡,并封尼溪相参为浻清侯,相韩阴为荻苴侯,王唊为平州侯,长降为几侯。杨朴和荀彘因在作战中争夺功劳,互不配合,荀彘被杀,杨仆被削为平民。

燕王谋反

汉武帝共生六子，燕刺王刘旦是第四子，为李姬所生。他与兄弟齐怀王刘闳和广陵王刘胥同日封王。他为人机智，颇有辩才，博学多识，喜欢星相历数之术，迷恋骑射田猎之事，而且广交游士。

汉征和二年(前91)，太子刘据因江充用事，被逼起兵造反，结果被诛，齐怀王刘闳又早逝，燕王刘旦自以为应当立他为太子，于是就上书武帝，要求入宫宿卫。无奈事情做得过于露骨，招致武帝嫌恶。武帝勃然大怒，要对他兴师问罪，后来他又因罪被削去良乡、安次、文安三县。燕王既已失宠，当然，其太子梦也就无法实现了。

武帝死后，立了燕王的弟弟、年仅8岁的幼子刘弗陵，是为昭帝，并命霍光等辅政。燕王心怀怨恨，得到武帝的遗诏时，不肯哀哭，怀疑玺书有假，并立即派心腹孙纵之、寿西长、王孺等到长安，探问有关皇位继承问题的确切消息，及见承位无望，更加愤怒。刘旦于是开始与宗室中山哀王的儿子刘长、齐孝王的孙子刘泽等人合作，积极为篡位作准备。其心腹郎中成轸劝他起兵夺位，说："大王您失去了皇位，只能起兵夺取，不能坐享其成。如果大王起兵，就是国中的女子都会支持您的。"燕王刘旦也大肆诋毁昭帝，说昭帝不是武帝的亲生儿子。刘泽也表赞同，准备与燕王共同造反。燕王刘旦于是招募死党，蓄治甲兵，整顿军队，扩充实力。郎中韩义等多次劝谏，反而遭其谋害。正赶上有人揭发刘泽反状，刘泽被青州刺史隽不疑收系，连及燕王。刘泽被诛，燕王刘旦却被赦免。

后来，燕王刘旦与鄂邑盖长公主、左将军上官桀、御史大夫桑弘羊结成反对霍光联盟，企图首先剪除霍光，搬掉自己篡位过程中的主要障碍。于是在始元六年(前81)，他上书昭帝，一方面离间昭帝与霍光，另一方面要求入宫宿卫，以便行事。年仅14岁的昭帝却并不上他的圈套，他不但不信燕王刘旦之言，反而对霍光日益信赖，对上官桀等日见疏远。

万般无奈之下，燕王刘旦与上官桀等孤注一掷，企图先杀霍光，再废黜昭帝，然后自己篡位。为了拉拢上官桀等，燕王刘旦信誓旦旦，答应事成之后封上官桀为王。同时，外连豪杰数千，随时准备起事。他的国相平对他说："大王您前次与刘泽结谋举事,之所以事未成即被发觉,是因为刘泽平日喜欢炫耀。我听说左将军上官桀是一个轻率之辈,车骑将军年轻骄纵,与他们谋事,恐怕难以成功。即便成功了,他们恐怕也会来谋害大王您的。"燕王刘旦说:"前不久有一个男子到朝廷参见,自称是已故的太子,此事轰动整个长安,老百姓争着去看他,闹得一团糟。大将军霍光心中害怕,派军队保护自己。我是先帝的长子,众望所归,人心所向,怕他们造反怎么的!"

汉元凤元年(前80),天下大雨,彩虹落至宫,井水干枯了,厕中有猪群跑出来,弄坏了官垒;鸟在空中争斗而死;老鼠在殿中跳舞;殿上的窗户自动关上,连打都打不开。如此种种的怪事接连发生,大家都吓得提心吊胆地过日子。迷信鬼神方术的燕王刘旦惊出一身病来,赶紧派人去祭拜葭冰和台水。正在这时,其姊盖长公主的一个门客的父亲叫燕仓的,知道了燕王的阴谋,就向大司农杨敞告发了。杨敞为事历来谨慎,且胆小怕事,不敢理此大案,于是装病违避。燕仓又告到谏议大夫杜延年之处,杜延年上奏昭帝。九月,昭帝下令逮捕了燕王刘旦的同党上官桀、孙纵之、桑弘羊等,将他们族灭;盖长公主自杀。燕王刘旦听到消息,召集其相平问道:"事情已经败露了,可以起兵了吧?"平阻止他说:"左将军上官桀已死,老百姓都已知道了,不能再发兵了。"燕王刘旦忧虑愤懑,但毫无办法,只好束手待毙。他设宴与自己的大臣和家人相别,正赶上昭帝责备他的诏书到来,他就上吊自杀了。他的王后、夫人随他自杀的共达20余人。昭帝赦免其太子建为庶人,谥燕王曰刺王。

陈汤袭杀郅支

汉宣帝时,匈奴内乱,五单于自立,为争都单于王庭,互相残杀,只剩呼韩邪单于和郅支单于两部。呼韩邪单于因兵力微弱,无法与郅支相抗衡,投降汉朝,遣质子入朝。郅支单于见呼韩邪依据汉朝,不能返回匈奴故地,乘机出兵占领了右地,又向西进攻兼并了呼揭、坚昆、丁零三国。同时,郅支单于也遣子入汉朝,但汉政府待呼韩邪厚而郅支薄,郅支单于非常恼怒,因而围困污辱汉朝使者乃始等人。汉初元四年(前45),郅支派使者赴汉朝,要求汉政府遣回朝中质子。汉政府准备派卫司马谷吉为使,护送其子回匈奴。御史大夫贡禹、博士匡衡认为,

郅支单于反复无常,不遵汉礼,恐会再次污辱使者反对派使护送。谷吉一再要
求,并保证不辱使命。汉元帝派他为使,护送郅支子到单于王庭。郅支见谷吉等
汉使者到,非常生气,便杀掉谷吉等使。郅支知这样做有悖于汉朝,担心汉朝派
军讨伐,加之此时呼韩邪势力日益壮大,于是率部众奔康居国。康居国王想凭借
郅支的势力称霸西域,所以对他非常尊敬,但郅支却杀掉康居王。汉政府见谷吉
等使久去不返,先后派三批使者到康居,求谷吉等尸首归汉。郅支不奉汉元帝
诏,污辱使者,又故意让汉都护代他上书元帝,假意表示愿归附汉朝,态度非常
专横。

汉建昭三年(前36),西域都护甘延寿、副校尉陈汤出巡西域。陈汤智勇双
全,面对郅支单于的骄横,与甘延寿商讨对付匈奴的计策。陈汤认为,郅支单于
依据康居,侵凌乌孙、大宛等国,长此下去,就有可能控制整个西域,成为汉朝在
西域地区的一大隐患。因此,主张征发屯田吏士并乌孙等国兵力,进攻郅支。甘
延寿虽同意其计策,但主张先禀明朝廷。陈汤认为,一奏请皇上,由朝中公卿讨
论,不但可能延误作战时机,而且公卿也许体会不到这计策的正确性,因此建议
先斩后奏。甘延寿犹豫不决,后来,正逢他生病,陈汤就假传皇帝诏书,调拨西域
诸国的兵力以及车师戊己校尉属下的屯田吏士,组成出征军。甘延寿深恐朝中
问罪,极力阻止,陈汤拔剑威逼其服从。甘延寿无可奈何,只好同意出兵。陈汤
安排扬威、白虎、合骑三校尉,合胡、汉兵4万多人,又上书朝廷,自责矫诏之罪,
并陈述紧急出兵的理由。

当天,陈汤率军分南、北两路进军康居,南道过葱岭经大宛,逼近康居,北道
入赤谷,经乌孙、康居边境,开赴阗池西部。此时,康居副王抱阗正率数千骑攻掠
赤谷城,与陈汤军相遇。陈汤命胡兵出击,杀死抱阗军460余人,并将其所掠民
众470余人交还大昆弥,将缴获的马、牛、羊留作军用。大军开到康居,陈汤命令
军士安营扎寨,不得擅自骚扰。命人在城外呼康居贵人屠耆出来相见,陈汤晓以
威信,与屠耆结不为敌的盟约。此后,又挥军在离康居城60里处扎寨。军士捕
获康居贵人目色之子开牟,开牟对郅支单于占据其国甚为怨恨,遂详细地向陈汤
汇报了郅支的兵力分布,并自愿做大军向导。第二天,陈汤军又在离城30里处
扎寨。郅支见汉大军,派使者入汉军营,相问大军开赴的原因。陈汤对郅支使者
道:单于上书说,愿意投附汉朝,入朝称臣。皇上怜单于放弃匈奴大国,屈居康
居,所以派我率军来迎接单于。担心大军惊动单于,所以只在城外扎寨。其后,
双方使者互相往来,探听虚实。陈汤、甘延寿责备郅支来使道:大军为迎护单于

而来,至今未见单于前来受命。况且,大军远道而来,人畜疲乏,粮草殆尽,恐无法返回,请单于与贵臣们商量行事。次日,陈汤军又赴离城3里处扎寨,布置兵防。单于也加紧准备,数百人守备于城头,百余骑兵在城下往来巡逻。城头守军公开向汉大军挑战,城下骑兵奔往汉军营中。陈汤命士兵持弓弩待变,单于骑兵退回城中。陈汤令弓箭手射击城门的骑、步兵,骑、步兵尽皆入城。陈汤于是指挥军队四面围城,各有所守,据壕沟堵其城门。入夜,单于以数百骑袭击汉营,均被汉兵射死。

单于从使者处知道,汉军粮草殆尽,不知其中有诈,决定坚守城壁,只在城上发箭,待汉军粮尽退军。半夜,汉军攻破单于外城,单于挥军退入内城自保。次日凌晨,汉军推动防箭的卤楯,攻入内城中,并在城中四面放火,郅支单于在乱军中被大火烧死,汉军斩阏氏、名王以下150余人,俘虏千余人。汉元帝接到战报,下诏赦免陈汤矫诏欺君之罪,从而稳定了西域局势,维持了西域的安定。

昭君出塞

建昭三年(前36),汉朝消灭郅支单于,帮助呼韩邪单于重新统一了匈奴。呼韩邪既高兴又害怕,于是在建昭五年(前34)上书汉朝,表示要入汉朝见汉帝,并且先后三次入汉觐见汉帝。

元帝竟宁元年(前33)正月,呼韩邪单于第三次入汉觐见汉帝,提出愿为汉婿,复通和亲之好,元帝答应了他的要求,把宫女王嫱以公主的礼节嫁给呼韩邪单于。王嫱,字昭君,南郡秭归(今湖北)人,幼时被选入宫中做宫女。当她得知朝廷选宫女与匈奴和亲的消息,慷慨应召,愿远嫁匈奴。昭君姿容丰美,仪态大方,通情识理,深得呼韩邪单于钟爱。昭君离开长安时,文武百官一直送她到十里长亭。昭君怀抱琵琶,戎装乘马出塞。到匈奴后,呼韩邪单于封她为"宁胡阏氏"。后生一子,取名伊屠智牙师,长大后被封为右日逐王。成帝建始二年(前31),呼韩邪单于去世。按照匈奴的风俗,昭君再嫁呼韩邪单于与大阏氏之子,又生二女。昭君出塞后,匈奴与汉朝长期和睦相处,汉匈民族间政治、经济、文化的联系有所发展,边境安宁,百姓免遭战争之苦。为此,元帝下诏将昭君出塞这一年改元竟宁。

王莽篡汉

　　王莽,字巨君,汉元帝皇后王政君的侄子。王政君的父亲和兄弟在汉元帝、成帝之际皆被封侯,居位辅政,家里被封侯者9人,居大司马位子者5人。唯王莽的父亲王曼早死,未得封侯。王莽的群辈兄弟皆五侯之子,乘时奢侈华靡,以舆马声色佚游相高。只有王莽孤贫无依,遂折节为恭俭,读书博学,被服如儒生,奉养母亲及寡嫂,又养活哥哥的儿子,十分勤奋,且外表英俊,内事诸位叔父,恭敬有礼。阳朔年(前24～前21)间,大将军王凤病重,王莽去侍候王凤,亲尝医药,蓬首垢面,连月不解衣带,使王凤大为感动。临死时,王凤便将王莽托付给太后和汉成帝,王莽被拜为黄门郎,迁射声校尉。其后,成都侯王商、长乐少府戴崇、中郎陈汤等当世名士都交相称赞王莽,汉成帝认为王莽确有才干,便于汉永始元年(前16)封王莽为新都侯,又迁骑都尉光禄大夫侍中。王莽宿卫谨敕,节操愈谦,又散家财振施宾客,家无余财。收赡名士,交结了许多将相卿大夫。所以,在位之人更相推荐王莽,游说者为之谈说,王莽声名由此大起,超过了几个叔父。王莽又敢于做些常人不敢做的事情以博取声誉,并且一点不感到难堪,似出于天性一般。当时,太后姐姐的儿子淳于长以才能为九卿,位置比王莽高,王莽暗中寻求其罪过,通过大司马王根上告,淳于长被杀,王莽却获忠直之名。王根退休时,便推荐王莽自代。汉成帝便擢王莽为大司马。这一年是汉绥和元年(前8),王莽时年38岁。王莽继几位叔父辅政之后,想让自己的名誉超过前人,便克己不倦,招聘贤良之士以为掾史,赏赐和封邑中的收入全用于宴享士人,自己更加俭约。王莽的母亲生病,公卿列侯遣夫人问疾,王莽的妻子来往迎接,衣不曳地,布才蔽膝,见到的人都以为是王莽家中的僮仆。仔细一问,方知是王莽夫人,都大吃一惊。

　　王莽辅政一年多后,汉成帝死,汉哀帝即位,夺去了王莽手中大权。太后诏王莽就第归家以避汉哀帝的外家亲戚。王莽失权后,杜门自守。王莽的中子王获杀了一个奴婢,这在当时算不了什么,而王莽却逼令王获自杀谢罪,由此更获得巨大声誉。在野三年,官吏上书讼王莽之冤者以百数。汉元寿元年(前2),发生日食,贤良周获、宋崇等对策,极力歌颂王莽的功德。于是,汉哀帝下令重新召回王莽。一年多后，汉哀帝死，没有儿子。太皇太后王政君即日至未央宫，收取皇帝玺绶，派使者驰召王莽，又诏尚书，朝中发兵符节、百官奏事、中黄门、期门兵等皆属王莽指挥调动。王莽一面逼董贤自杀，一面派人迎年仅9岁的汉平帝继位，太皇太后临朝称制，而国家政事皆委于王莽，为大司马，录尚书事。

王莽以大司徒孔光当世名儒，连相成、哀、平三朝，太后之所信敬，天下信之，便极力尊事孔光，荐孔光家人为官。那些平素不为王莽所喜欢的人，王莽都找借口加以治罪。红阳侯王立是太皇太后的亲弟弟，王莽的叔父。王莽怕王立在太后面前讲自己所为，令自己不得肆志，便令孔光上告王立的罪恶，遣王立出朝就封邑。太后不听，王莽便说："如今汉家衰败，连着几代都无后嗣，太后独代幼主统政，诚可畏惧。用力以公正行于天下，当恐不从，何况以私恩逆大臣之议，群下倾邪，乱从此起。"太后不得已，乃遣出王立。王莽由此在朝中独专朝政，顺附者拔擢，忤恨者诛灭，以王舜、王邑为腹心，甄丰、甄邯主击断，平晏领枢机之事，刘秀（即刘歆）典文亲，孙建为爪牙。丰子寻、秀子䄶、涿郡崔发、南阳陈崇等人皆以才能受到王莽重用。王莽外示凛厉之色，假为方直之言。欲有所为，微微透露点口风，党羽们便顺其旨意而显奏之；王莽稽首涕泣，极力推让，上以迷惑太后，下用示信于百姓。大司空彭宣以王莽专权，上书求退。王莽恨彭宣不支持自己，故意不按惯例赐给黄金和安车、驷马。

朝中大权在握后，王莽开始延誉天下。汉元始元年（1），王莽奉使益州（今四川），令塞外蛮夷自称越裳氏重译而献白雉、墨雉。王莽让太后下诏，以白雉荐宗庙（即用于祭祀）。于是，群臣盛陈王莽功德，以为他"致周成王白雉之瑞；周公及身在而托号于周，王莽应赐号曰安汉公"。王莽装模作样，极力推辞，又非要太后加赐孔光、王舜等人而后起，太后同意。为寻求更多的支持，王莽又建言褒赏宗室群臣，封宣帝之孙36人皆为列侯，太仆王恽等26人皆赐爵关内侯，又令诸侯王公、刘侯、关内侯无子而有孙者，皆得以为嗣。天下官吏2000石以上年老退休者，皆得拿原来三分之一的俸禄。还有平民百姓、鳏寡孤独，王莽都照顾到，无所不施。王莽知太后年老厌事，便以太后年高，不宜省事为由，让太后下诏将国家委之于己，又恐汉平帝的外家夺自己的权，便命其家人留在地方郡国，永远不得到京师来。南海之中有一国叫黄支国，离长安有3万里。王莽为炫耀威德，派人贿赂黄支国王，让黄支国王遣使贡献犀牛。元始二年（2），山东郡国发生大旱灾，人民到处流亡。王莽上书，愿出钱百万，献田30顷，付大司农以助贫民。朝中公卿跟着仿效。王莽又在长安城中修起大片房子供流民居住。为巩固自己的权力,王莽使诡计立自己的小女儿为汉平帝皇后,又出钱数千万贿赂王太后的左右侍从。这些人便在太后面前日夜称颂王莽。王莽又知太后是个妇人,讨厌久居深宫,便让太后四时驾车出城巡游四郊,接见孤、寡、贞妇,所至属县,辄加恩赐,赐民钱帛,牛酒,岁以为常。元始四年(4),群臣上奏,请加王莽九锡之礼,位在诸侯之上。匈奴派使者入朝称颂王莽威德。王莽又派中郎将平宪等人多带钱财,引诱塞外羌人,让他们献地愿内属,吹牛说:"羌人首领良愿等愿内属,说:'太皇太后圣明,安汉公至仁,天下太平,五谷成熟,或禾长丈余,或一粟三米,或不种自生,或茧蚕自成;甘露从天下,醴泉自地出;凤凰来仪,神爵降集。羌人无所疾苦,故乐意内属。'"

王莽的所作所为,在当时博得了巨大的声誉。元始五年(5),吏民仅因为王莽不接受新野(今河南新野)的封田而上书者前后共达 487 500 多人。诸侯王公、列侯、宗室都认为应赶快给王莽加封赏。王莽派王恽等 8 人至天下郡国,使行风俗。4 年后,称天下风俗齐同,又伪造了许多歌颂王莽的郡国歌谣。又称当时市无二价,官无狱讼,邑无盗贼,野无饥民,道不拾遗,夜不闭户,男女按礼分路而行,牛皮吹上了天。五年(5),汉平帝已有 14 岁,非常精明懂事,对王莽将自己的外祖母家压制在郡国不许到京师感到不悦。王莽怕平帝长大后驱逐自己,便在酒中下了毒,毒死了汉平帝。汉平帝死后,王莽为掌权,在宗室中选了一个年仅两岁的孩子为皇太子,号为孺子。王莽自己则堂而皇之地称起了"假皇帝",改年号为居摄。

居摄二年(7),东郡太守翟义见王莽即将篡夺汉室江山,便在东郡起兵反莽,另立宗室东平王刘信为天子,率军向西进攻。行至山阳(今山东金乡),军队发展到十几万人。王莽闻之,大为恐惧,派其死党孙建、王邑等人为将军,率军前往镇压,击败翟义军,杀死翟义。于是,王莽威德日盛,便开始谋划当真皇帝。此意一出,王莽的党羽们闻风而动,到处贡献各种祥瑞之事。梓潼(今四川梓潼)人哀章在长安读书,素无行,好为大言,见王莽有篡位之心,便做了两个铜柜,里面装上两个书简,一曰"天帝行玺金匮图",一曰"赤帝玺某传予帝金策书",书中声称王莽应为真天子,而哀章自己和其余王莽大臣等十几人受天帝之命辅佐王莽。弄好后,在一天夜里穿上黄衣,将铜柜送到高陵(刘邦陵园,在今陕西高陵境)。王莽明知是假,但正好用来表明"天意",便装模作样地到高陵拜受铜柜,并声称,既然是天意,自己只好勉为其难,当真天子。随即下令改国号为"新",改正朔,易服色,以承天命。

　　王莽即将当真皇帝，先派人将各种所谓符瑞拿给王太后看，王太后大吃一惊，这才醒悟过来，但为时已晚。当时孺子尚未即位，皇帝御玺藏在长乐宫中。等王莽即位，派人向王太后要皇帝玺，太后不给。王莽又派安阳侯王舜去要。王太后平素很喜欢王舜，见王舜来，知道是为了要皇帝玺，便怒骂说："你们父子宗族，蒙汉家之力，累世富贵，既无以报恩，受人孤寄，反而乘机谋取其天下，不复顾恩义。人如此者，猪狗不食其余。天下居然有你们这样的人。且若自以金柜为新皇帝，变正朔，易服色，也当自己另外制作皇帝玺，以传之万世，还要这亡国不祥之玺干什么？我是汉家老寡妇，快要死了，想和这御玺一同入土，不给你们。"一边说，一边哭。王舜也悲不能止，说："臣等已无话可说。然王莽必欲得传国之玺，太后最终能够不给吗？"王太后知道事情已难以挽回，又怕王莽威胁，自己一个妇人抵抗不了，便捧出御玺，摔在地上，说："我快要死了，还要知道你们兄弟被族灭！"

　　王莽得到御玺后，大为高兴，即日在宫中宴请群臣，以示庆贺。新始建国元年(9)春，王莽正式即皇帝之位，去汉号，改国号为"新"。汉朝的江山就这样被王莽篡夺。

王莽改制

　　西汉末年阶级矛盾激化，封建统治出现危机。商品经济虽给西汉社会带来一些繁荣，但同时也出现了许多难以解决的问题。土地兼并高度恶性发展，农民纷纷破产，大量沦为官私奴婢。史书记载："诸侯王、公主、吏 2000 石及豪富民，多蓄奴婢、田宅(亡)限，与民争利。"据说元帝时仅官府奴婢就达 10 万余人，私人畜奴更是数不胜数，工商业主同官僚贵族勾结，利用政治权力放高利贷，垄断市场，经济积蓄迅速膨胀。贵族官僚、大地主和工商业主为三位一体的统治集团，剥削、压榨农民。王莽篡位之后，为缓和当时的社会矛盾，笼络人心，巩固自己的统治，进行了一系列的"改革"。

　　王莽居摄二年(7)改革货币，新增错刀，一值5000；契刀，一值500；大钱(重12铢)，一值50；与五铢钱并行。这次币制的改革没能解决新旧货币之间的比值关系，失去了货币价值尺度的职能。新始建国元年(9)废孺子婴，封为定安公。

王莽宣布本人为黄帝、虞之后,并宣布除旧布新的决心,进行第二次币制改革。下令废除汉五铢钱,又因错刀、契刀与汉姓刘(劉)皆含有"金""刀"字样,也同时宣布予以废除。造一铢小钱,与大钱(指12铢大钱)并行。改名天下田为"王田",奴婢为"私属",不准买卖。每家男子不到8人而土地超过900亩者,分余田给九族、邻里、乡党;本无田者按制度受田。"王田"实际上是恢复了秦以前的井田制,是行不通的。当年还宣布禁止买卖土地和奴婢。新始建国二年(10)颁布"六筦"诏令,规定:国家专卖盐、酒、冶铁;官府统一铸钱;收取山泽产物的生产税;五均赊贷共六项,由政府控制。五均赊贷是据《周礼》开赊贷,立五均,设诸筦,

王莽像

在长安、洛阳、邯郸、临淄、宛、成都建五均司市、钱府官,平物价、抑兼并、发贷款(每月百钱收息三钱)。令凡有田不耕者,城郭中宅不种桑植树者,民浮无事者,均征纳税。采矿、渔猎、畜牧、蚕桑、纺织、工匠、医、巫、卜、税、方技、商贩,纳其剩十分之一为贡,违者没收其物,并罚作一年。该年又进行第三次货币改革,总称"宝货"。发行新币计分为"五物""六名""二十八品"。"五物"(5种货币材料):金、银、铜、龟、贝;"六名"(6类货币名称):金货、银货、钱货、布货、龟货、贝货;"二十八品"(28个货币品种):黄金、朱提银、银、大钱、壮钱、中钱、幼钱、幺钱、小钱;大布、次布、弟布、壮布、中布、差布、厚布、幼布、幺布、小布;元龟、公龟、侯龟、子龟;大贝、壮贝、幺贝、小贝、贝。同时重盗铸法,一家铸钱,五家连坐,没入为奴婢。新始建国四年(12),以洛阳为东都,常安(长安)为西都,依《禹贡》国分九州,依周代制度大封五等诸侯共796人,附庸1511人。新天凤元年(14),依《周礼》《王制》设置卒正、连率、大尹官,职如太守;又纷纷改地名、官名等,后来又一再更改。有一郡改名5次,每下诏书,不得不注明原名。这一年进行了第4次货币改制。改革复申下金、银、龟、贝之货,而增减其值,发行"货布"(重25铢,值25)、"货泉"(重5铢,枚值1)两种。新天凤二年(15),王莽以金珍贿赂匈奴单于,劝改称"恭奴单于"。单于表面答应,但实际攻扰不止。王莽屯兵20余万,费用浩大,五原、代郡人民负担最重,纷纷起来反抗。王莽发兵镇压,一年方息。天凤四年(17),王莽下诏申明"六筦":(盐、酒、铁、山泽、五均赊贷、铁布钢冶)盐为食肴之得;酒为百药之长;铁为田农之本;名山大川富裕宝藏;五均赊

贷,百姓安平;铁布钢冶,备民所用。此六者,非编户齐民所能家作,必依赖于官府,"虽贵数倍,不得买卖"。每筦设科条防禁,犯者死罪。百姓所得不足纳贡税,闭门坐守,又受邻伍铸钱挟铜牵连,故患起为"盗贼"。天凤五年(18),是时天下官吏以不得俸禄为名,并为奸利,郡尹县宰家累千金。莽下诏书:详考新始建国二年(10)以来诸军吏及缘边吏大夫以上为奸利增产致富者,收其家所有财产五分之四,以助边急,并令吏告其将,奴婢告其主。然而贪污更甚。天凤六年(19),王莽宣布每6年改元一次,自言"当如黄帝仙升天"。是年,匈奴侵扰更甚,王莽大募天下丁男、死罪囚、吏民奴,称"猪突、豨勇",反击匈奴。天下吏民资三十取一为税,供以军费。又令公卿以下至郡县吏悉保养军马,吏转令百姓养,百姓不得耕桑。徭役烦剧,饥饿、病死,天下户口减半。新地皇元年(20),王莽再次宣布自己系黄帝后人,造九庙,黄帝庙高17丈。是年,王莽以犯私铸钱、非沮宝货者太多,减轻其法,私铸者与妻子没入为官奴婢,吏及邻居知情不告者同罪;非沮宝货者,民罚苦力一年,吏免去官职。二年(21),转运天下谷、帛至西河、五原、朔方、渔阳,准备攻击匈奴。是年,因私铸等罪及连坐者,没入为官奴婢者以十万数。愁苦死者十人中有六七。兵荒马乱,民不聊生,各地农民揭竿而起,王莽政权陷入极大的危机之中。

绿林赤眉起义

    绿林军和赤眉军是西汉末年推翻王莽政权的农民起义军中起决定性作用的两支部队。西汉末年,土地兼并,贫富两极分化的社会问题日益加剧。王莽篡权以后,不仅增加了统治集团内部的矛盾,而且搞了许多不合宜的改制,使原有的社会危机更加严重了,终于导致了全国性的反抗斗争。
    率先举起反抗大旗的是并州(今山西、内蒙古一带)人民。新天凤二年(15),五原郡(今内蒙古包头西)、代郡(今河北蔚县)人民相继造反,聚民数千转战于当地;新天凤四年(17),临淮(今江西泗洪)人瓜田仪举义,在会稽(今江苏苏州)一带活动;同年,海曲(今山东日照)妇女吕母,为给被县宰冤杀的儿子报仇在海上起事,自称"将军",破海曲杀县宰,队伍从几百人一直发展到数千成万人。

绿林军起义发生在新天凤四年(17),起义者首领王匡、王凤本是新市(今湖北京山)的饥民,因为他们经常为大家排解争议,得到了处事公平的称誉,所以渐渐地成了饥民的领袖。他们集合了数百人,又收留了外地流亡来的马武、王常、成丹等人,便以绿林山(今湖北大洪山)为基地,数月而得七八千众,攻打乡镇,举起了绿林军的起义大旗。新地皇二年(21),荆州牧调拨两万大军进攻绿林山,王匡率义军迎击,大破官军于云社(今湖北沔阳西北),杀敌数千人,缴获全部辎重。荆州牧向北逃窜,又遇到马武的截击,骖乘被杀。义军乘势攻入竟陵(今湖北天门县),转而进击云杜、安陆等地,获得了重大战果。三年(22),绿林军因疾疫损失近半,于是分兵两路下山活动。王常、成丹、张印等西下南郡(今湖北江陵),称下江兵;王匡、王凤、马武、朱鲔等北上南阳,称新市兵。下江兵受到了由严尤和陈茂率领的莽军的挫伤,成丹等人收集残部转入蒌溪一带,不久又重新振兴起来。新市兵北攻随县,各方纷纷响应,平林人陈牧、廖湛聚众数千,称平林兵,南阳汉宗室刘縯、刘秀集七八千人,称舂陵兵。新市、平林、舂陵三军会合后,进击长聚,破唐子乡,杀湖阳尉,节节胜利。十一月,联军欲攻宛,刘縯率舂陵兵与莽军甄阜、梁丘赐部在安聚遭遇,大受挫折,退保棘阳。甄阜、梁丘赐留辎重于蓝,引精兵10万追踪而至,自断后桥,追求一战而灭义军。此时下江兵在上唐刚刚大败荆州牧,引兵到达宜秋,为击败甄阜的莽军,王常深明大义立刻加入联军,四军联合锐气大增,休军三日之后,猛攻莽军。除夕之夜,联军潜入蓝,尽获莽军辎重。黎明,舂陵兵自西南攻甄阜军,下江兵猛扑梁丘赐军;莽军经不住下江兵的冲击,大败,义军乘胜追击,莽军因断后桥纷纷落水,死两万多人,甄阜、梁丘赐被斩。义军进而"焚积聚,破釜甑,鼓行而前",败严尤、陈茂于淯阳,一战杀敌3000余众,并将宛城团团包围。四年(23),绿林军发生内部分歧。新市、平林二军欲立刘玄(平林兵首领之一)为帝,舂陵军欲立刘縯为帝,刘縯和刘玄本是同宗,但刘縯举兵起义较晚,是以舂陵军为实力的"南阳豪杰"(地主分子)的代表,而刘玄参加起义较早,又没有军事实力,是起义农民军将领的理想人选。经过反复推举,在农民军将领的坚持下,刘玄终于于该年二月称帝,改年号为更始,重新挑起了汉旗,至此绿林军改称为汉军。其后,此军又经历了决定乾坤的昆阳大战和攻打长安推翻王莽政权的战斗,最终却因为内部分裂和刘秀地主势力的破坏而被另一支农民起义军赤眉军所攻灭。

反抗王莽统治的另一支主力大军赤眉军,起义于新天凤五年(18),起初是琅琊(今山东诸城)人樊崇率领百多人在莒县举兵,自称"三老",转战于泰山一带。由于他勇猛善战，四方归附，一年就发展到了上万人。与此同时，东海(今山东郯城)人徐宣、杨音等也各自起兵，来与樊崇会合，诸部会合之后，形成了一支数万人的劲旅，即由樊崇指挥，先攻莒县不下转扑姑幕，然后在青州击败驻军田况部，歼敌一万多人。取得了第一个巨大胜利后，义军北入青州，折还泰山，屯入东海南城，终于发展成了有十多万人的强大军事力量。樊崇所部是清一色贫苦农民组成，以"杀人者死，伤人偿创"为口号，以"最尊者号三老，次从事，次卒史"为排位，以"巨人"为相互称谓，无文号旌旗，无官爵封位，是一支单纯、质朴、实在、刚正的农民武装。新地皇元年(20)，王莽令各州牧、郡守、县宰皆带军职，署将军、校尉称号，以加强对义军的镇压。第二年，又派太师义仲景尚，更始将军护军王党率兵镇压义军，结果翌年二月大败，景尚被义军打死。两个月后，王莽又派其亲信太师王匡和更始将军廉丹，领精兵18万东行镇压。莽军所到之处烧抢掠，闹得民愤冲天，说是："宁逢赤眉，莫逢太师；太师尚可，更始杀我！"三年(22)冬，廉丹、王匡的莽军，首先攻下了无盐(今山东东平县东)，屠杀了起义民众一万多人，继而又乘胜进逼，双方终于在成昌(今山东东平县西)，拉开了决战的帷幕。樊崇考虑到交战军队众多，两军搅在一起时不易识别，就下令义军一律用朱红涂眉。从此，这支农民义军便有了"赤眉"的称号。这一战，赤眉军以逸待劳，大败王匡，杀莽军一万多人，以乘势进扑无盐，继续与廉丹交战，杀死廉丹及所部校尉20多人，以辉煌的战绩结束了王莽政权在东方的统治。此后，赤眉军复攻莒县，转战东海，游动于楚、沛、汝南、颍川一带，入陈留，进濮阳，回旋于鲁、苏、皖、豫之间，践平豪强营堡，镇压政府官吏，迅速发展成为拥有数十万大军的农民武装，并数战数胜于王匡、袁章所率领的莽军。

新地皇四年(23)，更始政权迁都洛阳后，派史招抚赤眉军，樊崇当即屯兵濮阳，亲带首领20多人赴洛。刘玄封樊崇等人为列侯，而未安置其部下大军。樊崇因大军无着落，为了团聚部众而逃回军营，赤眉军与更始政权分裂。此后，赤眉军自濮阳转入颍川。分兵两路，一路由樊崇、逢安率领，一部由徐宣、谢禄、杨音率领，向西挺进，这一行动立即引起了从更始政权中分裂出来的刘秀的注意。刘秀预感到赤眉军必能攻下关中，便令邓禹、冯异等参与夹攻。玄汉更始二年(24)，樊崇与徐宣分击武关和陆浑关。次年正月会师于弘农，击败苏茂，自立牧童刘盆子为帝，徐宣任丞相，樊崇任大司马。三月，再败更始丞相李松军于蓩乡。东汉军邓禹趁机攻杀更始大将樊参，又打败了王匡、成丹所部，尽夺河东之地。七月间，王匡、张卬等投入赤眉。九月，赤眉军攻入长安，刘玄投降，绿林军溃散。

汉建武二年(26),关中营保兵长看到赤眉军只代表农民利益,并不是他们的依靠对象,便采取坚壁清野之术与其相抗,致使长安粮尽。赤眉军再度西行,转战于安定、北地一带,又攻陇西不入而转回长安。邓禹率东汉军摄其后。年底,长安大饥,赤眉军20万人开始东撤,归途已被刘秀所切断。建武三年(27)初,赤眉军于崤底被冯异所率汉军击破,东向宜阳又陷入刘秀所设下的重重包围,终因饥寒交迫无力再战,10余万大军被刘秀所收编。

至此为止,曾经声威大震、浴血奋战,推翻王莽政权的绿林、赤眉两支出色的农民武装,终于在内部分裂、失策,在东汉政权的镇压和地主势力的反扑面前,全部瓦解,只留下了他们的历史英名。

昆阳之战

玄汉更始元年(23)春,刘縯等所率起义军败严尤、陈茂等部之后,兵力增至十几万人,遂进围宛城(今河南南阳)。当时据守宛城的是王莽枣阳守长岑彭及前队副将严说二人。正当围攻宛城之际,绿林军内部突然分成两派,以李通兄弟及新市、下江、平林诸军的多数派,想拥立刘玄为帝,以号召天下;以刘縯为首的所谓南阳豪杰是少数派,则想先联合赤眉军攻王莽,然后再称尊号。实际上这一派想拥立刘縯,但少数派终究势弱,争之不得,刘玄遂于是年二月初一被拥为更始皇帝,即位于清水岸边的沙坝。随后,刘玄封其族父刘良为国三老,新市兵帅王匡为定国上公,王凤为成国上公,朱鲔为大司马,平林兵帅陈牧为大司空,刘縯为大司徒,其余诸将皆封为九卿、将军。从此,两派开始暗中争斗。

刘玄被立为更始皇帝之后,遂以灭新复汉为号召,一面以主力约10万人围攻宛城,另派平林兵之一部攻新野,一面于是年遣约2万人,由王凤率领,以及廷尉大将军王常、五威将军李轶、太常偏将军刘秀等人,向颍川(今河南禹县)、洛阳等地进击。是月,王凤等人即连克昆阳(今河南叶县)、定陵(今河南郾城西北)、偃(今河南郾城)等地。此时,青州、徐州方面的赤眉军,听说刘玄称皇帝号,也纷纷自称将军,声势益壮。王莽听说后,大为恐惧,一面遣其太师王匡、国将哀章等率军进讨青、徐,一面派司空王邑、司徒王寻等人赶赴洛阳,征发各州郡精兵,成立讨伐军,进讨绿林军。除了由各州郡牧守自己率军之外,还征用了自称懂得兵法之人36家,以备军吏。又以长人(巨人)巨无霸为垒尉,并带了许多猛兽,像猛虎、豹、犀牛和大象之类,以助军威,企图一举消灭绿林军。到夏初,各州郡到达洛阳集中的精兵已达43万人,号称百万,并立即开始南进。其余在道者,旌旗、辎重,千里不绝,声势浩大,自古出兵之所未有。五月,王邑、王寻军进抵颍川,与严尤、陈茂军会合。此时,汉军王凤所部刘秀所率数千人也已进抵阳关(今河南禹县西北),欲进窥洛阳。及闻王邑大军南下,便闻风而退。两日后,王莽军先头部队已进抵昆阳城郊。王凤等诸将见王莽军声势浩大,都向后撤退,急忙入据昆阳城,惶恐不安,怀念妻子,并想散归诸城。刘秀说:"如今兵谷既少,而外寇强大,只有并力作战,方可希望成功。如果分散据守,势无俱全。而且宛城还未攻破,其势不能相救。昆阳若被攻破,一日之间,我军各部便会被消灭。如今不同心共胆,共举功名,反而想守保妻子财物吗?"诸将大怒,说:"刘将军何敢如是?"刘秀笑着站到了一边去。这时,探马来报:"王莽大军快要到达城北,军阵数百里,不见其尾。"诸将平时很轻视刘秀,此时形势危急,手足无措,只好说:"再请刘将军谈谈怎么办。"刘秀便又为他们图画成败,诸将听后,皆许诺听从。当时,城中汉军只有八九千人,刘秀让王凤和迁尉大将军王常坚守昆阳,自己乘夜和五威将军李轶等十三骑从南门冲出,到外面去调集援兵。当时已有一部分王莽军进至城下,刘秀他们几乎出不去。

王寻和王邑率军进至昆阳城下,立即挥兵将昆阳城包围起来。严尤劝王邑说:"昆阳城小而坚,如今假号称帝者在宛。若我军大军急进,他们抵敌不住,必然败走。宛败,昆阳城可不战自下。"王邑说:"我过去围困翟义,因未能活捉他,让皇上责备我。如今率百万之众,遇城而不能下,非所以示威也。当先屠此城,喋血而进,前歌后舞,这样难道不快活吗?"便未听严尤的建议,挥兵将昆阳城包围了数十层,列营以百数,钲鼓之声闻数十里。挖地道,或用冲车撞城;积弩乱发,矢下如雨,城中人皆负门板而行走。王凤等人恐惧,请求投降,王寻和王邑则不允许,自以为功在漏刻之间,并不以军事为忧。严尤又建议说:"兵法云,'围城要留一个缺口',应让他们逃出一部分,以恐惧宛下之军。"王邑又不听。

这时,王莽命棘阳守长岑彭和前队将军严说共守宛城数月,内无粮草,外无救兵,不得已而向汉军投降。但这个消息尚未传到昆阳前线。刘秀等人到偃、定陵等县,将在那里的绿林军全部调出,得到一万余人。六月,刘秀与诸将连营而进,刘秀自率步骑千余为前锋,进至距王莽大军四五里的地方摆开阵势。王寻、王邑见状,也派出数千人迎战。刘秀单骑率先突入敌阵,斩杀数十人,诸将高兴地说:"刘将军平时见到小股敌人十分胆怯,如今遇到大敌,反而勇敢起来,真是奇怪!"刘秀继续向前突进,诸将率军紧随其后,大败王莽军,杀敌1000余人。初战小胜,绿林军士气大振,无不以一当百。刘秀便率敢死士3000人从城西水上高处居高临下,冲击王莽军的中坚。这时,王寻和王邑仍然十分轻敌,自率万余人出营列阵,而下令军中各部没有命令不得妄动。及两军交战,绿林军奋勇向前,王邑所率莽军被打得大败,而莽军其他各营眼见王邑军败,却不敢擅自发兵相救。汉军乘锐冲击,遂将王寻杀死。城中王凤、王常等将领见状,也率军打开城门,鼓噪而出,内外夹击,喊杀声震天动地。拥挤在昆阳城外狭小地区的王莽数十万大军因而陷于大乱,自相惊扰践踏,伏尸百余里,死伤不计其数。恰在此时,天色大变,狂风骤起,雷声震天,屋瓦皆飞,雨下如注。昆阳城外的滍川水(今之沙河)暴涨,王莽军入滍水中被淹死者数以万计。王邑、陈茂、严尤等见大势已去,率一部分骑兵踏着遍地的死尸渡河逃跑。余下的王莽军士卒各自奔还本郡。王邑只率数千人退还洛阳。绿林军将王莽军的辎重全部缴获,运了几个月才运完。

昆阳之战,王莽军的主力被彻底击溃,关中震恐。于是,海内豪杰翕然响应,皆杀其牧守,自称将军,用汉之年号以待诏命,旬月之间,遍于天下。

第九篇　宦官与外戚专权的东汉

刘秀平隗嚣

　　刘秀平定关东以后，为了彻底消灭割据势力，建立统一政权，发动了对盘踞西北的隗嚣的讨伐战争。隗嚣据天水、陇西、安定、北地四郡，直接威胁着关中。他鉴于更始失败后，所谓的"人心思汉"的观念已经改变，而代之以"上可为六国，下不失尉佗"的思想，想要与公孙述、窦融三足鼎立，这当然违背了刘秀的一统政策，刘秀开始以重爵予以拉拢，不成，则举大兵进行征服。

　　东汉建武六年(30)三月，光武帝刘秀向隗嚣下诏书，内称要大举出兵经过天水去伐蜀，主要是想以借道的名义，而深入隗嚣盘踞的腹地。刘秀一面派遣大将军耿弇、盖延等七将，兵约8万多人，从陇道西上，一面派来歙奉手书劝嚣降，真可谓兵威利诱，双管齐下。隗嚣见到来歙送来光武帝的手书，犹豫不决，当来歙督促他时，他就把来歙囚禁起来，而派大将王元率兵据陇坻(在今陕西陇县西南)，伐木阻塞道路以坚守。同年五月二十一日，光武帝亲自到长安，督率各路军马；耿弇等七将军开始对陇坻的王元守军进行佯攻，结果被王元打得大败。各军下陇山东退，王元在后紧追不舍，幸亏马武率军在后面拼力厮杀，杀死追兵数千人，汉军才得以东还。这是光武帝平定关东群雄以来所遭受的第一次大的失败。

　　汉军败于陇坻，全军东退，光武帝意识到隗嚣不会在短时间内被平定，同时又担心隗嚣军会乘胜追击，为了保守关中，命耿弇军守漆(今陕西邠县)，冯异军守枸邑，祭遵军守开(今陕西陇县南)，吴汉率各军集中长安。当光武帝已作以上部署时,隗嚣果然乘胜分别派王元、行巡二员大将,率兵两万多人下陇,王元攻开,行巡沿泾水东下攻栒邑,想从西北两个方向进攻长安。行巡军快到栒邑时,冯异军潜往先行占据栒邑。祭遵也在开击败王元。因此,关中的威胁被解除,而北地郡(今甘肃环县东南)的地方豪强也纷纷叛嚣降汉,冯异遂乘胜进军义渠(今甘肃宁县西北),击破卢芳将军贾览及匈奴奥鞬日逐王,北地、上郡(今陕西绥德县东南 50 里)、安定(今甘肃固原县)三郡遂都降汉,隗嚣仍退守陇山各个要隘。窦融此时也上书光武帝表示效忠,并写信劝隗嚣降汉,隗嚣不听,窦融就率各郡太守带兵入金城(今甘肃皋兰县西北黄河北岸),攻击隗嚣的联军先零羌、封何等,并把他们打得大败。窦融为了表示归汉的决心,杀死隗嚣的使臣张立,并解下隗嚣授予他的将军印绶,以示与隗嚣绝交。光武帝获得窦融坚决归汉的诚心与协助,形势大为有利,派马援从洛阳到长安,和他商议。遂一面派马援突骑 5000,往来游说隗嚣大将高峻,任禹的下属及羌豪,陈明祸福,离间他们之间的关系;一面命马援给隗嚣的大将杨广写信,让杨广劝隗嚣归汉,进行攻心战。但光武帝的攻心战术并没有收到成效,杨广对马援的信置之不理。旋即隗嚣又给光武帝写了一封言辞非常苛刻的信,光武帝不气馁,又让来歙(前面来歙被隗嚣囚禁,后设法逃归)到开给隗嚣写信,保证能给隗嚣高官厚禄,并使嚣子入做人质,隗嚣仍不答应。至此,光武帝暂时采取北连匈奴及卢芳的策略,伺机再对隗嚣发动攻击。隗嚣这时亦派使臣到蜀,向公孙述称臣,与蜀连兵,共同抗拒光武帝。

七年(31)三月,公孙述拜隗嚣为逆宁王,派兵往来声援隗嚣。同年秋,隗嚣自己率领主力步骑 3 万进攻安定,而另遣将攻打开。当隗嚣的主力军沿泾水攻到阴槃(今陕西长武县西北)时,冯异率各军在此堵截,但北地、安定二郡已被隗嚣攻取。隗嚣派攻开的军队也被祭遵阻截。于是光武帝刘秀准备亲自率兵攻隗嚣,夺回北地、安定二郡,解除对关中的威胁。刘秀先与窦融约好出兵的日期,准备对隗嚣实行东西夹击。但刚好遇雨道路隔断,隗嚣的军队也自动撤走,这个计划没有实施。

八年(32)正月,来歙以深知隗嚣的虚实为由,竟然带兵 2000 多人冒险袭击,从番须回中(均今陕西陇县西北)伐山开道,袭攻天水北方要城略阳(今甘肃秦安县东北 90 里)。来歙的这次直捣敌人心脏的举动,获得成功,斩隗嚣的守将金梁,攻下略阳。吴汉等闻讯后,都踊跃奔赴,而光武帝刘秀认为:"隗嚣失掉了他的要城,必然派精锐军队来进攻,如果围城日久而攻不下,那么士兵一定会疲惫不堪,到这时再发兵不迟。"遂派吴汉等追还。光武帝的这个举动是非常谨慎的。当来歙袭破略阳时，隗嚣大惊说："真是神兵天降!"并立即派大将王元守陇坻，行巡守番须口，王孟阻塞鸡头道(鸡头山，今甘肃平凉县西)，牛邯守瓦亭(今甘肃固原县南)，以加强陇山各要隘的守备。隗嚣则亲率大军数万人围攻略阳城，公孙述亦派大将李育、田弇等率兵援助隗嚣。隗嚣攻略阳不下，就劈山筑堤，堵水淹略阳，来歙与将士固死坚守，武器用尽就折断木当做武器，因此，隗嚣用精兵攻城，数月都没能攻下。到同年闰四月，光武帝料到隗嚣的士兵已经疲顿，就自己带兵进击，先让马援聚米为山谷(此为河盘兵棋的先河)，说明陇山山川形势、要隘及各军进出的道路。第二天，光武帝令各军进击，先进到高平第一城(今甘肃固原县)。窦融也率五郡太守及羌人小月氏等兵众，步骑数万，辎重数千辆来会师。诸军合势，分数道上陇山，又派王遵招牛邯投降。牛邯已降，隗嚣陇山之中央要隘洞开，汉军乘势疾驰略阳，于是隗嚣大将13人、属县16、兵10余万皆降汉。隗嚣只率领他的妻子奔西城(今甘肃天水县西南)的杨广，王元则入蜀求救，李育、田弇退守上邽(今天水县西南)。略阳之围已解，光武帝进到上邽，又向隗嚣写招降书，而隗嚣始终不降，刘秀就杀了隗嚣的儿子隗恂，并派吴汉、岑彭围西城，耿弇、盖延围上邽，以收拾隗嚣的残局。窦融则回河西。

光武帝对陇的战争节节胜利，却没料到颍川群贼突起，属县皆陷，河东守军亦叛，于是洛阳震动。光武帝因担心京城被动摇，遂于同年八月，急急忙忙从上邽日夜兼程，向东奔驰，途中给岑彭留信一封，指示他们："如果攻下这两城，便可率兵向南进攻蜀。"九月，光武帝回到洛阳，两地的叛乱很快被平定。十一月，隗嚣的大将杨广死，西城危困，但守戍丘(在西城西北)的大将王捷，为了表示他的军队必死坚守的决心，自杀以示汉军。他登城向汉军呼喊道："为隗王守城的，都必死无二心，愿诸军亟罢，自杀以明之。"遂在城上自刎。因此，隗嚣的处境虽然危困至极，但汉军却攻数月都没能攻下。岑彭又堵谷水淹西城，城被淹没的达丈余，城仍不能攻下。汉军此时围城数月，也已疲顿，而王元、行巡、周宗所请的蜀救兵5000多人又突然降临，居高临下突击汉军，并喊道："百万之众到了!"汉军因此大惊，还没有列成阵势，就已被王元打败。再加上道路运输艰难，汉军食粮已尽，不能持久，他们烧掉辎重，撤兵下陇东退;耿弇、盖延也解了上邽之围，相随退去。汉军正撤退时，隗嚣等又出城追击，幸亏岑彭为后卫力战追兵，汉之各军才得以全师东归。汉军的这次战役，功亏一篑，实在大出光武帝的意料之外。

汉军退回到关中,吴汉屯驻长安,岑彭还据津乡。这样,就完全恢复了战前的形势,安定、北地、天水、陇西四郡,又为隗嚣占据。

建武九年(33)春,隗嚣生病,再加上连年战争之后,粮食极其缺乏,隗嚣饿食粗粮,怨恨而死。王元、周宗等拥立隗嚣的小儿子隗纯为王,仍盘踞冀(今甘肃甘谷县南),公孙述派遣他的将领赵匡、田弇援助隗纯。同年秋,来歙以隗嚣已死,隗嚣内部更加危困,就又上书献弱敌之计,说:"公孙述以陇西、天水为屏障,这才得以苟延残喘。今二郡平荡,那么公孙述就会无可奈何。我们应该多选兵马,备足粮草。现在西州刚刚被平定,兵疲民饥,如果能募集财谷,就可以集结兵众。我很清楚国家的支出还有很多方面,用度不足,但是这也是不得已呀。"于是在开积谷六万斛作为备用。同年八月,来歙开始兵分二路进攻隗纯。以耿弇率兵两万多人,攻打高平第一城;来歙自己率领冯异、盖延、马成、城五大约六七万直接攻打隗纯。到建武十年(34)七月,在天水把公孙述的将领赵匡、田弇打得大败,并斩了他们二人的首级,遂向落门(今陇西县东南)发动进攻。

耿弇攻高平第一城,把守该城的是隗纯的大将高峻,率领兵众一万多人坚守。耿弇围攻该城达一年之久,总不能攻下。八月二十五日,光武帝刘秀再次来到长安,遂派寇恂携书前往招降,这样才攻克了高平第一城。当寇恂奉光武帝圣书到高平第一城,高峻派他的军师皇甫文出城相见。皇甫文辞意不屈,寇恂大怒要斩杀皇甫文,其他将领认为这样做不妥,"高峻有精兵万人,大多都有强弩,西遮陇道,连年不下,现在把皇甫文斩首,那又怎么可能进行招降呢?"寇恂不听,仍把皇甫文斩首,并派回他的副使告诉高峻说:"军师无礼,已经把他杀掉了。要投降就赶快投降,不投降,就只有固守。"高峻听后非常惶恐,当天就开城投降。寇恂的其他将领因此迷惑不解而问寇恂说:"杀了他的使臣,却又献城投降,为什么呢?"寇恂说:"皇甫文是高峻的心腹,他的计谋全出自他的军师皇甫文。军师来见,辞意不屈,必定没有投降之心,如果不杀军师,正中军师之计,如今杀了军师,就等于吓破了高峻的胆,所以军师一死,高峻也立即投降。"寇恂的识略确实不凡。

来歙攻落门,又攻打了一年多,到十月,才攻破落门。隗纯的大将王元认为冀城已经孤立,其势不能持久,就奔蜀投公孙述;而周宗、行巡、苟宇、赵恢各将,遂率隗纯开城投降,至此陇西全被平定。光武帝刘秀平定隗嚣,从建武六年(30)五月开始向隗嚣发动进攻,到建武十年(34)十月隗纯投降,前后经历了4年多的时间,陇西才被平定,从此可以看出平隗嚣的战争是异常艰难的。

窦宪征匈奴

东汉建武二十四年(48),匈奴分裂为南北两部。南匈奴虽然内附,但北匈奴因据有天山以北的草原和天山以南的沙漠田,仍然不时犯边。汉明帝时,北匈奴寇掠更加频繁,焚烧边郡城邑,使汉河西一带城门昼闭。北匈奴侵扰势力的存在及其不时入侵,对汉朝社会经济的发展,始终是一个莫大的威胁。随着东汉中原政治局面的统一,社会经济的恢复和发展,汉朝国力的加强,以及在南匈奴的积极协助下,东汉决定征伐北匈奴。

东汉永平十五年(72),东汉派遣窦固和耿秉出屯凉州(今甘肃省清水县北),作北征匈奴的准备。第二年,征召沿边守兵,命诸将率领南匈奴及乌桓、鲜卑等骑兵数万人,分四路出塞北征。这次出征,除了窦固出酒泉塞一路,在天山(今新疆维吾尔自治区吐鲁番市北)击败呼衍王部,将匈奴追至蒲类海(今新疆巴里坤湖)占据伊吾卢城(今新疆哈岳县)外,其余三路都因北匈奴闻风逃往漠北,没有战果而还。经过这次北伐,不断有匈奴人南下附汉。东汉建初八年(83),北匈奴三木楼訾部落在大人稽留斯等率领下,有38万人,驱马2万匹,牛、羊十几万头,至五原塞归附汉朝。随后,元和二年(85),又有以大人车利涿兵等为首的73批匈奴,先后入塞归附汉朝。北匈奴部分部落的归附,大大削弱了北匈奴侵扰集团的力量。加以南匈奴对北匈奴的攻击,以及平时受到北匈奴控制和奴役的部族乘机反抗,北匈奴在漠北难以立足,只得举族迁至安侯河(今鄂尔浑河)以西去。章和元年(87),鲜卑族兵又从左地猛攻北匈奴,大破之,斩优留单于,这更引起了北匈奴的混乱。有意归附汉朝的居兰、储卑、胡都须等58部20多万人,乘机纷纷南下至朔方、五原、云中、北地等郡附汉。正在这个混乱之时,漠北又发生了蝗灾,人民饥馑,族内矛盾尖锐起来,而北匈奴统治集团自优留单于被斩之后,优留的异母兄弟争立单于,各部势力并合离散。这为汉朝进一步打击北匈奴势力创造了条件。于是,从建初二年(77)中止的军事远征,现在又重新被提到议事日程上来。

东汉永元元年(89)春,和帝力排众卿谏阻,着手准备出兵北匈奴。六月,窦宪、耿秉等率8000骑兵,汇合南匈奴单于骑兵3万,分三路出击北匈奴。窦宪、耿秉一路兵出朔方鸡鹿塞,南单于一路兵出击满夷谷,度辽将军邓鸿将一路兵出击稠阳塞,三路兵在涿邪山汇合。窦宪分遣副校尉阎盘、司马耿夔、耿潭率领南匈奴精锐骑兵一万余人,与北单于在稽落山(今漠北西北部的额布根山)展开激战,北匈奴大败,单于落荒逃走。汉军乘胜追击,斩杀北匈奴名王以下1.3万余人,俘获大批匈奴士兵,并缴获牛羊马万余头。匈奴军中的小首领相继投降汉军,前后共有81部20多万人。窦宪挥军追击匈奴至燕然山(今杭爱山),命令中护军班固在此刻石立碑纪功,以宣扬汉朝威德。窦宪又派军司马吴记、梁讽携带金帛赠给北单于,向北单于宣扬汉朝国威,北单于叩首拜受。梁讽又劝说北单于仿呼韩邪单于尊奉汉朝的先例,称臣汉朝。单于非常高兴,派其弟右温禺鞮王奉贡,随梁讽入朝拜见汉天子。

永元二年(90)五月,窦宪又派副校尉阎盘率领2000余骑兵出击盘踞伊吾的北匈奴,夺取伊吾卢地,并派兵与南匈奴共同出击鸡鹿塞(今内蒙古杭锦后旗西),北单于受伤遁逃,仅以身免。三年(91),窦宪又派左校尉耿夔、司马任尚出居延塞,将北单于围困于金徽山(今阿尔泰山),北单于只身逃往康居,匈奴政权全部瓦解,从此匈奴退出了漠北地区。从公元前209年冒顿单于建立政权起,匈奴在大漠南北的活动,至此整300年。

杨震之死

东汉从中期以后,由于嗣皇帝位者多为少君,大权掌在皇帝的母亲太后手中。太后任用自己的父兄为政,于是形成外戚专权。皇帝长大以后,不甘心大权旁落,往往联络、依靠身边的奴才——宦官诛杀或驱逐外戚,夺回大权。而宦官们往往因立功而封侯干政,又形成宦官专权的局面。外戚和宦官轮流交替专权,不仅堵塞了一般士大夫和知识分子的正常仕进渠道,更把东汉的政治搅得一团糟,使本来就已经存在的社会矛盾和危机更加尖锐。因此,就有一部分正直的士大夫官僚开始站出来反对外戚和宦官的专政,以期稳定政治,维护统治阶级的根本利益。然而在这种斗争中,他们往往是失败者,这使他们对外戚和宦官的斗争蒙上了一层悲剧色彩。在这些反对外戚、宦官专政的士大夫中,最早的一位是杨震。

杨震,字伯起,弘农华阴(今陕西华阴县)人。少好学,受欧阳《尚书》于太常桓郁、明经博览,无不穷究,诸儒为之语曰"关西孔子杨伯起"。杨震常客居于湖(今河南灵宝西),不答州郡礼命数十年。众人以为晚暮,而杨震则其志愈笃。50岁时,杨震才开始在州郡为官。当时执政的外戚大将军邓骘闻其贤而征辟之,举茂才,四次升迁至荆州刺史。他为吏清廉,不受私谒,永宁元年(120)为司徒。第二年,邓太后去世,汉安帝开始宠用内人。安帝乳母王圣缘恩放恣,其子女出入宫掖,传通奸略,令人愤恨。杨震向安帝上书说:"臣闻政以得贤为本,理以去秽为务。方今九德未事,嬖幸充庭。阿母王圣出自贱微,得遭千载难遇之机奉养圣躬,前后赏惠,过报劳苦,而其无厌之心,不知何时能满足;外交嘱托,扰乱天下,损辱清朝,尘点日月。古人有言曰:牝鸡司晨,惟家之索。夫女子小人,近之喜,远之怨,实为难养。《易》曰,'无攸,遂在中馈',言妇人不得与于政事。应赶紧让阿母出居外舍,断绝其子女与宫内往来。"杨震的奏折递上后,汉安帝拿给王圣等人看,这些人对杨震十分愤恨。王圣的儿子伯荣作恶多端,杨震上书请废之,汉安帝不理。延光二年(123),杨震为太尉。安帝的舅舅、大鸿胪耿宝向杨震推荐中常侍李闰的哥哥为官,杨震不理。耿宝亲自去见杨震说:"李常侍国家所重,欲令公征辟其兄,我只是向您转达皇上的意思。"杨震说:"若朝廷欲令三府辟召,应该有尚书的敕令。"遂拒而不许,耿宝大为愤恨。安帝皇后之兄阎显也向杨震推荐了一个亲信之人,杨震也不答应。司空刘授听说后,马上征辟了这两个人,旬日之间,便被提拔升官。因此,杨震更加招人怨恨。不久,安帝下诏为王圣大修宅第,中常侍樊丰以及侍中周广等人更相煽动,倾摇朝廷,闹得中外不安。杨震又向安帝上书说:"方今灾害发起,弥弥滋甚;百姓空虚,不能自赡。加上蝗虫之灾,羌虏抄掠,三边震扰。战斗之役,至今未息。兵甲军粮,不能复给。大司农帑藏匮立,此非社稷安宁之时。而诏书为阿母起第舍,合两为一,连里竞街,雕修缮饰,穷极工巧,转相迫促,为费巨亿。奸佞之人,乘机渔利,请托州郡,倾动大臣。白黑混淆,清浊同源。天下喧哗。臣闻上之所取,财尽则怨,力尽则叛。怨叛之人,不可复使。故曰:'百姓不足,君谁与足?'惟陛下度之。"安帝不理。樊丰等见杨震连连切谏,安帝不从,便无所顾忌,遂诈作诏书,调发司农钱谷和将作大臣的材木，为自己修建茅舍。园池庐观，役黄无数。不久，京师发生地震，杨震乘机又向安帝上书说："地震发生，阴阳失调，此中臣近官盛于持权用事之象也。亲近幸臣，骄溢逾法，多请徒士，盛修第舍，卖弄威福，道路喧哗，众所闻见。地动之变，近在城郭，殆为此发……"杨震前后所上之书，有些话讲得非常激切，汉安帝很不高兴，而樊丰等人更是切齿痛恨。只是因为杨震是当世名儒，不敢随意加害。不久，河间(今河北献县南)人赵腾诣阙上书，指陈得失。汉安帝不但不听，反而大怒，下令将赵腾抓进诏狱。杨震上书救之，陈说道理，安帝不理。赵腾被杀。延光三年(124)春，汉安帝东巡泰山。樊丰等趁安帝在外，大修第宅。杨震派人召将作大匠令史进行考校，搜到了樊丰等人假作的诏书，准备等安帝回来后上奏。樊丰等听说后，大为惊恐，遂先向汉安帝诬蔑杨震，说赵腾死后，杨震心怀怨愤，又是邓氏(指邓骘)故吏，有恚恨之心。汉安帝听信之，令使者策收杨震太尉之印而免其职。杨震被免职后，归家闭门不出。樊丰等仍不解恨，让耿宝奏杨震身为大臣，不服罪过，心怀恚望。汉安帝下诏，让杨震回归本郡，不得在京师。杨震行至洛阳城西的夕阳亭，乃慷慨对其诸子门人说："死者，士之常分。我蒙恩居于上司，疾奸臣狡猾而不能诛，恶嬖女倾乱而不能禁，有何面目复见日月？我身死之日，以杂木为棺，布单被，才足盖体即可。不要埋进祖坟，也不要祭祀。"之后，便饮鸩而死，时年70余岁。弘农太守移良秉承樊丰等人的旨意，派人在陕县(今河南灵宝)截住杨震的棺材，把它搁在路边，又谪杨震的儿子们代邮行书，行路之人皆为落泪。一年多后，汉顺帝即位，樊丰等人被处死。杨震的门生虞放、陈翼等人上书，讼杨震之怨，朝廷都称其忠。顺帝下诏任用杨震二子为郎，赐钱百万，以礼将杨震改葬在华阴潼亭(今陕西潼关西)。改葬之时，远近之人都赶去会葬。在改葬前十几天，有大鸟高一丈有余，集于杨震的灵枢之前，俯仰悲鸣，泪下沾地，改葬完毕之后，才高飞而去。

党锢之祸

后汉党锢之祸，原本起于势利小人依附权势，互相攻讦而致。东汉桓帝、灵帝年间，皇帝荒淫奢侈，不理朝政，而把朝廷大权委以宦官，宦官肆虐，士子羞与为伍,因此天下匹夫激愤,处士横议,遂就激扬名声,互相讥评,品评公卿,裁量执政,狠直之风,自是而始。但矫正枉曲,却不能得中,反致太过,比如范滂、张俭之辈,本清心疾恶如仇,最终却陷于党祸,也正是这个道理。

开始,汉桓帝为蠡吾侯时,曾受学于甘陵(今河北清河县)的周福,汉桓帝即位后,即任周福为尚书。这时,同郡河南尹房植当朝临政非常有名,于是乡人就编出歌谣说:"天下制定大政方针的是房伯武(房植),因做过皇帝老师而获尚书印的是周仲进(周福)。"两家宾客遂互相讥讽揣测,各树朋徒,嫌隙渐生,因此甘陵就有南部北部之分,而党人之议也就从此开始。不过这时大多为好事之徒为之,对于大局没有多大的干扰。后来,汝南太守宗资任范滂为功曹,南阳太守成瑨也委任岑晊为功曹,问以政事,于是二郡又流传着:"汝南太守范孟博(范滂),南阳宗资主画诺。南阳太守岑孝(岑晊)弘农成瑨但坐啸。"(这两句话的意思是宗资、成瑨任用贤人而自己为官清闲,没事可干。)这些流言传入太学,太学诸生3万多人,以郭林宗、贾伟节为首,与李膺、陈蕃、王畅更相褒重。太学中有传语说:"天下楷模李元礼(膺),不畏强御陈仲法(蕃),天下俊秀王叔茂(畅)。"还有渤海的公族进阶,抉风魏齐卿,都不怕危难而直言深论,不避强暴、豪绅。因此自公卿以下,没有不怕他们贬论的,于是争相与其结交。这种意气之争与权力之争相混杂,居首善之区,而承之以好结交之贵游,务虚名清淡之游士,致牵一而至百,影响扩大。

这时河内有个张成,善于看风水、卜卦,他算出会有大赦,遂教儿子杀人。李膺为河内尹,督促把凶犯逮捕,果然逢宥赦而获免。这使李膺更加义愤填膺,竟置赦令而不顾杀了凶手。张成报复李膺,先使用占卜伎俩沟通宦官,汉桓帝对其占卜行为也颇为斥责。宦官让张成的弟子牢修上书,告李膺等豢养太学游士,与诸郡生徒结交,相互驱驰,共为朋党,诽谤、讥讽朝廷、惑乱人心、风俗。为此天子震怒,颁布诏令到各郡县,逮捕党人,布告天下,使天下人对党人共同疾愤,李膺遂被逮捕,并牵连到陈寔等200多人,有的逃跑在外,都被悬赏捉拿。逮捕党人的捕吏四出,相望于道。到第二年,尚书霍谞、城门校尉窦武联名上书为请,桓帝才稍解其意,把这些党人全部赦免回归田里,但禁锢终身。朝廷仍然留有党人的姓名。

从此以后正直之气被贬斥,奸邪之枉炽结,海内望风之流,遂互相标榜吹捧,指天下之名士作为自己的称号。

开始,山阳太守翟超,请张俭为东产督邮,这时中常侍侯览,家在防东(今山东金乡县西南),残暴百姓,为非作歹。张俭举劾侯览及其母亲的罪恶,请求把他们处以死刑,于是张俭与侯览结下了怨仇。侯览有个同乡叫朱并,此人平素邪佞奸诈,张俭对他非常鄙视,他因而也对张俭怀恨在心,遂承侯览之意上书告张俭与同乡24人,各有自己的称号,共为朋党,图谋推翻朝廷政权。张俭、檀彬、褚凤、张肃、薛兰、冯禧、魏玄、徐乾为八俊,田林、张隐、刘表、薛郁、刘祇、宣靖、公绪恭为八顾,朱楷、田槃、疏耽、薛敦、宋希、唐龙、嬴咨、宣褒为八及,刻石立坛盟誓,结为朋党,以张俭为魁首。汉灵帝下诏直接逮捕张俭等人。大长秋曹节因此讥讽有司奏捕前党。所以司空虞放、太仆杜密、长乐少府李膺、司隶校尉朱㝢、颍川太守巴肃、沛相荀昱、河内太守魏朗、山阳太守翟超,任城相刘儒、太尉范滂等百余人,皆死于狱中。其他的已经死的则不论,逃跑没被抓获的就得以幸免。自此各朋党之间更加相为嫌隙,相互陷害、打击、报复而滥入党中。州郡又承御旨,甚至有的人与此事毫无瓜葛,也遭到祸害。牵连致死,徙(犯者妻子徙边)、废、禁者达六七百人。这一年是建宁二年(169)。

熹平五年(176),永昌太守曹鸾上书为党人辩解,言激意切。灵帝阅奏后大怒,即刻诏司隶、益州逮捕曹鸾,用槛车押送槐里(今陕西兴平县东南)斩首。随后又诏令各州郡,更加严密地监查党人。门生故吏,父子兄弟,有官职的免官禁锢,株连五服(斩衰、齐衰、大功、小功、缌麻)。

光和二年(179),上禄(今甘肃成县西南)长和海上书灵帝,对株连五服提出异议,他说:"依礼,从祖兄弟,既不同居,又不同财,恩义已轻,五服中已属于最远的服亲。而现在党人之祸,连及五服,这既悖于典训,也不符合常法。"灵帝阅览上书而顿然醒悟,于是下诏凡因党锢自从祖以下都可以不受牵连,牵连的范围缩小。

中平元年(184),东汉末年的黄巾起义爆发。中常侍吕强又上书灵帝说:"党锢之祸时积已久,人情多有怨愤。如果久不赦宥,轻者与张角(黄巾军的领袖)合谋,为害之大,悔之无救。"灵帝对有如此恶果也深感恐惧,就大赦党人,当事人有被杀而牵连家属判徙者,全部让归原籍。案牵及被拘押的党人,品类并不完全相同:有通经之士(如刘淑);有游侠之徒(如何颙);有挺身徇节者(如李膺、巴肃、范滂);亦有逃跑躲避而牵连他人的(张俭,又如成瑨、张牧杀张泛及其宗族宾客200多人,成瑨被惩下狱致死,岑晊、张牧自顾逃奔他乡,隐姓埋名);也有本来无意和所谓的党人交结,但却因偶尔邂逅相遇仍不能幸免的(如夏馥平素不与时宦结交,却特以声名为中官新惮,遂与范滂、张俭等同被诬陷,实属无辜);也有本来是党人魁首,但因为处世圆滑、巧言善辩反而得以脱然无累者(如郭林宗,传言其虽善人伦,但不去说危言而致陷困境,所以宦官擅政却不能伤及。及党事起,知名人士大多被害,唯有郭林宗及汝南袁闳得以幸免);更有与党事毫无关系的人,只是想依附名贵以为荣者却牵连在案的(如皇甫规,传说党事大起,天下名贤很多被牵逮捕。皇甫规虽为名将,但素来名声不高。虽自己以西州豪杰自居,依然很不得志。于是就上书皇帝:"臣曾推荐前大司农张奂,是附党。还有过去臣论输左校时,太学生张凤等上书为臣辩护,所以臣也是附党之一,臣情愿被治罪。")诸如此类,形形色色,不一而足,这些人激于意气,所作所为难免过当,任之以官亦不足以为治,况且又互相标榜、吹捧,本属恶习。而当时之士,之所以趋之若鹜,一是为了立名扬声,再者因为汉代选举,崇尚声华,而合党连群,实可终南之捷径。但党锢之祸主要是因为桓、灵帝信任宦官,杀戮士子,累及无辜,前后经历了 20 多年,也更是桓、灵自为虐政的恶果。之后,黄巾起义迅速蔓延、蓬勃发展,而东汉朝廷纲纪败坏,法制废弛,濒临灭亡。

陈蕃、窦武诛宦官

陈蕃,字仲举,汝南平舆(今河南平舆县北)人,自幼有清世之志而为人矸奇。汉桓帝年间,陈蕃步入仕途,先拜为尚书令,迁大鸿胪,因白马令李云抗疏谏争,惹怒桓帝,李云下狱,陈蕃为救李云而上书皇帝,结果被免归田里。后桓帝又起用陈蕃,初拜义郎,数日迁光禄勋。陈蕃为官期间,多次上书皇帝,指出宦官专权对朝政的危害,而陈蕃也因此得罪宦官而被免,尔后又被起用。汉桓帝死后,窦太后摄政,因感于陈蕃对窦氏成为皇后立有大功,而重用陈蕃,拜为太傅,又封为高阳乡侯,与大将军窦武同心协力对付宦官。

窦武,字游平,扶风平陵(今陕西咸阳西北)人,安丰戴侯窦融之玄孙。延熹八年(165),窦武的长女被选入掖庭,桓帝以为贵人,拜窦武为郎中。同年冬,汉桓帝想立田贵人为皇后。陈蕃认为田氏出身卑微,而窦氏则名门望族,所以坚决反对立田氏为皇后,桓帝不得已,就立窦氏为皇后,窦武迁越骑校尉,封槐里侯,食禄5000户。延熹九年(166)冬,窦武又被拜为城门校尉。窦武为官,清身疾恶,礼赂不通,偶得两宫赏赐,也全部散发给太学诸生。桓帝之时,国政多失,宦官专横,窦武忧虑而上书谏帝,应有所作为,扼制宦权。桓帝驾崩,无嗣,而立解渎亭侯宏为帝,即汉灵帝。灵帝拜窦武为大将军,常居禁中。灵帝即位以后,不论定策功,更封窦武为闻喜侯。窦武既已辅助朝政,便常有诛翦宦官之意,而太傅陈蕃正好也素有此谋,二人遂合谋而诛宦官。

窦太后临朝之初,因陈蕃有功,政事无论大小,皆委托陈蕃。陈蕃与窦武同心协力,调理朝政,征召天下名贤李膺、杜密、尹勋、刘瑜等,皆列于朝廷,与其共参政事。于是天下之士,没有不延颈向往太平盛世的。而这时汉灵帝的乳母赵娆及诸女官,旦夕在太后左右,中常侍曹节、王甫等共结朋党,阿谀奉承太后,逐渐取得太后的信任,于是太后数次发出诏命,对曹节、王甫等有所封拜。陈蕃、窦武对此非常疾恶。因而陈、窦共会朝堂,陈蕃私下对窦武说:"曹节、王甫等,在先帝时就操弄国权,把持朝政,而使海内浊乱,如不诛杀他们,以后必难有所图。"窦武以此深有感触而同意陈蕃的意见。陈蕃大喜,就以手推席而起。窦武于是召引尚书令尹勋等共定计策。

这时发生了日食之变,陈蕃对窦武说:"过去萧望之困一石显,何况现在相当于石显的数十倍之势呢!陈蕃以80岁之年龄,欲为将军除害,今可借日食之变斥罢宦官,以塞天变。"窦武就禀告太后说:"依汉家事黄门、常侍但当给事宫廷内部门户,主要掌管近署财物;而现在让他们参与政事,并任予重权,控制朝廷,专为贪纵横暴。天下汹汹,正是因为这个原因,应该对他们全部或诛或废,以清朝廷。"太后说:"汉初以来,依其故事,世代都有宦官,但当诛其有罪者,怎么能把所有的宦官全部废弃!"这时中常侍管霸颇有才略,但专制禁中,窦武先拘收管霸及中常侍苏茂等,皆处以死刑。窦武又数次禀诛曹节等,太后犹豫不定,于心不忍,故事久不废。陈蕃又上疏说:"今京师嚣嚣,道路喧哗,都说侯览、曹节、公乘昕、王甫、郑飒等,与赵夫人、诸尚书结党谋乱天下。附从者升进,忤逆者中伤,一朝群臣如河中之木,漂浮东西,因怕危及爵禄而敢怒不敢言,更不敢有所为。陛下今不急诛此曹等人,必生变乱,倾危国家政权,其恶果难以估量。臣愿出示证章以宣示左右,并令天下诸奸知臣之疾恶。"太后没有采纳陈蕃之言。

建宁元年(168)八月,太白犯房四星中之上将(房四星为明堂,是天子布政之宫,也有四辅,第一星上将,第二星次将,第三星次相,最后之星即上相),入太微。侍中刘瑜平素善观天文,观此恶迹,遂上书皇太后说:"依此天象,查对占书,载曰'宫门当闭,将相不利,奸人在主傍',希望尽快预防之。"刘瑜又写信给陈蕃、窦武,认为星辰错缪,不利大臣,应该速断大计。于是陈蕃、窦武以朱寓为司隶校尉,刘祐为河南尹,虞祁为洛阳令。窦武奏免黄门令魏彪,而以自己的亲信小黄门山冰代替魏彪,派山冰奏收长乐尚书郑飒,押送北寺监狱。陈蕃对窦武说:"应该把郑飒立即杀掉,何需再进行审核!"窦武不以为然,不从,令山冰与尹勋、侍御史祝瑨共同审讯郑飒,而案连及曹节、王甫。山冰、尹勋郡奏逮捕曹节等人,派刘瑜内奏皇太后。

九月,辛亥,窦武出宿而归府。典中书者先把此事告诉乐部五官史(主管太后宫中5个女尚书),朱瑀盗走窦武的内奏并将它发布出去,大骂着说:"禁中之官有放纵者,自可诛杀,而我们这些人有什么罪,都要遭受如此灭族的罪名!"又因此大呼说:"陈蕃、窦武禀太后要废除皇帝,实为大逆!"朱瑀因此于当夜召集平素比较亲近且健壮之人如长乐从官史共普、张亮等17人,歃血共盟,预谋诛杀窦武等人。曹节也禀奏皇帝说:"外间情势急迫,请出御德阳前殿。"说得皇帝拔剑踊跃,并让乳母赵娆等拥卫左右,取棨(古代官吏出行时用来证明身份的东西,用木制成,形状像戟)信,关闭各个禁门,召集尚书官属,胁以白刃,用作诏板,拜王甫为黄门令,持节到北寺狱,逮捕尹勋、山冰。山冰心有怀疑,不受诏书,王甫杀了山冰,并杀了尹勋;救出郑飒,还兵劫走太后,夺取皇绶。曹节又令掌守门户者守南宫,闭门断绝复道(洛阳南宫,北宫有复道相通),派郑飒等持节及侍御谒者逮捕窦武等人。窦武不受诏书,驰入步兵营,与其兄的儿子步兵校尉窦绍共同射杀使者。召集北军五校士兵数千人屯居都亭(洛阳都亭),并向军士下达命令说:"黄门、常侍反叛,有尽力平叛杀敌者封侯重赏。"陈蕃闻难,率官属诸生80多人,并拔刃突入承明门,又到尚书门,振臂大呼说:"大将军精忠卫国,黄门反叛,为何却说窦氏不道呢!"王甫这时出来正好与陈蕃相遇,听到陈蕃这一番话,斥陈蕃说:"先帝新弃天下(灵帝刚刚即位),山陵未成,而窦武有何功绩,却兄弟父子连封在侯(窦武的儿子机封渭阳侯,武兄之子绍封鄠侯,绍之弟靖封西乡侯)!又饮酒作乐,多取掖庭宫人,旬日之间,家财巨万计,大臣若此,难道是尽忠吗?陈蕃为宰辅,却相互附益阿党,这样为贼人辩护。"王甫让剑上捕陈蕃,陈蕃拔剑呵叱王甫,面色更加严厉。王甫遂抓陈蕃,押送北寺狱。黄门从官骑士蹋踩陈蕃说："你这老不死的妖怪！看你还能不能损我曹员数,夺我曹禀假!"当日就把陈蕃杀掉。这时护匈奴中郎将张奂征还京师,曹节等以张奂刚到,不知事情原委,就捏造诏书以少府周靖行车骑将军事、加节,与张奂率五营士兵讨伐窦武。天微明时,王甫将虎贲、羽林等兵合千余人,出屯朱雀掖门(北宫南掖门),与张奂等合兵一处,已而悉军阙下,与窦武对阵。王甫兵势渐盛,让其士兵大声向窦武的士兵呼喊："窦武反叛,而你们都是禁兵,应当保卫宫廷,为什么要随窦武反叛呢? 先投降者定给厚赏!"营府兵(五营校尉府)平素就畏惧中官,于是窦武军士开始有归降王甫的,从早上到吃午饭时,窦武军基本上全投降。窦武、窦绍逃走,各军追击围攻他们,后窦武、绍皆自杀,被枭首洛阳都亭;同时收捕宗亲宾客姻属,全部处以死刑,侍中刘瑜、屯骑校尉冯述全被夷族。宦官又潜虎贲中郎将河洞刘淑、故尚书会稽魏朗,说他们与窦武是同谋,因而也皆自杀。迁皇太后于南宫,徙窦武家属于日南;自公卿以下曾为陈蕃、窦武新举荐者,以及门生故吏皆免官禁锢。议郎勃海巴肃,当初曾与窦武等同谋。曹节等人不了解真情,因而巴肃只被禁锢。后来曹节查知此事就要把巴肃逮捕归案,巴肃自己到县衙门,县令见到巴肃,即解去巴肃的印绶,欲押巴肃一同前往。巴肃说："为人臣者,有预谋不敢隐瞒,有罪就更不敢逃避刑罚,既然已经承认自己是同谋,那么又怎么会逃避刑罚呢!"巴肃后来也被杀掉。

曹节后迁长乐卫尉,封育阳侯。王甫迁中常侍,黄门令如故。朱瑀、共普、张亮等6人皆列侯,11个人为关内侯,于是形成小人得志,士大夫皆气丧而被压的局面。

陈蕃被杀以后,他的友人陈留人朱震为其收尸并安葬,把陈蕃的儿子陈逸藏匿起来,后来此事被曹节等人发觉,朱震下狱,全家也因此而受牵连治罪。朱震被敌人刑讯拷打,但誓死不说出陈逸的下落,曹节等终查不出,而陈逸得以幸免。窦武等的尸首由桂阳胡腾收敛安葬,并发丧,胡腾因此而受牵连被禁锢。窦武的孙子窦辅,年方两岁,胡腾谎称是自己的儿子,与令史南阳张敞一起把他藏在零陵界中,因而也得以幸免。

张奂迁大司农,并因功被封侯。张奂却深深痛恨被曹节等人所出卖,因而被封却固辞不受。司徒胡广为太傅,从而代替陈蕃,录尚书事。陈蕃、窦武等合谋诛宦官,结果反被宦官所诛,并株及家族姻属,悲惨之至,从此也足以看出宦官势力之强盛绝非少数人所能扭转。

黄巾大起义

　　东汉末年,宦官专政,吏治废弛,民不聊生,农民起义连绵不断,中平元年(184)爆发了大规模的黄巾军起义。黄巾军领袖张角,巨鹿(今河北鸡泽县东北)人。起义之前,张角自称大贤良师,尊奉黄、老之道,蓄养弟子,用神道符水为人治病,病人跪拜首过,病或痊愈,颇得百姓信任。张角分别派遣他的弟子周行四方,发动百姓,10余年间徒众达10万人,青、徐、幽、冀、荆、扬、兖、豫八州之人,没有不响应的。有的变卖家产,流移奔赴,堵塞道路。郡县不解其意,反而说张角是以善道实行教化,而为民所归。张角把徒众设置36方,方即大将军的称号。大方一万多人,小方六七千人,各设立渠帅。提出:"苍天已死,黄天当立。岁在甲子,天下大吉。"用白土书写京城城门及州郡官府府门,皆作甲子字。中平元年(184),大方马元义等先收荆、扬数万人,与张角同时举事。马元义数次往来于京师洛阳,以中堂侍封谞、徐奉等为内应,约好在三月五日,内外俱起,皆包黄巾作为标志,因而被人称为黄巾,也有称为蛾贼(意思是人数众多)。张角称天公将军,张角的弟弟张宝称地公将军,张宝的弟弟张梁称人公将军。起义军所到之处,焚烧官府,攻打城邑。州郡官吏大多仓皇逃走。旬日之间,天下响应,京师震动。汉朝廷遂拜卢植为北中郎将,持节,以护乌桓中郎将宗员为副将,率领北军五校士兵,又发天下各郡之兵共同征讨黄巾军。张角军连战失利,败走广宗(今河北威县东)。卢植筑围挖壕,并制造云梯,就在要攻下广宗时,灵帝派遣小黄门左丰视察军队,有人劝卢植以物贿赂左丰,卢植不愿这样做。左丰因一无所获而回归上言灵帝说:"广宗之贼极易攻破,但卢中郎固垒息军,而待天诛贼。"灵帝大怒,以槛车惩治卢植,减死罪一等;随即又派遣东中郎将陇西董卓来代替卢植,结果董卓在下曲阳(今河北晋县西)被黄巾军打得大败。这时皇甫嵩为左中郎将,领命持节,与右中郎将朱俊共发五校、三河骑士,又招募精兵勇士,共有4万多人,征讨颍川的黄巾军。后来又派遣骑都尉曹操带兵前往助战,黄巾军被打得大败,曹操乘胜追击,进讨汝南、陈国的黄巾军,二郡也被曹操攻下,曹操连占三郡,名声大振。东汉又进击东郡(今河南濮阳县南),诏皇甫嵩讨伐张角。

中平元年(184)冬十月,皇甫嵩与张角的弟弟张梁在广宗发生激战,张梁兵精士众,皇甫嵩不能攻克。到第二天,就闭营休兵以观黄巾军的变化,当得知黄巾军的意志稍为松懈,就连夜布兵,天将拂晓之时,驱兵直赴黄巾军的阵地,战斗持续到午后4时,黄巾军失败,张梁被敌人斩首,黄巾军被敌人杀死者3万多人,而赴河死者5万多人。在此战斗之前,张角已经得病而死,敌人仍不放过他,就开棺戮尸,把首级取到京师,悬挂示众。十一月,皇甫嵩又向下曲阳的张角的弟弟张宝进攻,同时,东汉朝廷又选拜王允为豫州刺史,征讨黄巾军的其他分支,黄巾军相继被打败,士兵被俘获者共达数十万人。

南阳黄巾军张曼成起兵,自称神上使,兵众数万人,杀郡太守褚贡,声势很大。后来张曼成被后任太守秦颉杀害,黄巾军就推举赵弘为帅,黄巾军又逐渐强盛,兵众遂达10多万人,占据宛城(今湖北荆门县南)。朱俊与荆州刺史徐璆及秦颉合兵围攻赵弘,敌人从六月到八月围城,一直攻克不下;有司上奏弹劾朱俊,主张对朱俊加以惩治,司空张温上疏灵帝为朱俊辩解:"昔秦用白起,燕任乐毅,都经过旷年历战,才得以克敌。朱俊在讨伐颍川的黄巾军时已立有战功,引师南指,方略已定;临军易将,为兵家之大忌,应该宽限时日,责其成功。"灵帝听从张温之言而没有惩治朱俊。朱俊开始向赵弘发动进攻,并杀死了赵弘。黄巾军的将帅韩忠又重新占据宛城,以抗拒朱俊。朱俊采取声东击西的办法,一方面鸣鼓攻打城的西南角,黄巾军以全力抵抗来自西南方向敌人的进攻,使黄巾军的兵力受牵于此;一方面朱俊自己率领精锐将士潜到城的东北角,乘虚而进入宛城。韩忠率兵退入小城,被敌人层层围困,韩忠意觉不能破敌,准备投降。但朱俊却认为黄巾军投降只是迫于目前的窘势,不完全出于真心,他说:"兵固有形同而势异者。过去秦、项之际,民无定主,因而对来归附给予赏赐,对未归附者施以规劝、招降。而现在天下一统,唯有黄巾叛逆。纳降不足以劝善,讨伐却足以惩恶。如果受黄巾投降,更升逆意,使黄巾有利则战,无利则降,纵长敌寇,绝非良计!"因此继续对黄巾军发动紧急攻势,连战仍攻克不下。朱俊登高望城,对他的司马张超说:"贼人现在外围坚固,内营逼急,乞降不受,欲出不得,所以必会决一死战。万人一心势尚不可挡,又何况有10万多人呢!我们不如先撤围,把军队合并入城,韩忠看到撤围,肯定会自动出来,一旦出来士兵的意志就会涣散,而这正是破敌之道。"随即敌人撤围,韩忠果然出战,朱俊进而发动攻击,斩杀黄巾军万余人。太守秦颉对韩忠恨之入骨,因而杀了韩忠。

黄巾军的余部又推孙夏为帅,还归屯居宛城。朱俊又发动急攻,司马孙坚率众先登;癸巳,攻下宛城。孙夏败走,朱俊追到西鄂(今河南南阳市北)精山(在西鄂南),打败孙夏,黄巾军被杀者又达一万多人。于是南阳黄巾军败散。

张角率先举起反抗大旗,各地纷纷响应。诸如黑山、白波、黄龙、左校、牛角、五鹿、羝根、苦蝤、刘石、平汉、大洪、司隶、缘城、罗市、雷公、浮云、飞燕、白爵、杨凤、于毒(各起义军的别号,如骑白马的就称为张白驹,轻捷快速的称为张飞燕,声音大的称为张雷公,胡须长的称张羝根等)等各自起兵,大者二三万人,小者不下数千人。汉灵帝讨伐不及,就使出招降的手段,派人拜杨凤为黑山校尉,统领其他各支黄巾军,并授以朝廷官职。黄巾军大股被敌人平定,但响应黄巾军而起义的小股黄巾军依然还有一定的势力及影响。

中平五年(188)二月,黄巾军的小股余部郭大在西河白波谷(今山西汾城县东南)起义;六月,益州黄巾军马相攻杀刺史郗俭;八月,汝南(今河南新蔡县北)葛陂黄巾攻设郡县;十月,青州、徐州的黄巾军复起,攻打郡县,杀官吏。汉献帝初平二年(191)十一月,青州黄巾军攻打泰山,被太守应劭打败,转而攻打渤海,与公孙瓒在东光(今河北东光县东)发生激战,结果又被公孙瓒打败。三年(192)四月,青州黄巾军在东平(今山东东平县)击杀兖州刺史刘岱,东郡太守曹操在寿张打败黄巾军,黄巾军投降。建安十二年(207)十月,黄巾军杀济南王赟。小股黄巾军虽不是浩浩荡荡,但也搅得统治者坐卧不安。整个黄巾军起义,历时之长,断断续续,20多年,蔓延之广,中原自不必说,还延及吴蜀。东汉政权终被推翻。

关东联军伐董卓

东汉后期,朝廷镇压了黄巾大起义之后,为加强对地方的控制,防止农民起义的再度发生,接受了太常刘焉的建议,于中平五年(188)将州刺史改为州牧。州牧官阶在郡守之上,拥有政权、财权和军权。由此,地方政府就为州、郡、县三级。然而,州牧的设置不仅未如朝廷所愿,提高中央对地方的控制权力,相反使得地方武装不断发展,豪强势力迅速扩大。他们依仗自己的武装力量拥兵自重,割据称雄,给中央政权以直接的威胁,为东汉末年地主豪强的连年混战埋下了隐患。

董卓入洛阳,废帝更立,自封相国,独揽大权,激起诸豪列强的嫉恨。他们认为中央无力,汉室已空,董卓凶残不得人心,窃取皇权,称雄天下的时机已到,于是借讨伐董卓纷纷起兵。初平元年(190),关东各豪强地主集团汇集了12支军队(史称"关东军"),推举袁绍为盟主,分路逼攻洛阳。河北军有屯兵酸枣(今河南延泽北)的兖州刺史刘岱、陈留太守张邈、广陵太守张超、东郡太守桥瑁、山阳太守袁遗,还有驻军河内的勃海太守袁绍、河内太守王匡,冀州牧韩馥在邺城(今河南安阳北)供给军资。河南军有屯兵颍川的豫州刺史孔伷和驻军南阳的后将军袁术。除此之外,奋武将军曹操与骑都尉鲍信也带募兵到酸枣汇聚。

关东军声势浩大,名为国除患,重振汉室,实则拥兵自重,借机发展个人势力。他们为保存实力,每日置酒高会,歌舞于前,按兵不动,都不想先与董军刀剑相刃。各军之间相互观望,不去前战。曹操对此非常气愤,呼吁关东军将帅齐心协力,团结奋战以讨国贼。但诸军将领各怀心机,对曹操所言根本不予理睬。曹操愤然率军单独行动,曹军从酸枣出发向西进军。董卓派大将徐荣率兵迎击,双方大战于荥阳(今河南荥阳东北)。曹军因多为新兵,缺乏训练,数量又少,敌不过训练有素、勇猛善战的凉州兵,大败而归。曹操本人被流矢射中,险些丧命。曹操败北回师,再次建议合力共击董卓,仍未奏效。初平二年(191),长沙太守孙坚进军洛阳,董卓亲自率兵迎战,被孙坚击败而退出洛阳西入长安。

董卓西迁,中原无主,各路豪强都欲称雄。当时豪强中势力最大的袁绍、袁术兄弟二人都想借机称帝,遭到列强一致反对。关东联军就此解体,诸豪列强公开地进行割据和兼并的混战。当时割据的势力范围为:袁术占南阳(今淮河下游),刘表占荆州(今湖北、湖南),公孙度占辽东(今辽宁一带),袁绍占冀州(今河北东南部),公孙瓒占幽州(今河北北部),刘焉占益州(今四川、贵州和云南北部),曹操占兖州(今山东东南部、河南东部)。关东军借讨董卓觊觎皇权,继而转成疯狂兼并的一场混战。刘岱杀了乔瑁,以王肱任东郡太守。袁绍胁迫韩馥夺取冀州后,又扩展势力先后占据了青州(山东东北部)、并州(山西)和幽州。袁术兼并扬州后,自称皇帝,建都寿春(今长江中下游以北)。

由关东军讨伐董卓转为大规模的豪强混战,使关中及中原一带连年战乱,海内涂炭,民不聊生,到处是"白骨露于野,千里无鸡鸣"的惨状。黑暗的东汉后期进入社会空前大混乱的纷争时期。

第十篇 政权割据经济发展的三国时代

曹魏的建立

曹魏的建立同曹操的功绩是分不开的。曹操，字孟德，沛国谯县（今安徽省亳县）人，世为官宦家庭。东汉末期，名士许劭曾品评曹操是"清平之奸贼，乱世之英雄"。曹操20岁时，举孝廉为郎，任洛阳北部尉。他曾制造五色棒几十枚，悬于县廨门左右壁，有违犯京城禁令者，无论平民或豪强，一律用棒击死。许多近戚宠臣不满他的做法，却又对他无可奈何。黄巾起义爆发后，曹操被任命为骑都尉，随皇甫嵩、朱俊等人一起镇压起义军。由于屡立战功，他很快由骑都尉升为济南相，随后又提升为西园八校尉之一的典军校尉，成为东汉皇室武装力量的将领。董卓把持朝政后，曹操曾讨伐董卓，因寡不敌众，遭到失败。东汉初平三年（192），青州黄巾军100余万人进逼兖州，兖州牧刘岱战死，在"州中无主"的情况下，任东郡太守的曹操被推为兖州牧。经过他"明设赏罚，承间设奇，昼夜会战"，不久击败了青州黄巾军，又从青州30万降兵中挑选出精锐之士改编为他的队伍，号为"青州兵"，从此曹操的军事实力大为增强，跻身于东汉末大军阀之列。建安元年（196），曹操采用谋士荀彧之谋，奉迎饥寒交迫、穷途末路的汉献帝迁都到许昌，被任为大将军，又转为司空。从此曹操挟天子以令诸侯，外伐群雄，内诛异己，皆声称是奉汉帝号令，成为诸军阀中最有政治权力者。同年，曹操又开始在许昌屯田，一年得谷百万斛。随后又将屯田之制推广到占领区各地，解决了当时最难解决的军粮问题，为争夺天下奠定了经济基础。此外，曹操从争夺天下出发,特别注意广泛招募人才,笼络世家大族,竭力争取地主阶级的支持。自从他任东郡太守起,就将荀彧、李典、典韦、吕虔、于禁、乐进、程昱等名士武将吸引到身边。汉献帝定都许昌后,他又逐渐把许褚、荀攸、戏志才、郭嘉、钟繇、陈群、司马懿、杜畿等人拉入其军事统治集团。这些人在曹操争夺天下,建立曹氏政权的事业中,起到了极大作用。

这以后,对曹操威胁最大的军阀是西边占据南阳的张绣,东边占据徐州的吕布,南边占据淮南的袁术和北边占据冀州等地的袁绍。在这种四面临敌的情况下,曹操利用与袁绍旧有的联盟关系,采取了北和袁绍而向东、西、南用兵的策略。他委派侍中钟繇兼司隶校尉,督关中诸军,稳住占据关中的马腾、韩遂等人,自己于建安二年(197)春季,亲率大军征讨张绣,张绣战败,举众投降。不久张绣反悔,率众袭击曹军,杀曹操长子曹昂,曹操也身中流箭,校尉典韦死守营门,受伤几十处,奋战而死。曹操退到舞阴(今河南省泌阳县西北),设计击破了追来的张绣。次年,曹操再次率军攻打张绣,包围张绣所在的穰城,还未攻克,听说袁绍想袭取许都,忙率众退兵,张绣和刘表紧追不舍,在安众(今河南省邓县东北)遭到曹操伏击,惨败而归。第二年十一月,张绣在贾诩的劝说下,率众再次归降曹操。曹操大喜,拜张绣为扬武将军,贾诩为执金吾,解除了西南的威胁。南方的袁术在汉献帝定都许昌后,在寿春(今安徽省寿县)自立为帝,并拉吕布对付曹操。曹操利用其政治优势,分化了吕布与袁术的关系,挑起吕、袁之战。曹操又趁袁术败于吕布之机,发兵进攻袁术,将袁术生力军消灭殆尽。袁术从此衰落,再也无力与曹操抗争。建安三年(198),曹操又进攻势力越来越大的吕布,先克彭城,后围吕布于下邳(今江苏省睢宁县北),围攻两个多月,攻破下邳,俘杀吕布,收降其将领张辽。这样,曹操逐步消灭和收降了东、西、南三方的对手。建安五年(200),曹操又打败了占据青、幽、并、冀四州的袁绍,后用几年时间,击败了袁绍之子袁谭、袁尚、袁熙和袁尚的外甥高干,占领青、幽、并、冀四州。又远征辽东、辽西、右北平三郡乌桓,杀乌桓王蹋顿和三郡乌桓单于,翦灭了袁氏残余,基本统一北方。建安十三年(208),曹操恢复丞相名称,自任丞相,总揽朝政。同年,他又兵锋南指,占据荆州,收编了刘琮的军队。在赤壁之战中,曹操被孙、刘联军击败,打消了短时间内统一全国的计划,开始致力于内部整顿,进一步招揽人才,巩固他在北方的统治。

建安十五年(210)春,曹操下求贤令,令部下"唯才是举",推荐人才。同年十二月,为安抚内部的拥汉势力,他又下了《让县自明本志令》。在令文中,曹操回顾了自己的起家过程,声明自己矢志忠于汉室,并退出封邑三县两万户,"以分损谤议"。同时又声称,决不图虚名而放弃军权。次年,汉献帝下诏以曹操世子曹丕为五官中郎将,允许他自置属官,实领副丞相之职。同年三月,曹操命司隶校尉钟繇和部将夏侯渊进军关西,马超、韩遂联络关中侯选、程银、杨秋、李堪、张横、梁兴、成宜、马玩等十部将领,集众 10 万,阻止曹军入关。曹操亲临潼关指挥,令主力与马超等军夹关对峙,密遣徐晃、朱灵率精兵 4000,由蒲坂津渡过黄河,紧接着,大军也陆续过河,迫使马超等军放弃潼关,撤到渭南。曹军又巧渡渭水,向十部联军发起攻击,成宜、李堪等人被杀,马超、韩遂等人逃奔凉州。经过 4 年时间,赶走马超,杀掉韩遂,招降了河西诸羌,将关西割据势力一一消灭,完全统一了北方。

随着曹操统一战争的逐步胜利,曹操的政治地位也越来越高。建安十七年(212)正月,汉献帝下诏,今后曹操赞拜皇帝不称名字,入朝不趋,可佩剑上殿,宛如汉初丞相萧何一样。这年十月,大臣董昭对曹操说:"自古以来,人臣匡世,未有您今日之功者;即使有您今日之功者,也未有久处人臣之位者。现在您虽愿保守名节,但是您在大臣之位,容易使人怀疑您,您不可不认真考虑。"曹操认为此话言之有理,乃与列侯诸将计议,以为丞相应当进爵为国公,配备九锡,以表彰殊勋。荀彧却从维护汉室出发,反对这样做,使曹操极不高兴。后曹操借故将荀彧扣押在军中,荀彧知他与曹操的矛盾不会消除,于是服毒药自杀。

建安十八年(213)五月,汉献帝以冀州十郡封曹操为魏公,仍旧以丞相兼冀州牧,加赐九锡等殊礼。不久,曹操开始建造魏社稷、宗庙。十一月,曹操又在自己的封国初置尚书、侍中和六卿等官职,以荀攸为尚书令,凉茂为仆射,毛玠、崔琰、常林、徐弈、何夔为尚书,王粲、杜袭、卫觊、和洽为侍中,钟繇为大理,王修为大司农,袁涣为郎中令,行御史大夫事,陈群为御史中丞,初步建立曹魏政权。次年,汉献帝又下诏:曹操位在诸侯王之上,改授金玺等物。又过了两年,汉献帝下诏,把曹操爵位由魏公晋为魏王。曹操成为魏王后第二年,汉献帝又下诏,魏王曹操设天子旌旗,出入称警跸,又以曹操世子五官中郎将曹丕为太子。至此,虽然曹操名为魏王,表面上低于汉帝一级,实际上已是真皇帝,汉献帝徒有虚名,早成为傀儡和曹操的政治工具,国家的政治、军事、经济等权力,全掌握在曹操父子手里。

从曹操迎汉献帝都许，控制了朝政时起，一些忠于汉室的大臣，曾多次想谋杀曹操，从他手中夺回实权。建安五年（200），车骑将军董承等人就想谋杀曹操，不料事情泄露，董承等人全被曹操诛杀。建安十九年（214），伏皇后也写信给父亲伏完，陈述曹操残忍威逼汉献帝，令伏完密杀曹操，结果伏完不敢下手，反被曹操得知。曹操令御史大夫郗虑收回伏皇后的玺绶，将伏皇后和她生的两个皇子以及室宗100多人杀戮。次年，曹操又逼汉献帝立他的女儿为皇后。建安二十三年（218），太医令吉本与少府耿纪、司直韦晃等人谋反，火烧丞相长史王必的军营，欲抢走汉献帝投降刘备，最后也兵败被杀。建安二十四年（219），魏相国西曹掾魏讽，勾结长乐卫尉陈祎密谋袭击邺城，陈祎恐惧告发，曹丕下令捕捉魏讽，这次牵连被杀者达数千人，魏相国钟繇也因此而被免官。通过一次次斗争，拥护刘氏宗室的势力全部被清除，曹氏取代刘氏为帝的条件已经完全具备，但曹操却不想由自己来取代刘氏。这年十二月，孙权袭杀关羽，曹操任命孙权为骠骑将军，封为南昌侯。孙权遣使者来致谢，并上书向曹操称臣，劝曹操顺应天命，早即帝位。曹操把来信传示诸将，说："这小子是想把我架上火炉去烧烤我啊！"大臣陈群、大将夏侯惇等人也劝曹操不要犹豫，早正大位，曹操见部下都拥护他称帝，才吐露了真心话，说："如果我真有天命，那我当周文王吧。"表示他愿极力为儿子当皇帝创造条件，他自己却不愿称帝。

魏黄初元年（220）正月，曹操病死在洛阳，太子曹丕即魏王、丞相、冀州牧之位。这年七月，左中郎将李伏、太史丞许芝上表，奏称"魏当代汉，见于图纬，其事甚众"。群臣也纷纷上表，劝曹丕顺应天人之望，禅代刘氏。十月，汉献帝被迫遣御史大夫张者奉皇帝玺绶诏册，禅位于魏。曹丕假意推让一番，才下令在繁阳筑坛。坛建成后，曹丕登坛，由公卿、列侯、诸将、匈奴单于、四夷使者数万人陪同，接受皇帝玺绶，正式即皇帝位，是为魏文帝，改元黄初。十一月，魏文帝曹丕下诏，改汉献帝为山阳公，追尊父亲武王曹操为魏武皇帝，正式建立了曹魏政权，中国历史也随之进入三国时期。

蜀汉的建立

汉灵帝末年，太常刘焉建议，说刺史太守货赂为官，剥削百姓，致使百姓离叛，因此应选派清廉重臣，任为州牧，镇安方夏。此时刚好益州刺史郤俭赋敛烦忧，谣言远闻；而并州杀刺史张益，梁州杀刺史耿鄙；刘焉见天下将乱，暗中寻找日后发展安身之地，就出为盟军使者，领益州牧。这时正是中平五年(188)。当时凉州的马相、赵祗等在绵竹县(今四川德阳县)自称黄巾军，杀绵竹县令，攻破雒县(今四川广汉县)，攻益州杀郤俭，又攻蜀郡、犍为，9月之间，破克三郡，马相自称天子，士众达10余万人，他们又派人破巴郡，杀郡守赵部。州从事贾龙只领兵数百人，在犍为东界，摄敛吏民，得千余人，攻杀马相等，不久即败走。州界平静下来。贾龙就选派吏卒迎接刘焉。刘焉徙治绵竹(益州刺史本治在雒县)，抚纳离叛之人，务行宽惠，阴谋他图。刘焉任张鲁为督义司马，与别部司马张修攻击汉中太守苏固。张鲁却袭击张修并杀之，夺走张修的士众。刘焉上书称米贼断道，没法沟通，又以其他事情为借口，杀州中豪强10多人，以立威刑。犍为太守任岐及贾龙因此而反攻刘焉，刘焉击杀任岐、贾龙。刘焉的势力渐强，制作乘舆车具千余乘。这时刘焉的儿子刘范为左中郎将，刘诞为治书御史，刘璋为奉车都尉，皆跟献帝在长安，只有小儿子刘瑁一直跟随刘焉。献帝派刘璋晓谕刘焉，刘焉则留下刘璋不返。马腾与刘范谋诛李傕，刘焉派精兵5000助之，战败，刘范被杀，刘诞被捕行刑。议郎庞羲与刘焉通家，就把刘焉的几个孙子护送入蜀。这时刘焉突遭火灾，车具烧尽，延及民家，刘焉徙治于成都。天灾人祸，使刘焉一蹶不振。兴平元年(194)，刘焉死，州大吏赵韪等以为刘璋温仁，共上书荐刘璋为益州刺史，诏任为监军使者，领益州牧，以赵韪为征东中良将。当初南阳、三铺流民数万户流入益州，刘焉全部收容，名曰东州兵。刘璋性柔仁宽，无威严，东州人侵扰以为民患，刘璋不能禁止，当地人颇有怨言。赵韪在巴中，甚得众心，刘璋又委以重权，赵韪因此阴谋交结州中大姓，于建安五年(200)还击刘璋，蜀郡、广汉、犍为皆响应叛乱。东州人害怕刘璋失败而自己也遭诛灭，就同心协力为刘璋死战，遂大败反叛者，进攻赵韪于江州(今四川江北县)，斩赵韪。张鲁认为刘璋

刘备像

懦弱不能承顺,刘璋大怒,杀张鲁的母亲及弟弟,并派其将领庞羲进攻张鲁,但多次被张鲁打败。张鲁的部下多在巴土,原以庞羲为巴郡太守,张鲁因此袭取之,称雄于巴、汉。汉王室无力征讨,遂笼张鲁任其为镇民中郎将,领汉中太守,只向王室贡奉而已。建安十三年(208),曹操领兵攻荆州,刘璋派人向曹操表示致敬。曹操封刘璋为振威将军,刘瑁为平寇将军。刘璋又派别驾张松见曹操。曹操当时已平定荆州,逼走刘备,不复存录张松,张松由此而怨恨。后张松劝刘璋与曹操绝交而转投刘备。刘璋就派法正连好刘备,不久又令法正与孟达送兵数千,帮助刘备进行守御。后刘璋又迎刘备入境,刘备宾至如归。建安十六年(211),刘璋前往会见刘备,资给刘备军需,让刘备征讨张鲁,然后分手。刘璋此举想借刘备之力抑制蜀中诸将,剿灭张鲁后以刘备屯汉中,而刘璋仍可得益州。刘璋自以为得计,不料却反被人利用。

赤壁之战后,刘备表举刘表之子刘琦任荆州刺史,刘琦病死,众人便推刘备为荆州牧。孙权有些畏惧,就让其妹与刘备联姻。刘备到建业(今江苏南京)会见孙权。周瑜上书孙权说:"刘备以枭雄之姿,又有张飞、关羽熊虎之将,必非久屈人下。愚谓大计,应该让刘备留在东吴,多筑宫室,多选美女,多予奇器玩耍,以娱其耳目,懈其大志。把关羽、张飞二人各置一方,在我们统领之下,这样便可以挟二人展开攻战,大事即可定。现在猥割土地,以为其奠定物质基础;聚此三人俱在疆场,恐怕是蛟龙得云雨,终非池中之物。"孙权认为曹操在北方,应该广为招揽英雄,又担心刘备难以驾驭,所以没有采纳周瑜的建议。周瑜请求亲到建业见孙权,"与奋威俱进取蜀,得蜀而并张鲁,然后留奋威固守其地,好与马超结援,周瑜则还与将军据襄阳以蹙曹操,这样可图北方。"孙权答应了这个请求。周瑜返江陵打点行装,但不料在进军途中病死。孙权便以鲁肃代替周瑜。

孙权后来派人要与刘备共同取蜀,荆州主簿殷观向刘备进言说:"如果作为吴的先驱,进不能去克蜀,退为吴所乘,这样我们也就彻底完了。现在我们可以赞成吴去攻蜀，然后又说新据诸郡，有待安抚，不能与他们一道发兵，这样吴也一定不敢越过荆州而单独攻蜀。那么进退之计由我，可以取吴、蜀之利。"刘备采纳了这个建议，孙权果然辍计。因为周瑜已死，没有人能奋身单独取蜀，所以就想利用刘备为前驱，胜败都于己有利，但刘备却不上这个圈套。

蜀地险要，易守难攻。周瑜之心虽雄，但却没能长寿，即使周瑜不死而能否长驱直入也未可知。刘备之所以轻易取蜀，则因为刘璋先开门迎之。刘璋认为割据汉中的张鲁对益州是一个巨大威胁，便从手下之言，派人请刘备和蜀以助防御张鲁。法正之迎刘备，具陈益州可取之策。刘备留诸葛亮、关羽等据荆州，带步卒数万人入益州，到涪，刘璋亲自迎接，相见甚欢。张松令法正禀刘备，谋臣庞统进言，可在相会之所袭刘璋。刘备说："这是大事，不可鲁莽。"刘璋推刘备行大司马，领司隶校尉。刘备也推刘璋为镇西大将军，领益州牧。刘璋给刘备增兵，让刘备攻击张鲁，又令刘备督白水（今四川昭化县西北）军。刘备并军3万多人，车甲器械资货甚盛。同年，刘璋归还成都。刘备北至葭萌（今四川昭化县东南），不久便讨伐张鲁，厚树恩德，以收买笼络人心。第二年，曹操征讨孙权，孙权向刘备求援，刘备就向刘璋求兵万余人及许多辎重，打算向东行救孙权。但刘璋只答应给兵4000人，其余的皆给一半。张松给刘备及法正写信说："现在大事之成就在眼前，为何又解兵东去呢？"张松的哥哥广汉太守张肃害怕祸及自己，就把张松的话报告给刘璋，揭发张松的阴谋。刘璋于是捕斩张松，与刘备之间有了嫌隙。刘璋敕令诸将：文书不要再通过刘备。庞统又进言刘备说："暗中挑选精兵，昼夜兼程，直接袭击成都。刘璋既不武，平时又毫无防备，大军突至，一举便可定成都，这是最上策。杨怀、高沛是刘璋的名将，各握强兵，据守关头，听说他们数次劝谏刘璋派你迎荆州。你没到之前，先派人告诉他们，就说荆州有急事，要还兵相救。并作一番装束，装成要归还的样子，这二人既服将军威名，又巴望将军之去，因此听说之后必乘轻骑来相见，将军可乘机捉捕他们，俘获其兵，进军成都，这是中计。退还白帝（今四川奉节县东），连引荆州之兵，有机会再回兵以图成都，这是下计。如果犹豫不速决断，必将陷入困境而不能久存。"刘备从其中计，捕斩了杨怀、高沛，派黄忠、卓膺陈兵对付刘璋，自己率兵径至关中，把诸将并士卒的妻子作为人质，引兵与黄忠、卓膺等进军到涪，据其城。刘璋派人在涪抵抗刘备，都被打败，而退保绵竹，又派李严督绵竹军，李严率众投降刘备。刘备势力日盛，分派各将平定下属的一些县。于是诸葛亮、张飞、赵云等带兵定白帝、江州、江阳(今四川卢县),刘备围雒城,刘璋的儿子刘循守城,围攻一年,建安十九年(214)夏攻破雒城,进围成都。数十日,刘璋出城投降,迁于长安,刘备又领益州牧。建安二十四年(219),刘备攻取汉中。章武元年(221),刘备在成都即皇帝位,蜀汉正式建立。

孙吴的建立

孙吴是孙坚和孙策、孙权父子兄弟建立的。孙坚,字文台,吴郡富春县(今浙江富阳)人,自称是春秋兵法家孙武的后代。孙坚起身县吏,曾经历事朱儁、张温、袁术等,渐到长沙太守,封乌程侯。孙坚一生虽一直在别人的号令指挥下,但实际上他已在尽量加强自己的地位和力量,替他的儿子占据江东、建立政权打下了基础。汉初平二年(191),袁术同刘表争夺荆州时,孙坚为先锋,连败刘表大将黄祖,但在进围襄阳时被黄祖士兵暗箭射死。孙坚年仅17岁的长子孙策(字伯符)去投靠袁术,虽然得以继续统领其父旧部(1000多人),却难以得到发展。这时江东有不少割据势力,最大的是扬州刺史刘繇。汉兴平二年(195),孙策以帮助袁术平定江东为理由,使之同意他率军渡江征战。孙策自寿春(今安徽寿县)出发,沿途招募军队,到达历阳(今安徽和县)时发展到五六千人,这时与孙策结成莫逆之交的周瑜领部下来会合,渡江后大败刘繇于曲阿(今江苏丹阳),刘繇弃军逃至豫章郡(治今江西南昌)。孙策迅速夺取曲阿,占据了丹阳郡(治今安徽宣城)。孙策严申军令,士兵不得掳掠民间财物,受到老百姓的欢迎。同时还下令,刘繇部下主动投降的,不咎既往,不愿意从军的也不强迫。刘繇部队有不少投奔了孙策,使他的军队很快增加到两万多人。这次战役是孙策占据江东的关键战役。从此,孙策"威震江东",继续迅速向东南进军。先派朱治赶走了吴郡太守许贡,占据吴郡(治今江苏苏州)。建安元年(196),袁术准备称帝,孙策写信谴责,并借此与他断绝了关系。孙策又东攻会稽(治今浙江绍兴),降服了会稽太守王朗,消灭了地方豪强严白虎的武装,孙策自己担任会稽太守。这时孙策已有军队3万多人,谋臣中以汉末南渡的北方人居多。刘繇病死后,豫章郡也逐渐纳入孙策势力范围。建安三年(198),曹操觉得已没有力量控制孙策,于是表举孙策为讨逆将军,封吴侯,进行笼络。第二年，袁术病死，军队归于庐江太守刘勋，孙策北攻刘勋，拿下皖城(今安徽潜山)，占据了庐江郡，俘获刘勋所部3万多人，刘勋逃奔曹操。至此，孙策占有江东六郡(会稽、丹阳、吴郡、豫章、庐陵、庐江)，奠定了孙吴政权的基础。建安五年(200)，当曹操与袁绍相持于官渡时，孙策打算袭击许都，并部署诸将整军待发，却在打猎时被原吴郡太守许贡的门客狙击，受重伤而死(时26岁)。

继统江东的孙策弟孙权，当时只有19岁。这时江东六郡刚刚平定，形势还不稳定，深险之地，多为山越所占，未尽从命；一些部下也各怀彼此，对孙权能否成就大业，也颇怀疑。孙权在其父兄的老臣周瑜、张昭等及母亲吴氏的辅佐下，把孙策旧部逐渐安抚下来。同时注意多方"招延俊秀，聘求名士"，尤其是对周瑜推荐的鲁肃等人的任用，对孙吴的建立和巩固起到了重要作用。建安七年(202)，曹操开始向袁绍残余势力进攻，兵威正盛，写信给孙权要他送亲子弟作"质任"，企图控制并进一步完全征服江东。在曹操强大势力的威胁下，张昭、秦松等老臣也犹豫不决，孙权带领周瑜到母亲吴氏那里商议，周瑜认为江东六郡已具备立国之本，不应送质，深得吴氏赏识。于是，孙权坚定了不送人质的决心，保持独立发展势力。建安八年(203)，孙权按照鲁肃的建议，开始讨伐江夏太守黄祖，到建安十三年(208)，终于消灭了黄祖势力，孙权势力发展到荆州东部。

曹操在北方打败乌桓、消灭袁绍残余势力以后，于建安十三年(208)初，回到邺城(今河北磁县南)，立即挥师南下，想乘势一举消灭南方割据势力，尤其是羽翼逐渐丰满的孙权和具有潜在威胁的刘备。荆州牧刘琮投降曹操后，刘备在向江陵方向撤退途中，被曹操骑兵追上打散，退到夏口(今湖北武汉)。曹操一面集中水陆两军沿江东下，准备消灭刘备；一面派人向孙权下战书，扬言自己有水

吴大帝孙权

陆大军80万(实为二十三四万),要与孙权在江东决战。在这种形势下,鲁肃和诸葛亮共同努力,结成联盟,在赤壁大败曹操。战争的结果,孙、刘、曹三家瓜分荆州,谁也未能独占这一战略要地。战后,由于北方曹操的威胁还在,又不可能立即将刘备赶出荆州,建安十五年(210),孙权权衡利弊,同意鲁肃的建议,将荆州要地借给了刘备,以维持联盟,再图发展。曹操听说此事,不禁惊呆了,连手中的笔也掉到了地上。同时孙权以步骘为交州刺史,经营岭南。

占据荆州毕竟是孙权的既定政策,刘备取得益州的第二年春,孙权即派诸葛瑾去向刘备索要荆州,刘备则以夺得凉州以后再归还为借口拒绝。孙权派出官吏去强行接管长沙、桂阳、零陵三郡,又被关羽赶走。孙权大怒,派吕蒙领兵夺取了三郡,刘备也立即领兵东下,派关羽争夺三郡。这时传来曹操进攻汉中的消息,刘备怕益州有失,便主动向孙权请和,孙权也感到暂无取胜的把握,于是双方商定以湘水为界平分荆州;湘水以东的江夏、长沙、桂阳归孙权;湘水以西的南阳、零陵、武陵属刘备。刘备因自荆州出兵宛、洛的条件不足,于建安二十四年(219)由镇守荆州的关羽发动襄樊战役,企图夺取军事重镇襄阳和樊城。开始,关羽进攻比较顺利,又遇上樊城地区下了10多天大雨,水淹曹将于禁等七军。深知孙权态度的司马懿等建议曹操派人劝说孙权偷袭关羽后方,孙权果然决定乘机夺取荆州,接受了事成之后将江南封给自己的许诺,随即亲自率军沿江西上,直驱南郡,很快收降了关羽部将糜芳和傅士仁,占领公安和江陵。关羽回救荆州不成,在从麦城(今湖北当阳东南)突围后被孙权军队活捉杀死。这样,刘备占据的荆州各郡全部被孙权夺去,孙权集团的势力伸展到三峡以东,三国鼎立局面已经最后形成了。汉延康元年(220)十月,曹丕称帝,建立魏国。第二年四月,刘备也在成都称帝,建立蜀汉。七月,刘备为夺回荆州并替关羽报仇,亲统诸军大举攻吴。孙权为避免两面受敌,八月,遣使向魏称臣,曹丕封孙权为吴王。黄初三年(222),吴军在夷陵(今湖北宜昌东南)一带大败蜀军,刘备逃回白帝城。这时,孙权再次拒绝魏国要自己送子为质的要求,曹丕派曹休、张辽等率军攻吴,孙权分兵临江抵抗。十月,孙权自建年号黄武,亲自到前线指挥作战。十一月,派使臣至蜀汉,恢复盟好。黄初四年(223)春,魏国撤兵。十月,蜀、魏均遣使至吴,孙权犹豫不决。蜀使邓芝力陈联蜀抗魏之利,孙权下决心绝魏,与蜀和好。吴黄龙元年(229)四月,孙权改称皇帝,九月迁都建业(今江苏南京),孙吴政权正式建立。

吴蜀争荆州

荆州地处长江中游，相当于今天湖北、湖南地区，"北据汉沔，利尽南海，东连吴会，西通巴蜀"，是南进北上或东下西征的枢纽，自古即是兵家必争之地。当刘备还寄人篱下时，诸葛亮刚出山就将"跨有荆益"确定为自己"成霸业""兴汉室"的基础目标。鲁肃也在初见孙权的单独谈话中明确提出，应趁北方混乱，刘表软弱时占据荆州，以进一步"图天下"。汉建安八年（203），孙权即按照鲁肃建议，开始讨伐江夏太守黄祖。赤壁战前，甘宁又向孙权建议应先于曹操向荆州发展，再逐渐向巴蜀扩张。孙权亲率水陆大军西征，消灭了黄祖。刘备则表举刘表长子刘琦为江夏太守以便自己控制荆州。孙、刘随即开始对荆州的争夺。建安十三年（208），曹操发动赤壁之战，也是打算先占荆州，再顺流而下取得江东的。但是，赤壁之战的结果却是曹操、孙权、刘备三方瓜分了荆州（曹操占据了南阳郡和江夏郡的北部），各自目的都没有达到，尤其是刘备和孙权。刘备无荆州则仍无立足之地，孙权无荆州则无安全感，向岭南发展也受限制。而曹操自知一时无力夺得全部荆州，已将注意力主要转向近在肘腋的关西发展势力。于是孙、刘开始了长达14年的荆州之争。

十二月，刘备上书汉献帝任命刘琦为荆州刺史，自己则引兵南向，利用刘琦在荆州的潜在影响去招抚江南四郡，即武陵郡（治临沅，今湖南常德）、长沙郡（治临湘，今长沙）、零陵郡（治泉陵，今湖南零陵）、桂阳郡（治郴，今湖南彬县），四郡太守很快归附刘琦。刘备令诸葛亮管理零陵、桂阳、长沙三郡，调整赋税，增加收入，充实军饷。第二年正月，刘琦病死，鉴于刘备的势力，孙权表举刘备为荆州牧，分长江南岸地与刘备，刘备立营于油口，改名公安（今湖北公安西北油江口），全面接管了荆州江南四郡。孙权还将妹妹嫁与刘备，进行笼络。而周瑜与曹仁相持一年有余，在建安十四年（209）十二月才攻占了江陵，据有南郡。刘备向汉献帝表举孙权为车骑将军，领徐州牧，暗示孙权应向北发展。建安十五年（210）十二月，刘备到京城（即京口，今江苏镇江）见孙权，以江南四郡"地少，不足以安民"为理由，要求把南郡（治江陵，今湖北江陵）借给他，企图控制整个荆州。周瑜、吕范等反对借南郡与刘备,主张扣留刘备,吞并刘备所占地区;鲁肃等则主张借给刘备,以便联刘抗曹。孙权权衡利弊,让刘备返回荆州。这一年,孙权占领交州(治番,今广州),打算接着夺取益州,派人试探刘备的态度。刘备也正准备取蜀,以巴蜀地险路远、曹操威胁等理由劝阻孙权。周瑜由江陵出兵,于准备西取益州时病死,孙权又派鲁肃率水军西进。刘备则率关羽、张飞、诸葛亮等屯驻沿江要地,挡住鲁肃的去路,孙权只得召还鲁肃。鲁肃接管周瑜的军队后,劝孙权将南郡借给了刘备,双方关系暂时缓和。

建安十六年(211)十二月,曹操在击破凉州的韩遂、马超后,向张鲁占据的汉中进军,益州牧刘璋恐曹操在攻占汉中后乘胜入蜀,派人请求刘备援助。刘备留诸葛亮、关羽守荆州,自率步卒万人入蜀。这使得孙权大为不满,将妹妹接回江东,准备与刘备决裂。建安十八年(213)正月,孙权以7万人击退曹操号称40万大军的进攻,这一胜利减少了孙权对曹操的恐惧和顾虑,他又将注意力转向荆州。次年,刘备取得益州后,力量也迅速发展。第二年春,孙权派诸葛亮之兄诸葛瑾向刘备索要荆州,刘备以"须得凉州,当以荆州相与"为借口拒绝。孙权更为不满,立即派出官吏去强行接管长沙、桂阳、零陵三郡,但都被关羽赶走。孙权恼怒,派大将吕蒙率军两万夺取三郡,很快夺占长沙、桂阳三郡,进围零陵。又派鲁肃率军一万屯驻益阳(今湖南益阳),抵抗关羽。孙权也到达陆口(今湖北嘉鱼西南)坐镇指挥。刘备则亲自率军5万到达公安,派关羽率军3万同吕蒙争夺三郡。一场争夺荆州的大战在即。恰值此时,曹操进攻汉中,刘备怕益州有失,派使臣向孙权求和。孙权也感到兵力不足,没有取胜把握,于是双方达成和议,以湘水为界平分荆州:湘水以东的江夏、长沙、桂阳三郡属孙权;湘水以西的南郡、武陵、零陵三郡属刘备。和议达成后,双方又相安无事两年。

建安二十二年(217)春,曹操曾派兵进攻孙权长江北岸地区。孙权为避免夺取荆州时两面作战,派使臣向曹操求和,曹操也派使臣表示和好。十月,鲁肃病死,由吕蒙代统其万余人马镇守陆口。吕蒙认为关羽久居东吴上游早晚是威胁,最终必东下攻吴,上任后便秘密向孙权建议进攻关羽。孙权要吕蒙比较取荆州与取徐州究竟哪一方案更有利,吕蒙认为徐州夺取容易,但很难防守,不如"全据长江",方可"形势益张"。于是孙权表面上与关羽表示友好,还派人为自己的儿子求婚于关羽,而暗中却在伺机进攻荆州。建安二十四年(219)五月,刘备从曹操手中夺取了汉中,又派孟达、刘封占领汉中郡东部的房陵(今湖北房县)、上庸(今湖北竹山西南),将要把汉中与荆州连成一片。但是,孙、刘平分荆州后,刘备实际上只占有两个半郡,地域小,处在曹、孙两家的夹缝中,从荆州直接向宛、洛出兵的条件还不完全具备。而且荆州北部的襄阳(今湖北襄樊南)、樊城(今襄樊北)等重镇控制在曹操手里,襄樊是江陵的门户,"势同唇齿,无襄阳则江陵受敌"。夺取襄樊,则能依托汉水,摆脱两面受敌的不利局面,并最终完成北攻中原的战略部署。因此,当这年七月孙权进攻合肥,曹操将兵马部分东调淮南作战时,关羽立即留糜芳守江陵、傅士仁守公安,自己率主力北攻樊城。当时曹军由曹仁镇守樊城,徐晃驻在南阳(今湖南南阳)策应。八月,襄樊地区连下10多天大雨,汉水溢出堤外,樊城被洪水包围。驻在北侧城外的于禁等七军屯营都被洪水淹没,于禁率领将士避到高阜之处。关羽率战船猛攻,于禁被逼率众投降,庞德被杀,曹军数万人被俘。关羽又派兵将襄阳包围,一时"威震华夏"。曹操一面派徐晃率军支援襄樊,一面采纳司马懿建议,利用孙权与关羽的矛盾,使孙权从背后袭击关羽。孙权担忧关羽取得襄樊后独占整个荆州,便答应派兵西上袭击关羽。

关羽进攻樊城时,大将吕蒙给孙权写了一封秘信,认为已到夺取荆州的有利时机,建议孙权调他回建业治病,使关羽放松对吴警惕,吴军可乘虚夺取南郡。于是孙权公开发布命令,调吕蒙回建业治病,而秘密与他策划袭取荆州的方案。陆逊也向吕蒙建议趁关羽对江陵放松警惕时发动突然袭击。孙权任命善谋略、书生做大将的陆逊为偏将军、右都督,接替吕蒙镇守陆口。陆逊到职后专门写信恭维关羽,关羽果真把后方一部分军队抽调去增援前线。此时,关羽由于俘获于禁部数万人,就强取东吴囤积在湘水东岸的粮食以充军粮。孙权就以此为借口,命吕蒙率军袭击江陵。

吕蒙率军开到寻阳(今湖北广济东北)会齐诸将继续西进时,将精兵隐藏在大船中,摇橹士兵都换上了白色的商人衣服,昼夜兼程,溯江西上。行至夏口(今湖北武汉),命蒋钦率水军逆汉水而上,阻止关羽水军南下。过了巴丘(今湖南岳阳)进入蜀境后,出其不意地将关羽沿江所设岗哨全部扫除,使关羽不知吴军西进。接着利用糜芳、傅士仁同关羽的矛盾,收降二将,兵不血刃就占领了公安、江陵。然后,吕蒙派人抚慰江陵城中蜀军的家属,瓦解其斗志。陆逊则西上攻占夷陵(今湖北宜昌东南)、秭归(今湖北秭归),切断关羽入川的退路,也防止刘备增援荆州。这时,曹操援军赶到樊城,徐晃对关羽发起反击,关羽失利。而当关羽得知南郡失守南撤时，曹军却不追击，坐观吴、蜀军相斗。十一月，关羽自知自己兵力薄弱，不敢回夺江陵，只好西走麦城（今湖北当阳东南）。十二月，关羽逃至章乡（当阳东北），去路已被吴军切断，关羽被潘璋部将马忠俘获，与其子关平都被处死。第二年（220）秋，蜀上庸守将刘封与孟达不和，孟达以上庸为条件投降曹魏，刘封回成都被赐死。至此，刘备在大巴山以东的地区全部为孙权夺去。次年，刘备亲率大军出三峡，大举攻吴，企图夺回荆州，次年被陆逊用火攻大败于夷陵，退回四川。吴蜀争夺荆州的战争终告结束。

高平陵事变

曹魏黄初元年（220），曹丕代汉，做了皇帝，称魏文帝。文帝曹丕执政后，政治上建立了九品中正制，经济上继续推行屯田制，思想上倡导儒学，社会生活中崇尚节俭、禁止奢华，用这些措施医治战争创伤，发展生产，使遭受动乱破坏的北方开始有了正常的秩序，经济得以恢复，是曹魏历史上一段兴盛的时期。曹丕死后，曹叡继立为明帝。曹叡执政后，一改文帝淳朴的政风，大兴土木，建造豪华的宫室和苑囿，掠夺民女以充后宫，奢侈淫逸之风大行，引起朝野上下的普遍不满，又任用刘放、孙资典掌机要，刘放、孙资勾结朋党，专制朝政，使国内矛盾日趋尖锐。这时，士族代表司马懿乘机广布恩信，培植和发展自己的势力。

司马懿是河内温县（今河南温县）人，家世冠族，祖司马俊、父司马防都是汉时的"千石高官"，司马懿兄弟八人并称东汉"八达"，非常显贵。汉建安六年（201），司马懿为本郡举为上计掾，当时曹操为司空，闻而征之。司马懿不愿屈事曹操，自称得了风瘫病，起居不能自理，拒绝征召，曹操派刺客乘夜去察验，司马懿在刀下坚卧不动，得免于死。曹操做了丞相后，又辟司马懿为文学掾，司马懿害怕被杀，不得不出来就职。曹操称魏王，后立曹丕为太子，司马懿为太子中庶子。司马懿"内忌外宽，机智权变"，曹操对他常怀有戒心，又听人说司马懿有狼豺之相，为了验证，一次曹操把司马懿召来，让他在前面走，然后又令其向后看，司马懿果然面正向后而身子不动。曹操对太子曹丕说"司马懿非人臣也，必预汝家事"，因太子的庇护，司马懿才幸免于难。曹丕即位后，司马懿开始受到尊崇,官至抚军大将军。明帝继位后,司马懿与曹真、陈群一同受命辅政。大将军曹真死后,司马懿接替曹真负责西线战事,采取不主动出击的防御战略,有效地牵制和阻止了蜀汉军队的攻势,迫使蜀汉北伐军在诸葛亮死后全线南撤。曹魏青龙三年(235),司马懿被迁为太尉,掌握了曹魏军队的领导权。两年后,辽东太守公孙渊自立为燕王,公开背叛曹魏。次年,司马懿率兵4万远征辽东,同年击败公孙渊,平定辽东,进一步巩固了司马氏在曹魏政权中的地位。

就在司马懿平定辽东这一年,明帝曹叡病重,命燕王曹宇为大将军,同领军将军夏侯献、武卫将军曹爽、屯骑校尉曹肇、骁骑将军秦朗共同辅政。而夏侯献、曹肇对刘放、孙资专揽朝政,心中早怀不平,刘放、孙资怕他们辅政后对自己不利,反而暗中离间他们同曹叡的关系。燕王曹宇本性恭让,固辞大将军之职,致使曹叡不得重新考虑辅政大臣的人选。曹叡召来刘放、孙资问道:"究竟谁可以辅佐齐王?"当时诸王中只有曹爽在皇帝床前,于是刘放、孙资便推荐曹爽,并说宜以司马懿一同辅政。曹叡转而问曹爽说:"你能负担起这个重任吗?"曹爽汗流满面,回答不出来,刘放在一旁耳语提示道:"臣以死奉社稷。"于是曹叡决定用曹爽辅政,但不久又改变了主意。刘放、孙资知道后又匆匆去见曹叡,劝他任用曹爽,曹叡又听从了二人的意见。刘放怕明帝又有变更,执着明帝的手强作遗诏,最后决定用曹爽、司马懿辅政。景初三年(239)正月,司马懿被召回京,受命辅政。不久,明帝曹叡死,由太子齐王曹芳继位,曹爽、司马懿任侍中,都督中外诸军事,录尚书事。一开始,曹爽以司马懿年高望重,每事必访之而后行,不敢专断,但后来逐渐起用了毕轨、邓飏、李胜、何晏、丁谧等一帮人,这些人原来在朝中就有名气,但明帝在世时认为他们华而不实,常压抑而不予重用,所以他们都郁郁不得志。曹爽与他们交往很密,掌权之后,便破格提拔他们,给他们重要的职位,这些人想独揽朝政,于是给曹爽出主意,让曹爽奏请皇帝提升司马懿为太傅,名为升迁,实际上是削夺了司马懿的实权。与此同时,曹爽又任自己的弟弟曹羲为中领军、曹训为武尚书、华轨为司录校尉,他们结成党羽,权势熏灼,"附会者升迁,违忤者罢退"。

曹魏自文帝曹丕以来,为防止国家动乱分裂,把同姓王派往远乡僻壤,不给他们军政权力。其时毕轨、邓飏之流互相勾结,结成朋党,使曹魏大权旁落,魏朝宗室的一些人痛切地感到政权有被颠覆的危险,因此,宗室曹冏上书曹爽,请求给诸王以实权,用以"固维邦基",他说:"观今之形势,诸王无尺土之封,宗室窜于闾巷,内无深根不拔之固,外无磐石宗盟之助,非所以安社稷,为万世之业也。"曹爽却听不进去。

曹爽的行为,引起司马懿的强烈不满。

正始八年(247),司马懿上书皇帝曹芳,说自己年老多病,要求退职闲居,得到曹芳的准许,从此司马懿不参与政事,在暗中联络心腹,等待时机,以与曹爽集团一搏。

次年,曹爽党羽李胜出任荆州刺史,以辞行为名去察看司马懿的状况。司马懿故意装作一副病态,令两个奴婢扶持,伸手提衣,衣服掉在床上;指口言渴,奴婢进粥,他不拿杯饮,弄得粥浆满身。李胜说:"大家都说明公旧病复发,不想到了这种地步,今天我要回本州(李胜是荆州南阳人)任刺史,特来拜辞。"司马懿气息奄奄地说:"年老枕疾,死在旦夕,君当屈事并州,并州临近胡人,要多为防备,恐日后不复相见,小子师、昭弟兄,托付于君,请多为照顾。"李胜说:"我回本州,不是并州。"司马懿又故作语词错乱说:"君是到并州吗?"李胜纠正说:"是去荆州。"司马懿说:"年老意荒,不解君言,今还为本州,盛德壮烈,好建功勋。"李胜回去报告曹爽说:"司马懿已是一具尚有余气的尸体,形神分离,不足为虑了。"过了几天,又对曹爽说:"太傅病已不能复济,令人怆然。"于是,曹爽放弃了对司马懿的戒备。

而这时,司马懿正在私下与其儿子司马师策划着一个剪除曹爽的阴谋。

嘉平元年(249)正月,魏帝曹芳同曹爽及其兄弟曹羲、曹训、曹彦等一同出洛阳赴高平陵(洛阳南90里处),为明帝曹叡扫墓奠基,司马懿乘机发动政变,假以皇太后的命令,关闭洛阳所有城门,司马师亲自率领军队占据了武库,屯兵于洛水浮桥,切断了洛阳与高平陵之间的联系,又以司徒高柔占据曹爽营部,太仆王观占据曹羲营部,然后派人送奏章于魏帝,揭举曹爽的罪恶,要求罢免曹爽、曹羲等的职务。曹爽进退失据,不知所措,只得暂留车驾宿于伊水之南,征发屯田兵数千人做防卫。

司马懿又派人送信给曹爽说:"只要罢兵息甲,交出兵权,就可以回朝就第,并保留其爵位,以洛水为誓。"

这时,曹爽的智囊、大司农桓范逃出洛阳去见曹爽,桓范劝曹爽兄弟同天子赴许昌,征发天下兵以自辅,曹爽犹豫不决,桓范对曹爽说:"今去许昌,路途很近,许昌有武器别库,足以武装军队,唯所忧虑的是粮食,而大司农的印在我手里。"曹羲兄弟默然不从,盘桓良久,曹爽投刀于地说:"我亦不失作富家翁。"桓范哭着说:"曹子丹(曹真)是好样的,怎么生了这样两个兄弟,如同豚(小猪)、犊(小牛),我为什么竟和你们一起遭灭族之祸呢?"

　　曹爽兄弟奉皇帝回宫后就被软禁起来。不久,司马懿以谋反罪将曹爽、曹羲、曹训及尚书何晏、邓飏、丁谧、毕轨、李胜、桓范一同斩首,夷其三族,是为高平陵事变。至此,曹魏的军政大权基本上被控制在司马氏父子手中。

第十一篇　民族大融合的两晋南北朝时期

西晋的建立和统一

　　淮南的叛乱平定后，魏景元元年（260 年），司马昭进位相国，封晋公。魏皇帝曹髦见权势日去，迟早要被废掉，召来侍中王沈、尚书王经、散骑常侍王业，对他们说："司马昭之心，路人皆知也，我不能坐受被废的耻辱，现在我应当同你们一齐讨伐司马昭。"王经说："过去鲁昭公不能容忍季氏，结果失败丧国，为天下耻笑，如今权归司马氏已很久了，朝廷以及州郡官员都为他们效力，并且我们掌握的宿卫兵太少，这样做太危险了。"魏帝从怀中拿出诏书扔在地上说："我决心已定，即使死，又有什么可怕？况且也不必就死。"于是入告太后。王沈、王业急忙跑去向司马昭报信，并拉王经一齐去告发，王经不从。曹髦率殿中宿卫、官仆等鼓噪而出，挥剑与贾充在南阙交手，贾充部下想逃散，太子舍人成济问贾充："事急矣，当云何？"贾充说："司马公蓄养你们，正为今日，今日之事，无可问也。"成济便拔剑刺曹髦，曹髦当即死于车下。

　　曹髦死后，司马昭又立 14 岁的陈留王曹奂为帝。景元元年（263），司马昭出兵灭了蜀国，灭蜀后又杀了伐蜀的两员大将邓艾、钟会。

　　司马氏专权除了受到曹氏武装力量的反对和抵制外，也受到了一部分有影响的名士们的消极抵抗，他们玩世不恭，蔑弃礼法，放纵形骸。司马氏采取分化瓦解的办法，争取了像山涛、向秀、阮籍一些有影响的玄学家，杀害了态度强硬、拒不合作的嵇康。司马氏代魏的障碍全部扫清了。

　　咸熙元年（264），司马昭被封为晋王，增封十郡，以其子司马炎为大将军。次年五月，加司马昭殊礼，进王妃为后，立世子司马炎为太子。八月，司马昭死。十二月，魏帝曹奂禅位于晋，司马炎即帝位，追尊宣王司马懿为宣帝，景王司马师为景帝，文王司马昭为文帝，尊王太后为皇太后，以石苞为大司马，郑冲为太傅，王祥为太保，何曾为太尉，贾充为车骑将军，王沈为骠骑将军。西晋建立不久，司马炎又派成隆击败鲜卑树机能，平定凉州。但是江东吴国尚存。

　　吴国在孙权统治的晚年发生内争，在无休止的权力争夺中，国力大衰。孙权先立孙登为太子，孙登早死，又立孙和为太子，但却宠爱孙霸，于是朝内形成了两派，斗争异常激烈，孙权怕引起大乱，便废掉了太子孙和，并令孙霸自杀，又立孙亮为太子，诸葛恪和孙峻辅政。孙亮和孙峻合谋杀害了诸葛恪，由孙峻专制朝政。孙峻死后，弟孙綝掌权，孙綝废掉孙亮，立孙休为帝，孙休与将军张布等设谋杀死孙綝。孙休做了6年皇帝，景元五年（264）病死，由乌程侯孙皓继位。孙皓是三国时期有名的暴君，他粗暴骄盈，多忌讳，好酒色，让大臣们非常失望，丞相濮阳兴和张布后悔立他为帝，孙皓知道后就把他俩杀害了。接着，孙皓又杀死孙休的妻子和孙休的两个儿子，对大臣们更是稍有不如意非杀即罢，还常使用剥面皮和凿眼睛的酷刑。又大兴土木建昭明宫，造苑囿楼观。在他的统治下，"国无一年之储，家无经月之蓄"，国内人民多次举行暴动，同时，宗室将领、夏口督孙秀、京下督孙楷又先后投降西晋，众叛亲离，国运日衰。当时，孙吴都督荆州地区军事的是镇东大将军陆抗，陆抗很有军事才能，负责长江防务，与西晋将领羊祜领兵对峙。孙皓多次派兵进攻西晋，陆抗上书劝孙皓："要力农富国，审官任能，严明刑赏，安抚百姓，而穷兵黩武，动费万计，士卒劳瘁，这样敌人不会为之衰败，而我们却得了大病，按目前的情况看，大小势异，想入主中原，不是安国之良策。"但孙皓不听。西晋泰始十年（274），陆抗病卒，临终前上书劝孙皓加强西陵、建平方面的防务，防止敌人泛舟顺流而下。

　　咸宁二年（276），西晋征南大将军羊祜上书请求伐吴，羊祜说："现在东吴江淮险阻不如剑阁，孙皓残暴过于刘禅，吴人困苦甚于巴蜀，而晋朝力量则远盛于往日，是平定东吴、统一海内的好时机，如果我们各路大军齐下，东吴防不胜防，国内必然震动，那时，虽有智能之士，也难以对付我们。而且孙皓众心离叛，将领平时都畏其凶暴，早想离去，我们大军一到，必然响应，用不了多久，我们就能取得胜利。"羊祜的分析，晋武帝司马炎很赞同，但朝议不统一，司马炎没有马上出兵进攻孙吴。

咸宁四年(278)十一月,羊祜病逝,西晋以杜预为镇南大将军,都督荆州诸军事。次年,益州刺史王浚、镇南将军杜预又先后上书请求伐吴。十一月,晋武帝司马炎开始大举伐吴,发兵20万,大军发为六路,在东西千余里的边境线上,同时出击,以镇东将军琅琊王司马伷出涂中(今安徽全椒县滁河流域),安东将军王浑趋横江(今安徽和县东南横江浦),建威将军王戎趋武昌,平南将军胡奋向夏口,镇南大将军杜预自襄阳向江陵,龙骧将军王浚、广武将军唐彬率巴蜀军队顺流而下。太尉贾充为大都督,节制全军。

王浚所统水军顺江东下,先破丹阳。东吴太守吾彦在长江要害之处设置铁锁链,横断长江航路;又制作一丈多长的铁锥,暗置江中,阻止船舰通过。王浚率军7万,乘船东下,用预先做好的大筏,缚草为人,披甲持杖,立于筏上,命会水者推筏前进,排除铁锥。又制大火炬,浇以麻油,烧断横江锁链,破除障碍,然后顺流而下,攻克武昌,直逼建业。其时杜预所部也取得了江陵,沅、湘以南到交广,州郡望风而归附。

王浑所统陆军在历阳(今安徽和县)大败吴军,接着直奔南方。孙皓派丞相张悌督丹阳太守沈莹、护军孙震、副军师诸葛靓,率军3万渡江阻击。吴军开至牛渚(今安徽当涂西北长江边上)时,沈莹劝张悌不要渡江北上与晋军决战,要积蓄力量,等东下的晋水军到来时再战。张悌不听,渡江包围王浑部将张乔,吴将沈莹率精兵5000,向张乔部发起进攻,晋兵不动,连续3次都攻不破敌营,率兵引退,部众顿时溃散,西晋蒋班与张乔趁势前后夹击,吴军大败,张悌及部将孙震、沈莹战死。孙皓又急忙派陶浚准备领兵迎战,当天晚上,召集起来的兵士就全逃散了。

其时,东路司马伷的军队也逼近建业,孙皓势穷力竭,只得分派使者向王浑、王浚、司马伷处投降。

王浚自武昌扬帆东下,兵甲满江,旌旗遮天,直逼建业。吴水陆军纷纷溃逃,吴主孙皓诣军投降王浚。

孙皓投降后,被迁往洛阳,司马炎封他为归命侯。孙皓登殿叩首,拜见晋武帝,司马炎对孙皓说:"朕设此座以待卿久矣。"孙皓回答说:"臣于南方亦设此座以待陛下。"司马炎问东吴旧臣有关孙皓灭亡的原因,薛莹回答说:"孙皓君临东吴,亲近小人,刑罚妄加,大臣诸将人不自保,此其所灭亡也。"

西晋灭吴后,结束了三国长期分裂的局面,使国家重新归于统一。

八王之乱

西晋太熙元年(290),晋武帝死后,惠帝即位,年32岁,天生痴呆,由武帝的杨皇后之父杨骏辅政。武帝因为自太康年后期始便不留心政事,宠幸后党,以致使杨骏、杨珧、杨济独揽大权,时号"三杨"。武帝死后,杨骏竭力排斥异党,亲宠左右。

当时汝南王司马亮为大司马,出督豫州,镇守许昌,司空石鉴与中护军张劭监统山陵,有人传告杨骏,说汝南王司马亮到许昌,想举兵讨伐杨氏。杨骏听后十分恐惧,便找杨皇后商量,杨皇后让惠帝写了一封手诏,命令石鉴与张劭去讨伐汝南王司马亮。石鉴认为这样不妥,按兵不动,只是派人秘密窥视情况的发展。见汝南王司马亮并没有什么迹象,于是杨骏也就不再催促。

元康元年(291),生性酷毒、与杨氏嫌恨甚深的贾后,不甘杨氏的专政,便带信给汝南王司马亮,让他连夜起兵讨伐杨骏。汝南王司马亮说:"杨骏凶暴,死期不远了,不足为虑。"贾后又带信让楚王司马玮率兵前来。楚王司马玮先入朝,请惠帝废除杨骏,东安公司马繇则率领殿中400人尾随其后。大傅主簿朱振听说此事后便对杨骏说:"你可以派人烧了云龙门,然后追索带头起事的。再打开万春门,调来东宫及外营的部队,拥翼皇主子,进宫抓起犯乱者。"杨骏素来胆小,正遇上殿中的兵马赶到,杀了杨骏。贾后接着秘密授令诛杀杨氏亲党,灭其三族。杨皇后在宫中发现叛乱已起,便在布帛上写着"救太傅者有赏",射到城外。事平后,贾后以杨皇后为杨骏同谋,将她废为庶人,第二年,杨皇后绝食而死。

杨骏被杀之后,便由汝南王司马亮与太保卫瓘共同辅政。以楚王司马玮为卫将军,进东安公司马繇为王。司马繇兄长司马澹对司马繇一直很讨厌,而司马繇也想因这次平乱后独揽朝政,于是司马澹便到汝南王司马亮处离间。司马亮听了司马澹的话,免了司马繇的官,又将他废徙到带方(今朝鲜镜内)。楚王司马玮年少果锐,事刑威厉,朝廷对他不放心,汝南王司马亮与卫瓘商量,让他回自己的藩地。楚王司马玮于是便到贾后处潜言司马亮与卫瓘。贾后便让惠王下诏废除二公，并命楚王司马玮行事，杀了司马亮与卫瓘。楚王司马玮的亲信这时献计说："你应趁用兵之时，也杀了贾后的族兄贾模、从舅郭彰等，以此匡正王室，安抚天下。"楚王司马玮犹豫不决。天亮时，贾后则先走一步，以楚王司马玮矫诏专杀之罪，杀了楚王司马玮。此后，贾后专权，以张华为侍中、中书监，裴颜为侍中，与贾模一同辅政。

不久，贾后与太子遹之间矛盾加剧。永康元年（300），贾后矫诏废杀太子。赵王司马伦、孙秀趁机命翊军校尉齐王司马冏带兵入宫，将贾后抓起，废为庶人，旋又杀之，灭贾氏族党，并杀死贾后亲信张华、裴颜等。接着，赵王司马伦自任使持节，督中外诸军事、相国、侍中，以孙秀为中书令，控制了朝廷的大权。

淮南王司马允此时正担任中护军，密养敢死之士，密谋驱逐赵王司马伦。赵王司马伦听说后恐惧，将淮南王司马允转升为太尉，另外多加优厚，想以此夺取他的兵权。淮南王司马允知其阴谋，便假称有病不赴。赵王司马伦派御史逼淮南王司马允前行，并扣留了他的官属，指责他大逆不道。司马允无奈，就率领国兵及帐下的700人出讨赵王司马伦。快到宫前时，尚书左丞王舆见势不好，便关闭了东掖门，不让淮南王司马允进去，司马允只好不去围攻相府。当时赵王司马伦之子司马虔正在门下省，便派司马督护伏胤率领400人从宫中出来，诈称援助，淮南王司马允急需救助，不知是计，就下车接见，被伏胤杀死。孙秀一直与潘岳、石崇有隙，这时就趁机指责他们是淮南王党，也一起捕杀。

永康二年（301），赵王司马伦专权心切，便将惠帝移到金墉，自立为王，改元建始。不久，齐王司马冏起兵反赵王司马伦，成都王司马颖在邺（今河南临漳），常山王司马乂在其藩地，也一同起兵响应。河间王司马颙在关中，派张方去援助赵王司马伦，但一见齐王司马冏、成都王司马颖势力甚大，便反过来又支持二王。由于诸王的投入，"八王之乱"开始发展为一场大混战。四月，左卫将军王舆与尚书广陵公漼带兵入宫，杀了孙秀，先逐赵王司马伦归第，随后一同杀了，将惠帝重新从金墉迎回。齐王司马冏带兵至洛阳，甲兵十万，旌旗招展，震动京师，惠帝拜为大司马，都督中外军事，加九锡之命，又封成都王司马颖为大将军，录尚书事也加九锡。但卢志却私下劝司马颖推崇齐王司马冏，以显无私欲之心。成都王司马颖接受了他的建议，以母亲身体不佳为托辞不受九锡，回到邺城。

齐王司马冏辅政，一开始就大建官邸，沉湎酒色，不入朝见，外事唯亲是宠，选举不均,以至朝廷侧目,海内失望。司马囧兄东莱王司马蕤与王舆一起计谋废除齐王司马囧,但事情泄密,东莱王司马蕤被免为庶人,王舆被杀。

永宁二年(302),河间王司马颙起兵反齐王司马囧,成都王司马颖响应,长沙王也率兵前来协助。长沙王见了成都王司马颖,说:"天下之事,应以先帝之业为先,我们应当维护它。"听者对他都有所惧怕。李含这时便对河间王司马颙说:"可以放令让长沙王去讨伐齐王囧,并且同时把这事预先透漏给齐王囧,齐王囧一定会起兵灭杀长沙王,然后再将罪归于齐王囧,消灭齐王囧而立成都王司马颖。"河间王司马颙听从了李含的计策。果然,齐王囧派将领董艾去袭击长沙王,双方交战后齐王司马囧部败阵。长沙王抓住了齐王囧,并将他杀了。河间王司马颙原以为司马囧弱而强,可是结局却出乎意料,于是发布通告,动员诸方力量讨伐长沙王。

太安二年(303),成都王司马颖、河间王司马颙起兵攻打长沙王。河间王颙以张方为都督,领精兵7万开赴洛阳,成都王司马颖以陆机为将军,督王粹、牵秀、石超等20余万人,浩浩荡荡向洛阳逼近。惠帝暂避洛阳西十三里桥,参军皇甫商率兵在宜阳(属河南)抵抗张方,被张方击败。张方进入洛阳,烧毁清明、开阳二门,死者万计。石超带兵追赶惠帝的随从,攻下缑氏(河南偃师)后,放火焚烧。不久,王师回旋洛阳,在东阳门击破牵秀,在建春门击破陆机。长沙王奉惠帝之命讨伐张方,在洛阳城中交战,张方部下见惠帝乘舆前来,便往后退去,张方阻止不住,大败而去,退到十三里桥。这时人心沮丧,有人便劝张方趁夜溜之大吉,张方说:"兵之胜败是常事,贵在因败而反过来取胜。我们可以出其不意袭击洛城,这才叫做用兵之奇。"于是在夜里偷偷带兵逼近洛城。长沙王刚刚打了胜仗,有些麻痹,这时率兵出战,被张方打败。张方围城多日,但始终不能攻克,想撤回长安。

这时,被张方所围的洛阳缺粮大饥,殿中的一些将领也苦于死守,便密谋趁夜抓住长沙王,逼东海王司马越出来做主,并通知惠帝免除长沙王的职位,将他送到金墉。张方则趁机派部将赶到金墉,杀了长沙王。八王之中,长沙王是最有才略的一个,等到长沙王死,大局便越发不可收拾。永兴元年(304),东海王司马越开城迎成都王司马颖,以成都王司马颖为丞相,东海王司马越为尚书令。成都王司马颖仍率部还邺城,张方也在掠劫奴婢万余人后西还。

该年七月,右卫将军陈眕及长沙王的旧将上官已等人起兵讨伐成都王司马颖,惠帝也亲自北征,聚兵十万以上,逼近邺城。成都王司马颖派石超迎战,结果王师被打败,并抓获了惠帝,侍中嵇绍(嵇康子)保护惠帝,被兵士所杀。河间王司马颙起兵来协助成都王司马颖,命令张方率兵进入洛阳,东海王司马越逃回东海。

与此同时,王浚在幽州起兵,联合鲜卑、乌桓及并州刺史东嬴公司马腾,南下讨伐成都王司马颖。成都王司马颖命石超等人抵抗,被击败。邺中大震,人心涣散。卢志劝成都王司马颖将惠帝送回洛阳,五天后至洛城。王浚乘胜追击,攻克邺城,杀烧劫掠,荼毒百姓。张方也趁势逼惠帝走洛阳,行前,军士抢劫后宫,分争府藏,一时将魏晋以来的宝藏,一扫而空。十一月,惠帝一行到达长安,立豫章王司马炽为皇太弟,以河间王司马颙都督中外军务,张方为中领军,录尚书事,领京兆太守。

永兴二年(305),东海王司马越起兵征伐河间王司马颙及张方,王浚等推东海王司马越为盟主,东海王司马越于是以刘乔为冀州刺史,以范阳王司马虓领豫州。刘乔与范阳王虓有隙,河间王司马颙便命其部将配合刘乔一起攻打范阳王司马虓。司马虓失败,派人去幽州求兵,得到突骑800余人,打败了刘乔。河间王司马颙命令刘弘等去援助刘乔,刘弘认为张方一伙残暴无度,一定会败,便派人到东海王司马越处求和。成都王司马颖进驻洛阳,与河间王司马颙一同抵御东海王司马越。三年(306),范阳王司马虓渡官渡(河南中牟县北),攻下荥阳,杀死石超,分兵许昌,又破刘乔。河间王司马颙听说刘乔败,大为惊惧,心想罢兵,但又恐怕张方不会答应,正犹豫不定时,有人劝他还是赶紧杀了张方,以此谢罪。于是河间王司马颙派郅辅去杀了张方,将首级示之东军,并要求与东海王司马越求和。

东海王司马越不答应,发兵西进。成都王司马颖从洛阳逃至华阳。东海王司马越派其部将祁弘等进兵长安迎惠帝。河间王司马颙知道大势不妙,先派人杀了郅辅,然后派彭随等前去迎战祁弘,但大败而归。河间王司马颙又派马瞻等抵御祁弘部队,也战败而亡。河间王司马颙一人乘马,逃往大白山。于是祁弘率兵进入长安,所部鲜卑在城中大掠,杀2万余人,不日便奉命护惠帝返回洛阳。惠帝以东海王司马越为太傅,录尚书事。成都王司马颖则从华阳过武关,想回自己藩地,被刘弘中途截住,成都王司马颖丢下母亲、妻子,单车与二子渡河奔朝歌,想搜罗故将残兵,归属公师藩,被冯嵩在中途抓住,送到邺城,不久被杀。河间王司马颙逃到南山,此时正被糜晃等围在城中,不久诏他为司马,河间王司马颙信以为真,结果在中途为南阳王司马模部将杀死在车中。永兴三年(306),惠帝中毒而死,传为东海王司马越所害,太弟司马炽即位,是为怀帝。"八王之乱"自此结束。

"八王之乱"前后历经16年,给建立不久的晋王朝以毁灭性的打击,从内部挫伤了它的元气,并因无暇顾及边防,而使少数民族的贵族乘机起兵,扶植势力,对此后的历史产生了巨大的消极作用。

西晋的灭亡

永兴三年(306),西晋"八王之乱"终于降下帷幕,东海王司马越取得最后的胜利。不久,司马越毒死惠帝,另立司马炽为帝,是为怀帝。第二年,改元永嘉(307~313)。永嘉时期,民族矛盾、阶级矛盾非常尖锐,自然灾难十分严重,西晋政权处于风雨飘摇之中。

永嘉元年(307)二月,东莱豪族王弥从青、徐起兵反晋,自称为征东大将军。司马越派公车令鞠羡讨伐王弥,被王弥所杀。稍后,汲桑、石勒招集奴隶、囚徒和流民,队伍不断壮大,攻破邺城,杀西晋邺城都督、新蔡王司马腾。司马越令兖州刺史苟晞迎战,双方在阴平(今河北大名东)、平原(今山东平原)一带对垒数月,大小30余战,互有胜负。由于苟晞实力雄厚,经验丰富,终于击溃汲桑、石勒。后汲桑战死,石勒投奔匈奴贵族刘渊建立的汉政权。王弥被晋将苟纯击败亦归附于汉。这时,西晋军队比反晋势力略占优势,但当晋军在战场上取得局部胜利后,统治者内部猜嫌又起。司马越因苟晞镇压汲、石有功,升其为抚军将军,都督青、兖二州。于是,司马越拜苟晞征东大将军、开府仪同三司、侍中、假节、都督青州诸军事、青州刺史,又进其爵为东平郡公。苟晞立下大功,反失去兖州地盘,对司马越十分不满。到青州后,苟晞不再服从中央,而擅自置立参佐和守令。

永嘉二、三年(308~309),北方各族反晋斗争力量都集中到汉王刘渊的旗帜下,反晋浪潮再度高涨,刘聪南据太行,石勒东下赵魏,王弥攻击青、徐、兖、豫等州。永嘉三年(309)秋冬,刘渊对洛阳发起两次攻击。九月,刘聪率军长驱至宜阳(今河南宜阳西），自恃兵强，懈怠不设备，遭到西晋弘农太守桓延的夜袭，大败而归。十一月，刘聪、王弥、刘曜等以精骑5万在前，呼延翼部以步卒后继，再次进攻洛阳。由于晋军顽强抵抗，呼延翼兵败，被部下杀死，汉军损失惨重。汉军的两次失利，说明晋军尚有一定实力。但是，西晋统治者内部，尤其是司马越与怀帝之间的矛盾日益尖锐。怀帝稍亲政事，司马越立即流露出不悦之色，怀帝有心腹近臣缪播、缪胤、王延数人，司马越被诬犯上作乱，司马越于是将这些近臣杀之于帝侧，怀帝亦悲亦惧，唯欷歔叹息而已。后来，司马越悉数驱逐殿中武官，代之以东海国兵。

永嘉四年（310），汉军分兵消灭各地晋军有生力量，积聚粮食，扩大武装。八月，刘渊病死，刘聪篡夺大位。这年冬天，刘聪发起对洛阳的总攻，声势浩大。洛阳危如累卵。司马越遣使征发各地援军，怀帝悲悲切切嘱咐使者转告各征镇说："现在还有救，晚了就没救了。"可是使者如泥牛入海，杳无消息，始终不见各地都督、刺史发来一兵一卒。其时并州刘琨不能自保，王浚割据幽燕，或派不出兵，或按兵不动，荆、湘、交、广四州都督山简"优游卒岁，唯酒是耽"，他派出的勤王之师在半路上就被打败。荆州刺史王澄也是只知纵酒，不亲庶事，他领着援军出来，听说山简败了，当即散众而还。洛阳文官武吏闻后都惶惶不安，很多人主张迁都避难。而身为宰辅与最高军事统帅的司马越既无退敌良策，又无坚守之志，竟以出讨石勒为借口，把皇帝扔在洛阳，而带领大军和一大批公卿官吏匆匆出发。

司马越屯兵于项（今河南淮阳），留下潘滔为河南尹，总摄洛阳之事。潘滔不顾大局，再次挑起内部事端，诬害荀晞，荀晞兵力强盛，有恃无恐，岂能善罢甘休，上表强烈要求诛杀潘滔。司马越不许，荀晞更是怒不可遏，公开与司马越决裂，移文诸州郡列举自己的功绩与司马越的罪状。怀帝本来就憎恶司马越擅权，便诏令荀晞为大将军讨伐司马越，在汉军大兵压境的情况下，荀晞、司马越剑拔弩张，自相残杀。司马越心力交瘁，忧愤成疾。永嘉五年（311）四月，病死于项。

司马越既死，众人推王衍为元帅，王衍不知所措，推让于襄阳王司马范，司马范也不敢接受，军中无人主事，乱作一团。他们置洛阳安危和怀帝的死活于不顾，扶司马越的灵柩回东海国，一二十万大军跟着向东逃跑。石勒闻报，立刻率轻骑追到苦县（今河南鹿邑东），大败晋军，然后又指挥骑兵围攻晋军，乱箭齐发，晋军将士相互践踏，尸积如山，几无幸免者。王衍、司马范等王公贵族都束手就擒，石勒令对司马越剖棺焚尸，以示惩罚。又与王衍见面，王衍陈说西晋祸乱的原因，一再诉说自己不预政事，与己无关。为求活命，王衍劝石勒称帝。石勒怒喝道："你名重天下，身居要职，且是少年登朝，直至白首，怎么能说不预政事？破坏天下，正是你的罪恶！"当晚，石勒派人推倒王衍等人住处的墙壁，把他们埋在残垣断壁里。

在洛阳危难中，苟晞曾建议迁都仓垣，又派兵迎接怀帝，由于潘滔阻拦，也由于近臣贪恋洛阳财产，迁都没能实现，只能困守愁城。待到洛阳陷入绝境，宫廷侍卫或死或逃，没剩下几个人，车子也没有一辆。在几十名官吏的陪同下，怀帝步行走出宫门，准备逃离洛阳，一行人刚刚走到铜驼街，突然遇见一群拦路抢劫的饥民，只得退回宫中。七月，汉军呼延晏、刘曜、石勒、王弥等攻陷洛阳，俘获怀帝。汉军大肆烧杀掠夺，官吏百姓死者3万多人，城内一片大火，宫庙、官舍化为一片废墟。

汉帝被俘虏到平阳(今山西临汾)，在他被杀之前，西晋各地的残余势力纷纷建立临时朝廷。司徒傅祇首先在洛阳建立行台，接着司空苟藩也在密县建立行台，奉秦王司马业为主，后徙屯许昌。同时，苟晞拥豫章王司马端为皇太子，而自命都督中外诸军事、录尚书事并在仓垣建行台，稍后，幽州王浚又立一个皇太子，这些临时朝廷的创立者或有复兴晋室的忠心，或有取代晋室的野心，但都维持不长。傅祇征兵四方，久候不至，自己染暴疾而亡。苟藩手下无兵，依赖阎鼎控聚的数千流民，反受阎鼎所制。苟晞骄奢苛暴，部众离叛，加上疫病饥馑，不久被石勒打败，他与司马端都当了俘虏。王浚局促于幽燕，调役繁重，属下不堪其命，鲜卑、乌桓都叛逃而走，兵势不断削弱，他所立的皇太子也莫名其妙地失踪了。

永嘉五年(311)九月，刘曜占领长安，杀死守将南阳王司马模，其时关中诸郡，"百姓饥馑，白骨蔽野，百无一存"。晋安定太守贾疋、冯诩太守索琳、安夷护军鞠允，率领州刺史鞠特、扶风太守梁综合兵15万围攻长安，屡败刘曜，刘曜不得不放弃长安，驱掠关中男女8万口退还平阳。时值阎鼎襄胁秦王司马业入关，贾疋迎之入居长安，立为皇太子。不久，贾疋战死，朝中诸将因争权大动干戈，阎鼎杀死梁综、鞠允、索綝等，又攻阎鼎，阎鼎出奔被杀。永嘉七年(313)五月，怀帝死讯传到长安，司马业继位为帝，他就是西晋的末代皇帝愍帝。这位13岁的皇帝即位时，"长安城中，户不盈百，蒿棘成林，公私有车四乘，百官无章服、印绶，惟桑版署号而已"。

鞠允在关中辅佐愍帝,艰苦地坚持了 3 年多,经常遭到刘聪、刘曜的攻击。建兴四年(316),刘曜又攻入关中,进围长安。长安城中大饥,米一斗值黄金二两,人相食,死者大半。太仓中只余面饼数十个,鞠允磨为粉屑,熬粥以供帝室,很快也吃光了。十一月,愍帝出降刘曜,被送到平阳,次年被杀,西晋灭亡。

巴氏据蜀

元康八年(298),原居住在略阳(在今甘肃省天水市北)北土的巴氏李特兄弟及六郡大姓阎式、李远等数万家流民,因为氐人齐万年起义,关西地区局势动荡,连年饥荒,所以流亡入汉中(在今陕西省)地区就食。不久,六郡流民又向西晋朝廷上表请求入蜀,朝廷下诏不允,并派御史李宓前去慰问并且兼监视。流民用财物贿赂李宓,李宓遂代流民上表请求准许入蜀就食,李特等数万户流民,因此得以进入四川,散居于益(今四川省成都市)、梁(治今陕西省郑县东)二州。

永康元年(300),晋朝征召益州刺史赵廞入都任长秋,而以成都内史耿滕来替代他。赵廞不愿入朝,阴谋占据巴蜀,自立政权,于是开仓赈济流民,收买人心。因李特兄弟英勇壮武,在流民中又有一定影响,赵廞给以优厚待遇,视为爪牙,李特等人乘机聚众抢掠。耿滕秘密上表,认为流民剽悍而蜀人懦弱,易生变乱,应将流民遣返还乡,永绝后患。赵廞听说之后,派兵于成都(在今四川省)西门迎击前来赴任的耿滕,将其杀死,自称大都督、大将军、益州牧。李特、李流兄弟仍在其部下,而李特另一弟李庠等又带领 4000 骑兵前来投奔,被赵廞封为威冠将军,招集流民万余人,把守北路。次年正月,赵廞见李庠骁勇善战,部伍精壮,害怕其势力渐大,不能制服,遂杀死李庠及其子侄宗族 30 余人。当时李特、李流领兵在外,赵廞派人抚慰,李特、李流脱离赵廞回到绵竹(在今四川省德阳县北)。不久,赵廞部下兵力分散,李特兄弟乘机击溃赵廞军队,进攻成都。赵廞兵败逃跑,被部下杀死,李特等纵兵入成都大掠,又派使者至洛阳(在河南省)向晋朝陈述赵廞的罪状。西晋复派原梁州刺史罗尚为益州刺史。当初,西晋曾下令命入蜀的流民一律还乡,而李特兄弟已有割据巴蜀之心,不愿还乡,多次派阎式拜谒贿赂,请求暂缓到秋天,罗尚许可。朝廷又因讨平赵廞之功,以李特为宣威将军,李流为奋威将军。但罗尚却言而无信逼迫流民在七月前上道还乡,并在路上设关卡搜索抢掠流民的财物,流民极为不满。李特因数次交涉缓归,声望益著,不少流民前去投奔,10多天就聚集起2万多人。李特于是将部众分为二营,以李流居东营,而自居北营,厉兵秣马,严阵以待。罗尚军攻李特,中伏大败。六郡流民于是共同推举李特为行镇北大将军、承制封拜,其弟李流为行镇东大将军,号东督护,其余李辅、李骧等也各有官职。以后,李特与罗尚相攻战,兵抵成都,罗尚屡败。李特与蜀民约法三章,赈济贫困,优待贤士,而罗尚为政贪酷,所以百姓传言说:"李特尚可,罗尚杀我。"

太安二年(303)正月,李特军攻克成都小城,罗尚据大城坚守。李特入小城,大赦境内,建元年初,正式建立政权。其时蜀中百姓大多结坞自保,款服李特。李特因军粮短缺,分遣六郡流民到诸坞堡就食,兵力分散,毫无戒备。西晋大军来援,罗尚掩袭李特,各坞堡也一时俱起,李特大败被杀,传首洛阳。其弟李流与其子李荡、李雄等人收集残众,由李流带领,李流自称大将军、大都督、益州牧。以后数月内,李流率众与晋军争战,攻掠郡县。在进据郫城(今四川省理藩县)时,因巴蜀居民或逃亡一空,或据险自卫,李流军队野掠无获,士众饥乏,幸亏涪陵(在今四川省)人范长生接济军粮,兵势复振。同年九月,李流病死,诸将推李雄为大都督、大将军、益州牧,屡败晋军,占据城池。年终时,李雄大军攻克成都,罗尚逃走。

永兴元年(304)十月,李雄自称成都王,改元建兴,废除晋朝旧法,与蜀人约法七章,任命叔父李骧为太傅,兄李始为太保,李离为太尉,李国为太宰。光熙元年(306)三月,范长生至成都,李雄即拜为宰相,尊称范贤而不名。范长生于是劝李雄称帝。同年六月,李雄即皇帝位,尚书令阎式上疏,请依汉、晋故事立百官制度,从之。此后,李雄在境内实行宽和开明的统治,剥削程度较轻,"事少役稀,百姓富实"。又复兴文教,设立学官。当时,成汉境内百姓男子一年交谷三斛,女子一斛五斗,如有疾病则减半。每户另有户调每年绢数丈,绵数两。

咸和九年(334),李雄病死,其兄李荡之子李班继位,李雄之子李期杀死李班而自立。咸康四年(338),李骧之子李寿又杀死李期,改国号为汉,年号汉兴,史称成汉。李寿即位后,大兴土木,极为奢侈,百姓为繁重的力役所疲困,"思乱者十室而九"。李寿在位共6年,病死,其子李势即位,淫逸好杀,尤过其父,成汉内部政治黑暗,上下离心。晋穆帝永和三年(347),东晋荆州镇将桓温率军队进攻成汉,李势兵败出降,成汉亡。

刘渊起事

刘渊字元海,匈奴人,居新兴(今山西忻州),南匈奴单于于扶罗之孙、左贤王刘豹之子。刘豹为五部之左部帅,刘豹死后,刘渊代为左部帅。晋太康十年(289),晋武帝以刘渊为匈奴北部都尉。刘渊自称是匈奴冒顿之后裔,少年很爱读书,曾以上党名士崔游为师,遍读五经、史书,汉化程度很高。刘渊做了五部帅后,推诚接士,乐善好施,五部俊杰和幽冀名流都纷纷拜访。成都王司马颖镇邺后,又封刘渊为行宁朔将军,监五部军事。

其时,由于中原战乱,并州境内的汉族居民大多流徙江南,胡汉势力发生了重大变化,于是刘渊的从祖父刘宣同宗族策划,举兵反晋,"兴邦复业"。刘宣说:"昔我先人与汉约为兄弟,忧泰同之。自汉以来魏晋代兴,我单于虽有虚号,无复尺寸之业,自诸王侯,编同编户。今司马氏骨肉相残,四海鼎沸,兴邦复业,之此其时也。左贤王元海姿器绝人,英武超世,天若不恢崇单于,终不虚生此人也。"当时并州刺史司马腾同安北将军王浚正联兵攻击司马颖,司马颖想请刘渊为外援,于是又拜刘渊为北单于,刘渊假称回并州招募五部匈奴,遂返左国城(今山西离石县)。刘渊回到离石后,诸部匈奴共推他为大单于。这时王浚联合鲜卑已攻破邺城,司马颖挟惠帝逃奔洛阳。永兴元年(304),刘渊在离石称汉王,置百官,以刘宣为丞相,崔游为御史大夫,刘宏为太尉。司马腾率军前往镇压,部将聂玄与刘渊战于大陵(今山西文水县),聂玄大败,司马腾大为恐惧,遂率并州三万余户到山东,刘渊乘胜进军,接连攻下泫氏(今山西高平县)、屯留(今山西长子县)、中都(今山西太原市)。

永兴二年(305),司马腾再次出兵讨伐刘渊,部将司马瑜、周良等驻军于汾阳,刘渊派武牙将军刘钦等阻击司马瑜,四战四胜,刘钦大胜而还。这年,离石发生大饥荒,刘渊派太尉刘宏、护军马景等守离石,自率大军驻上党壶关(今山西壶关县)。

次年,司马越为太傅,上表要求封原并州刺史司马腾为东燕王,以刘琨为并州刺史。当时,并州由于饥荒与战乱,百姓难以生存,吏民万余人由李恽等带领,随司马腾流亡冀州,留在并州的居民不足 2 万。刘琨到并州后,只好到上党组织军队,在那里招募 500 人,又遭到刘渊部将刘景的攻击,上党无法立足,遂转战至晋阳(今山西太原市南郊区)。刘渊汉国在并州日益强大,中原起事的汲桑、王弥、石勒以及鲜卑逐延等纷纷归降刘渊,在并州迅速形成了各族人民共同反晋的巨大浪潮。

永嘉二年(308),刘渊正式称帝,迁都平阳(今山西临汾市西北),国号汉。刘渊建国后,宗室刘氏以亲疏远近按等级都封郡县王,异姓以谋谟、战功依次分为郡县公侯,以刘宣为丞相,刘聪为大将军,刘宏为太尉,刘和为大司马,刘欢乐为大司徒,呼延翼为大司空,呼延攸为宗正。

永嘉四年(310)正月,刘渊立单征女为皇后,梁王刘和为皇太子,封子刘乂为北海王,长乐王刘洋为大司马。同年七月,刘渊病重,又以陈王刘欢乐为太宰,刘洋为太傅,楚王刘聪为大司马、大单于。不久刘渊病死,由太子刘和即位,刘渊第四子刘聪杀刘和自立,改元光兴。刘聪以刘乂为皇太弟,兼大单于、大司徒,立呼延氏为皇后。

皇太后单氏为刘乂之母,刘聪与她私通,刘乂很是不满,单太后郁愤而死,刘乂与刘聪产生矛盾。光兴五年(314),刘聪派刘曜、王弥、石勒进攻洛阳。先是石勒在苦县(今河南鹿邑县)的宁平城(今河南郸城县东北 35 里),将司马越率领的西晋主力部队 10 万余人全部消灭。接着刘曜、王弥、石勒、呼延晏合兵攻洛阳,迅速攻占洛阳,俘晋怀帝司马炽,迁至平阳。

建兴二年(314)正月,刘聪建百官制度,除中央机构沿袭前制外,又制定了一套胡、汉分治的地方行政体制,置左、右司隶,各领民户 20 余万,万户置一内史,共设内史 43 人,用以统治汉人。又设大单于,大单于之下设单于左、右辅,各领六夷十万落,一万落置一都尉,以其子刘粲为丞相,兼大将军,封晋王,以中山王刘曜为大司马,不久又以刘粲为相国大单于。

建兴四年(316),刘聪又派刘曜攻破长安,俘晋愍帝司马邺,灭西晋。

刘聪靠弑杀太子做了皇帝,并且在灭晋以后,经不起过度富裕的宫廷生活的腐蚀,很快就堕落,过起放纵、酗酒、荒淫的生活。刘渊刚死,刘聪就与太后私通,接着又立太保刘殷二女为左、右贵嫔。刘殷本刘聪近亲,刘聪娶刘殷之女,自己也觉得有些不好意思,又怕引起朝廷贵族们的不满,先试探左右大臣,太宰刘延投其所好,替他编了一套谎言说:"臣常听太保刘殷说,他是周刘康公之后,与圣上虽为同姓,但源出不同,联姻无妨。"大鸿胪李弘以魏晋时期的大儒王基曾娶太原王沈之女为例,劝刘聪娶刘殷之女,刘聪遂拜刘殷二女为贵嫔,又封刘殷的四个孙女为贵人,于是刘氏六女宠倾于后宫。此后,刘聪又封中护军靳准二女为左、右贵嫔,大的称月光,小的称月华,又立靳氏二女、樊氏、刘氏为上、下、左、右四皇后,四后之外佩皇后玺绶者又有七人。刘聪沉湎于皇宫之中,不问政事,常常外出打猎、观鱼,或以烛继昼同宫人们游戏于后宫,朝廷有事,由中常侍王沈等纳奏、贵嫔裁决,有功之臣不被录用,而奸佞小人数日之间便跃居 2000 石官。战争连年不断,但对出征将士无钱帛之赏,而对后宫侍僮的赐赏却动辄数千万,中常侍王沈的车服宅居过于诸王,朝廷上下,纲纪败坏,贿赂成风,一发而不可收拾。

当时河东发生蝗灾,平阳饥荒,流叛死亡者十有五六。部民逃奔石勒的有 20 多万户,逃奔东晋刘琨的有 3 万余户,氐、羌少数民族叛离者有 10 万余落。汉国所面临的形势已十分严峻,而汉国内部的权力争夺又愈演愈烈,刘粲与刘乂争夺权位继承,双方互不相让。建武元年(317),刘粲、靳准、王沈在刘聪面前并称刘乂造反,于是刘聪召来氐羌酋长 10 余人严刑逼供取证,这些人在严刑拷打之下,诬招刘乂谋反,刘聪遂杀刘乂官属 10 余人,活埋士卒 15 000 人,废杀刘乂,平阳街巷为之一空。

太兴元年(318),刘聪终于死于荒淫,由刘粲继位。刘粲之荒淫更过于刘聪,名义上尊靳准之女为皇太后,实则以靳氏为妻,靳准靠靳氏之宠做了大司空、司隶校尉,军国之事,全决于靳准。靳准排斥异己,引起朝廷上下的不满,朝内重臣大都投奔刘曜,靳准乘机发动叛乱,将刘粲及刘氏男女无分少长皆斩于东市,自称大将军、汉天王,称藩于东晋。接着,刘渊族子刘曜从长安起兵同进驻汾阳的石勒进为犄角之势,石勒攻平阳,平阳守军及巴、羌、羯 10 余万落投降石勒,石勒将他们迁往自己的管辖地,靳准被部下靳明所杀。石勒之子石虎率幽冀之兵合同石勒进攻平阳,靳明率平阳士卒 15 000 人奔刘曜,石勒遂占有平阳和洛阳以东之地。刘曜封石勒为赵王。太兴二年(319),刘曜被迫迁都于长安,改国号为赵,史称前赵。

西燕小王朝

太元八年(383),前秦苻坚率领百万大军进攻东晋,结果大败,原在前秦统治下的各少数民族贵族遂乘机纷纷起兵,建立政权。次年正月,原前燕鲜卑贵族慕容垂首先在关东称王,建立后燕。三月,原前燕皇帝慕容暐之弟慕容泓听说慕容垂起兵,也逃离前秦,逃亡到关东地区,召集当地牧马的鲜卑族人,兵至数千。慕容泓遂带领这数千人马,返回关西地区,攻占华阴(在今陕西华阴县东南)。前秦苻坚派将军张永率5000军队来攻,被慕容泓击溃。慕容泓声威愈壮,部众日增,于是自称使持节、都督陕西诸军事、大将军、雍州牧、济北王,并封慕容垂为丞相,都督陕东诸军事,领大司马、冀州牧、吴王,正式建立西燕。当时,慕容泓之弟慕容冲担任前秦平阳太守,也于平阳(今山西临汾)起兵,部众2万,进攻蒲坂(今山西永济),与慕容泓遥相呼应。

前秦苻坚分派军队进攻慕容泓、慕容冲。同年四月,慕容泓败秦军于华泽,慕容冲却被前秦军队击败,率8000骑兵来投降慕容泓。慕容泓取得对前秦军队的胜利,又得到慕容冲前来会合的部队,声势大振,人马很快增加到10余万。于是,派使者至长安(今陕西西安)告诉苻坚,说:慕容垂已经平定关东,前秦可迅速以礼送回慕容暐,否则慕容泓将率领部众护卫慕容暐返回原前燕都城邺城(在今河北临漳县西南)。从此,燕与前秦划定虎牢(在今河南荥阳县汜水镇)为界,互不侵犯,永为友邻。苻坚闻言大怒,痛斥留居长安的慕容暐,又令他写信招抚慕容泓等。慕容暐却秘密派人告诉慕容泓,要他全力恢复基业,一旦听到慕容暐的死讯,即称帝复燕。慕容泓于是带领军队向长安进发,并建年号为燕兴。

同年六月,慕容泓因为声望德行都较慕容冲要逊色一些,又执法严厉,引起部下不满。于是高盖等人杀死慕容泓,推举慕容冲为皇太弟,承制行事,建置百官,以高盖为尚书令。七月,西燕大军逼近长安,先后在郑西、灞上(均在陕西西安市附近)大胜前秦军队,占领阿房城(在今陕西西安西),距长安咫尺之遥。九月,慕容冲率众进攻长安,苻坚登城御敌,大叫慕容冲而斥责说:你们这群奴隶,只配去放牧牲畜,何苦前来送死! 慕容冲回答说:奴隶厌倦劳苦,想以你们来代替。十二月,慕容晈等人设计想暗杀苻坚,事情不成,苻坚杀死慕容晈,留居长安城内的1000多名鲜卑人,无论男女老少全部被杀。

太元十年(385),慕容冲听到慕容晈的死讯,在阿房城即皇帝位,改元更始。其后,西燕与前秦在长安附近多次争战,互有胜负。但总的局势是前秦同时遭到西燕、后燕、后秦的进攻,大势已去。同年五月,苻坚见长安难守,留下太子苻宏守城,自己率数百骑逃到五将山(在今陕西岐山县东北)。不久,苻宏也弃城出逃,西燕军队进入长安,纵兵大抢,城内外死者不可胜计。

太元十一年(386)正月,后燕慕容垂称帝,建都中山(今河北定县)。西燕将士多为徒河鲜卑,强烈希望东归故乡,而慕容冲因为后燕占据关东,兵强将勇,阻断道路,不敢东返,而他自己又乐不思蜀,留恋长安。于是在长安附近发展农业,筑造宫室,作长期留守的打算,由此招致部下强烈不满。二月,西燕左将军韩延利用鲜卑军民的不满情绪,杀死慕容冲,推举鲜卑段随为燕王,改元昌平。三月,西燕左仆射慕容恒、尚书慕容永又击杀段随,立慕容顗为燕王,改元建明,并带领鲜卑部众共40余万人放弃长安向东进发。半路上行至临晋(今陕西大荔县),慕容恒之弟慕容韬又杀慕容顗,慕容恒遂立慕容冲之子慕容瑶为帝,改元建平。不想部众不附,都去投奔慕容永。慕容永于是杀死慕容瑶,立慕容泓之子慕容忠为帝,改元建武。慕容永任太尉、河东公。慕容永,字叔明,为慕容廆之弟慕容运的孙子。前燕灭亡,随众迁到长安,家境贫困,夫妇依靠制卖皮靴为生。慕容冲称帝后,慕容永为其部下小将,屡立战功,升迁为黄门郎,至此成为西燕握有实权的大臣。

东归的西燕鲜卑在途中频频发生内讧,逶巡而至闻喜(在今山西),惧怕后燕之强,停留不进,筑燕熙城(在今山西闻喜县北)自守。同年六月,刁云等人又杀死慕容忠,共同推举慕容永为大都督、大将军、大单于、雍秦梁凉四州牧、河东王,称藩于后燕。十月,慕容永向前秦苻丕借道东归,苻丕不许,西燕、前秦两军会战于襄陵(今山西襄汾),前秦军大败,王公百官都被西燕俘获。慕容永乘胜进据长子(在今山西),即皇帝位,改元中兴,西燕数十万部众的东归至此而止。以后,西燕割据一方,主要经营境内,未与其他政权发生大的军事冲突。其鼎盛之时的疆域,南到轵关(在今河南济源西北),北至新兴(今山西忻州),东、西则以太行山、黄河为界占有今山西省大部分地区。

十八年(393)十一月,后燕慕容垂因为西燕也是鲜卑慕容氏立国,一直与后燕争夺正统地位,客观上对民心向背有一定影响,所以决定进击西燕。首先派5万军队由井陉(在今河北获鹿西南)进攻晋阳(在今山西太原西南)。次年二月,慕容垂又亲率大军分三路进攻,一路出滏口(在今河北磁西北),一路出壶关(在今山西长治东南),慕容垂自率一路出沙亭(在邺城西南)。慕容永也分遣军队抗守,并在台壁(在今山西黎城县西南)聚集粮草,由小逸豆归率万余人戍守。后燕军队一个多月按兵不动,慕容永怀疑后燕主力将从南路进击,于是将军队都调集到轵关,只留下戍守台壁的一支部队。五月,慕容垂率主力突然由滏口进攻台壁,击溃西燕守军,包围台壁。慕容永急忙召回守卫轵关的军队,自率5万精兵与后燕战于台壁南,中伏大败。慕容永逃回长子,后燕军乘胜攻克晋阳。六月,后燕军队包围长子。八月,慕容永向东晋、北魏求救,救兵未到,其部下开城门投敌,慕容永及其公卿、大将30余人被后燕杀死,西燕管辖的八郡7万余家百姓都归后燕所有,西燕亡。

后秦的建立

太宁元年(323)六月,汉赵皇帝刘曜打败陈安,陇上氐、羌军少数民族都送质子请降。刘曜以羌酋姚弋仲为平西将军,拜平襄公,使他居于陇上。姚弋仲为南安赤亭(今甘肃陇西西)羌族人,其祖先自东汉中叶内迁至赤亭。西晋末年大乱,姚弋仲又率部从内迁至榆眉(在今陕西千阳东)。咸和四年(329),后赵灭前赵,姚弋仲投降后赵,被任命为行安西将军、六夷左都督。其后,后赵石虎迁徙关西氐羌及秦陇居民10多万户于关东地区,拜姚弋仲为奋武将军、西羌大都督,命其率部众数万人徙居清河滠头(今河北枣强东北)。姚弋仲为人刚直不阿,对后赵石氏忠诚不渝,多次参与朝政大计,后升任持节、十郡六夷大都督、冠军大将军。

永和五年(349),后赵梁犊反叛,将士勇悍,兵锋甚锐,接连打败后赵前去镇压的军队。姚弋仲参加对梁犊义军的进攻,取得胜利,因功晋封为西平郡公。石虎死后,冉闵诛胡,后赵大乱,姚弋仲本想趁后赵扰乱之际,攻占关西地区,因为与氐族蒲洪发生冲突,大败。石虎之子石祗称帝于襄国(今河北邢台),以姚弋仲为右丞相、亲赵王,礼遇甚厚。永和七年(351)八月,姚弋仲因后赵已亡,认为自古以来没有以戎狄身份可以做成皇帝的,于是派使者至东晋请降。东晋即封姚弋仲为使持节、六夷大都督、车骑大将军、大单于,同时拜其子姚襄为持节、平北将军,都督并州诸军事,并州牧。

永和八年(352)三月,姚弋仲病死,其子姚襄统率部众。姚襄字景国,为姚弋仲第五子,好学博通,雅善谈论,又雄武冠世。姚襄即位后,任用汉族士人王亮、尹赤等为辅佐,与前秦争战不胜,率部众南下归东晋,驻扎在谯城(今河南夏邑),广兴屯田,训练士卒。后因与东晋扬州刺史殷浩矛盾,移兵梁国蠡台(在今河南商丘)。次年十月,殷浩率众北伐。姚襄设伏于途中,突袭殷浩,取得大胜,率军渡过淮河,屯驻在盱眙(在今江苏),招兵买马,劝课农桑,部众很快发展到7万多人。但因其部下大多为北方人,不愿在南方居住,十一年(355)五月,姚襄率众北归,进驻许昌(在今河南)。次年,又带领军队进攻洛阳,东晋征西大将军桓温率军队前来讨伐,两军会战于伊水,姚襄大败,逃到襄陵(今山西襄汾县),逐渐向关中发展。升平元年(357),前秦军队与姚襄战于三原(在今陕西省),姚襄兵败被杀,其弟姚苌率众投降前秦,被封为扬武将军。姚苌字景茂,为姚弋仲第24子,善谋略,多权变,在前秦历任郡太守、州刺史等职,为苻坚麾下大将。

太元八年(383年),前秦苻坚进攻东晋,封姚苌为龙骧将军、督益梁州诸军事。结果,前秦大败,鲜卑慕容垂、慕容泓等乘机起兵叛秦。次年三月,苻坚命姚苌随苻叡讨伐慕容泓,前秦兵败,苻叡被杀。姚苌派人向苻坚谢罪,苻坚怒杀使者,姚苌畏罪逃走,关陇豪强尹纬、庞德等纠集羌人5万余家,投奔姚苌,推举其为盟主。姚苌于是自称大将军、大单于、万年秦王,年号白雀,建置百官,正式创立后秦政权。当时,关中地区有鲜卑慕容冲与前秦苻坚相攻战,姚苌进攻北地(在今陕西耀县境内),厉兵秣马,静以待变,附近地区的羌胡络绎前来归附,众达10多万,势力渐大,陆续攻战新平(今陕西彬县)、安定(今甘肃省泾川县北)诸城。前秦苻坚因受鲜卑慕容冲围攻,弃长安(今陕西西安)逃至五将山(在今陕西省岐山县东北),被姚苌杀死,长安被西燕慕容冲占领。

太元十一年(386)三月,西燕鲜卑数十万人放弃长安东归,卢水胡郝奴趁虚进入长安。四月,姚苌率众至长安,唾手而得,于是在长安称帝,改元建初,国号大秦,史称后秦。以后,后秦对外主要与前秦残余势力作战,对内则注意革除积弊,修举德政,建立太学,选擢贤能,又在各镇设置学官,选拔人才。

太元十八年(393)十二月,姚苌病死,其子姚兴继立。次年,前秦苻登趁姚苌新死之机,前来进攻,被姚兴击败,并击杀苻登,解散其部众,全部回家耕田。前秦亡。以后,姚兴在关陇地区扫平小股地方势力,统治日益巩固。二十一年(396),西燕被后燕攻灭,原西燕河东太守柳恭等人拥兵自守,不降后燕。姚兴派军队攻克蒲坂(在今山西永济县),占有了河东地区。隆安三年(399)十月,后秦军队攻克洛阳,军威大壮,东晋所辖淮河、汉水以北诸城纷纷投降。元兴二年(403)八月,后秦灭亡后凉,迁后凉吕隆及其宗族、臣属与百姓一万户于长安。在此前后,西秦乞伏乾归、南凉秃发利鹿孤、北凉沮渠蒙逊等割据势力都曾一度投降后秦,接受官爵,陇右河西的广大地区都归入后秦的势力范围。后秦遂成为十六国后期最强大的国家之一,其疆域北边直到阴山,南边达到梁州(今陕西汉中),东面到徐州(今河南商丘市南),西边包括姑臧(今甘肃武威),在北方地区与关东的后燕并立。

姚兴在位,比较留心整顿内政,曾下令解放自卖为奴婢的百姓,注意选拔任用人才,命令各郡国每年都要推举清行孝廉一人。并建立律学,革除刑法之弊,在复兴儒学,重视教育方面也推行过积极的措施。所以,在姚兴统治的时期,后秦势力达到全盛。

义熙十二年(416),姚兴病死,其子姚泓继位,改元永和。同年八月,东晋太尉刘裕率领大军进攻后秦,一路上节节胜利,攻克许昌、洛阳,直捣长安。后秦内部却发生变乱,姚泓之弟姚懿称帝于蒲坂,姚泓从兄姚恢也率兵进攻长安。姚泓集中兵力平定了内乱,东晋军队同时也趁虚攻破潼关(在今陕西省),兵临城下。义熙十三年(417)八月,姚泓被迫投降,被送往建康(今江苏南京)处死。后秦亡。

后燕的建立

太和四年(369),前燕车骑大将军、吴王慕容垂投奔前秦。慕容垂字道明,是慕容皝第五子。初名霸,字道业,其兄慕容儁即位后,忌妒慕容垂的才能,因其曾因骑马跌落而摔断牙齿,改名为慕容缺,后又改缺为垂。慕容垂善谋略,有大志,曾力劝慕容儁趁后赵末年中原地区局势大乱的机会,出兵攻击冉闵,占据黄河流域的广大地区。东晋大司马桓温出兵大举进击前燕,慕容晖等慌乱失守,准备逃回龙城(今辽宁朝阳),以避其锋,独慕容垂力主作战,大败东晋军队于枋头(在今河南浚县西南淇门渡),挽救前燕于危难之际。前燕大臣慕容评却妒贤嫉能,阴谋害死慕容垂,慕容垂出于无奈,带着儿子慕容全等数人逃亡前秦。前秦苻坚久闻慕容垂之名,因惧其声威,不敢进击前燕。此时见慕容垂主动来投奔,不禁大喜过望,亲自前去迎接,礼遇甚厚,拜慕容垂为冠军将军。

其后一段时期内,前秦先后灭亡前燕、前凉、代国等政权,占据益州、襄阳等地,讨平西域,势力达到鼎盛。太元八年(383),苻坚调集100万大军,大举进攻东晋,企图统一全国。出兵之前,前秦宗室大臣中绝大多数人都反对贸然进攻东晋,只有慕容垂、姚苌等力表赞成,其用心是企图趁乱起事,自立为王。前秦军队最终大败,百万军队一时全部溃散,唯有慕容垂所率3万人保全下来,苻坚匹马逃命,投奔到慕容垂军中,得以借其兵力收容残兵。慕容垂看到前秦衰败,故借扫墓之名,在苻坚同意后回到邺城(在今河北省临漳县西南)。当时,丁零族翟斌在新安(在今河南省)起兵反秦,镇守邺城的苻丕分给慕容垂2000士卒,命他前去镇压,并派宗室苻飞龙带领1000个氐族骑兵同行,进行监视。慕容垂在途中杀死苻飞龙和其部下1000个氐族骑兵,正式起兵反秦。一路上招集部众,兵至3万。

太元九年(384),慕容垂被丁零翟斌等推举为盟主。因洛阳是四战之地,慕容垂率军东下进攻邺城,一路上鲜卑旧部纷纷前来归附。走到荥阳(在今河南省),慕容垂接受部下推举,称大将军、大都督、燕王,年号为燕元,正式建立后燕。继续进军,率部众20多万人围攻邺城,苻丕固守不降,关东地区各州郡纷纷投降后燕,也有很多鲜卑、乌桓及州郡百姓据守坞堡而不依附后燕。慕容垂派慕容楷等率军前往,恩威并用,先后招降数十万人。慕容楷挑选其中10多万人为兵,后燕军势大振,加紧围攻邺城,并开渠引漳河水灌城。其时,翟斌想谋取后燕尚书令一职,慕容垂迟迟不给,翟斌大怒,秘密与苻丕通谋,准备决堤放水。慕容垂知道后将翟斌杀死,翟斌的弟弟翟真起兵为兄复仇,慕容垂击走翟真,解除了对邺城的包围。苻丕乘机放弃邺城,逃奔到晋阳(在今山西太原市西南)。整个河北地区,都归入后燕版图。

太元十一年(386)正月,慕容垂定都于中山(今河北定县),即皇帝位,改元建兴。当时丁零族翟真被后燕击败,驻兵在行唐(在今河北省),其部下鲜于乞杀死翟真,自立为赵王。其部下又杀死鲜于乞,拥立翟真从弟翟成为王。后燕派军队进攻翟成,部下杀死翟成,投降后燕。翟真的从兄翟辽(一说为翟真之子)又拥兵自立,叛降不定。十四年(389),翟辽自立为魏天王,年号建光,设置百官,迁都于滑台(今河南滑县东)。翟辽死后,其子翟钊继立,仍与后燕对峙。十七年(392),慕容垂亲自率大军进攻翟魏,取得胜利,翟钊单骑逃奔西燕,其所统7郡3万余家,尽为后燕所得。

在慕容垂建后燕的同时,原前燕皇帝慕容暐之弟慕容泓等也起兵反秦,并于太元九年(384)自称都督陕西诸军事、大将军、雍州牧、济北王,建立了西燕。以后,段随、慕容顗、慕容瑶等相继为王,内部互相残杀,最后由慕容永为王,率众迁徙到长子(在今山西省),建都称帝,占有今山西省大部分地区。十九年(394),慕容垂为了收拢人心,急欲消灭同为鲜卑慕容氏建立的西燕,又亲自率大军分路进攻,西燕慕容永分遣军队抗拒,并以台壁(在今山西黎城县西南)为粮草聚集地。两军相持一月多,慕容垂按兵不动,慕容永误认为后燕军队主攻方向在南路,于是把大军集中在轵关(在今河南济源县西北),慕容垂却突然以优势兵力从滏口(在今河北磁县西北)进军,在台壁设伏大败西燕军队,慕容永逃回长子,后燕军队乘胜攻破晋阳,包围长子。慕容永部下开城投降,慕容垂杀死慕容永等,西燕所统8郡7万余户也为后燕所有。

后燕消灭西燕后,又出兵进攻东晋的青州(治今山东益都县)、兖州(治今山东金乡县西北),向东进军直至渤海,占据整个关东地区,是十六国后期中原地区最强盛的政权,与关西的后秦并立。

后燕在慕容垂晚年进入鼎盛时期,但同时北魏鲜卑拓跋氏也在北方迅速崛起。后燕与北魏两国的关系最初尚能融洽,世为婚姻。但后燕恃强扣留北魏使者以求良马,两国断绝外交往来。后燕攻打西燕,北魏又派兵救援,两国关系更加恶化。二十年(395),慕容垂派太子慕容宝率8万军队进击北魏,军至五原(在今内蒙古自治区包头市西北),北魏主力避而不战。十一月,后燕军队出师已久,士气低落,不得已而撤军南返。北魏乘机前后夹击,在参合陂(在今内蒙古自治区凉城县西北)大败后燕军队,后燕士兵溃逃而淹死踏死者数以万计,被俘的四五万人都被北魏坑杀,仅慕容宝等将领率数千人逃回邺城。这次战役是后燕从兴盛走向衰亡的转折点。此后,北魏铁骑得以长驱直入中原。

参合陂大败的次年,慕容垂急欲报仇雪恨,再次出兵进攻北魏,攻克平城(在今山西大同市东北),继续进军至参合陂,慕容垂年已老迈,面对昔年后燕大败的战场,悲痛交加,身患重病,只得急忙撤兵,于途中病死。其子慕容宝继位,内政不整,经济问题严重,而北魏大军来攻,很快攻陷后燕都城中山,慕容宝逃往龙城(今辽宁朝阳),后燕辖地仅存辽西一隅。隆安二年(398),慕容宝被鲜卑贵族兰汗杀死,不久,兰汗又被慕容盛杀死。慕容盛称帝不满三年,又被部下所杀,慕容垂之子慕容熙继立,政治腐败,沉迷酒色,大兴土木,荒淫无度。义熙三年(407),慕容熙被慕容云、冯跋等人杀死,建立北燕。后燕亡。

东晋的建立

西晋惠帝末年,由于中原地区战乱不已,司马氏王室面临严重危机,无论是司马氏内部还是北方的世家大族都感到需要到相对安定的南方找一块立足之地,以便退守自保。

当时,琅琊(今山东临沂)的大族王衍担任晋朝太尉,便向执掌朝廷大权的东海王司马越建议:"中原已乱,需要依靠方伯(各州之长)的支持,应派文武兼备的官员前往任职。"这一想法与司马越的想法正好吻合,于是遣王衍的弟弟王澄任荆州刺史、都督,族弟王敦出任青州刺史。不久,司马越又改王敦为扬州刺史,以此使琅琊王氏家族控制了荆、扬二州,为晋王室南迁做了准备。

此前,琅琊王司马睿因在"八王之乱"中"恭俭退让",得以与司马越保持较好的关系。司马睿居京都洛阳时,也与王衍族弟王导"素相亲善"。王导便常劝司马睿回到自己的琅琊国,并为其治理琅琊国出谋划策。由于当时中原战乱,晋朝王室垂危,王导便想借司马睿兴复王室,对司马睿"倾心推奉"。司马睿也同样对王导"雅相器重,契同友执"。晋永兴元年(304),司马越收兵下邳(今江苏邳县南),封司马睿为平东将军,监徐州诸军事,镇守下邳。司马睿即请王导为安东司马,"军谋密策,知无不为"。晋永嘉元年(307)一月,晋怀帝继惠帝即位,司马越以太傅身份辅政,进一步感到中原难以维持而意迁南方。七月,司马越让司马睿以安东将军身份都督扬州、江南诸军事,渡江移镇建邺,为司马氏退守江南奠定了基础。

由于司马睿才能平庸,在司马氏宗室中名望不高,初到建邺时,江南世家大族对他都较为冷淡,一个多月过去了,还没有一位有名望的士族前去拜见。王导很担心,便与从兄王敦商量:"琅琊王仁德虽厚,但名望尚轻,兄长威风已振,应帮助他复兴晋室。"王敦也表示支持。于是,在三月三日当地人们的修禊日,王导请司马睿乘坐华丽的轿子,排出威严的仪仗队列,由王导、王敦和一批北方名士骑马跟从。南方士族顾荣等在门隙中窥看,大为惊讶,赶快相继到路旁拜见。王导接着向司马睿献计说:"古代的帝王,无不宾礼故老,存问风俗,虚己倾心,招揽俊杰。况且当今天下大乱,九州分裂,我们大业初创,急于用人。顾荣、贺循是南方士族的首领,招他们来任职,以收揽人心,其他的士人自然就会前来。"司马睿便让王导亲自登门去招顾、贺。顾荣、贺循曾在洛阳晋朝做过官,中原大乱后回江南。顾荣还认为"中国丧乱,胡夷内侮,观太傅司马越今日不能复振华夏",只有江南如孙权之类的人物才可能独立称雄,这时见司马睿前来招抚,便欣然而至。顾荣出任军司马后,还向司马睿推荐了不少名士,以致出现了吴越国人心所向的局面。

当时,南北士族间的隔阂仍然很深。王导为联络南方士族,常常学说吴语。北方士族骄傲自大,他们讽刺王导没什么特长,只会说说吴语。王导向南方士族陆玩求婚。陆玩推辞说,小山上长不了大树,香草臭草不能放在一起,我不能开乱伦之先。义兴郡(今江苏宜兴)强族周玘因被北士轻侮,准备起兵杀北方士族,败兵后忧愤而死,并嘱咐儿子周勰要报仇雪恨。周勰纠集了一些怨恨北方士族的豪强谋攻王导、刁协等人。事败后,王导并不追究。为争取南北士族间的平衡,王导采取了十分忍让的态度。

王导画像

王导除了争取南方世族支持司马睿中兴晋室之外,还鼓励北方南下的大族坚定信心,合力协助司马睿安定南方。北方战乱以来,避乱南渡的北方世族很多。琅琊国随司马睿一起南渡的就有近千户,中原士族南下的也有十分之六七。王导建议司马睿要同时安抚好南、北两方的士族,以获得他们的支持。司马睿听取王导的意见,选用了100多北方名士担任官职,如汝南人周𫖮、渤海人刁协、颍川人庾亮等。王导还制定了侨寄法,在南方士族势力较弱的地区设立侨州、侨郡、侨县,安置北方来的士族与民众。这种侨州郡县大都在丹阳、晋陵、广陵等郡境内,形势上可护卫建康,又可使北方流亡士族仍在寄居地管辖逃来的民众,使流民得以安置。

北方官僚士族初到南方时,对司马睿振兴晋室表示怀疑。谯国(今安徽亳县)人桓彝,原为西晋骑都尉,初来时见司马睿势单力薄,对周𫖮说:"因为中原战乱,我才来到这里避难。不料如此不济,看来前途不佳。"以致忧心忡忡,和王导谈话后,知道他有些办法,才安心任职。一次,名士们到江边的新亭游宴,周𫖮目睹了长江美景之后,叹息说:"风景没有变,只是黄河边成了长江边!"在座的北方人士都哭了起来。王导也在座,他正色道:"大家应当共同努力辅佐王室,克复神州,何至于像楚囚一样对泣呢!"名士们听了都停哭认错,心里逐渐踏实下来。

由于王导、王敦等的辅佐,司马睿在南北世家大族中的威望剧增。西晋之前,司马睿虽名为琅琊王,但已控制了长江流域的荆、扬二州,成为司马氏中唯一强盛的诸侯王。西晋亡后,司马睿政权中的官僚纷纷上书拥立司马睿为皇帝,在北方忠于晋室的汉族官僚刘琨,及乌丸、鲜卑族贵族180人也上书劝解。晋大兴元年(318),司马睿称帝。登基之日,司马睿登上御床,并叫王导与他一起就座,共受百官朝拜。王导再三推辞,司马睿才独自坐到皇帝座上。

新建的东晋王朝,是在王氏家族的一手扶持和在南北世族大家的支持下建立起来的。王导身历元、明、成三帝,辅政执权,推行政务求清的政策,相对保证了东晋的稳定发展。

王敦之乱

东晋初年,皇权衰微,皇室凋零。元帝司马睿倚赖王导、王敦两兄弟的扶持,君临江南,但中央和地方的大权主要控制在王氏家族的手中。王导居中为相,身兼都督中外诸军事、领中书监、录尚书事、散骑常侍和扬州刺史等数职。王敦则统领东晋当时实有的江、扬、荆、湘、交、广六州,任都督六州诸军事、江荆二州刺史。王氏群从兄弟如王廙、王舒、王彬等人,无不担任内外要职。王敦最初还极力矫饰,雅好清谈,不言财色,装出一副君子面孔,等镇压荆州流民起义之后,便原形毕露。他自恃身居强藩,手控强兵,又有大功,再不把晋元帝放在眼里,擅自委任将军,甚至"欲专制朝廷,有问鼎之心"。

元帝不甘心充当傀儡,对王敦的专横跋扈已渐渐不能容忍,对王导也有意疏远。他重用亲信刁协为尚书令、刘隗为侍中掌握朝政,从而加强皇权,奉行"以法驭下"、排抑豪强大族势力的政策。王敦见此,十分不满,愤恨之情渐渐暴露出来,于是上书元帝,为王导鸣不平,指责元帝背弃"管鲍之交"。又每每酒后歌咏曹操乐府诗云:"老骥伏枥,志在千里。烈士暮年,壮心不已。"一边歌咏,一边用手中的玉如意打击唾壶为节拍,壶沿被打得尽是缺口。太兴三年(320),湘州刺史甘卓调任梁州,王敦提出由他的部属陈颁为湘州刺史,元帝不听;王敦又建议由宣城内史沈充出任,元帝知沈充是王敦一党,仍然不从,而任命宗室谯王司马承出任湘州刺史,矛盾由是加深。王敦上表议论古今忠臣受到君主的猜疑,都是因为有小人如苍蝇从中搬弄是非。元帝读了王敦奏表,内心更加疑忌不安。太兴四年(321)七月,元帝任命戴渊为征西将军,都督司兖豫并冀雍六州诸军事、司州刺史,镇合肥;任命刘隗为镇北将军、青州刺史,都督青徐幽平四州诸军事,镇淮阳,征发扬州百姓的奴、客当兵和承担转输之役。这一措置对外声称北伐,实际上是用以防备王敦。这时,王敦遣使邀甘卓一起举兵,令沈充还乡里纠集部众,正在加紧进行起兵的准备。

永昌元年(322)一月,王敦以诛刘隗为名,从武昌起兵,矛头直指建康,沈充立刻从吴兴起兵响应。王敦叛逆的消息传到建康,朝野的反应不一。晋元帝大怒,下召招回戴渊、刘隗护卫京师。刘隗、刁协主张尽诛王氏,元帝却不许。王导诚惶诚恐,每天早上率领宗族20余人到台城待罪,但心里却默许王敦之举。大多数士族官僚因征发奴客以充兵吏等"刻碎之政"损害了自身的利益,所以反对刘、刁,而同情王导,对王敦进逼建康持观望态度。三月,元帝任命王导为前锋大都督,派王廙去劝王敦罢兵,王敦不听,扣住王廙不让他回去。于是,元帝令刁协督率中军,令刘隗守金城、征虏将军周札守石头城,又派太子右卫率周莚统兵讨伐沈充。王敦率军到达石头城,周札开门接纳。戴渊、刘隗、刁协、周顗等领兵反攻,都被王敦打得大败。元帝见败局已定,给刁、刘人马,让他们各自避难,刁协逃至江乘被杀,刘隗向北投奔石勒。

王敦控制建康后,杀死戴渊、周顗以树立威名。元帝授予王敦丞相、都督中外诸军事、录尚书事、江牧等职,封为武昌郡公。王敦有篡权之意,但是,即使是赞同王敦举兵的士族官僚如谢鲲、王峤、温峤及王敦的从弟王彬等,都反对王敦篡夺东晋政权。王敦只得暂时返回武昌,以待时机,而设丞相留府于建康,以遥制朝政。是时,王敦暴虐恣肆,作威作福,四方上贡多入其府,将相方镇等重要官员皆出其门,以沈充、钱凤为谋主,大兴土木,营造府第,夺人田宅,肆意掳掠。这年,元帝忧愤而死,太子司马绍继位,是为明帝。

太宁元年(323),王敦移镇姑熟(今安徽当涂),自任扬州牧。为加强王氏集团的军事实力,削弱帝室,他又任王含为征东将军,都督扬州江西诸军事;王舒为荆州刺史,监荆州沔南诸军事;王彬为江州刺史。当明帝用郗鉴为兖州刺史都督扬州江西诸军事时,王敦另授以尚书令,实夺郗鉴兵权。次年,王敦因为周氏宗族强盛,恐为后患,听从钱凤之计,杀周嵩、周莚,又进兵会稽袭杀周札,周氏宗族灭亡殆尽。五月,王敦病重,矫诏拜其子王应为武卫将军、其兄王含为骠骑大将军。钱凤问对策,王敦说:"我死之后,归身朝廷,保全门户,是上策;退还武昌,收兵自守,不废贡献,是中策;乘我还活着起兵,万一侥幸而胜是下策。"钱凤认为王敦所说的下策才是上策,积极准备叛乱。

明帝聪明而有谋略,能断大事。各方面的消息证明王敦必然再次叛乱,于是下决心要讨伐王敦。六月,明帝亲自到于湖(今当涂县南)侦察王敦营垒,然后进行周密的布置;任命王导为大都督,领扬州刺史;温峤为都督东安北部诸军事,与右将军卞敦守石头城;应詹为护军将军,都督前锋及朱雀桥南诸军事;郗鉴为行卫将军,都督从驾诸军事;庾亮为左卫将军,卞壶为行中军将军,又征召兖州刺史刘遐、临淮太守苏峻、徐州刺史王邃、豫州刺史祖约等入卫京师。这时,司徒王导听说王敦病危,于是率子弟发哀,大家以为王敦已死,斗志更加旺盛。尚书省转发诏书至王敦府,历数王敦之罪。王敦见了诏书非常生气,但病重已不能亲自率兵,于是以王含为元帅,令钱凤、邓岳、周抚等率众进攻建康。七月,王含等率水陆兵众5万,进至秦淮河南岸。温峤退屯北岸,烧朱雀桥阻断敌军前进道路。明帝亲募壮士千人,由将军段秀等带领,乘夜渡河,大破叛军。王敦听到战败的消息，又气又急而死。这时，沈充带领万余人与王含会合，而刘遐、苏峻带领的援军也到达建康。刘遐、苏峻的精兵万人从南塘出击，大破沈充、钱凤军，落水而死的有3000人。接着，刘遐又在青溪大败沈充。第二天，王含等火烧大营趁夜而逃。明帝命诸军乘胜追击，沈充、钱凤均被追斩，王含父子逃奔荆州，荆州刺史王舒使人沉之于江。王敦之乱终告平息。

桓玄篡晋

自桓温出任荆州刺史以后，桓氏家族在荆州的统治持续了半个世纪。太元十四年（359），桓温之侄、荆州刺史桓石民死，东晋朝廷以王忱继任。尽管如此，桓氏在荆州经营日久，根深叶茂，仍然拥有很大的实力。

桓温少子桓玄袭其爵位为南郡公，长大后相貌瑰奇，神情疏朗，且多才多艺，善于写文章，但自诩才学、门第冠世，待人十分傲慢，引起众人的不满，朝廷也疑而不用。直到23岁，桓玄才被任为太子洗马，后迁义兴太守，甚郁郁不得志，愤懑叹道："父为九州伯，儿为五湖长！"遂拂袖弃官，返回荆州南郡（治江陵）的封地闲居。荆州刺史王忱与桓氏有隙，又常常压制桓玄。不久，王忱死，孝武帝任命殷仲堪为荆州刺史，都督荆、益、宁三州诸军事，于是，桓氏的势力再度崛起。殷仲堪是一个玄学名士，原任黄门郎，资望并不深，虽任荆州刺史，却甚敬畏桓玄。有一次，桓玄去拜会殷仲堪，与仲堪在大厅前驰马舞矟（矛长丈八称矟），竟以矟尖对准殷仲堪。都督府参军事刘迈讥讽桓玄说："马、矟之技有余，而精通义理则不足。"桓玄很恼火，殷仲堪大惊失色。桓玄走后，殷仲堪斥责刘迈说："你太放肆了，桓玄今夜派人来杀你，我岂能救你！"他让刘迈赶紧离开荆州回建康去。当夜，桓玄竟然真派人杀刘迈，由于追赶不及才作罢。征虏将军胡藩路过江陵时，对殷仲堪说："桓玄志趣不同于常人，一副怏怏不得志的样子，将军过分优崇他，恐怕于将来不利。"殷仲堪听了很不高兴。

隆安元年（397），录尚书事司马道子专权，尚书左仆射王国宝与其从弟王诸用事，图谋削弱两藩，夺取北府王恭和荆州殷仲堪的兵权。桓玄乘机教唆殷仲堪说："王国宝一向与你对立，唯恐不能尽早置府君于死地。如今他手握大权，与王诸共相表里,想撤谁换谁,无不如意,王恭贵为皇上大舅,他们才不敢轻动,而府君是先帝拔擢,破格居藩,大家认为府君思想意趣高超,但非藩镇之才,如果他们发诏征府君为中书令,以殷觊代为荆州,府君将如何?"殷仲堪说:"我正因此而忧心如焚,你有何计策?"桓玄说:"王国宝乃当今奸凶,天下共知,王恭恨之入骨。君宜秘密与王恭约定,起兵以清君侧,然后率荆楚之众顺流而下,推举他为盟主,我等愿追随于后,此事乃是齐桓、晋文之举。"这时,恰好王恭遣使与殷仲堪商议讨伐王国宝,殷仲堪表示赞同,于是王恭上表朝廷,兴兵讨伐。殷仲堪虽然与王恭结盟,但却不敢出兵,后听说朝廷已杀王国宝等,才派遣杨佺期进军巴陵(今湖南岳阳)。

隆安二年(398),桓玄请求出任广州刺史,司马道子甚忌桓玄,唯恐他在荆州闹事,遂顺其请求,任命他为广州刺史,督交、广二州,桓玄受命却不出发,仍滞留荆州。七月,北府王恭再次与殷仲堪结盟,以讨伐王愉、司马尚之兄弟为名,相约同时举兵。殷仲堪任命南郡相杨佺期为先锋,桓玄次之,而亲自领兵2万相继而下。八月,杨、桓进抵湓口(今江西九江),江州刺史王愉仓皇出逃临川,被桓玄的偏军追获。接着,桓玄又在白石大破中央军,与杨佺期进军横江。这时,由于北府将领刘牢之倒戈,王恭兵败被杀。刘牢之率领北府兵抵抗荆州军,桓玄、杨佺期只得回军蔡州。为了分裂荆州军,司马道子采纳左卫将军桓修的建议,任命桓玄为江州刺史,杨佺期为雍州刺史,贬黜殷仲堪为广州刺史,改派桓修出任荆州刺史。诏命颁下,殷仲堪大怒,于是催促桓、杨向建康进军,桓、杨对朝廷的新任命感到很满意,不想出兵。殷仲堪一气之下遽然返回荆州,遣使告谕蔡州兵众说:"你们如果不各自散归,我就到江陵杀尽你们的家人。"于是,部将刘系立刻率领2000人西上,桓玄等大惧,纷纷撤退,至寻阳(今江西南昌)才赶上了殷仲堪。三人由于利害息息相关,虽互相猜忌,但不得不重新在寻阳结盟,联名上书不受诏命。朝廷又只好让步,仍以殷仲堪担任荆州刺史,并加以抚慰,三人才受诏罢兵。这次起兵,桓玄取得江州,得到了很大的实惠。寻阳之盟,桓玄被推为盟主,更加骄横,藐视杨佺期为寒士。杨佺期是南下较晚的流民,所以自以为出身北方高门的弘农杨氏,最恨别人瞧不起,在盟誓坛上就想发难袭击桓玄,殷仲堪担心杨佺期杀死桓玄之后再把矛头指向自己,所以坚决制止。而桓玄也察觉出杨佺期的阴谋,暗中亦有吞并他的打算。

三人的矛盾冲突逐渐白热化。隆安三年(399),殷仲堪与杨佺期联姻,以对抗日益跋扈的桓玄，杨佺期屡次提议进攻桓玄，但殷仲堪却不敢。桓玄恐怕被殷、杨所灭，请求朝廷扩大他的都督区，朝廷企图激起他们的内讧，便命桓玄兼督荆州的长沙、衡阳、湘东、零陵四郡，又以桓玄兄桓伟代杨佺期兄杨广为南蛮校尉。杨佺期又气又急，于是借口后秦进攻洛阳，准备与殷仲堪举兵偷袭桓玄。但殷仲堪怀疑杨佺期别有用心，极力阻止。杨广则准备抗拒桓伟，殷仲堪也不从。于是，调杨广出任宜都、建平二郡太守。当时，荆州发生水灾，平地水深三尺。桓玄乘机发兵西上，声称援助洛阳，袭取巴陵，占据谷仓。殷仲堪于是扣押桓伟为质，让他给桓玄写信，措辞哀哀可怜，桓玄却说："殷仲堪为人无决断，我兄必无忧。"桓玄连打胜仗，进军至零口，距江陵20里。江陵城中没有粮食，情况十分危急。殷仲堪急召襄阳杨佺期赴援，杨佺期说："江陵没有粮食，如何御敌，可带兵来共守襄阳。"而殷仲堪不愿放弃荆州，竟骗他说："近来收集一些粮食，已经有了储备。"杨佺期就领步骑入迁到江陵，但殷仲堪无粮供应，杨佺期大怒，叹道："今天只有失败了！"他也不拜见殷仲堪，与其兄弟杨广进攻桓玄，结果大败，单骑逃奔襄阳，终于与杨广被俘，桓玄杀之。殷仲堪听说杨佺期已死，带着数百人逃窜，也被桓玄部将追获，被迫自杀。隆安四年（400）三月，桓玄占领荆、雍二州，上表要求自己镇守荆、江二州，朝廷授任都督荆、司、雍、秦、梁、益、宁七州诸军事，兼荆州刺史，以桓修为江州刺史。桓玄不从，再上疏要求领江州，朝廷不得已派他督八州，并兼江州刺史。他还以兄桓伟为雍州刺史，其侄子桓振为淮南太守，朝廷都不敢不从。

控制了中、上游后，桓玄以为已经握有东晋三分之二的天下，具备了问鼎的实力。隆安五年（401）末，桓玄写信指斥执政者说："今日朝廷显贵心腹，谁是时流清望？岂能说没有人才，只是你们不信任罢了。因为往昔朝廷失误，才酿成今日之祸。"司马元显见后大为恐慌，决定起兵讨伐桓玄。次年初，司马元显派北府都督刘牢之为前锋，但在桓玄煽动下，刘牢之再次倒戈，桓玄势如破竹，顺利地攻入建康，捕杀司马元显等人。从此，桓玄布置亲信心腹占据要职，一步步地向最高权力逼近。他自命为总百揆、都督中外诸军事、丞相、录尚书事、扬州牧、假黄钺，领徐、荆、江三州刺史，继而任命桓伟为荆州刺史，桓谦为尚书左仆射，桓修为徐、兖二州刺史，桓石生为江州刺史，卞范之为丹杨尹。接着任命刘牢之为会稽内史，夺其北府兵权，刘牢之才觉得上当，集合僚佐商议占领江北与桓玄对抗，参军事刘袭说道："事不可为者莫大于反，而将军往年反王于兖州，近日反司马郎君,今日复反桓公,一人三反,何以自立?"众佐吏一哄而散。刘牢之甚惧,派儿子刘敬宣到京口接引家人,而久久不见归来,以为已经出事,便带着部曲北逃,到新洲自缢而死。

桓玄执政之初,罢黜作奸犯科的人,拔擢贤俊。东晋"治纲大驰,权门并兼,强弱相凌,百姓流离,不得保其产业,桓玄颇欲改革,竟不能行"。不久,奢豪之态复萌,政令无常,朋党并起。这时三吴发生大饥馑,饿殍遍地,户口减半,会稽郡人口只剩三四成,临海、永嘉郡的人口死亡殆尽,殷实人家也只有穿罗纨,怀抱金玉,闭门相守而饿死。在这种情况下,桓玄加紧篡权的步伐。元兴二年(403)二月,他为提高威望,上表请率领诸军扫平河、洛,而后,指使朝廷下诏制止,便称"奉诏故止";九月,使朝廷拜己为相国,封为楚王。十月,又上表请求返回藩镇,逼晋守帝出手诏挽留。至十一月,桓玄终于赶晋安帝出宫而自己登上皇帝宝座,建国号楚,改元永始。桓玄篡位后,更加骄奢淫逸,游猎无度,大兴土木,修缮宫室,朝野为之哗然,百姓不堪其苦。桓玄篡晋,是东晋门阀统治的尾声,元兴三年(404)五月,这个短命政权被刘裕推翻了,桓玄在逃跑途中被杀。

拓跋部的兴起

拓跋部是北方游牧民族鲜卑族的一支,兴起于大兴安岭北段东麓,嫩江西岸支流甘河的上游,今属内蒙古自治区呼伦贝尔盟鄂伦春自治旗阿里河镇。考古工作者于1980年在这里发现了拓跋部的发祥地——嘎仙洞,洞中石壁上刻有北魏太平真君四年(443)的祝文,这是北魏太武帝拓跋焘遣中书侍郎李敞等人前往石室祭告其先祖时所刻。洞中文化层很厚,包括打制石器和新石器两个时代,包括大量陶片、骨镞和石镞等遗物。从遗物和这一带群山林海的地理环境考察,发现生活在此地的拓跋部人尚处于"射猎为业"、没有文字、刻木纪事的原始社会的早期阶段。

拓跋部在此地集体群居了很久后,于东汉前期,在酋长推寅的带领下,走出了群山林海,逐渐向南方的草原地带迁徙,在迁徙过程中,其生产方式也逐渐由狩猎向畜牧过渡。这次迁徙的时间和路程很长,最终到达今内蒙古呼伦湖附近。

今在呼伦湖北面的扎赉诺尔发现300余座古墓,所出土器物与嘎仙洞有相承关系,证明了呼伦湖就是史书所记载的拓跋部南迁到达的"大泽"。拓跋部在这里共居住7世,至酋长邻时,传位给其子诘汾,命其率部继续南迁。诘汾领导的这次南迁极为艰辛,经历了"山高谷深,九难八阻",才到达匈奴族故地,即匈奴冒顿单于发迹的阻山地区。这次迁徙的时间,大约在东汉灵帝时期(167~189)。

诘汾的儿子力微,就是北魏立国后追认的始祖神元皇帝。在力微当酋长时,拓跋部得到了极大的发展。他善于统治,不滥用暴力,很得人心,鲜卑诸部慕名来归附者很多,拓跋部的力量空前强大起来,仅骑兵就达到20余万。拓跋部此时尚无法律和监狱,表明国家还没有形成,只处于原始的部落联盟阶段。

三国魏甘露三年(258),力微居大酋长之位已经39年之久,这年他又率部迁徙至定襄盛乐(今内蒙古和林格尔)。在这年春天,力微举行了"祭天"大典,各部落酋长都赶来,唯独白部首领推辞不到。力微大怒,派人把他召来杀死,从而进一步加强了他在部落联盟中的权力和地位。三国魏景元二年(261),力微开始与曹魏通好,遣长子沙漠汗前往洛阳做人质,考察中原风土人情,曹魏赠给拓跋部大批金、帛、缯、絮等物,数以万计。从此,双方联系频繁,经常互派使者通信,或开展贸易活动。晋代魏之后,西晋仍和拓跋部保持着良好关系。西晋泰始三年(267),沙漠汗以父亲年迈为由,请求归还。晋武帝司马炎同意,临行时送他很多珍宝。几年后,沙漠汗再次访晋,此时西晋已为拓跋部的日益强大而担忧,当两年后沙漠汗返回拓跋部时,西晋用重金贿赂一批部落大人,离间沙漠汗同部落大人的关系。沙漠汗回去后,诸部大人因他"风彩被服,同于南夏",害怕他会变易旧俗,于是挑唆力微,把沙漠汗杀害。同年,力微死,他的另一个儿子悉鹿继位,因难以服众,出现了"诸部离叛,国内纷扰"的长期荡乱局面。

西晋元康四年(294),力微的另一个儿子禄官即位。他在位期间,拓跋部再次强大,活动范围也扩展到西晋的北边。于是他分国为三部:一部居于上谷之北,濡源之西,由他直接统领;一部居于代郡参合陂之北,由长兄沙漠汗的儿子猗㐌领导;一部居于定襄盛乐故城,由猗㐌的弟弟猗卢统率。猗卢善于用兵,西击匈奴、乌桓,皆大胜而归。晋朝失意士人卫操和他的儿子卫雄及箕澹等人,见拓跋部日益兴盛,前往投靠,劝他们招纳晋人,猗㐌采纳此建议,并且重用卫操等人,"任以国事"。晋人听说后,纷纷来投奔。猗㐌又率部向西扩展土地,5年之间,投降依附的国家就有30多个。同时拓跋部与西晋的关系也进一步密切,当时西晋经过八王之乱，内部分裂，国力受到削弱，匈奴首领刘渊率众反叛后，并州刺史司马腾曾请拓跋部出兵，帮助西晋政府攻打刘渊。禄官派猗㐌率军入晋境，在西河、上党大破匈奴军，猗㐌与司马腾还在汾东订立盟约，然后才回师。

西晋永嘉二年(308)，禄官死，猗卢统一三部，力量更加强大，有控弦骑士40多万。这时正值西晋末年，中原已经大乱，刘渊称帝，国号改为汉，由离石迁都平阳，发兵进攻西晋都城洛阳。西晋统治者无力平定，并州刺史刘琨派使者给猗卢送上厚礼，让儿子刘遵作为人质，请猗卢出兵相助。猗卢派郁律率骑2万，大破占据新兴、雁门二郡的白部和铁弗刘虎部。晋怀帝任命猗卢为大单于，封为代公。猗卢以封地过远，于是请求勾注、陉北之地，刘琨将楼烦、马邑、阴馆、繁畤、崞五县划给猗卢。其后，猗卢又曾数次应邀派兵助晋。永嘉六年(312)，刘聪派其子刘粲袭击晋阳，杀害了刘琨的父母，占了晋阳城。猗卢又应刘琨之请，统军20多万进攻晋阳，杀刘粲将军刘儒、刘丰、简令、张平、邢延等人，但刘粲突围而走。几年后，晋愍帝进封猗卢为代王，食代郡和常山郡。拓跋部在此时期又进一步向南发展，并以盛乐为北都，平城为南都，又在㶟水之阳建造了新平城。这时拓跋部也有了"明刑峻法"，诸部民常以违反法律而被诛，可见拓跋部已初步形成国家。猗卢末年，宠爱少子比延，欲传位给他，引发长子六修的愤怨，演变为一场内战，六修杀猗卢，普根又杀六修，登上代王位，仅一月多便死，于是拓跋部陷入又一次内乱之中。

东晋咸康四年(338)，猗卢的侄孙什翼犍即代王位于繁畤北，立年号为建国。同时什翼犍首次在拓跋部署百军，分掌众务，并且任命汉族士人燕凤为长史，以许谦为郎中令。又首次详细制定了反逆、杀人、奸盗诸法律，正式形成了国家。拓跋部也再度兴起，"国人附之""百姓安之"，于是东自㴜貊，西至破落那，南到阴山，北尽沙漠，离散诸部先后又归服，有众数10万人，什翼犍又迁都于云中的盛乐宫。又与高车、没歌部、卫辰等部发生过多次战争，掳获大量的奴隶和牛羊马匹。建国三十九年(376)，由于卫辰部因屡败于拓跋部，遣使向前秦求救，苻坚派大司马苻洛率军20余万进攻代，拓跋部数战不利，什翼犍正患病，被迫逃避漠北，待前秦兵退，才又回到漠南。不久之后，什翼犍被其子寔君谋害，国中又大乱，前秦乘机灭代，将拓跋部分为两部，皆附隶属于前秦。尽管如此，拓跋部已经成为一支不可忽视的力量，依然在塞北积极扩展势力，兼并弱小部落，等待着机会重新崛起。

北魏入主中原

　　淝水之战后,强大的前秦土崩瓦解了,拓跋部便乘机复国。北魏登国元年(386),拓跋珪被诸部推戴,即位代王,并任命张衮为长史,许廉为右司马。同年,改国号为魏,表示已不愿再受晋朝的封号。

　　拓跋珪称帝后实行的重要措施就是务农息兵,并首先取得后燕(慕容垂)的援助,借以抵御内部诸部酋长的不稳定性。拓跋部属游牧民族,那些酋长往往叛服无常,不懂得在一个固定的国家内服从一个国王对自己有什么益处。因此,在二年(387),拓跋珪制定了一条措施,即在每次战争胜利后,按战功分赏给群臣将士应得的战利品。这使得诸部酋长和鲜卑兵可凭战功得利,由此而大大增加了他们的好战心理,不致随时叛逃。在取得内部的团结之后,登国三年(388),魏便开始攻打库莫奚(东胡),并获大胜。登国四年(389)破解如部与高车诸部。次年,又大破高车袁纥(回纥)部,并再于次年打败了拓跋部的世仇刘卫辰部(南匈奴的别支),缴获马30余万匹,牛羊400余万头。魏开始占据黄河以南(河套)的广大牧地,由于国力剧增,便开始窥视中原。

　　当时,占据北方广大地区的后燕国前来向拓跋部索取马匹,并扣留了拓跋部派往后燕的使臣,拓跋珪便决定断绝与之友好的关系。十年(395),后燕皇帝慕容垂下令太子慕容宝统兵8万,进攻北魏。张衮建议可暂退避其锋芒,拓跋珪率领部众退到河套一带。后燕出兵3个月,却未找到北魏主力。九月,传来慕容垂病逝的消息,慕容宝便烧毁准备渡河的船只,准备退兵。拓跋珪带领两万兵马,迅速渡过黄河,日夜追赶,到达参合陂(今山西大同东)西,截断后燕的退路,将后燕军队团团围住。慕容宝见势不好,抛弃大军,轻骑出逃。北魏兵乘机攻击,后燕大败,俘获的四五万人全被活埋杀死。后燕由此开始衰落。

　　魏皇始元年(396),拓跋珪率大军40余万攻打后燕,夺得并州(大同西南),同年,从林阱(属河北)进入河北,围攻后燕都城中山(今河北定县)。一年后,中山被攻陷,后燕的残部退到龙城(今辽宁朝阳)等,大河以北诸州全被北魏占有。北魏天兴元年(398),拓跋部定都平城(大同)。次年,改称魏道武帝,至此,南北朝对峙的局面基本形成。

灭后燕之后,北魏迁徙原后燕境内的吏、民及鲜卑等杂夷36万,百工伎巧10余万人到魏京,给内徙的新民耕牛,计口授田,以此发展农业。平城附近,被划为"王畿"。王畿之外,又设"方""维",由皇帝直接派官管理。四"方"、四"维"合称"八国",管理这些地方的官员称为"八部大夫"或"八部帅"。原来以游牧为业的鲜卑族人,便在此"八国"中定居下来,而原来的"部大人"(酋长)被皇帝任命的官员所替代。官员的主要职责变为监督和劝课农耕。朝廷按各地收入的多少,来考核官员的政绩。这种新的行政法令,使得北魏的政府结构得以转变,并使落后的游牧业过渡到了先进的封建式农业生产方式中,使新兴的北魏有了强大的物质力量为后盾。

天兴二年(399),拓跋珪于京城设置太学,置五经博士,增生员3000。拓跋珪格外重视寻找汉族士大夫对他的支持,以利用汉族文化改造处于原始状态的鲜卑族。崔宏归附北魏之后,把拓跋部的历史与汉族的历史联系起来,说黄帝最小的儿子昌意"受封北土",是拓跋部的祖先,拓跋珪对此深表赞同。一次,拓跋珪问博士李先:"世界上什么东西最好,可以增长见识与智慧?"李先回答说:"书籍。"于是拓跋珪就命郡县在民间搜罗书籍,送到京都。另一位博士公孙表则把韩非的著作介绍给拓跋珪,告诉他如何做一个封建专制国家的皇帝。天兴四年(401),拓跋珪亲祭先圣周公、先师孔子,并任用大量汉族士人做文官,依靠这些汉族文官的支持来建立封建政治制度的专制机构。

与此同时,北魏政府中的鲜卑贵族与皇帝之间的矛盾仍一直继续。鲜卑旧贵族在过去已不能容忍一个国王,在此时更不能容忍一种新的体制下的皇帝,一有机会,便觊觎这一宝座。天赐三年(406),拓跋珪下诏称:"人们认为汉高祖以布衣而得天下,这是错误的。汉高祖有天下是因为有天命。无天命而妄图非分,便会遭殃。"因而劝臣下安分知足,以"保荣禄于天气,流余庆于后世"。接着,拓跋珪又下诏书,劝臣下不要争名夺利,要讲道义。此后,贵族有反对皇帝的许多都被处死,其中最著名者是拓跋珪的堂兄拓跋遵和拓跋仪。但同时,他自己也常常心怀疑虑,烦闷不安,或几天不吃饭,或通宵不眠,自言自语,见神见鬼。朝臣见他时,不小心说错一句话,或表情失常,他便怀疑其心怀恶意,当场处死。拓跋珪终精神失常,北魏永兴元年(409),被其子拓跋绍杀死,年仅39岁。同年,拓跋珪的太子拓跋嗣回平城,再杀拓跋绍,即帝位,是为魏明元帝。

魏明元帝称帝后，便采取拓跋部四部大人与大酋长共同管事的惯例，命长孙嵩、安同、崔宏等八大臣共听朝政，号称八公，又让燕凤、封懿等共议政事。鲜卑贵族和汉族士人都可参与朝政，使得北魏的紧张局面得以缓和。神瑞二年（415），魏国已连年霜旱，平城附近不少民众被饿死。有人主张迁都到邺城（今河南安阳北）去，崔浩、周澹反对，认为山东人现不知鲜卑虚实，还认为人畜众多，如现在迁去，一旦见鲜卑人数有限，定会生轻侮之心，不如等明春草生，取马牛乳和蔬菜充饥，挨到秋熟，就可渡过难关。魏明元帝赞同他们的主张，但仍怕无法挨到来秋，便选穷困的本族人到山东定、相、冀三州，下令汉民每户出租米50石来养活这些穷困人。

当时，北方鲜卑的又一支柔然开始强大起来，又有匈奴族铁弗部所建立的夏国在关中一带自称一霸，对北魏具有一定的威胁性。柔然还常常侵犯北魏的边境。泰常二年（417），刘裕打后秦，后秦向北魏求救，拓跋嗣本想派一支精锐骑兵直逼彭城（江苏徐州）和寿春（安徽寿县），便向崔浩问计。崔浩以为现在"西有屈丐（夏），北有柔然"，出师对北魏不利。同年，宋武帝灭后秦，取得黄河以南州郡，魏则守黄河北岸，无力渡河相争，用兵机会大减，穷人增多，遇天灾就要饿死。泰常七年（422），宋武帝死，魏明元帝立即大举渡河攻宋，崔浩极力谏阻未成。次年，魏夺得司州（治洛阳）全部，兖州、豫州大部。北魏在黄河以南也取得了许多州镇，重新确立了南北朝对立的形势。

泰常八年（423），魏明元帝拓跋嗣死，其子拓跋焘继帝位，是为魏太武帝。魏太武帝是北魏历史上一位杰出的君主，在位期间，北魏的社会极为繁盛，他依靠崔浩的谋略和鲜卑人的慓悍，几乎战无不胜。始光元年（424）始，北魏大举进攻柔然，迫使它逃奔漠北，暂时不敢南犯。始光三年（426），又分兵两路攻夏，一路攻长安，一路攻统万（夏都城，今陕西榆林西南），当年即克长安，次年又攻下了统万。神麚元年（428），俘获了夏国君主赫连昌。神麚二年（429），魏太武帝又一次进攻柔然，柔然大败，原来臣服于它的那些高车等小部落乘机摆脱羁绊，被北魏降服的柔然达30多万家，掳获马牛羊达几百万头，敕勒也有几十万人向北魏投降，另一部分柔然人向漠北逃亡。两年后，又攻取夏最后都城平凉，夏亡，魏取关中。太延二年（436），灭后燕国，取辽河流域。太延五年（439），灭北凉国，取凉州。至此，自晋永安元年（304）开始的十六国大乱已经结束，黄河流域得到了统一。

平定北方之后,太平真君十一年(450),魏太武帝认为进攻南方的时机已经成熟,便率大军南下攻宋。当时正是宋文帝在位,国力极强。魏宋大战,魏军无法攻克宋的重要城镇,便在城外大肆杀掠,尽量破坏。宋军民痛击魏军,魏死伤大半。次年,魏太武帝只得退兵平城。这次战败,大伤魏国元气,又遭国人怨恨,北魏从此害怕再与南朝交战。正平元年(451),魏太武帝被宦官宗爱杀死。从此,魏始由盛转衰。

孝文帝改革

北魏太和十四年(490),冯太后病死,24岁的魏孝文帝元宏终于独自执掌朝政。冯太后丧事处理完毕,他思谋进行的第一件大事,就是迁都洛阳。从道武帝定都平城以来,近百年间,形势发生了极大变化,北魏王朝早已成为北方唯一的最高的统一的政权。而平城偏居北边,不便于控御中原地区和向江南用兵,也不便于深入汉化和实行文治,还不免遭受北方柔然与荒年饥馑的威胁,故迁都之事,作为最高统治者,实在是不能不考虑的问题。

太和十七年(493),孝文帝经过深思熟虑之后,开始着手安排迁都之事,他知"北人恋本",直接提出迁都,肯定会遭到众人反对,于是采取了"外示南讨,意在谋迁"的办法,这年五月,他在明堂召集群臣,商讨南伐,试图采用占筮之卦的方法来统一意见,由于占筮得出的《革》卦内容与南伐不符,未能达到预计效果。以尚书令、任成王拓跋澄为首的一批大臣认为《革》卦不吉利,反对南伐,孝文帝一时理穷。众人散后,孝文帝派人单独召见拓跋澄,屏退左右,对拓跋澄和盘托出他的计划,分析指出,自拓跋部定都平城以来,虽然完全占据北方,富有四海,然而平城"乃用武之地,非可文治",如果进一步移风易俗,势将更难,因此打算借南伐之名,迁都中原。拓跋澄表示完全拥护,二人商定,仍然照孝文帝既定计划行事,借南伐之名,行迁都之实。

随后几个月,孝文帝积极布置南伐。六月,他下令在黄河上架桥,以便让大军通过。七月,他又下令实行中外戒严,宣布南伐。八月,他命太尉拓跋丕、广陵王拓跋羽留守平城,亲自统率大军30万南下。九月,孝文帝抵达洛阳,命大军作短暂休息,自己则到西晋太学遗址参观《石经》。洛阳是汉、魏、西晋的故都,虽遭到战争的严重破坏,但仍然是中原政治与文化的中心地区,对决意深入汉化的孝文帝来说,此时更坚定了迁都洛阳的信念。从南伐大军离开平城,一直淋雨不止,使南伐将领更加丧失信心。这次南伐并没作长期准备,南齐政权也并非不堪一击,随军将领、大臣均知前景凶多吉少,因此当孝文帝又命令大军继续南进时,众人齐跪在孝文帝马前,请求停止南伐,大司马、安定公拓跋休等人甚至哭泣并以死相谏。这正是孝文帝所预计的,他乘机说:大军出动一次不易,既出军不可无功,若不南伐,就得迁都洛阳。两者必须择一,要大臣立刻作出决定。拓跋部人多恋北土,不愿迁都,但因南伐极为凶险,毫无胜算,无人敢坚持南伐者,于是都选择迁都。全军齐呼万岁,迁都洛阳之事便这样决定了。孝文帝也知大臣内心实属勉强,事后他曾就此事征询卫尉卿、镇南将军于烈的意见,得到答案是一半乐迁,一半恋旧。

洛阳城早已破败,迁都洛阳之议决定后,大军就停止前进。孝文帝遣任城王拓跋澄还归平城,向留守官员宣布迁都之事,又命司空穆亮、尚书李冲与将作大匠董尔留守营建洛阳,又派于烈回去镇守平城。一切布置停当,孝文帝便离开洛阳,到河北等地去巡视郡县。直到次年十月,洛阳大体营建完毕,北魏才正式迁都。

迁都洛阳后,汉化的条件更为成熟,孝文帝接着又对鲜卑族风俗文化制度诸方面进行了一系列改革。

太和十八年(494)十二月,也就是迁都后两月,为减少民族隔阂,孝文帝下令禁止鲜卑族人再穿鲜卑服装,一律改穿汉族服装。诏令宣布后,"国人多不悦",只是害怕禁令,绝大多数鲜卑人才换上汉装,也有少数鲜卑族人仍留恋鲜卑服装。有一次,孝文帝从前方回来,仍见京城鲜卑妇女有"冠帽而著小襦袄者",或"仍为夹领小袖"的人,还穿着鲜卑旧服,于是把留守京城的拓跋澄及其他官员训斥一顿,认为是他们知而不问,督察不严而引起的。老贵族拓跋丕不乐意变易旧俗,当朝廷大臣皆穿汉族衣冠议政时,唯独他一人身穿鲜卑服夹在中间,因他年老功高,孝文帝才不勉强。不过后来拓跋丕也"稍加冠带",朝廷内外,汉族服装便逐渐取代了鲜卑服装。

次年,孝文帝又下令禁止在朝廷说鲜卑语,也就是他对他弟弟咸阳王兄禧说的"自上古以来及诸经籍,焉有不先正名而得行礼乎,今欲断北语,一从正音"。具体规定:朝官年30以上者,习性已久,可允许逐渐改变。年30以下者,如在朝廷不说汉语,仍旧说鲜卑语,就要被降爵或罢职、免职。北魏初进中原时,"军容号令,皆以夷语"。迁都后,孝文帝禁止朝官讲鲜卑语,时间长了,下层的鲜卑人也很少有人讲鲜卑语了。那些迁到洛阳来的"代北户",有的后来甚至已听不懂鲜卑语。有些怀旧的人,还专门在拓跋部人中教授鲜卑语,"谓之国语"。可见孝文帝的语言改革是十分成功的。语言和服装的改革,大大加快了北魏汉族与少数民族之间民族融合的步伐。同年,孝文帝又下诏规定,南迁洛阳的鲜卑人,死后只能葬在当地,不得送回代北。此令一下,那些南迁的代人,便都成为地道的河南洛阳人了。孝文帝此规定,显然是要割断"代北户"与故土的联系,断绝其客居洛阳的念头,使他们能长久定居中原。

转年,孝文帝又下诏改族姓。在此之前,鲜卑人的姓氏多是由两个或三个字组成的复姓,如拓跋、尉迟、独孤、勿忸于、步六孤等。姓氏上的强烈差别,影响着鲜卑族与汉族的进一步融合,因此命令把鲜卑复姓改为汉姓。诏令说:"北人谓土为拓,后为跋,魏之先出于黄帝,以土德王,故为拓跋氏。夫土者,黄中之色,万物之元也,宜改姓元氏。诸功臣旧族自代来者,姓或重复,皆改之。"太祖以来的八大著姓也由此改为汉姓,如丘穆陵氏改为穆氏,步六孤氏改为陆氏,贺赖氏改为贺氏,独孤氏改为刘氏,贺楼氏改为楼氏,勿忸于氏改为于氏,纥奚氏改为嵇氏,尉迟氏改为尉氏。"其余所改,不可胜纪"。

紧接着,孝文帝又下诏命定族姓。孝文帝一向羡慕汉族的门阀制度,在中原地区,士族公认清河崔氏、范阳卢氏、荥阳郑氏、太原王氏为士族之首,号称"四姓",孝文帝在承认四姓为汉族士族之首的基础上,又下令规定鲜卑拓跋的族姓,改变代人"虽功贤之胤,无异寒贱"的状况,把道武帝以来"勋著当世,位尽王公"的鲜卑贵族穆、陆、贺、刘、楼、于、嵇、尉八姓定为国姓,"勿充猥官,一同四姓",即他们的地位与汉族崔、卢、郑、王四姓地位相当,享受同等的政治待遇。同时依据父祖官爵高低,对鲜卑其他人也划分了姓族等级,在鲜卑族内首次建立了本族的门阀世袭等级制度。

为使鲜卑贵族与汉族进一步融合,形成联合统治的局面,孝文帝又利用皇帝的权威强令两族贵族联姻。他自己先娶"衣冠所推"的范阳卢敏、清河崔宗伯、荥阳郑羲、太原王琼四姓之女充入后宫。另外陇西李冲家族虽非魏晋以来的显族,但也多是当朝权贵,"所结姻娅,莫非清望",孝文帝也破格把李冲之女纳为夫人,陇西李氏也因此而上升为一流士族,与崔、卢、郑、王并列,"故世言高华者,以五姓为首"。他又特地为五个弟弟与汉族大姓联姻。下令咸阳王元禧,聘陇西李辅女;广陵王元羽,聘荥阳郑平城女;颍川王元雍,聘范阳卢神宝女;始平王元勰,聘陇西李冲女;北海王元详,聘荥阳郑懿女。在这之前,咸阳王元禧,曾娶一个隶户之女为妻,因此受到孝文帝的严厉责备。由此孝文帝命令诸王,把以前所娶的妻子,皆降为妾媵。鲜汉两族联姻之风兴起后,汉族大姓也多有娶鲜卑贵族之女为妻的,最典型的是范阳卢氏,一门就娶了北魏三位公主,极为当时士族称羡。通过这种两族大姓的频繁的政治联姻,两族大姓之间的矛盾逐渐淡化,政治利益日趋相同,共同构成了北魏王朝的阶级基础与社会基础。

孝文帝的上述改革是成功的,但并非都一帆风顺。从上述改革初始,就遭到了部分鲜卑贵族的抵制和反对,甚或演化为武装反抗。迁都之初,拓跋部人就是"多所不愿",迁都之后,还有相当大的保守势力反对汉化,对孝文帝的改革多次加以阻挠和破坏,这派以北魏鲜卑的元老穆泰、陆叡等人为代表。后来太子元恂也加入这一派。元恂在迁居洛阳后,总抱怨河洛暑热,"常思北归"。孝文帝赐给他的衣冠,他不愿穿,"常私著胡服"。太和二十年(496),趁孝文帝去嵩岳之机,他与左右密谋,"欲召牧马,轻骑奔代",被人报告给其父,孝文帝将他囚禁,召见群臣说:"此小儿今日不灭,乃是国家之大祸。"毅然废掉其太子称号。同年冬,鲜卑贵族穆泰、陆叡与宗室元隆、元业、元超等人勾结,阴谋在平城起兵叛乱,另立新帝。孝文帝得讯,马上派任城王元澄率人速往平城,平定了这次叛乱,诛杀穆泰、元隆、元乙升、元超、陆叡等人。新兴公元丕知情不报,本也当死,孝文帝念他昔日功高,曾颁他不死之诏,免其死罪,贬为庶民。其后,元恂又企图谋乱,孝文帝逼令他自杀。

孝文帝的改革过程充满了斗争,然而他的多项改革措施,促进了北方地区社会经济的发展,拓跋部人也基本完成了封建化的艰难进程。从此之后,北方的民族大融合也上升到一个新的水平。

北齐的鲜卑化

北齐政权的奠基人是高欢。在高欢、高洋父子建立东魏、北齐政权的过程中,形成了一个以北边六镇兵民为基础,以六镇中怀朔镇军人新兴贵族为核心的统治集团。怀朔镇军人原是六镇起义队伍中的一部分。六镇起义后,六镇首领先后有破六韩拔陵、杜洛周、鲜于修礼与葛荣。尔朱荣击败葛荣后，六镇兵民20余万被迫迁居到并州和肆州，归尔朱兆统辖。尔朱兆部下虐待六镇兵民，迫使六镇兵民不断举行武装反抗。尔朱兆深感头痛，便把六镇兵民交给高欢，命他统率，于是高欢成为继葛荣之后的六镇统帅。他率领六镇兵民占据了河北，打败了尔朱氏集团，建立了东魏。高欢死后，高洋能轻而易举地以禅代方式建立北齐，也是依靠着六镇军人。从葛荣到高欢，又到高洋，在六镇军人当中，逐渐产生出一个"怀朔集团"。葛荣曾是怀朔镇将领，他当六镇首领时，曾重用潘乐、任延敬、王基、可朱浑元、张琼等怀朔镇人，使怀朔镇将领在六镇军人中的地位开始上升。后来高欢成为六镇首领时，这些人也随之成为高欢的骨干将领。高欢本人也是怀朔镇人，他在怀朔镇一度任过队主、信使等职，当时便与怀朔镇省事司马子如、户曹史孙腾、外兵史侯景等官吏以及刘贵、贾显智、尉景、蔡俊等人相互友好。在他起家的过程中，这些人也都追随着他，立下了许多功勋。除早死者外，其余人都成为东魏和北齐高氏政权中的核心人物。另外，在高氏统治集团中，一些将领大臣，如段荣、窦泰、韩轨、尉长命、斛律金、傅伏、库狄盛、贺拔允、莫多娄贷文、步大汗萨、赵猛、韩贤、徐远、万俟普、破六韩常等人，也都是怀朔人，高氏政权中的上层统治集团主要由这些新兴的军事贵族组成。

鲜卑军事贵族和鲜卑化的汉人军事贵族在东魏和北齐仗着他们的权势，以及强大的六镇兵民组成的社会基础，在朝野形成一股强大的鲜卑化势力，使自孝文帝汉化改革后逐渐缓和的民族矛盾又激化起来。高欢早在起兵时，就针对上升的民族矛盾与六镇鲜卑约定："不得欺汉儿。"但事实上这个约定无效，他的军队依赖汉族农民养活，却不断欺压汉族农民，使鲜、汉民族矛盾日益尖锐。高欢恐民族矛盾影响他的政权统治，曾力图调和这种矛盾。他在鲜卑军人面前说："汉民是你们的奴婢，男子为你们耕种，女子为你们纺织，供给你们粮食布帛，使你们温饱，你们为何要欺凌他们？"他在汉族人面前则说："鲜卑人是你们雇来的客人，吃你们一石粮，穿你们一匹布，却为你们作战，使你们得以安宁，你们为何要仇恨他们？"

高欢既想调和民族矛盾，又想维护鲜卑人的特殊利益和社会地位，实际上他只实现了后者，民族冲突越来越激烈。表现在政治上是维护鲜卑贵族的利益，不断打击汉族士大夫。鲜卑勋贵为政不廉，贪污受贿，横行霸道，搞得东魏政治一团黑暗，汉族大臣杜弼请求首先要澄清吏治，严惩贪官，后又建议"先除内贼，后讨外寇"。高欢问内贼是谁，杜弼说："诸勋贵掠夺万民者皆是。"高欢大怒，令军人张弓举刀、分站两列,令杜弼从中间通过,恫吓杜弼,不让他再攻击鲜卑勋贵。北齐建立后,高洋曾问杜弼:"治国当用何人?"杜弼回答:"鲜卑车马客,会须用中国人。"高洋听后默然无言,却对杜弼怀恨在心,这构成了杜弼后来被杀原因之一。侍中、尚书右仆射高德政也常建议,治天下应多用汉族士大夫,少用鲜卑人。高洋杀了他后,公开宣布,这是杀他的一个重要原因。北齐政治中鲜卑化色彩之浓,最典型地表现在杨愔事件上。高洋称帝后,尚书令是高欢的女婿、中原世族大地主杨愔。高洋委政杨愔,杨愔也始终以选拔人才为己任,重用贤才,对稳定社会、巩固北齐政权统治来说是颇有成效,故到高洋后期,仍能保持"主错于上,政清于下"的局面。高洋死后,子高殷继位,是为废帝,杨愔、燕子献、郑颐等人受遗诏辅政。这几人都是汉人,高殷的母亲李太后也是汉人,鲜卑勋贵不希望他们掌权。不久之后,高洋弟高演、高湛在鲜卑勋贵高归彦、贺拔仁、斛律金、斛律光等人的支持下,发动政变,杀了杨愔、燕子献、郑颐、宋钦道等大臣。高欢妻娄太后不仅不指责高演等人,还对高殷母说:"岂可使我们母子受汉族老太婆摆布!"连废帝高殷也说:"岂敢惜此汉辈?"

经过这次政变,鲜卑勋贵更加嚣张,汉族大臣的地位也就更进一步降低。高演未执朝政时,汉族名士王晞是他的至交密友,执朝政后,却恐王晞不合勋贵之意,每入夜便用车载入宫商议,到白日则甚至连话也不交谈。直至北齐末年,政治上歧视汉族官吏的情况仍未改观。齐后主高纬时期,高纬的近幸韩凤虽是一个鲜卑化的汉人,曾任禁军都督,但他对于汉族大臣,屡次骂:"狗汉大不可耐,惟须杀却。"后主要到晋阳,崔舒、张雕、刘逖等台湾省族大臣联名进谏、劝阻,韩凤竟上奏说:汉族文官联名进谏,表面上是劝阻去并州,实际上有反心,应诛杀这些人。齐后主昏庸至极,听信韩凤的话,立即将联名上奏的汉族官吏召集在含章殿,把为首的崔季舒、张雕、齐逖、封孝琰、裴泽、郭遵等人当场斩杀,弃尸于漳水。

除了在政治上鲜卑化特征非常明显,汉族官吏常遭到歧视打击外,在当时的北齐社会上,也是鲜卑化风气兴盛,一切早被北魏孝文帝改革掉或禁止的东西又广泛流行。如鲜卑语、鲜卑服,早被禁断,而这时纷纷复兴,尤其是鲜卑语,在北齐成了最时髦的语言,通晓鲜卑语是汉族官吏得宠和晋升的一个重要条件。北方少数民族的乐器,如琵琶、笛子、五弦等,也渐渐日益兴盛,许多汉族士大夫反过来学习鲜卑语或其乐器,还有的汉族士大夫为求名利,教子女也学习鲜卑语和鲜卑乐器。齐后主高纬常常是"自弹胡琵琶而唱之",被人称为"无愁天",又大大助长了社会上的鲜卑化之风。

北齐兴盛的鲜卑化风潮，尤其是政治上的鲜卑化，使汉族许多较先进的统治思想和制度难以推行到底或遭到破坏。固然鲜卑勋贵依仗着铁骑甲士野蛮掠夺，很快暴发，但从根本上和北齐全部历史来看，它也加速了北齐政权的腐败和崩溃，北齐很快失掉人民的拥护而被北周灭亡。

北周的建立

北魏永熙三年(534)，北魏分裂为东魏和西魏，西魏丞相宇文泰一直牢牢控制着西魏政权。西奔关中的孝武帝元修因想得到最高权力，很快与丞相宇文泰产生了矛盾。这年冬季闰十二月，宇文泰鸩杀元修，改立南阳王元宝炬为帝，是为文帝。最高决策及指挥权仍在相府里。

宇文泰在积极与东魏进行战争的同时，逐渐把汉族世家大族也拉入他的统治集团，扩大了他的统治基础。他又依靠汉族大地主和士人在各个领域进行了一系列的改革，把一个比较落后的军事集团逐渐改造为一个富有朝气的封建政权。西魏大统元年(535)，宇文泰命一批汉族士人斟酌今古，参考变通，以"益国、利民、便时、适治"为准则，制定出"二十四条新制"，然后奏请文帝推行。这就是西魏最基本的制度。初期在制度建设上最有贡献的人是汉族士人周惠达。宇文泰忙于前方军务，后方的营造戎杖、储积食粮、简阅士马等事，都委托周惠达办理。仪礼制度也是在周惠达领导下创制的，当时关右政权草创，礼乐制度残缺，周惠达与礼官对北魏旧制进行一番改革，才使得"仪轨稍备"。大统七年(541)，宇文泰在大统元年(535)"二十四条新制"的基础上，又令人制定出"十二条制"，奏请实行，从而进一步完善了西魏制度。这时周惠达将著名士人苏绰推荐给宇文泰，宇文泰问苏绰治天下之道，苏绰为他陈述帝王之道和申不害、韩非的法治之术，使宇文泰不禁"整衣危坐"，从天黑听到次日清晨而不觉厌倦，从此对汉族士人更为重视。宇文泰极想改革时政，寻求强国富民之道，苏绰也有了施展才能的机会，先后制定了文案程式、朱出墨入、计帐、户籍等法，还有裁减冗官、设立间正、保长二长，实行屯田以资军国等措施。大统十年(544)，西魏文帝把宇文泰前后所呈的"二十四条"和"十二条新制"，规定为"中兴永式"，命苏绰重加修订，合为五卷，颁行天下。苏绰又根据汉族统治者的经验,结合实际情况,概括为六条:一是治心身,二是敦教化,三是尽地利,四是擢贤良,五是恤狱讼,六是均赋役。这六条,史称"六条诏书",是西魏和北周总的施政纲领。宇文泰对此六条极为重视,把它作为自己的座右铭,并命令百官都必须认真学习。同时规定,牧守、令长等地方官,不精通"六条诏书"内容和计账的人,不得为官。此外,宇文泰又继续推行均田制度,创建了府兵制度,通过各项制度的创建、改革和实行,西魏政权逐步得到了巩固和发展。随着西魏政权的发展和军事斗争的不断胜利,宇文泰在西魏的势力也自然就越来越大。

大统十七年(551),西魏文帝元宝炬病死,宇文泰立太子元钦为帝,是为废帝。废帝二年(553)十一月,西魏尚书元烈谋杀宇文泰,但事情败露,元烈被诛。元钦对宇文泰杀元烈极为不满,于是召集宗室诸王商议夺权,淮安王元育、广平王元赞等人都认为不可,垂泣劝谏,但元钦不听。当时宇文泰诸婿李基、李晖、于翼等人均是武卫将军,分掌禁旅,元钦与宗室诸王的密谋被李基等人侦知,宇文泰任命心腹尉迟纲为大将军,兼领军将军,总典禁旅,密做防备。次年正月,宇文泰召集群臣商议,废掉了元钦,改立文帝元宝炬第四子齐王元廓为帝,是为恭帝,又以尉迟纲为中领军,总领宿卫军,以监视元廓。这时,宇文泰诸子或幼或弱,不能堪当大任,故宇文泰对几个女婿寄以厚望,引为心腹。宇文泰还有两个侄儿,章武公宇文导和中山公宇文护,宇文导任陇右大都督、秦南等15州刺史,宇文护任大将军,行六官之制,后又拜为小司空。另外,军队大将和朝廷重臣,也皆是早年随他起兵的六镇军官和心腹,因此西魏政权的核心人物,就是宇文泰集团的核心人物。

西魏恭帝三年(556)四月,宇文泰巡狩北方,在途中染病。九月,宇文泰回到云阳,病势转重,他遣人召来侄子宇文护,令他接替自己掌握西魏军政大权。宇文泰死后,世子宇文觉继位太师、大冢宰,年仅15岁。宇文护虽受宇文泰重托,但因他的名声和地位都不是很高,那些元老不肯服他,于是他向大司寇于谨求教。第二日,召开元老会议时,于谨正色严厉地对大家说:"中山公乃安定公(宇文爵号)亲兄弟的儿子,兼受顾托,军国之事,理所应当归他总管,我们都应服从他。"说罢,带头下拜,那些高级将领和大臣也被迫随着于谨下拜,于是他的地位才得以保住。宇文护也尽力抚循文武,重新稳定了人心。

西魏早在元宝炬即帝位时,就已经是"权归周室",从文帝、废帝,直至恭帝,实际上都是受宇文泰摆弄的傀儡而已,一切政令全是出于宇文泰一人之口,皇位的取代早已只是时间上的问题了。宇文泰安葬后,宇文护便开始着手安排禅代之事。

这年十二月,他奏请西魏恭帝以岐阳之地封宇文觉为周公。到同月庚子这一天,恭帝元廓正式下诏让位于周公宇文觉,西魏由此而亡,共历三世,24 年。次年正月辛丑,宇文觉即皇帝位,就是北周孝闵帝。北周建立。孝闵帝以大司徒、赵郡公李弼为太师,大宗伯、南阳公赵贵为太傅、大冢宰,大司马、河内公独孤信为太保、大宗伯,柱国、中山公宇文护为大司马。大司马掌军事,宇文护居之,把兵权掌握在自己手里。

北周建立以后,因孝闵帝宇文觉年幼,实际上仍然只是个傀儡,军政大事均由宇文护决定。宇文护专政,又引起了一系列争权的斗争。先是赵贵自以为是北周元勋,常怏怏不乐,联合独孤信密谋杀宇文护,有人密报了宇文护,宇文护捕杀了赵贵,并逼独孤信自尽。孝闵帝对宇文护擅权也十分不满,密令司会李植、军司马孙恒等人杀宇文护。宇文护得悉后,把李植、孙恒遣离京城,然后把其在京党羽捕杀,逼宇文觉逊位,然后改立宇文泰庶长子宇文毓为帝,是为北周明帝。明帝在位四年,又被宇文护派人毒杀,又改立宇文泰第四子、鲁公宇文邕为帝,是为北周武帝。周武帝即位后,不动声色地诛杀了宇文护,北周皇帝才真正掌握了最高统治权。

北周灭北齐

从西魏宇文泰到北周武帝宇文邕,宇文氏政权经过宇文泰等几十年的苦心经营和不断改革,国势日渐昌盛。在政治方面,遵循"六条诏书"中"擢贤良"的精神,吸纳许多贤才。在军事方面,创建了府兵制度,加强了武装力量。在经济方面,释放奴婢、杂户,禁断佛、道二教,大大增加了国家的均田农民的数量和经济实力。通过这些改革,到北周武帝后期,不仅中央集权制得到加强,而且国家实力与东方的北齐相比,也是由弱变强,蒸蒸日上。与此相应的是,军事局势也发生变化,由对北齐的积极防御转变为主动出击,全面进攻。

与北周相反,北齐的政治和社会状况却是每况愈下,帝王贵族荒淫腐败,倾轧不已,国内各种矛盾日趋激化,齐后主高纬上台后,政治更为混乱。他厌倦政事,整日怀抱琵琶弹唱"无愁之曲",和唱者数百人,被人称为"无愁天子"。而且宠幸奸佞之人,委宦官重任,让他们参预朝政,允许他们卖官鬻爵。此外,州县之官多来自富商大贾,这些人得官后不顾百姓死活,贪赃枉法,税括百姓,大发横财,造成了"官由财进,政以贿成",民不聊生的政治局面。他又胡乱封官拜爵,庶姓封王者以百数,开府1000多人,仪同无数。他豢养的跑马、斗鸡、鹰、犬等,竟也被授予仪同、郡居、开府等官爵,与大臣一样享有同等俸禄。后宫婢女也皆封为郡君,宫女中宝衣玉食者达500余人,宫女一裙值万匹,一个镜台值千金。又大发徭役,盛修宫苑,极为装丽,建成后稍不如意,则拆毁重建,致使百工匠人,连休息的时间都没有,"劳费亿计,人牛死者不可胜纪"。与北周武帝和北周的政治相比,形成极为鲜明的对比。

周武帝即位以后,北周就不断进攻北齐,北周保定三年(北齐河清二年,563年),北周大将杨忠、达奚武与突厥曾联合分路讨伐北齐,一度兵临晋阳城下,后被北齐军中的精锐部队击退。北齐名将斛律光还乘势反攻入北周境内,俘掠3000余人。此后北周军队又数次东进,由于北齐有斛律光、段韶等名将名臣,政治虽然败坏,军事上却还保持一定实力,故北周军队收获并不大。

周武帝杀宇文护后,亲自掌握了最高军权,他一面与北齐通商和好,使对方麻痹松懈,一面加紧练兵,积极准备,伺机灭齐。周武帝杀宇文护后3个月,齐后主诬蔑斛律光谋反,将其诛杀,尽灭其族。周武帝听到此讯大喜,为之大赦。北周建德四年(北齐武平六年,575年),周武帝与诸将伐齐。大将韦孝宽献计三策:一为联合陈朝、稽胡等军队,数道并进,可一举而成。二为广事屯田,招募强悍之士,严加训练,与陈朝军队互相配合,使其疲于奔命。一二年后,待其内部离叛,然后乘机一举攻下。三为作长期打算,签订盟约,安民和众,蓄锐养威,观衅而动。周武帝又与齐王宇文宪、内史王谊、安州总管于翼长计议,于这年七月下诏伐齐。于是,北周出兵18万,命宇文纯、司马消难、达奚震为前三军总管,宇文盛、侯莫陈崇、宇文招为后三军总文宪,于谨、李穆等将所向披靡,连取北齐30余城。周武帝大军在金墉城下遭到北齐洛州刺史独孤永业的顽强抵抗,数攻未克。这时,周武帝忽然患病,又逢北齐右丞相高阿那肱率援军自晋阳赶至河阳,故周军不得不弃城撤军。

次年,北周再次大举攻齐,周武帝认为前一年未能灭齐,原因主要在于"直为拊背,未扼其喉"。这次应直攻高欢发迹之地晋州,争得此地,北齐必派重兵援救,我军可严军以待,击之必胜,然后乘破竹之势,挥军东进,定可"穷其巢穴",灭亡高齐。十月,周武帝再次亲征,以宇文盛、宇文亮、杨坚为右三军,宇文俭、窦泰、丘崇为左三军,宇文宪、宇文纯为前军,亲率中军,开入齐境,并驻军于晋州汾曲(今山西临汾市南)。然后分判派遣宇文宪率精骑2万驻守雀鼠谷,宇文纯率步骑2万驻守千里径,达奚震率步骑 1 万守统军川,韩明率步骑 5000 守齐子岭,尹升率步骑 5000 守鼓钟镇,辛韶率步骑 1 万驻守汾水关。又遣王谊监诸军进攻平阳城(今山西临汾市),但是北齐海昌王尉相贵据城坚守。周武帝宇文邕赶赴平阳城下督战,城中情况紧急,北齐诸将纷纷投降,北周军队占领了平阳,生擒尉相贵及其部下 8000 余人。宇文宪率领的另一路军也攻克洪洞、永安二城。本计划乘胜前进,但由于北齐军焚桥守险,军不得进,只好屯守永安。

齐后主此时正带着淑妃冯小怜与右丞相高阿那肱在天池(今山西宁武县西)围猎。晋州告急的信使,从清晨至中午,连来三批。高阿那肱却拦住信使,不准报告,说:"皇帝正围猎高兴,何必急着报告。"到了黄昏,又一信使赶到,报告"平阳已陷",高阿那肱乃转报齐后主。齐后主闻讯准备立即返回晋阳,但冯淑妃此时正在兴头上,请再围猎一次,齐后主便又留下继续围猎。猎毕,齐后主才携带冯淑妃回晋阳,调兵遣将,分军向千里径、汾水关发动反攻。齐后主自率主力开上鸡栖原。驻守汾水关的宇文盛派人告急,宇文宪马上率兵来援,大破这一路齐军。齐后主率大军到达平阳城下,周武帝见齐军声势颇盛,周军疲惫,于是留下一些将士镇守平阳,自率主力军西退。

齐军包围了平阳,昼夜攻城。城已残破不堪但仍不能攻克。北周守将梁士彦慷慨激昂,身先士卒,激励了士卒。守城军民士气大振,无不以一当百。齐军再次挖地道攻城,城墙塌陷十余步,齐军将士呼喊着要冲进去,被齐后主下令阻止。齐后主派人召冯淑妃来观看,冯淑妃正在化妆,等她化妆完毕,周军已用木棍塞住缺口,齐军再次进攻,已经冲不进去。

周武帝本已引兵西归,闻平阳危急,又率军赶至平阳,会集诸军,向齐军发起猛烈攻击。齐后主与冯淑妃在阵后并骑观战,东边稍退,齐后主便与冯淑妃率先逃走,齐军见皇帝先跑,随之全线溃败。齐后主逃回晋阳不久,周军又尾追而来。齐后主便任命安德王高延宗为相国、并州刺史,总领山西兵,自己却不顾群臣劝阻,在夜里砍杀守城门的士兵,率少数侍卫逃出晋阳城。他想投奔突厥,侍官多所不愿,许多人半路悄悄溜走。领军梅胜郎也百般谏阻,他这才带着剩下的数十人逃到邺城。穆提婆见大势已去,不得已投降了周军。

周军包围了晋阳,高延宗在北齐留守将帅的坚决要求下即皇帝位。周军四面攻城,终于攻破东门,周武帝率数千人冲进去,却在城内展开巷战,周武帝几乎被困在城内,好不容易才突围出城。直到二次组织攻城,才占领了晋阳,俘虏了高延宗。

谁知齐后主在邺城,听望气的人说,当有革易,遂禅位于太子高恒。次年正月,高恒即位,是为幼主,改元承光,尊齐后主高纬为太上皇,朝政大权却仍掌握在高阿那肱手里。高阿那肱对主战将领颇为猜忌,于是齐军士气聚而复散,更加离心离德。周军进兵邺城,齐军出击,大败而归,高纬只得带上高恒东逃。周军攻入城内,俘获百官。高纬逃至济州,留下高阿那肱守济州关,又与穆后、冯淑妃、高恒、韩凤等数十人逃至青州,准备投奔江南的陈朝。不料,高阿那肱表面上虽劝高纬先居住青州,暗地里却勾结周军速至青州,将高纬、高恒等人全部俘虏。北齐灭亡。北齐自显祖文宣帝高洋至幼主高恒,凡6帝,28年(550～557)。

北方自东西魏分裂以来,已近半个世纪,至此终于统一。周武帝准备乘势"平突厥,定江南",统一全国,可是不久他便病死在征讨突厥的途中,统一全国的事业未能由他完成。但是他为统一所做的一切准备并没有白费,为后来隋文帝杨坚统一全国奠定了坚实的基础。

刘裕建宋

晋元兴元年(402),门阀士族谯郡桓玄代晋建楚,自立为帝。次年三月,出身寒门士族的北府旧将刘裕、何无忌占据京口(今江苏镇江),刘毅、孟昶等盘踞广陵(今江苏扬州)起兵,打着恢复晋室的旗号,讨伐桓玄。刘毅等率兵到京口与刘裕会师,然后,合兵进攻建康。讨伐军迅速击败桓玄的抵抗,进而占领建康。此后又派刘毅等率军西上追击桓玄,陆续镇压了桓玄势力的反抗,迎回被废的晋安帝重登皇位,重建东晋。刘裕起兵成功,任使持节,都督扬、徐、兖等八州诸军事、领军将军、徐州刺史,从而掌握了军权,尤其是掌握了北府兵这支最精锐的军队。义熙四年(408),刘裕又升任扬州刺史、录尚书事的要职,实际上掌握了东晋军政大权。

南燕慕容超认为南方软弱可欺,屡次派骑兵侵入东晋边境骚扰和劫掠人口。刘裕于义熙五年(409)出兵,北伐南燕,出兵两月后就已包围了南燕首都广固(今山东省益都北),南燕惊慌失措,向后秦求救,秦却未派兵。义熙六年三月(410),刘裕大军攻陷广固,生擒慕容超,灭掉南燕,收复了青兖广大地区。刘裕声威大震,时人无可匹敌。在刘裕北伐之时,盘踞广州的卢循、徐道覆率部北上,图谋争夺政权。他们在豫章(今江西省南昌)大败东晋江州刺史何无忌,声威大震,兵锋直指建康。刘裕闻讯,急忙班师回朝,亲率数十人匆忙赶回建康。当时地位和实力仅次于刘裕的豫州刺史刘毅为壮大声势,不听刘裕指挥,率军2万从姑熟溯江而上,以阻击卢循军队。六月,双方战于桑落洲(今江西省九江东北),刘毅大败,狼狈逃走,致使声望一落千丈。这时,建康城内,人心惶惶,很多人提议迁都江北,遭到刘裕坚决反对,宣布内外戒严。同时,征发居民修筑防御工事,此时大批援军陆续赶到。卢循闻知刘裕还都,就很想退兵,经徐道覆力争,犹豫多日才继续进兵。刘裕也得到了周密部署的时间,坚壁不战。卢循因师老兵疲,给养困难,被迫退回寻阳,试图西取荆州,徐道覆部却遭到失败。卢循、徐道覆率部东下,与刘裕军激战,又遭惨败,遂率部南逃,不久全被晋军歼灭。

卢循的起义被平定后,刘裕与刘毅的矛盾已日趋激化。义熙八年(412),江州刺史刘毅移镇荆州,力图割据,于是取江州兵和豫州西府文武万余西上。由于刘毅温文尔雅,颇得徒有虚名的名士如谢混等人的欢心,而刘裕气质不文,在结交高级士族方面处刘毅的下风,心中十分不满。这时,刘毅又要求允许起用从弟刘藩做他的副手,以党徒郗僧施担任南蛮校尉的要职。刘裕感到分裂在即,决意先发制人,先杀刘藩、谢混等人,他命王镇恶为前锋,自己亲统大兵征讨刘毅,不久就攻克了江陵,刘毅逃走,后不得不在牛牧佛寺(今湖北江陵)自杀。刘裕随之又潜回建康,诱杀了心怀狐疑、欲谋叛乱的豫州刺史诸葛长民兄弟。刘裕在寒门士族中确立起独一无二的统帅地位。军权的高度集中,使寒门士族得以有效地利用武力谋取更大的利益,为王权的恢复奠定了基础。

在此之前,谯纵趁东晋衰乱,占据四川称王。后谯纵常与桓玄从兄桓廉连兵侵扰东晋,威胁荆楚。义熙九年(413)一月,刘裕命大将朱龄石率众2万攻蜀谯纵,力克平模(今属四川省),谯纵部将相继奔溃,谯纵弃成都出逃,尚书令马耽在成都投降,益州就这样被东晋收复。

刘裕讨伐刘毅时曾任命宗室司马休之为荆州刺史。几年后,刘裕嫌忌司马休之在江陵深得人心,以司马休之子司马文思犯法而司马休之不肯严惩反而心存怨气为借口,下令讨伐司马休之。东晋雍州刺史鲁宗之及其子鲁轨担心不为刘裕所容,和司马休之连兵抵抗刘裕。司马休之等兵败后投后秦。义熙十二年(416),后秦派遣鲁宗之子鲁轨率兵进犯襄阳,骚扰荆楚。这时,后秦皇帝姚兴突然病故,其子姚泓继位,后秦王室内部不和,发生内讧。是时,北魏拓跋氏跨有并冀,大夏赫连氏虎据朔方,都牵制了后秦相当一部分兵力。刘裕在义熙十二年(416)九月,亲统大军,北伐后秦。北伐大军兵分四路,水陆并进,浩浩荡荡。檀道济、王镇恶所属二部进展十分迅速,所至望风归降,十一月就占领了洛阳。前锋随之进抵潼关。刘裕主力部队也击败了北魏的骚扰,顺利抵达洛阳。然后又兵分两路,继续向长安进军。义熙十三年(417)九月,刘裕军攻入平朔门(即长安北门),姚泓出降,后秦灭亡。十二月,刘裕留守建康的心腹、尚书左仆射刘穆之病死,本来想留在长安经略西北的刘裕担心后方发生变化,于是决定返回江南,而留其次子刘义真镇守长安。刘裕此次北伐,收复了大片国土,并牢固地占有了潼关以东、黄河以南的广大地区,威望更高。

刘裕北伐回到建康后,于义熙十四年(418)受封为相国、宋公,并受九锡之命。次年一月,刘裕因谶纬说"昌明之后尚有二帝",就派王韶之与安帝的左右把安帝勒死。刘裕称遗诏奉司马德文即皇帝位,是为晋恭帝。八月,刘裕接受宋王爵位。元熙二年(420)一月,晋恭帝给刘裕加殊礼。七月,傅亮劝晋恭帝禅位给宋王刘裕,把草拟好的诏书进呈给晋恭帝,让其重抄。晋恭帝竟欣然提笔,对左右人说:"桓玄篡逆,晋氏已失天下,又为刘裕延长了将近20年,今天的事,本来也就心甘情愿。"就亲笔在红纸上写诏宣布禅位,至此,东晋灭亡。宋王刘裕即皇帝位,改国号为宋,宋朝建立。

刘裕平定桓玄掌权到即位以后,对政治、经济进行了不少改革,除去东晋许多弊政,使政权显得虎虎而有生气。首先,在政权组织上,既提升寒门士族,又不排斥吸收高级士族。他杀了一批顽固抵制寒门士族参与政权、拒绝与其合作的高门士族,如杀太原王愉、王绥,陈郡殷仲文、殷叔文等人,拉拢了许多愿意合作的高门士族结成联盟,如琅琊王谧、王弘,陈郡谢裕、谢晦,会稽孔安国等人,依然给其高官要职,利用他们的经验和智慧帮助巩固政权,高门士族在经济上也依然获得了优厚待遇。刘裕等人还主动与高门士族联姻,如为次子刘义真娶谢裕女,招褚秀之为婿,使以刘裕为核心的寒门家族的地位提高了,甚至具有超越门阀士族的地位的趋势。

东晋末年的统治过于宽松,朝廷没有威信,官员不喜欢管理事务,致使豪族十分猖狂,经常欺凌人民。刘裕就部属刘穆之斟酌时宜以采取切实可行的措施,刘裕本人以身作则,威禁内外,百官都肃然奉职,没有多长时间就改变了弊政。他关心贫民,先后把京口的渤海刁氏万余顷土地及晋安帝王皇后的土地分赐贫民。当时江南的山湖川泽,多被豪强所侵占,而小民砍柴、钓鱼都要向其交钱交物。为此刘裕颁布了禁止占固山泽的法令。刘裕还采取了一系列措施,解放高门士族抢占国家的劳动人口,起兵之初就将役使官人的褚粲等免官。义熙九年(413)严格土断。会稽大士族虞亮因藏匿了亡命千余人被刘裕下令处死,并免会稽内史司马休之官职。刘裕一方面尽量减轻编户农民的赋役负担,防止其破产,一方面又通过土断将侨人中的大批小农变为编户农民,以增加国家的赋税收入,加强了国家对自耕农的控制以充实国家的经济力量,为强大的王权奠定了坚实的基础。又对于州郡所送秀才、孝廉进行考试,决不允许滥竽充数。在平定刘毅之后,在荆州"宽租省调、节役原刑",赢得了荆州人士称赞。在驱走司马休之以后,又对荆、雍二州"老稚服戎,空户从役"的现象加以改变,规定两州军人和吏年纪在 12 以下、60 以上者全都遣散。称帝后,除去一些杂税,因军事而调发的奴僮送还本主。过去,州、府置将、吏长漫无限制,刘裕规定荆州府置将不能超过 2000 人,吏不能超过 10 000 人,其他州置将不能超过 500 人,吏不能超过 5000 人,以加强中央对地方的控制,力图避免东晋藩镇割据的重现。

刘劭政变

刘劭,字休远,是文帝的嫡长子。6 岁时,被立为皇太子。12 岁出居东宫,并娶殷淳之女为妃。13 岁加元服。刘劭好读史书,喜欢武事。他亲自管理东宫,喜欢接待宾客,想干什么,文帝就让他干。宋文帝与执政的彭城王刘义康矛盾很深,因担心刘劭的安全,就大大增加了东宫卫戍部队,和卫戍皇宫的羽林一样多。

文帝末年重视农业,劝课耕桑,还让宫内带头。有个女道士叫严道育,本为吴兴人,自吹通灵,可以役使鬼神,因丈夫劫人财物而被没入宫,因刘劭妹妹东阳公主的奴婢王鹦鹉得以出入公主家。严道育自吹能辟谷服食,赢得公主、刘劭、刘濬等人的信赖。刘濬是文帝宠妃潘氏生的儿子,因刘劭母袁皇后性妒而含恨死去,所以刘劭很恨潘妃,刘濬害怕将来刘劭当皇帝他会受罪,就特别讨好刘劭,两人关系十分亲密。刘劭、刘濬一起犯过许多过失,文帝训斥了他们好几次。他们想让严道育祈请上天,不再让文帝知道他们的过失,严道育满口答应,刘劭等对她十分尊敬,称为"天师"。后来,刘劭、刘濬就和严道育、王鹦鹉及东阳的主奴陈天兴、黄门陈庆国共为巫蛊,他们在玉石上雕刻文帝像,埋到含章殿前,妄图用这种宗教法术来让文帝早死。刘劭提升陈天兴任队主。东阳公主死后,王鹦鹉本应出嫁,但刘劭兄弟担心密谋外泄,将其嫁给刘濬的心腹吴兴沈怀远为妾。文帝后来听说陈天兴是奴而得领队之职,训斥刘劭,刘劭把事情告诉刘濬,刘濬回信说不行就干掉陈天兴。王鹦鹉原曾与陈天兴私通,既嫁怀远,害怕内情外露,就让刘劭秘密杀掉了陈天兴。与此同时,同党陈庆国害怕遭受同样的命运,就把巫蛊的事报告给文帝。文帝大惊,派人逮捕王鹦鹉,抄家时得到刘劭兄弟来往书信,都是诅咒巫蛊的话,又掘出所埋玉像,文帝严厉责备刘劭兄弟,刘劭兄弟也只有谢罪。严道育逃跑未被抓获,文帝很生气,派了很多人到处搜捕。严道育已换上尼姑衣,先藏东宫,又跟随刘濬到京口(今江苏镇江),住在百姓张旿家。刘濬改镇壮江陵(今湖北江陵),带严道育到东宫,还想带她到江陵。这时有人报告严道育在京口张旿家,文帝本来派人抓捕,只抓到她的两个奴婢,供出严道育已随刘濬还都,文帝认为刘劭、刘濬已和严道育断绝来往,这时才知他俩还与其来往,既震惊又痛心,下令让京口把严道育押解回京,然后审断,治刘劭、刘濬的罪。刘濬闻讯大惊,赶快告诉刘劭。文帝想废掉太子刘劭,赐刘濬死。先和侍中王僧绰商量,让他寻找汉魏以后废太子诸王典故,并送给宰相徐湛之和吏部尚书江湛参阅,然后与王僧绰、徐湛之和江湛共商另立太子事宜。第三子刘骏不被文帝所喜爱,文帝一直让他在外地为官,不能留在建康。四子刘铄、七子刘宏同被文帝喜爱,但铄妃是江湛之妹,江湛劝帝立刘铄。宰相徐湛之之女是文帝第六子刘诞的妃子,所以徐湛之劝帝立刘诞,王僧绰则认为无论立谁都只能速速决断,不再疑惑,不然的话,像刘劭刘濬当初一样,将后悔无及,贻笑千载。文帝却仍犹犹豫豫,想立七子刘宏又嫌他排行不好。他每夜都与徐湛之谈话,还常让徐湛之端着蜡烛,在房间周围检查巡视,以防有人偷听。君臣很长时间也确定不了立谁为太子,文帝却把商议的内情又告诉给潘妃,潘妃告诉刘濬,刘濬又赶快告诉刘劭,刘劭就秘密与其心腹队主陈叙儿、詹叔儿、斋帅张超之等人商量发动政变之事。

刘劭性格狡黠而刚猛,文帝也很依赖他。作乱前,刘劭每天晚上慰劳将士,有时还亲自行酒。王僧绰已密告文帝戒备。元嘉三十年(453)三月十五日夜,刘劭谎称帝诏令其在天明时分率部守卫宫城,又令其私养勇士2000多人全副武装准备战斗,并召集萧斌、袁淑、殷仲素、土止见等人。刘劭哭着对他们说,他被父皇冤枉,行将被废,已决定于次日起事,希望大家齐心协力。刘劭个个拜求,大家都大吃一惊，袁淑极力反对，但在刘劭胁迫下，众人纷纷表示同意。次日凌晨，刘劭外穿朝服内着军装，和萧斌同车，侍从像往常入朝礼仪的样子，呼喊袁淑，袁淑不服被杀。刘劭等进入万春门。按照旧例，东宫部队不准入城，刘劭骗门卫说奉皇帝的命令讨逆贼，命令后队跟上，张超之等率先冲入云龙门和斋阁，直接登上合殿。文帝晚上一直与徐湛之密谋，这时蜡烛还未灭。卫兵们晚上睡觉还没醒。文帝见张超之进来，立刻举起茶几抵挡，五指被砍掉，并遇害身亡。徐湛之、江湛等人相继被叛兵杀害。经过短暂交锋，刘劭部队迅速击败了文帝卫队的抵抗，又杀了潘妃和太祖亲信数十人。召刘濬命他率众屯驻中堂。刘劭以太祖名义召大将军刘义恭、尚书令何尚之及其他百官，然后即皇帝位，下诏称徐湛之、江湛等人弑逆被平定，但由于文帝身亡，大赦，改元太初。署置百官，并杀掉一些异己分子和不为刘劭喜欢的宗室如长沙王刘瑾、临川王刘烨等人，收回原给诸王和各处的武器，并封赏有功人员。刘劭还博访公卿，询问治国之道，开放田苑山泽，贷给贫民，政变获得了成功。

太子刘劭弑逆的消息传开后，普天同愤。文帝第三子武陵王、江州刺史刘骏正带领江、豫、荆、雍四州军队讨伐西阳(今湖北黄冈)的蛮族，听到消息后，他与沈庆之定议举兵，只花几天时间，就内外整肃。荆州刺史、南郡王刘义宣与司州刺史鲁爽等人也举兵响应。讨伐军东下，传檄四方，使共讨刘劭，州郡纷纷响应。刘劭闻知四方起兵，立刻宣布戒严，并把诸王和大臣移到城内以便于监视。四月底，讨伐军大将柳元景率军从溢口出发，刘骏、沈庆之等率大军随后东下讨伐，刘劭拒绝了萧斌率水军西上决战或保据梁山的正确建议，反而采纳刘义恭固守京城的错误提议。讨伐军已抵南洲，出降者接连不断，讨伐军进至新亭，刘劭下令萧斌率步兵、褚湛之率水军，与鲁秀、王罗汉等率兵共万人，围新亭。刘劭将士都受到重赏，士气很高，拼死战斗，讨伐军虽然水陆受敌，士气却更旺。刘劭部队快要攻克新亭垒时，鲁秀却击鼓退兵，讨伐军乘机反攻，大败刘劭兵，死伤很多。刘劭亲自带领部队来攻新亭，讨伐军又一次大败之。刘劭退还朱雀门，胆战心惊，逃回台城，其部属如鲁秀、刘义恭也投降讨伐军。刘劭迎接蒋侯神像、苏侯神像到宫内，乞求保佑，并让刘铄写祝文，咒骂刘骏。五月，刘骏即皇帝位于新亭，给文武加官晋爵。讨伐军随即攻下建康，活捉刘劭、刘濬，获得了彻底的胜利。

刘宋王室自相残杀

　　刘宋初期,王室成员逐渐在统治集团内部掌握了巨大权力,占据着十分重要的地位。元嘉六年(429),宋文帝让其弟刘义康入朝秉政,为司徒、录尚书事,后又加领扬州刺史,从而使宗室重臣取代高门权臣执掌枢机。刘义康专总朝权后,尽心尽力,逐渐树立了权威,生杀由己,势倾天下。但刘义康却不识大体,私置归属6000人也不告诉皇帝。元嘉十三年(436),文帝病危,安排后事,而刘义康亲信竟去查阅东晋成帝死立弟康帝的经过和仪注的档案,不承想文帝却康复未死。刘义康的发展对文帝构成了严重的威胁,文帝特别加强了太子刘劭统帅的卫兵以防备刘义康。元嘉十七年(440),文帝采取了果断措施,诛杀刘义康党羽,令刘义康出镇江州,剥夺了他巨大的权力。几年后,范晔等人图谋拥立刘义康失败,刘义康被废为庶人。元嘉二十八年(451),北魏军临长江,文帝担心刘义康被人利用,终于下令处死刘义康,这就是王室内乱的萌芽。元嘉三十年(453),文帝曾想废掉手握重兵的太子刘劭,由于谋事不密,被刘劭先发制人,于是,刘邵杀其父而自立。文帝第三子刘骏时任江州刺史,听说父亲被杀,传檄州镇声讨刘劭。讨伐军很快逼近建康附近,刘劭出兵,失利退守。江夏王刘义恭(刘裕第五子)弃家出逃时,刘劭杀刘义恭十二子及有嫌疑的宗室长沙嗣王刘瑾、临川嗣王刘晔、桂阳侯刘顗、新渝侯刘阶等人,还曾遣使杀刘义康六子于安成郡。建康被攻破后,刘骏又杀其兄刘劭及其四子,兄刘濬及其三子。从此,王室间骨肉残杀的悲剧愈演愈烈,宋室也逐渐走向衰微。

　　等武帝刘骏即位以后,不愿意让其叔父、南郡王刘义宣(刘裕第六子)继续担任地广兵强的上游重镇荆州的刺史,于是下令内调刘义宣为丞相、扬州刺史。刘义宣据荆州10年,兵强财富,于是举兵反抗,联结江州刺史臧质、南豫州刺史鲁爽同起兵,声势浩大,孝武帝用尽全力才勉强将叛乱镇压下去并杀刘义宣及其十八子。孝武帝因其弟南平王刘铄(文帝第四子)平素对他不太礼貌且曾为刘劭所用,就用毒药把弟刘铄毒死。武昌王刘浑(文帝第十子)从小行为不端,后任雍州刺史,和左右人开玩笑写文檄自命楚王,并署置百官。武帝知道后,逼令其自杀。竟陵王刘诞,在平定刘劭和刘义宣叛乱中屡立大功,表现出非凡的才十,因此遭到孝武帝的猜忌,竟陵王暗自防备。孝武帝派垣阆率兵偷袭,不料被刘诞所杀。又遣派沈庆之率大军进围广陵,刘诞杀宗室刘遵之子刘琨之,并坚守三个月,但城破被杀。大明二年(458),海陵王刘休茂出任雍州刺史,司马庚深之掌管府州事。刘休茂性急,想政由己出,庚深之等人每每压制,导致刘休茂经常怨恨。张伯超由于常犯过失,受到训斥,张伯超担心受处罚,力劝刘休茂杀庚深之等人举兵自卫,纵使事败还可逃入北魏为王。刘休茂就率张伯超等杀庚深之等人,征发民众,传檄各地,结果参军尹元庆杀刘休茂并其同党。

泰始元年(465),孝武帝刘骏死,其子刘子业(前废帝)继位,遂杀孝武宠臣戴法兴等,刘义恭(刘裕第五子)等人阴谋废帝,被刘子业先发制人,遂杀义恭并其四子。刘子业猜忌晋熙王刘昶率兵讨伐,刘昶被迫聚众起兵,事败北逃,归降北魏。刘子业因忌恨孝武宠妃殷淑仪,即位后赐死殷淑仪的儿子刘子鸾、刘子师及其女。刘子业杀南平王刘铄之子刘敬猷、刘敬渊、刘敬先。刘子业不仅残杀骨肉,还杀了许多大臣名将、近臣密戚等,搞得人心惶惶,朝不保夕。刘子业还计划把剩下的6个叔叔全都杀掉。这时宿卫将士也被刘子业的屠杀搞得惊恐不安,于是杀了刘子业,拥立文帝第十一子刘彧为帝,是为明帝。不料他第二天就杀废帝同母弟、豫章王刘子尚、妹山阴公主刘楚玉等人。刘子业在死前派人去杀弟、江州刺史晋安王刘子勋。因为他排行第三,又据江州,而其父刘骏就是文帝第三子,据江州起兵而得帝位。当时子勋仅仅10岁,江州实权掌握在长史邓琬手中,邓琬起兵反抗。明帝即位后,邓琬在寻阳(今江西九江)拥立刘子勋为帝。子勋弟、郢州刺史、临海王刘子绥(孝武第四子)、荆州刺史刘子顼(孝武第七子)和会稽太守刘子房(孝武第六子)均由长史做主,纷纷起兵响应,雍州刺史袁顗、梁州刺史柳元怙、益州刺史萧惠开、广州刺史袁景远、徐州刺史薛安都、青州刺史沈文秀、冀州刺史崔道固、淞州行事何惠文、吴郡太守顾琛、吴兴太守、晋陵太守、义兴太守等也纷纷起兵,拥护刘子勋,于是,爆发了一场规模浩大的以明帝刘彧为首的文帝系诸王和以刘子勋为首的孝武帝系诸王的王室大内乱。明帝首先击败了会稽北上之军,生俘刘子房,率先结束了东线战役。之后,战争持胶着状态,由于明帝将领张兴世等偷袭刘子勋部所带军粮得手,使刘子勋军10余万人不战自溃。明帝杀子勋、子顼,陆续平定了上游,西线战役也随之结束。明帝随后又把孝武帝剩余的儿子全部杀掉。这时徐州刺史薛安都等人见明帝大局已定,遣使归顺,不承想明帝却想向淮北人展示威风,派张永等人率大军进兵淮北以迎接薛安都等,导致薛安都等人疑虑,纷纷投降北魏,宋朝淮水以北的广大地区逐渐沦陷于北魏,这样淮南就成为前线,南方从此衰弱了。

明帝即位后,并未停止残杀骨肉。泰始五年(469),柳欣慰谋反,欲立刘祎为帝(文帝第八子)。刘祎因与其来往联系,事后被降职,第二年便被逼自杀。山阳王刘休范不善于讨明帝欢心,明帝担心自己死后,幼主临朝,不好控制,就派人在射雉场杀了他,并伪称坠马死亡。建安刘休仁和明帝是多年的友爱,在前废帝时同经危难,后又平定诸王叛乱,屡建奇功,赢得朝野信赖。明帝却不高兴,在病危时仍担心休仁危害其后嗣,就编造罪状,杀了刘休仁。刘休仁被杀时,巴陵王刘休若为荆州刺史,后被征为南徐州刺史,部下王敬先劝其举兵反抗,刘休若逮捕了王敬先,报告了朝廷,出镇京口。即使是这样,明帝也担心刘休若能得人心,恐将来倾危幼主,赐刘休若死。明帝就这样把所有可疑的王族一个一个剪除了,只留下一个表面无能,又不为众所推服的桂阳王刘休范。

明帝既死,子刘昱即位,是为后废帝。江州刺史桂阳王休范认为自己与后废帝宗亲最近,应该当宰相辅政,却没有份,由此产生怨恨,就招集勇士,善治兵器,积聚力量,于元徽二年(474)举兵东下,朝廷经过殊死搏斗才将刘休范的反叛镇压下去。元徽四年(476),建平王刘景素(文帝第七子宏之子)举兵反。刘景素素有贤能之名,文帝儿子辈都已经死尽,孙子里以刘景素为最大,又礼贤下士,朝野信赖,后废帝凶狂,日甚一日,内外都已觉得刘景素应当皇帝。只有后废帝母后的亲戚猜忌,而杨远长、阮佃夫等近臣贪权,恐不为刘景素所容,又嫉妒又害怕。刘景素据京口(今江苏镇江)起兵,不久失败,连同二子被杀。后废帝也因无道被杀,权归萧道成,立顺帝。升明三年(479),顺帝被迫禅位于齐,宋灭亡了。

南齐的建立

刘宋明帝为加强控制,大肆任用亲信寒人阮佃夫、王道隆、杨远长等典掌机要,掌握大权。明帝因儿子幼小,非常猜忌诸弟,相继杀害了刘休祐、刘休仁、刘休若等,只留下一个貌似无能的刘休范。明帝还把他认为可能危及幼主的大臣也尽数杀掉,如大将吴喜、大臣王景文等。泰豫元年(472),明帝死,刘昱即皇帝位,褚渊、袁粲、蔡兴宗、沈攸之、萧道成并受顾命辅政。

萧道成,南兰陵人,其家族是宋武帝刘裕的继母孝懿萧皇后的远宗。其父萧承之,在宋代立功。萧道成初隶于萧后内侄萧思话。后来,明帝令萧道成镇淮阴,萧道成开始收养豪俊,继而升为南兖州刺史。泰始七年(471),萧道成入朝,任为散骑常侍,太子左卫率。明帝临死时,因大臣褚渊与萧道成关系很好,引荐萧道成同掌机密,遂升为右卫将军。萧道成由此进入统治中枢。

后废帝即位,因其年幼不能主政,由大臣执政,而皇帝身边的宠臣专权。江州刺史刘休范认为自己与皇帝关系最近,应为宰相。既不如意,便十分怨恨,其典签许公舆为其谋划,让刘休范折节下士,厚相资给,使远近数万有雄心的人,都投奔到刘休范旗下。刘休范还准备兵器。朝廷知道刘休范有野心,也在暗暗防备。元徽二年(474)六月,桂阳王刘休范据江州起事,率众 2 万、马 500 匹从寻阳出发,日夜兼程直奔建康,萧道成、张永率兵抵御,双方激战于新亭(今江苏南京南)。萧道成军不利,使用诈降计杀刘休范。但刘休范所遣进攻台城的军队大败朝廷军队,杀刘勔和王道隆。当时都传言台城已陷,白下、石头的朝廷军队也纷纷溃散,张永逃回宫中说新亭也沦陷于敌,吓得太后握着小皇帝的手哭着说完了。萧道成暗自遣军入卫宫省,随后大败叛军。朝廷任命萧道成为中领军。南徐州刺史、建平王刘景素素有贤能之名。这时后废帝凶狂失德,朝野对景素颇为信赖,认为应由他当皇帝。后废帝外家陈氏很憎恶他,而杨远长、阮佃夫等人想长期禀权,不愿立年长之君,也想除掉刘景素。刘景素自己也在倾财招接勇士,朝廷勇将黄回等人暗中与其通谋,杨远长等人派周天赐假装投奔刘景素,并劝其举兵。刘景素却杀周天赐送首级给朝廷。元徽四年(476)八月,刘景素因误信桓祖所报京师溃乱的消息,据京口起兵,成千的人都争着归顺刘景素,但刘景素不熟悉军旅,不擅长武略,很快被朝廷军队击败,被杀害。

后废帝在东宫时就喜怒无常,刚当皇帝时,还害怕太后、太妃、大臣,还不敢怎样胡作非为。后来,他经常出宫游玩,有时竟夜宿旅馆,对统治国家毫不经心。刘景素败后,他更加骄横,没有一天不出宫胡作非为的,随从们都拿着武器,无论男女老少还是犬马牛驴,只要碰上就杀,一天不杀,就不高兴。老百姓都十分害怕,白天都关着门,商贩停业,路上几无行人。统治阶层的人士也担忧惶恐。阮佃夫与制局监朱幼等人想废帝另立,商议趁帝出城射雉之时,矫太后命令,命其护卫返城,关闭城门,派人抓帝,然后废掉,立安成王刘准,然而泄被杀。不久,后废帝亲率卫士诛夷大臣沈幼文等三家。太后几次教训后废帝,后废帝很不高兴,曾想毒死太后,为左右诡言所劝止。后废帝曾入萧道成官府,当时天热,萧道成白天没穿什么衣服,后废帝在他肚子上画个靶,引满弓想射死萧道成,为左右劝止,去掉箭头,射了一下,正中肚脐,拔弓大笑。后废帝猜忌萧道成威名,必欲杀之而后快,被陈太妃制止。

在这种情况下,萧道成十分害怕,密谋与袁粲、褚渊谋废帝另立。袁粲不同意,褚渊却不表态,其下属纪僧真力劝萧道成果断从事。有人劝萧道成出奔广陵(今江苏扬州)然后起兵,萧道成则想让其子萧赜率郢州兵东下到京口(今江苏镇江),又派人让青、冀二州刺史刘善明引北魏南下,刘善明劝其以静制动,见机行事,不再离开建康。桓荣祖也劝萧道成留在建康。纪僧真、萧顺之、萧嶷等都认为应在建康见机行事,萧道成停止外逃之想,命令越骑校尉王敬则暗中交结后废帝身边人杨玉夫、杨万年等25人在宫中伺机行事。元徽五年(477)八月,后废帝忽然憎恶杨玉夫,咬牙切齿,声言要第二天杀他。这时后废帝出入宫殿无规律,省内诸阁夜不关门,宿卫都纷纷逃避值班,上下无人管事,杨玉夫等后废帝睡熟后,和杨万年一起偷后废帝防身刀杀死了后废帝,然后把后废帝首级交给王敬则,由他转交萧道成。萧道成闻讯入宫,召请诸大臣议事,下令迎立安成王刘準,是为宋顺帝,由此萧道成掌握了宋朝内外大权。

司徒袁粲、尚书令刘秉、荆州刺史沈攸之见萧道成权势渐大,而且有取代刘宋当皇帝的野心,都暗中策划反对萧道成。这年年底,沈攸之在荆州起兵,东下讨伐萧道成。湘州刺史王蕴因丧还都,与袁粲、刘秉等密谋诛杀萧道成,将帅黄回等人与其联谋。由于刘秉胆小害怕,提前携家属逃奔袁粲所据石头城,暴露了起事秘密,使萧道成做了充分的准备,双方经过短暂而激烈的战斗,袁粲父子俱死,起事也失败。沈攸之东下讨伐的军队受阻于郢州,后败归荆州。萧道成亲信、雍州刺史张敬儿偷袭并攻占了荆州江陵,沈攸之不得已闻讯自杀。

萧道成平定沈攸之之后,就消除了代宋建齐的最后一个障碍。经过一系列传统的所谓禅代方式,由宋顺帝下令进萧道成为相国,封齐公,加九锡,然后晋爵封王,形式上由宋顺帝下诏禅位,萧道成假装再三辞让,群臣再三吁请,萧道成终于在昇明三年(479)五月登上皇位,是为高帝,建国号曰齐。至此南齐建立,建康为都。

萧道成即位前后,杀尽刘宋皇族,以绝后患。萧道成为了缓和国内的阶级矛盾,巩固政权,针对宋末情况,曾减免一些百姓逋租宿债,减轻市税,也曾下令禁断招募部曲,安抚流民还乡。并检定黄籍,整顿户口。对于从军征战、未被录用和乡土沦陷的士庶,下令量才予以任用。曾下令修建学校。这一切对当时的政治、经济、文化的发展都具有积极作用,从而给南方带来一段稳定的时期。

第十二篇　加强中央集权并巩固统一的隋朝

杨坚称帝

隋代皇室的祖先据说是出自汉代高门弘农杨氏。北魏初期,杨坚五世祖杨元寿才迁居至北方六镇之一的武川镇(今内蒙古武川西)。西魏宇文泰组建府兵系统时,置八柱国、十二大将军,杨坚父杨忠为十二大将军之一,赐姓普六茹氏。入北周,官至柱国大将军、隋国公。杨忠死,杨坚袭爵。

北周建德七年(578),北周武帝死,子宣帝宇文赟立。杨坚的女儿为宣帝皇后。宣帝诛戮大臣,排斥异己,刚即位,就杀死叔父齐王宇文宪,后又逼杀宗室重臣宇文神举、宇文孝伯等人。

宣帝即位第二年,即大成元年(579)二月,将皇位传给其子宇文阐,是为周静帝,改元大象。宇文赟以天元皇帝的名号执掌政权。次年五月宇文赟死.静帝此时年仅8岁,掌握机要的内史上大夫郑译、御正下大夫刘昉等假传遗诏,召杨坚入宫,任左大丞相、都督内外诸军事。同时,由静帝叔父、汉王宇文赞出任并无实权的右大丞相。

杨坚为了巩固统治,召周宗室赵王宇文招、陈王宇文纯、越王宇文盛、代王宇文

隋文帝杨坚像

达、腾王宇文回等在外藩的诸王回京，不久就将周室五王及明帝、武帝诸子陆续诛杀殆尽。

在剪灭诸王的同时，杨坚还平定了三方之乱。相州（今河南安阳南）总管尉迟迥是宇文泰的外甥，武帝让他统治旧齐之地，他的权力极大。大象二年（580）六月，尉迟迥起兵反对杨坚。郧州（今湖北安陆）总管司马消难的女儿是北周静帝的皇后。他在尉迟迥起兵的第二个月也起兵反对杨坚。益州（今四川成都）总管王谦是十二大将军之一王雄的儿子，他也在益州发兵叛乱。

当时三方起兵，"关天之下，汹汹鼎沸"。势力最大的就是东方的尉迟迥。于是杨坚征发关中精兵，任命韦孝宽为行军元帅，向东讨伐尉迟迥。关中军攻陷邺城，尉迟迥遂自杀。在南方战场，杨坚以王谊为行军元帅，率荆襄兵进攻司马消难。司马消难逃奔陈朝。在西方战场上，杨坚任命梁睿为行军元帅，出兵20万，深入蜀境，进逼成都，王谦也被杀。

从大象二年（580）六月尉迟迥起兵到十月王谦失败，三方之乱只持续了不到4个月的时间。在消灭内外敌对势力后，杨坚从左大丞相迁大丞相，并于北周大定元年（581）代周称帝，国号隋，改元开皇。

隋朝建国之始，在政治、经济等方面进行了一系列的改革。

开皇元年（581），隋文帝废除了西魏、北周时期仿照《周礼》制定的中央官制，即所谓六官制，代之以尚书、门下、内史（即中书，避杨忠讳改）三省，作为最高的政权机构。这一制度后为唐代所继承和发展。接着，又对地方行政制度等做了重要改革。周、齐时期，州郡设置繁多。北周灭北齐后，废除了许多州郡，但是到大象二年（580），仍有州211、郡508、县1124。开皇三年（583），隋王朝按照"存要去闲，并小为大"的原则，废罢500余郡，将州、郡、县三级制改为州、县两级制。大业三年（607），又改为郡、县两级制。州置刺史，废除以往刺史例加的将军号及军府、州府两套僚佐的旧制，将州府和军府合二为一。地方行政机构的简化，节省了封建国家的开支，同时也加强了中央对地方的控制。

在选举制度方面，隋代废除了汉以来形成的公府长官及地方州、郡、县长官自辟僚佐的制度，开皇末年，创立了六品以下官吏全部由吏部任免的制度，地方州、县的属官自此全部由中央委任，也并不局限于本地人。这样，隋王朝基本结束了汉以来地方豪强大族通过垄断州郡僚佐之职操纵地方政权的局面。

九品中正制在隋代时被废止。地方设州、县学。原有的秀才、明经两种科目,可由州县学的生徒"升进于朝",进行考试,也可由诸州把人才选送到中央,然后考试录用。隋炀帝时又增设了进士科。科举制度的建立,为普通地主参加政权开辟了道路。尽管如此,由于关陇军事贵族集团是统治阶级的核心,他们的子弟仍可以按照父祖官位取得入仕的资格,升任高官,所以门阀世袭制在隋代科举中仍占有着相当大的比重。

在兵制方面,隋代对西魏、北周以来的府兵制度进行了改革。府兵制初创立时,士兵来源基本局限于鲜卑人。后又由于兵源不足,汉人也被募充府兵,并赐予鲜卑姓,力图使府兵部落化。这是与民族融合的历史趋势相违背的。大成二年(580),杨坚任北周大丞相后,下令受赐鲜卑姓的汉人一律恢复汉姓。旧制曾规定,士兵参军后,全家即由民籍转入军籍。开皇十年(590),文帝下诏,府兵全家一律归入州县户籍,并受田耕作,士兵本人仍由军府统领。这种寓兵于农的制度在唐代也得到了延续。

北周宣帝时,法律苛重,大象元年(579),杨坚对法律进行了大幅度修改。开皇元年(581)、三年(583),又制订和修改了隋律,即《开皇律》。隋朝虽承自北周,但隋律却是在《北齐律》的基础上加以修订的。隋炀帝时曾修改《开皇律》中某些苛重的条文,于大业三年(607),重又颁行,即《大业律》。

在经济方面,隋代继续实行均田制。其主要内容是:自诸王以下直至正七品的都督,受永业田自100顷递减至40亩;普通百姓受田依照北齐之制,丁男一人受露田80亩(妇人40亩)、永业田20亩,在限额内的奴婢(继承北齐制度,亲王限额300人,递减至八品以下及百姓,限额60人)和普通百姓一样受田。受田百姓必须承担国家赋役。一夫一妇为一床,交纳租粟三石,调绢一匹(四丈)或布一端,绵三两或麻三斤;单丁和奴婢或部曲客女,按半床交纳。开皇三年(583),隋文帝又下令,将受田并承担赋役的成丁年龄从18岁提高到了21岁。丁男每年给政府服役的时间从一个月减至20天,未服役的丁男则纳绢代替,称为"庸"。以后又规定年满50岁者,免役收庸。户调绢从一匹(四丈)减为两丈。

隋文帝还采纳了左仆射高颎的建议,实行输籍之法。高颎认为,政府虽然每年按定额征收租调,但军事的调发,徭役、差役的征用,附加税的收取和授田的先后,都和户等有直接关系,因此,长吏肆情、户等划分不实的情况必然促使农民逃亡到豪强门下,伦为浮客。为使农民愿意离开豪强,做国家的编民,高颎建议由中央来确定划分户等的标准,叫做"输籍定样",颁布到各州县,依定样确定户等,并写成定簿。输籍之法实行以后,大量隐漏、逃亡的农民成为国家的编户。

均田令在实施中并未能完全得到贯彻,开皇年间,在地少人多的狭乡,每丁只受田20亩,只相当于规定受田额的五分之一。这主要是由于贵族官僚广占土地以及应受田户口增加所造成的。

隋王朝采取的一系列的改革措施,促进了经济的迅速发展。到开皇九年(589),中央政府控制的户口迅速地由隋初的四五百万户增加到7百万户左右,而且各地广置粮仓,西京大仓、东都含嘉仓、洛口仓、华州永丰仓、陕州太原仓所储存的米粟,多的达千万石,少的也有数百万石。长安、洛阳和太原府库所储存的布帛,也有几千万匹。这些,再加上全国各地的储积,据史载,可够隋统治者支用五六十年。为了维持农业的发展,隋王朝还在各地大力兴修水利事业。文帝恪守以农为本的经济政策,于开皇十六年(596),下诏不准工商业者入仕为官。

手工业也继续发展。河南、河北诸郡和蜀郡一带,都是当时重要的丝织品产地。在河南巩县和河北磁县都发现了隋代的青瓷窑址。造船技术也有所提高,能够制造4层、高45尺、长200尺的龙舟。长安和洛阳的官办手工业作坊,集中了全国最优秀的工匠。

开皇元年(581),隋王朝统一货币,更铸五铢钱、重五铢,解决了周齐以来货币名品甚多、轻重不等的问题,由此也便利了商品的流通。

为了巩固北部边疆,开皇三年(583),隋王朝发兵打败突厥,促使突厥内部分裂为东、西二部。为了防范突厥族的再次进攻,隋王朝还几次征发大量农民整修长城。

北部边疆得到巩固后,隋王朝的力量开始转向江南。开皇八年(588)二月,隋文帝下诏伐陈。十一月,50余万隋军,以晋王杨广为统帅,沿着长江中、下游分兵八路,大举南进。次年正月,隋军直捣建康(今江苏南京),俘后主陈叔宝。这场统一战争从发兵到战事结束,还不到4个月。至此,持续了近300年的分裂状况终于又为统一局面所代替。

隋抗突厥

北朝后期,木杆可汗灭柔然后,突厥成为北方游牧地区的强大的民族。周、齐对立,各送重赂求突厥援助。佗钵可汗死,沙钵略可汗继立。贵族因为争夺继承权发生纠纷,庵罗成为第二可汗。大逻便自立为阿波可汗。沙钵略弟处罗候为突利可汗,玷厥为达头可汗。此外,还有贪汗可汗,形成了诸王可汗并立的局面。其中沙钵略兵力最强,是突厥中最大可汗。

隋文帝即位以后,不再给突厥礼物。因此突厥贵族经常带领骑兵,在东起幽州,西达河西的漫长战线上对隋进行骚扰。开皇二年(582),沙钵略率本部兵10余万及所属四可汗兵共40万众大举南侵,深入了武威、天水、延安等地,掠夺人畜,百无一留。第二年,隋文帝便命杨爽为行军大元帅,率兵分八路反击突厥。杨爽出朔州,大破沙钵略的军队。窦荣定出凉州,击败阿波军。突厥遂败走。沙钵略借口阿波先退,袭击阿波。阿波投奔达头。达头协助他收集旧部近10万骑,和沙钵略互相攻击。至此,突厥形成了以达头、阿波为首的西突厥汗国和以沙钵略、突利为首的东突厥汗国两个对立的势力。

沙钵略屡被隋军打败,于四年(584),遣使求和。次年,沙钵略可汗归附隋朝,经隋朝的同意,率部内迁白道川(今内蒙古呼和浩特西北)。

开皇七年(587),沙钵略死。沙钵略认为儿子雍虞闾懦弱,不能对抗西突厥的进攻,遗令立弟处罗候为可汗,号莫何可汗,亦号叶护可汗。隋文帝派遣长孙晟赐莫何旗鼓,西击阿波。阿波部众以为隋出兵协助莫何,多不战而降,莫何因此生擒阿波。开皇八年(588),莫何死,雍虞闾立,号都蓝可汗。莫何之子染干为突利可汗。二可汗皆请婚于隋。隋用长孙晟离间计策,先后把宗女安义公主、义成公主嫁给突利,又令其南徙,赏赐特厚。都蓝可汗被激怒,从此断绝朝贡,与隋为敌,不断侵扰边境。此时都蓝与达头结盟,开皇九年(589)合兵袭击突利。突利大败,只剩下部众数百人。长孙晟设计挟突利到达长安。隋厚待突利,立之为民可汗,在朔州筑大利城(在今内蒙古自治区清水河县境)为突厥汗庭,又迁其游牧部众于黄河南岸(今内蒙古自治区河套南)夏、胜二州之间。稍后,隋大将高颎、杨素率兵出军，大破达头、都蓝军。都蓝败后，被部下所杀。达头占据漠北，自立为步迦可汗。仁寿一年（601），隋遣杨素率启民北征，所得人畜尽归启民。启民返回北方。仁寿三年（603），步迦所部大乱，铁勒、思结等十余部叛步迦，归附启民。步迦逃奔吐谷浑。

阿波被俘后，泥利可汗立，泥利死，其子泥撅徒罗可汗立，于大业七年（611）降隋。

隋炀帝即位后，大业三年（607），启民朝见隋炀帝于榆林（今内蒙古托克托西南）行宫。炀帝在千人大帐设宴款待启民以及诸部酋长等3500人。在巡游途中，炀帝又亲自莅临启民牙帐和部落所在地，并接受款待。五年（609），启民又在东都朝见炀帝。这一年启民死，子咄吉世立，号为始毕可汗。

大业十一年（615），始毕叛隋，举兵入寇，围炀帝于雁门，次年又侵犯马邑。此时，农民起义已成燎原之势，隋王朝更无力抵抗突厥的进攻。北方割据势力如薛举、刘武周、梁师都、李轨及农民起义领袖窦建德等都与始毕交结，以期获得支持。这是东突厥汗国最为强盛的时期。从此，北部边境再度告急。

统一南北

开皇元年（581）隋文帝刚即位，为了给日后平陈做准备，接受左仆射高颎的建议，任命上开府仪同三司贺若弼为吴州总管，出镇广陵（今江苏扬州），任命和州刺史韩擒虎为庐州总管，出镇庐江（今安徽合肥）。当时由于北方突厥族势力正强盛，隋王朝尚不可能全力南攻。开皇二年（582），隋军挫败了入侵河西以至弘化、上郡、延安的突厥军，突厥汗国内部矛盾也随之激化。三年（583），突厥分裂为东、西两个汗国。开皇五年（585），东突厥沙钵略可汗归附隋朝，率部内迁于白道川（今内蒙古呼和浩特西北）。北方获得了安定，隋力量始转向江南。

开皇七年（587），隋为平陈做准备，开山阳渎，北起山阳（今江苏淮安），东南经射阳湖与邗沟相接，沟通了山阳、江都（今江苏扬州）之间自淮河入长江的运河。同一年内，隋灭掉建都江陵（今湖北江陵）的后梁，又扫除了向江南进军的障碍。隋文帝又命杨素在永安（今四川奉节）造大舰，名曰五牙。上起楼五层，高百余尺,可容纳士兵800人,又造黄龙舰,置兵百人。与此同时,隋文帝还与大臣频频商讨平陈之事。

江南的陈朝自陈霸先称帝以后,就未得到各地武将的支持。南方各地许多寒族豪强趁候景之乱后的形势,自署为州郡牧守,不遵守陈朝法度,陈朝的政治局势也很不稳定,他们既无力制止内战,又无力抵抗北朝的进攻。陈一度收复江北之地,但是不久以后就又放弃了。陈的经济也是凋敝不堪。陈宣帝屡次下诏安置淮南流民,鼓励隐户归籍,但是均无实效。陈宣帝死后,子叔宝(后主)即位。陈后主荒淫奢侈。到他统治的时期,陈的政治更加腐败,官吏"唯以刻削百姓为事",自耕小农"各不聊生,无能自保",繁重的兵役更使他们"身充苦役,至死不归"。

开皇八年(588)二月,隋文帝下令伐陈。发到江南宣布陈后主罪状的诏书,多达30页纸。十月,隋军正式出兵,以晋王杨广、秦王杨俊为大臣,并任命杨素为行军元帅。杨广军从六合(今江苏六合)出发,杨俊军从襄阳(今湖北襄樊)出发,杨素军从永安出发,刘仁恩军从江陵出发,王世积军从蕲春(今江苏常熟西北)出发。各路军共有总管90员,兵51.8万人,都要受到晋王杨广节制。面对隋军西起巴蜀、东至于海数千里战线的进攻,陈王朝却以为长江天险足资凭借,防备十分松懈。开皇九年(589)正月,贺若弼自广陵渡江,韩擒虎自采石渡江。南北二路直指建康(今江苏南京)。贺若弼激战于钟山,打败了前来迎战的陈军,韩擒虎因陈将领任忠投降,得以先入官城,俘虏了陈后主陈叔宝。长江中下游的陈军随即败降。在岭南方面,在高凉(今广东阳江西)太守冯宝之妻冼夫人的协助下也迅速安定。这场统一战争前后不到4个月。

隋平陈以后,得州30,郡100,县400,在籍户数50万,人口200万。

陈亡后,拥有实力的江南地方豪强势力在开皇十年(590)又发动了反隋的暴动,"陈之故境,大抵皆反",他们多则数万人,少则数千人,到处屯聚。隋王朝派遣杨素为行军总管,领兵镇压。不久,暴乱被平息。

自西晋灭亡以后,中国经历了300多年的分裂时期。汉族与少数民族的矛盾,各少数民族之间的矛盾使统一局面迟迟不能到来。北朝后期,经过长期的民族斗争和民族融合之后,北方的民族关系已发生了根本的变化,因而由南北对立引起的民族矛盾的性质完全消失了,隋对南方经常发动的战争,已经转化为争取封建统一的战争了。

在南北关系上,周、齐以来也出现了显著的变化。南北使节往来日益频繁,充任使节的人往往是南北方闻名的高门名士。随着南北经济的恢复和发展,打破关禁的要求也日益迫切,淮、汉边境经常进行民间交易,南北守将也违禁互市牟利。北方人民过去由于民族压迫而大规模向南逃亡的现象停止了,南北人民正常的、相互往来的现象却逐渐增多起来。南北双方的官僚,常常由于政治上失势而投奔对方,依旧得到高官厚禄,不至于受到民族歧视。这一切现象,说明南北统一的条件已经具备。由于北方隋王朝的经济、政治、军事力量都远胜于陈,所以统一中国的使命自然便由隋王朝实现。

隋炀帝及其暴政

杨广是杨坚的次子,隋朝的第二代皇帝。开皇元年(581)被封为晋王。六年(586),任淮南道行台尚书令。八年(588)冬,任行军元帅,统50万大军伐陈。平陈后,进位为太尉。杨广兄杨勇是杨坚长子,隋建立后立为太子,参与军国大事,并获文帝信任,后由于奢侈好色,便逐渐失宠。杨广假装孝顺、节俭,博得了文帝与独孤皇后的宠爱。他与朝中权臣杨素勾结,由杨素向文帝进言,揭发杨勇的过错。二十年(600)十月,文帝废杨勇,十一月,改立杨广为太子。仁寿四年(604)文帝死,杨广即位,是为隋炀帝。据说文帝也是被杨广所害。

炀帝即位后,伪造文帝遗诏缢杀杨勇。文帝第五子、并州总管、汉王杨谅以讨伐杨素为名,在并州起兵。炀帝派杨素率军镇压。杨谅降后被幽禁而死。

隋炀帝是历史上有名的暴君。在他的统治下,徭役征发异常苛重。仁寿四年(604)十一月,他为了拱卫洛阳,在今山西、河南境内开掘长堑,为此征发丁男数十万人。大业元年(605),隋炀帝命宇文恺营建东京(洛阳),仅每月服役的丁男多达300万人。此项工程历时10个月。接着又在洛阳西面筑西苑,周200里。苑内有人工海,方圆十余里。海中造三神山,高出水面百余尺,山上有许多亭台楼阁,极为华丽。苑内树木秋冬凋谢时,剪彩绫为花叶,满缀树上,色坏更换新花,使常像春天。为营建宫殿,又征发了大江以南、五岭以北的奇材异石、珍禽奇兽尽数送到洛阳。据统计,从仁寿四年(604)十月到大业元年(605)十月的一年内，被征发的丁男不少于 400 万，平均每二户征发一丁。

隋炀帝还征发民丁修筑长城和运河。大业三年（607）和四年（608）在松林（今内蒙古托克托西南）以东修长城，两次调发丁男 120 万人，且死者过半。大业元年（605），征发河南、淮北诸郡男女百余万人开凿通济渠，征发淮南民十余万疏浚并改造沟通江淮的邗沟。这两项工程用时不到半年。据粗略统计，自大业元年（605）至六年（610），开发各段运河，先后调发河南、淮北、淮南、河北、江南诸郡的农民和士兵多达 300 多万人。开永济渠时，因丁男不足，竟以妇人供役。

炀帝在位期间，年年都要出巡，曾三游江都，两巡塞北，一游河右，三到涿郡，还在长安和洛阳之间频繁往来。他每次巡游，都要兴师动众，宫人、侍卫和各色随从人员多达十几万人。沿途一切消耗，都由所经过的州县供给。第一次游江都时，船队首尾相接，长达 200 余里。他为了巡游江都，还在江南制造龙舟和数以万计的各种大小船只。自长安至江都，沿运河营造离宫 40 余所，江都离宫尤为壮丽。这一切的负担最终都落在人民身上。

炀帝曾三次亲征高丽。当时，朝鲜半岛上存在着高丽、百济、新罗三个国家，其中以高丽最为强大。开皇十八年（598），高丽王高元兴兵进攻辽西。隋文帝便发动大规模反击，派兵 30 万攻打高丽。高元遣使谢罪，双方才罢兵修好。

炀帝即位后，因高丽王高元不肯入朝，便决定大举东征。大业四年（608）开凿永济渠，就是为东征做交通运输准备的。七年（611）二月，炀帝命令在东莱（今山东掖县）海口造船 300 余艘，官吏督工极其苛酷，任意鞭打工匠。工匠不得不日夜站在水里工作，自腰以下无不生蛆，死者十之三四。五月，又令河南、淮南、江南人民造戎车 5 万乘，由士兵自己牵挽，送至高阳（今河北高阳）。同时，还大量地征发各地民夫送粮至涿郡。仅在山东一带，就征发了运粮的鹿车（即独轮车）夫 60 余万人，二人共推一车，装米三石。因路途遥远，往往未达目的地，米已经消耗殆尽。车夫无米可交，就只得逃亡。

大业八年（612），隋炀帝第一次亲征高丽。陆军 113 万人，号称 200 万，分 24 军从涿郡出发。每日出发一军，每军相去 40 里，队伍长达千里。运输粮饷器械的民夫，就有 200 多万。水军从东莱海口出发，由来护儿率领，指向平壤。当年二月，炀帝率大军渡过辽水，围攻辽东城（今辽宁辽阳）。高丽军据城坚守，奋勇抵抗。隋军遭到惨败，士兵役丁死亡大半，物资装备也几乎全部丢失。来护儿率领的水军,也在平壤城下被高丽军队打得大败。宇文述、于仲文率领军队305 000人,进到距离平壤30里的地方,不得不粮尽而还,受到高丽军的四面包抄,高丽军乘胜追击,在萨水(青川江)击溃隋军。隋军士兵或战死或逃散,回到辽东城的只有2700人。

大业九年(613),隋炀帝第二次进攻高丽。这年正月,炀帝下诏在全国征发兵士集中于涿郡。四月,再渡辽水围攻辽东城。攻守20余日,双方死伤惨重。六月,在黎阳督运兵粮的杨玄感起兵进攻东都。炀帝在前线得洛阳告急书,大惧,连夜退兵,军用物资竟然全部放弃。

大业十年(614),隋炀帝第三次进攻高丽。此时,杨玄感虽已兵败身亡,但全国范围内的农民起义已成燎原之势。隋炀帝下诏征天下兵,但诸郡多留兵不发,征集到的士兵也多因道路阻隔,不能如期到达,沿途士兵还在纷纷逃亡。这使隋军兵员严重不足。这年三月,炀帝到涿郡。七月,到达怀远镇(今辽宁北镇),再不敢渡辽河东进了。高丽军虽两败隋军,但因连年战争,损失惨重,所以高丽王只好遣使请和。炀帝也无力把战争继续下去,只得乘势收兵。

隋炀帝的暴政"使天下死于役而家伤于财",大规模的修建和远征,经常是在农忙的季节里进行。官吏强迫农民做过度的劳动,先后有上百万的壮丁死于徭役。为了躲避徭役兵役,农民不惜伤残自己的肢体,称为"福手福足"。这一切,终于导致了隋末农民大起义的爆发。

隋末农民大起义

在隋炀帝统治时期,农民的徭役兵役负担都极为沉重。炀帝兴修了一系列的巨大工程,三次发动对高丽的战争,"使天下死于役而家伤于财"。当时山东、河北一带水旱灾害频仍,又是进攻高丽的人力、物力的供应基地,农民的负担极为沉重,因此,农民起义首先从这里爆发。

大业七年(611),邹平(今山东邹平北)人王薄首先领导农民在长白山(今山东章丘)起义。他自称为"知世郎",作《无向辽东浪死歌》反对辽东之役。随后,还有几支义军也相继起兵。孙安祖占领了高鸡泊(今山东恩县),张金称在鄃县

（今山东夏津）聚众，高士达活跃在蓨县（今河北景县），刘霸道占据了豆子䴚（在今山东惠民）。后来发展壮大的翟让领导的瓦岗（今河南滑县南）军和以后南渡长江由杜伏威、辅公祏领导的起义军，也都在这一二年间组织起来了。

农民起义促使统治阶级内部矛盾迅速激化。大业九年（613），大贵族杨素之子、礼部尚书杨玄感在黎阳（今河南浚县北）督运军粮。此时，他看到农民普遍起义，于是趁隋炀帝远在辽东前线之机，在黎阳起兵并进攻东都洛阳。他打起"救民"的旗号，声言"为天下解倒悬之急，救黎元之命耳"。队伍很快就发展到了 10 万多人。不少官僚贵族子弟也纷纷投身到杨玄感军中。蒲山公李宽的儿子李密此时成了杨玄感的谋主。消息一传到前线，隋炀帝急忙罢兵回师，镇压了杨玄感起义。这次事件给隋政权以很大打击，有利于农民起义的发展和壮大。各支义军人数少的有几万人，多的有十几万人。他们依山阻河，保据深险，常常主动出击，攻占郡县。到大业十年（614）第三次东征高丽时，义军处处皆是，官军由于道路被隔绝，已经无法按期集中了。

大业十一年（615），隋政权开始动用主要力量来镇压农民起义，下令郡县、驿亭、村坞皆筑城堡，强迫农民迁居于城堡中，企图用坚壁清野的办法来扼杀农民起义。隋军对起义军和一般农民进行疯狂的屠杀。隋将樊子盖镇压义军时，把汾水以北的村庄全部烧光，被俘义军也全都惨遭杀害。王世充击败刘元进领导的起义军后，把诱降来的 3 万人也全部屠杀了。大业十二年（616）七月，隋炀帝看到河北、山东一带的起义军都陆续南移到江淮之间，于是亲率禁军赴江都（今江苏扬州）镇压。他还调回进攻高丽的军队镇压山东、河北等地区的起义军。

起义军面临着严重困难，几支历史最长的义军都被隋军打败。张金称、高士达等先后败死。豆子䴚义军首领格谦以及从河北转战淮北的义军首领卢明月，也都在作战中牺牲了。淮南地区的起义军也正处于不利的地位。为了适应新的形势，分散的起义军逐渐联合起来，形成三支主力部队，即翟让、李密领导的瓦岗军，窦建德领导的河北起义军，杜伏威、辅公祏领导的江淮起义军。

翟让是瓦岗军的创始人。大业十二年（616），参与过杨玄感起兵反隋密谋的李密也加入了瓦岗军。他说服了附近许多小股义军聚拢到瓦岗军周围。瓦岗军相继攻破了要塞金堤关，打下荥阳诸县，声势逐渐壮大起来。隋炀帝调遣张须陀带领劲兵两万前来镇压。李密率骁勇常何等游骑千人大败隋军，并阵斩张须陀。大业十三年(617)二月,瓦岗军攻占了兴洛仓(在河南巩县境内),随即开仓赈济饥民,队伍发展到几十万人,因而又攻破河南的许多郡县。翟让自以为才能不如李密,故推李密为主,号魏公。李密遂成为北方起义军的盟主。四月,瓦岗军和隋军展开争夺洛阳的激战。隋王朝几次从关中、河北、淮南各地调遣援军,前后投入几十万兵力,但是瓦岗军始终处于优势,紧紧包围着孤城洛阳。

窦建德是高鸣泊起义军的最初组织者之一。大业十二年(616),他合并了张金称、高士达的余部,转战河北中部,兵力发展到十几万人。大业十三年(617)正月,窦建德在乐寿县(今河北献县)郊建立政权,自称长乐王,改元丁丑。隋炀帝命令涿郡留守薛世雄带兵3万多人驰援洛阳,在河间附近被窦建德打败。河北大部分郡县很快就转入起义军的控制之下。大业十四年(618),窦德建改称夏王,改年号为五凤宝,国号夏。

杜伏威在大业九年(613)参加了长白山起义军,后转战至淮南六合(今江苏六合),并逼近江都。大业十三年(617),隋炀帝派大将陈棱率禁军前来征讨。隋军大败,杜伏威乘胜攻破了高邮(今江苏高邮),占领了历阳(今安徽和县),很快就控制了淮南各县,成为江淮间巨大的起义力量。于是隋炀帝驻守的江都,陷入了东、西、北三面包围之中。

在各路起义军的沉重打击之下,隋王朝很快土崩瓦解。大业十三年(617),官僚、地主纷纷起来窃取农民起义的胜利果实。朔方(今内蒙古白城子)鹰扬郎将梁师都、马邑(今山西朔县)鹰扬府校尉刘武周、金城(今甘肃兰州)府校尉薛举、武威鹰扬府司马李轨、梁室后裔罗县(今湖南湘阴东北)令萧铣等相继打起了反隋旗号,劫杀郡县长官,割据地方。五月,隋太原留守李渊也从太原起兵,七月,趁隋军与瓦岗军大战之机,渡过黄河,进入关中,十一月,攻克长安,很快就控制了渭水流域。

到大业十四年(618),隋王朝势力只剩下了江都、洛阳两个据点。隋朝禁军将领宇文化及等利用关中士兵思归的情绪,在江都发动兵变,打入关中,用巾带勒死隋炀帝,并胁迫隋炀帝在江都招募的军队和关中禁军一同北上。

宇文化及带领的军队被瓦岗军阻挡在成皋至洛口一线,西进不成,进而转渡河北上。关中士兵纷纷逃亡,江淮兵的大部分也投降瓦岗军,宇文化及的势力彻底覆灭。

瓦岗军在围攻洛阳的战斗中,接受了许多隋军降将,他们大多被李密所信任。十三年(617)冬,李密杀了翟让,引起了瓦岗军将士的不满。打败宇文化及后,瓦岗军自身消耗也极大。驻守洛阳的隋军将领王世充乘虚发兵进攻,李密战败,投降了李渊。

隋炀帝死后,李渊在长安称帝,建立唐朝。留守于东都的隋越王杨侗也在洛阳即皇帝位,改元皇泰,史称为皇泰主。此时杜伏威上表洛阳小朝廷,被皇泰主任命为东南道大总管,封为楚王。武德二年(619)降唐,被任命为淮南安抚大使,封吴王。5年后,被唐留居长安,后辅公祏领导所部反唐,他在长安就被毒杀了。窦建德也曾遣使朝见皇泰主。武德四年(621),李世民带领唐军攻打洛阳,俘获了前来援救王世充的窦建德,压服了河北的起义军。

唐王朝在长安杀害窦建德后,派遣重兵屯驻河北进行威慑,又严厉绳治窦建德故将。武德四年(621)七月,窦建德的余部在刘黑闼的领导下,从漳南(今山东恩县西北)发动起义,各地纷纷响应。不到半年,刘黑闼就恢复了窦建德故地,都于洺州(今河北永年东南),称汉东王,年号天造。武德五年(622)三月被李世民军击败,逃奔突厥,不久,又尽复故地,仍以洺州为都。武德六年(623),唐太子李建成、齐王李元吉以全力进攻,刘黑闼败走饶阳,为部属执送唐军,最终被杀。

隋末农民起义军经过英勇斗争,终于推翻了隋王朝的残暴统治,为社会经济的恢复和发展开辟了道路。

【国学精粹珍藏版】

中华上下五千年

李志敏⊙编著

◎尽览中国古典文化的博大精深 ◎读传世典籍，赢智慧人生——受益终生的传世经典

卷三

民主与建设出版社
·北京·

第十三篇　空前繁荣的唐朝

李渊晋阳起兵

　　大业末年,隋王朝的统治已是岌岌可危,各地的割据势力竞起逐鹿,首先是借炀帝征伐高丽之机在扶风自立唐王的唐弼和延安郡的刘迦论,其后便是马邑的刘武周、朔方的梁师都、榆林的郭子和、武威的李轨和金城的薛举。起兵于晋阳的李渊集团是其中最重要的一支力量。面对隋王朝摇摇欲坠的败局,李渊知炀帝的猜忌嗜杀,深恐自身难保,所以,在天下大乱之际,也在秘密酝酿起兵反隋。

　　隋大业十三年(617)初,李渊被任命为太原留守。太原自北齐北周以来,就是天下精兵之所在。隋朝在太原仓储十分丰厚,有数以千万计的布帛,人力物力都是非常雄厚的。只是由于隋朝尚有相当的军事力量可以控制,李渊姑且只能按兵不动,以等待时机。不久国内政治、军事形势发生了巨大的变化,正如晋阳令刘文静所分析的,由于当时炀帝南巡江淮,李密围逼东都洛阳,牵制了隋军的主力,刘武周、梁师都纷纷建国称帝,群盗万数却无主统辖,此时举兵正合时宜。刘文静向李世民建议招集避盗入太原城的豪杰10万余人,加上李渊自己的兵马数万人,乘虚入关,号令天下,成就了帝业。刘文静的主张符合李世民的心意,二人利用晋阳宫监裴寂与李渊的旧交之谊,拉拢裴寂,让他将起兵的意图转告李渊。当时李渊与马邑太守王仁恭讨伐突厥,炀帝以出兵讨击不利派人执李渊诣江都问罪,虽然几天之后诏使便宣布赦免李渊,但这些虚惊促使李渊决意起兵反隋。

首先，李渊让刘文静伪造敕书，发太原、西河、马邑等地20岁以上50岁以下的男子为兵，岁暮秘密集中到涿郡，再讨高丽。这一消息使人心恐慌，思乱者增多。李渊随后又以讨伐刘武周为名，募集士卒，再派人到河东召李建成、李元吉及其家眷，又到长安召柴绍，并聚晋阳。李渊将招募来的士卒交给长孙顺德、刘弘基统率。李渊的副将王威、高君雅对李渊的一系列举动心怀疑虑，恐其有异志，欲借晋祠祈雨之际，除掉李渊。五月，李渊利用开阳府司马刘政会假称密状告发王威、高君雅勾结突厥谋反，早已准备好的刘弘基、长孙顺德立即将二人执系处死。至此，树起了晋阳起兵的大旗。

太原起兵后，迫于突厥力量的强大，刘文静劝李渊与突厥结盟，一方面免遭突厥进攻的威胁，另一方面还可以借助突厥兵马扩充实力。李渊采纳了他的建议，自为手启，卑辞厚礼，与突厥始毕可汗通好。又遥尊炀帝为太上皇，并立代王侑为帝，以安隋室，移檄郡县，改易旗帜，然后挥师南下，打下西河郡后开仓赈济。远近应募者也日渐增多，李渊命分三军，分置左右，通称为义士，建大将军府。任命李建成为陇西公，左领军大都督，统领左三统军；任命李世民为敦煌公，右领军大都督，统领右三统军；并任命李元吉为太原太守，留守晋阳宫。李渊亲率3万兵马七月初于军门誓师后南下攻隋，并沿汾水进军关中。师入崔鼠谷至贾胡堡，离霍邑50里时，驻守的隋将宋老生有精兵两万，和屯驻河东的左武侯大将军屈突通连兵据险，企图阻遏唐军。时值阴雨连绵，道路难行，更加上粮食匮乏，增援的突厥兵也没到达，又风闻突厥与刘武周欲袭晋阳，李渊举棋不定，欲回师晋阳，以图后举。李世民与李建成力主西进，主张先入咸阳，号令天下，使李渊打消了退兵的念头。八月初，天气转晴，军粮也运到了，李渊便率军取道向霍邑进军。李渊亲率数十骑至霍邑东门外，然后派李建成、李世民各将数十骑逼城于东、南门诱敌，宋老生果然中计出战。李渊派人谎报宋老生已被斩，以扰乱对方军心，宋老生入城不得，为刘弘基麾下所斩。唐军占领了霍邑，随后就势如破竹，连下临汾、绛郡，至龙门，九月，进围河东。

在河东，由于屈突通婴城自守久攻不下。李渊以一小部分兵力继续围攻河东，主力则西渡黄河，进军关中，进驻朝邑长安宫后又兵分两路，一路以李建成、刘文静率王长谐诸军数万人屯永丰仓，守潼关以防备其他势力入关，另一路以李世民率刘弘基等诸军数万人沿渭水北岸西进。至泾阳，收编稽胡刘鹞子义军。

在雩县，有李渊从弟李神通和李渊女儿平阳公主起兵与李世民响应。沿路陆续有当地武装力量的归附，使主力迅速扩充，约期围攻长安。十月，李渊到长安附近，李建成、李世民合军达20万，李建成从东、南两面，李世民从西、北两面，进攻长安。十一月攻克长安，长安留守隋将阴世师、京兆丞骨仪被执杀。唐军入城后，备法驾迎代王即帝位于天兴殿，是为隋恭帝，改元义宁，遥尊炀帝为太上皇。恭帝以李渊为假黄钺、使持节、大都督内外诸军事、尚书令、大丞相，晋封为唐王，以武德殿为丞相府。军国机务、文武设官、宪章赏罚都由相府处断。以李建成为唐世子，李世民为京兆尹，改封秦国公，封李元吉为齐国公。次年，李世民又徙封赵国公。

义宁二年(618)五月，炀帝在江都被杀，恭帝禅位于唐，李渊正式即位，国号唐，是为唐高祖，建都长安，改元武德，唐王朝由此而建立。

贞观之治

贞观之治主要是指唐王朝初期贞观年间(627～649)的清明政治。唐灭隋以后，唐高祖李渊诸子便开始为争夺太子之位明争暗斗。高祖武德九年(626)，次子秦王李世民于长安宫城的玄武门发动政变，杀死了太子李建成及齐王李元吉，随后又迫使高祖李渊退位，自己即位，是为唐太宗，并改元贞观。

贞观年间，唐太宗以隋亡为戒，率领朝臣兢兢业业地治理国家，使隋末唐初的破败经济局面得以扭转，动荡的政局也从此稳定。国势昌盛，人口增加，史家因此称之为"贞观之治"。贞观之治的原因和内容在唐人吴兢所著的《贞观政要》中有较为完备的记录。贞观之治形成的原因主要在于君主从谏如流，知人善任，在朝官员则敢于为国事犯颜直谏，大臣各司其职。唐太宗认为，君主要避免失误，只有借助于忠臣的直谏。他十分赞同魏征的话"兼听则明，偏信则暗"。所以，在与诸臣论治国之道时，唐太宗每每鼓励大臣直言君主的过错。由于唐太宗的鼓励，直言进谏成为贞观年间的风尚。通过群臣的进谏，太宗可以了解到各方面的情况和意见，得知下情，并择善而从。李百药谏止裂土分封，魏征谏止封禅,戴胄建议设立义仓等,都被太宗所接纳,避免了决策中的失误及过分地役使百姓。在谏臣中,魏征是最著名的,其先后数次上疏,以隋亡的教训提醒太宗居安思危,忧怜下民。由于君主的纳谏及大臣的直谏,贞观时下情上达,君臣一心,形成了贤人进、佞臣退的良好局面。除纳谏外,唐太宗格外重视人才的选用,太宗朝文臣武将,人才济济。太宗认为,君主治国应"至公无私""择贤才而用之"。首先,太宗坚持量材器使,用人所长。贞观期间,太宗打破了统治阶级各集团所持有的政治偏见,竭力协调统治阶级内部各集团之间的利益,兼用关陇、关东与江南地区的贵族与士族,甚至任用曾经与自己为敌的人。这种以才取人的做法逐渐缓和了统治阶级内部的矛盾,稳定了局势。其次,太宗尤其注意从普通地主和平民中选拔人才。唐太宗的大臣中有出身于农民起义的将领,如徐世勣、秦叔宝等;有原隋王朝的将领,如屈突通等;也有出身寒素的刘洎、马周、张亮等。由于不拘一格选用人才,致使贞观朝中人才济济,如著名的贤相房玄龄、杜如晦等对贞观之治的形成就起到了十分重要的作用。再次,太宗十分重视地方官的委派,他认为"治人之本,莫重刺史",因此将各地刺史之名录于屏障上,将所听察到的刺史善恶之事注于各自名下,作为废置赏罚的根据。又诏令五品以上官员,举任县令,使官得其人。由于太宗知人善任,贞观年间能人尽其才,官吏能很好地各守其职,为各项制度的完善奠定了基础。

　　贞观时期创立、延续、完善了一系列的制度,如从北魏以来就推行的均田制在贞观时更加完善。由于亲历隋末农民大起义,太宗体察到民间的疾苦,同时也认识到人民的力量。太宗认为,只有使人民安心生产,生活稳定,统治者才能"长守富贵",国家才能昌盛,政权才能稳定。因此,他要求统治者"去奢省兵,轻徭薄赋,选用廉吏",并身体力行,克制私欲。贞观年间基本上没有进行大的土木工程,这样就相对减少了对百姓的骚扰,使百姓得到休养生息的机会,同时也节省了国家开支。为减轻百姓的负担,唐太宗还将中央各官府的官员从2000

魏征像

多人精简到 600 余人,且合并了许多州县。由于均田制度的继续推行及统治者不兴土木不夺农时,贞观期间的社会经济有了很大的发展。百姓能够安居乐业,史载"东至于海,南至于岭,皆外户不闭"。贞观四年(630),天下断死刑者仅 29人,可见当时阶级矛盾的缓和与社会的安定。由于政治的稳固,官吏的廉洁,生产的发展,人们的抗灾能力也大大提高。贞观元年(627)至贞观三年(629),关中地区连续发生虫灾、水灾,太宗命灾区开仓赈济,百姓就食他乡。在连年的灾害面前,百姓都未有怨言,而协力抗灾。贞观四年(630),天下农业大丰收,就食他乡的百姓都回到故乡,"米斗不过三四钱"。生产的恢复与发展,人民生活的稳定是贞观之治的重要表现之一。

除均田制以外,政治、科举、军事等各项制度在贞观时期也得到了进一步的完善和贯彻。唐承隋制,中央设三省六部,都各有职守。唐太宗还特置了参议得失、参知政事等职务,使资历浅、品位低却有真才实学的人以此名义而行宰相之权。三省的分工是:中书省掌管军国大事的审议和决定;门下省掌管审查中书省的决议,不同意的可以驳回重议;尚书省则具体执行通过了的各项决议和政策。与以往大有不同的是,唐太宗极少干涉三省如何行使职权,而是创造条件,使各部门恪守职责。他告诫门下、中书官员,若看到皇帝诏敕有不便于时的,要大胆地驳回,决不可唯唯苟过,阿旨顺情。在皇帝诏敕与制度相矛盾时,太宗每每"忍小忿而存大信",克己从公,使得完善的制度得以顺利地贯彻。在法律上,贞观时颁布了《贞观律》,被后世立法者奉为圭臬,也为当时东亚各国所效法。《贞观律》改重从轻,内容完备,条文扼要,为执法者依法办案提供了有利条件。在完善法律制度的同时,太宗格外强调上下守法,对于贪赃枉法的人,不论其职位身份,一定要依律严惩。太宗还强调官吏的断狱,须有律、令、格、式为据,不得随意出入人罪。在太宗的努力下,《贞观律》基本得到实施,形成上下守法的良好局面。在军事方面,太宗继续实行"寓兵于农"的府兵制。形成军事布局"内重外轻"的形势,使中央集权制得到加强。贞观时,府兵制较以往更加完备,"兵农合一"的趋势也更加明显。兵士被征调服役时,本人免去租调,但需自备武器、行装和粮食。除了服役以外,兵士和农民一样要从事农业劳动。"兵农合一"既减少了国家的军费开支,又保证了均田制下的农民可以安心生产。

在文化教育方面,唐太宗提倡儒学,开办并设置文学馆及史馆,并召天下名儒入仕做官。太宗常常亲自至国子监听学、讲学。太宗还令宰相监修前代和本朝的历史,贞观时编纂的正史主要有《晋书》《梁书》《陈书》《北齐书》《周书》《隋书》六部,弥补了魏晋南北朝的战乱给史学带来的空白。在重视文化教育的同时,太宗完善了科举制度,将选拔人才的权力全部集中于中央。科举制度为地主阶级的知识分子,特别是中、小地主阶层中的知识分子打开了参与政权的方便之门。自贞观时起,进士之科大兴,因进士科考内容以策试为主,也便于考生发表政治见解,考取进士由此成为士人入仕的捷径。太宗曾亲至考场,见新考中的进士从进士榜下缀行而出,欣喜言道:"天下英雄入吾彀中。"进士科考的兴起,有利于将优秀人才选拔到各级政权中,从而有效地加强了封建国家的统治力量。

由于各项制度的完备及顺利执行,贞观时逐渐扭转了隋末唐初的混乱局面,百废俱兴,各行各业呈现出欣欣向荣的发展趋势。贞观年间,国家政局稳定,国防日益强盛,唐与周围少数民族及邻国的关系也日益和睦。唐初,周围少数民族,尤其是东突厥不断犯境。唐太宗即位后,发展经济,推行府兵制,并亲自在殿廷上教练卫士,唐国防逐渐强大起来。贞观二年(628),太宗命李靖、徐世勣率兵10余万,分道出击东突厥。次年,李靖等大破之,俘虏了颉利可汗,稳定了北方的边境。贞观九年(635)春,又派李靖、侯君集等率兵大举进攻吐谷浑(青海高原和新疆东南部一带),唐军深入吐谷浑的腹地,突袭了吐谷浑王伏允的牙帐。伏允兵溃自杀,其子慕容顺降唐。贞观十三年(639),太宗派侯君集率兵攻打西域高昌国,高昌王惊恐而死,其子降唐,唐朝势力由此已伸入西域。太宗以高昌为唐在西域的根据地,与西突厥展开了争夺西域的斗争。贞观十四年(640),唐在天山以北的地区设置了庭州(今吉木萨尔),在天山以南的南昌设立了西州。天山南北的小国也纷纷摆脱西突厥的控制,与唐朝结好。唐西北边疆得到了稳定。唐控制西域,恢复了中西商路,密切了与地中海沿岸国家的关系,促进了中西文化的交流。唐在经营西域的同时,还与吐蕃建立了密切的关系。贞观八年(634),吐蕃遣使来唐,唐太宗用隆重的仪式接待他们并与吐蕃结成了进攻吐谷浑的军事同盟。贞观十五年(641),唐太宗派李道宗护送文成公主入藏,与弃宗弄赞(即松赞干布)成婚。从此以后,双方之间的来往更加频繁。唐朝的先进生产技术和文化源源不断地传入吐蕃,唐西部边境日益巩固。贞观二十二年(648),东北部少数民族奚和契丹归降,唐太宗于奚地置饶乐府,于契丹地置松漠府,受营州(今辽宁朝阳一带)都督府的节制。在唐太宗及其大臣的努力下,贞观时期确实做到了"中国既安,四夷自服",文治武功都达到空前的盛况,为中国历史留下了辉煌的一页。

但是,值得指出的是,贞观后期,唐太宗的纳谏与用人都较贞观前期逊色许多,兢兢业业的朝风也有所懈怠。贞观二十一年(647)、二十二年(648),唐出兵东犯高丽,西打龟兹,扑灭薛延陀,又动用民力,营缮宫殿,赋税与徭役都有所增加。太宗晚年,雅州(今四川雅安一带)、邛州(今四川邛崃、大邑二县)、眉州(今四川眉山、洪雅二县)等地相继发生了局部地区农民起义,表现了人民对增加剥削的不满。

女皇武则天

中国历史上,皇太后掌握政权的情况并不少见,然而自称皇帝,并且改换朝代的,只有唐朝的武则天一人。自从高宗在显庆五年(660)患了很重的高血压后,她就开始参与裁决政事,掌握了一部分权力。此后她的权势逐渐扩大,高宗死后,她的儿子中宗李显刚即位便被废为庐陵王。睿宗李旦也是她的亲生儿子,继位后只居于别殿,根本没有权力。公元690年,她正式改唐为周,不做太后做皇帝了。从她参与裁决政事起,前后共达40多年。在此以前,她在政治上也有相当影响。所以不论肯定她也好,否定她也好,总不得不承认她是一个重要的历史人物。

她的父亲武士彟出身木材商人,虽则做过工部尚书、利州都督等大官,然而从关陇、山东高级士族的眼光看来,门第仍属于寒微一流。贞观十一年(637),武则天被选入宫,当了太宗的才人,那时她才14岁。太宗死时,她年仅26岁,按照制度出家做了尼姑。不满1年,比她小4岁的高宗便把她接回宫里去了。

永徽六年(655),高宗封她做皇后。这在朝廷中激起了一场大风波。反对派都是元老重臣。长孙无忌是关陇士族高门,又是高宗的母舅,贞观末年,受遗诏辅政,兼有元勋、外戚的身份。褚遂良是南方人,和长孙无忌一同受遗诏辅政。他们是反对派的代表人物。褚遂良说:"陛下必欲易皇后,伏请妙择天下令族,何必武氏?"后来文人骆宾王代徐敬业写《讨武氏檄》,劈头也说:"伪临朝武氏者,性非和顺,地实寒微。"他们都认为武氏出身太低,其实这不是主要原因,更重要的是骆宾王说她曾伺候过太宗。不过,朝廷大官不便直说,骆宾王便用不着回避了。

武则天有政治野心,也有才干。她需要拉拢一些大臣,需要提拔一些人做爪牙。徐敬业的祖父李勣(本姓徐)是唐朝的开国元勋,他经历过许多风波,明知易后是高宗的主意,却推说这是皇帝的家事,不必征求臣下的意见,助了武则天一臂之力。受武则天提拔重用的官僚,以李义府、许敬宗为代表。有人以为他们是庶族地主的代表,其实此说缺乏可靠的根据。他们出身庶族则有之,却不一定是这个阶层的政治代表。他们拥戴武则天,是要以武则天为晋身之阶,求取高官厚禄。武则天重用他们,是为了打击自己的政敌,作为自己夺权称帝的工具。李义府此人阴柔狠毒,被人叫做"李猫"。龙朔二年(662),他改葬祖父,几个县的县令征发了丁夫车夫,日日夜夜,载土筑坟。丁夫的劳苦不必说了,有一个县令也因疲劳过度,死在工地。

武则天用这类人做帮手,贬逐杀死了长孙无忌、褚遂良等,巩固了自己的地位。李、许两人都做到了宰相,但"多行不义必自毙",武则天也从不肯保护老部下,所以李义府终于在改葬祖父的次年,流放远地,死在异乡。

高宗死后,武后亲自执政。当时,徐敬业因罪贬官,与同病相怜的唐之奇、魏思温等,在江都起兵,以"匡复庐陵王"为号召,实际上是想割据江东。朝廷大臣裴炎不愿出兵,说只要太后归政皇帝,自可平息,至于有的材料说他还想发动政变,赶武则天下台,那是不足为信的。

于是,武则天出兵镇压徐敬业,杀死裴炎,又派人到军中把为裴炎说情的大将程务挺斩首。这是光宅元年(684)的事情。4年以后,宗室博州刺史琅琊王冲和他的父亲豫州刺史越王贞起兵反武,与官军一接触就失败了。他们失败得那么快,原因很简单,就是天下人心都不愿乱。唐朝统一好几十年了,武则天夺权,只乱宫廷,不乱天下,纯粹是统治集团上层的斗争,所以人民不肯跟越王贞这些人走。

武则天面临着宗室、贵族以及一部分将相大臣的挑战,就采取了两方面的措施:一是严厉镇压反对派;二是大量提拔庶族地主做官,笼络人心,培养忠于自己的大批官僚。

镇压反对派使关陇世族的势力受到限制;提拔庶族,使本来没有权势的人员得到进身的机会。这对于门阀成见是一次冲击。高宗显庆四年(659),修订

《氏族志》，改叫《姓氏录》，以后族为第一等，其余一律以官职高下为标准，分成九等。以士兵出身而立有军功的，也可以跟世家大族列在一个等级。官职比门第优越，这在当时是应该肯定的。不过我们也不能夸大它的作用，因为这只是写在纸上的东西，而终唐之世，门阀成见是一直存在的。

武则天使用许多办法，满足庶族地主做官的欲望。她进一步推行科举制度，天授元年（690）是她正式做皇帝的一年，她特地亲自策问举人，表示重视科举，开创了"殿试"的规矩。长安二年（702）增设武举。过去各州选送举人，排在贡物之后，她改为先人后物，以表示重视人才。她又派人到各地搜罗人才，也提拔了很多应试落第的、在乡下教蒙童的人，但对于不称职的官员，也毫不客气地罢职降免。

她会选拔人才来为己用，确是一个长处。狄仁杰很受她尊重信用，这人不怕权势，劝阻武则天奢侈浪费，是当时有见识的人物。玄宗开元间的大臣，如张说、姚崇、宋璟都是武则天时选拔出来的。她发觉了埋没人才的情况，总是觉得很惋惜，骆宾王写《讨武氏檄》，把她骂得淋漓尽致，她却赞赏他的文才，说不用此人是宰相的过失。唐代后期的政治家陆贽称赞她知人善任，是公允的评价。

武则天作为一个皇帝，是比较有作为的。有人上疏说了她一些不堪入耳的话，她并不见怪。有人很坦率地劝她不要蹈吕后的覆辙，她不接受，但是也没有跳起来。她很注意地方行政，凡是耕地增加、家有余粮的地方，官吏便受奖赏；反之，户口减失了，便要受罚。在她统治的末年，户口从贞观时的380万户上升到615万户。总的讲来，武则天当权时代，唐帝国仍在继续向前发展，在我国漫长的封建社会中，这至少是一个不坏的时期。

然而武则天也有许多不为人称道的地方。

酷刑滥杀，在历史上为许多封建统治者所共有，是剥削阶级残暴本性的主要表现。武则天当权时期，大肆诛杀异己。我们不能因为她杀的全是宗室、世族、海内知名之士，是"狗咬狗"，就不以为意。武则天任用的酷吏周兴、来俊臣、索元礼是历史上臭名昭彰的酷吏。他们把毫无罪过的人罗织成罪。来俊臣和他的党羽还写了一本《罗织经》，阐述他的"心得"。他们使用的酷刑名目繁多，被捕的人看了刑具，就会承认任何罪名，以求免刑。武则天后期的名相狄仁杰、魏元忠都曾以谋反的罪名下狱，险遭杀害。名将百济人黑齿常之、高丽人泉献诚都与政局毫无干涉，也被周兴冤杀。武则天任用这些屠户，是很难辞其咎的。这些人后来杀人越杀越起劲,甚至打起武氏亲族权贵的主意,因此成为众矢之的,送掉了自己的性命。酷吏死了,谋反案也没有了,武则天倒觉得奇怪了。武则天崇信佛教,大造佛寺佛像,度人做和尚尼姑。寺院占有大量土地,农民、国库虚耗大量财帛。她造一个"明堂",高294尺,又造"天堂",存放大佛像,比明堂还高。她曾命天下断屠,禁止捕捉鱼虾。这条禁令实行了七八年,影响了许多老百姓的生计。

她为了做皇帝,先让一个和尚法明编造《大云经》,说她是弥勒佛降生,要代唐为帝。接着,让一个酷吏傅游艺纠合了几百个人"劝进",于是宗室、外戚、百官、在京的各少数民族首领以及和尚道士等6万多人都跟上去,表示拥护改唐为周。武则天搞这一套,只能在历史上留一话柄。后世效尤的人自然更加不必说了。

武则天喜欢改年号,她在位21年,换了16个年号,有一年竟用过3个年号。她造了12个怪字,笔画多,难写又难认。她的名字叫"曌",就是代替"照"的怪字。

武则天晚年时,侄儿武三思勾结张易之、张昌宗等,把政治搞得很混乱。

神龙元年(705)正月二十二日,宰相张柬之、崔玄暐,中台御史敬晖、司刑少卿桓彦范、相王府司马袁恕己,五人合谋,诛灭二张,逼武则天交出政权,让中宗复位。正月二十五日,武则天徙居洛阳宫城西南的上阳宫。翌日,唐中宗亲率百官至上阳宫问安,为其母帝上尊号"则天大圣皇帝"。当年十一月初二,即公元705年12月11日,虚岁82的武则天死于上阳宫的仙居殿。

武则天死后,灵柩在唐中宗李显护送下运回长安,与唐高宗合葬在乾陵。临终前,她嘱咐儿子李显为她立一块大石碑,上面不写一个字。一生功过,让后人评说。如今这块"无字碑"依然巍然耸立在陕西乾陵,留给后人无尽的遐思。

安史之乱

唐朝前期,军事方面上承隋及北周,实行府兵之制。为了保卫唐朝中央政府所在地的长治久安,府兵的军府多数设于关中,"举天下兵不敌关中",形成了居重驭轻的形势。府兵由百姓中简点,轮番服役,担任宿卫及征防。有事出兵则由朝廷命将统率征行,战争结束则兵散于府,将归于朝,这样,就不会有边将拥兵自重的情况。睿宗时期,始于边境设置节度使,统领边防军镇,逐渐成为常设的地方军事长官。玄宗时期,边烽日警,为控制和防御周边少数民族,节度使数目增加到十人。此时府兵制已逐渐瓦解,朝廷宿卫不给,用招募的"彍骑"(长从宿卫)以代替番上的府兵。边军也由自愿长留戍边的"长征健儿"充当,不再由内地调发。节度使统领"健儿"组成的长驻边军,对外作战,对内镇抚,军权越来越重。不仅如此,节度使还往往兼管区内的支度、营田等使,集军、政、财等大权于一身。此外,节度使最初由胡族将领来担任。天宝中,宰相李林甫为了巩固自己的地位职权,"志欲杜出将入相之源",进一步造成胡族武人长期专兵的情况。天宝后期,朝廷政治日益腐败,中央军备日益松弛,外重内轻、尾大不掉的局面也因此形成。安禄山便在这样的形势下起兵叛唐。

安禄山和史思明都是营州(治今辽宁朝阳)一带的胡人,均通晓边境少数民族语言,而且骁勇多机智,做过互市牙郎,后都成为幽州节度张守珪手下的捉生将。安禄山升任平卢兵马使时,以贿赂结交唐廷派往河北的使臣,博得玄宗的称许。以后又因善于谄媚逢迎,骗得玄宗和杨贵妃等人对他的信任支持。唐朝河朔一带由于贞观以后东突厥的败亡迁徙,在开元天宝年间逐渐成为一个诸民族杂居的复杂"胡化"区域。出身胡人、熟悉民族风俗习惯而又多权术智计的安禄山,便被唐朝廷看作羁縻统治这一复杂地区和抚绥周围少数民族、安顿边境的最合适人选。为此安禄山于天宝元年(742)从营州都督被升为平卢(今辽宁朝阳)节度使;天宝三年(744),兼范阳(今北京)节度使,河北采访使;十年(751),又兼河东(今山西太原西南)节度使。一人而身兼三镇,掌握了今河北、辽宁西部、山西一带的军事、民政及财政大权。天宝十一年(752),史思明也由于安禄山的推荐被任命为平卢兵马使。

安禄山利用唐朝廷对他的信任,不断扩充实力。他曾利用征战和欺诈的手法镇压契丹、奚等少数民族,并借此机会将同罗、奚、契丹降人8000收至麾下,养为假子,称"曳落河"(胡语,意为壮士),皆骁勇善战。又贮备战马数万匹,多聚兵杖,分遣胡商至各处经商致财。天宝十四年(755),又请以番将32人代汉将,组成一个以少数族武人为骨干、有汉族失意文人参加,并为其出谋划策的武装军事集团。

安禄山在经过长期的准备之后，兵力雄厚。他深知长安朝廷腐朽、兵力虚弱的内情，又因与宰相杨国忠争权，于是在天宝十四年(755)十一月，以讨杨国忠为借口，发所部兵汉、同罗、奚、契丹、室韦共15万众，号称20万人，在范阳起兵。

安禄山起兵后，河北州县，望风瓦解，守令或逃或降，或被擒杀，没有敢抵抗的。叛军军锋迅速指向洛阳(今河南洛阳东)。消息传到朝廷，唐玄宗相信杨国忠的话，以为叛乱很快就会平息，于是派大将封常清至洛阳，开府库募兵，旬日间即募得6万人。但封常清所募兵皆市井之徒，没经过训练，在与安禄山的军队激战中，很快就被打败，洛阳失陷。安禄山纵兵杀掠，封常清与驻屯陕州(今河南三门峡西)的大将高仙芝一起退守潼关(今陕西潼关东北)。玄宗听信监军宦官边令诚的诬告，杀死高、封两人，起用病废在家的大将哥舒翰统兵赴潼关。第二年正月，安禄山在洛阳称大燕皇帝，命令部将史思明经略河北。

洛阳失陷后，常山(今河北正定)太守颜杲卿与平原(今山东陵县)太守颜真卿起兵征讨安禄山，并号召诸郡响应。河北人民不堪忍受叛军的残暴行为，纷纷自发组织队伍，多则两万，少则万人，抗敌自保。这时玄宗已下诏欲亲征，令朔方、河西、陇右等镇节度使率兵勤王。于是唐朝大将郭子仪、李光弼率朔方军步骑一万东征河北。李光弼分兵先出井陉(今河北陉北)，与史思明的军队在常山相持不下。后与郭子仪合兵，趁史思明军疲惫懈怠之机，大破之于嘉山(在常山郡东)，斩首4万级，捕虏千余人，史思明狼狈逃奔于博陵(今河北高阳西南)。战争的胜利鼓舞了唐军的士气，河北民众也参加到郭、李军中，河北十余郡多杀叛军守将，重归朝廷，切断了安禄山军队前后方的联络，使家在范阳的叛军将士军心动摇，安禄山甚至想放弃洛阳逃还老巢，唐朝很有讨平叛乱的希望。但杨国忠疑心驻防潼关的哥舒翰，不采纳他据险坚守以待敌内变和由郭子仪、李光弼引兵北取范阳、覆敌巢穴的建议，怂恿玄宗促令哥舒翰出兵收复陕洛。是年六月，哥舒翰被迫出兵，与敌将崔乾祐战于灵宝(在今河南省西部)西原，结果被打得大败，20万官军一战覆没，潼关失守，哥舒翰也被擒，投降了安禄山。

潼关陷落后，长安震动，玄宗仓皇逃往成都，行至马嵬驿(今陕西兴平西)，军士兵变，杀杨国忠，玄宗被迫缢杀宠幸的杨贵妃。马嵬民众遮道留玄宗，玄宗没答应。太子李亨留下，遂即奔往朔方节度使所在的灵武(今宁夏灵武西南)，依倚朔方军。同年七月，太子即皇帝位于灵武，这就是灵宗，入元至德，遥尊在成都的玄宗为上皇天帝。

安禄山派部将孙孝哲进入长安,自己仍留洛阳。叛军在长安,搜捕、屠杀皇亲国戚,百官扈从的家属及安禄山的政敌等,对投降的官僚则授以官爵,送至洛阳。又大肆搜刮坊市民财,搞得民间怨愤不安。百姓日夜盼望唐军的到来。他们时常杀叛军官吏,使叛军穷于应付,连长安西门以外都控制不住。叛军此时声势虽炽,"西胁河陇,南侵江汉,北割河东这半",几乎占领了北半部中国,但安史将领都粗猛没有远略,只知道日夜饮酒,且专以声色财贿为事,已无再进取之意,使唐军得到了重新整备、调集兵力的机会。

在此前后,唐将领鲁炅守南阳,与叛军相持一年之久(至德元年五月到二年五月),后退守襄阳,阻挡了叛军向江汉地区侵扰的道路。填源(今河南鹿邑)县令张巡在吏民支持下,转到雍丘(今河南杞县)坚守10个月,最后到睢阳与太守许远合兵,在矢尽粮绝与朝廷音讯不通的情况下仍苦守10个月(至德元年十二月到二年十月),保卫了江淮地区。睢阳失陷后,张巡等壮烈牺牲。鲁炅、张巡等的抗敌斗争,牵制了安史兵力,使他们无法向南方发展,也为唐军赢得了时间,并保障了江南财赋对唐朝廷的源源不断的补给。

长安失陷后,郭子仪、李光弼奉命率步骑5万自河北至灵武,壮大了朝廷的声势。河西、北庭、安西等道的官兵也前来会合。唐廷又得到回纥、于阗及西域各族的援助。至德二年(757)正月,安禄山被他的儿子安庆绪杀死。李光弼坚守太原(今山西太原),史思明攻之不克,屡为所败。郭子仪也收复了河东(今山西记济蒲州镇)郡。这时大臣李泌提出了先取范阳,覆叛军巢穴,以免叛军势焰复炽的建议。但肃宗急于收复两京,未能接受他的意见。这年九月,肃宗使广平王李俶(后为唐代宗)与郭子仪统朔方军及借来的回纥、西域兵共15万自凤翔(今陕西凤翔)出发,攻克长安,十月收复洛阳,安庆绪逃往邺郡(相州,今河南安阳)。留在范阳的史思明收复残兵,为安庆绪所忌,于是率领所统13郡及兵8万降唐,唐封他为归义王,任范阳节度使。但唐廷对他不放心,策划消灭他。事泄,史思明遂反,与安庆绪遥相呼应,战事又起。

乾元元年(758)九月,唐朝派郭子仪、李光弼等九节度使统兵20余万(后增至60万)讨伐安庆绪,声势虽大,但无统一指挥,肃宗以宦官鱼朝恩为观军容宣慰处置使以统辖之。初期还有进展,包围了邺城,次年三月,史思明率兵来援,焚夺唐军粮草,唐军缺乏粮草。不久接战,唐军60万众溃于城下,各归还本镇。史思明杀安庆绪,因到范阳,称大燕皇帝,九月复攻占洛阳。上元二年(761)二月,李光弼攻洛阳失败,三月,史思明为其子史朝义所杀,叛军将士离心,多次为官军所败。宝应元年(762)十月,唐使仆固怀思再借回纥兵收复洛阳,并乘胜追击。史朝义奔莫州(今河北任丘北),次年正月,史朝义想亲自到幽州发兵救援,至范阳,为部下所拒,欲北奔奚、契丹,为部将李怀仙追及,穷迫自杀,历时七年零两个月的安史之乱,此时才宣告结束。

　　安史之乱是唐朝由盛而衰的转折点。在这次动乱中,中国北方地区的人民遭受了一场空前浩劫,社会经济也受到严重破坏。同时战乱虽然平定,但安史降将田承嗣、薛嵩、李怀仙等却均被朝廷安置于河朔一带任节度使,藩镇割据的局面开始形成。此后内地也相继设立节度使,与中央相抗衡,造成中央与藩镇与藩镇及藩镇之间连绵不断的战争。此外由于战乱中,朝廷曾内调河西、陇右的边防军队以讨安史,因此边备空虚,吐蕃趁机入侵,唐朝不仅丧失了西域的势力,连关中也不能保证安全,使唐朝中央政府日益陷入困境。

河北藩镇的割据

　　唐代中期,安史之乱被平定后,唐朝廷与逐渐强盛起来的地方势力及安史旧部相妥协,以委任节度使的方式默许地方割据势力的存在。魏博镇、成德镇、幽州镇在诸割据者中最先开始与唐王朝公开分庭抗礼,并联兵反唐,胁迫唐王朝承认节度使职位的世袭,史称"河北三镇的割据"。河北三镇自建立之日起,直到与唐共同灭亡为止,武装力量始终比较强大,因此而成为唐中期以后中央王朝的心腹大患。

　　魏博镇,广德元年(763)为收抚安、史余众而设置,治所魏州(今河北大名东北),下领魏、博(今山东聊城一带)、贝(今河北清河一带)、相(今河南安阳市)、卫(今河南汲县)、磁(今河北磁县)、洺(今河北邯郸一带)7州。魏博镇的割据始自田承嗣。田承嗣原是安禄山的部旧,安史之乱被平定后降唐,朝廷任其为魏博节度使。降唐后,田承嗣暗中仍招兵买马,扩充军备,数年间便拥兵10万余人,又选强悍1万余人,组成牙军。牙军待遇优厚,主要任务是护卫节度使。牙兵的职位亦世袭,牙军由此成为藩镇割据的中坚力量。田氏于魏博镇相传四代,元和七年(812),牙军废田氏,拥立田弘正为节度使。田弘正率镇归降朝廷。长庆二年(822)牙军反叛,拥立史宪诚为节度使,田弘正子节度使田布被迫自尽。此后,魏博镇节度使的废立实际掌握在牙军手中,继田氏后,何进滔、罗弘信及其子孙继续与唐朝廷分庭抗礼。天祐三年(906),节度使罗绍威不堪牙军的胁迫,借朱温的兵力灭牙军8000余家,魏博镇的武装实力从此衰败。五代梁乾化二年(912),杨师厚灭罗氏,吞并魏博镇。自宝应二年(763)割据始起至后梁乾化二年(912)为梁所灭,魏博镇割据先后近150年。

成德镇,又称镇冀镇,或恒冀镇,唐宝应元年(762)为收抚安、史余众而置,治所恒州(后改镇州,今河北正定),下领恒、定(今河北定县)、易(今河北易县)、深(今河北深县)、冀(今河北冀县)、赵(今河北赵县)6州。成德镇的割据始自李宝臣。李宝臣是安禄山的义子,安史之乱被平定后归降唐朝,朝廷任命他担任成德节度使,管辖相当于今河北沙河、滹沱河下游以南,献县、阜城、景县以西,临城、柏乡、南宫、枣强以北的地方。唐德宗建中二年(781)李宝臣死,其子李惟岳继任。次年王武俊杀李惟岳,率镇归唐。降唐后,王武俊又怨朝廷不任其为节度使,故又率镇复叛。兴元元年(784),朝廷任其为成德军节度使,又重新归唐。李宝臣、王武俊、王庭凑及其子孙们先后割据成德,对朝廷时叛时降。唐后期李克用参与梁、唐、晋的吞并战争,龙德二年(922)为晋所并。五代后唐时仍保留其设置,宋太平兴国二年(977)废。

幽州镇,又称卢龙镇。玄宗时为防奚、契丹而置幽州节度使。天宝元年(742)改名为范阳,是安禄山反叛的发起地。安史之乱被平定后,为收抚安史旧部又设置幽州镇,治所在幽州(今北京城西南),下领幽、涿(今河北涿县)、莫(今河北雄县)、瀛(今河北河间县)、平(今河北卢龙镇)、檀(今北京密云县东北)、营(今辽宁朝阳县)、蓟(今河北蓟县)、妫(今河北怀平县)9州。管辖地区大致相当于今河北怀平、永清,北京市房山以东和长城以南。幽州镇是河北三镇中势力最强大、内部争斗最激烈的一镇,其割据始自李怀仙,李怀仙原为安禄山军中偏将,安史之乱被平定后归降唐朝,朝廷任其为幽州节度使。大历三年(768),他被部将朱希彩、朱泚、朱滔等合谋杀害。朱希彩强迫朝廷任命自己为节度使,继续割据。大历七年(772),朱希彩被杀,朱泚继位。大历九年(774),朱泚在朱滔的劝说下入朝,朱滔则拒绝朱泚回镇,迫唐朝廷任自己为节度使。贞元元年

(785)，朱滔死，将士拥立刘怦为节度使，刘氏共传三世，到刘总时弃官为僧。朝廷遂任命弘靖为节度使，将士不容，反叛朝廷，拥立朱克融。此后，幽州镇内讧不止，节度使更迭频繁，先后更换过朱延嗣、李载义、杨志诚、史元忠、陈行泰、张绛、张仲武、张直方、周綝、张允伸、张简公、张公素、李茂勋、李可举、李全忠、刘仁恭等近20位节度使。幽州自建镇起，只在元和年间一度听命于中央。唐亡后建号称燕，乾化三年（913），李存勖攻破幽州杀刘仁恭。自李怀仙至刘仁恭，幽州镇割据历150余年。

河北三镇的割据开唐末藩镇割据的先河。实行割据的藩镇一般在名义上必须取得唐朝廷的任命，在本境内却拥有相当大的独立性。他们可自己组织军队，设立官位，掌握刑赏，户籍不报中央，赋税不入朝廷，节度使之职也可世代相传。河北三镇的割据局面形成于代宗之时。德宗时由于两税法的实施，朝廷财政有所好转，于是开始了抑制藩镇的活动。建中二年（781），成德节度使李宝臣死，其子李惟岳自为留后，请朝廷诏允。德宗拒绝了李惟岳的请求，并做好镇压藩镇反叛的准备，李惟岳联合魏博镇、淄青镇等反唐。其结果是李惟岳为部将王武俊所杀，而藩镇纷纷称王。如魏博节度使田悦称魏王、成德节度使王武俊称赵王、幽州节度使朱滔称冀王。唐军讨伐无功，只好妥协。藩镇去王号，名义归唐，唐朝廷承认三镇及其他割据者的权力。宪宗时，唐王朝开始第二次抑制藩镇的活动。元和年间三镇曾一并听命于中央王朝，但由于长期的战争，唐王朝兵力不足，无力进一步消除河北三镇的势力，三镇擅有财赋、拥有重兵的情况并未得到根本的改变。宪宗后，唐王朝对日益强大的藩镇势力一筹莫展，只好以高官厚赏换取他们的暂时归顺，于是河北三镇气焰日涨，穆宗时于河北实行销兵，引起各镇兵将的不满，河北三镇率先再次公开反叛。长庆元年（821），幽州镇的卢龙发生兵乱，唐朝廷所委任的节度使张弘靖被兵将拘囚后驱逐，朱克融被拥为留后，与此同时，成德将领王庭凑也杀掉了唐朝廷委派的节度使田弘正，发动反叛。唐王朝发诸道兵10万征讨，由于诸将领对朝廷失去信心，又加以宦官监军，指挥不统一，结果无功而返。

唐王朝在与河北三镇的斗争中，或以妥协，或以失败而告结束，王朝的力量与声望大大削弱，而河北三镇却在战争的缝隙中养精蓄锐，军事武装日益强大，直到唐亡，三镇割据的局面始终没有得到根本的改观。

神策军中尉的设置

唐代中晚期，府兵与彍骑相继废弛，藩镇据土擅兵，中央王朝所能依靠的军事力量只有禁军。所谓天子禁军，即指南北衙兵，南衙是诸卫兵，北衙是禁军。自南衙十六卫衰废，唐王朝就只能倚重、发展北衙禁军。神策军即是禁军中最重要的左右十军（左右羽林、左右龙武、左右神武、左右神策、左右神威）中的两军。

天宝十三年（754），陇右节度使哥舒翰在攻下吐蕃临洮的西磨环川后，就在那里设置神策军，以成如璆为军使。安禄山叛乱时，成如璆派卫伯玉率兵千余人入援京师，驻扎在陕州（今河南三门峡市、陕县及山西芮城一带）。此时，神策军原驻地沦陷，朝廷即下诏号卫伯玉所率之军为神策军，并以卫伯玉为节度使，命令他与陕州节度使郭英一起镇守陕州，宦官鱼朝恩监其军。后卫伯玉被罢免，这支神策军就归观军容使鱼朝恩统领。

广德元年（763），吐蕃取得全部的河西、陇右的地盘，宦官程元振隐而不报，致使吐蕃军长驱直入，渡过渭水，又攻下长安附近的盩厔（今周至），各地节度使由于忌恨、畏惧程元振的权势，迟迟不发兵来援助，代宗为了躲避吐蕃兵锋而来到陕州。鱼朝恩集中全部陕州军队包括神策军一起去迎护代宗，并统称陕州军为"神策军"。代宗驻在神策军军营中等待京师平定，鱼朝恩遂率军与代宗同归京城，卫戍宫禁。鱼朝恩被提为天下观军容宣慰处置使。永泰元年（765），吐蕃、回纥、吐谷浑、党项等数十万众再次入侵，鱼朝恩率神策军屯守于宫苑中，虽无战功，但从此显赫起来。神策军扩充为左、右厢，势力比北军还大，正式成为天子禁军，鱼朝恩任神策军兵马使。大历四年（769），京兆府境内的好畤，岐州境内的麟游、普润都归属到神策军名下。第二年，神策军又收管了武功、扶风、兴平、天兴。神策军开始难以控制了。鱼朝恩任其部将刘希暹为神策虞侯，设置北军狱，诬捕京师大姓富户，没收其家财入军。鱼朝恩以观军容宣慰处置使、左监门卫大将兼神军使、内侍监的身份常与代宗共议军国大事，势倾朝野。大历五年（770），宰相元载测知代宗已不满鱼朝恩的专横，乘间上奏请求除掉他，代宗与之谋划杀了鱼朝恩，不再让宦官典禁军，而任用了鱼朝恩旧部刘希暹、王驾鹤为将。

德宗即位,以白志贞为神策军使。建中四年(783),德宗下诏为神策军募兵,鼓励世宦子弟马奴装铠助征。白志贞又暗中用市井之冒名充任,以补不足,这些人名虽入籍,实则仍在军外,以致泾原兵变之时,神策军多戢伏不出,德宗不得已出奔奉天(今陕西乾县)。白志贞被贬,神策军都虞侯李晟等将率兵来援,屯于渭河北岸。德宗回到京师后,为奖赏神策军,皆号其兵将"兴元从奉天定难功臣",饶恕死罪,以后,中书省、御史府及兵部、京兆府都不得检核其军籍。贞元二年(786),改神策左、右厢为左、右神策军,特置监句当左、右策军之职,以宦官充任。第二年,又下诏府县不得擅处逮捕犯法的神策军将士,必先申报,然后交神策军处理。左、右神策军各加将军两名。有鉴于朱泚、李怀光的叛乱,德宗更加疏忌宿将,于是再次任用宦官掌管禁兵。贞元十二年(796),设置左右神策军护军中尉之职,以宦官窦文场和霍仙鸣分别担任左右神策军护军中尉。由于神策军得到皇上格外的礼遇,特权日见增多,以至缺少粮食的戍边军队纷纷请求遥隶于神策军,一旦成功,得到的供给赏赐立刻三倍于过去。这样,边塞屯防的不少军队都称作神策行营,统属于宦官,神策军多达15万之多。

顺宗即位后,一度想削弱宦官势力,他任用王叔文等,并任用范希朝为左右神策军京西诸镇行营兵马节度使,以图逐步收夺宦官的兵权,但这一尝试很快就失败了。宪宗元和八年(813)废天威军,将其兵骑分隶左、右神策军。僖宗广明元年(880),黄巢起义军攻下潼关,僖宗逃往四川,宦官田令孜招募神策新军54都,分为十军,他自任左右神策十军兼十二卫观军容使,并以左右神策大将军为左右神策诸都指挥使,诸都又设都将,也称作都头。景福二年(893),昭宗企图讨伐李茂贞,但他的军队不战自溃,李茂贞于是带兵进逼京城,昭宗杀了神策军中尉西门重遂和李周谲,才使李茂贞退兵。乾宁元年(894),同州节度使王行实想胁迫神策军中尉骆全瓘、刘景宣挟昭宗到邠州(今陕西彬县、长武、旬邑、永寿),骆全瓘、刘景宣在长安东市纵火,城中大乱,昭宗被护送到莎城、石门,一个月后才得返回,收拾神策军散失的数万人,重新设置了安圣、捧宸、保宁、安化四军,称作"殿后四军",用宗室亲王将率。三年(896),茂贞再次攻打长安,昭宗逃到华州(今陕西华县、华阴一带)。第二年,韩建派兵围住了昭宗的行宫,迫令昭宗遣散了各王所统领禁兵,只许殿后四军保留30人,其余两万多全部被遣散。昭宗返回长安后,将神策军恢复到6000人。光化三年(900),左、右神策军中尉、宦官刘季述、王仲先率1000兵卒囚禁了昭宗，矫诏让太子即位。昭宗召朱全忠来诛杀宦官，被宦官发觉，昭宗被挟持到凤翔李茂贞军中。朱全忠围困凤翔半年有余，李茂贞请和，昭宗杀了神策军中尉韩全诲、张弘彦等20余人返回长安，左、右神策军从此被废除。

从肃宗朝李辅国起，宦官开始擅揽军权，先是以监军身份持权，节度反出其下，到后来典掌禁军。神策军的兴衰及神策军中尉的设置，集中反映了从代宗到昭宗时期，唐王朝试图任用宦官典掌军，制约骄兵悍将而最终又受到宦官挟制的历史。

"二王八司马"事件

唐德宗统治时期，朝廷政治十分腐败。德宗外惧于藩镇，内惧于宦官，在屡次对藩镇作战失败之后，便采取了姑息妥协的态度。与此同时，他在朝廷中有意排斥宰相，大权独揽，并任用裴延龄等一批佞臣，专门为他搜刮聚敛财赋。在德宗的一味横征暴敛之下，当时不仅中央的度支、盐铁、户部诸使都有贡献，而且地方藩镇也纷纷以"税外方圆"或"用度羡余"的名义"进奉市恩"。他们对百姓横征暴敛，割留中央常赋，将所得财赋的十分之一二献给皇帝，其余就都落入自己手中，并用作拥兵自重的资本，使朝廷对他们根本无法控制。由于德宗的姑息放纵，使朝廷内宦官的专权现象也日益严重。德宗后期，宦官不仅操纵朝政，还利用权势欺诈百姓。宦官主持的宫市，强买强卖，"置白望数十人，于两市及要闹坊曲，阉人所卖物，但称宫市，则敛手付与，无敢问所从来及论价高下者"。因此对百姓的掠夺最为残酷。又有宦官所领的宣徽院五坊(雕坊、鹘坊、鹞坊、鹰坊、狗坊)小儿，也作恶多端。每到京畿放鹰、犬时，他们便至民家"恣其须索"，或以捕鸟雀为名，"皆为暴横以取钱物"，使"百姓畏之如寇盗"。德宗相信宦官，对此听之任之。尽管不断有大臣对宦官扰民提出指责，德宗却一概置之不理。

德宗朝政的腐败引起不少朝臣的不满，太子李诵对此也有看法。其时翰林待诏、杭州人王伾，由于善书法，越州(今浙江绍兴)人王叔文，由于善棋，可以出入东宫，侍奉太子。李诵常与他们谈论政事，对王叔文的见解尤为欣赏。经过多年的接触,李诵对王叔文非常信任。当时一批有才能的士大夫如韦执宜、韩泰、陈谏、柳宗元、刘禹锡、韩晔、凌准、程异以及吕温、李景俭、陆须(原名淳)、李谅、李位等人也是"二王"所引荐,使他们能经常在一起游处,密谋异日掌握朝政并进行改革,逐渐形成了一个以王叔文为领袖,以"二王"及刘(禹锡)、柳(宗元)等8人为核心的革新集团。

贞元二十一年(805)正月,德宗病死,太子李诵继位,是为顺宗。在顺宗的支持下,王叔文集团掌握了政权。时以韦执宜为宰相,王叔文居中用事,颁布了一系列明赏罚、停苛征、除弊害的政令。其中包括蠲免百姓积欠的各类逋租旧赋;规定"常贡之外,悉罢进奉",并停止盐铁使"月进"钱;德宗贞元末政事由人为造成祸患的,如宫市、五坊小儿之类,也一切罢免。此外,掊敛残暴的京兆尹李实,也被贬官。以上措施受到百姓的欢迎,史称"市里欢呼""人情大悦"。在此基础上,王叔文集团进一步采取了统一事权、革除弊政的行动。他们首先从掌握财权、裁抑藩镇入手,解除了浙西观察使李锜兼诸道盐铁转运使的职务,而以宰相杜佑兼度支及诸道盐铁使,并由王叔文协助,着手进行盐法改革。不久,他们又开始了削夺宦官兵权的计划,任命与凌准有联系的老将范希朝为左右神策、京西诸城镇行营兵马节度使,韩泰为行军司马,李位为推官,以便夺取宦官掌握的京西诸镇神策军的指挥权。但这一举动遭到宦官集团的强烈抵制,他们密遣使者令诸将不要听从范希朝指挥,使范希朝到后,"诸将无至者",夺兵权的计划因而未能实现。

此时,由于顺宗有病,在宫中施帘帷,政事由王伾、王叔文决定,而通过宦官李忠言、顺宗妃牛昭容传达,引起朝臣的疑虑和反感。同时王叔文等治国日浅,在朝中没有什么地位和势力,也不为旧日的宰相大臣所容。剑南西川(治今为四川成都)节度使韦皋因求都领剑南三川(剑南东川、西川及山南西道为三川)遭到王叔文拒绝而心怀怨恨,宦官俱文珍、刘光琦等便利用这些矛盾,与朝中反对势力以及在外的直皋、荆南(治今湖北江陵)节度使裴均、河东(治今山西太原南)节度使严绶等串通起来反对王叔文集团。其年三月,俱文珍等先以顺宗名义宣召大臣,迫使顺宗同意立李淳(后改名纯)为太子。五月,又削去王叔文翰林学士官职,减去其权限。七月,王叔文以母丧去位,革新集团的重要人物如陈谏等也纷纷被调离中央。接着,俱文珍等于八月,迫使顺宗让位于太子。由于顺宗预定此年改元永贞,故史称"永贞内禅"。

永贞元年(805)八月,太子即位,是为唐宪宗。此时王伾已被贬为开州司马,不久病死。王叔文也已贬渝州司户,次年赐死。宪宗即位后,又将韩泰、陈谏、柳宗元、刘禹锡、韩晔、凌准、程异及韦执谊8人先后贬为远州司马。此外,参与革新运动的其他人,也大都先后遭到贬谪,被赶出朝廷,使这次革新以失败告终。这就是著名的"二王八司马"事件,后人也称之为"永贞革新"。

"永贞革新"历时146天。王叔文集团的施政方针,主要是抑制专横的宦官集团,改革德宗时期的弊政,并打算在此基础上,裁抑打击藩镇,以加强唐朝的统一和中央集权。这在当时,具有一定的积极意义。在这次改革的过程中,他们虽遭失败并被罢职贬官,但事实上,一些改革的措施在宪宗朝还是得以继续和实行,由此导致了宪宗朝讨平藩镇的"中兴"。

元和中兴

安史之乱平定后,中央权力日益衰落,形成藩镇与中央抗衡的局面,一些强大的藩镇拥有重兵,自任将吏,不纳贡赋。肃、代两朝的姑息,造成严重的后果,德宗时的四王二帝之乱,充分显示了藩镇的跋扈,顺宗时曾利用王叔文等人锐意改革,以图振作,也未取得成功。宪宗即位之初,面临的是各种矛盾交错发展的危机严重的局面,宪宗注意吸取前代的经验教训,抓住有利条件,立志削藩,于是出现了一段中兴局面。

元和元年(806),针对藩镇帅守除授不由中央及不入谢、不朝觐的现象重申法令,令诸镇入阁拜谢。与此同时,乘机更换藩镇帅守,以防帅守久居一地,发展地方势力,当时被更换的帅守30镇,不仅有东、西南地区的帅守,也有西北及中原的藩镇,从而加强了对地方的控制。朝廷的易镇措施遭到了一些藩镇的抵制,西川刘辟拒不受征入朝,并出兵侵扰其他藩镇。夏绥节度使韩全义入朝后,其甥杨惠琳自为帅守,拒绝朝廷任命的节度使入境。浙西的李锜起初佯求入朝,既而又拒绝入觐。在藩镇帅守纷纷入朝易镇的形势下,昭义的卢从史、忠武的刘昌裔等中原藩镇却保持静默观望态度,而河南、河北的强藩更倚仗地理、军事和财政的优势,维持割据状态,不为朝廷法令所动。所以中央要想重振朝廷威望,必须改变贞元以来害怕藩镇生事而一味姑息的态度,实行武力削藩。宪宗根据各藩镇与中央政治、军事、经济关系以及势力对比优劣的差异采取了不同的对策。

永贞元年(805)八月,西川节帅韦皋死,留后刘辟让诸将上表请求继任,朝廷不许,派中书侍郎、同平章事袁滋为西川节度使,征刘辟为给事中,刘辟拒不受征,阻兵自守,朝廷不得已,想用妥协的办法换取暂时的安定,遂以刘辟为西川节度使,知节度事。刘辟并不满足,在要求兼领三川遭到拒绝以后,发兵围攻东川节度使李康,企图以武力达到割据三川的目的。在宰相杜黄裳的坚持和策划下,宪宗下诏讨刘辟,以崇宗文领兵。伐蜀战争进行了8个月,刘辟兵败被俘。在刘辟发动叛乱的时候,夏绥节度使韩全义以出征无功、骄蹇不逊被责令入朝,以李演为夏绥节度使。杨惠琳据城对抗,请继其舅韩全义为节度使。朝廷诏发河东、天德兵平定叛乱,不久,杨惠琳为夏州兵马使张承金所杀。

西川、夏绥两镇是关系边镇安危以至长安安危的重要军事重地,西川一向担负着"抚蛮夷""殿邦国"的重任,是"宰相回翔之地",夏绥也是防范西北边镇的要镇。在贞元朝的姑息下,西北边镇兵士擅自废立节帅的事多有发生,说明对西北控制的松弛。宪宗首先对西川、夏绥用兵,正是考虑到两镇的军事地位和作用,同时也考虑到西北边镇上有神策军监制,西川也非反侧之地,对两镇反叛的兵力中央有胜利的把握,所以,首战两镇并大告成功。

朝廷平定夏、蜀之后,藩镇气焰开始收敛,纷纷要求入朝。元和二年(807),镇海节帅李锜也感到不安,迫于形势要求入朝,但并无诚意,不久阴谋败露,遂发动叛乱。宪宗以淮南节度使王锷为诸道行营兵以招讨处置使统领淮南、宣歙等道之兵进讨。李锜以宣州富饶,想首先攻取,派兵马使张子良、李奉仙、田少卿将兵3000袭击。三人与牙将裴行立同谋倒戈,李锜被械送长安处死。李锜的平定,使东南财赋重地获得安定,中央的财赋来源得到了保证,在以后平定淮西的战争中,浙西殷富的财赋发挥了重要的作用。

淮西是浙西平定后的下一个讨伐目标,虽然有一些藩镇入朝,受制于中央,但河南、河北诸镇以及宣武、昭义、忠武等少数帅守仍保持独立的状态,削藩如不指向这些强藩,势必无法解除朝廷的腹心之疾。为了对付强藩,宪宗决意讨伐淮西。淮西与中央的对抗在李希烈时已经开始,李希烈参与卢龙、成德、魏博、淄青四镇叛乱,自称禁帝。李希烈死后,吴少诚继为节度使,派兵袭击唐州、许州,德宗合兵进讨,屡次战败。元和四年(809),吴少诚死,吴少阳自为留后,后受命为节度使。元和九年(814),吴少阳死,其子吴元济自己封为总兵,把朝廷所派敕使排斥在外,发兵四出侵掠。朝廷以淮西擅自继袭、肆行寇掠之故下令征讨。以严绶为申、光、蔡招抚使,督诸道兵进讨。平淮西是元和中兴大业中关键性的一战,从元和九年(814)到十二年(817),战争进行了4年,中央调动了全部人力和物力,战争比以往艰巨得多,淮西经过李希烈以后30多年的经营,形成了一个拥有相当战斗力的武装集团。吴元济的叛乱,得到了淄青节度使李师道、成德节度使王承宗的支持,为了共同的利益,他们南北呼应,极力破坏并阻止朝廷的平乱。李师道在元和元年(806)为节度使以后,表面归顺唐王朝,暗中却和河北诸镇相勾结,和王承宗上表请求赦免吴元济,遭到宪宗的拒绝以后,就发兵遣将,以助官军讨吴为名,派人在各地进行扰乱破坏活动,以行援助吴元济之实,如焚河阳转运院仓库,入京刺宰相武元衡,砍伤裴度,企图打压主战派。宪宗支持以裴度、武元衡主持讨伐事宜。元和十二年(817)夏,裴度自请督师,时值淮西连年交战,粮食缺乏,军心动摇,降唐者多为唐军效力。十月,唐邓节度使李愬在降将李祐的引导下,雪夜袭蔡州(今河南汝南)。李愬以训练有素的士兵3000为前锋,以3000人殿后,急行军130里,到达蔡州城,大破吴元济,元济被俘获,淮西遂定。对淮西用兵的胜利提高了唐廷的威望,淄青李师道、横海程权、成德王承宗、幽州刘总相继归服,李师道也被部下所杀。至此,长期割据的藩镇表示服从中央,使自广德以来60年间藩镇跋扈30余州的局面有了很大的转变。

为了武力削藩,保证军费开支的供给,宪宗着手在财政上进行一些改革。首先是改革了榷盐法。元和初年,李巽为盐铁转运使,将隶属于浙西观察使的堰埭收归盐铁转运使,罢除江淮因循权置的公私堰埭,这是维护国家专利的重要措施。此外,以实估计算盐利,并进而强调除盐本外所得之利都归度支,将东南盐铁财赋计入国家税收,统一支配。李巽又整顿了漕运,以便将所征财赋顺利运往中央。为了改变方镇利用实估、虚估的差价进行盘剥、聚敛,以至对所属州税外加征的现象,宪宗采纳了裴垍的建议,对现行的赋税政策进行改革。元和三年(808)宣布:天下留州、送使物一切按省估折纳赋税,不能随意征纳现钱和贱价折纳匹段。其次,规定节度使、观察地所治州征税,不足时方可征所属的其余州。为了贯彻改革税法的方案,中央派两税使到江淮以南财赋之地监督执行。又采纳李绛等人的建议,在振武军、天德军开营田,以资军费。出宫人,绝地奉,禁南方掠卖奴婢,以及并省内外官,节省开支,等等。宪宗在政治、经济几方面的改革,使唐后期形成的藩镇跋扈、国家分裂、中央政权衰微的政治局面出现了转机,元和朝统治出现的新局面,被史家誉为"元和中兴"。

血腥的甘露之变

唐朝中期以后,统治阶级内部的矛盾日益激化。自从玄宗天宝中宠信宦官高力士,宦官的权力便日益膨胀。自肃宗时起,宦官不仅专擅朝政,招权纳贿,进退大臣,而且开始参与统兵征战,典掌禁军,甚至预谋废立,挟制皇帝。在皇帝不听命时,便加以谋害。为此宦官不仅和朝官之间逐渐酿成持久的"南衙北司之争",也为皇帝所猜忌而有深刻的矛盾。在文宗以前,其祖父唐宪宗李纯被宦官陈私志(一作弘庆)等所杀,其兄敬宗李湛被宦官刘克明等所杀,其父穆宗李恒和文宗李昂自己,也均立于宦官之手。文宗即位之后,深以宦官专权为患,且感到谋杀宪宗、敬宗的宦官还有在自己左右者,故决心剪除宦官,夺回皇帝丧失的权力。大和四年(830),文宗任命翰林学士宋申锡为宰相,令他谋划诛除宦官,但事机不秘,为宦官王守澄等先发制人,诬告宋申锡欲谋立文宗弟漳王李凑,次年,宋申锡被贬,计划失败。

大和八年(834)秋,李训(原名钟言)、郑注得王守澄引荐,李训以善讲《周易》,郑注以善于医术,都取得了文宗的信任。文宗因他们均系宦官所引进,不会遭宦官怀疑,故与之谋诛宦官,李训、郑注也以此为己任。文宗以郑注为太仆卿,李训为翰林侍讲学士。次年秋季,文宗提升李训为宰相,又任命郑注为凤翔(今陕西凤翔)节度使,作为京师外援。文宗并听从李训、郑注之谋,提升与王守澄有嫌隙的宦官仇士良为左神策中尉,以分王守澄之权,然后又以左、右神策观军容使兼十二卫统军等虚名加于王守澄,以夺其职权。不久,便将王守澄及与杀害宪宗有关的宦官杨承和、王践言、陈弘志等先后处死。

想要进一步诛除其他掌握禁军实权的宦官,还需要有一定的武装力量。十一月,李训举荐大理卿郭行余为邠宁节度使,户部尚书王涯为河东节度使,又以京兆少尹罗立言权知府事,以太府卿韩约为左金吾卫大将军,并计划使郭行余和涯王以赴镇为名,多募壮士为兵卒,且用金吾台府吏卒,共同举兵以诛除宦官。

大和九年(835)十一月二十一日,百官于紫辰殿早朝时,金吾大将军韩约奏报左金吾仗院内石榴树上夜降甘露,李训等以天降祥瑞为由,请皇帝亲往观看。于是文宗与百官前至含元殿。文宗命宰相和中书、门下两省官先去看视,官员们良久方回。李训奏称恐非真甘露,文宗又要左、右神策中尉仇士良、鱼志弘率宦官去察看。宦官去后,李训立刻召郭行余、王涯前来接受敕旨,王涯害怕不敢向前,只有郭行余听命于殿下。二人所领的兵士几百人都立于丹凤门外,李训也使人召入,但只有河东节度使的兵来了,邠宁的兵却没有到。

仇士良等到左金吾仗院时,见韩约神色惊慌,恰巧风吹幕起,又见到幕后埋伏有很多武装兵众,还听到兵仗碰撞之声,仇士良等慌忙退出。守门者想要关门,为仇士良所斥退。仇士良等奔至文宗所在,李训看见,急呼金吾卫士上殿保驾。仇士良等上含元殿,将文宗扶上软舆,斩断殿后罘罳(遮拦鸟雀的丝网),急趋北出还宫。李训攀舆高呼:"陛下不可还宫!"金吾卫士数十人和罗立言带领的京兆府吏卒300人、李孝本率领的御史台从吏200人都登殿殴打宦官,宦官死伤者10余人。这时,宦官已将李训打倒在地,将文宗乘舆抬入宣政门,把门关闭,于是宦官皆呼万岁,百官惊骇散出。李训知道事已不能成功,换从吏绿衫,走马出宫,只身逃往终南山佛寺中。宰相王涯、舒之舆、贾餗等不明真相,退还中书,等候皇帝召见。

仇士良等挟持文宗退入内殿后,立即派遣左、右神策军副使刘泰伦、魏仲卿等各率禁兵500人,持刀露刃,出东上阁门,逢人就杀。时宰相王涯等正于中书会食,闻讯狼狈逃走,两省及金吾吏卒千余人也蜂拥填门而出,门很快被关上,没能出来的600人皆被杀死。仇士良等分兵闭宫门,至诸司机构搜捕,又死了1000多人,横尸殿庭,血流涂地,诸司印章图籍、帷幕、器皿也毁尽无遗。宦官又派骑兵千余出城追杀逃亡者,并在城内索捕,至朝官之家,"掠其资财,扫地无遗"。宰相李训、王涯、贾餗、舒元舆以及王璠、郭行余、罗立言、李孝本、韩约等均先后被捕杀,并遭族诛,还有不少朝官受牵连而死,朝廷为之一空。一时间"杀生除拜,皆决于(神策)两军中尉",皇帝完全不知晓。事变时,郑注正率兵500人赴长安,至扶风(在今陕西兴平),闻事败,返还凤翔,也被仇士良以密敕令监军张仲清杀死,并屠灭其家。凤翔节度府内坐枝党相连死者有千余人。

这次事变后参加屠杀朝官有功者都得晋官爵获赏赐,仇士良等也进阶升官。

"自是天下事皆决于北司,宰相行文书而已"。宦官气焰更盛,迫胁皇帝,蔑视宰相,凌暴朝士如草芥,文宗也因此郁郁而终。

唐武宗灭佛

佛教在隋唐时期非常盛行。隋文帝"诏境内之民任听出家",于是"民间佛书,多于六经数百倍"。武则天出于政治需要,修佛寺,造大像,所费巨亿。中宗时,韦后、安乐公主及朝廷贵戚也竞相崇饰寺观,奏度人为僧。玄宗时虽一度淘汰僧尼,整顿寺院,但安史之乱后,社会动荡,统治阶级更大力提倡佛教。肃宗、代宗均在宫中设置道场,"有寇至则令僧讲《仁王经》以禳之,寇去则厚加赏赐"。宰相元载、王缙、杜鸿都喜好佛法,他们不仅造寺无穷,还为皇帝言因果报应,甚至上朝也多谈佛事,"由是中外臣民承流相化,皆废人事而奉佛",弄得政治刑罚日益紊乱。有唐一代还多次为迎送佛骨兴师动众,大事铺张。宪宗时为去凤翔(今属陕西)法门寺迎佛骨,搞得长安举城若狂,百姓"焚顶烧指,百十为群,解衣散钱,自朝至暮,转相仿效,唯恐后时"。佞佛的情形在唐后期也一直有增无减。武宗时祠部的统计数字表明,当时全国有寺院4600所,兰若(小寺院)4万所,僧尼260 500人。遍设各地的寺院不仅占据了大量的良田美地,而且利用其免税特权,包庇了众多的人口。当时除了富户多丁,削法避役,将寺院当成最好的庇护所外,许多贫苦百姓为不纳赋税,也投靠依附寺院,成为寺院的寺户或佃户,他们耕种寺院的土地,为寺院提供无偿的劳动,使得寺院经济大为发展,而封建政府的纳税人户却日渐减少。此外,天下佛寺大量销铜铸造佛像,使得市场上铜钱大为减少,加重了唐后期钱重货轻的矛盾。

武宗即位以后,深感佛寺和僧尼众多"耗蠹天下",对国家财政也影响极大。会昌三年(843),唐朝廷对泽潞用兵,军费不足,而关中、河东等地,又连年发生蝗灾。在这种情况下,冲击佛教寺宇,没收僧尼财富,就成为可行的一途。武宗本人原来就倾向道教,在道士赵归真的鼓动和宰相李德裕的支持下,武宗决心灭佛。他首先下敕没收僧尼的私人钱物田庄,减少僧尼所畜奴婢的数量。会昌三年(843),长安左顺两街勒令还俗的僧人共3400余人,同年三月下敕,代州五台山及泗州普光王寺，终南山五台、凤翔府法门寺，"并不许置供及巡礼者"，犯者即受春杖处置。由此"四处灵境，绝人往来，无人送供"。灭佛之举在会昌五年（845）达到高潮。其年八月，下敕省并天下佛寺。规定长安、洛阳两街仅各留二寺，诸道节度观察使治所及同、华、商、汝等州各留一寺，并将寺院分为三等，上等留僧20人，中等留10人，下等5人。其余26万余僧尼筓冠勒令还俗充两税户，还有寺院的15万奴婢，以及人数超过僧尼筓冠一倍、投附寺院充使令的良人（即寺户百姓等）也同时放为两税户。除上述应留寺院之外，44 600余所小寺院均限期毁撤，并遣御史分道督察。寺院的财产也没收充官。其时共收良田数千万顷。拆下的佛寺木材用以修葺官府和驿舍。中书又上奏将废寺的铜像、钟磬委盐铁使铸钱，铁像委本州铸为农器，金、银、鍮石等像也销付国库。而且限令衣冠士庶之家所藏金、银铜像也必须如期纳官，否则按禁铜法处理。在此之后，管理僧尼的部门也从祠部改为主客（祠部、主客为尚书省礼部所隶二司，但祠部主祭祀，主客掌接待外国宾客），以明其为外国之教。与此同时，武宗还在八月的制书中，明确指斥佛教"劳人力于土木之功，夺人利于金宝之饰""坏法害人，无逾此道"，并指出其僧尼"皆待农而食，待蚕而衣"，其寺宇招提"皆云构藻饰，僭拟宫居"，是造成民间物力凋耗、风俗狡诈的一个主要原因，同时还将这次废佛称作是"惩千古之蠹源，成百王之典法""济人利众"的一件大事，进一步表明了他灭佛的决心。武宗灭佛之举取得很大成功，大批寺院迅速被毁废。唐朝廷也在这次灭佛中获得不少财政收入，并借助它消灭了企图割据泽潞的刘稹。此外，这次运动波及江南、岭南，影响很大，武宗李炎也因此与北魏太武帝拓跋焘、北周武帝字文邕以及五代周世宗柴荣并称为历史上主持灭佛的"三武一宗"。

武宗灭佛后不久就死去，宣宗即位，修复废寺，"度僧几复其旧"，重新恢复了对于佛教的崇奉和寺院的物权。懿宗、僖宗时也都进行大规模迎送佛骨的活动。这些佞佛的举动，使佛教得以再度繁荣。

第十四篇　南北对峙的五代十国时期

李存勖，沙陀部人。祖父朱邪赤心，被唐懿宗赐姓名为李国昌。父亲李克用，中和元年（881），受僖宗诏命镇压黄巢起义，三年（883），拜河东节度使，治太原，后封晋王。唐末，李克用与朱温争霸，混战达20余年，朱温势力逐渐强大，而李克用却只能孤守晋阳。李克用死后，李存勖继立晋王，先灭幽州的燕王刘仁恭、刘守光父子，后驱逐南下的契丹兵出境。同光元年（923），李存勖在魏州称帝，以唐室后裔自称，继承唐朝统治，故建国号为唐，史称后唐，以区别唐朝，建元同光，李存勖即后唐庄宗。即位同年，大举伐梁，派兵渡黄河，袭取郓州（今山东东平）。梁以王彦章、段凝统兵抵御，王彦章分兵围郓州，并与后唐军大战于杨刘（今山东东阿县北），不久，王彦章因进谗言而被罢免，梁以段凝代之，致使梁遭受战略上的重大损失。

自此为止，后唐、后梁军事势力已趋平衡。但后唐仍后顾之忧很重，仓储寡少，契丹于北边逼扰，潞州李继韬举州降梁，与梁军配合攻下泽州，断绝了唐兵归路，而梁将段凝又渡河北掠澶、相二州。李存勖满怀忧患，召诸将商议对策。宣徽使李绍宏建议放弃郓州，与后梁定约和好，以黄河为界，停止战争，使百姓得以休息。李存勖听后不快，随后与枢密使郭崇韬单独久谈，郭以为目前局势不利，他曾详细地询问过降将康延孝黄河以南的情况，梁将段凝据守南边，并无决策，王彦章逼近郓州，现梁都大梁已无什么军队，如能留部分兵力坚守魏州，再亲率精锐部队,向南进入汴梁,捉住梁帝,便能使后梁全军溃崩。李存勖以为此计甚好,便送魏国夫人刘氏、皇子李继岌回兴唐府,与之诀别,"事情的成败,在此一举。如不能成功,就把我们全家集合起来到魏宫全部自焚"。

十月,后唐帝率大军从杨刘渡过黄河,向大梁进军。中途经中都城,唐将李绍奇刺伤并活捉王彦章。王彦章一直看不起李存勖,以为他是个"斗鸡小儿"。李存勖听说抓获了王彦章,心里非常高兴,说"原来我所忧虑的只有王彦章,今天他已被擒,这是天意要灭梁了"。当天晚上,后唐大将李嗣源率先锋队快速直奔大梁,后唐帝则隔日从中都出发,抬着王彦章跟在后面。这时,王彦章败卒有先跑回大梁的,有人告诉后梁主,王彦章已被抓获,后唐军逼近大梁。后梁主问大臣有何办法,大臣都回答不上。初九晨,李嗣源军队到达大梁城,向封丘门发起进攻,梁军出门投降,李嗣源入城。当天,后唐帝李存勖也由梁门进入城中,后梁百官在马前迎接,并跪着请罪。不一会儿,有人拿着后梁主的脑袋献给李存勖,段凝于归途中听说梁主已死,也带兵投降了后唐,梁亡。

后唐主即位魏州时,拥有天雄、成德等13节度、50州,灭后梁后,得到它的全部领域,又进军剑南,并岐,灭前蜀,得汉中及两川之地。庄宗以唐室后裔自称,声言要伸张正义,为唐复仇。恢复官名、府号、寺观门额旧号,连后梁所进行的革除唐朝弊政的措施也一并摒弃,还恢复了唐朝旧的制度。但庄宗继位后对宿将功臣不信任,嫉贤和猜忌使得上下无法团结起来。他擅长音律,善作温柔恻艳的词赋,喜爱伶人,致使伶人、宦官得到宠信,开始干预政事。皇后刘氏专以聚敛财物为己任,天下四方贡献分成两份,一份送庄宗,一份送刘氏。为了掠夺更多的财富,庄宗策划并吞并吴、蜀。同光三年(925),庄宗以长子李继岌为西川四面行营都统,任郭崇韬为东北面行营都招讨、制置等使,主持军务。前蜀不堪一击,后唐兵不血刃而取邠、岐,长驱入蜀,前蜀灭亡。郭崇韬在蜀招降纳叛,锐意经营,前蜀降将联合请求李继岌荐郭为西川节度使,宦官诬陷造谣郭崇韬尽夺蜀中珍宝,欲以蜀为根据地进行谋反,庄宗密令李继岌杀害郭崇韬父子。郭崇韬冤死后,庄宗又冤杀了降唐名臣朱友谦全家,致使人人自危,诸镇怨愤。

天民元年(926),魏博将领皇甫晖率兵叛乱,拥立效节指挥使赵在礼为统帅,焚掠贝州,攻下邺都(即魏州)。邢、沧等州也相继发生兵变。庄宗先是派大将李绍荣攻下邺都,但久攻不克,又派李嗣源率皇帝的亲军前往讨伐。三月初六,李嗣源到达邺都城下,不料军中又发生叛乱,叛兵拔出刀剑把李嗣源围住,要立他为帝。这时李绍荣正好驻扎在邺都城南,李嗣源派人和他联系,要联合邺都叛兵。李绍荣怀疑有诈,没有准许,李嗣源只得带兵回朝廷。但还未到洛阳,李绍荣先送信上奏说李嗣源已叛变,并与乱兵合伙,李嗣源屡次送给后唐帝的信,也都为李绍荣拦截。李嗣源听了石敬瑭的话,只得向大梁进军。庄宗以为要来攻击洛阳,便率宫出逃,到荥泽时,龙骧指使姚彦温背叛庄宗,归顺了李嗣源。庄宗到达万胜镇,听说李嗣源已占据大梁,诸军离叛,神色沮丧,登高叹息说:"我不能成功了!"

四月初一,指挥使郭从谦叛变,率兵从军营出来,攻打行宫。这时庄宗正在吃饭,听说兵变即率领诸王和近卫骑兵反击,将叛兵赶出兴教门。乱兵焚烧兴教门,沿城墙进入,庄宗身边的大臣和禁兵都丢盔弃甲偷偷逃跑了,不一会儿,庄宗李存勖为流箭击中,很快死去。刘皇后装好金玉珠宝,和申王李存渥、李绍荣领700骑兵出逃。李嗣源率军进入洛阳。初八,李嗣源在百官的再三请求下,任监国,入兴圣宫居住,称殿下。二十日,李嗣源即帝位,改名亶,改元天成,是为明宗。

明宗即位后,革除前朝弊政,诛戮宦官,剪除佞幸,惩治贪蚀,废除苛法,关心民瘼,对于伶官则大施放逐、诛杀。这些改革,无疑带来了一定的良好效果,政局出现了转机。但是,由于本身才能不足,又无良臣辅佐,而且猜忌大臣,势必造成奸佞得势、上下离心,对藩镇的姑息,也造成了藩镇力量的膨胀。孟知祥割据剑南,明宗以石敬瑭讨伐,无功而还。明宗便用和解的办法,听任其发展,使诸镇更为骄纵,屡为叛乱,如义武节度使王都勾结契丹的叛乱。明宗吸取了庄宗吝财激起兵变的教训,经常赏军,使府库用资巨大,新增加的赋税又使百姓在饥寒愁怨中聚山林而反。

长兴四年(933)明宗卒,由五子宋王李从厚继位,是为闵帝。当时,明宗养子李从珂镇凤翔,明宗女婿石敬瑭镇河东,两镇各拥重兵。宰相朱弘昭、冯赟对二人很忌惮,二人也并不安心,不赴明宗之丧,朱、冯恐怕他们另有企图,便移石敬瑭镇成德,李从珂镇河东。

应顺四年(934),李从珂以清君侧为借口,率军东进,闵帝逃奔魏州,李从珂杀闵帝,自立为帝,是为末帝。末帝以兵变得位,所以,即位之后,为了满足骄兵悍将的贪欲,极力搜刮百姓,遂使民怨沸腾。

清泰二年(936),石敬瑭在晋阳举兵叛乱,末帝以张敬达为太原四面后马都部署,杨光远为副,统大军讨伐。石敬瑭向契丹求兵援助,自愿为臣子。耶律德光自率5万骑自雁门来援,晋阳围解,耶律德光与石敬瑭会于太原北门外,契丹封石敬瑭为晋皇帝,敬瑭受册封,于是结为父子之国。石敬瑭割让了燕云16州给契丹。张敬达拥众5万被困,杨光远杀敬达,率部下归降石敬瑭,各路后唐将领相继投降。耶律德光至潞州时,留下5000骑兵帮助后晋,石敬瑭进逼洛阳,末帝自杀,后唐至此灭亡。

耶律阿保机建契丹国

耶律阿保机,契丹迭剌部人。其祖先屡次担任迭剌部的军事首领夷离堇。唐天复元年(901),阿保机被推立为夷离堇,控制了契丹八部联盟的兵马。唐天复三年(903),阿保机又进而成为"总知军国事"的于越,并兼任夷离堇的军职,掌握了遥辇氏部落联盟的全部军政实权。后梁开平元年(907),契丹八部大人罢免了遥辇氏的痕德堇可汗,改选阿保机为可汗。在三年任期满后,阿保机依仗他的强大力量,屡次拒绝接受替代。后梁开平五年(911),主管政教的惕隐剌葛和阿保机弟迭剌、寅底石、安端等共同策划了反对阿保机的叛乱。战乱爆发前,安端的妻子粘睦姑向阿保机报告了消息,阿保机立即采取措施平息了这场叛乱。五月,阿保机与剌葛等登山盟誓,祭告天地,然后罢免了剌葛的惕隐职务,改任为迭部的夷离堇。后梁乾化二年(912)七月,剌葛和迭剌等再一次发动叛乱,并得到了于越辖底的支持,新任惕隐滑哥也参与了这次密谋。这时,阿保机领兵攻掠西南各部,命剌葛领兵攻打平州(今河北卢龙县)。当阿保机十月间还军时,剌葛自平州领兵阻住了阿保机的归路,阿保机引军南移,并当即举行了传统的选汗仪式柴册仪,使反叛者失去了作乱的理由。次日,剌葛等向阿保机臣服。后梁乾化三年(913),阿保机再次平定了剌葛、滑哥等人的叛乱,并在这年冬天,在莲花泊焚柴祭天举行了传统的选汗仪式之后,对叛乱的迭剌部贵族作了处置。后梁贞明元年(915),七部大人在国境边上设伏截住了刚刚击败黄头室韦返国的阿保机,强迫他解除汗位接受替代。在迫不得已的情况下,阿保机不得不交出了象征可汗权力的旗鼓,但借机提出"我为王9年,得到许多汉人,因此请允许我率领我的部落和汉人定居在古汉城,单独为一部"。古汉城在炭山东南滦河边上,是个土地肥沃,宜植五谷,有盐池之利的好地方。阿保机虽交出了汗位,但掌握了盐池,七部皆依靠其盐池供给。次年,阿保机设计引诱七部大人一起到盐池会宴,埋伏下兵马把他们全杀害,灭七部后,并为一国。阿保机自称"天皇帝",妻称"地皇后",建年号"神册",立儿子倍为皇太子,建国号契丹,按照中原规制正式建立朝廷。

神册元年(916),阿保机出兵西征,接受了幽州节度使卢国用的投降,任命他为幽州兵马留后。七月,又领兵向西平服了突厥、吐谷浑、党项、吐蕃、沙陀等部落,俘房各部酋长及部民15 600户,铠甲兵杖器服90余万。八月,南侵朔州(今山西朔县),擒晋振武节度使李嗣本,乘胜向东,又攻陷蔚、新、武、妫、儒五州。自代北至河曲,越阴山,都被契丹占有。阿保机把武州(今河北宣化)改为归化州,妫州(北京怀柔)改为可汴州,设置了西南面招讨司。神册二年(917)二月,晋新州(今河北涿鹿)副将卢文进降。三月,契丹攻幽州,大破晋周德威军。神册三年(918),阿保机在潢河(西拉木伦河)沿岸契丹故地城西筑楼作为皇都。次年二月,阿保机修补了辽阳故城,让汉人、渤海人住进去,改称东平郡。冬天,又征服了乌古部,俘获人口14 200多,牛马车乘庐帐器物20多万件。神册五年(920)正月,阿保机从侄鲁不古和突吕不受命模仿汉字偏旁,创制了契丹大字。九月,大字制成,颁行。后来,阿保机弟迭刺研习回鹘语文,又创制了契丹小字,数少而连贯。神册六年(921),阿保机命大臣制订治理契丹和诸夷的法律,契丹统治下的汉人仍旧依照法律而治。突吕不受命撰"决狱法",成为契丹最早的一部法典。同时,设置了决狱的法官"夷离毕",并进一步"正班爵",建立新的统治秩序。同年,新州防御使王郁率领山北兵马向契丹投降,这些人被迁到潢水南岸。阿保机乘机率大军进入居庸关,分兵连下澶、顺、安远、三河、良乡、望都、潞、满城、遂城等十几个城池,把当地人民俘房到北边草地,其中檀、顺州的人们,被分配在东平沈州。皇子倍和王郁侵犯定州,被晋李存勖、李嗣昭部战败。天赞元年(922)又开始进攻幽州、蓟州,次年打下了平州。这时晋王李存勖正式代替了后梁称帝,改国号为后唐。阿保机还军,任命次子耶律德光为天下兵马大元帅,继续南侵。天赞三年(924),耶律德光略地蓟北,占领平州,侵占后唐的大片地区。同年,阿保机及大元帅德光人举西征吐谷浑、党项、阻卜(鞑靼)诸部。九月,至古回鹘城(鄂尔浑河畔、哈剌巴剌哈孙)刻石纪功。十月,越流沙,攻下浮图城(今新疆吉木萨尔北),征服西北诸部。十一月,捕获甘州回鹘都督毕离遏。第二年四月,甘州回鹘乌主可汗遣使"贡谢"。契丹的政治势力由此西达甘州,西北至鄂尔浑河。

天赞四年(925)冬,阿保机领兵东征渤海。阿保机皇后述律氏、太子倍、次子德光等同行。蓟州汉人韩知古和康默记、幽州汉人韩延徽等统率汉军出征。十二月,契丹兵围扶余(今吉林四平),第二年正月,占领扶余城,杀渤海守将,进围渤海忽汗城,渤海国王諲撰率僚属300多人出降,阿保机进驻忽汗城,灭渤海国,改渤海为东丹国,封太子倍为东丹王,统治新占领的渤海旧地。辽天显元年(926)七月,辽太祖阿保机灭渤海后,死在扶余府。阿保机时代,契丹奴隶主国家还只是初具规模,但它的建立无疑是契丹族历史上划时代的大事。

阿保机死后,皇后述律氏月理朵称制,摄军国事。天显二年(927)十一月,掌握兵马大权的次子耶律德光在述律后的支持下,继皇帝位,即辽太宗。太宗统治期间,一再亲自率兵南下。后唐清泰三年(辽天显十年,936),后唐河东节度使石敬瑭反唐自立,以割地称臣为条件求得契丹的支持,灭唐建(后)晋。后晋天福三年(938),石敬瑭派遣使节向契丹送去幽云16州图籍。燕云16州从此归入了契丹的统治区域。辽太宗将皇都建号上京,称临潢府。幽州称南京,原南京东平府改称东京。后晋天福七年(942),石敬瑭死,其侄石重贵继位,向契丹称孙,拒不称臣。契丹连续三次大举南侵,至后晋开运四年(947)灭后晋,辽太宗耶律德光入晋都开封,改穿汉族皇帝的服装,受百官朝贺。二月,建国号大辽。四月,辽太宗在返回上京的路上,病死在栾城。

刘知远建后汉

刘知远原来是后晋的河东节度使。在契丹与后晋互相攻伐时,刘知远采取观望的态度,据守本境。后晋将领杜重威投降契丹贵族后,一部分后晋军逃归河东,增强了刘知远的势力,契丹贵族耶律德光攻入后晋都城开封称帝时,刘知远有步骑5万多,他一面分兵把守河东四境,以防契丹军侵入,一面派部将王峻以进贺表为名,三次入开封刺探辽的国情。王峻先祝贺契丹攻入开封;又陈述太原夷夏杂居,戍兵所聚,故刘知远不能亲自至开封向耶律德光当面祝贺,三上贡物之表。辽太宗耶律德光虽知刘知远刺探之意,但为了拉拢河东势力而赐刘知远木杖,以表示优礼与器重。同时派遣使臣问刘知远:"汝不事南朝,又不事北朝,意欲何所依也?"刘知远部将以为辽主已猜忌河东,情形危机,劝刘知远迅速起兵反辽。刘知远分析了当时的形势,以为"用兵有缓有急,当因时制宜。今契丹新降晋兵,虎居京邑,未有他变,岂可轻动?且观其(契丹)所利,止于货财,货财既足,必将北去。况冰雪已消,势难久留,宜待其去,然后取之,可以万全"。刘知远以静制动的计策取得了成功,并为其建立后汉打下了基础。

耶律德光在开封称帝后,刘知远也在晋阳(今山西太原)称帝。为了收揽人心,刘知远称帝而不建国号,并继续使用后晋高祖石敬瑭所用的年号,以示不忘晋朝。辽太宗耶律德光听说刘知远称帝便下令削夺刘知远的官爵,并派耿崇美为潞州(今山西襄垣县)节度使,高唐英为相州(今河北临漳县)节度使,崔廷勋为河阳(今河南孟县西)节度使,包围河东地区。在与辽的争战中,刘知远以迎晋出帝(即石重贵)到晋阳为名出兵抗辽。其下诏令河东各处官吏,不得搜刮百姓的钱帛贡奉契丹,处死所辖地区残酷剥夺百姓的契丹族官吏,慰劳表彰农民及武装抗辽的民众。刘知远的措施与辽在开封附近大肆掠夺的政策形成鲜明的对照,因而获得了民众的支持,后晋的旧臣武装纷纷归附刘知远,为灭辽出谋划策。河东境内及其他地方的民众也纷纷组织起义军,到处攻杀辽的守军,抢占城镇。一些被迫投降辽的后晋官吏此时也杀辽官而降刘知远,并以此谋求官位。

刘知远在民众的支持下,先打破了辽的围攻,支持潞州权知留后王守恩击退耿崇美的进攻。辽所派相州节度使高唐英尚未到任,州镇早已为梁晖占据。会同十年(947)年末,辽太宗终因中原地区民众起义此起彼伏,无法控制及契丹人不习惯中原水土等原因而仓皇撤军北返。刘知远闻知辽军撤离开封,则召集大臣商议进取之策,诸将认为应出师井陉(今河北井陉),改取镇(今河北正定县)、魏(今河北大名一带),先平定河北,河北定则河南不战自服。部将郭威力排众议,以为出兵河北,兵少路迂,又无应援,难以制胜。他主张先平定陕、晋,后攻汴、洛。刘知远抓住战机,依照郭威的计策,委派自己的弟弟刘崇镇守太原,自己则亲率大军由太原出阴地关(今山西灵石县西南)至晋(今山西临汾县)、绛(今山西新绛县),安定了陕、晋后方,又委派部将史弘肇为先锋,攻进汴洛。史弘肇治军严明,兵卒人人奋勇,一路所向披靡。辽守将闻刘知远进攻,纷纷弃城北逃。

洛阳守将刘晞在刘知远发兵的前两天便弃城而逃往大梁（今河南开封附近）。刘知远自太原发兵，仅用了21天便占领洛阳。在洛阳下令改国号为汉，即后汉，仍续用后晋石敬瑭天福年号，刘知远则为后汉高祖。自洛阳进军开封，一路畅行无阻。刘知远入开封后，后晋时的藩镇相继降汉称臣，黄河以南的州镇名义上归后汉所有。

刘知远建后汉后，辽将麻答仍盘踞黄河以北的恒州（今河北正定县），对当地人民实行残酷的统治，深为当地百姓所憎恨。及至刘知远入开封的消息传到恒州，当地百姓则群起驱逐麻答与辽人。麻答率辽人逃往定州（今河北满城县），与定州辽守将耶律忠（即耶律郎五）合兵。天雄节度使、后晋的叛将杜重威亦与麻答勾结，盘踞魏州抗击后汉。刘知远率兵亲攻魏州，杜重威力竭投降，刘知远杀杜重威，魏州归后汉所有。乾祐元年（948），麻答与耶律忠慑于定州民众起义，弃城而逃归辽国，定州也被收复。后晋末陷入契丹的州县至此已全部为后汉所有。

郭威建后周

五代十国时期，武夫专权，政权频繁更替，后汉武夫的蛮横，可谓登峰造极。天福十二年（947）春后，后汉高祖刘知远趁契丹兵马撤退之时在太原称帝，拜他的侍卫亲军都虞侯郭威为枢密副使。后汉高祖刘知远于乾祐元年（948）病重，将其子刘承祐（隐帝）托于郭威及史弘肇等，郭威被拜为枢密使。隐帝继位不久，李守贞据河中（今山西蒲县）、赵思绾据长安、王景崇据凤翔，连衡抗命，同时反叛。汉隐帝加拜郭威同平章事，西督诸将，讨伐三叛镇。郭威依文官首领太师冯道的策略，不吝官物，赏赐士卒，大得军心。乾祐二年（949），郭威灭河中、永兴（长安）两镇，杀李守贞、赵思绾，别将赵晖灭凤翔镇，杀王景崇，郭威得胜还朝。

持续一年多的叛乱虽相继被平定，但后汉统治集团内部的矛盾仍十分尖锐，将相之间互为仇视，皇帝也因将相权力过高，"厌为大臣所制"。乾祐三年（950），汉隐帝杀掉了总军政的杨邠、典宿卫的史弘肇、掌财赋的王章，并派侍卫马军指挥使郭崇去杀郭威。当时,为了抵抗辽军入寇,郭威被任命为天雄军节度使,出任魏州,仍兼枢密使,节度河北各镇,有机会便行动。他不仅大权在握,而且赢得了内外诸大臣的信赖,汉隐帝派人往邺都(魏州大名府)谋杀郭威一事,成为导火索,激起了郭威的反叛。

十月,诏杀郭威的使者到了。郭威隐匿诏书,与枢密使院使魏仁浦策划,密谋反汉。郭威盗用留守印,重新伪造了让郭威诛诸将的诏书,这使得诸将群情激奋,皆为郭威所利用。十一月,郭威留义子郭荣守魏州,自率大军渡河,用抢掠来收买士卒,沿途无阻,七日后到了开封城外,汉隐帝被部下溃兵郭允明杀死,郭威入开封城,放纵诸军大掠三日。

当时,后汉高祖弟河东节度使刘崇在太原,以备辽为名,拥有强兵;忠武节度使刘信在许州,刘崇子刘赟为武宁节度使,在徐州。如果三镇连兵,号召复兴汉朝,对郭威是不利的。郭威定假迎刘赟为汉帝之计,率百官朝李太后于明德门,请求立为君主,太后令百僚、将校商议。两天后,郭威又请李太后下令立刘赟为帝,使冯道等大臣到徐州奉迎,太后临朝听政。

十二月,契丹入寇,攻破内丘、饶阳两城,李太后命令郭威率大军渡河击辽兵,又命令军国事暂委郭威的心腹王峻、王殷。郭威到澶州,将士数千忽然大喊起来,展开黄旗披在郭威身上,拥立郭威为皇帝,郭威拥众从澶州返回开封。

澶州兵变时,刘赟已到宋州(今河南商丘),王峻、王殷派人带兵去宋、许二州,刘赟被拘留,以李太后名义,废为湘阴公,刘信自杀。广顺元年(951)正月,李太后令郭威监国,汉亡,郭威即位建元,是为后周,郭威称周太祖。

郭威出身贫苦,颇知民间疾苦。他执政后,二月,出汉宫中器物数十件,于庭中砸碎,表示以汉隐帝为鉴,令珍华悦目之物,不得入贡。三月,恢复了与南唐的商旅往来。

六月,任命王峻为左仆射兼门下侍郎,范质、李谷并为宰相。当时国家新建,四方多敌,王峻尽心尽力,军旅之事,多由他策划,范质谨守法度,李谷沉毅有谋略,他们相辅相成,郭威虚心纳谏,共同为国家渡过困难时期而努力。

十月,北汉主刘崇联合契丹兵入侵,后周太祖郭威以王峻为行营都部署,诏诸军皆受王峻节度,听他吩咐。王峻率兵自绛州至晋州,占领了晋州的最险要地方蒙阬,契丹思归畏惧,烧营夜遁,王峻纵兵奋击,大败契丹及北汉兵,此后北汉无意进取,北周的北方基本稳定。广顺二年(952)春,周又击退了联略南唐进攻的慕容彦超,向南唐显示了周的国力,打消了南唐夺取中原的念头,保证了北周政权的稳固。

二年(952)十一月,周太祖废免了后梁以来长期存在的"牛租",并将民间耕牛一律官收的方法改为按田亩分摊。三年(953)正月,周太祖又停止废营田,将田地、耕牛、农具、庐舍等分给佃户为永业,鼓励农民耕垦荒地,留心农田水利,民众的负担有所减轻,这一年,后周直接控制的人口增加了3万多户,国家经济逐渐走上正轨。

郭威建后周不同于后唐代梁、后晋代唐、后汉代晋,他继位后实行的一系列政策措施,恢复了后周的农业生产,开始改变中国北方的残破局面。

十国的兴衰

开平元年(907),朱温灭唐称帝,在中国北方建立起梁国。继梁之后,相继出现了唐、晋、汉、周政权,史称后梁、后唐、后晋、后汉、后周,这就是五代。与北方五代更迭的同时,中国南方先后或同时出现了9个割据国,即吴、南唐、吴越、楚、闽、南汉、前蜀、后蜀、荆南(即南平)。此外,北方山西有刘旻所建的汉国,史称北汉。与五代并存的这些割据国称为"十国"。十国兴衰的经过大致如下。

吴越:唐末农民起义时,杭州人钱镠曾率兵镇压,钱镠被委任为镇东、镇海节度使,治所在杭州,不久又吞并了浙东。天祐四年(907),钱镠被封为吴越王,建吴越国,割据江浙及太湖周围13州。在唐末及五代十国战争不息的年代,吴越是当时最为安静的地方。钱镠及其继承者在境内相对地轻徭薄赋,并竭力避免战争,因此吴越国的经济比较繁荣,当地农民利用战争的空隙大兴农田水利,修建堤堰、河渠,建造圩田。吴越统治者还分拨一部分军队屯驻苏州等地,称"营田都"。吴越国五传至钱俶时,降于北宋。自天祐四年(907)建国,至宋太平兴国三年(978)降宋,吴越国统治江浙地区长达70多年。

吴:唐末乾符年间(874~879),江、淮地区农民起义不断。杨行密原是农民军中的一员,后被官府逮捕,刺史郑棨因其勇武过人,任命他为步奏官。以后杨行密应募为军卒,补为队长,后杀官吏而据有卢州(今安徽合肥一带),其后又与秦彦、毕师铎、孙儒战于扬州。在战争中,杨行密先后占有宣州(今安徽宣城县)、润州(今江苏镇江市)、滁州(今安徽滁县)、和州(今安徽和县一带)、常州(今江苏常州一带)等地,尽有淮南、宣润。景福元年(892),唐朝廷封杨行密为淮南节度使。连年的战争,使淮南地区经济凋敝,人烟断绝。杨行密一面安抚流民,恢复生产,一面选练军队,抵抗北方割据者的南下,使南方避免卷入中原混战中,南方割据政权由此而相对稳定。唐天复二年(902),杨行密被唐朝廷封为吴王,统辖今江苏、安徽、江西和湖北部分地区。贞明五年(919),部将徐温等尊吴王杨隆演为天子,建大吴国,建元武义。天福二年(937),徐温子徐知浩(即李升)篡吴政权,建唐朝,史称南唐。自天复二年(902)杨行密被封为吴王,至天福二年(937)杨溥失权,吴国共传4世,历时30多年,吴国的割据在当时保护了南方经济的发展,具有一定的积极作用。

南唐:天福二年(937),吴国部将李升灭吴,建都金陵,改国号为唐,改元升元。南唐统治者继续推行吴国"与民休息"的政策,鼓励农桑,国力日强,与同时的割据国相比,南唐"地大力强,人材众多""隐然大邦"。同时,南唐统治者兴科举,建学校,成为五代十国中封建制度最完备、文化最发展的地区。后唐中主李璟,西灭楚,东灭闽,占地30余州。但李璟优柔寡断,政治腐败,在他当政期间,剥削加重,境内不时发生农民起义。至后主李煜时,国势日渐衰败。李煜长于填词,是著名的文学家,但在政治上却十分腐败,沉湎于宫廷的酒色生活中,荒于政事。开宝八年(975),宋将曹彬率兵南下,攻占南唐都城金陵,南唐灭亡。南唐共传3世,历时30多年。

闽:闽的创建人是王潮和王审知兄弟。唐景福二年(893),王潮趁黄巢起义军起义之际,率兵入闽,占据了泉州、汀州(今福建三明市以西)等地。唐昭宗封王潮为福建观察使,后又升为威武军节度使。王潮死后,其弟王审知自称福建留后。开平三年(909),王审知被后梁封为闽王。王审知选任良吏,轻徭薄敛,与民休息,"三十年间,一境晏然"。福建地区的经济和文化在此期间都有所发展。龙德三年(923),王审知死,他的儿子王延钧继位。龙启元年(933),王延钧建都长乐(今福建福州市),并称帝,国号闽,改元龙启。闽政权六传至王延政时,阶级矛盾尖锐,天德元年(945)后唐出兵灭闽。闽共历6世,历时37年。闽旧将留从效驱逐了南唐屯守泉州的军队,继续割据称雄,一直持续到北宋建国之后。

南汉:为刘隐所创建,刘隐以镇压唐末农民军而起家。天祐元年(904),唐朝廷任刘隐为清海军节度使,据有今广东和广西地区,天祐二年(905)为岭南节度使,割据范围进一步扩大。后梁贞明三年(917),其弟刘龑称帝建国,国号越,后又改为汉,史称南汉,建元乾亨。刘龑及其继承人都很残暴。他们在境内横征暴敛,而且刑法极其残酷,甚至有肢解、剐剔等酷刑。南汉的暴政引起人民的反抗,广东的山区与海滨都出现过反抗南汉的武装起义,其中张遇贤领导的起义便由南汉境内发起,北进一直攻打到南唐境内。张遇贤起义军相继攻克了番禺以东的许多县城,并建号"中天八国王"。南汉政权传至刘铱时,被宋将潘仁美所灭。南汉政权共传5世,历时60余年,开宝四年(971)灭亡。

楚:9世纪末,杨行密击溃孙儒,孙儒部将刘建锋和马殷率师转入湖南,占据潭州(今湖南长沙市)。不久,刘建锋为部下所杀,众人共推马殷为主,唐朝廷亦封马殷为潭州刺史。此后,马殷相继攻占了衡、永、邵、郴等州。后梁建立之后,天祐四年(907),封马殷为楚王。建都长沙,成为湖南割据王国。马殷结好中原王朝,以为外援,使邻近的割据国不敢轻易进犯,并于交通要道上设置邸务,卖茶取利。他不征商税,招徕四方商贾,以"境内所余之物易天下百货",同时奖励民间种桑养蚕,使楚国日益富强。马殷当政时,疆域曾远抵广西东部。马殷死后,诸子争位,政局日益混乱,马氏诸子又豪侈成习,对农民进行残酷的掠夺,迫使境内农民大批逃亡,阶级矛盾因此激化。保大九年(915),南唐乘机出兵灭楚。楚国共传6世,历时40余年。楚亡后,楚部将刘言击败南唐守将,继续据有湖南。不久,刘言被杀,马氏旧将周行逢继续控制潭、朗、衡、永数州之地,并将治所迁到武陵(今湖南溆浦南),后为北宋所灭。

荆南:天祐四年(907),高季兴镇守江陵,后梁朱全忠封他为荆南节度使。朱全忠死后,高季兴便阻兵自固,并占有归、陕二州。后唐同光二年(924),后唐封高季兴为南平王,据有今湖北江陵、公安一带,建都荆州(今湖北江陵县)。荆南是割据十国中占地最小、势力最弱的割据者,高季兴及其继承者便向四周各国"所向称臣,利其赐与",并靠征收商税和掠夺过境者的财物维持用度,因此而被诸国称为无赖。荆南国共传5世,历时40余年,乾德元年(963)为北宋所灭。

前蜀:9世纪末,唐委派在四川的军人彼此兼并吞噬。大顺二年(891),原唐将之一的王建攻取成都,占据了四川的绝大部分地区。天复三年(903),唐朝廷封王建为蜀王。天复七年(907),当朱全忠杀害唐昭宗建后立梁时,王建也建都成都,称帝,国号蜀,史称前蜀,第二年改元武成。蜀国所辖地据有今四川和甘肃东南部、陕西南部、湖北西部。因素称富庶，唐末士人多依王建。乾德元年(919)，王建死，其子王衍立。王衍以奢侈荒淫著称，其在成都扩建宫苑，大兴土木。自己荒于游宴，而将军国大事委以但益家财、不恤民事的王宗弼和宋光嗣。前蜀政治黑暗，阶级矛盾激化，咸康元年(925)，后唐出兵击蜀，受到了蜀人的欢迎，前蜀因此而亡。前蜀共传2世，历时23年。

后蜀：后唐出兵灭蜀后，统治集团内部的矛盾激化起来。后唐派去统治四川的孟知祥利用时机，在四川扩充自己的势力。咸康元年(925)，后唐封孟知祥为后唐西川节度使，长兴四年(933)又封他为蜀王。第二年，孟知祥杀后唐所派的监军李严，在成都称帝，国号蜀，史称后蜀，建元明德。孟知祥称帝仅半年就死去，其子孟昶继位。孟昶当政初期，以前蜀王衍为戒，力求不夺农时，与民休息。但后期则奢纵成性，其手下大臣也大都是贪污腐化的人，宰相李昊"家资巨万，奢侈逾度"。广政二十八年(965)，宋出兵灭后蜀。后蜀共传2世，历时30余年。

前蜀、后蜀在四川一带相继统治达50年之久。政府的"府库之积，无一丝一粒入于中原"。又因50年间未发生过大规模的战争，农民能够安心生产，所以蜀地非常富庶，以致地主之家竞相移于城中居住。

北汉：乾祐四年(951)后周灭后汉，后汉河东节度使、后汉高祖刘知远之弟刘旻在太原称帝，国号汉，据有今山西北部和陕西、河北部分地区。北汉是十国中唯一的一个北方割据王国，勾结契丹为外援，与后周、北宋相抗衡。乾祐七年(954)，刘旻联合契丹，大举进攻后周，在高平(山西晋城县)被后周军击败。后周柴荣率兵直奔太原城下，受到北汉所辖地区人民的欢迎，但由于事先无攻城的准备，后周攻太原失败。宋朝建立后，先平定了南方的割据国，然后出兵北汉。开宝元年、二年、三年(968、969、970)，北宋都曾大举进攻北汉，但由于契丹对北汉的支援，致使北宋无功而还。太平兴国四年(979)，宋太宗赵光义亲率大军出击北汉。北汉则因"土瘠民贫，内供军国，外奉契丹，赋役繁重，民不聊生"而无法抵抗北宋的强大攻势，同年为北宋所灭。北汉共传4世，历时29年，是十国中最后一个被北宋灭掉的割据国。北汉被灭后，中国又进入了南北统一的时代，自唐末以来，藩镇割据的局面到此彻底结束。

第十五篇　积贫积弱的宋王朝

陈桥兵变建北宋

宋建隆元年(960)，赵匡胤取代后周，建立了宋朝，史称北宋。

赵匡胤，涿郡(治今河北涿州)人。高祖朓仕唐，历任永清、文安、幽都令。祖父敬，历任营、蓟、涿三州刺史。父弘殷，骁勇，有战功，曾领后周岳州防御使，累官检校司徒。母杜氏。赵匡胤出生在洛阳夹马营，容貌雄伟，器度豁如，年轻时曾助郭威发动兵变，代汉建周，受到重用，仕周，补东西班行首，官至殿前都指挥使。郭威死，养子柴荣继位，即周世宗。赵匡胤多次跟随周世宗征伐，屡立战功，有了一定声望，深得周世宗信任。世宗临终前，以为他很可靠，特意把禁军的最高职务殿前都点检，从女婿张永德手中转交给他，同时拜他为检校太傅，让他掌握了禁军统帅权。赵匡胤掌军政6年，深得军心，加上多年跟从世宗征伐，屡建战功，为众望所归。

显德六年(959)周世宗病逝，由7岁的幼子柴宗训(即周恭帝)继位，实由符太后掌大权。这时的赵匡胤，除任殿前都点检外，还兼任归德军节度使，负责防守京城开封，权势更大了。而当时后周的形势却是"主少国疑"，正是赵匡胤夺权，取代后周的好机会。

显德七年(960)正月初一，这时皇宫里正在欢庆新春元旦，赵匡胤以镇(今河北正定)、定(今河北定县)二州的名义，谎报军情，说是契丹勾结北汉大举南侵，请求朝廷派兵抵御。当时的宰相范质、王溥等不明真相，便立即派赵匡胤率兵出征。初三早晨，赵匡胤带兵刚出京城，城内便传出"出军之日，当立点检为天子"的传言，而皇宫内全然不知，仍在欢度春节。当晚，赵匡胤驻军于开封东北40里的陈桥驿，马上布置了兵变事宜。他自己不便出面煽动将士，喝酒装醉睡觉去了，由其弟、供奉官都知赵匡义与谋士赵普及禁军的几个主要将领共同商议，说："主上幼弱，我们出力破敌，有谁知道，不如乘机先立点检为天子，再行北征不迟。"

第二天早晨，赵匡义、赵普与参加兵变的诸将领涌入赵匡胤的住所，把早已准备好的黄袍披在赵匡胤身上，高呼万岁，并簇拥着赵匡胤上马，回师开封，以登基称帝。赵匡胤假意装作无可奈何的样子，揽着缰绳说："是你们贪图富贵，拥立我当皇帝，如能服从我的命令则可，不然，我可不做你们拥戴的人主。"大家表示唯命是从。赵匡胤为稳住京城和宫内局势，提出要保护太后、皇帝，对他们及各公卿大臣均不得侵凌，朝廷府库、士庶之家不得侵掠，如能遵守，事成后皆有重赏，如违背，则严惩族诛。大家都答应了，队伍便向开封进发。与此同时，赵匡胤已派人回开封驰告"素有归心"的殿前指挥使石守信、殿前都虞侯王审琦，让他们作好内应。

正月初五，赵匡胤率兵从仁和门进入开封城，事前已派遣潘美入宫示意。当时早朝还未结束，宰相范质闻变，十分慌张，使劲抓住王溥的手说："仓促派赵匡胤出兵，是我们的罪过。"王溥更是害怕得说不出话。大臣们都束手无策，只有侍卫亲军、副都指挥使韩通从内廷冲出，想率众抵御，被王彦升追杀。赵匡胤进登明德门，命令甲士归营，他自己退居官署。将士拥范质等至，赵匡胤还假装是被将士所迫，一副惭愧的样子。未等范质说话，列校罗彦环已按住剑，厉声地对范质等人说："我辈无主，今日须有人当天子。"范质等人全无抗争能力，只有俯首称臣。王溥首先下跪叩拜，范质也只好叩拜，遂请赵匡胤到崇元殿，行禅代礼。翰林承旨陶谷拿出事前准备好的禅代诏书，宣布周恭帝退位。赵匡胤穿上皇帝衣冠，北面拜受，即皇帝位。降周恭帝为郑王，符太后为周太后，迁居西京。大赦，改元。因赵匡胤所领归德军在宋州（今河南商丘），故定国号为宋，年号建隆，北宋建立。

为稳定局面，赵匡胤称帝后，派遣使者遍告郡国藩镇，论功行赏。首先加封石守信为侍卫马步军副都指挥使，高怀德为殿前副都点检，张令锋为马步军都虞侯，王审琦为殿前都指挥使，张光翰为马军都指挥使，赵彦徽为步军都指挥使。将后周将领、当时掌握重兵屯驻真定的原殿前副都点检慕容延钊升为殿前都点检,领兵巡守北方边境的韩令坤为侍卫马步军都指挥使,与石守信同领禁军。任命他的弟弟赵匡义(后改名光义)为殿前都虞侯领睦州防御使,赵普为枢密直学士。追赠韩通为中书令,以礼收葬。王彦升的专杀行动使赵匡胤很生气,由于北宋才建立,容忍他没有降罪。

后蜀之灭

唐末以来,川蜀一带先后为王、孟二氏割据。天复三年(903),唐被迫封王建为蜀王。天祐四年(907),唐哀帝禅位给梁太祖,梁太祖派使者告王建归顺,王建拒绝受命,反而登基称帝,史称前蜀。同光三年(925),后唐伐蜀,蜀帝王衍受降。长兴四年(933),后唐封孟知祥为蜀王,第二年,孟知祥即帝位,国号蜀,史称后蜀。

宋平定荆、湖后,便准备征伐后蜀,先是拜张晖为凤州团练使,了解蜀的情况。张晖到任后,深入了解了蜀地山川险阻和国库虚实情况。宋太祖在此基础上,制订出攻蜀的周密计划,绘制出进军路线的详图。

乾德二年(964),宋截获了蜀国企图联合北汉以攻宋的腊书,宋太祖大笑说:"吾西讨有名矣。"开初,蜀山南节度使判官张延伟,鼓动知枢密院事王昭远联合北汉攻宋,夺取关右之地,以树立威信。王昭远采纳了他的建议,劝蜀王派遣枢密院大程官孙遇、兴州军校赵彦韬等,带上腊书去北汉商讨联合攻宋,腊书被宋获得。十一月,宋太祖命王全斌为西川行营凤州路都部署,刘光义、崔彦进为副,王仁赡为都监,刘光义为归州路副都部署,曹彬为都监,率领步骑6万,两路伐蜀。

蜀主孟昶知道宋已起兵的消息后,便命王昭远为北面行营都统,赵崇韬为都监,韩保正为招讨使,李进为副招讨使,率师迎战。王昭远善读兵书,以熟悉方略而自负,但并无实战经验。行军前,宰相李昊为他饯行,王昭远手执铁如意,指挥军事,自比诸葛亮,攘臂大声道:"吾此行何止克敌,领此二三万雕面恶小儿,取中原易如反掌!"

十二月,王全斌打败蜀兵7000,攻占兴州,获军粮40多万石。蜀韩保正退守西县,史延德追击,生擒韩保正及其副将李进,获粮30余万斛。崔彦进率军过三泉,到嘉州,蜀兵烧毁栈道,退守葭萌。王全斌修复栈道,进兵罗川,蜀兵依江与宋对抗。王全斌遣张万友率军夺桥过江,三道并进,蜀倾其全部精兵拒战,又大败,义州刺史王审超、临军赵崇渥、三泉监军刘延祚被俘。都统王昭远、都监赵崇韬亲自率兵来战,三战皆败,宋军追至利州,王昭远烧毁渡口浮桥,退守剑门,依天险拒守。王全斌等入利州,获军粮80万斛。由刘光义、曹彬率领的另一路,入峡路,连破蜀兵,获战舰200余艘,斩获水军6000余人,攻占夔州。蜀夔州守将高彦俦自杀。

乾德三年(965),蜀主闻王昭远败,高价招募新兵,令太子孟元喆为元帅,李廷珪、张惠安为副抵御宋军。孟元喆携带妻妾、歌妓数十人同行,根本不是去打仗,看到的人都偷笑。王全斌率军自利州攻剑门,至益光为天险所阻,得蜀降卒指路,派偏师,由史延德率领,从称为来苏的褊狭小道行进,又作浮桥渡江,南至青强店,与王全斌形成夹攻剑门之势。王昭远退守汉源,命令偏将守剑门。王全斌等攻破剑门,追至汉源,大败蜀兵,俘赵崇韬,杀蜀兵万余人,王昭远弃甲奔逃。王昭远逃到东川,藏于民间仓房,痛哭流涕。宋兵追至,王昭远束手就擒。太子孟元喆日夜嬉游,不理军政,至绵州,闻剑门失守,惊慌失措,欲退过东川。第二天,又弃军西还。蜀主闻剑门失守,太子奔还,惊恐得不知所措,向臣僚问计。老将石斌认为,宋军远来,难以持久,建议聚兵坚守,作持久之战。蜀主慨叹说:"父子以丰衣美食养士40年,一旦遇敌,不能为我东向放一箭。今天虽然想闭壁自守,还有谁肯为我效死力呢?"司空兼武信节度使平章事李昊劝蜀主封府库请降。蜀主听从了他的话,派伊审征送降书于宋军。自宋出兵,仅66天,蜀降。蜀46州、240县、534 029户尽归于宋。

王全斌等入成都几天后,刘光义、曹彬另一路也抵达。王全斌、崔彦进、王仁赡等,日夜宴饮,不体恤军务,放纵部下抢掠财物、妇女,蜀地百姓及降军深受其害。当初在出师前,宋太祖训令王全斌等,所至不得烧民舍,掳掠吏民,挖掘坟墓,伐桑柘,违者以军法从事。因此,曹彬屡请王全斌班师,王全斌不听,仅遣人送孟昶归京师。

宋兵的暴行,导致了蜀地兵民的反抗,起事者10多万人,号兴国军。蜀文州刺史全师雄率族去往京师,至绵州为叛军截获,欲使其为将,全师雄不受,弃家藏匿。数日后被叛军搜出,强推全师雄为帅。宋军朱光绪至,灭掉全师雄全家,纳其爱女为妾,全师雄遂率叛军攻绵州,大败,死万余人。后全师雄攻占彭州,称兴蜀大王,开幕府,置僚属、节度使20余人,分居灌口、导江等县。全师雄声言攻成都，蜀17州响应，致使邮传为之不通。这时蜀降兵3万屯城南教场。王全斌怕他们响应全师雄，把27 000余人骗到夹城中杀害。乾德四年（966）六月，王全斌破全师雄于灌口，全师雄退守金堂。十二月，全师雄病故，叛军推举行本为主，罗七君为佐国令，占据铜山固守。宋军攻破铜山寨，俘罗七君，招抚余众，叛乱平息。王全斌等因"黩货杀降"之罪而降职。曹彬因军律严整，受到表彰。

平定南汉

南汉刘隐父子起于封州，数有功于岭南，遂有南海。初，黄巢从广州北撤后，广州牙将刘谦升为封州刺史，刘谦死后，他的儿子刘隐代其职。开平三年（909），封刘隐为南平王，次年封为南海王。是年，刘隐死，弟刘龑立。乾化二年（912），拜刘龑为清海节度使，三年（913），袭封为南海王。贞明三年（917）刘龑即帝位，国号大越。次年，改国号为汉。

宋灭湖南后，与南汉接壤，南汉不自量力，经常侵吞湖南边地。乾德元年（963），南汉袭击桂阳、江华。次年，攻潭州，均被潭州防御使潘美击退。由于宋正对蜀用兵，暂时无暇南顾，对南汉以防守为主。

刘铱对宋挑衅，对百姓施加酷刑，有"烧、煮、剥、剔、刀山、剑树之刑，或令罪人斗虎抵象"等，无所不为。赋税繁重，百姓进城都得交税。统治者利用搜刮的钱财，大修宫室，仅离宫就有几十处之多，刘铱日夜与宫女游幸。小小的南汉，宦官就有7000多人，其荒淫程度可想而知。刘铱不问政事，把政事委任给宦官，正直的官吏遭排挤打击。洸口守将邵廷琄招集亡叛，训练士卒，积极备战，防宋南进，百姓情绪高涨。乾德三年（965），匿名信诬告邵廷琄图谋不轨，刘铱不问真假，遣使赐邵廷琄死。士卒、百姓知邵廷琄死，为他立庙祭祀。开宝元年（968），流言称西北招讨使潘崇彻不忠，刘铱遣郭崇岳前往察看，如"果有异志"，当地诛杀。郭崇岳见潘崇彻严阵以待，非常恐惧，回去谎报说：潘崇彻日夜与歌妓欢唱宴饮，不恤军政，无反谋。刘铱虽没杀潘崇彻，但夺了他的兵权。宋进兵南汉前夕，南汉已到了"兵不识旗鼓，而人主不知存亡"的地步。

宋从南汉内侍余延业处得知，南汉政治腐败，经济衰败，军事上不堪一击，百姓痛苦不堪。宋太祖说："吾当救此一方民。"

开宝三年(970)九月,以潘美为贺州道兵马行营都部署,尹崇珂为副,道州刺史王继勋为行营兵马都监,发诸州兵会集贺州城,兴师讨伐南汉。当月,潘美大败南汉万余人,攻克富州。宋军至白霞,南汉贺州刺史陈守忠告急。南汉内外震恐,遣龚澄枢往贺州宣慰,士卒以为龚澄枢会带来赏赐,结果只是空言,大失所望,"众皆解体"。宋军进至芳林,龚澄枢惶恐,乘船逃走,宋军遂围贺州。南汉大臣进谏,要求起用潘崇彻,南汉主大怒,说:"何需崇彻,伍彦柔独无方略耶?"遂以伍彦柔率军援贺州。宋军以奇兵伏南乡岸,伍彦柔至,伏兵突起,南汉援兵大乱,死的人十有七八,伍彦柔被俘,斩首示城中,贺州降。潘美声言攻广州,南汉主被迫以潘崇彻为内太师马步军都统,率3万众屯贺江。宋军急忙到昭州,潘崇彻不敢出战,仅拥兵自保而已。宋军乘胜攻克昭州,连续攻下桂、连二州。

十二月,宋军直逼韶州,南汉遣韶州都统李承渥率兵10万,屯于莲花峰下,并以大象布阵,每头象载十数人,皆执兵器,遇战,驱象打头阵,以壮军威。宋选壮士以劲弩射象,大象惊恐,回头奔跑,乘者皆堕地,反而践踏了李承渥军,南汉军大败,李承渥仅以身免。宋军攻占韶州,俘获韶州刺史辛延渥、谏议大夫邹文远。辛延渥遣使劝南汉主降,六军观军容使李托反对归降。韶州是南汉的北门,韶州丢失,南汉恐惧万分。刘铱这才命令堑广州东壕拒守,但已无将可派。宫媪梁鸾真荐其养子郭崇岳为招讨使,与大将植廷晓率6万人马,于马径列栅栏。郭崇岳无勇无谋,日夜祷告,求神保佑。

开宝四年(971)正月,宋军攻占英、雄二州,南汉都统潘崇彻降。宋军至泷头,南汉主遣使请和,并求宋暂缓进兵,潘美不允,进至马径,距广州10里,扎营于双女山下。刘铱惶恐,丧失守城信心,取来十多只船,装载金宝、妃嫔,想从海路逃走。宦官乐范与卫兵千余人,盗海船先走。刘铱欲跑不成,遣右仆射萧潅送降表,潘美立即遣萧潅于京师。刘铱不见萧潅还,很害怕,令郭崇岳严加防守。二月,刘铱遣其弟刘保兴率兵参战。郭崇兵、植廷晓出击,宋军涉水作战,植廷晓战死,郭崇岳退回。潘美采用火攻,令丁夫夜持火把烧栅栏,一时万炬齐发,正赶上大风,烟尘纷起,宋军猛攻,南汉军大败,郭崇岳死于乱兵。刘铱出降,潘美率军入城,俘其宗室、官属,得南汉所辖州10,县214,户170 263。

平定南唐

　　南唐是江南的大国,强盛时地跨江、淮 30 多个州,又有鱼盐之利,即山铸钱,所以财力雄厚,颇有与中原争雄的实力,南唐的奠基人是李昪。李昪少孤贫,杨行密收其为养子,杨行密的儿子们不能容忍他,于是跟随徐温,冒姓徐,长为吴楼船军使,以军功升为升州刺史。徐温诸子又不能容,两次谋杀徐昪没有成功。杨溥称帝于吴后,拜徐昪为太尉,封东海郡王、齐王。天福二年(937),徐昪建国,国号齐璟。天福三年(938),徐昪自言为唐宪宗后,复姓李,改国号为唐。李昪在位 7 年卒,子李璟即位。显德三年(956),周大败南唐,李璟请割寿、濠、泗、楚、光、海 6 州,求和,后周不允。显德五年(958),扬、泰、滁、和、寿、濠、泗、楚、光、海等州已为周攻占。李璟献庐、舒、蕲、黄州,与周划江为界,除去帝号,称国主,臣附于周,从此国力日益衰弱。

　　建隆元年(960),李璟遣使以锦、金、帛贺宋太祖即位。宋平李重进后,水军进驻迎銮镇,李璟很害怕,遣使慰劳宋军。建隆二年(961),李璟因为惧怕宋,迁都于洪州,升洪州为南昌府,建为南都,他的儿子李煜留守旧都金陵。这一年六月,李璟死,子李煜立。

　　李煜喜爱诗文、绘画、音乐,信奉佛教,出钱募人为僧,一时僧众大增,皆仰食于官府。李煜与后妃服僧衣,念佛经,跪拜祈祷。李煜对宋承袭他父亲的做法,对宋卑顺恭从,每听说宋朝出师克捷及喜庆事,就奉献金银财宝。开宝四年(971),李煜派弟李从善朝拜宋朝,贡方物财宝,宋太祖拜李从善为泰宁军节度使,强留于京师。李煜修书,要求放李从善归国,宋太祖不允。南汉灭亡后,南唐处境更加孤立,李煜请去国号,改"唐国主"为"江南国主","唐国印"为"江南国主印",各官职相应降格,中书、门下省改为左、右内史府,尚书省改为司会府等。

　　李煜卑躬屈膝,改变不了宋太祖统一江南的愿望。江南某些有识之士已看到这一点,开宝五年(972),江都留守林仁肇建议李煜以攻为守,宋在攻后蜀、南汉后,兵力疲困,淮南驻兵也少,这是好时机,他表示愿率数万兵,从寿春渡河,收复江北旧地。李煜没听劝告。沿江巡检自己劝李煜攻取吴越地,他提出吴越是江南的世仇,他日必与宋成掎角之势,对江南不利。他提出,以宣、歙假叛,江南主声言讨伐,自己则求吴越援助,吴越兵至则攻之,灭吴越,取其地。李煜也不听从。尽管李煜不用他们的策略计谋,但南唐的存在,还是使宋太祖感到不安。所以,宋太祖收买林仁肇的侍卫,把仁肇的画像偷给宋,太祖悬挂在室壁,然后故意领江南使者观看,并说林仁肇将来降,使者如获重大信息,回国后马上告诉李煜,李煜不问真伪,把林仁肇给杀了。

准备就绪后,开宝七年(974),宋太祖决定讨伐江南,但苦于出师没有理由,于是遣李穆谕江南主入朝。李煜欲随李穆去,陈乔、张洎认为去必被拘留,力谏李煜不要去。李煜听从陈乔的意见,称自己有病不能去。李穆威胁说:宋兵甲精锐,物力雄厚,江南不是对手,李煜不为所动。李穆还,宋又遣梁迥劝李煜入朝,李煜再次拒绝。这样,宋太祖找到了伐江南的借口,于是命曹彬为西南路行营都部署,潘美为都监,率10万兵伐江南。曹彬等自荆南发战舰东下。江南防守的军队以为是宋军历年的正常巡守,只是闭壁自守并奉牛酒慰劳宋师。当曹彬占池州,败江南兵于铜陵时,驻采石矶的潘美也率兵渡江。江南久无战事,老将去世,新将不懂兵机,只知求利。江南主遣郑彦华率水兵万人,杜真率步兵万人,抗击宋军。杜真与潘美接战,大败,郑彦华水军也败。金陵危急,李煜急忙招募新兵。

开宝八年(975),曹彬破江南兵于白鹭州、新林港,杀统军使李雄,攻克溧水。进至秦淮,江南兵水陆10万屯于城下,潘美率军渡过水,大败江南兵,进至城下。李煜与僧道依旧诵经讲易,不问政事。一天,他自出巡城,见宋兵栅栏、旌旗满野,大为惊慌,这才知道受了左右的蒙骗,一气之下,杀了神卫统军都指挥使皇甫继勋,招朱令赟以上将兵入援。十月,江南都虞侯刘澄以润州降宋。李煜惧,遣徐铉使宋,徐铉质问宋太祖说:江南对宋是以小事大,如子事父,没有任何过错,为什么反而受到讨伐? 宋太祖反问说:"你说父子为两家,可以吗?"徐铉无言回答,归国。月余,李煜再遣徐铉求宋退兵,徐铉与宋太祖辩论,宋太祖大怒,按剑说:"不须多言! 江南不必有罪,只是天下一家,卧榻之侧,岂容他人鼾睡耶!"徐铉惶恐,回到江南复命。

朱令赟率15万众,自湖口入援,行至皖口,与宋军相遇。朱令赟纵火攻宋军,遇北风反而烧了自己,江南兵大溃,朱令赟被擒。金陵被围后,江南寄望于朱令赟。朱令赟被俘后,金陵丧失了精神支柱,只有苟延残喘,等待灭亡了。

金陵被宋军围困,从春至冬,居民樵采路断,兵又数败,城中居民恐慌。曹彬欲不战而克,故一再缓攻,数次遣使劝李煜降,并指出如不降,某日城必破。李煜以为城坚,继续固守。曹彬无奈,决定强攻,他要求将士克城之日不许妄杀一人。诸将答应曹彬的要求,并且一道焚香为誓。宋军发起攻击后,几乎没遇到抵抗,十二月攻陷金陵城,江南主李煜率臣僚到军门请罪,南唐灭亡。宋得州19,军3,县180,户655 065。

吴越入朝

吴越地处两浙,自唐末建国,至宋初归服,存在近百年。吴越的创始人钱镠,以镇压黄巢起义起家。乾符二年(875),黄巢进攻浙东,董昌募兵讨伐黄巢,钱镠应募,并率20人,屠杀起义军数百人,从此崭露头角。光启三年(887),拜钱镠为左卫大将军、杭州刺史。唐昭宗拜为杭州防御使,钱镠乘乱夺取了苏州、常州。景福二年(893),拜钱镠为镇海军节度使、润州刺史。乾宁二年(895),封钱镠为彭城郡王。天复二年(902),封钱镠为越王。天祐元年(904),封钱镠为吴王。后梁太祖即帝位后,封钱镠为吴越王,兼淮南节度使,吴越国从此得名。钱镠卒,子钱元瓘卒,子钱佐立。钱佐卒,弟钱俶立。

钱俶一向依附强者。周世宗伐淮南,令钱俶攻常、宣二州,牵制南唐。钱俶不顾相国元德昭的反对,派吴程率军攻打常州,结果大败而回。周渡淮伐南唐,吴越又招募新兵,遣邵可迁率战舰400艘,水军17 000人,至通州配合攻打南唐。

钱氏统治两浙,不仅赋敛繁苛,而且常常抢掠商贾的钱财,致使百姓痛苦不堪。钱氏搜刮民脂民膏,一方面任意挥霍,过着淫侈的生活,另一方面,不断向五代各国进贡,维持苟安局面。宋兴,平定荆湖、南汉、南唐以后,吴越更加孤立,所以,对宋更是倾国贡献,器服珍奇,奉献不可胜计。

开宝七年(974),宋伐江南,拜吴越王钱俶为升州东南行营招抚制置使。次年,钱俶自率5万兵攻南唐的常州。丞相沈虎子谏说:"江南是我们的藩蔽,今大王自撤其藩蔽,将来如何保卫社稷呢?"钱俶不听,遂兴兵伐江南,先后下江阴、宜兴、常州。江南主李煜致书钱俶说;"今天灭了我,明天还能有你吗?如不觉悟,等待你的将是汴梁的一个布衣平民,绝不是勋爵奖赏。"钱俶为表示对宋忠诚,立即把信送交宋朝。

开宝八年（975），南唐灭亡后，宋太祖命令钱俶到京师朝见，许诺入朝后仍叫他回杭州。二月，钱俶携妻子到京师，宋太祖以礼相待，欢宴两个月，并赏赐很多。钱俶将归国，行前，宋太祖送他一个包装严密的黄色包袱，告诉说："途中宜密观。"钱俶打开后，大惊。原来包内不是珍宝，而是宋朝大臣要求扣留钱俶的一封封上书。回国后，钱俶遣大臣献珍宝。吴越的宝物、钱财源源入宋。吴越已完全在宋控制下，叫出兵就出兵，叫入朝就入朝，与宋直辖区的唯一区别是还保留着国号。

太平兴国三年（978），钱俶朝宋，大臣崔仁冀、黄夷简等随行。钱俶携带犀象、锦彩、金银、珠贝、茶、绵、御器用品逾万计，想以丰厚贡献，取悦于宋朝，以求能返回。宋朝宰相卢多逊30余次劝宋太宗扣留钱俶，宋太宗不听。当时平海节度使陈洪进献所辖漳、泉二州。宋拜陈洪进为武宁节度使、同平章事。吴越崔仁冀劝钱俶仿效陈洪进，他说："朝廷的意图很明显，大王如不快快归宋，大祸将至！"其他大臣反对归顺，崔仁冀厉声地说："现已在人掌握中，我们远离国中千余里，除非插翅才能飞走。"钱俶惧，遂与崔仁冀决策归顺，上书献其所辖13州、1军、86县、550 608户。吴越臣僚知道后，1000多人都哭说："吾王不归矣！"

宋太宗以淮海国王报答钱俶的归顺，并授钱俶弟钱仪、钱信为观察使，钱俶子钱惟浚、钱惟治及将校孙承祐、沈承礼、崔仁冀为节度使，其他亲族、臣僚也都授给官职。接着命令两浙把钱俶五服以内的亲属及管内官吏，全部送到京师。

平灭北汉

北汉是五代汉的延续。开运三年（946）十二月，契丹灭晋。次年二月，刘知远即帝位，国号汉。刘知远拜弟刘崇（改名旻）为太原尹、北京留守。乾祐元年（948），刘知远死，其子刘承祐即帝位，拜郭威为枢密使。乾祐三年（950），刘承祐卒，郭威声称立武宁军节度使刘赟（刘崇子），实际是想自立，遣人杀刘赟于宋州。广顺元年（951）正月，郭威即帝位，国号周，史称"后周"。刘崇在太原即帝位，国号仍为汉，史称北汉。

刘崇拜郑珙、赵华为宰相，派使节到契丹求援，与周对抗。契丹永康王兀欲提出与刘崇结为父子之国，刘崇不愿父事契丹，遣郑珙致书兀欲，称侄皇帝。

建隆元年(960)，赵匡胤取代周，建立宋朝，昭义节度使李筠起兵反抗。四月，北汉主刘钧率兵至潞州，援助李筠。宋败李筠后，刘钧惧怕，带兵回到太原。九月，宋进攻北汉，李继勋攻平遥县、荆罕儒攻汾州。李继勋俘获甚众，荆罕儒战死。宋太祖对荆罕儒之死非常痛惜，为此斩荆罕儒部将不听命者20余人。此后，北汉与宋互有出击，争战连年不断。乾德二年(964)，宋将李继勋攻占北汉辽州，曹彬配合李继勋攻北汉石州，大败北汉军。契丹6万大军援助北汉，又被宋军击败。乾德四年(966)，北汉收复辽州。

开宝元年(968)，汉主刘钧卒，养子刘继恩立。初，宋太祖致书刘钧说："君家与周为世仇，应该不屈。宋朝与你无冤仇，何必困守北方？如果有志统治中国，应下太行一决胜负！"刘钧回书说："河东土地甲兵不足当中国，然我家世非叛者，守此区区之地，只不过是怕汉氏不能血食。"宋太祖看后，对使者说：代我告诉刘钧，会给他一条生路。此后一直到刘钧死，宋未主动攻伐北汉。乾德六年(968)七月刘钧卒。八月，宋遣李继勋等进攻北汉，经过汾河，到达太原城下，焚烧延夏门。北汉供奉官侯霸杀北汉主刘继恩，郭无为立刘继恩弟刘继元为帝。宋太祖致书刘继元劝他归降，许以平卢节度使，许郭无为以邢州节度使。郭无为欲降，刘继元没答应。契丹援兵到，宋军无功而还。

开宝二年(969)，宋太祖亲征北汉，三月至太原，命李继勋军驻城南，赵赞军驻城西，曹彬军驻城北，党进军驻城东，把太原团团包围。又以汾河、晋河水灌太原城，城中大恐，郭无为再劝刘继元降，刘继元不从。四月，契丹遣兵援北汉。宋将韩重赟、何继筠等，大败契丹兵于阳曲、嘉山，俘契丹30余人。宋太祖以契丹俘示城中，城中更加惊恐。南城被汾水淹陷，郭无为欲出降，伪请夜率军击宋兵，刘继元信其言，送郭无为于延夏门，行至北桥，遇大雨至止。卫德贵告发郭无为欲献地投降之谋，刘继元杀郭无为。北汉虽以孤城固守，但先后杀死宋骁将石汉卿、李怀忠等，加上天下大雨，宋将士多病，契丹又遣南大王率兵援救北汉，形势对宋不利，于是宋太祖采纳李光赞、赵普之议，班师回朝。

契丹韩知璠帮助北汉守太原期间，深感刘继元缺乏辅佐之臣。开宝三年(970)正月，韩知璠回国，劝契丹主放还被扣的北汉使臣，增强刘继元的势力。契丹主采纳他的建议，把扣留的16名北汉使者厚礼遣还，命刘继文为平章事，李弼为枢密使。刘继文等长期留在契丹，又受契丹命主持国政，自然会引起北汉大臣的不满。刘继元既不敢得罪契丹，又想平息大臣的不满，便采取了折中办法，改刘继文为代州刺史，李弼为宪州刺史。这件事充分说明北汉对契丹的依附关系。

北汉主刘继元残忍好杀,亲旧故臣,凡与他意见不合者,就杀害全家。开宝六年(973),杀其弟、禁军统帅刘继钦。大将张崇训、郑进、卫俦,故相张昭敏、枢密使高仲曦等,也先后因为谗言被杀,致使北汉内部政局不稳。

开宝九年(976),宋太祖命党进、潘美、杨光美、牛进思、米文义率兵,五路进攻太原。又命郭进等率兵攻忻、代、汾、沁、辽、石等州。诸将所到,捷报频传。宋进攻北汉兵于太原城下,刘继元惧,急向契丹求援。契丹主遣耶律沙率兵救北汉,宋军还师。初,宋太祖与赵普议攻北汉,赵普说:"太原当西、北两面,太原既下,则两边之患我独当之。不如等到平定诸国之后,再进北汉,北汉弹丸黑子之地,安将逃乎?"宋太祖同意赵普的看法,所以宋军虽多次伐北汉,但到太原城下又撤军。这固然与北汉的顽强抵抗有关,关键还是宋太祖没下决心灭北汉。

宋太宗即位后,泉州和吴越的割据政权先后解决,南方统一实现,客观上要求对北汉和契丹用兵。太平兴国四年(979),在曹彬推动下,宋太宗决心集中兵力攻击北汉,遂命潘美为北路都招讨使,率崔彦进、李汉琼、刘遇、曹翰、米信、田重进等,四面围攻太原。又命郭进为太原石岭关都部署,切断燕、蓟契丹援军。二月,宋太宗亲征北汉。三月,契丹派耶律沙为都统,敌烈为监军,率师赴太原。至白马岭,与郭进军相遇,耶律沙欲借水列阵,敌烈不从,遂渡水迎战,还没等到列阵,郭进急攻,契丹兵大败,敌烈等皆死。四月,宋太宗自镇州进兵,取岚州、隆州,至太原城下,驻军汾水东岸,慰劳围城将士,并亲自指挥攻城,数十万控弦之士,张弓齐发,太原外援断绝,城中万分恐惧。五月,北汉指挥使郭万超逾城降,刘继元亲信多逃亡,太原危在旦夕。宋太宗再次诏谕刘继元出降,许他终身富贵。刘继元无奈,派李勋致书乞降,宋太宗应允。刘继元率百官降,北汉的 10 州、1 军、41 县、35 320 户归于宋。宋太宗下令"毁太原城,改为平晋县"。拜刘继元为特进、检校太师、右卫上将军,封为彭城郡公。

澶渊之盟

咸平年间,契丹不断侵扰宋边境。咸平二年(999)十月,契丹主率军入侵。宋镇、定、高阳关都部署傅潜步骑 8 万,畏惧不敢战,闭营自守。将领范廷召要求出战,傅潜被迫令范廷召率8000骑出战,结果寡不敌众。契丹乘胜攻遂城,杨延昭(杨业子)固守,契丹不能登城,掠祁、赵、邢、洺州,自德、棣过河,掠淄、齐。十二月,宋真宗亲征契丹。次年正月,契丹主听说宋真宗亲征,抢掠而去,宋将范廷召追至莫州,大败契丹兵,斩首万余级,契丹退出宋境。咸平四年(1001),契丹再次入侵,宋将王显等大败契丹于遂城,杀死2万多人。咸平六年(1003),契丹侵扰定州,高阳关副都部署王继忠战败被俘。景德元年(1004)九月,契丹圣宗耶律隆绪及萧太后,率20万大军,以收复瓦桥关南十县为名,大举南下。契丹采取避实就虚战术,绕过宋军固守城池,经保、定二州南下,破宋军守备薄弱的德清军、通利军等,抵达黄河重镇澶州城北,威胁宋朝都城开封,宋朝野上下震惊。

面对契丹威胁,宋主战派和主和派展开斗争。主和派、参知政事王钦若建议迁都金陵,枢密院事陈尧叟建议迁都成都。宋真宗征求宰相寇准的意见,寇准建议宋真宗亲征,反对迁都,认为一迁都,就会人心崩溃,敌人深入,则天下难保。宋真宗采纳寇准的建议,并作了抗击契丹的准备。

由于宋军"练师命将,简骁锐,据要害,以备之",契丹南下,处处遇到抵抗,攻瀛洲时,契丹主与萧太后亲自击鼓,"矢集城上如雨,死者3万人,伤者倍之"。然竟被宋将李延渥击败。契丹数受挫后,采纳宋降将王继忠建议,派遣使节到宋朝求和。宋真宗本来就不想战,只是担心江山难保,才勉强采纳主战派的建议。当他得知契丹真想议和时,于是遣曹利用出使契丹议和。萧太后要求宋归还周世宗收复的关南地,曹利用拒绝,和议不成。

十一月,宋真宗至韦城,大臣们又商议迁都金陵,宋真宗犹豫,就迁都事,询问寇准的意见。寇准答说:"陛下唯可进尺,不可退寸。河北诸军日夜望銮舆至,士气百倍。若是回师,则万众瓦解,敌人趁机进攻,想到金陵去也不可能。"寇准促宋真宗行至澶州南城,与契丹主对垒。然后,寇准又以不过河"则人心危惧,敌气未摄",促使宋真宗过河,宋真宗遂登北城门楼,张黄龙旗,诸军皆呼万岁,宋军士气大振,契丹由于大将萧挞览视察地形时被宋军射杀,锐气大挫。契丹怕腹背受敌,十二月,派韩杞随曹利用来议和,仍要求宋归还关南地。宋真宗对曹

辽萧太后像

利用说：契丹要求归地一事毫无道理，他们一定要求，朕当决战！如果想得到货财，还可以考虑。寇准则主张不仅不给契丹货财，而且还让契丹称臣，归还幽、蓟旧地。但有人诬蔑寇准借兵权取重，寇准不得已，同意议和。宋真宗再派曹利用与契丹议和，并告诉他："必不得已，虽百万亦可。"寇准得知，私下对曹利用说："虽有敕旨，但是你要是答应的数字超过30万，我斩你的头！"曹利用至契丹军，萧太后坚持要关南地，曹利用拒绝，但暗示岁求金帛可以考虑。契丹又遣监门卫大将军姚柬之至宋，要求归还关南地，被宋真宗拒绝。

契丹要求割地的愿望虽未达到，但几经反复后，签订了对其有利的和议。和议规定：宋与契丹为兄弟之国，宋真宗称契丹萧太后为叔母；宋每年给契丹银10万两、绢20万匹；两国各守旧疆，城池依旧修缮，不得新增城堡，不得改移河道等。和议签于澶州，澶州古称澶渊郡，故史称"澶渊之盟"。

澶渊盟约签订后，宋辽之间没有大的战争，促进了南北经济文化交流的进一步发展。

宋辽交争

贞明二年（916），契丹贵族耶律阿保机（辽太祖）建立契丹国，开运四年（947），改国号为辽。辽朝统治地区，"东西朔北，何啻万里"。它"西臣夏国，南子石晋，而兄弟赵宋"，版图比宋朝还大。自960年宋建国，至1125年辽灭亡，两国并存160多年。在长达一个多世纪中，宋辽虽然不断争战，但和平相处时间多于战争。宋辽斗争的焦点是燕云16州。天福三年（938），石敬瑭为了换取辽的支持，将燕云16州割让给它，并与它以父子相称。显德六年（959），周世宗柴荣北伐，收复益津、瓦桥、淤口等地。宋朝建立后，继续柴荣收复失地的政策，不断北伐。辽不仅力保现有领土，还想收复被柴荣夺去的关南之地。宋辽围绕燕云16州，展开了长期的斗争。

太平兴国四年（979），宋伐兵北汉，辽遣耶津沙等率军援救，被宋击溃。五月，宋灭北汉后，不顾军队疲劳，粮饷匮乏，挥师东进，欲乘胜收复幽、蓟之地。宋军前进顺利，六月，宋太宗到达幽州城南，把城团团包围。七月，高梁河之战，宋军大败，死万余人。宋太宗仓皇南逃，辽将耶律休哥追至涿州，宋师已溃不成军，宋太宗改乘驴车逃走。雍熙三年(986),宋再次兴兵北伐,兵分三路。东路曹彬、米信等,率军冒进,攻占涿州后,粮饷不继,退回雄州。见西路进军顺利,曹彬等贪功,再次攻占涿州。辽圣宗耶律隆绪与萧太后率大兵至,曹彬等率军引退,耶律休哥追到岐沟关,大败宋军。耶律休哥穷追不舍,至拒马河,宋军争逃,溺死者不计其数。耶律休哥继续追赶,至沙河,宋军惊溃,死者过半,丢弃的兵甲堆积如山。此战以后,宋从进攻转为防守,辽从防守转入进攻。

咸平年间,辽多次南侵。咸平二年(999),辽兵入侵,宋镇、定、高关都部署傅潜闭营自守,不敢迎战。辽兵抢掠祁、赵、邢、洺、淄、齐诸州。第二年正月,宋将范廷召败辽兵于莫州,辽兵退出宋境。咸平六年(1003),辽兵入寇定州,俘获高阳关副都部署王继忠。景德元年(1004),辽圣宗、萧太后及统军萧挞览率20万大军向南进犯,直至澶州,宋朝野上下一片震惊。主和派王钦若、陈尧叟等力主迁都,主战派寇准等力主皇帝亲征。寇准指出,如迁都"人心崩溃,敌乘胜深入",江山难保。现实情况和主战派的压力,迫使宋真宗亲征,行至韦城,主和派再议迁都。宋真宗

辽上京遗址

本来无心抵抗,他想南下,寇准为主"惟可进尺,不可退寸"。宋真宗勉强行至澶州,登上北城门楼,宋军士气大振,"诸军皆呼万岁,声闻数十里,声势百倍。"辽军由于统军萧挞览被射杀,锐气受挫。辽圣宗害怕腹背受敌,接受降将王继忠的建议,遣人与宋议和。辽要求宋归还周世宗夺去的关南地,被宋拒绝,但表示愿给钱帛。几经反复,签订了"澶渊之盟"。

宋仁宗对辽继续奉行屈辱求和路线,不修边城,不备兵器,边防空虚,戍军多为老弱病者。辽兴宗见有机可乘,扬言南伐,遣刘六符等使宋,以索取关南地为名,实欲令宋增献"岁币"。宋仁宗遣富弼到辽议和,答应每年增银10万两、绢10万匹。继"澶渊之盟"后,宋再次以屈辱换取苟安。此后几十年,宋辽基本上相安无事。

宋给辽的"岁币"是重大负担,想摆脱又无能为力。于是宋徽宗想借用金的力量攻辽,政和八年(1118),派遣马政以买马为名,从海道使金,商议联合伐辽。

宣和二年(1120),宋金商定,金攻辽中京,宋攻辽燕京,灭辽后,宋把每年给辽的"岁币"转给金。宣和四年(1122),金攻占了辽的中京、西京,宋攻燕京却遭到惨败。宋统帅童贯为了逃避失败的罪责,密遣使求金攻燕京,金太祖一举攻占燕京。金太祖提出,把燕京交给宋,宋将燕京租税100万贯献给金,宋徽宗应允。这样,宋除了把每年给辽的50万转给金外,又增了100万贯,作为"燕京代租钱"。宣和五年(1123),金兵撤走时,把燕京掳掠一空,交还的只是一座残破不堪的空城。宣和七年(1125),金灭辽,宋辽交争随之结束。

北宋与西夏的和战

西夏是党项族拓跋氏建立的国家。仁宗景祐五年(1038),李元昊称帝,国号大夏,习惯上称西夏。西夏强盛时,辖地包括今宁夏回族自治区、甘肃省大部、陕西北部及青海、内蒙古自治区部分地区。拓跋氏兴起,可上推唐玄宗时期,当时拓跋辞降,唐封其为西平公,因平定安史之乱有功,升为容州刺史。至拓跋思恭,因平定黄巢起义有功,升为夏州定难节度使,领夏、绥、银、宥四州。赐姓李,晋爵国公,从此,夏州拓跋氏称李氏。

太平兴国七年(982),李继捧入朝,献银、夏、绥、宥四州(今宁夏乌审旗南部及陕西横山、靖边等地),并请求留在京师。宋太宗拜李继捧为彰德军节度使。六月,李继捧族弟李继迁背叛宋,逃至地斤泽。雍熙元年(984),尹宪、曹光实袭击李继迁,俘获他的母亲、妻子。不久,李继迁以恢复旧土为号召,聚族抗宋,势力日益壮大。雍熙二年(985),李继迁用假降的手段,杀曹光实,攻占银州,破会州,自称定难留后,称臣于契丹。淳化元年(990),契丹封李继迁为夏国王。宋对李继迁用兵无效,拜李继捧为定难军节度使,赐姓名赵保忠遣镇夏州,又拜李继迁为银州观察使,赐姓名赵保吉。淳化五年(994),李继迁与李继捧联合契丹抗宋,宋派遣李继隆进驻夏州,李继隆把李继捧捕送回京,毁夏州城,徙其民于银、绥。改李继迁为鹿州节使,李继迁拒绝受命,并攻打清远军。至道二年(996),李继迁在浦洛河,截获宋发往灵州的大批军需粮草。宋太宗遣将五路讨伐李继迁,李继隆出环州,丁罕出庆州,范廷召出延州,王超出夏州,张守恩出麟州,预期会师平夏。由于李继迁熟悉地势,灵活游击,宋军无功而还。宋真宗即位后,李继迁遣使求和,宋拜其为定难节度使。咸平五年(1002),李继迁再叛,攻灵州。宋发兵支援灵州,军未至,灵州已失,李继迁改灵州为西平府。次年,李继迁攻占平凉府。吐蕃族首领潘罗支伪降,击李继迁,李继迁中流矢死,子李德明继位。

李德明一方面向契丹求封,契丹封他为大夏国王;另一方面向宋纳贡乞加,景德三年(1006),和议成,宋拜他为定难节度使,封西平王,赐银、绢、钱、茶很多。

天圣十年(1032),李德明卒,子李元昊继位,改姓嵬名氏。景祐元年(1034),李元昊攻府州,败宋军于环、庆州(今宁夏银川一带)。宝元元年(1038),李元昊称帝(景宗),国号大夏,年号天授礼法延祚。李元昊称帝后,连年对宋用兵,在三川口、好水川、定川寨,三次大败宋军,宋军损失惨重。西夏虽胜,但也受到损失,在契丹敦促下,庆历四年(1044),李元昊致书宋,称"两失和好,遂历七年,立誓自今,愿藏盟府……凡岁赐银、绮、绢、茶255 000,乞如常数"。宋仁宗遣使应允,并封李元昊为夏国主,许其自置官吏,赐对衣、黄金带、银鞍勒、马、银、绢、茶不等。同年,西夏与契丹关系恶化。契丹兴宗率军三路进攻西夏,入西夏境,被西夏击败。西夏虽胜,但也受到重大打击,故李元昊与契丹议和。从此形成北宋、契丹、西夏三足鼎立的形势。

熙宁元年(1068),西夏主谅祚卒,子秉常立。熙宁三年(1070),西夏攻环、庆州,打败宋军。熙宁四年(1071),西夏攻抚宁诸城,占领宋新建诸堡。元丰四年(1081),宋五路伐西夏,西夏使黄河决口,宋军惨败,刘昌祚军大批冻溺死,种谔军死者不可胜数,王中正军粮尽,士卒死者有2万人。元丰五年(1082),西夏攻永乐,宋徐禧、李稷、李舜举、高永能等将校死者数百人,士卒役死20余万人。第二年,西夏数10万人围攻兰州,被守将击溃。次年,西夏步骑80万攻兰州,"督众急攻,矢如雨雹,云梯草洞,百道并进,几十昼夜,不克,粮尽引去"。熙宁以来,宋对西夏用兵,虽占领葭芦、吴堡、义合、米脂、浮图、塞门六堡,但灵州、永乐之役,宋军、熟羌、义堡死者60万人,钱、谷、银、绢损失不可胜计,致使"帝监痛悼,为之不食"。

西夏主秉常曾派遣使节要求宋割让兰州、米脂等五寨,宋神宗没有答应。西夏与宋易主后,元祐元年(1086),西夏主乾顺再次遣使要求宋割让兰州等五寨,宋大臣意见不一,司马光等赞同,安焘等反对割让。绍圣三年(1096),西夏提出以塞门二寨易兰州,宋仍不应允。于是西夏主乾顺及其母率50万众攻鄜延,遇顽强抵抗,围而攻陷金明寨后退去。

宋章惇任相后,一改被动挨打的局面,对西夏采取了攻势。他先在沿边地带修筑平夏城、灵平寨等城寨50余所,然后出击,破西夏洪州、盐州,收复宥州。继而在新开拓地区建西安州及天都寨,接通了泾原与熙河两路,把秦州变成了内地,国防得到巩固。章惇又请求撤销对西夏的"岁赐"。元符元年(1098),西夏攻平夏城,守将章楶大败西夏兵,获其大将嵬名阿里、妹勒都逋,"斩获甚众,夏人震骇"。从此,"夏人不复振"。第二年,西夏求救于契丹,契丹遣使到宋朝,为西夏求和,宋应允。于是西夏遣使到宋谢罪,宋答应通好,每年赐给西夏财物如故。从此,西陲百姓稍得到安宁。

童贯想借着开边树威,政和五年(1115)正月,遣刘法率步骑15万,从湟州出发,刘仲武率5万众,出会州,童贯驻兰州,为两路军声援。刘仲武无功而还,刘法败西夏兵于古骨龙。二月,宋令永兴、鄜延、环庆、秦凤、泾原、熙河各设置经略安抚司,归童贯统领,西陲兵权皆归于童贯。九月,童贯遣王厚、刘仲武,合泾原、鄜延、环庆、秦凤之师,攻西夏臧底河城,大败,士卒死者近半。第二年,童贯遣刘法、刘仲武率熙河、秦凤10万众,攻西夏,攻下仁多泉城。宣和元年(1119),童贯强令刘法率军攻朔方,至统安城,遇西夏主弟察哥,刘法军被围,激战一天,宋军大败,"死者甚众"。刘法乘夜逃走,至盖朱危,被追兵斩杀。刘法死,童贯欺骗朝廷,谎称取得胜仗,受赏者竟达数百人。

在宋与西夏争战不休时,北方政局发生了变化。宣和七年(1125),金灭契丹,西夏崇宗向金称臣。西夏与金同时对宋用兵,侵夺宋地。13世纪蒙古兴起后,成吉思汗向外扩张,多次对西夏用兵。西夏自身难保,再无力对宋用兵,直至宝庆三年(1227)它被蒙古灭亡,宋与西夏的争战也随之结束。

庆历新政

宋王朝到中期所面临的形势是内忧外患。国内方面,官员过多,并且官俸优厚;不重视武将却大批养兵;再加上皇室的挥霍无度,造成财政紧张。官僚地主又争相兼并土地,还隐匿土地数目不纳税。官方将税额摊到少地和无地的广大贫困户头上,使得民不聊生,各地农民起义风起云涌。对外方面,对辽、夏战争的失败,迫使宋朝采取媾和政策,每年向辽、夏贡纳大批银、绢、帛、茶等财物。这些贡品来自劳动人民的辛勤劳作,加剧了国内阶级矛盾。本已入不敷出的财政状况更难支撑。民族矛盾和阶级矛盾交织发展的危机局面,促使部分较清醒的士大夫呼吁宋廷应革除积弊,稳固统治。范仲淹就是其中较突出的一员。

　　天圣三年(1025),范仲淹曾上书反对恩荫泛滥的不良风气,天圣五年(1027)上疏批评宋朝腐败的吏治和松弛的武备。两次上书,均未引起当权者的重视。天圣七年(1029),范仲淹"讥切时政",得到尹洙、欧阳修的支持,三人都被贬。此外,如宋真宗初年王禹偁要求改革减少冗官冗兵、严格选举等。宝元二年(1039),宋祁上疏主张裁减官兵,减省开支。庆历二年(1042),仁宗赵祯面对接连不断的农民起义和对夏战争的失败,在改革呼声的推动下,任命范仲淹为参知政事,富弼、韩琦为枢密副使,欧阳修等为谏官,"欲更天下弊事"。

范仲淹画像

　　范仲淹在韩琦、富弼、欧阳修等人的支持下,综合自己多年来的改革思想,于庆历三年(1043)九月写成《答手诏条陈十事》,呈献给宋仁宗,作为他改革的基本方案。他所列十事分别是:

　　(1)明黜陟。宋初文官三年一迁,武官五年一迁,包括朝廷内外各官,不论才能和政绩如何。这种凭年头升迁的办法,使许多素餐尸禄的人坐至高官。贤才稍有差失,反而被排挤诬陷。明黜陟要求:京官有"大功大善",僚庶有"高才异行",地方官"善政著闻"者,不受磨勘之限,可破格升迁。在京"重难库务"的京、朝官,三年可获得升迁。在京其他机构的官员须五年方可升迁。老疾愚昧和任内犯有公罪或私罪者,另行处置。这项措施旨在改变官吏因循守旧的习气。

　　(2)抑侥幸。宋初以来实行的恩荫制度,使贵族近亲官僚滥进的现象日益严重,做学士以上官者,靠恩荫制度,经过20年,一家兄弟子孙可有20人出任京官。为限制毫无节制的恩荫制度,范仲淹建议:三司副使、知杂御史、少卿、监以上官,遇南郊祭祀可各奏荐子孙。对其他京、朝官和地方官,提出条件限制其恩荫子孙,以免官僚子弟"与孤寒争路"。又规定贵族子弟不得补馆阁职;进士充任馆阁之职,也要经过考试,择优录用。

(3)精贡举。宋朝专以诗词歌赋获取进士,以默写经文及注疏考诸科举人。所选拔的人,有才能和见识的很少。范仲淹主张改变教学内容和考试方法。教士人应以治世之业为主;考进士时,策论优于辞赋;考诸科时,经旨重于经文和注疏。

(4)择官长。范仲淹不满意宋朝政府在委任地方官时,不问贤愚而专以年限为标准的做法。为避免不胜任的地方官鱼肉百姓,范仲淹请求委托中书、枢密院等推选,举荐转运使、提点刑狱、知州各一定的名额;逐路转运使和提点刑狱各同举知州,知州、通判同举知县、县令一定的名额。这样,举主多的人优先差用。仍令审官院、流内铨考察所用地方官的得失功过。

(5)均公田。为使官吏保持廉洁,防止其贪赃枉法,范仲淹主张地方官中,没给职田者补给,职田不均者均之。用职田补给官员俸禄收入,供他们衣食、婚嫁、丧葬之用。

(6)厚农桑。范仲淹认为国家不提倡务农桑,则粟帛常贵。百姓生活艰难,官方府库空虚。为改变这种情况,范仲淹请求在每年秋天,令诸路转运司于所辖州、军吏民之中,广开农桑利害的言路,据此来开河渠或修筑堤堰陂塘,让各州、军选官主管该事,每年春闲时动工,不误农时为宜。

(7)修武备。宋朝初年,为稳固中央统治和保证中央集权,重兵屯于京师。仁宗时因对西夏战争,大军调往西北。范仲淹担心京师空虚,难以应付仓促事变。因此建议:密令中书和枢密院查军队所缺之数,在京畿附近招募强壮之人5万,帮助军队保卫首都。募来之人三时务农,一时教战,以节省军费。

(8)减徭役。针对户口少而置县偏多,百姓困于供役的情形,范仲淹提出先在西京(今河南洛阳市),然后在大名府(今河北大名),最后在全国合并县,以此来减少徭役。所废公职人员,可以归农,也可以移送别的官府。

(9)覃恩信。皇帝每年三郊祀,照例大赦天下,规定赦书日行500里,有敢以赦前之事言者,自己充其罪。其实并非这样,官府对百姓"督责如旧,桎梏老幼,籍没家产。至于宽赋敛、减徭役、存恤孤寡、振举滞淹之事,未尝施行"。范仲淹力主普及"恩泽"和取信于民,今后赦书所宣布的恩泽,三司、转运使司、州县要坚决执行,违者惩罚。每遇南郊赦后,要选派臣僚抚察诸路,使赦书及民之事,务必一一施行。

（10）重命令。范仲淹指出国家颁布的法律条令，"烦而无信"，原因是草率颁行，经常修改，并且执行不严。他主张颁布、修改法律条文应慎重，一旦发布，必须执行。各处当职官吏违法者，视其情形轻重分别处罚。

范仲淹上书所说的十件事，除"修武备"一项外，其他各款在庆历三年（1043）十月到次年五月之间，以诏书形式基本上按范仲淹原意颁行全国，当时称为"新政"。

范仲淹主持的"庆历新政"，其主旨是通过整顿吏治，从而达到加强封建统治的目的。当然，其中部分内容如明黜陟、抑侥幸等也触及了官僚们的既得利益，故而引起了部分官僚的反对。宰相章得象联合台谏官员，攻击范仲淹、欧阳修等人是"朋党"，说他们"欺罔擅权""怀奸不忠"。夏竦诬陷富弼密谋废仁宗，范仲淹、富弼被迫出朝。反对派乘机排挤拥护新政的官员，庆历五年（1045）五月，杜衍、韩琦、欧阳修也先后遭贬出朝，短暂的"庆历新政"以失败而告终。它未能改变宋王朝内外交困的局面，却成为王安石变法的前奏。

王安石变法

王安石在北宋神宗皇帝（赵顼）的支持下，推行了一系列以富国强兵为目的的变法措施。这些措施的颁布，主要在神宗熙宁年间（1068～1077），因此，王安石一派的变法活动又称为"熙宁新法"。

宋初年的皇帝，以晚唐、五代为借鉴，力求革除其弊端，但在调整政治、经济、军事大政的同时，又留下许多隐患。为防止地方拥兵自重，尾大不掉，宋太祖（赵匡胤）、太宗（赵光义）等加强禁军的建设，挑选各地武艺高强、体格剽悍的勇夫归并禁军，另外，以文官代替武官做州郡长官，还使兵将经常流动，造成了兵不识将、将不识兵、兵无常帅、帅无常师的状况。这种苦心经营的结果，虽然消灭了地方抗衡中央的现象，却使军队数目剧增，并且削弱了军队的战斗力。宋初政府大量吸收文人参政以扩大统治基础，方法是通过科举。宋朝科举职干名额大大超过唐朝。宋初保留了很多唐、五代的旧官位职称，同时，又增设了大批新的官职，使得官员名实不符，冗官冗员，尸位素餐。宋真宗（赵恒）澶渊之盟后，答应每年向辽国贡银、绢。宋仁宗（赵祯）对辽贡物又有增加，同时，还向夏国"赐"

银、绢、茶。内部供养大批军队和官员,外受别国的经济掠夺,宋朝财政紧张。向人民摊加赋税,激起了多次农民起义。

面对矫枉过正的恶果,庆历三年(1043),范仲淹等人主持以整顿吏治为中心的"庆历新政",但以夭折告终。到神宗时,外部有辽、夏威胁,内部有冗官冗兵,财政紧张的窘境仍未好转。神宗决定改弦更张,开始物色能革除贫弱积弊、挽救危机的臣属。抚州临川(今江西临川)人王安石,于庆历二年(1042)中进士,当年即开始了其地方官生涯。地方生活的经历使他认识到贫富过分悬殊的危害,产生了抑制兼并的思想。嘉祐三年(1058)十月下旬,朝廷任命王安石为三司度支判官,他回到京城后,向宋仁宗上"万言书",力主变法。王安石担任三司度支判官只有两年多时间,又调为知制诰。嘉祐八年(1063)仁宗病逝,王安石也因母亲去世服丧。熙宁元年(1068)神宗召王安石回京城。王安石与神宗富国强兵的构想不谋而合,加上当时朝臣的举荐,神宗于熙宁二年(1069)任命王安石为参知政事,负责变法事务。

王安石打着"法先王"的旗帜,以"民不加赋而国用足"为指导思想,开始变法。王安石在得不到元老旧臣支持的情形下,起用新人,设置了制置三司条例司,即皇帝特命设置的制定三司(户部、度支、盐铁)条例的专门机构,与吕惠卿、章惇、曾布共同商议变法。王安石与僚属们陆续推行了财政、民政、军政以及教育方面的改革。

均输法:熙宁二年(1069)七月,令东南诸路行均输法。其要点是:设发运使官,总理诸路的赋人,负责茶、盐等税目。发运使官有权周知各路财赋情况,凡籴买、税敛、上供物品,都可依照"徙贵就贱,用近易远"的原则节俭购物资财和运输费用。发运使还有权知道京城开封的库藏情况,对要供办的物品,可"从便变易蓄买",存贮备用。朝廷拨钱500万贯、米300万石供周转之用。这就改变了此前供求关系严重脱节的状况,调节了物价,削弱了富商巨贾囤积居奇、控制市场的能力,借此保证京城官方的消费供应。

青苗法:熙宁二年(1069)九月,神宗批准条例司制定的青苗法,命令先在部分地区实施,随后推行全国。青苗法的主要内容为:各路以一定的钱谷作本,每年在夏熟之前和秋熟之前的青黄不接之际,两次贷钱或借谷给民户。夏、秋熟之后,加息十分之二,随每年两税一块交齐。富户也必须借贷。借贷者每五户或十户结成一保,由地主或富裕农民为"甲头",客户贷款,须与主户合保。贷钱数目由富到贫依次递减。如遇灾伤到五成以上的年景,可延期归还。青苗法旨在限制高利贷者的活动,减轻民户受富户高利盘剥之苦,同时也为朝廷开辟财源。

农田水利法:熙宁二年(1069)十一月,条例司颁布《农田利害条约》,规定由官府鼓励农户开垦废田,兴修水利。农田水利法的实施,使许多水利工程得到修复,大批薄地变为良田。

变法不是在一帆风顺中进行的,随着上述三法的实施,王安石遭到了反对派的围攻。御史刘琦、知谏院范纯仁以均输法与商贾争利为理由,主张废除此法。为抗议青苗法,重臣富弼称病辞职。司马光、苏轼等人指责青苗法取息过重,并说富人不愿借、贫人不易还青苗钱。针对众口所议,神宗和王安石于熙宁三年(1070)正月下令放弃强迫富户借钱出息的做法,青苗法只剩下剥夺富户放债所得的部分利益。二月,旧相韩琦上书历陈青苗法的隐患,其中"若连年灾伤则官本渐失"的攻击使神宗动摇了,王安石被迫奏请罢职。神宗慎重思考后,仍决定倚重王安石继续变法,十二月,任命王安石为同中书门下平章事。针对反对派"背儒崇法"的指责,王安石一方面解释儒家经典,援引为变法之据,同时公开推崇商鞅。王安石借反对派说自己"天变不足畏,人言不足恤,祖宗之法不足守"的批判言词,从正面阐述了"三不足"的思想的正确性。伴随着政治上和思想上对反对派斗争的优势,王安石将变法推向了高潮。

免役法(募役法):该法允许民户出钱雇役,改变了以前按户等轮流充当州县政府差役的办法(差役法)。熙宁四年(1071)十月,颁免役法于全国。其要点有:各路、州、县依当地差役事务,自定费用数额,按户等征收,供当地募役之用。定额之外,另外收十分之二,称"免役宽剩钱",备灾荒年份使用;原来轮充差役的农户出的钱,称为"免役钱";原不服役的部分城户、享有特权的官户、寺观和农村的未成丁户、单丁户、女户也要按半数交纳役钱,称"助役钱";农村和城市一些特困户不交纳。

市易法:熙宁五年(1072)三月,颁行市易法。即官方设市易机构,出钱作本,收购市上滞销货物,等到畅销时,向商贾赊贷,取年息二分。市易机构还向商贾贷款,也取年息二分。商人以产业作抵押,五人以上互保。政府先在开封设市易务,后又在其他重要城市设置市易务,而改京城市易务为都提举市易司,统领全国市易务。

方田均税法:颁行于熙宁五年(1072)八月,即依据原来租税额,按土地多寡、肥瘠平均负担。规定由县官每年九月丈量一次土地,以东西南北各千步为一方,验地质定税额,查出了大户隐瞒不纳税的土地,避免了中下户卖掉土地仍复担税务的现象。此法也是先在一路试行,后又推广开去。

以上各法,王安石着眼于"富国",同时,为"强兵"实施了如下各法。

将兵法:熙宁六年(1073)和熙宁七年(1074),神宗两次下诏,要求设置将领,训练整编后的军队。所选将、副将都是有作战经验和指挥才能的人。起初,将专管练兵,后来可自己负责军政,改变了兵将不相识的旧制,提高了军队的战斗力。

保甲法:熙宁三年(1070)十二月,颁布《畿县保甲条例》,规定乡村民户十家为一保,设保长一人;五十户为一大保,设大保长一人;十大保为一都保,设都、副保正各一人。保长、保正由家财丰厚的地主担任。各户有两丁以上者,要抽一人做保丁,熙宁五年(1072)又改为只有富户有资格做保丁。保丁要训练武艺,每大保逐夜轮差五人巡警。同保内若有人犯"盗窃、杀人、谋杀、放火"等案,知而不告,连坐治罪。保内如有"强盗"三人以上住三天,同保邻人虽不知情,也要治罪。此法先于开封府推行,后推广到全国。目的在于使保甲代替一部分军队,以及镇压农民的反抗斗争,维护封建统治。

保马法(保甲养马法):熙宁五年(1072),神宗下诏开封府界各县保甲养马,由官方配给马匹。第二年,颁行保马法于京东等五路。规定保甲愿养马者,每户一匹,富户两匹,对养马户免除一定的税额。富户马死后,由其独自赔偿。贫户十户为一社,马死后由全社共同赔偿马价的半数,并限定各路养马不超过5000匹。所养之马可用来"袭逐盗贼"。此法变革了由牧监养马而费用巨大的状况,加强了保甲的武装力量。

军器监:熙宁六年(1073),神宗采纳王安石之子王雱的建议设置军器监,原由三司主管军器制造的权力移归军器监。生产所需材料的地方,建置都作院,由军器监统领,提高了所造军器的质量。

在推行"富国强兵"各项措施时,王安石又着手改革科举与教育,为深入变法"陶冶人才"。

改革科举:熙宁四年(1071)开始改革科举,废死背经义注疏的明经科,另设明法科,"试以律令刑统大义断案"。进士科分四场考时务策、论和经义,代替原来的诗赋考试。王安石的目的是要改变士人虽博学强记而从政时"茫然不知其方"的弊端。

整顿学制:改革科举的同时,也改革学校制度。太学实行"三舍法",即分外舍、内舍、上舍三级,经考试合格可升级。上舍生中考察为"卓然优异者",不经科举可直接授官。太学设置直讲十员，二员共讲一经。把王安石为首的改革派撰注的《诗经》《尚书》《周礼》"三经新义"定为太学教科书，使太学变为培训改革人才的摇篮。整顿太学后，又相继在京城设立了武学、律学、医学等实用专科学校。熙宁四年（1071）至熙宁六年（1073）间，改革充实了地方学校。

即使在王安石变法的高潮期间，反对派也从未停止过对新法的攻击。借着熙宁五年（1072）山崩和熙宁七年（1074）大旱等自然现象，神宗的曹太皇太后（仁宗之后）、高太后（英宗之后）和向后，还有保守派文彦博、司马光、冯京等围攻王安石和他的新法。变法派人物曾布等见风使舵，站到了反对派一边。迫于这种困境，王安石于熙宁七年（1074）四月，辞朝出知江宁府（今南京），第一次罢相。此后，韩绛与吕惠卿执政，两人在神宗支持下，流放了一些反变法官员。在韩绛的请求下，熙宁八年（1075）年二月，神宗下诏恢复王安石相位。但王安石仍处于被围攻之中。又由于内部一些矛盾，变法派韩绛、吕惠卿相继出朝为地方官。趁变法派内部不团结之机，反对派大举攻击王安石，而且神宗在许多方面下诏修改甚至破坏了新法。新法难以继续推行，熙宁九年（1076），王安石连续上书请求罢官归田，获批准后回到江宁府，王安石主持的变法接近尾声。

宋金海上之盟

北宋后期，长期遭受辽朝统治阶级蹂躏的女真族在东北白水黑山之间崛起，政和五年（1115），完颜阿骨打称帝，国号大金，定都会宁（今黑龙江阿城南）。同年，金攻破辽黄龙府（今吉林长安）。辽天祚帝率领号称有 70 万人的大军亲征，阿骨打大败辽军。此后金辽时战时和，金不断向南扩展军事势力。金朝进攻辽朝的消息传到东京开封后，宋徽宗、蔡京等人为了逃避国内人民对其腐朽生活的责难，错误估计了形势，认为只要宋金一起南北夹击辽朝，不仅可以一举灭辽，而且可以毫不费力地夺回燕云 16 州。

政和元年（1111），宋徽宗派大宦官童贯出使辽朝，了解辽朝的政治形势。在这次使辽过程中，童贯结识了燕人马植，马植向童贯献取燕的对策说："本朝如果自登（今山东省蓬莱）、莱（今山东掖县）涉海，同女真结好，与女真相约一道攻打辽国，辽国是可以攻下的。"童贯对马植的建议很是赞赏，他让马植改名为李良嗣,悄悄带回开封,面见宋徽宗。宋徽宗对马植的建议同样很感兴趣,并赐给他赵姓,封以高官显爵,让他参与并负责与金朝交往灭辽的工作。

政和七年(1117),渤海汉人高药师因女真人兴兵攻辽,为了避免战乱,渡海举家来到登州,向宋朝进言,"女真建国,屡破辽师",金人已过辽河之西。宋徽宗和蔡京、童贯等讨论,下诏与金市马并探察虚实。重和元年(1118),宋徽宗派武义大夫马政与高药师一起,渡海出使金朝"讲买马旧好",与金讨论兴兵灭辽的计划。十二月,马政等自金返回,金人派使者一起到宋廷。第二年,即宣和元年(1119),金使返回,宋徽宗采纳赵良嗣所献的计策,"将会金以图燕"。宣和二年(1120),金遣粘木喝等出使宋,宋徽宗再次派赵良嗣(马植)、王环出使金朝,约定攻辽,以取燕京旧地,金人也再次派人使宋。

经过多次交涉,双方议定:首先,宋、金双方从两个方面同时向辽进攻,金直接从平地松林趋古北口,宋朝自雄州趋北沟共同夹攻。金朝攻取辽的中京大定府,宋朝进取辽朝析的津府,共同灭辽,任何一方不得单独与辽停战。其次,灭辽以后,宋得燕云地,宋朝须把每年送给辽朝的岁币如数交给金朝。

宋、金使者往复订立条约,称"海上之盟"。

金代窖藏出土的金杯

宣和二年(1120),宋朝国内爆发了反对宋徽宗等人反动统治的声势浩大的方腊领导的农民起义,原先主持盟约的童贯调往南方镇压起义。宋徽宗听说辽知道宋、金"海上盟约"的联结,害怕辽朝兴兵南下问罪,"深悔前举,意欲罢结约",按兵不动。宣和三年(1121)二月,金朝派遣使节到宋,催促宋按期发兵,宋徽宗因有种种顾虑,有意拖延,直到是年八月才遣返金使,只草草写了一份"国书"让金使带回,而不再派人到金进行联系。

宣和三年(1121)十二月,金朝开始向辽发动军事总攻。宣和四年(1122)正月,金攻占辽中京大定府(今内蒙古宁城县西南大明城),辽天祚帝向西京大同府(今山西大同市)逃跑。三月,金攻克大同府,天祚帝再向西逃到夷山(今内蒙古包头市附近),而留守燕京

(今北京市)的辽宗室耶律淳自立为帝,辽朝分崩离析,灭亡在即。在这种情况下,宋徽宗考虑到若不出兵,燕云势必为金朝所得,自己则一无所获。宋派赵良嗣赴金,表示坚守前约,仓促之际,宣和四年(1122)三月,派童贯、蔡攸率15万大军北上攻辽。而童贯、蔡攸不懂军事,自以为"吊民伐罪",只要大兵压境,燕京指日可下。宋军所到之处,张贴榜文,以高官显位诱惑投降之人,并下令不许杀辽一人一骑,但根本不作战斗准备。而辽虽多次败给金,但对付宋朝则绰绰有余。五月,宋将种师道、辛兴宗进攻燕京,被辽朝守军打得大败,宋军"死尸枕藉,不可胜计"。辽一直把宋军追到雄州(今河北雄县)城下。宋徽宗接到兵败消息,慌忙下诏"班师",宋朝对辽的第一次战争以失败告终。

六月,耶律淳病死,辽燕京小朝廷内自相残杀,宋朝认为有机可乘,增兵20万,以庸将刘延庆为都统制取代种师道,率兵50万进攻燕京地区。宋军连克数城,攻到燕京城下,但因主将刘延庆无获胜信心,遇到辽军抵抗,慌忙烧营焚辎重逃跑。辽军乘势追击,宋士卒蹂践死者无数,军中辎重、金币都被辽军所获,宋军大败而归。

连续两次攻击燕京失败后,童贯为了逃避兵败罪责,秘遣人到金营求见阿骨打,约请金进攻燕京。宣和四年(1122)十二月,金军越长城,攻占了燕京,不久,辽天祚帝为金所俘,辽灭亡。金攻占燕京后,看到宋腐败无能,不肯交还燕京。宋劳民伤财,结果一无所获,为挽回面子,宋朝不断遣使入金谈判归还燕京事宜。宣和五年(1123),宋派赵良嗣再次入金,进行谈判,最后达成协议:金同意把燕京及所属6州(顺、澶、易、蓟、景、涿)24县交还宋朝,而宋须把每年交给辽的40万岁币转交金朝外,还要把这6州24县的赋税如数缴给金朝,宋朝答应每年另交100万缗作为燕京6州的"代税钱",金朝才答应从燕京撤出。然而在撤军之时,金朝又把燕京的金帛、子女席卷而去,留给宋朝的只是几座凋敝不堪的空城。

靖康之变

宋徽宗宣和七年(1125)十月,金人下诏攻宋。兵分两路,西路军由完颜宗翰(粘罕,即粘没喝)率领,自云中(大同)攻太原;东路军由完颜宗望(斡离不)率领,自平州(河北卢龙)攻燕山。两路金军计划在开封会合。

十二月,童贯在太原得报金兵南下,逃回开封。西路金军破朔、武等州,围攻太原府。东路金军南下,宋燕京守将郭药师执蔡靖等降金并做了金人向导,从而使"金尽陷燕山州府"。金军围中山府(今定县),没有攻克,越过中山继续南进,直逼开封。宋徽宗惊慌失措,取消"花石纲",号召天下勤王,并且让位给太子桓,这就是宋钦宗,徽宗自称道君皇帝。

靖康元年(1126)正月,金兵东路军攻陷相(今河南安阳)、浚(今河南浚县)二州,金兵至黄河北岸,守将梁方平奔溃。河南守桥者望见金兵旗帜,烧桥而逃,何灌守滑州,也望风逃溃。宋军在河南者,竟无一人御敌。金人从容渡河,陷滑州。

宗泽像

在金人严重的威胁下,宰相白时中、李邦彦、张邦昌等请宋钦宗弃城逃跑,"出幸襄邓,以避敌锋"。李纲坚决反对这种主张,"力陈不可去之意",阻止钦宗逃跑。宋钦宗任李纲为亲征行营使,积极布置防务。刚刚做了一些准备,金兵已经到达开封城下。

金军在降将郭药师的引领下抵达城西北,并获取军、马、兵、粮等大批物资。李纲临阵指挥,击退金兵对宣泽门的夜袭,以后又在开封的天津门、景阳门等地多次击退金军的进攻。宋钦宗及议和大臣不顾李纲的反对,同金人议和。宗望提出议和条件是:"输金500万两,银5000万两,牛、马万头,锦缎百万匹,尊金帝为伯父……割中山、太原、河间三镇。"宋议和使者对此不敢有任何异议,宋钦宗也不顾李纲等反对,一一答应,在开封城内搜刮金银、珠玉、宝器等,但仍不够。

当时宗翰率领的西路军在太原城遇到激烈抵抗,不能南下。宋各地的勤王之师陆续抵达开封城下。老将种师道督泾原秦凤兵入援,开封城下金军惧怕。宋钦宗为求和,借口种师道的部将姚平仲夜袭金军失利,罢李纲、种师道之职。由于开封军兵激烈反对,李纲复职,各地勤王军继续到达城下。宗望在这样形势下,不等凑足金银数,慌忙北退。

这年秋天,宗望率兵路军再度南下攻宋,真定(今河北正定)等重镇相继失陷。宋太原守城军民奋战260天,最终城陷。河东失太原,河北失真定,宋钦宗更是惊慌。

宋钦宗先后派康王赵构及耿南仲、聂昌至金军议和。赵构至长垣(今河南长垣)被百姓喧呼拦阻,至磁州(今河北磁县)为百姓和守将宗泽留下,耿南仲害怕百姓,过卫州(今河南滑县)狼狈逃走,聂昌至绛州(今山西新绛)被当地百姓处死,挖掉眼睛,砍成肉泥。十一月,金军兵分两路先后从李固渡和河阳渡过黄河,对开封形成钳形攻势。十一月二十五日,宗望率领的东路金军再次到达开封城下,闰十一月初二,宗翰率领的西路军也抵达开封与东路军会合,金军把开封城团团包围起来,开始了攻城战役。

这时开封城仅有卫士与弓箭手7万余人,西、南两道援军又被唐恪、耿南仲遣还,四方无一人至京师援助。宋钦宗一面作抵抗,一面派人持蜡书出城至相州,任命康王赵构为兵马大元帅,陈遘为元帅,宗泽、王伯彦为副元帅,立即发兵支援开封,又下诏诸路勤王兵援京,但为时已晚。金军加紧攻城,开封城危在旦夕。宋钦宗迷信郭京、刘无忌所谓的"神兵",幻想依靠这些无赖所组织的"六甲正兵""六丁力士"来保卫开封。金人攻通津门、宣化门等,遇到宋军民抵抗。闰十一月二十五日,郭京被逼率领这支"神兵"出宣化门迎战金军,结果被金军击溃,士卒掉入护城河者不计其数,宋军慌忙关闭城门,郭京见大势已去,骗局已破,偷偷逃出城外,带领余兵向南逃跑。金军乘势登上城墙,焚南薰门。宋统制姚仲友等被杀,汴京城破陷,开封军民与金军展开巷战。金人宣言议和退师,钦宗立即派人至金营求和。十二月,金人来索要金1000万锭、银2000万锭、帛1000万匹。宋钦宗派人又搜刮京师金银。宋各地援京师的军队在途中被金人陷阻。

靖康二年(1127)正月,金军先后扣留宋徽宗、宋钦宗为人质,十六日,金军下令废掉宋徽宗、宋钦宗的年号,贬为庶人,北宋灭亡,另立张邦昌为伪楚皇帝。四月一日,宗翰、宗望俘虏宋徽宗、宋钦宗及赵氏宗室、官员3000余人,满载搜刮的大量金银财宝、车马玉器北归。这就是历史上有名的"靖康之变"。北宋徽、钦二帝到金朝后,于南宋绍兴五年(1135)和绍兴三十一年(1161),先后死于金朝。

金代坐式铜龙

金兵南侵

靖康二年(1127)四月,金兵从汴京(今河南开封)俘虏宋徽宗、宋钦宗,以及后妃、诸王、宗戚大臣等3000人北去,北宋灭亡。五月,宋徽宗之子、康王赵构在南京应天府(今河南商丘)即位,改元建炎,是为宋高宗。十月,宋室为避金兵到扬州。

金王朝想趁南宋政权立足未稳,派大军渡江,消灭南宋。建炎二年(1128)秋,决定宗弼(即兀术)与宗翰(即粘罕)率金兵南下,穷追宋高宗。另派娄室部全军进攻陕西,以牵制川陕宋军。

建炎三年(1129)正月二十七日,金军攻占徐州,知州王复死难。宗翰派拔离速、乌林答泰欲、马五,率兵一万奔袭扬州,欲俘获宋高宗。三十日,金兵到泗州(今江苏盱眙北),二月初三,拔离速攻占天长军,距扬州只有100多里。午前,消息传至扬州,宋高宗惊慌失措,没有通知大臣,带了御营都统制王渊和亲信宦官康履等数人狼狈出逃,从瓜州(今江苏六合东南)乘小船渡江逃到镇江。傍晚,马五率500骑兵赶到扬州,听说宋高宗向江南逃跑,立即追到渡口。江淮人民纷纷起来抗金,金军成为孤军,被迫北撤。

八月末,宋高宗听到金兵渡江南下的消息,慌忙派杜时亮、宋汝为迅速到金营议和,在求和书中乞求宗翰不要进军。十月,宗弼分兵南下,一路从滁州(今安徽滁县)、和州(今安徽和县)进入江东,一路从蕲州、黄州入江西。下旬,宋汝为到寿春,宗弼部已攻占单县、兴仁、南京、寿春,对宋的求和不予理睬。

镇守江州(今江西九江)的刘光世仍天天置酒欢会,金兵渡江三日而尚不知。金兵到城下,他领兵逃跑。

金兵得知孟太后在洪州(今江西南昌),便攻下黄州(今湖北黄冈),十月末,用小船、木筏渡江,经大冶直奔洪州。孟太后一行逃向虔州。十一月初,宗弼攻占和州(今安徽和县),在马家渡(今江苏南京西南)打败杜充军,渡江,入建康,杜充叛降。消息传来,逃到越州(今浙江绍兴)的宋高宗再向明州(今浙江宁波)逃跑。

宗弼占领建康后,立即从溧水奔向杭州,追逐宋高宗。在进攻广德时,岳飞率兵抗击,六战六捷,擒金将王权。听说金兵攻常州,岳飞追击金军,又四战全胜。金兵趁广德无援,攻占之,直逼临安(今杭州)。宗弼听说宋高宗在明州,派阿里、蒲卢浑率精骑渡浙追赴明州。十二月,宋高宗在明州得到奏报,便率大臣登船逃向定海。金兵追赶至明州,张俊抵挡了一阵便败走。高宗又乘船逃向温州沿海。

建炎四年(1130)正月,金军占领明州,乘船经昌国南追宋高宗300余里,没能追上。金军船队遇到大风雨,又被宋提领海舟张公裕所率水军大船冲散,只好退回明州。

二月初,金军从杭州北撤,宋将韩世忠率8000宋军在镇江截断金军退路。三月十五日,宋金水军在黄天荡展开水战,韩世忠率军英勇战斗,打得金军狼狈败退。五月,宗弼渡江北归。

进攻江西的金军占领了洪州(今江西南昌)、吉州、抚州、筠州,直至万安也没有追上孟太后。建炎四年(1130)二月,金军攻占潭州(今湖南长沙),月底渡江经石首北归。四月二十五日,弓手牛皋率民兵大败金兵于宝丰之宋村,生擒金将马五。

留在江淮的挞懒部金军,在楚州(今江苏淮安)被义军击败,后又在缩头湖(今江苏兴化东)为宋军击败,挞懒率残部经楚州、宿迁、东平(今山东东平)北归。

这样,建炎二年(1128)秋至建炎四年(1130)夏,金军对刚建立的南宋政权追击的战争,就以失败而告终了。南宋朝廷无意北进收复故土,金军也无力南下,江淮地区暂时稳定下来了。宋金对峙局面形成。

抗金五战役

南宋初年,金兵不断在各地发起进攻。高宗建炎三年(1129)冬,完颜宗弼渡江追击高宗的同时,西部战场则由都统娄室率兵数万进攻关陕。陕州(今河南三门峡市)自古就是兵家必争之地。知州李彦仙,宁州彭原(今甘肃宁县)人,年轻但胸有大志,靖康时应募勤王,后为神将,戍淆渑间。金人据陕,李彦仙领兵复之,与金人战,再三获捷。高宗闻之,喜而不寐,命为知州兼安抚使。

金章宗书法

李彦仙知金人一定来夺陕州,大力加强战备,不仅聚集军实,修筑城池,而且将家属也搬迁来,以示与城共存亡的决心,军民闻知都非常感动佩服,表示愿听指挥。不久,金将乌鲁撒拔率众来攻,李彦仙极力御之,金人技穷而去。至是,娄室奉命扫荡关陕,自潼关以东皆下,唯陕独存。金人必欲攻下陕州,然后全力向西。娄室从蒲州(今山西永济)亲率大兵来攻,李彦仙早有准备,伏兵中条山,趁其不备而进攻,金兵大溃,娄室仅以身免。高宗听了十分高兴,授李彦仙右武大夫、宁州观察使兼同虢州制置。

李彦仙预料金人必定聚集兵马再来进攻,即派人往川陕宣抚使张浚处,请求支援骑兵3000,趁金人攻陕州,即空城渡河,向北到山西,捣其心腹,金人回救,陕州之围自解,我兵再从岚县、离石西渡黄河,取道鄜延返回。张浚不同意这个计划,回信劝李彦仙空城清野,据险保聚,敌来无所掠,我亦无所伤,俟机而动,其功可成。这个意见是要放弃陕州城,李彦仙也不同意,守城的意志更加坚定。

果然不久,娄室即率叛将折可求众号10万来攻,分其军为十,从正月元日开始,日轮一军攻城,十日不下,十军并攻,期以三旬,必拔此城。李彦仙日夜与金人战,将士皆未尝解甲。金人昼夜力攻,久不能下。后来粮草逐渐耗尽,李彦仙煮豆让他的部下吃,自己仅取汁而饮。

双方相持日久,杀伤相当。但守者伤夷日增,兵力渐尽。娄室督促金兵急攻,皆背负云梯,手执刀斧弓箭,命击鼓一声,前进一步,过濠地之后,鼓声越来越急促,士兵没有不快步向前,奋力登城的,虽死伤满地,不敢反顾。至建炎四年(1130)正月十五日,城被攻破。李彦仙率众巷战,身上中了许多箭,左臂中刃不断,奋战愈力。金人欲生擒李彦仙,李彦仙不甘死于敌人的刀下,乃易衣出城,渡河而北。后听说金人纵兵大肆屠掠,李彦仙说:"金人这样残酷处置此城,完全是对我坚守的报复,人民受害,我有何面目复生!"遂投河而死,年仅36岁。

此战,李彦仙凭借一座孤城而控制战略要地,两年之内,大小200战,使金人不得西进。至城陷,民无二心,即使妇女也登屋顶以瓦击金人,裨将邵云、吕园登、宋炎、贾何、闫平、赵成皆死,无一降者。张浚闻讯作文遥祭而哭之,把这些事上书给朝廷,诏赠李彦仙彰武军节度使,谥号忠威,立庙祀之。

建炎三年(1129)五月,宋高宗与朝臣共商中兴大计。知枢密院事张浚认为:"中兴当自关陕始,若金人入陕窥蜀,则东南不能保全。请身任陕蜀之事,置幕府于秦州(今甘肃天水)。别遣韩世忠镇淮东,吕颐浩驻武昌,复以张浚、刘光世与秦州首尾相接,那么可以有希望恢复。"监登闻检院汪若海也认为:"天下形势好比常山蛇,秦蜀为首,东南为尾,中原为脊。今以东南为首,安能起天下之脊。今图恢复,必在川陕。"高宗遂以张浚为川陕宣抚处置使。

七月,张浚从南京出发(今江苏南京),十月抵兴元(今陕西汉中)。上疏说:"汉中实形势之地,前控六路之师,后据两川之粟,左通荆襄之财,右出秦陇之马,号令中原,必基于此。"于是在此地苦心经营,作为抗金的基地。

当时,也有人对张浚的部署表示异议。王彦说:"陕西兵将,上下之情未通,指挥不灵,若有不利则五路俱失。不若分屯各战略要地,以固根本,敌人入境则调五路之兵来援,万一不利,损失也不会太大。"吴玠、郭浩也认为:"敌锋方锐,宜各守要害,待其疲弊,乘机进攻。"张浚不肯听从。刘子羽则认为准备不够充分,不应仓促出师。张浚回答说:"我难道不知道这一点吗?但东南形势方急,皇上也有命令进兵,我不得不出兵啊!"

于是,宋军按预定的计划继续前进,约在九月中旬到达富平。同时,金兵已屯下邽(今陕西渭南)。两军相距80里。宋军数倍于金人,颇轻视之。约日会战,金人不报。多次遣使,金方许之。至期却又不应约,习以为常。宋军以为敌人胆怯,更加轻敌。统帅刘锡召集诸将议战。吴玠说:"兵以利动,地势不利,不可以战。富平地处渭水流域的平原,宋军以步兵为主,难以守御。宜徙据高山峻谷,使敌马不能驰突,方可与战。"郭浩也认为:"敌骑甚强,未可争锋,当分地守之,以待其弊,然后击之,可获全胜。"然而,其他将领却认为:"我师数倍于敌,又前阻苇泽,敌人骑兵无法驰驱,何必迁到其他地方呢?"

不料金兵于九月二十四日早晨突然发起进攻,先用土壤填平沼泽,再以骑兵突入运粮乡民的小寨,乡民不习战,四散奔走,引起宋军一阵混乱。赵哲胆怯,临阵先逃,将校望见尘起,也都惊慌地逃跑。一路溃散,全军瓦解。宋军一直退到邠州(今陕西彬县),方才稳定下来。金军虽然得胜,但无力追歼,只获得了大批军需物资。

战后,张浚追究责任,斩了赵哲,率大军退保兴元(汉中)——和尚原(大散关东)一线,以固蜀口。金军乘势尽取关中之地。

宋军在富平之战失利后,只得转移战线,退保川蜀。吴玠招集散亡数千人,来到大散关之东的和尚原(今陕西宝鸡南),见该地山谷路狭多石,马不能行,是遏制金人骑兵的有利地形,便安营扎寨,屯集粮草,整顿军队,为死守作谋划。

吴玠驻兵原上,开始条件甚差,与朝廷不通消息,军需缺乏,人心不稳。有少数人暗中活动,阴谋劫持吴玠兄弟北去降金。吴玠知道后,召集将士以忠义勉励他们,人皆感泣,歃血为盟,守志更坚。吴玠过去做过凤翔知府,招辑流亡,恢复生产,给当地人民留下了很好的印象。这时凤翔虽被金军占领,但广大人民知道吴玠就在近处抗战的消息后,都纷纷在夜间输送粮草上山,帮助他守地御敌。吴玠都以银子绸绵报偿他们,群众更加高兴,运输粮草上山的人更多了。金人发觉后,派兵在交通要道堵截击杀,又用保伍连坐法严加禁止,但人民仍然冒禁如故,禁而不止。宋军逐渐摆脱了困境,军心稳定,士气复振。

绍兴元年(1131)三月,金太宗的侄儿没立率兵进犯和尚原,被早有准备的宋军一举击败。没立不甘失败,迅速组织了10万之众,于五月间兵分两路,再次进攻。没立自凤翔攻箭筈关(今陕西千阳南),乌鲁与折合之兵先期而至,在北山列阵索战。吴玠为了挫败金军锐气,命诸将坚阵待之,轮番出战和休息。金兵在路狭多石的山间作战,不能骑马,只得逃走。宋军据险出击,金兵大败,移砦黄牛堡(今陕西凤县东北),又遇大风雨雹,只得遁去。这时没立还在攻打箭筈关,吴玠又遣将前往,将其击退。金人两军始终未能合兵,原来拟订的作战计划彻底破产。吴玠的数千人打败了金人的数万骑兵,开创了宋金战史上的奇迹,大大鼓舞了宋军的士气,对迎接未来更大的战斗,更有胜利的信心。

这时,金军陕西战场的主将娄室已经死去,名将宗弼接管了这一战场的全面工作。他对没立的两战两败感到气愤,认为是受到了侮辱,下定决心要打败吴玠以雪耻。于是,经过周密的策划,于十月间对和尚原发动了更大规模的进攻。

十月九日,宗弼亲率大军18万,从宝鸡渡过渭河,进入谷口,到达神岔峪。次日中午,金兵直接进犯和尚原,发起猛攻。

此次大战,连续3日,激烈程度前所未有。金军被俘者,大字董羊哥、国相宗翰之婿娄董偕也不露及酋领300余人,甲士800余人。尸填坑谷者20余里。主帅宗弼后心连中两箭,随其出征生还者仅有十分之三四,开始时随从有数百,回归时6骑而已。史称"金军自入中原,其败未有如此之盛者"。

金军在和尚原之战失利后,宗弼回到燕山(今北京),新任统帅撒离喝屯兵于凤翔,派叛将李彦琪驻秦州(今甘肃天水),控制仙人关,以阻吴玠的河池(今陕西凤县)之师;又不时派出游骑到熙河(今甘肃临洮),以阻关师古的骑兵东进。南宋方面,川陕宣抚使张浚也对新的军事形势进行了新的部署,他召集仙人关的吴玠、金州(今陕西安康)的王彦、兴元(今陕西汉中)的刘子羽在一起开会,约定三点一线,共同抗金,一方有警,互相支援。

绍兴三年(1133)正月,撒离喝以吴玠驻兵和尚原,控制了交通要道,使其入蜀的计划不能得逞,乃想别出奇计以取之。新的计划是以少量的兵力应付中路的吴玠和西路的关师古,而亲率主力军去袭击东路的金州(今陕西的安康)和兴元。

金人的这个计划,宋军早已估计在内,并有所防备。金州和兴元地处陕南,也是入蜀的门户。张浚早就认识到这里是必争之地,他任命著名的八字军将领王彦知金州。王彦派邵隆收复商州,留兵驻守,作为监视金军的前哨。这时,撒离喝亲率大军自长安来侵犯,声势浩大,宋军前哨守兵望风退走,邵隆自己考虑不能阻挡,也便弃城退屯上津(今湖北郧西西)。金人紧紧追赶,直捣上津,竭力赶路,不一日便到达旬阳境内。王彦派郭进以3000人迎战,不敌而死。王彦知敌军势锐,难以争锋,疾驰而来,意在夺粮以入蜀,乃尽焚储积,退保石泉。金州遂于正月九日沦陷。

刘子羽在兴元(今陕西汉中)得到金兵入侵陕南、金州失守的警报后,一面派人向河池的吴玠求援,一面派田晟扼守饶风关。饶风关在西乡县北160里处的汉水北岸,地形险要,为入汉中的大门。金人必欲攻之,以重兵来犯。吴玠接到救援的报告后,知道军情危急,立即出兵,一日一夜兼程300余里,于二月五日迅速到达饶风关。为了挫败敌人之锐气,吴玠派人送黄柑给撒离喝说:"大军远来,聊奉止渴。"撒离喝大惊,以杖击地说:"吴公来何速也。"两军战于饶风岭下。这时,王彦又从西乡率八字军来会,守关将士见援兵既至,防备稍弛。吴玠大怒,欲斩违令者以严军纪。违军纪的士兵十分害怕去投奔了金军,告以虚实,并引导敌兵从小道绕到关后的高地,居高临下,南北夹攻,宋军支持不住,纷纷溃退。王彦退往达州(今四川达县),吴玠退回仙人关,刘子羽退出兴元府,在邻近川边的三泉县(今阳平关)召集流散,以谋保据。金兵遂于二月十一日入兴元,前锋到达金牛镇,引起了四川的震动。

刘子羽在三泉,从兵不满300,供应十分缺乏,与士卒取树根草芽为食,写信给吴玠,吴玠带兵从小路来会,共商大计。吴玠认为关外乃蜀之门户,不可轻弃,复回守仙人关。刘子羽见广元县北的潭毒山形势陡拔,其上宽平有水,易守难攻,于是在此地筑垒,进行坚守。张浚欲令移守潼川(今四川三台),子羽回信说:"我已在此,敌人必不能南。"金人果然派兵来攻,多次送书招降,子羽令来使回报:"欲来即来,吾亦不惧,有死而已,何可招也。"不久宋军王浚率兵5000来援,宋军士气又振。金兵见其有备,无隙可乘,只好退兵。

金人此次入侵陕南,本欲据此入蜀,虽然攻破三州,但损失巨大,死伤者有半数之多。加之宋军坚壁清野,致其粮饷不继,杀马为食,疫疬大作。特别是吴玠尚留仙人关(今甘肃微县东南),更不敢冒险深入,便退回兴元。在这里又停留了1个多月,始终找不到可乘之机,只得于四月六日从斜谷道向北撤退。斜谷路狭,只能单人行走。宋军闻之,出兵追击,金兵堕溪涧而死者不可胜数,于是尽数丢弃掠夺的财物而逃命。于是,刘子羽进兵收复兴元,王彦进兵收复金州,恢复了战前的势态。

宋金饶风关之战以后,张浚和刘子羽都被召往东南,西北战场主要由吴玠兄弟负责,他们对于防守事宜做了更周密的准备。吴玠总结上次和尚原之战的经验,遂于仙人关(今甘肃微县东南)右侧修筑山寨,名曰"杀金坪"(今陕西略阳西北),派兵驻守。吴璘察看杀金坪的地形,发现地势开阔,前沿散漫,后阵阻隘,为了增强防御能力,又建议增修第二道防线,确保安全。部署既定,吴玠仍留吴璘率领一部人马屯守和尚原,亲自率领万人守杀金坪,严阵以待金人之来攻。

绍兴三年(1133)冬,金军元帅宗弼决意入蜀,再次率兵南下,首先进攻和尚原。吴璘因为没有粮草不能守城,拔寨而去。宗弼轻而易举地占领了和尚原,但慑于吴氏兄弟的威名,不敢贸然前进,在此停留了1个多月,征调其陕西经略使撒离喝、伪齐四川招讨使刘夔来会合,合兵10万,估计大大超过了吴玠的兵力,才在绍兴四年(1134)二月二十一日,发起杀金坪一线,对垒扎寨,连营数十座,准备进行长期围攻。

吴玠见金兵来攻,不敢有丝毫懈怠,便亲往杀金坪,扼守要冲。其弟吴璘这时驻兵武阶(今甘肃武都东南),闻讯立即率兵应援。宗弼侦知宋军援兵将到,急于二十七日发起猛攻,吴玠组织官军奋力抵抗,血战30余阵,杀死金兵不少。吴玠又别遣五将分更劫寨,对敌人发起不断攻击,至三月二日夜,昼夜数十回合。

金兵连续作战,疲惫不堪,阵营大乱,死伤万计,大将韩常被流矢射中左目,实在无力再战,只得引军乘夜逃走。宋军又在其退走要隘横川(今甘肃成县东)、河池(今陕西凤县)等地,伏兵邀击,继续获得了胜利。

金人发动这次战役,经过认真准备,自宗弼以下皆携眷而来,伪齐刘豫也派了他的心腹将领刘夔参加,本认为入蜀可望,但终于未能得逞。宗弼经过此败,吸取教训,认识到吴玠是不可侵犯的,便还屯凤翔,在那里授田给士兵,让其耕种,为久留而谋划,再不敢轻举妄动了。

绍兴议和

南宋军民在积极抗金斗争中不断取得胜利的时候,也是秦桧加紧向金乞和的时刻。正是所谓"朝廷遣使通问,冠盖相望于道"。王伦等不断至金议和。

与此同时,秦桧进一步迫害那些反对议和的人。绍兴九年(1139)五月,张焘等自河南回来,上疏给高宗,要求"不可恃和盟而忘复仇之大事",立即遭到秦桧的打击,张焘立即被贬。大臣李光起初对议和事并不完全反对,后来,秦桧要撤淮南守备,夺抗金将领的兵权,李光才极力陈述金人有野心,"和不可恃,备不可撤"。李光在高宗面前指责秦桧是"盗弄国权,怀奸误国,不可不察"。这触犯了秦桧,李光离开朝廷,后来秦桧以所谓"私史"案,迫害李光。

解除抗金将领的兵权,是高宗、秦桧为与金人议和扫除障碍的步骤。三大将中张俊又是主和派,枢密院大权实际被张俊所把持。接着刘锜的兵权又被解除。不久,岳飞入狱。

十月,金人占泗州(今江苏盱眙北)、楚州(今江苏淮安),逼迫宋高宗、秦桧投降议和。宋以魏良臣为金国禀议使。十一月,魏良臣到金,卑躬屈膝。金宗弼以肖毅、邢具瞻为审议使,同魏良臣一同到宋,议定要以淮水为金、宋的分界,要求割唐(今河南唐河)、邓(今河南邓县)二州和陕西的一些地方,每年给金人以银25万两、绢25万匹。高宗全部接受金人的条件,并且派何铸带高宗的誓表去金。誓表上说明宋接受金人提的条件,要"世世子孙谨守臣节,每年(金)皇帝生辰并正旦,遣使称贺不绝"。申明如果自己违背盟约,则"明神是殛,坠命亡氏,踣其国家"。

金代白瓷小口墨花罐

十二月，何铸至汴，见到金宗弼，又至会宁。金人不断增加新的要求。最后签订和约，其内容是：(1)宋向金称臣，金册封宋高宗赵构为皇帝。(2)确定宋、金疆界。东以淮河中流为界，西以大散关为界，以南归宋，以北属金。割唐、邓二州及商、秦二州大半土地予金。这样一来，宋仅有两浙、两淮、江东西等15路，而京西南路只有襄阳一府，陕西路只有阶、成、和、凤4州。宋的疆域大大缩小了，而金人划界后，建5京，置14总管府，共19路，还有其他散府一些地方。(3)宋每年向金人贡纳银25万两，绢25万匹。这就是"绍兴和议"。

南渡的宋廷大官僚和北方大地主，他们和南方的地主一起兼并土地，以高宗、秦桧为代表的大地主阶级的基本方针是秦桧所说的"南自南，北自北"，求偏安一隅，依靠南宋军民的斗争，阻止金人吞并南方的野心。但偏安局面形成过程，却是南宋抗金军民受打击的过程。绍兴和约签订，抗金名将岳飞随即被害。

绍兴和约签订后，形成宋、金南北对峙的局面。宋、金的战争暂时告一段落。在相对稳定的局面下，金人更多地接受汉族文化，金熙宗统治下建立了一套集权的机构，金人的生活各个方面逐渐地接受了汉俗。

绍兴十二年(1142)，四月，金人遣使以衮冕圭册，册封宋高宗为大宋皇帝，七月，金人送回高宗母韦后及徽宗灵柩。九月，高宗给投降有功的秦桧加封，加秦桧太师，封魏国公。此后，秦桧又独揽朝政13年。

襄樊保卫战

宋理宗景定元年(1260)，忽必烈继承了蒙古汗位，改元中统。在地位巩固和长期备战之后，决定进行消灭南宋的战争。降将刘整向忽必烈提出"自古帝王，非四海一家，不为正统"，这坚定了忽必烈消灭南宋、统一全国的决心。为攻取襄阳，1262年，忽必烈采取刘整的计策，重重贿赂了南宋襄阳守将吕文德，开榷场于樊震,筑土城堡垒于鹿门山,遏制了南宋的援军。

咸淳三年(1267)九月,忽必烈下令攻打襄阳,让刘整到襄阳协同蒙军主将阿术围攻襄樊。襄樊军民进行了顽强的抵抗,开始了长达6年的关系南宋政权命运的襄樊保卫战。

襄阳、樊城夹汉水而立,南为襄阳,北为樊城,城坚池深,兵储丰厚,可供10年之用。两城相为固守,可说是唇齿相依。面临蒙古军进犯的襄樊军民,发誓与蒙古军队决一死战,以保家卫国。开始,蒙军对襄阳、樊城的进攻虽猛烈,并且南宋陆上的援军也多次被蒙军打败,但是,南宋仍可从汉水运送粮食、军器、衣甲到襄樊,援助襄樊军民的抗蒙斗争,使蒙军不能得逞。

咸淳四年(1268),蒙古军队认为要破襄阳必先围攻樊城。春天,打败宋将张世杰,七月,阿术打败樊城守将夏贵,秋天,南宋宰相贾似道命范文虎支援樊城,又被蒙军打败。年底,襄阳守将吕文德死,其弟吕文焕继守襄阳。蒙军虽多次取胜,但久攻襄樊不下,便采取切断汉水通道的办法,准备困死襄阳。南宋水陆援军被蒙军打败,襄樊军民抗蒙斗争进入了困难时期。

面对襄樊的危急局面,贾似道对宋度宗封锁消息,凡是说蒙军攻宋的,就被贬斥以至被杀。咸淳六年(1270),南宋命李庭芝为荆湖置大使,督军进援襄樊,贾似道又答应宋将范文虎不受李庭芝节制,而直接听命于贾似道,从而牵制了李庭芝援救襄樊的战斗行动。

咸淳七年(1271)五月,因襄樊军民坚决抵抗,蒙古军久攻两城不下,忽必烈命令蒙古军队继续围攻襄樊的同时,又派赛典赤、郑眠率蒙古军水陆并进,攻打嘉定,汪良臣、彭云祥率蒙古军出重庆,札剌不花率蒙古军出泸州,曲立告思率蒙古军出汝州,以此牵制宋军,进一步孤立襄、樊两城。六月,范文虎率士兵和两淮舟师10万到鹿门,蒙古军在阿术指挥下夹江为阵,大败宋军,范文虎夜间逃遁,战船甲杖全被蒙古军缴获。十一月,蒙古建国号为元,表示元王朝是封建正统,为消灭南宋统一全国作最后的舆论准备。此后,元军加紧进攻襄樊。

咸淳八年(1272)三月,樊城的外城被元军攻破,宋军退守内战。襄樊被围5年,外援断绝,城中虽有粮食,但缺乏盐、布帛。这时,李庭芝移屯郢州(今湖北钟祥)以援救襄樊。他了解到襄阳西北有清泥河,发源于均、房州,便造轻舟四艘,联三舟为一舫,装载货物,以义军首领张顺、张贵兄弟为都统,率3000民兵,伏于襄阳西北的团山下。他们准备冒死突破元军防线支援襄阳。这是极大的冒险,去者九死一生,但3000民兵人人感奋。五月二十日,宋军船上带着火枪、火炮、劲弩和燃烧着的炭，半夜出发，乘风破浪，斩断元军所设铁链，冲破重围。英勇作战的民兵将士转战120余里，于黎明时到达襄阳城下，城中军民见张贵民兵到来，踊跃欢喜，勇气倍增。一时不见张顺，数日后见其尸体浮出，身中四剑六箭，仍手执弓矢。原来张顺已在作战中壮烈牺牲。

随后，张贵派二人潜水到郢州与守将范文虎相约夹击元军，会师龙尾洲。谁知范文虎早于两日前就率军后退30里，元军从逃兵那里得知这一情况，便事先驻军龙尾洲，以逸待劳。当张贵率水军奋死冲出重围到达龙尾洲附近时，看到官兵旗帜，以为是范文虎部，而未作准备。元军出其不意向张贵水军攻打过来，张贵率军奋力抵抗，身上受伤数十处，终因寡不敌众被俘。阿术劝说张贵降元，张贵坚持不屈，被害。张顺、张贵援襄事迹悲壮动人，鼓舞着南宋军民的抗元斗争。张贵失败后，襄樊与外界隔绝，处境更加艰苦。

由于襄阳、樊城隔汉水而立，宋军原在汉水中植木，以铁索相连，中造浮桥，作为襄、樊两城相互支援的交通要道。元军攻樊城不下，于咸淳九年（1273）正月，采取了张弘范绝断襄、樊水上联系的策略，派军攻断了浮桥，使襄、樊之间的交通隔断。元军便集中兵力连续猛攻樊城，在攻打樊城时，又使用了火力很强的西域"回回炮"，樊城终于被元军攻破。宋将都统范天顺力战不屈，城破自杀殉国。统制官牛富率领百余将士进行巷战，渴饮血水，继续战斗，杀死不少元军后，牛富身负重伤投火自尽。二月，襄阳守将吕文焕向元军投降，可歌可泣的襄阳樊城保卫战结束了。

襄樊保卫战的失败，是南宋腐败政治和贾似道投降政策的必然结果。襄樊保卫战之所以能坚持6年之久，完全靠襄樊军民的浴血奋战。襄、樊一失，南宋门户大开，元军从此可以长驱顺江东下，灭亡南宋。

南宋灭亡

景定元年（1260），忽必烈继承蒙古汗位。在蒙古贵族和汉人地主的支持下，忽必烈定都燕京（今北京），建立了新的王朝，咸淳七年（1271）建国号为元。忽必烈在战胜了蒙古贵族中的反对派和巩固了自己的统治地位以后，便把兵锋转向南宋,准备最后消灭南宋,统一全国。

咸淳三年(1267),降将刘整向忽必烈建议攻灭南宋当首取襄阳,再从汉水渡长江东下,即可灭宋。第二年,忽必烈便出兵进攻南宋,首先围攻襄阳、樊城,经6年的攻战,于咸淳九年(1273)占襄阳、樊城,打开了南宋的大门。

咸淳十年(1274)六月,忽必烈命左丞相伯颜率大军伐宋。伯颜分兵两道:一道攻淮西淮东,指向扬州;一道由伯颜亲率大军沿汉水入长江,沿江而下,直指临安。自襄阳失守后,南宋宰相贾似道继续推行投降政策,包庇重用在襄樊战斗中逃跑的范文虎以及叛将吕文焕的亲属。对准备灭宋的元军,却不采取积极的防范措施。南宋军队遇到元军,不是一触即溃,便是叛变投降。七月,宋度宗死,贾似道立了4岁的恭帝。九月,伯颜率元军主力从襄阳南下。南宋沿江各州守将,大都是吕氏亲属和旧部,也是贾似道重用包庇过的将领,他们望风而降就不足为奇了。

湖北武汉等地失守后,迫于朝野舆论的压力,贾似道不得不在德祐元年(1275)二月率

伯颜像

诸路精兵13万,到芜湖抵御元军,并与夏贵合兵。即使是大战在即,他还派宋京去与伯颜议和,许以输岁币称臣,被伯颜拒绝。贾似道不得不命孙虎臣率7万步兵驻池州的丁家洲,夏贵以战舰2500艘横亘江中,自率后军驻鲁港。这次丁家洲之战,南宋水陆两军的主力几乎全部丧失。

贾似道兵败逃到扬州后,上书请求迁都逃跑。谢太后(宋理宗皇后)不许,并命陈宜中为相,陈宜中上书请斩贾似道,谢太后只罢了贾似道的官,贬循州。押解途中,贾似道被押送官郑虎臣杀死。

元军乘丁家洲大捷,沿江而下,南宋地方官相继逃跑和投降,沿江重镇先后被元军占领,南宋朝中官员也纷纷出逃。抗元名将张世杰率军从荆湖入卫临安,收复了吉安、平江、广德、溧阳,刘师勇收复了常州。这样,浙江降元的一些地方官又归宋。在扬州,李庭芝、姜才打败了元军的多次进攻。七月,张世杰与刘师勇率万余战船主动进攻元军,进到镇江焦山,反而被元军用火攻打败。张世杰退

往端山,刘师勇退回常州。张世杰要求南宋朝廷增兵继续进攻元军,南宋朝廷却不予理睬。

面对越来越险恶的形势,南宋朝廷下达了"勤王"诏书,但只有文天祥从赣州组织了一支勤王军于八月到达临安。随后,文天祥被委任为抗元前线的平江(今江苏苏州)知府。元军在推进过程中,遭到沿途人民的英勇抵抗。在无锡,军民顽强阻击元军;在金坛,人民组织义勇兵与元军激战;在常州,姚訔、陈炤、王安节、刘师勇等率军坚守两个月,至十一月城破,姚、陈、王、刘仍率军民抵抗,坚持巷战,最后仅刘师勇等8人逃出,全城军民惨遭屠杀。

从十月起,元军发起向临安的最后攻击,从镇江兵分三路:右军出广德攻独松关,左军入海奔澉浦,伯颜率中军攻常州,三路会师攻临安。南宋命文天祥从平江赶赴独松关,人未到,关已失,文天祥退回临安。南宋命张世杰知平江府,还未到任,伯颜已进入平江,张世杰也只好退到临安。

德祐元年(1275)底,临安军队有三四万人,文天祥与张世杰商议,要同元军决战,但宰相陈宜中正向元求和,不予同意。南宋统治集团不断地派出乞和使者,先是求元军班师通好,后求称侄纳贡,再求称侄孙,最后求封小国、称臣。伯颜利用南宋投降求和,步步进迫。宋德祐二年(1276)正月,元军游骑到临安北关,文天祥、张世杰请谢太后、恭帝逃到东海上,由他们率临安军民背城一战,陈宜中又反对。正月十八日,谢太后与陈宜中派使臣送出传国玺和投降书。陈宜中随后逃走。十九日,谢太后命文天祥为右丞相兼枢密使,让他接洽投降事宜。文天祥与其他执政官至元军营谈判,梦想保住南宋小朝廷,被伯颜扣押。

三月,伯颜率元军入临安,全太后(度宗后)、恭帝被送往大都(今北京),谢太后因病暂留临安,后来也被押往大都。南宋临安朝廷灭亡。此后,文天祥、张世杰、陆秀夫领导南宋军民继续抗元。南宋皇室益王赵昰于该年五月即位为端宗,景炎三年(1278)四月病亡,8岁的赵昺继立为新皇帝,改元祥兴。祥兴二年(1279)二月,元军大举进攻在大海中崖山的赵昺小朝廷,宋军大败,眼看要被俘虏,宰相陆秀夫背起赵昺跳海自尽。南宋被彻底消灭,元朝实现了全国统一。

第十六篇 对外扩张与兼并的元朝

铁木真统一蒙古

　　蒙古族是生活在我国东北额尔古纳河上游的古老民族,新旧唐书称为"蒙兀室韦"。大约在 7 世纪时,蒙古部落逐渐向西迁徙。8 世纪后期,游牧于斡难河(今鄂嫩河)、怯绿连河(今克伦河)之间的草原上,与原居大漠的多民族杂居。10 世纪后,蒙古部落产生私有制和两极分化,出现了许多互不统属的大小部落。到 12 世纪,高原的游牧部落除蒙古部外,还有克烈、塔塔尔、乃蛮、蔑儿乞、汪古等大约 100 个较大的部落。蒙古高原各部的贵族奴隶主为了掠夺财产和奴婢,长期互相征战。金朝有意挑动各部间的争斗,以便从中渔利。这种无休止的战争,给蒙古高原人民带来极大的灾难。

　　金大定二年(1162),蒙古孛儿只斤氏族首领也速该把阿秃儿和塔塔尔人作战,俘虏了一个叫铁木真的塔塔尔人,为了纪念战争的胜利,也速该为他刚出生的儿子取名叫铁木真。大定十年(1170),铁木真随其父也速该到邻近部落求婚,也速该在返回途中被塔塔尔人毒死。也速该死后,他的氏族随之分裂。铁木真兄妹五人由寡母诃额伦抚养,生活贫困。原属也速该的泰赤乌部首领乘机袭击铁木真一家。铁木真全家被迫迁走。在艰苦环境中长大的铁木真善于骑射,刚毅多谋。经过多次挫折后,他认识到必须争取其他部落的支持,才能壮大自己的力量。于是用厚礼取得了克烈部脱斡里勒汗和札答刺部首领札木合的支持,原属也速该的部落属民纷纷重新归附。

大定二十九年(1189),铁木真被部分蒙古贵族推举为汗,成立了侍卫军"怯薛"组织,并着手整顿军队。铁木真势力的发展引起札木合的嫉恨,札木合因此集合所属13部3万余人,与泰赤乌部联合进攻铁木真。铁木真分兵迎战失败。在十三翼之战中,铁木真虽败,但有许多其他部落属民归附,实力反而加强。

金明昌七年(1196),金朝出兵镇压塔塔尔部的反抗。铁木真联合克烈部脱斡里勒汗,截击溃逃的塔塔尔首领及残部,掳掠了大批财富和奴隶。金朝封铁木真为"札兀惕忽里"(部落统领)之官,脱斡里勒汗为王汗(语讹为汪罕)。此后,铁木真不断削弱旧氏族贵族的权力,扩大自己的势力。

铁木真的崛起,加深了与蒙古各部贵族的矛盾。泰和元年(1201),札木合集结了铁木真的宿敌泰赤乌、塔塔尔、蔑尔乞等11部联合进攻铁木真和王汗。铁木真和王汗共同击溃了札木合联军。札木合投降王汗,铁木真消灭塔塔尔部,占领呼伦贝尔高原,统一了蒙古东部。

王汗感到铁木真的强大已危及自己在蒙古高原的霸主地位,便于泰和三年(1203)对铁木真发起突然袭击。铁木真经过苦战,终因寡不敌众而败退。他利用休战之机,突袭王汗驻地。经过三天激战,歼灭了王汗的主力。王汗及其子桑昆败逃时被杀,强大的克烈部被征服。铁木真扫除了统一全蒙古的最主要障碍。

王汗的覆灭,使西蒙

成吉思汗陵墓壁画

古的乃蛮部十分震惊,太阳汗决定攻打铁木真。铁木真闻讯后,进一步健全军事组织,强化汗权,建立了一支高度集中又有严格纪律的军队。泰和四年(1204),他率大军出征乃蛮部。太阳汗聚集克烈、塔塔尔、蔑尔乞等残部迎战铁木真。经过激战,太阳汗被擒而死,乃蛮部被征服。乃蛮王子屈出律逃奔西辽。不久,铁木真北征蔑尔乞部,其他部落也纷纷投降。这样蒙古高原上近百个大小不一、社会发展和语言文化各有差异的部落,终于被铁木真统一。

成吉思汗元年(1206)春,铁木真召集全蒙古的贵族首领在斡难可源举行忽里台(亦称忽里勒台)大会。蒙古各部首领一致推举铁木真为蒙古大汗,尊称为成吉思汗(蒙古语坚强有力之意),正式建立了蒙古汗国。这样,蒙古也由一个部落的名称成为蒙古高原各族的总称,形成了统一的蒙古民族共同体。

蒙古建国

成吉思汗元年(1206),铁木真建立了蒙古汗国。它统治着东起兴安岭,西迄阿尔泰山,南至阴山的广大地区。成吉思汗作为奴隶主贵族的代表,对内建立了一整套国家制度,对外展开了大规模的军事扩张。

成吉思汗称汗后,打破了以血缘为纽带的民族部落组织,把蒙古百姓划分为95个千户,分封给开国的功臣和贵戚。在这些封地,每一千户内的牧民按十户、百户、千户编组,分别统属于多级那颜(长官),平日游牧生产,战时出征作战。千户既是军事组织,又是地方行政组织。生产和军事相结合的千户制是蒙古国家的基本制度之一。千户之上设立只管军事不管民政的左手、右手、中军等3个万户,分别由木华黎、博尔术、纳牙阿掌管。

同时,成吉思汗把护卫军"怯薛"由550人扩充为1万人,主要从有技能、身体健壮的各级那颜贵族子弟及少数"自身人"(自由人)的子弟中挑选。护卫军的主要职责是保卫大汗的金帐。这支由大汗亲自统领的亲军是防止内战和进行扩张掠夺战争的有力工具。

早在宋嘉泰二年(1202),成吉思汗就设立"札鲁忽赤"(断事官)来处理民事纠纷。嘉泰三年(1203),又召开大会,制定了札撒(法律)。宋嘉泰四年(1204),成吉思汗让乃蛮掌印官、畏兀儿人塔塔统阿借用畏兀儿文(回鹘文)字母,拼写蒙古语,创造了蒙古文字。成吉思汗元年(1206)建国后,任命他的养弟失吉忽秃忽为"普上断事官"(大断事官,掌管民户的分配和审断刑狱、诉公司法,是蒙古的最高行政长官。后来断事官逐步成为兼管财政、赋税和司法的重要官职)。

成吉思汗十三年(1218),成吉思汗又召开忽里台大会,将自己以前发布的命令汇集成册,形成成文法《大札撒》。《大札撒》确保私有财产和奴隶主贵族的利益,对巩固蒙古权利、加强统治有积极作用。

蒙古建国后,成吉思汗在创立各项制度的同时,发动了扩张战争。成吉思汗二年(1207),派长子术赤领兵北进,征服"林木中百姓"各部。失惕河(锡什锡德河)流域的斡亦剌各部,八河地区(贝加尔湖以西)和贝加尔湖以南的不里牙惕等部,纷纷投降。接着,术赤进兵吉利吉思部(唐时黠戛斯的后代,居住于今叶尼塞河上游)。吉利吉思首领表示臣服。西伯利亚部落纷纷归顺蒙古,蒙古北部疆域大大扩展了。

征服了北方部落以后,成吉思汗三年(1208)冬,成吉思汗向西追击乃蛮首领屈出律和蔑尔乞首领脱脱的残部。在额尔齐斯河支流不黑都儿麻河射死脱脱,击溃了乃蛮、蔑尔乞部联军。乃蛮的失败,震动了畏兀儿各部,他们决定借助蒙古的力量,摆脱西辽的统治。第二年,畏兀儿人杀死西辽所置的监国,派两名使者去向蒙古汗表示臣服,并配合蒙古军击溃了忽都的残部,以此表示对成吉思汗的忠诚。成吉思汗六年(1211),畏兀儿首领巴尔术阿尔忒的斤带大量珍宝亲自去克鲁伦河畔朝见成吉思汗。成吉思汗收认巴尔术为第五子,并将女儿也立安敦公主嫁给他。同年,成吉思汗派大将忽必烈进攻巴尔喀什湖以南的哈剌鲁。哈剌鲁马木笃汗投降蒙古,到蒙古朝见成吉思汗。成吉思汗将阿勒合别姬公主嫁给他为妻。畏兀儿和哈剌鲁的归顺打开了蒙古进军西辽的通道。

成吉思汗在西进的同时,派兵南下进攻西夏。早在宋开禧元年(1205)三月,成吉思汗灭乃蛮后就率兵侵入过西夏。成吉思汗二年(1207)秋,第二次侵入西夏。成吉思汗四年(1209)秋,成吉思汗发兵第三次侵入西夏。西夏国王纳女求和,每年向蒙古进贡,归顺蒙古。

到成吉思汗六年(1211),蒙古已成为南接金朝,西临西辽的强大国家。

成吉思汗伐金

金太宗(1123～1135)时,蒙古乞颜部首领合不勒汗曾应召入朝,后因合不勒汗杀害金使,双方处于敌对状态。金多次出兵征讨,并支持塔塔尔部进攻蒙古部,先后捕杀蒙古部首领俺巴孩汗等多人。金世宗(1161～1189)时,曾下令每3年向北进行一次剿杀,掳掠蒙古人为奴,称之为"减丁"。蒙古军每年要向金进贡,但又不许入境。金朝对蒙古部的民族压迫和剥削,使蒙古人对金"怨入骨髓"。

四处征战的蒙古士兵

金明昌七年(1196),成吉思汗因协助金朝镇压塔塔尔部的反抗,被封为"札兀惕忽里",每年亲自到金边境进贡。成吉思汗元年(1206),蒙古国建立后,成吉思汗亲自到净州(今内蒙古四子王旗西北)向金朝进贡,表达了摆脱臣属关系的愿望。成吉思汗四年(1209),成吉思汗断绝与金的臣属关系。成吉思汗六年(1211)春,成吉思汗率领部队在克鲁伦河畔誓师,出动全国的兵力分两路攻金,西路由他的儿子术赤、察合台、窝阔台率领,东路由成吉思汗及幼子拖雷率领。四月,成吉思汗拒绝了金朝的求和。七月,以哲别为先锋达里泊(今内蒙古什腾旗达里泊)进入金境,攻占乌沙堡、乌月宫。金军主帅完颜承裕放弃抚州(今内蒙古兴和境内)、昌州(今内蒙古太仆寺旗西南)、桓州(今内蒙古正蓝旗北),据守天险之地野狐岭(今河北张家口北)。八月,成吉思汗进攻野狐岭,40万金军一触即败,横尸百里。完颜承裕节节败退到浍河堡(今河北怀安东),蒙军追踪,双方激战三日,金军主力被全歼。九月,蒙军攻战德兴府(今河北涿鹿)。十月,兵至缙山县(今北京延庆)。金居庸关守将望风而逃,蒙军先锋哲别随即入关,直逼中都(今北京市)。

这时,术赤率领的西路蒙古军,九月攻下净州、丰州(今内蒙古呼和浩特东)。十月攻下云内(今内蒙古托克托县东北古城)、东胜(今内蒙古托克托县)、武(今山西五寨县北)、朔(今山西朔县)等州,威胁金西京(今山西大同)。西京留守纥石烈执中（胡沙虎）弃城逃回中都。蒙古大军兵临城下，金帝允流下令戒严，采纳主战派的建议，任用完颜天骥等死守中都。十二月，蒙古军久攻不下，被迫解围而去，中都得以保全。

成吉思汗七年（1212），蒙古军再次伐金。拖雷率军攻占宣德州、德兴府等地，后退出。成吉思汗乘胜攻打西京，在攻城时，为流矢所伤，撒回。同年，蒙军先锋哲别攻金东京（今辽宁辽阳），大胜而归。

成吉思汗八年（1213）秋，成吉思汗汇集大军，第三次南下伐金，攻下宣德、德兴，在怀来（今河北怀来东）大败金军，乘胜追到居庸关北口。成吉思汗留怯台等攻居庸，自己率领主力转向西南，取紫荆口（今河北易县北）入关，攻下涿（今河北涿县）、易（今河北易县）二州。令哲别从后面攻南口，金军大败。然后与关外的怯台、哈哈军里外夹攻，取居庸关，包围中都。成吉思汗随即把蒙古军分成三路：右路军由术赤、察合台、窝阔台率领，沿太行山东麓南下，连破保（今河北保定）、邢（今河北邢台）、相（今河南安阳）、卫（今河南汲县）、孟（今河南孟县）等州，直达黄河北岸，再绕太行山西麓北行，掠平阳（今山西临汾）、太原（今山西太原）之间各州府，至代州（今山西代县）而还。左路军由其弟哈撒儿等率领，沿海向东，掠蓟（今河北蓟县）、平（今河北卢龙）、滦（今河北滦县）和辽西诸地而还。成吉思汗与拖雷率中路军南下，掠沧州（今河北沧州市东南）、济南府（今山东济南）、泰安州（今山东泰安）、益都府（今山东益都）、登州（今山东蓬莱）、沂州（今山东临沂）等地，直达海滨而还。蒙古三路大军破金90余城，破坏严重。

成吉思汗九年（1214）三月，蒙古三路大军汇集于中都城下。金宣宗答应了成吉思汗的要求，献允济女岐国公主及金帛、童男女等求和。成吉思汗纳女岐国公主为第四个妻子，称"公主合敦"，掳掠大批奴婢和牲畜财货，率军退出居庸关，北返，驻于达里海，同时派遣木华黎、孛秃等攻取辽西、辽东诸州郡。

同年五月，由于蒙古的威胁，金宣宗迁都至汴京（今河南开封），留太子完颜守忠等守中都。六月，驻守涿县、良乡一带的糺军哗变，投降蒙古。成吉思汗立即派遣蒙古大将三模合拔都率契丹人石抹明安和投降的糺军首领斫答合兵围中都。中都附近的州、县守将和官员纷纷投降。七月，金朝留守中都的太子守忠弃中都逃到汴京，中都的军队更加害怕。成吉思汗十年（1215）正月，驻守通州（今北京通县）的金朝右副元帅蒲察七斤投降蒙古。驻守中都的右丞相都元帅完颜承晖向宣宗告急。宣宗派遣军队，护运粮草救援中都。蒙古军切断金朝对中都的救援，致使中都绝援，内外不通，处于危急状态。五月，留守中都的左丞相抹撚尽忠准备弃城南逃。完颜承晖得知后服毒自尽，以死报国。当日傍晚，抹撚尽忠率子妾南逃，蒙古军不战而入中都。成吉思汗留石抹明安镇守中都。

蒙古军攻下中都后，派脱栾扯儿必统蒙军及投降的契丹、汉军抄掠河北、山东各地，至当年秋天，共占金城862座。同时派遣三模合拔都率万骑从西夏到关中，出潼关，前锋部队深入河南，直抵杏花营（在今开封西12里）。金军击败蒙军。蒙古军退至陕州（今河南三门峡），趁黄河冰冻，渡河大掠河南，北返。

成吉思汗十一年（1216）春，成吉思汗留木华黎经略中原，自率大军返归克鲁伦河草原，准备全力西征。

金宣宗南迁

泰和八年（1208），金章宗病死，由世宗第七子允济嗣位，是为卫绍王。此时，成吉思汗领导下的蒙古汗国对金朝已形成了严重的威胁。大安三年（1211）二月，成吉思汗聚集大兵南下，发动了大规模的侵金战争，腐朽的金王朝在蒙古军队的进攻下不堪一击。九月，参知政事完颜承裕率领的数十万金军在会河堡（今河北万全南）一役中几乎全被歼灭。蒙古军直达中都城下，卫绍王下令中都戒严，一面在城内作防御的准备，一面诏令各地金兵入卫中都。蒙古军屡攻不下，只得于当年年底从中都撤围。

至宁元八年（1213）八月，金右副元帅纥石烈执发动宫廷政变，杀死卫绍王，迎立世宗孙完颜珣入朝即位，是为宣宗。就在这时，蒙古又发动了对金朝的进攻，很快进逼居庸关下，然后绕过中都向南突破紫荆关，乘胜攻占涿州（今河北涿县）和易州（今河北易县），打开了南进中原的大门。从宣宗贞祐元年（1213）秋到二年（1214）春，蒙古骑兵几乎踏遍了黄河以北的中原大地，这一地区的金朝州府只有中都、通（今北京通县）、顺（今北京顺义）、真定（今河北正定）、清（今河北清县）、沃（今河北赵县）、大名（今河北大名）、东平（今山东东平）、德（今山东德州东南）、邳（今江苏睢宁西北）、海州（今江苏连云港西南）等11城未攻下,其余全被蒙古军队掳掠一空。贞祐二年(1214)二月,蒙古诸军在横扫中原后,又集中兵力到中都城北,金朝派驻居庸关北口的契丹人论鲁不儿率军投降,蒙古军于是进入居庸关,中都再次被围。三月六日,宣宗派都元帅完颜承晖前去议和,成吉思汗提出议和条件:金朝向蒙古献纳童男女各500名,绣衣3000件,御马3000匹和大批的金银珠宝,并把卫绍王女岐国公主献给成吉思汗,以表示对蒙古的臣服。金宣宗对这些条件全部接受,和议达成,同月,蒙古撤军北退。

蒙古虽然退兵,但还有随时再来的危险,中都两度被围,使得君臣们心有余悸,因此从蒙古撤兵之日起,朝廷内就开始酝酿迁都南京(今河南开封),元帅左都监完颜弼向宣宗建言说,南京北有黄河可以阻挡蒙古,南有淮水可以抵御宋朝,西有潼关可以对西夏设防,是都城的最佳所在。参知政事耿端义也力主南迁,南京留守仆端连上三表,促请宣宗南幸。反对南迁的大臣以左丞相徒单镒和宗室霍王从彝为代表,他们认为,如果放弃中都,河北肯定就守不住了,丢了河北,南京之外再也没有退路。但在四五月间,徒单镒和霍王从彝却突然相继死去,宣宗于是决意南迁。五月十一日,宣宗正式下诏迁都南京,太学生赵昉等400人上书极力陈说利害,反对迁都,宣宗一概不听。十八日,宣宗车驾离开中都,作为金朝都城长达61年的中都终于被放弃了。

宣宗南迁后,命右丞相兼都元帅完颜承晖、左副元帅抹撚尽忠辅任太子守忠留守中都。宣宗刚刚离开中都,驻守涿州一带的以契丹人为主的乣军就起兵反金。成吉思汗派蒙古军与契丹降将石抹明安等部南下与乣军会合,合力包围中都。七月间,宣宗一听说蒙古军再度南下,就把驻守中都的太子守忠召回南京,这表明朝廷已经无意再坚守中都,中都守军因此更加人心惶惶。贞祐三年(1215)正月,蒙古军已经攻到中都外围,驻守通州的金右副元帅蒲察七斤率军投降,中都形势更加危急。完颜承晖派人向朝廷告急,宣宗派元帅左监军完颜永锡等率河北军增援,但援军一遇蒙古兵就被击败。完颜承晖本想与左副元帅抹撚尽忠合力死守,不想抹撚尽忠却另有打算,他悄悄与元帅府经历官完颜师姑密谋南逃,承晖知道了这个消息后,就将完颜师姑斩首。五月二日,承晖作遗表交付尚书省令史师安石,要师持表去奏报朝廷,然后服毒自杀。当日傍晚,抹撚尽忠弃城南逃,中都失陷于蒙古。

成吉思汗西征

　　成吉思汗十一年(1216),成吉思汗决定西征,追击蔑儿乞部首领脱脱之子忽都和乃蛮王子屈出律。第二年秋天,速不台出征蔑儿乞部,在垂河(今楚河)流域消灭了忽都率领的蔑儿乞残部。成吉思汗十三年(1218),成吉思汗遣大将哲别征讨屈出律。这时屈出律正在攻打可失哈耳(今新疆喀什),听说蒙军来攻,向西逃跑,蒙军穷追不舍,当他逃到巴达哈伤(今阿富汗巴达克山)边境时,被逼至撒里黑忽纳河谷中而陷于绝境。蒙军包围屈出律及其残部,将他捕获并处死。蒙军在征讨屈出律时,曾向当地居民宣布,不侵害百姓,准许居民信奉本民族的传统宗教,得到伊斯兰教徒的支持。蒙军顺利进入西辽都城八喇沙衮(今吉尔吉斯托克马克西南布拉多内吉城)。西辽各地官员相继归附,西辽灭亡。

　　成吉思汗十四年(1219)夏,成吉思汗从西辽继续向西进攻中亚大国花剌子模(今黑海东、威海西、锡尔河南)。当年秋,成吉思汗率军抵达讹答剌,留察合台、窝阔台围攻该城。派长子术赤进攻锡尔河下游诸城,令阿剌黑那颜攻取别纳容忒(今乌兹别克塔会干南、锡尔河北)、忽毡(今纳巴德)等地。成吉思汗和拖雷率主力直奔不花剌(今布哈拉)。察合台兄弟用五个月时间攻破讹答剌城。术赤也攻下锡尔河下游各个城市。成吉思汗十五年(1220)二月,成吉思汗攻占不花剌城。三月,从不花剌进围摩诃末的京城撒麻耳干(今乌兹别克撒马尔罕)。哲别与速不台率军向西,掳掠波斯各地,越过太和岭(今高加索山),攻入钦察。成吉思汗十八年(1223)五月,在阿里吉河(今乌克兰日丹诺夫市北)战役中击溃斡罗斯(今俄罗斯)与钦察联军。蒙古军长驱直入斡罗斯南部。年底东返,攻入亦的勒河(今伏尔加河)中游的不里阿耳,然后与成吉思汗会师东归。

　　摩诃末之子札兰丁即位后,决心以旧都玉龙杰赤(今土库曼尼亚乌尔根奇)为基地抗蒙。不久因部将图谋叛乱,札兰丁离开旧都,逃到呼罗珊(今阿母河以南,兴都库什山脉以北地区)。术赤、察合台、窝阔台攻入玉龙赤,成吉思汗十六年(1221)初,又自己统率大军南渡阿姆河,攻下巴里黑城(今阿富汗马札里沙里夫西)之后,屠杀了全城百姓。同年二月,拖雷部攻占马鲁(今土库曼共和国马里东)等城。四军途中攻占也里(今阿富汗赫拉特),到塔里寒城(今阿富汗塔利甘)与成吉思汗会合。花剌子模王札兰丁在蒙古占领呼罗珊时,逃入原封地哥疾宁(今阿富汗加兹尼),拥有军队大约10万,继续抗蒙。成吉思汗亲自追击,双方激战于八鲁湾川(今阿富汗查里卡东北),蒙军大败,损失过半。消息传开后,已投降蒙古的部分花剌子模城市纷纷起义。但是,札兰丁部下为争夺战利品发生内讧,纷纷离去。后来各路蒙军会师于塔里寒,成吉思汗亲自统率大军攻占哥疾宁。札兰丁弃城撤退到申河(今印度河),由于缺乏渡船未能过河,又准备逃到印度。十一月,蒙军发动猛攻。札兰丁率部拼死抵抗,大部分士卒战死或失散,札兰丁纵马入河,游至对岸,仅剩4000余人进入印度。成吉思汗十七年(1222)春,成吉思汗命蒙军沿申河追击札兰丁余部,不见踪迹,加之入夏以后,蒙古军难耐酷暑,只好回师阿姆河驻地。第二年,成吉思汗决意东归。成吉思汗二十年(1225)春,回到蒙古,结束了西征。

成吉思汗西征是一场带有破坏性的对外侵略战争,给所到之处的人民造成了巨大的灾难,但客观上也沟通了东西交通,促进了中外文化的交流。

蒙古灭西夏

成吉思汗四年(1209)秋,蒙古军围困西夏都城中兴府(今宁夏银川),引黄河水灌城,迫使西夏纳女请和,达到了孤立金的目的。成吉思汗十一年(1216),蒙古军借道西夏国境攻金国的关中地区。西夏出兵配合随征,攻下潼关。此后,蒙古多次征调西夏兵攻金。西夏疲于奔命,损失十分严重,逐渐与蒙古关系疏远。第二年,成吉思汗又命西夏出兵随征西域,遭到西夏拒绝。成吉思汗大怒,派兵突然袭击西夏,再次包围中兴府。西夏主遵项逃到西凉,派人求降。成吉思汗为集中兵力南下,决定暂停攻夏,由木华黎驱使西夏军队参加对金朝的战争。西夏政治腐败,兵无斗志,多次遭到失败,国力进一步被削弱。

成吉思汗十八年(1223)底,夏献宗(德旺)即位,决心改变其父的附蒙攻金政策。为此,一方面联合漠北各个部落,企图建立抗蒙联盟;另一方面于第二年夏天,与金议和,称"兄弟之国",共抗蒙古。

　　成吉思汗十九年(1224)秋,木华黎之子院鲁受成吉思汗之命,征讨西夏,攻破银川(今陕西榆林南)。蒙古俘其主将塔海,杀死士兵数万人,掳掠牲口牛马羊数十万之多。

　　成吉思汗二十年(1225),成吉思汗从西域回到漠北和林(今蒙古后杭爱省厄尔德尼召北),准备大举进攻西夏。同年秋,成吉思汗留察合台驻守草原,亲自率领窝阔台、拖雷等子征夏。第二年二月,蒙古兵分两路进军。在进军途中,成吉思汗射猎坠马,身负重伤。于是,派使者到西夏去招降,被拒绝。成吉思汗大怒,带病坚持出战。一支蒙古军从西域(今新疆)东进,取沙洲(今甘肃敦煌)后,攻下凉州(今甘肃武威)、甘州(今甘肃张掖),东攻肃州(今甘肃酒泉),遭到西夏国民的抵抗。攻破肃州后,成吉思汗下令屠城,幸免者仅106户。另一支由成吉思汗亲自统率,从漠北向西南进攻。三月攻下黑水(今河套北狼山山脉西北喀剌木伦)等城,兵进到贺兰山。七月,攻西凉府,西夏守将力屈投降,周围诸县被蒙军占领,西夏主献宗忧惧而死,其侄平王睍即位。

　　成吉思汗趁夏危急,率军穿越沙漠,至黄河九渡(今宁夏中卫)附近,攻占应里(今宁夏中卫)等县。十一月,率大军攻灵州(今宁夏灵武西南)。蒙军占领灵州后,围攻夏都城中兴府。成吉思汗到盐州川(今陕西省定边附近)驻冬。蒙军在西夏境内大肆杀掠,居民受害者无数。成吉思汗二十二年(1227)正月,成吉思汗率军南渡黄河,攻入金境。蒙军先后攻破临洮(今甘肃临洮)府、洮(今甘肃临潭)、河(今甘肃临夏东北)、西宁(今青海西宁)、德顺(今甘肃静宁东北)等州。闰五月,成吉思汗在六盘山(今宁夏固原县)避暑时,派遣使臣到中兴府劝降,六月,西夏主向蒙古投降,条件是宽限一月献城,得到成吉思汗应允。这时成吉思汗已病重,七月十二日(8月25日)死于清水县(今属甘肃)行宫。他临死前吩咐,密不发丧,以免西夏得知后发生变故,待西夏国主来投降时杀之。成吉思汗死后3天,西夏国主献城出降,被处死。中兴府的居民也遭杀掠。西夏的灭亡,解除了蒙古向金朝进攻的后顾之忧,使蒙古可集中全力向南进攻金朝,也为西征创造了有利条件。

蒙古灭金

成吉思汗二十二年（1227）秋，成吉思汗在临死前留下了攻金的方案。他说："金精兵在潼关，南据连山，北限大河（黄河），难以遽破。若假道于宋，宋、金世仇，必能许我，则下兵唐、邓，直捣大梁（今河南开封），金急，必征兵潼关，然以数万之众，千里赴援，人马疲弊，虽至弗能战，破之必矣。"他的子孙遵照遗嘱，确定了假道于宋，联宋灭金的战略方针。

成吉思汗死后，进入陕西的蒙古军继续进攻金统治下的凤翔（今陕西凤翔）、京兆（今陕西西安）等地。拖雷监国六年（1228）春，蒙古军8000人在大昌原（今甘肃宁县西）被金将完颜陈和尚的400骑打败。这次是蒙、金之间20余年的战争中，金取得的首次大胜利，金国士气得到鼓舞。

窝阔台汗元年（1229），窝阔台即大汗位，决定全力伐金。第二年，窝阔台率拖雷、蒙哥南下，渡黄河与陕西的蒙古军会合攻凤翔。窝阔台汗三年（1231）四月，蒙军攻破凤翔，金廷放弃京兆，把人民迁到河南，扼守潼关，潼关以西皆被蒙军占领。五月，窝阔台在官山九十九泉（今内蒙古卓资北淖腾梁）避暑，召集诸王、大臣商议攻金之策。议定分兵三路进攻金朝，于第二年春天在汴京会师。窝阔台自己统率中路，经山西，取黄河以北要地河中府（今山西永济），从白坡（今河南孟县西南）渡河，向洛阳进兵；斡赤斤统左路军向济南进兵；拖雷统右路军，采取迂回战术，自凤翔经宝鸡，入大散关（今陕西宝鸡西南），假道宋境汉中，沿汉水东下唐州、邓州，从背后包抄汴京。十月，窝阔台围河中府，十二月破城。蒙军由白坡渡河，进兵郑州，与拖雷南北呼应。金潼关守将受命援汴，其黄河沿线的防线瓦解。

拖雷率右路军取宝鸡后，遣使赴宋，要求借道宋境，蒙使臣被宋边将所扣。拖雷遂当年八月，率兵3万攻破大散关，进入宋境。同年冬，蒙军假道宋，顺汉水东下，经兴化（今陕西汉中）、洋州（今陕西洋县）、金州（今陕西安康），攻占房州（今湖北房县）、均州（今湖北均县西北），然后，渡汉水北上进入金邓州境内。金将领完颜合达、移剌蒲阿率20万军守邓州。窝阔台汗四年（1232）正月，金军进军钧州(今河南禹县)附近的三峰山时,遭拖雷军阻击,双方激战。金主将完颜合达战死,移剌蒲阿被擒,金军主力35万全被歼灭。随之,金潼关守将献关降蒙,河南10余州均被蒙军占领。拖雷同窝阔台在钧州会合。不久,窝阔台与拖雷北返,留速不台攻汴京,要求金投降,金哀宗也想向蒙古求和,但汴京军民奋力抗蒙,金军用"震天雷""飞火枪"杀伤大量攻城的蒙古军,速不台攻不下,只得带领军队撤退到河、洛之间。

秋,蒙古遣使唐庆入城劝降。金拒绝降蒙。同年十二月,蒙古与南宋达成协议,约定联兵灭金,事成之后,黄河以南之地归还宋朝。这时速不台再次率兵围攻汴京,汴京粮尽援绝,形势危急。金哀宗离开汴京后,逃奔归德(今河南商丘)。窝阔台汗五年(1233)年初,金汴京西面元帅崔立杀汴京留守,献城降蒙。

蒙古军攻克汴京后,追击逃到归德的金哀宗。这时南宋按照约定出兵伐金。四月,宋将孟珙率兵进攻唐、邓州,打败金将武仙。六月,蒙古军攻占洛阳,金哀宗又从归德逃到蔡州(今河南汝南),蒙都元帅塔察儿率军围蔡州。这时蒙古和金都缺乏军粮,金首先向南宋求和借粮,遭到拒绝。八月,蒙再派使臣王撤到南宋,约请联兵围攻蔡州,宋方积极响应,派孟珙从襄阳提兵北上,攻下唐、邓后,率2万军队,带30万石粮食,帮助蒙军围攻蔡州。窝阔台汗六年(1234)正月,宋、蒙联军攻破蔡州,金哀宗自杀,金朝灭亡。窝阔台和拖雷完成了成吉思汗灭金的雄心。蒙古灭金,为实现蒙古统一全国奠定了基础。

蒙古南宋交恶

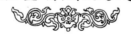

窝阔台汗六年(1234)年初,蒙、宋联合灭金后,蒙古与南宋仅隔一条淮水。蒙古违约,不肯将河南地归还南宋。南宋不敢坚持原议,反而让蒙古占领了陈州(今河南淮阳)、蔡州(今河南汝南)西北的大片土地。南宋也想趁金国灭亡,河南处于空虚的状态,收复洛阳、汴京(今河南开封)、归德(今河南商丘)等地。蒙古和南宋的冲突在所难免。

同年六月,宋朝在各方面都准备不足的情况下,仓促出兵汴京。宋将赵葵率领5万部队进入汴京。七月,宋将张迪率兵进攻洛阳,也受到洛阳民众的欢迎。

蒙古军在都元帅塔察儿的率领下进攻洛阳。洛阳城中缺粮,宋军只得退出。在汴京的赵葵也退出汴京。昏庸的宋朝君臣又把收复失地的希望寄托于议和。但是,由于南宋曾经接受过将陈、蔡西北之地归属蒙古的要求,窝阔台便以此为理由把这次出兵归罪于南宋先挑事端,召集诸王贵族大会,决定进攻南宋。

窝阔台汗七年(1235),蒙古兵分两路进攻南宋。东路由皇子阔出率诸王口温不花、国王塔思、汉将张柔、史天泽等统兵攻宋荆襄和长江中下游;西路由皇子阔端率元海塔海、汉将刘黑马等统领部队攻取四川。南宋的防御重点是以襄阳为中心的镇北军。该军全部由招募的中原豪杰组成,骁勇善战。七月,东路口温不花部攻唐州(今河南唐河县)。十月,塔思部攻陷枣阳后南下攻郢州(今湖北钟祥)。宋军坚守,塔思未能破城。同月,西路阔端军进入巩昌(今甘肃陇西),原金国守将汪世显投降。年底,蒙古军将宋将赵彦呐所部包围在青野原。宋将曹友闻便率兵救援,击退了敌军。解青野原之围后,曹友闻率兵援救大安(今陕西宁强北),击退汪世显部,并扼守仙人关,挡住了蒙古军的进攻。

但是,这时镇守襄阳的宋将赵范由于用人不当,军纪废弛,内部矛盾激化。窝阔台汗八年(1236)三月,王旻、李伯渊等发动兵变,焚毁襄阳城郭,投降了蒙古。荆襄重镇的失守,使东路蒙古军得以长驱直入,攻克了郢州、随州、荆门等地。阔端的西路军由大散关(今陕西宝鸡西南)南下取凤州(今陕西凤县东北)。九月,由于四川宋军主将赵彦呐拒绝了曹友闻凭险据守、伺机伏击敌军的建议,下令曹部守大安军以保蜀中门户,结果,曹友闻全军在大安阳平关覆没。阔端长驱入川。一个月之内,攻占了成都、利川(今四川广元)、潼川(今四川三台)等20余地,宋军只剩下川东的夔州一路和潼川路的顺庆府。蒙古军队在大肆劫掠之后,退回陕西。阔端又派按竺迩攻占金遗臣郭斌立据守的会川(今甘肃兰州西北)和南宋的文州(今甘肃文县)。与此同时,东路蒙古军口温不花等进攻淮西。蕲(今湖北蕲春)、舒(今安徽安庆)、光(今河南潢川)三州守将望风而逃。蒙古军直逼黄州(今湖北黄冈)。同时,派轻骑从信阳奔袭合肥。蒙古武木尔率部进攻江陵(今湖北荆州)。宋将孟珙命部下多次改换服色、旗帜,以迷惑敌军,使敌军不敢轻动,接着连破蒙古军24寨,救回被俘的百姓2万多。攻真州(今江苏仪征)的蒙古察罕部也被宋将邱岳击退。

窝阔台汗九年(1237)十月,东路蒙古军口温不花、史天泽部再度南下攻占光州,在复州(今湖北天门)打败南宋水军,并迫使复州宋军投降。接着又进攻秦春(今安徽寿县)、黄州。宋将孟珙率兵援黄州,击退蒙军。同月,西路蒙古军攻克夔州(今四川奉节)。

窝阔台汗十年(1238)年初,东路塔思蒙古军队抄掠安庆府(今安徽潜山)后北返。九月,察罕、张柔率80万大军围攻庐州(今安徽合肥),宋将杜杲死守,迫使察罕退兵,然后派水军扼守淮河,派其子杜庶率勇将占文德、聂斌等精兵强将埋伏在要害之地。蒙古军无法前进,只好北撤。两淮得以稳定。宋将孟珙收复了荆、襄等地。

窝阔台汗十一年(1239),蒙古军接连三次败于孟珙手下。南宋收复了襄阳、樊城、光化、信阳等地。同年八月,蒙将塔海等率兵80万入蜀,攻占重庆、万州、夔州等地。但出川时,在归州(今湖北秭归)大垭寨遭到宋将孟珙的阻击,未能顺流而下进入湖湘。孟珙乘胜收复夔州。第二年二月,蒙古按竺部再攻万州,在夔门击败宋军。窝阔台汗十三年(1241)十月,东路蒙古军再围安丰。十一月,达海绀、汪卜显等部进攻成都、汉都(今四川广汉)、遂宁(今四川遂宁)、叙州(今四川宜宾)、泸州(今四川泸州)、资州(今四川资中)等地。同月,窝阔台去世,皇后乃马真称制,继续进攻南宋。

自从窝阔台汗七年(1235)蒙古大举进攻南宋以来,荆襄、两淮、四川的许多地区遭到蹂躏。蒙军虽从这些地区掠夺了大量财物,但在各地也遭到南宋军民的抗击,损失很大,蒙古贵族一面进攻,一面也派使者来宋议和。南宋也于嘉熙二年(1238)和嘉熙四年(1240)两次派人到蒙古议和,均未达成议和。

在此期间,双方无大战,但各有胜负。宋朝于淳祐二年(1242)曾任命余玠为四川安抚置制使,收复了被蒙古占领的一些州县,改革弊政,安抚百姓,招聘贤才,并想出兵收复汉中地区,但没有成功。而蒙古由于贵族宗室内部矛盾的尖锐化,直到蒙哥即汗位海迷失后二年(1250)之前,也未能对南宋发动新的大规模进攻。

蒙哥汗之立

贵由汗三年(1248)三月,贵由暴卒,蒙古汗位继承再次引起纷争。贵由死后,皇后斡兀立海迷失代皇孙失烈门(阔出之子)临朝称制,与长支宗王拔都和诸大臣同理国事。拔都以王室兄长的身份,召集各支诸王、贵族,到他的驻地阿剌脱忽剌兀(在术赤兀鲁思的东境),商议选举新汗之事。拖雷妻唆鲁禾帖尼遣长子蒙哥率领诸弟赴会支持拔都。窝阔台与察合台两系诸王以大会不是在蒙古本土举行为由,拒不参加,只派代表参加。斡兀立海迷失也只派代表。术赤、拖雷两系诸王不顾窝阔台和察合台系诸王的反对,单方面举行大会。由拔都倡议,推举蒙哥为大汗。斡兀立海迷失皇后的使者八剌以窝阔台曾指出阔出之子失烈门为嗣的理由,主张推举失烈门为大汗。忽必烈兄弟群起而驳攻之,指出早在立贵由为汗时已违背了窝阔台遗命。还说窝阔台曾说过蒙哥可以做大汗的话,坚持立蒙哥为大汗。由于拖雷系诸王拥有强大的军事实力,加之术赤系诸王的支持,在会上强行通过了推举蒙哥为汗的倡议。窝阔台、察合台系诸王拒不承认这一决议。

按蒙古惯例,诸支亲王不到会,选汗不能决定。于是,拔都派弟别儿哥率领大军护送蒙哥回蒙古,再次遣使邀请各支宗王于海迷失后称制元年(1249)在斡难河(今蒙古鄂嫩河)、怯绿连河(今蒙古克鲁伦河)重开忽里台大会,正式选汗。东道诸王应召赴会,而窝阔台系失烈门和贵由之忽察、脑忽,察合台系的也速蒙哥等一再拖延不到会。拔都和唆鲁禾帖尼多次遣使与诸王商议,均不得要领,致使忽里台大会前后拖延约两年之久。拔都见双方无法一致,便指示别儿哥不能再等待。蒙哥汗元年(1251)六月,在阔帖兀阿阑(今蒙古温都尔汗西南克鲁伦河与臣赫尔河会流处西)举行大会,拥戴蒙哥即大汗位。

窝阔台之孙失烈门、贵由子脑忽和察合台系合谋,企图以祝贺为名,在诸王欢宴时,率领军队突袭蒙哥汗庭。蒙哥得知后,将三王逮捕。经审讯后,将从者70人,以诱惑诸王为乱的罪名处死,遣发失烈门、脑忽到汉地前从征。为防止察合台宗王也速蒙哥、不里和贵由子忽察等为乱,遣不邻吉鳃率10万军队,在别失八里(今新疆吉尔萨尔护堡子)与和林(今蒙古后杭爱省厄尔德尼召北)间的兀鲁黑塔海(今科布多境内至大山)、杭海(今蒙古杭爱山)及横相乙儿等地驻防。另外派将领两万军队到吉利吉思(今图瓦北叶尼塞河、尼根河流域)和谦谦州(今叶尼塞河上游南)之境防守。接着下令逮捕并处死贵由派出驻波斯的统帅野里知吉带。杀掉贵由重用的大臣镇海、合答。同时遣使到河中(阿姆河与锡尔河间)、汉地追查窝阔台系党羽。斡兀立海迷失及失烈门之母哈答合赤,都以诅咒罪赐死。参加叛乱的其他诸亲王全都流放。附从蒙哥的察合台长孙合剌旭烈,被派去杀死其叔父也速蒙哥,取代为察合台汗国之主位。合剌旭烈途中病死,由其妻兀鲁忽乃杀也速蒙哥,自行摄政。蒙哥将窝阔台领地瓜分成数块,授予窝阔台后人,实行分而治之,使窝阔台系的任何人都无力起来夺回失去的汗位。

蒙哥即汗位,标志蒙古汗位从窝阔台系转移到拖雷系,这是蒙古国建立以来最重大的事变。从此,成吉思汗"黄金家族"的裂痕不断扩大,大蒙古兀鲁思逐渐分裂为各自为政的独立王国。蒙哥即汗位后,委其同母二弟忽必烈总理漠南汉地军国庶事,遣三弟旭烈兀率军继续西征,并任命一批亲信官员,更改政制,不断加强大汗权力。同时积极准备向南宋侵掠,以扩大蒙古的疆域。

忽必烈治理中原

蒙哥汗元年(1251),蒙哥即位后,任命二弟忽必烈总管漠南汉地军国庶事。忽必烈南下驻于爪忽都(蒙古人对金北边部族的泛称)之地,建藩府于金莲川(今内蒙古正蓝旗闪电河),常驻于桓(今内蒙古正蓝旗北)、抚(今内蒙古兴和县)二州间。在他身边招纳了一批汉族士人为幕僚,如刘秉忠、姚枢、许衡、郝经等人。通过他们的引荐,吸引了更多的中原士人。他们用儒家思想和历代行之有效的治国之道影响忽必烈,促使忽必烈采纳他们的策略,以汉法来治理中原。

蒙哥汗二年(1252)正月,谋士姚枢建议改变春去秋来,夺城后剽杀掳掠的作战方式,采取以守为主,亦战亦耕,广积粮储,充实边备的灭宋方针。忽必烈采纳了这一建议,首先整治邢州(今河北邢台)。当时,邢州在两个答剌军统治下,民户由10 000多户锐减为5700户。忽必烈任用汉人张耕为邢州安抚使、刘肃为邢州商榷使。他们到邢州后,革除弊政,惩办贪暴,召抚流亡,仅几个月时间,邢州大治,于是,忽必烈请设经略司于汴(今河南开封),以汉人史天泽、杨惟中、赵璧等为经略使,整顿河南军政。汉将史天泽等到河南后,打击暴虐贪淫的地方军阀,处死横暴的州官,兴利除害,深得民心。他们还在唐(今河南唐河县)、邓(今河南邓县)屯田。屯田的农民,敌至则战,敌走则耕,不久,河南大治。

元世祖忽必烈

蒙哥汗三年(1253),蒙哥把关中地区封给忽必烈。第二年,忽必烈在京兆(今陕西西安)立宣抚司,以孛兰和儒臣杨惟中为宣抚使并屯田于凤翔(今陕西凤翔)。又奏割河东解州盐池的收入以供军食,招募百姓以盐换粮,支援四川前线。他们改革弊政,努力恢复农业生产,减免关中赋税整顿吏治,处死害民的贵族,并进一步严肃军纪,关中情况大为改观。忽必烈还任命许衡为京兆提学,在关中建立学校,释放俘掠的儒士,编入儒籍;又立京兆交钞提举司,发纸钞,以佐经用。关陇地区的社会经济得以恢复。忽必烈上述措施,得到了汉族地主、儒生的广泛支持,巩固了自己的地位。他也从中学到了统治汉地的方法。

蒙哥汗六年(1256)春,忽必烈命刘秉忠在桓州东、滦河北岸的龙冈(今内蒙古多伦西北)营建宫室、房舍。三年后建成,称开平府(今内蒙古锡林郭勒盟正蓝旗东50里),作为藩王府的常驻地。开平府聚集了忽必烈的重要谋士,成为他治理汉地的政治中心。汉地社会经济的恢复,也为后来建立元朝奠定了物质基础。

忽必烈采用汉法治理中原地区,取得了显著成效,改变了过去那种人民逃亡、农田荒芜、典章不立的混乱状况,但是却招致了蒙古统治集团中一部分贵族的不满。蒙古旧贵族企图用旧的统治方式来统治中原汉地。于是,有人向蒙哥大汗告状,说忽必烈在中原收买人心,财赋尽入王府,恐枝大于本,不利朝廷等,引起了蒙哥的疑忌。蒙哥汗七年(1257)春,蒙哥以王府诸臣多擅权营奸利事为名,派遣亲信阿兰答儿等到关中主管政务,并在关中设钩考局,核查关中、河南等处钱谷事。阿兰答儿从忽必烈所任命的经略、宣抚司官员中,罗列罪状140余条,企图通过罢免忽必烈所信任起用的官员来打击他的势力。蒙哥下令解除忽必烈在汉地的军权。忽必烈于冬天亲自送家属到和林,并单独朝见蒙哥,这才解除了蒙哥对他的猜忌。蒙哥决定不追究忽必烈,同时停止了对关中、河南的核查。但是,忽必烈所设置的行部、安抚、经略、宣抚、都藩诸司全部废除。蒙哥伐南宋时,仍以忽必烈患足疾为名,不予统兵之权。直到蒙哥汗九年(1259)十月才不得不改命忽必烈统东路军征南宋。忽必烈以谦恭忍让保全了自己,避免了一场不测之祸。

忽必烈征服大理

蒙哥汗二年(1252)六月,忽必烈到曲先脑儿(蒙语脑儿意为湖,蒙古驻夏之地)朝见蒙哥。蒙哥命忽必烈率军征云南。老将兀良合台(速不台之子)总督军事,士人姚枢、刘秉忠等人随行参谋。

云南地区早在唐代就由南昭国(乌蛮族即今彝族建立的政权)统治。宋时白蛮族(今白族)取得政权,建立了以大理(今云南大理)为都城的大理国。统治区域包括今云南、贵州、广西西部和四川南部,以及缅甸、泰国、老挝的一些地区。主要民族为乌蛮和白蛮。其他的还有摩些(今纳西族)、和泥(今哈尼族)、金齿、白夷(今傣族)等,再加上与各少数民族杂居的汉族。这时大理国事衰微,内政腐败,阶级矛盾尖锐。有些地区的少数民族正逐渐摆脱大理国的统治。

同年秋,忽必烈从蒙古起兵南下。第二年夏,忽必烈率军驻屯六盘山,秋天,军至临洮(今甘肃临洮),取道吐蕃(今四川甘孜藏族自治州地区),到达忒剌(今四川松潘),然后分兵三路前进。兀良合台率军由西路晏当(今云南丽江北部)进;诸王抄合、也只烈率东路军由白蛮境(今西昌、会理境)进;忽必烈自己带领中路军,经大雪山,过大渡河,穿行山谷2000余里,抵达金沙江北岸。忽必烈军队分别招降大理以北400余里的摩些蛮等部。冬天,西路军进到此会合。忽必烈派使者入大理招降。大理国拒绝投降并杀死蒙古使臣。忽必烈与兀良合台分兵进攻大理。兀良合台破大理北的龙首关(上关)。大理国主段兴智与权臣高祥、高和兄弟弃城逃跑。忽必烈军与兀良合台会合,顺利进入大理城。

忽必烈命姚枢裂帛为旗,写上禁止杀戮的命令,大理居民得以保全。他又命姚枢等搜访大理国图书典籍。这时东路兵取道吐蕃,也到达大理。忽必烈命人追击高祥兄弟,擒斩于姚州(今云南姚安)。

蒙哥汗四年(1254)春,忽必烈率军北返,留下兀良合台率军戍守大理,并继续征服未降伏的诸部。任命刘时中为宣抚使,对云南地区进行治理。秋,兀良合台继续向东追击段兴智,进取善阐(又称押赤即今云南昆明)。善阐城陷。段兴智逃到昆泽(今云南宜良),终于被蒙军擒获。兀良合台遣送段兴智等首领去蒙古见蒙哥。蒙哥施以怀柔,赐金牌,让他们回去继续管理原属各部。段兴智回部后,献出地图,并统率本族军队,亲自为先锋,引导兀良合台去征服继续抵抗的各部。蒙古军经过两年的激战,相继征服了赤秃哥(今贵州西部)、罗罗斯(今四川凉山彝族自治州地区)和白蛮波丽国(今元江一带)。从此,大理五城的八府四郡之地,和大部分乌蛮、白蛮部归附于蒙古。兀良合台在云南设置统治机构,管理这一地区的事务。

忽必烈用武力征服了大理,通过征服,统一了大理各部。以后又按中原的封建制度设置郡县,并在大理屯田,不断推广中原地区先进的生产技术,传播科学文化,使云南地区的经济、文化不断进步,对我国多民族国家的形成和发展产生了积极的作用。

蒙哥伐宋

蒙哥汗六年(1256)夏,蒙哥以南宋违约囚禁使者为借口,决定亲征。第二年春,他下诏诸王出兵征宋,命同母幼弟阿里不哥留守和林(今蒙古后杭爱省厄尔德尼召北)。由宗王塔察儿(斡赤斤孙)统率东路军攻荆襄、两淮。蒙哥自己统率主力从西路攻取四川。同年初,驻四川的都元帅纽璘奉命率先锋军万人,从利州(今四川广元)南下,过大获山,出梁山(今四川梁平),直抵夔门。第二年年初,纽璘部西上与成都的蒙军阿答胡会合。成都、澎(今四川彭县)、汉(今四川广安)、怀安(今四川成都东)、绵(今四川绵阳)等州,及威(今四川理县北)、茂(今四川茂汶羌族自治县)诸少数民族先后降蒙。四月,蒙哥渡大漠经河西,率4万大军(号称10万)进抵六盘山,兵分三路入蜀。七月,蒙哥统中军从六盘山出发,经陇西进入大散关(今陕西宝鸡西南)至汉中。亲王莫哥(蒙哥异母弟)入米仓关、万户孛里又入沔州(今陕西略阳)。十月,蒙哥渡嘉陵江到白水,随后攻下苦竹隘。十一月,破长宁(今四川广元西南),进攻顶堡,周围县城都归降蒙古。接着蒙哥进攻大获山(今阆中县东北),宋将杨大渊降。不久,李居山(今四川南充市)、大良山(今四川仁寿县境)等五城都归降蒙古。十二月,蒙哥部攻克隆州(今四川仁寿)、雅州(今四川雅安)。与此同时,纽璘率步骑5万人、战船200艘从成都水陆并进,直至涪州(今四川涪陵),以阻击南宋援蜀之师。

在西路蒙古军长驱入川的同时,宗王塔察儿率东路军进攻长江中游的樊城,无功撤回。蒙哥汗八年(1258)十月,蒙哥不得不改命忽必烈统率东路军进攻鄂州(今湖北武昌)。

蒙哥汗九年(1259)年初,蒙哥派人到合川(今四川合川)劝降。宋将王坚拒绝投降。二月,蒙哥率全军猛攻钓鱼山,不能取胜。七月,蒙哥带兵亲自督阵攻城,被宋军飞石击中,死于军中,蒙军仓皇北撤,合州之围遂解。

忽必烈得到统率东路军的命令后,于蒙哥汗九年(1259)年二月,会诸王于邢州,征召著名儒生、隐士询问得失及取宋之计。八月,率军渡淮河,入大胜关,至黄坡(今湖北黄坡县),直达长江北岸。忽必烈下令整饬军纪,有犯军律者斩。于是诸军凛然。九月初,莫哥从合州遣使者送来蒙哥去世的正式消息,请他及早率军北返。忽必烈不愿无功而返,决定继续进军,分兵三路围攻鄂州。忽必烈率军从阳逻堡渡江到南岸浒黄洲,亲自督师围攻鄂州。由于鄂州军民奋勇抵抗,加之重庆宋军东下援鄂,宋丞相贾似道屯兵汉阳为援,其他援鄂大军也四面云集,蒙古军围鄂州两个月不能攻下。奉命自云南北上的兀良合台军受阻于潭州(今湖南长沙),迫使忽必烈分兵接应,才得以会合。这时忽必烈妻遣使报告,留守和林的幼弟阿里不哥图谋夺取大汗之位,使忽必烈产生了撤兵的念头。恰好贾似道因惧怕蒙古,暗中遣使求和,提议双方以长江为界,宋向蒙古纳银绢。忽必烈采纳了郝经"断然班师,亟定大计,销祸未然"的建议,与贾似道订立和议,然后,轻车简从,迅速率军北归争夺汗位。

忽必烈建国

蒙哥汗九年(1259)七月,蒙哥死于合州(今四川合州),因对汗位继承未作任何安排,因此导致了一场新的汗位争夺。忽必烈在鄂州(今湖北武昌)前线得知蒙哥死讯后,断然与宋议和,接受宋称臣,以江为界,每年纳银20万两、绢20

万匹的条件,双方停战。年底,忽必烈到达燕京(今北京)。留守和林的幼弟阿里不哥已派脱里赤在燕京召集各地军队以包抄忽必烈。忽必烈到燕京后,马上遣散脱里赤已集结的军队,同时急召自己在鄂州的军队北返。阿里不哥通知他去漠北参加忽里台会葬蒙哥,他不加理睬,并命廉希宪到开平(今内蒙古锡林郭勒盟正蓝旗东50里),观察事态的发展。廉希宪劝说有实力的塔察儿拥戴忽必烈为汗的计划获得成功。

元世祖中统元年(1260)三月,忽必烈到达开平。得到东道诸王塔察儿、移相哥、莫哥、忽剌忽儿、爪都和西道诸王合丹、阿只吉等人的支持,于是召开忽里台大会,忽必烈一举登上大汗宝座。四月,忽必烈定当年为中统元年。中统建元表示大蒙古国继承中原封建王朝的定制和统一全国的决心,也是忽必烈仿效中原王朝改造蒙古国的开始。

同时,阿里不哥也在和林(今蒙古后杭爱省厄尔德尼召北)召集忽里台大会,自立为大汗,分据漠北地区。支持他的除阿兰答儿、塔里赤外,主要是西路诸王,有察合台系宗王阿鲁忽、窝阔台系宗王阿速台、蒙哥之子玉龙答失,和蒙哥留守六盘山的大将浑都海、驻守四川的密者火里等蒙古将领。争夺汗位的斗争十分激烈,阿里不哥派霍鲁海、刘太平到陕、甘任职,拘收钱粮,准备与六盘山的大将浑都海联合,从关中进攻忽必烈,陕、川一带的局势立即严重起来了。忽必烈针锋相对地派廉希宪、商挺进驻京兆(今陕西西安),任陕西、四川等路宣抚使。六月,廉希宪先发制人,以谋反罪捕杀霍鲁海与刘太平,又派使者处死四川军中附阿里不哥的密者火里等将领,阿里不哥失去了西线的军势和陕川的财力物力。忽必烈却稳定了关陇局势,随后召集诸军联合防御六盘山浑都海部的袭击。

七月,忽必烈率师征讨阿里不哥。九月,阿里不哥遣阿兰答儿率兵南下,与浑都海、哈喇不花等部会合于甘州(今甘肃张掖)。忽必烈派合彤与大将汪良臣率领部队迎接。双方大战于甘州东删丹(今甘肃山丹),浑都海、阿兰答儿被击毙。从此,忽必烈完全控制了关陇山蜀地区。同年冬,忽必烈决定亲征和林。阿里不哥失去了陕川,只得逃到封地谦州(今叶尼塞河上游南)。忽必烈命宗王移相哥驻守和林,以防御阿里不哥,自己班师回到开平。

阿里不哥在谦州休整之后,于中统二年(1261)秋,率军突袭驻守漠北的移相哥军,占领和林,乘胜南下。忽必烈急忙调军迎战。十一月,忽必烈与阿里不哥大战于昔木土脑儿。两军反复较量,死伤都相当严重,双方只好退兵。由于忽必烈切断了中原汉地对漠北的物资供应,使阿里不哥陷入困境。阿里不哥派往察合台兀鲁思的阿鲁忽(察合台孙)取得汗位后,立即拒绝向他提供援助,并扣留使者,宣布倒向忽必烈。阿里不哥于第二年春天出兵西征阿鲁忽。这时忽必烈乘阿里不哥西征之机,收复和林。阿里不哥在攻占阿里订里(今新疆霍城)等地后,纵兵掳掠,终于众叛亲离,处境孤立。至元元年(1264),阿里不哥走投无路,只得率领身边的诸王和大臣到开平,向忽必烈投降。在汗位斗争中,忽必烈由于取得了中原汉族地主的支持,掌握了中原汉族地区的人力、财力和物力,最终取得了胜利,也是蒙古贵族中主张采用汉法治理汉地一派的成功,有利于元朝的建立和巩固,是符合历史发展要求的。

中统三年(1262)春,正当忽必烈与阿里不哥相持不下时,山东益都行省长官、江淮大都督李璮勾结执政的平间政事王文统,以降宋为外援,起兵叛乱,占据济南。正在进据和林的忽必烈,听到李璮叛乱的消息后,立即转而向南,调遣军队,处死王文统,又派右丞相史天泽到山东前线节度各路军队。李璮错误估计形势,起兵后,各地汉人军阀响应者少,而各路蒙古、汉军已向济南进逼,接受忽必烈的调度,李璮陷于孤立的境地。四月,史天泽派各路将士开河筑城,准备长期围困济南。七月,济南城破,山东之乱不到半年就被平息。李璮之乱对忽必烈影响很大,使他感到虽用汉法,但汉人不可完全信赖。为了稳定大局,忽必烈慎重处理变乱后的有关人和事,又因势利导地进行了一系列政治改革。

忽必烈中统建元后,视中原汉地为政权的重心。平定漠北与镇压李璮之乱,排除蒙古贵族中的保守势力和汉人军阀割据势力的干扰,适时地着手全面推行"汉法",改革蒙古对汉地旧的统治方式。他在建元中统诏书中明确提出了"祖述变通,还在今日""稽列圣之洪规,讲前代之定制",提倡"文治"的政治纲领。在中央设中书省,在各地设宣抚司,任汉人儒士为使。另外,严格执行地方兵、民分治制度,不相统属;罢诸侯世袭,行迁转法;实行易将制,使将不专兵。李璮之乱后,又迫使汉人军阀交出兵权。史天泽带头请求解除自己子弟和姻亲的兵权。北方汉族地主武装实力大大削弱。为了加强对汉人的防范,忽必烈在各级政权中都起用色目人为帮手,分掌事权,和汉人官僚互相牵制。从此,色目人在政治上的实权日渐增强。中统四年(1263),升开平为上都。中统五年(1264)八月,又改中统为至元,燕京为中都。至元三年(1266),忽必烈命刘秉忠在原燕京城东北营建都城宫室。至元四年(1267),迁都到燕京。至元八年(1271),忽必烈公开废弃"蒙古"国号，按照《易经》"大哉乾元"之意，建国号为"大元"。至元九年(1272)，忽必烈根据刘秉忠的建议，改中都为大都。元朝的建立，结束了中国历史自五代十国以来的分裂割据局面，实现了一次新的大统一，使我国多民族国家的发展进入一个新阶段，同时标志着蒙古从一个区域性政权，转变为统治全国的统一封建政权，有力地促进了南北经济文化的发展，也使我国与西方的交流更加频繁。

元灭南宋

中统元年(1260)七月，忽必烈派郝经出使南宋。南宋权相贾似道将郝经一行扣留在真州(今江苏仪征)。这时，忽必烈忙于和阿里不哥争位，无暇南顾。直到中统四年(1263)，才派出使节赴南宋质问扣留郝经的原因，仍不得要领。第二年，阿里不哥投降，元世祖便集中精力筹划进攻南宋。

蒙古军队分东、西两路向四川、两淮发动了进攻。至元二年(1265)二月，蒙古元帅按东在四川钓鱼山(今四川合川东)大破宋军，东路的蒙古元师阿术进攻庐山(今安徽合肥市)、安庆(今安徽潜山)等地，杀宋将范胜、张林等人。不久，四川宋将夏贵率兵5万反攻潼川(今四川三台)。蒙古守将刘元礼击退夏贵，并在蓬溪(今四川中部)大破宋军，迫使四川宋军处于守势。第二年，阿术攻打蕲(今湖北蕲春)、黄(今湖北黄冈)等州，俘获宋军数以万计。蒙将汪惟正则攻占了开州(今四川开县)。

至元四年(1267)八月，阿术进攻襄阳，在阿术的这次试探性进攻之后不久，原南宋将领、已投降蒙古的南京宣慰使刘整提出了先攻襄阳，浮汉入江的攻宋方针。这一战略方针的最大优点是蒙古军队一旦占领荆襄，便可切断四川宋军的退路，避开两淮守军的阻击，顺长江而下，直逼南宋首都临安(今浙江杭州市)。元世祖忽必烈同意了这一方案。于至元五年(1268)调集诸路蒙古、汉军和战船，成立东、西二川统军司，以阿术、刘整为都元帅，统一指挥围攻襄阳的大军。元军很快在襄樊南、汉水东白河口等处筑垒，以阻挡援襄的宋军。

至元六年(1269)三月，阿术围困樊城(与襄阳隔江相望，今属襄樊市)，在赤滩浦(今湖北襄樊市东南)击败援襄的宋将张世杰部。七月,蒙古将领李庭在鹿门山(今湖北襄樊东南)大破宋将夏贵率领的援襄舟师。接着,又在灌子滩击败宋将范文虎舟师。吕文德三次遣将援襄失败。

三月,阿术、刘整从水陆两路封锁了襄阳。不久,阿术、刘整在灌子滩再次击败范文虎的援军,又按元将张弘范的建议在襄阳城西的万山修筑城墙,并调张弘范驻守鹿门,从而彻底切断了宋军的粮道。第二年四月,阿术等在湍滩(今湖北宜城东南)击败范文虎军。不久,各路元军合围襄阳。同时,赛典赤、汪良臣、札剌不花、曲立吉思等分攻嘉定、重庆、泸州、汝州(今河南临汝),以牵制宋军使他们不能全力援襄。接着,阿术军在鹿门山一带击败范文虎的 10 万援兵。至元九年(1272)五月,阿术等又在襄阳城下击败宋张顺、张贵率领的 3000 民兵。此后,南宋再也派不出援襄的军队。襄阳成为一座孤城。

元军在至元十年(1273)正月发动总攻。阿术派兵迅速占领樊城外郭。元军攻占樊城之后,乘胜进攻襄阳。吕文焕开城投降,并表示愿意充当元军南下的先导。

元军攻占襄阳,打开了南进的大门。至元十一年(1274)正月,忽必烈下令征集 10 万壮丁从军,在汴梁(今河南开封市)赶造 800 艘战船,以备南征。六月,忽必烈以南宋扣押郝经为借口,大举伐宋。丞相伯颜率兵 20 万出征,攻克沙洋(今湖北荆门东南)、新郢(今湖北钟祥西南)、复州、阳逻堡(今湖北黄冈西北)等地,迫使鄂州宋军投降。第二年正月,伯颜派鄂州降将程鹏飞等招降沿江各州,黄州、蕲州、江州(今江西九江市)望风而降,安庆守将范文虎也献城投降。伯颜军在池州丁家洲(今安徽铜陵东北)击败宋丞相贾似道的 7 万精兵。这时,宋朝才释放元使郝经等人,但伯颜大军已占领建康(今江苏南京市)。三月,阿里海牙攻战岳州(今江苏镇江北大江中),大破宋张世杰、孙虎臣的精锐舟师。从此,宋无法组织有力的抵抗。同月,忽必烈召伯颜回大都,面商军机,决定由伯颜取临安(今浙江杭州市),阿术攻淮南,阿里海牙攻湖南,宋都带等取江西。

至元十三年(1276)正月,阿里海牙攻下潭州及湖南各州县。伯颜大军进至临安东北的皋亭山。宋太后派遣使节求降。伯颜派遣将领入城,同时派人接收两浙、淮西各州县。三月,伯颜入临安,俘虏宋太后、皇帝、后妃等北返。

伯颜占领临安之后,宋残余势力仍在抵抗。至元十三年(1276)五月,陈宜中、张世杰、陆秀夫等在福州拥立益王,任命文天祥为枢密使,都督诸路军马。七月,阿术攻占泰州,杀宋将李庭芝、姜才。九月,元将阿剌罕、董文炳、塔出、李恒山等进攻闽广。十一月,元军入福建。陈宜中、张世杰率军17万、民兵30万保护幼帝赴泉州。不久,又赴潮州。十二月,宋招抚使浦寿庚以泉州降元。元将阿里海牙攻占广西诸州县。为安抚江南人心,元世祖忽必烈下诏将浙东西、江东西、淮东西、湖南北诸路宋官吏侵占的民田退还民众,"俾各归其主,无主则以给附近人民之无生产者"。同时免除宋代的一切苛捐杂税。

至元十四年(1277)上半年,文天祥收复赣南的一些州县,张世杰反攻泉州。但同年八月,元将李恒在兴国突然袭击文天祥军。文天祥败走循州(今广东龙川)。九月,忽必烈命塔出、忙兀台分海陆两路追击宋帝。十一月,塔出军攻下广州。宋帝在张世杰保护下逃到井澳(今广东中山南海中)。十二月,宋帝再逃入海。至元十五年(1278)三月,帝死于硐洲(今广东雷州湾东海岛东南海中)。张世杰、陆秀夫等拥立其弟,并于六月迁往厓山(今广东新会南大海中)。同月,忽必烈命张弘范、李恒率领部队入闽广。闰十一月,张弘范攻潮阳,文天祥退走海丰,途中在五岭坡被俘。至元十六年(1279)正月,张弘范攻厓山,遭到张世杰的顽强抵抗,直到二月才击败宋军。陆秀夫背负宋帝投海自杀。张世杰突围后遭飓风遇难。南宋灭亡。

第十七篇　封建社会经济文化继续发展的明朝

朱元璋起兵

朱元璋幼时名为重八,又一名为兴宗,字国瑞,出身濠州钟离县一个贫农家里,自幼丧父母,入皇觉寺为僧。郭子兴领导的农民起义军打败了在濠州的元军,元军撤离濠州时,将皇觉寺焚掠一空。至正十二年(1352)闰三月,25岁的朱元璋走投无路,于是来到濠州城,投奔到郭子兴领导的红巾军中。他因在战场上打仗机智勇敢,很快被提拔为亲兵十夫长,留在郭子兴身边。郭子兴为人"枭悍善斗,而性悍直少容",每在关键时刻,都让朱元璋出谋划策,故与郭子兴"亲信如左右手"。

在进军滁州(今安徽滁县)途中,李善长来到军中谒见。朱元璋问李善长:"如今四方战乱,什么时候才能太平呢?"李善长答:"秦末大乱时,汉高祖以布衣起兵,他为人豁达大度,知人善任,不乱杀人,五年而成帝业。"又说,"你是濠州人,离刘邦的家乡沛县不远,只要你认真学习这位老乡的长处,天下是可以平定的。"李善长的这一席话,对朱元璋的影响十分深远,一直到建国以后的政治、经济政策,大多数是学习汉高祖刘邦而运用于明代的。

朱元璋画像

朱元璋在至正十四年(1354)攻占滁州,势力逐渐壮大,并发展成了一支独立的武装力量。当郭子兴等五帅失和之时,郭子兴乘机从濠州发动进攻。至正十五年(1355)正月,郭子兴用朱元璋之计,派张天祐等进攻和州。郭子兴命朱元璋统领其军。三月,郭子兴病死。刘福通占据安丰和颍州之后,派人把逃匿在砀山夹河的韩林儿及其母杨氏迎回到亳州(今安徽亳县),拥立韩林儿为皇帝,号小明王,建国号为大宋,年号龙凤,都亳州。立韩林儿之母杨氏为皇太后。杜遵道、盛文郁为丞相,刘福通、罗文素为平章。大宋建立后,韩林儿任命郭子兴之子郭天叙为都元帅,部将张天祐、朱元璋为右、左副元帅。不久,张天祐、郭天叙都战死,朱元璋成为大元帅,郭子兴的旧部全归他指挥。

同年,朱元璋又兼并了巢湖红巾军的水师。早在刘福通、彭莹玉等在颍州发动起义时,巢湖地区彭莹玉的教徒金花和李国胜、赵胜普联络廖永安兄弟、俞廷玉父子等起来响应颍州起义。金花战死,李国胜、赵胜普退居巢湖,拥有水师万余人,船只千余艘,称为彭祖水寨。这年年初,廖永安、俞廷玉等投降了朱元璋。李国胜谋杀朱元璋未遂后,反被朱元璋处死,至此巢湖水师全归朱元璋指挥。同年六月,趁水涨入江,指挥巢湖水师从牛渚矶强渡长江,攻占采石镇。乘胜一举攻下了集庆上游的太平,活抓了元朝万户纳哈出。在同元军作战中,朱元璋令幕僚李善长预为戒戢军士榜,"禁剽掠,有卒违令,斩以徇",纪律严明,军中肃然。

朱元璋按照能力大小任官职,注重招贤纳士。早在江北初起时,就陆续招集了一些随从起义的地主儒士,如上文提到的李善长,还有冯国用、冯国胜作为参谋。攻下太平后,又召用老儒李习为知太平府,陶安参谋幕府事。为了稳固太平的根基或基础,他利用乡兵修城浚濠,加强防固。接着,朱元璋攻取了溧阳、溧水、句容、芜湖等处。

至正十六年(1356)春二月,朱元璋率领大军,在采石大破蛮子海牙舟师。至此,起义军打破了元军对长江的封锁,农民起义军重新振作起来。此年三月,朱元璋乘胜水陆并进,大举进攻集庆,在江宁镇攻破陈兆先军,继而又在蒋山大败元兵,集庆城破,此时朱元璋又得到了夏煜、孙炎、杨宪等10余位儒士,他们为朱元璋献计献策。

朱元璋攻下集庆后,以它为中心,向四周发展,在此后的一年多时间里,派诸将先后攻克镇江、广德、长兴、常州、宁国、江阴、常熟、徽州、池州、扬州等应天周围的据点。至正十六年(1356)七月,诸将尊奉朱元璋为吴国公,并设置了江南行中书省,朱元璋自己总管此省所有事务,设僚佐,但名义上仍用韩林儿的大宋旗号。朱元璋以集庆为中心后,根据地日益巩固,地盘也更加扩大了,并且有充足的兵力向更远的地方扩展。接着,朱元璋派兵攻取浙西、浙东,消灭了盘踞在这里的元军。至正十八年(1358)三月,命邓愈进攻建德路。十二月,命胡大海攻婺州,但久攻不下,朱元璋亲自前往攻取,城立即攻破。入城之后,立即发粟赈济贫民,并改州为宁越府。朱元璋连续占领江左、江右诸郡,并与陈友谅占据的地区相邻。早在至正十七年(1357),朱元璋部将常遇春夺取陈友谅占据的池州之后,朱、陈两军就开始不断地互相攻伐。

当朱元璋攻下安徽徽州(今安徽歙县)后,便召见名儒朱升,问:"今后我该怎么办?"朱升说:"高筑墙,广积粮,缓称王。"意思是说:首先要巩固后方基地;其次要在后方发展生产,屯田积谷,增强经济实力;最后,不要急于称王,免得树大招风。朱元璋把他留在自己军中当参谋。后来,朱元璋势力壮大后,就改吴国公为吴王。从投军到称王,仅仅几年的时间,朱元璋就由一名小卒之辈,发展成为称雄一方的一代霸主,随后他削平群雄,统一中国,改朝建国。

防御蒙古

洪武元年(1368),明太祖朱元璋北伐,八月,明军进入大都城(今北京),元顺帝北逃,元朝灭亡。明廷为巩固国防,必须对元蒙残余势力进行有效的防御。首先是加强北部的边防,同时,封地位于北部的诸王,在北方地区还开始屯田,其次是进行防御性的战争和必要的主动出击,打击元蒙残余势力。

洪武三年(1370)春,明太祖委派徐达为征虏大将军、李文忠为左副将军、冯胜为右副将军,邓愈、汤和亦为左、右副将军,北征沙漠,打击蒙元余兵。这次出兵战线很长,西起今甘肃一带,东至今北京以北,分别在定安、宁夏、野狐岭等地给予蒙古势力以打击。

洪武四年(1371),明廷命魏国公徐达到北平(今北京)练兵。二月,徐达将北平地区的居民后撤。七月,明朝廷在东北方设立辽东都指挥使司,任马云、叶旺为都指挥使,统辖辽东地区各卫兵马。

洪武六年(1373)春,明太祖命魏国公徐达、曹国公李文忠到山西、北平练兵防边。

洪武七年(1374),明廷命大将军徐达分令王志、赵庸驻山西,杨璟、梅思祖驻北平屯田防御。四月,命宋国公冯胜、卫国公邓愈、中山侯汤和、巩昌侯郭兴镇守北部边疆。洪武八年(1375)五月,诏命永嘉侯朱亮祖、颍川侯傅友德率兵到北平驻防。洪武九年(1376)初,明廷又命中山侯汤和、颍川侯傅友德率兵驻防延安。三月,汤和等到达延安,元残余伯颜帖木儿派人来请和。明太祖听说,召还诸将,只留傅友德屯边防御。

洪武十二年(1379),明廷命曹国公李文忠往河州、岷州、临洮等地督办军务。洪武十八年(1385),国子监祭酒宋讷献守边策,他建言:备边应有足够的军队,而屯田对足兵十分重要,应从诸将中选拔有智谋勇略的人才,分管屯田,布列于沿边地区,远近相望,首尾呼应,遇敌则战,敌去则耕,是为长久之计。明太祖高兴地采纳此策。

洪武年间的后期,进行防御性的出击。洪武二十年(1387)正月,任冯胜为大将军,傅友德为左副将军,蓝玉为右副将军,赵庸、王弼为左参将,胡海、郭英为右参将,率师北征。至九月,讨平蒙古纳哈出。随后,又命傅友德驻兵大宁防御。这月,明廷又任蓝玉为大将军,唐胜宗、郭英为左、右副将军,耿忠、孙恪为左、右参将,率兵征讨元蒙残余,肃清沙漠。洪武二十三年(1390)三月,燕王朱棣率傅友德等出古北口,沙漠取胜。洪武二十五年(1392)底,冯胜奉朝廷之命到太原征兵,置卫屯田,备御蒙古。洪武三十年(1397)初,命耿炳文、郭英巡视西北边境,并作防御及准备。五月,又命晋王、燕王、代王、辽王、谷王、宁王带兵备边。洪武三十一年(1398)四月,又命燕王率诸王防御边境。同年,明太祖命燕王朱棣节制诸王,备御边防事务。这年,明太祖朱元璋死去,其孙朱允炆即位。三年后,燕王朱棣夺取帝位,是为明成祖,开始对蒙古进行较长时期的积极防御战争,并把国都从南京迁到北平。

靖难之役

朱棣是明太祖朱元璋第四子,洪武三年(1370)四月封为燕王,治理北平。洪武十三(1380)年开始进驻封地。受太祖特许,燕王官邸用元旧宫殿。由于北平毗邻蒙古,因此为防御元残余势力侵扰,故特诏配以精锐重兵,归其指挥,以拱卫京师;并任傅友德为将军,指挥军队听其节制。同秦王朱樉、晋王朱枫分道都诸将北征。后因秦、晋二王久不出师,只有燕王率傅友德军多次出塞征伐,直抵迤都山,生擒敌将乃儿不花等;又时常巡边,筑城屯田,建树颇多,是明初军功最显著的塞王之一。

洪武二十五年(1392),皇太子朱标病死,朝廷经多次商议,以朱标子朱允炆为皇太孙,做皇位继承人。对此,朱棣颇为不满。朱允炆天资聪敏,但却生性怯懦,优柔寡断。太祖对朱棣倍加宠爱,曾一度萌发更换皇位继承人的念头,为遵守传统礼法稳定政局,方才作罢。虽如此,却在无形中诱发了朱棣谋夺皇位继承权的欲望。

洪武三十一年(1398)闰五月,太祖驾崩,皇太孙即位,是为建文帝,史称明惠帝,以第二年为建文元年。燕王朱棣赴京奔父丧,但行至淮安,便接到朝廷关于"诸王临国中,毋到京师会葬"的"遗诏"。朱棣甚恼火,想必是建文宠臣齐泰、黄子澄等改了诏书,但实情不明,只好暂时返回。

同年七月,建文帝果然颁布了"削藩"令,并首先从朱棣同母弟周王朱橚开刀。先派大将军李景隆统兵到了封地逮捕朱橚到京,不久便废为庶人,全家发配云南。朱棣见周王被抓以后,完全证实了齐、黄用事,于是便挑选壮士为护卫,以"勾军"为名,广招"异人术士"。这时,齐王朱榑、代王朱桂等也相继被削,湘王朱柏甚至被迫自焚而死。随后,朝廷更下令"今后诸王均不得节制文武官员",进一步限制诸王权力。这就更迫使朱棣高度警惕,加紧练兵,准备起事。

建文元年(1399)七月初五日,燕王正式誓师,援引《祖训》中"朝无正臣,内有奸逆,必举兵诛讨,以清君侧之恶"条文,以"诛齐泰、黄子澄"为名,起兵靖难,取消了建文年号,仍称洪武三十二年。设置官属,任张玉、朱能、丘福为都指挥佥事。第二天,留郭资辅世子守北平,亲率大军抵达通州,指挥房胜不战而降。用张玉计,攻下了蓟州、遵化,解除后患,然后又向南推进,一场以夺皇位为实质的武装斗争开始了。十六日,燕王以"居庸险隘,北平之咽喉,我得此,可无北顾忧",于是挥军攻占居庸,转攻怀来、开平、龙门、上谷、云中守将望风归降。燕王又攻克永平、克滦河,直趋南下。由于北平多年一直为燕王基地,因此附近州县卫所,一呼百应,士气旺盛,并有鞑靼兵马为后盾,南方宫中太监为内应,朱棣不仅兵精粮足,而且对建文集团内动静虚实了如指掌,加之指挥得当,又有姚广孝等能者相助,出谋划策,因此在斗争中始终处于优势地位。建文集团相反,虽位居正统,兵众粮足,但因建文帝生性怯懦迂腐,缺乏魄力,做事优柔寡断,易信谗言,因此先后任用耿炳文、李景隆分镇真定、河间。结果,耿先大败于真定,困守孤城;李代耿后,虽乘燕军攻大宁之机而围攻北平,但在北平军民合击下又大败,逃回德州。建文帝无奈,答应罢免齐泰、黄子澄的兵权(实则仍典兵如故),以求罢兵。燕王知诈,不听,继续进攻德州。建文二年(1400)四月,燕王连续攻下德州、济南,景隆只身走。唯铁铉、盛庸代景隆坚守济南,燕军久攻不下,只好暂回北平。

建文四年(1402)正月,建文帝令魏国公徐辉祖主山东。燕军连续到达汶上、沛县,直捣徐、淮。三月,到了宿州,攻破萧县,大败敌主将平安于小河。接着,同徐辉祖大战齐眉山,自午至酉,难分胜负。而建文帝却因暂时的小胜冲昏了头脑,听信谗言,以"京师不可无帅"为由,撤回徐辉祖,放松了戒备。燕王先用分兵进扰,使敌兵势力分割削弱,应顾不暇,燕军乘敌将何福移兵灵璧就食之机,展开大战。四月初八日,燕王亲率诸将首先登城,军士紧跟其后,生擒平安、陈晖等大将,大获全胜。与此同时,宋贵又成功截击了前往济南的援军,并全歼其军。南军的势力更加衰弱了。五月,燕王连下泗州,拜了祖陵;巧渡淮水,取盱眙,乘胜直捣扬州,攻克仪征。时,建文帝又派使以"割地南北"议和。燕王称"凡所以来,为奸臣耳。得之,谒孝陵,朝天子,求复典章之旧,免诸王罪,即还北平",并指出此议和实为"奸臣缓兵之计",拒绝接受。议和未成之后,建文集团便自恃长江天险,打算募兵勤王,进行顽抗。

六月初一,燕王汇集高邮、通、泰船于瓜州,向京城进发,在浦子口大败盛庸军;又得子朱高煦的援兵,势力盛极。一时朝臣多暗地里派使者向燕王献计充内应,前往增援前线的陈瑄亦率舟师降燕。燕军势力更加旺盛。初三,燕王誓师渡江,舳舻相衔,旌旗蔽空,金鼓大震,声威浩荡,当时,盛庸列兵沿江200里迎战。燕王指挥诸将先登,以精骑数百冲入敌军阵营,盛庸师溃,单骑逃走,余众都投降。随后移师长江咽喉镇江,守将不战而降。此时举朝震惊。建文帝除令谷王朱橞、安王朱楹分守都门外,又派遣李景隆和诸王反复向燕王求和。燕王仍以"欲得奸臣,不知其他"为由,盛宴后送回。建文帝无计,方孝孺坚请守城待增援。齐泰、黄子澄分赴广德州、苏州逃难征兵,都没有取得成效。十一日,燕军进入朝阳,谷王和景隆献出金川门,朝廷文武都迎降。建文帝左右仅剩数人,于是关闭了所有的后妃宫,纵火焚之。在烈火中,建文帝不知去向。

朱棣入宫后,大肆进行报复行动。建文谋臣齐泰、黄子澄、方孝孺先后被磔,诛灭九族。拒草"即位诏书"的方孝孺和藏刀上殿行刺的景清，更祸灭十族，不仅株及九族，连门生之门生，姻亲之姻亲，均不放过，史称"瓜蔓抄"。前后被杀者数以万计，镇压十分残酷。

七月初一，朱棣正式登极，史称明太宗（嘉靖时改谥"成祖"），以第二年为永乐元年（1403），升封地北平为北京，改京师为南京。一切恢复太祖时旧制。"靖难之役"就此宣告结束。

迁都北平

明朝初建，定都应天府（今南京市），成为封建王朝在此地区建立都城的开始。此前，所有建都这里的王朝均带有偏安的性质。朱元璋之所以定都于此，主要出于经济原因。应天地近江、浙富庶之地，是全国经济重心所在；同时又有万里长江横卧其侧，是水陆交通四通八达，是全国主要的丝织品和盐业的集散地；更有吴王夫差时的宫阙基础，无须动用多少民力便可建都。同时，其部下亦多江淮子弟，地道的南方人，均热恋故土，乐于安居此地。但从对付主要敌人——蒙古贵族残余势力"北元"复辟危险来说，应天则是偏安江左，距离北方边疆太远，调兵指挥，均有鞭长莫及之虞。因此，他长期以来对定都问题犹豫不决，曾多次征询群臣意见，当时就有长安、洛阳、汴梁（今开封）、北平等诸多建议和方案。朱元璋曾逐个地进行过考虑和比较，觉得都有其合理之处，但又都失之于片面：汴梁位置适中，原为北宋旧京，漕运方便，但却无险可守，易于四面受敌，其城又低于黄河水面，时有水灾威胁；长安、洛阳曾是几代都城，但又久罹兵火，损坏惨重，要重新建城必耗资巨大，颇费百姓功役；北平虽有元代城池宫阙，然要定都，也还须经过一番改造，尤其刚为亡元之都，也觉不大吉利。明太祖也曾想定都濠州（今安徽凤阳县）以为中都，并在洪武二年至八年（1369～1375）间一度动工修建了城池宫阙，但因耗费甚巨，人民苦不堪言，曾经爆发了工匠的反抗起义，加之刘基等人的坚决反对，不得不停下来。直至洪武十一年（1378）才终于以应天府地势优越，虎踞龙蟠，有长江天堑，且地近江南财赋之源，正式定应天府为"京师"。京师虽定，但为了防御蒙古，加强北部边防，明太祖仍未放弃迁都西北的打算。洪武二十四年（1391），他继续派太子朱标"代天子"巡视洛阳和长安。朱标回朝后,献上绘制的关、洛地图,并提出己见。可惜不久,朱标突然病逝。朱元璋极度悲伤,加之年事已高,再也无力过问迁都之事。不过,他为对付北元残余势力的威胁,还是做了一定的安排。主要是在封藩诸子时,有意地分为前方、后方两部分,以北方沿长城线为前沿,封辽王朱植、宁王朱权、燕王朱棣、谷王朱橞、代王朱桂、秦王朱樉等,分驻广宁、大宁(今河北省平泉县)、北

北京故宫

平、宣化、太原、大同、长安等处,并配以重兵,广建卫所,给予制诸卫的兵权,他们凭借长城险隘,建立起了一系列的军事据点,其主要任务就是防御蒙古贵族的南下,故又称"塞王"。建文四年(1402),经过长达4年之久的"靖难之役",朱棣终于击败建文帝,攻占京师,夺取皇位,是为明成祖,年号永乐。明成祖为防止出现第二次靖难,又大力推行削藩政策,先后对原封诸王削的削,迁的迁,废的废。比如迁宁王于南昌,迁谷王于长沙,使他们再也无力同中央抗衡。但是,削藩却使北方边防陷于空虚。为充实北部边防,真正防御蒙古贵族的南侵,解决鞭长莫及的问题,进而有力地控制北方和东北地区,维护全国的统一安定,在永乐元年(1403),朱棣即采纳礼部尚书李至刚的建议迁都北平。首先下诏,升北平为北京("北京"之名自此始),暂称"行在",由皇太子主持。改北平府为顺天府;相应的,原京师改称南京("南京"之名亦始此),正式实现了明太祖主张的南、北两京之制。他所以要迁都北京,主观原因是由于此地是其亲自经营多年的根据地,是所谓"龙兴之地";而客观上则由于北平"左环沧海,右拥太行,南襟河济,北枕居庸""关口不下百十",会通漕运便利,天津又有通海运的优越环境条件。永乐十八年(1420)十二月,北京宫殿落成。永乐十九年(1421)正式迁都北京。南京、北京并称两直隶,从而大大加强了北方的军事力量,对于确保北部边境的安宁,巩固多民族国家的统一,具有积极的意义。

改高丽国号

明朝建国不久,便和高丽建立了友好关系。洪武元年(1368),明太祖朱元璋派遣使节赴高丽传达国书,洪武二年(1369)又将流亡在中国的高丽人遣送回国。高丽国王王颛遣使上表祝贺朱元璋登基,进贡土特产,并请求赐予封号。明太祖封他为高丽国王,赐给金印、锦绮等物。两国之间的朝贡关系正式建立,并开始互派使节,定期进行贸易。

同年秋天,王颛派遣大臣成惟得等为朱元璋祝寿。朱元璋得知王颛、成惟得临回国时只知尊崇佛教后,便写信给他,劝他注重耕战,不要像梁武帝那样过于迷信佛教而误国误民。洪武三年(1370),明朝向高丽颁布举行科举的诏令。王颛上表谢恩,上缴了元朝颁给的金印,表示彻底和元朝断绝关系。洪武五年(1372),王颛请求让高丽遣族子弟进入明朝太学学习,得到批准。同年,高丽贡使在来华途中遇风暴翻船,明太祖决定改每年一贡为三年一贡。

洪武七年(1374),高丽发生内乱。权臣李仁人杀害了王颛,立王颛养子辛禑为王。洪武八年(1375),明太祖向高丽使节提出必须按王颛在位时订立的贡额纳贡,必须送还被扣留在高丽的全部辽东百姓,只有这样,才能表明辛禑确实是继承了王颛王位,而不是徒有其名的傀儡。如果做不到上述要求,明朝将出兵讨伐弑君之贼。此后,明太祖拒绝接受高丽朝贡,下令辽东守将严加戒备。直到洪武十七年(1384),双方才恢复了过去的友好关系。次年,明太祖赐王颛谥号为"恭愍",封辛禑为高丽国王。

但是,到洪武二十年(1387)十二月,明朝和高丽又因边界问题发生了纠纷。明朝决定将铁岭以北隶属辽东行都司,以南划给高丽。次年四月,辛禑上表声称,铁岭南北均为高丽旧地,请求仍划归高丽。明太祖驳斥他说,两国过去以鸭绿江为界,现在却要铁岭为界,实在是搞欺诈,希望辛禑安分守己,不要挑衅。

同年八月,高丽千户陈景投降明朝。他向明朝告发说:当年四月,辛禑派大将李成桂等进攻明朝,因军粮供应不上,李成桂半途退兵。辛禑大怒,处死了李成桂的儿子。李成桂为给儿子报仇,回师攻占王京(今朝鲜开城),囚禁辛禑。明太祖为此再次要辽东守军严加戒备,派人侦察高丽的局势。十月,辛禑上表要让位给儿子辛昌。明太祖怀疑李成桂逼辛禑这样干的,决定不置可否,静观待变。

洪武二十二年(1389),李成桂废黜辛昌,改立定昌国院君王瑶,并上奏明朝,请求批准。明太祖认为既然王瑶是王氏子孙,可以承认并派使节慰劳。洪武二十五年(1392),李成桂废黜王瑶,自立为王。消息传到明朝之后,明太祖认为高丽地处偏僻,不易治理,只要李成桂顺应天道人心,不挑起边界纠纷,就可以承认这一既成事实。同年冬,李成桂派遣使节吊唁太子朱标,同时请求变更国号。明太祖决定将高丽改为古国号"朝鲜"。此后直至明末,朝鲜始终同明朝保持着朝贡关系。双方使节往返不绝。两国间的经济、文化交流也得到进一步发展。

征服安南

洪武元年(1368),明将廖永忠出兵两广。安南陈朝国王陈日煃主动派使节与明军接洽,通好只是由于云南的无梁王把匝剌瓦尔密从中作梗,才未能如愿。当年十二月,明太祖朱元璋派使节招抚安南。陈日煃派使节朝贡称臣。第二年,明太祖封陈日煃为安南国王。

此后,两国使节往来不绝。陈日煃之后即位的陈日熞、陈日烇等也均得到明朝册封。洪武末年,安南国相黎季犛专权。洪武二十一年(1388),黎季犛废黜并杀死陈日熞,立陈日炜为王。建文元年(1399),黎季犛杀死陈日炜及其子陈颛、陈頗,同时大杀陈氏宗族成员。黎季犛自立为王,并改名胡一元,将自己的儿子黎苍改名为胡査,自称是帝舜苗裔胡公的后代,将国号改为大虞,年号元圣。不久,胡一元传位于胡査,自称太上皇。

建文四年(1402),明成祖朱棣即位,派遣使节通知安南。永乐元年(1403),胡査派使节朝贡,上奏说陈氏绝嗣,自己是陈氏外甥,被众人拥立为王,请求明朝册封。这一请求得到明成祖的批准。不久,胡査派兵夺取了广西思明土司官的辖区。成祖令其归还,胡査置之不理。占城国王控告安南兵入侵,成祖下令他们和好。胡査阳奉阴违,继续侵扰,企图迫使占城称臣,后来甚至抢劫明朝赐给占城的物品,消息传到京师,成祖大为震怒,正准备派使节去谴责胡査,陈氏旧臣裴伯耆和陈朝王族陈天平先后到京师控诉胡一元弑君篡国之罪。于是,成祖决心帮助陈天平复国。

胡查假意答应迎立陈天平。永乐四年（1406）年初，成祖派广西左、右副将军黄中、吕毅率兵5000人送陈天平回国。三月，黄中等护送陈天平入鸡陵关（亦名支棱关，位于今越南凉山南），在芹站（鸡陵关西南）附近遭到胡军的伏击。陈天平被俘，后押送西都（即安孙，今越南清化永禄）处死。黄中大败而还。成祖闻讯大怒，决心出兵安南。

同年七月，成祖任命成国公朱能为征夷将军，西平侯沐晟、新城侯张辅为左、右副将军，丰城侯李彬、云阳伯陈旭为左、右参将，分两路自广西、云南进攻安南。十二月，张辅、沐晟率军强渡洮江，用木器大破安南军的象阵，攻克重镇多邦（位于今越南河西三位山），然后循江而下，攻克安南东都（即升龙，今越南河内）、西都。胡氏父子焚毁宫室府库，仓皇逃往海上。安南北部州县纷纷投降。

永乐五年（1407）正月，张辅、沐晟先后在筹江栅、万劫江普赖山、盘滩江、木丸江等地击败胡军。三月，明军在富良江大破胡军主力，斩杀、俘虏数万人，江水都变成了红色。胡氏父子乘船逃走。明军分水陆两路追击，直至日南州奇罗海口。五月，都督柳升在高望山一带俘虏胡一元等人。安南民众武如卿等俘虏胡查等人，送交明军，安南遂平。

木丸江大捷之后，张辅等即着手寻访陈氏子孙下落。张辅奏："安南本中国地，陈氏子孙已诛尽，无可继，其国中耆老民庶俱诸为郡县如中国制。"于是明廷决定将安南划入明朝版图。同年六月初一，成祖下诏改安南为交阯，设立布政使司、按察使司和都指挥使司，三司之下设立17个府、47个州、157个县，以及11个卫、3个所和1个市舶司。

明军主力撤出安南之后，安南人民又奋起反抗。永乐六年（1408）八月，陈朝官吏简定自称日南王，占据义安、化州山区，攻打盘滩咸子关，附近州县纷纷响应。沐晟率兵4万进行讨伐，于十一月大败于生厥江。永乐七年（1409）二月，成祖命张辅领兵47000人进入安南，增援沐晟。五月，简定自称太上皇，自称是陈氏后裔的陈季扩为大越皇帝。八月，张辅在咸子关大破简定。九月，明军直逼清化，攻入磊江，在美良山区俘虏简定。永乐八年（1410）正月，张辅在冻潮州安老县大破阮师桧所部越军，斩首4500余级，俘获2000余人。五月，沐晟追击陈季扩一直到虞江（或曰灵长海口），陈季扩投降。成祖任命陈季扩为交阯右布政使。但他拒不受命，等明军撤退之后，再次起兵反明。

永乐九年（1411）正月，成祖命张辅率兵24000人，会同沐晟大军再次征讨陈季扩。七月,张辅、沐晟大军在九真州月常江大破越军。十一月,又在厥江重创越军。次年八月,张辅督师在神投海大破越军,进逼义安府,陈季扩部将纷纷投降。永乐十一年(1413)十二月,张辅、沐晟合兵在爱子江击溃阮师桧率领的越军主力。次年正月,明军俘获阮师桧和陈季扩,彻底镇压了陈季扩起义。

事后,明成祖留张辅镇守交阯,一直到永乐十四年(1416)十一月才召还。第二年,改派丰城侯李彬镇守交阯,派宦官马骐为监军,负责采办、搜罗奇珍异宝。马骐贪婪残暴,重新激起交阯人民的反抗。永乐十六年(1418)正月,原陈季扩部将、后投降明朝并担任清化府俄乐县土官巡检黎利聚众起兵,发动了越南历史上有名的蓝山起义。黎利自称平定王,在各地传檄,号召驱逐明兵,各地军民纷纷响应。李彬督师镇压,穷于应付。直到永乐十九年(1421),才将大股义军镇压下去。黎利逃入老挝。次年春天,李彬病逝。成祖命荣昌伯陈智代替李彬。这时,老挝迫于明朝压力,已将黎利驱赶回交阯。

永乐二十一年(1423),陈智督师追击黎利,在宁化州车来县重创黎军,黎军再次逃入老挝。次年,黎利回到宁化州,以诈降麻痹明军,重新积蓄力量。

宣德元年(1426)三月,统兵将领陈智、方政所部在茶笼州大败。四月,宣宗改派成山侯王通为征夷将军总兵官,都督马瑛为参将,督师征讨黎利。五月,下诏只要黎利投降,可不追究以往罪过,仍委以官职。同时,下诏停止采办金银、香料等扰民之事。但是,怀柔之策未见效果。十一月,王通率领的明军主力在应平宁桥(今越南河西彰美)中了敌军埋伏,大败而还。尚书陈洽阵亡,王通受重伤,明军阵亡两三万人。黎利义军乘胜攻占义安(今越南义安兴源)、演州(位于义安以北)、三江等地。宣宗听到失利的消息后,于十二月派安远侯柳升、黔国公沐晟督师11万余人分别从广西、云南进入交阯,援救王通。

宣德二年(1427)二月,黎利进攻交阯城(即交州,今越南河内)。王通出其不意突袭敌军,大获全胜。但王通优柔寡断,没有乘胜追击,决心与黎利讲和。十月,宣宗听了大学士杨士奇、杨荣的意见,决心放弃交阯。按黎利的请求,封陈日暠后裔陈暠为王。同时,下令王通等所有在交阯的官吏士兵撤回中国。安南恢复对明朝的朝贡关系。第二年春,黎利上表说陈暠病逝,陈氏再无后人,请求代掌国政。宣宗认为是黎利在其中作梗,置之不理。直到宣德六年(1431),才同意黎利监国,代掌国政。其实,黎利早已在国中称帝建号,设官分职了。

宣德八年(1433),黎利去世,其子黎麟(亦名黎龙)即位。正统元年(1436),明英宗册封黎麟为安南国王,最终承认了黎朝。此后直至明亡,两国间虽发生过一些局部冲突,但基本上维持了友好关系。

郑和下西洋

郑和,原姓马,小字三保,是云南昆阳(今云南省晋宁县)回族人。明太祖朱元璋统一云南时,他被阉入宫,做了太监。后随燕王朱棣到达北平,住在燕王府。在"靖难之役"中,因其为人机警,智勇双全,"出入战阵,多建奇功",深受燕王赏识。永乐元年(1403),他被庄重地赐予姓名——郑和。次年,又升为内官监总管太监。通过靖难之役,他掌握了丰富的军事知识和作战经验,为他后来指挥舰队七下"西洋"创造了重要条件。同时,郑和虽原本世代信奉伊斯兰教(时称回教),但于永乐元年(1403)却又在道衍(即姚广孝)引荐下,皈依了佛教,成为一名佛教徒,法名福善,因此又被人们称为"三保太监"。

当时,正值明朝国势蓬勃上升的繁荣时期。国家经济实力壮大,政治局势相当稳定,而且宋、元以来海外贸易兴盛,对外移民不断增加,特别是造船业空前发达,航海技术也有了长足进步,罗盘针广泛用于航海,众多水手和技师日益增多,这些为郑和远洋航行提供了雄厚坚实的物质基础和足够的科学技术。在此情况下,自命为"天下共主"、雄心勃勃的成祖朱棣,为宣扬国威,"耀兵异域,示中国富强",决定派使臣率领船队出海远航,访问亚、非诸国。但是,这样重大的举动,如果没有一个精明强干的总指挥是很难实现的。而郑和身为内宫总管太监,外出采办是其责任范围内之事,又兼有回、佛二教徒的双重身份,更便于同"西洋"诸国官民的交往;其父、祖均曾亲自到过天方(即麦加,今沙特阿拉伯西北部)"朝圣",他在耳濡目染下间接地了解并熟悉了"西洋"各国和各地区的风土人情;此外,更有前述靖难之役中积累的军事知识和实践经验,可说是当时再好不过的理想人选。所以,明成祖朱棣毅然决然地任命他出任总指挥而以其挚友王景弘为副使。从此,郑和便开始了长达近30年的震惊世界的七次大规模的"下西洋"(广指我国南海以西的海洋地区,包括今天印度洋、文莱以西的地区)。

永乐三年(1405)七月,郑和偕副使王景弘,率领将士和水手27800余人,分乘62艘大船(一说200多艘),从苏州刘家河(今江苏省太仓县浏河)出海,经占城（今越南中南部）、爪哇、旧港（今称臣港）、苏门答腊（今印度尼西亚苏门答腊岛）、锡兰山（今斯里兰卡），最后到达古里（今印度科本科德）。他们一路宣扬明朝德政，以及同各国通商友好的强烈愿望，深得各国官民的欢迎。永乐五年（1407）十月初二，郑和舰队返航回国时，不少国家的使者随同访华，商谈建立邦交和通商贸易关系。其间，出于自卫，在旧港，郑和曾不得不以武力击败前来抢劫宝船物资的海盗，生擒了其首领陈祖义。但此次航行仅是作为一次实践，其历经范围也未超出印度洋沿岸地区。

同年十月，郑和等利用东北季候风又进行了第二次出海航行。经暹罗（今泰国）、柯枝（今印度柯钦），又到达古里。至永乐七年（1409）七八月间正式返回。其所经路线、范围与第一次大体相同。

郑和第三次出海航行，是在永乐七年十月（1409），主要是为护送各国的使者回国。他只带了48条宝船。为了以后进行更大规模的远航，他们开始在其航行的中心地区——满剌加建立重栅小城，修盖了大型仓库，作为中转站。这次仍以通商为主，一路也还顺利。这次航行仍未越过印度西海岸。

永乐十一年（1413）十月，郑和开始了第四次下西洋。这次航程较远，所到的国家和地区也较多，已远逾印度以西。新去的国家和地区有：溜山（今马尔代夫）、榜葛剌（今孟加拉），最后由古里直航忽鲁谟斯（今伊朗波斯湾口阿巴斯港南的岛屿）。

永乐十五年（1417），郑和又进行了第五次远航。这次到达的国家和地区更多，航程也最远，直达非洲赤道以南、东海岸的木骨都束（今索马里摩加迪沙）、麻林（在今肯尼亚境内）以及阿拉伯半岛的祖法儿、阿丹、剌撒（今也门共和国境内）。永乐十七年（1419）八月初八日回返时，竟有十七个国家的使节随同来华访问，其中有王子、王叔、王弟等，分别通过谈判，同明朝建立起正式邦交关系。

为护送诸国使节回国，郑和奉命又于永乐十九年（1421）三月初三日，进行了第六次远航。此次路途虽远，但往来却非常迅速，于第二年（1422）便回国。

郑和的最后一次远航，则是在成祖及其子仁宗相继去世后的宣宗时期。到达了17个国家和地区，归来时已是宣德八年（1433）七月初七日，并有10多个国家和地区的使臣随同来华，与明朝建立联系。

宣德九年（1434），64岁的郑和病逝。就在这一年，其副使王景弘又组织了第八次下西洋的活动，但其声势与规模都已远不及前七次了，下西洋活动接近尾声。

郑和的七次泛海远行西洋,前后长达近 30 年,行程计以万里,到达地区,南至爪哇岛,北迄波斯湾和红海东岸的麦加,东至台湾,西达非洲东海岸、赤道以南,包括占城、真腊(今柬埔寨)、暹罗、满刺加(今马六甲)、彭亨(今马来西亚)、苏门答腊、旧港、爪哇、阿鲁、南勃里(属今印度尼西亚)、锡兰(今斯里兰卡)、溜山(今马尔代夫)、榜葛刺(今孟加拉)、南巫里(属今印度)、忽鲁谟斯、祖法儿(今佐法儿)、阿丹(今红海的亚丁,属今也门)、比刺(今索马里的不刺哇)、木骨都束、麻林和天方等亚非 40 多个国家和地区。郑和下西洋,其规模之大,人数之众,时间之长,足迹之广,在中国和世界航海史上都是空前的壮举,中国人民对世界航海事业作出了伟大的贡献。郑和开辟了从中国去红海及东非地区的航道,是海上"丝绸之路"的开创者。

郑和下西洋的影响是巨大的:首先,它把大量的瓷器、丝绸、锦绮、纱罗、铁器和金属货币等带到亚洲各地,又从国外收买回胡椒、谷米、棉花,换取大量海外奇珍、香料等奢侈品,大大开拓了海外市场,促进了中国同亚非各国的经济文化交流,增强了同各国政府间和民间的友谊,从而刺激了国内的商品生产和工商业的长足进步,也在一定程度上推动了资本主义的萌芽。同时,通过郑和下西洋的交往,大批华人也流往南洋各国,华侨人数自此剧增,成为南洋各国重要的社会生产力量,他们与当地人民共同推动了南洋地区的开发。其次,在政治上扩大与强化了中国同亚非各国的友好往来,明朝跟 30 多个国家建立了正常的外交关系,空前地提高了中国的国际威望和地位。在科学技术上,打开了中国人民的眼界,丰富了中国人民的海外地理知识。郑和编制的《航海地图》,详载了沿途各国的航道、地理位置、距离等,尤其是《鍼位编》一书,是一部相当详尽的航海手册;其同行者马欢著的《瀛涯胜览》、费信著的《星槎胜览》和巩珍著的《西洋蕃国志》,均详细记载了所到各国和地区的风俗人情,大大增进了中国人民的海外知识,这些成为研究中外关系史的重要资料。最后,在远涉重洋的航行中,郑和依靠集体智慧和力量,同"洪涛接天,巨浪如山"的海洋进行了殊死搏斗,充分体现了中国人民的大无畏精神。

朱棣亲征

　　元朝残余势力被逐出中原后,仍然雄踞漠北,势力强大。明太祖曾多次派兵进攻北元残余,终于促使北元分裂,东部兀良哈归附明朝,中部鞑靼和西部瓦剌仍然与明朝为敌。尤其是鞑靼仍沿袭元朝帝号,势力最为强大。永乐元年(1403),鞑靼别部首领鬼力赤杀死北元皇帝坤帖木儿,自立为可汗,不再沿用元朝国号、帝号。同时,与瓦剌相互仇杀,使蒙古势力大为削弱。鬼力赤等各部首领纷纷与明朝建立了朝贡关系。

　　永乐四年(1406),鞑靼太保、知院阿鲁台杀死鬼力赤,迎立元宗室本雅失里为可汗。阿鲁台自任太师,一面继续与瓦剌为敌,一面断绝与明朝的关系。永乐七年(1409)四月,本雅失里、阿鲁台杀害明朝使节郭骥。明成祖朱棣为控制鞑靼,于五月封瓦剌首领马哈木为顺宁王,太平为贤义王,把秀孛罗为安乐王。然后在七月任命淇国公丘福为大将军,10万大军讨伐本雅失里、阿鲁台。由于丘福轻敌冒进,率领千余骑兵渡过胪朐河(今蒙古克鲁伦河),结果落入鞑靼重兵埋伏之中。丘福全军覆没。

　　消息传到京师,成祖大怒,认为如不及早除去北方鞑靼这个祸患,边疆将永无宁日,于是决定亲自率军北征。同年十月,成祖下令户部尚书夏原吉筹备北征的军需粮草。夏原吉按成祖的意图,准备了3万辆车和20万石粮食,拟跟在大军的后面,每隔10天的路程就建一座贮粮城,以备大军回师时食用。

　　永乐八年(1410)正月,成祖发动了第一次北征。成祖亲率50万大军出塞,五月初一,明军到胪朐河。前锋与鞑靼游骑交战,获得小胜。初八,明军从俘虏口中得知本雅失里在兀古儿札河(今蒙古乌勒扎河)。成祖亲率精兵,携带20日粮草,长途奔袭敌军。十二日,明军到达兀古儿札河,本雅失里仓皇逃走。第二天,明军追到斡难河,与本雅失里在这里展开了激战。成祖亲自指挥冲锋,一鼓作气,打垮了本雅失里。本雅失里丢下所有辎重,只率七骑人马渡河逃走。

　　六月,明军在回师途中在阔滦海子(今内蒙古呼伦湖)附近与阿鲁台遭遇。成祖亲率骑兵冲入敌阵,杀声震天,阿鲁台大败而逃。明军追击100余里,斩杀百余人,因天热缺水而收兵回营。阿鲁台虽受重创,但仍派出小股骑兵尾随明军之后,袭扰明军的后卫。成祖便亲自率1000余名精兵前去断后,在途中设下埋伏,痛歼尾随的鞑靼兵,使其不敢再来侵扰。摆脱了敌人的追随,但是明军又面临着严重的缺粮问题。成祖一面拿出自己节省的一部分口粮分给士卒,一面下令携带粮食多的部队借给缺粮士兵,回京后给予加倍偿还。七月,成祖回到北京。

阿鲁台战败之后,于永乐九年(1411)十二月派遣使节求和,并请求让他管理女真、里巴为可汗,实际上将大权握在自己手中。阿鲁台被瓦剌打败之后,逃到明边塞附近,向明朝纳贡称臣,请求明朝出兵为本雅失里报仇。明成祖知道阿鲁台是走到穷途末路才来投降的,并非心悦诚服,但仍接受了阿鲁台的朝贡,封他为和宁王。这样一来,马哈木怨恨明朝收容阿鲁台,不再向明朝进贡。

永乐十二年(1414)二月,成祖下令进行第二次北征,命安远侯柳升等率50万大军随同出征。三月,成祖离京。四月,全军出塞。马哈木终因抵挡不住明军的攻击,开始撤退。明军乘胜追击,一直追到土剌河边。马哈木连夜向北逃遁。直到深夜,成祖才回到帐中。成祖考虑自身损失也较大,不宜再战,便下令班师回朝。回师途中,又击退了瓦剌的袭扰,于八月回到北京。

忽兰忽失温一战,瓦剌元气大伤。永乐十三年(1415)十月,马哈木派遣使节向明朝谢罪,进贡马匹。两年之后,马哈木去世,明朝让他的儿子脱欢继承爵位。

阿鲁台的势力日益强大之后,常常侮辱明朝使节,甚至派兵侵扰明朝边境。永乐二十年(1422)年初,阿鲁台大举进攻兴和(今河北张北),杀死明将王祥。成祖决心第三次亲征。同年三月,成祖率大军离京。阿鲁台闻风而逃。五月,明军大举出塞。在这一形势下,鞑靼各部纷纷叛离阿鲁台。阿鲁台见势不妙,匆忙将牛马驼羊等辎重丢在阔滦海子,携家属北逃。明军收容鞑靼部众,班师回朝。回师途中,分出一支精兵突袭兀良哈,大获全胜。

永乐二十一年(1423)七月,成祖听说阿鲁台又要侵犯边境,决心进行第四次亲征。九月,成祖到达沙城(今河北张北西北),从前来投降的鞑靼首领阿失帖木儿等人口中得知阿鲁台刚被瓦剌打败,不会有南下的意图。但成祖仍率大军到达胪朐河附近,接受了鞑靼王子也先的归降,然后班师回朝。

永乐二十二年(1424)正月,阿鲁台率兵进攻大同。四月,成祖离京,进行第五次北征。六月,明军到达答兰纳木儿河一带(今内蒙古伊尔施西南中蒙边境地区),分兵搜索,没有看见阿鲁台踪影。成祖担心粮草接济不上,于是决定班师。七月,成祖病逝(今内蒙古乌珠穆沁东南)在榆木川军中。太子朱高炽即位,是为仁宗。

【国学精粹珍藏版】

李志敏⊙编著

◎尽览中国古典文化的博大精深 ◎读传世典籍，赢智慧人生——

——受益终生的传世经典

中华上下五千年

卷四

民主与建设出版社
·北京·

瓦剌南侵

　　元朝灭亡后,蒙古族中的一部分由于长期散居于内地,已同汉族及其他各族人民逐渐融合,而其余退居漠北者,仍然过着游牧生活。他们共分三部:其中居住在老哈河(西辽河的南源,在今内蒙古自治区东南部)和西辽河一带者,是兀良哈部;居住在鄂嫩河、克鲁伦河和贝加尔湖以南者,是鞑靼部;居住在科布多河和额尔齐斯河及其以南的准噶尔盆地者,则是瓦剌部。明统治者经过反复研究,认为此三部"分则易治,合则难图",故一贯坚持时而拉拢时而打击的分化瓦解政策。

　　瓦剌部,在成吉思汗时称斡亦剌惕,其牧地原在叶尼塞河上游。术赤北征后,开始臣服于蒙古。元末时又大力向西扩展,尽占阿尔泰山以西地方。当时的瓦剌部,本归元朝旧臣猛哥帖木儿管辖。猛哥帖木儿死后,该部一分为三,分别由马哈木、太平和把秃孛罗统领。明永乐七年(1409),因瓦剌三部均曾先后遣使入贡明廷,明成祖便同时敕封马哈木为顺宁王,太平为贤义王,把秃孛罗为安乐王。不久,鞑靼部首领阿鲁台也派使者入贡明朝。明成祖鉴于瓦剌各部的逐渐强大,因此为了牵制瓦剌,初则又敕封阿鲁台为和林王。马哈木向来与阿鲁台不和,以此对朝廷大为不满,于是联合瓦剌诸部,拥兵占据饮马河上,准备进犯明朝。

　　永乐十二年(1414),明成祖亲率大军进攻瓦剌,并告知阿鲁台出兵配合,在忽里忽失温(在今蒙古人民共和国的乌兰班达地)大败瓦剌军。

　　永乐十四年(1416),马哈木死,其子脱欢袭位。不久,脱欢又攻杀贤义王和安乐王,尽占其众,统一了瓦剌各部。明宣宗宣德九年(1434),脱欢袭杀了阿鲁台,进一步征服统一了鞑靼部。脱欢自立为可汗,因遭各部强烈反对,不得不暂立元室后裔、原鞑靼部首领脱脱不花为可汗,而自任丞相,居漠北,成为实际的掌权者。明正统四年(1439),脱欢死,其子也先继嗣丞相之位。不久,也先又自称太师淮王。北部皆臣属于也先,脱脱不花徒有虚名,不复相制。也先成为整个瓦剌的实际领袖。也先野心勃勃,北征乞儿吉思,西服中亚诸国,西南又攻取哈密,控制了明朝通往西域的咽喉要道;又同沙州、罕东、赤斤蒙古三卫联姻结盟,并置

"甘肃行省",破坏明朝在西北的屏障;东败兀良哈三卫,进而徙转女真族各部,完成了对明朝东、西、北三方面的大包围圈。

从此,也先开始连续率兵大举侵扰明朝的辽东、蓟州、宣府、大同等各边镇,梦想恢复"大元"的一统江山。与此同时,也先还进一步破坏了同明朝的正常贸易关系,以"通贡"攫取中原大量财物,贡使逐年增加巨额,甚至虚报人数,冒领赏赐。明廷识破后,给予了严厉的斥责。也先恼羞成怒,便不惜诉诸武力,开始向明朝发动大规模的进犯,与明进行战争已不可避免。但是,明朝由于宦官王振专权乱政,错误地估计了当时的双方形势,盲目地唆使年轻的英宗皇帝御驾亲征,加以英宗临阵指挥失误,最终导致了"土木之变"的惨痛失败,明朝国势从此由盛转衰。

土木之变

明王朝经过了洪武、建文、永乐、洪熙和宣德几朝的经营,国势达到了鼎盛。从正统年间(1436～1449)起,国势开始转弱,走下坡路。而蒙古贵族的统治势力,却逐渐强大起来。当时,瓦剌部首领也先,打败兀良哈和鞑靼部,统一了蒙古各部,虽名义上尊元室后裔脱脱不花为"可汗",自己只称太师、淮王,但实际上已成为统一蒙古诸部的真正领袖。他在连续征服了中亚、西域和女真等地区后,基本上完成了对明朝的包围,并时刻准备向明朝发动进攻。

正统十四年(1449)二月,也先又派使臣前来贡马。他不仅将2000名使者诈称为3000名,期望能冒领明政府更多的赏赐,而且,还公然将贡马说成是向明朝公主订亲的聘

明英宗朱祁镇

礼。这种无礼举动，连权宦王振都忍无可忍，宣布决定削减其马价，并警告瓦剌的使者，求亲之事朝廷根本不知，更没有许诺过什么，也不会承担这种责任，请他们休做非分之想。也先闻知大怒，当即于七月初八日，率领四路军兵，大举进犯明朝。王振为了炫耀自己，在没有任何准备的情况下，竟然鼓动英宗皇帝"御驾亲征"。

初十日，英宗正式下诏，命其弟郕王朱祁钰在朝中坐镇，自己亲率太师英国公张辅、太师成国公朱勇、户部尚书王佐、兵部尚书邝埜、学士曹鼐、张益等文臣武将数百员，大军50万，浩浩荡荡，仓促地出师。当队伍行至宣化府时，突然风雨大作，而边报益急，加上粮饷不继，前锋遭敌击大败。邝埜等群臣诸将多次请求暂停，均被王振等斥退。大军继至阳和，见到尸横遍野，更为畏惧。八月初一日，军至大同，王振还想继续前进，经在阳和之战中幸存者郭敬暗中告知其惨败真相，才开始畏惧，下令后撤。返回途中，大队本应走紫荆关才方便安全，但是，王振却异想天开地决定绕过紫荆关，而走自己的家乡蔚州，借以炫耀自己。但当大队已走出了40余里后，王振因怕人马践踏了自家的庄稼突又反悔，于是，改回原路转走宣化。这样迂回反复，贻误了时机，终于被也先骑兵赶上。

十三日，明军到土木堡(今河北省怀来县官厅水库北岸)，距怀来县城只有20里。众人都主张赶到怀来城内。但王振却因自己还有1000多车辎重未到，定要坚持等齐再走。木土堡地处荒滩，水草皆无，掘地二丈余深，还不得水。往南15里处有河，又已为敌军控制。人马饥渴，束手无策。兵部尚书邝埜深感危险，到行殿力请速行。王振竟怒加训斥："腐儒知道什么兵事，再妄言必死！"邝埜辩说："我是为社稷生灵，为何以死吓我？"王振更怒，竟派人硬是把邝埜架出行殿。终于大军驻扎在了木土堡。十四日，欲行，敌已逼近，不敢动。人困马乏，正无计施。十五日，也先遣使议和。遂派曹鼐起草敕书，派二通事去议和。敌军也稍后撤，王振急令起营速行，但在回旋间，行伍已乱，南行不到三四里，敌军又四面围攻，明军争相奔逃，势不能止，死伤无数、乱而大败的50万大军，几乎全军覆灭。张辅等数百将士皆战死。英宗被俘，王振被大将樊忠怒极锤杀。只有从臣萧惟祯等数人幸免。这一事件，历史上称为"土木之变"。土木堡之败，充分暴露出以英宗、王振为首的明朝统治集团的腐朽和军队战斗力的低下。这一事件，成为明王朝由盛到衰的重大转折点，从此导致了严重的内忧外患。

明景帝在位

正统十四年(1449)八月十七日,土木惨败、英宗被俘的消息传到了北京城,举国惊慌。当时,朝中无主,城防空虚,老弱残兵不满 10 万,能参战的人也只有万余。如何保卫北京,对付即将进犯北京的瓦剌军队,已成为当务之急。群臣多在庙堂相聚痛哭,太后和皇后则极力搜罗珍宝丝绸,准备去赎回皇帝,大官僚、大富豪更暗中悄悄收拾金银细软,准备南逃,形势十分严峻。

八月十八日,皇太后一方面派使者持金银绢帛,去瓦剌也先处赎英宗,一方面下诏命郕王朱祁钰监国。但过了三日,使者赎英宗之谈判毫无音信。二十二日,皇太后又下诏,立朱见深(英宗子)为皇太子,"正位东宫",仍命"郕王为辅,代总国政,抚安百姓,布告天下,咸使闻知"。郕王则召集文武百官,商议守战大计。当时群臣仍多忧惧,不知如何应付局势。翰林侍讲徐珵(后改名为徐有贞)公然主张迁都南京,逃跑避难。兵部侍郎于谦挺身而出,怒斥徐珵:"倡计南迁者,就该斩首!京师乃天下根本,一动则大势去矣。谁不知宋朝南渡的教训?"接着,他建议:"立刻调动四方勤王兵马,誓死保卫京师。"群臣交口赞成于谦的主张,郕王与皇太后当即赞同并采纳了于谦的积极抗战主张,下令升任于谦为兵部尚书,全面负责北京的防务事宜。

于谦毅然以社稷安危为己任,勇敢地担负起抗击瓦剌、保卫朝廷的重任。他一方面积极布置北京的防务,一面让朝廷下令各地举兵勤王。当年九月,于谦又率群臣联合上奏皇太后:"车驾北狩,皇太子年幼。古人云:'国有长君,社稷之福。'请定大计,以安宗社。"皇太后准旨。当对郕王转达皇太后的旨意时,郕王颇为惊恐,推辞再三,于谦说:"臣等这样请求,完全是为了国家安危计,绝无一点私意。"曾奉太后命令去瓦剌军营赎买英宗的特使岳谦,也传达了英宗的"口谕",说:"御弟郕王年长且贤,可代朕继统。"这样,郕王方才同意继位。

九月初六日,郕王朱祁钰正式登基,是为景泰帝,以第二年(1450)为景泰元年,遥尊其兄英宗为太上皇帝。十月,也先因得到原侍奉英宗的太监喜宁并让他做间谍,对明朝内部虚实了如指掌。于是,他诡称要奉还太上皇英宗归朝,由于于谦的布置得当,阴谋未能得逞。因此,他便在喜宁引导下向明朝发动了大规模的进攻。也先打下紫荆关后，接着便长驱直入，掠过易州、良乡、卢沟桥，直抵北京城下，挟英宗向明朝索要金帛以万万计。群臣以太上皇落在敌手，未免有些害怕，因此多主张议和。但于谦却毅然表示："今日只知军旅，其他皆非所敢闻。"也先又转攻德胜门，结果中了明军之埋伏。其弟孛罗、平章毛那孩均被明军炮火击毙。也先拥英宗向城楼高喊："吾为汝等送皇帝来了！"而于谦却针锋相对，让人回答："吾等已有新皇帝了！"结果也先大失所望。经过几场大战，瓦剌军伤亡惨重，加之到处遭到广大人民的英勇袭击，不久，各地勤王兵也纷纷赶来，也先唯恐归路被切断，不得不于十月底，带着英宗和残兵败将狼狈撤回。于谦领导指挥的北京保卫战，在广大人民的积极支援配合下，取得了最后的胜利。郕王朱祁钰正是在土木惨败、英宗被俘、北京危机的特定环境下，由抗战派于谦等人拥立而登上皇帝宝座的。他依靠于谦等人的积极抗战，取得了北京保卫战的重大胜利，从而巩固了明朝政权，保卫了北京及北方人民的生命财产和先进的经济文化。他遣使多次拒绝迎奉英宗还朝，表示其战守之决心，迫使瓦剌也先不得不将英宗放回。但是，在对待被瓦剌放回的英宗的安置问题上，他却出于贪守帝位的私心，错误地采取了幽禁南宫的做法，从而激化了同英宗之间的矛盾，导致了8年后的"南宫复辟"，结果景帝被害、于谦等人含冤被杀。这固然是统治阶级内部争权夺利的必然结果，但也是其对英宗处置不当所造成的。

南宫复辟

　　明英宗朱祁镇，于正统十四年（1449）八月十五日，在"土木之变"中不幸被蒙古族瓦剌部首领也先俘获。其弟郕王朱祁钰原为"监国"，但在此后的抗击瓦剌入侵保卫北京之战中，被兵部侍郎于谦等广大抗战派官僚拥立为皇帝，是为景泰帝，以第二年为景泰元年（1450）。英宗被遥尊为"太上皇"。由于景帝紧紧依靠了抗战派，并积极备战参战，因而取得了抗敌保卫战的巨大胜利，保卫了首都和北方地区先进的经济和文化。也先不得不改变策略，转而以释放英宗为条件，妄图向明廷勒索巨额赔偿。景帝对此，又以拒绝迎请英宗回朝的强硬举动，表示了抗战派的决心，粉碎了瓦剌的无理要挟，并取得了最后的胜利，英宗也被无条件地释放回朝。

但在对待英宗回朝后如何处置的问题，景帝虽然主要是为了对敌斗争的需要，但同时也暴露了其害怕英宗回朝会危及自身帝位的心理。在英宗被放回京后，景帝只是假惺惺地谦让一番，便将其幽禁于南宫，不但自己不加以礼遇，而且也不许群臣与英宗往来。凡有言于善待英宗者，均遭贬责。不久，景帝又不顾群臣劝阻，坚持立自己的儿子为太子，以取代早已确立的英宗之子沂王朱见深。景帝的这些所作所为，不仅激化了自己同英宗之间的矛盾，而且引起了一部分官僚的不满，更使极少数醉心于功名利禄的分子乘机活跃起来。总兵武清侯石亨，都督张𫐐、张𫐄，左都御史杨善，尤其是副都御史徐有贞（即徐珵）等，都以为与其谋立太子，不如请太上皇复位。于是借机投靠英宗，开始密谋策划政变。

天顺元年（1457）正月十二日，景帝病于南郊斋宫，后转到宫中养病。群臣极力请求早立太子。景帝降旨："候十七日御朝再议。"十六日晚，石亨、徐有贞勾结太监曹吉祥，再次密谋策划加速政变进程。于是在当晚夜半，率兵从南宫拥出英宗，闯入宫中，直升奉天殿。十七日晨，百官上朝后，才知有变。徐有贞大呼："众人听着，上皇今已复辟矣！"在武力迫胁下，群臣均不得不就班朝贺。当时在重病中的景帝听到钟鼓乐声，一问方知其兄已经复辟，无可奈何地连声说："好，好！"次日，英宗正式临朝，立即下诏，逮捕了兵部尚书于谦、大学士王文，以及都督范广等，投入监狱。同时，升任复辟有功的副都御史徐有贞以本官兼翰林院学士，入值内阁，参与机务，后又晋升为兵部尚书。二十一日，英宗又下诏，改景泰八年为天顺元年（1457）。二十二日，徐有贞迎合英宗意，以"意欲迎立外藩"罪，判处于谦等死刑。当时英宗还认为于谦抗战功巨不忍诛杀，徐有贞则又以"不杀于谦，今日之事（指复辟）无名"为理由，才使英宗决心杀于谦。于谦、王文、范广等终于被屈杀于东市，妻孥戍边。

二月初一日，下诏废景泰帝号，又恢复号郕王，迁回西内，后转禁于小南城（今南池子普度寺）。十九日，郕王死，年仅30岁，以亲王礼葬于西山（即今金山口的景泰陵）。这一事件，历史上称为"夺门之变"，又称"南宫复辟"。

弘治中兴

弘治是明代第9个皇帝孝宗朱祐樘的年号，弘治元年（1488）至十八年

（1505）在位，共计 18 年。在他统治期间君明臣良，政治比较清明，在明代除洪武、永乐外，同仁、宣同为史家称道。

朱祐樘是明宪宗的第三子。成化六年（1470）七月，淑妃纪氏所生。成化二十三年（1487）九月，18 岁的太子朱祐樘正式继皇帝位，史称明孝宗，定第二年为弘治元年（1488）。从此，便开始了为时 18 年的弘治统治。

明孝宗登极后，颇有点兴利除弊的劲头。首先，他排除了旁门左道对朝廷的干扰和诱惑。把首恶、官居侍郎的李孜省逮捕入狱，将其父在位时养在宫中的众多僧道和江湖术士，先革去赐给他们的法王、佛子、国师、真人等各种封号，随后分别予以驱逐，罪恶深重者给以惩处。接着，又将招引这些僧道的内监梁芳、韦兴和外戚万喜、万通、万达等投入狱中，等候查处。同时，他又斥逐了贪婪无耻、惑乱朝廷达 20 年的内阁首辅万安。为了整饬朝纲，他起用名臣王恕任吏部尚书，擢丘浚为礼部尚书，马文升为左都御史，转而兼任兵部尚书。在内阁，先后引用了徐溥、刘健、丘浚等为首辅。刘健、李东阳和谢迁 3 人组成的内阁，更是无比精悍。李东阳极善策划，刘健机敏果断，谢迁长于阐述，时谚称"李公谋，刘公断，谢公尤侃侃"。三者相互配合，最为得力。孝宗皇帝在他们的辅佐下，既纠正了宪宗时的弊政过失，又宽恕了万贵妃的罪行，政局很快就得到了稳定。他任贤能，退不肖，勤于政务，几次召集阁臣等到文华殿共议庶政，时常亲自批阅奏章，决断政事。此间，他采纳了马文升条陈的时政十五事，停撰道教的《三清乐章》，禁绝外戚张延龄等的广占民田，停止了江南织造衙门，又命白昂等精简刑律，招纳御史王景议，罢免立皇庄等。因此，《明史纪事本末》的作者谷应泰评论称赞他"恭俭仁明，勤求治理，置亮弼之辅，召敢言之臣，求方正之士，绝嬖幸之门"。在他统治的前中期，明朝出现了盛世局面。只可惜，到其后期，因体弱志衰，加之幼年在祖母周太后身边时，深受佛老思想影响，一度轻信了太监李广的诱惑，转信佛道符箓等，进而使李广得以肆行无忌，大开委授传奉官之禁，多方索贿，强占畿内大量民田，乃至侵牟国家专有的官盐之利。幸亏在刘健等人的谏诤之下，迅速改正过来。特别是当李广畏罪自杀后，在其家抄出的怪书上，记有文武朝官送给李广大量的"白米"和"黄米"，孝宗原不理解，经左右解释，方知是白银和黄金的代称，大为震怒，不仅迅速处死了李广，并且下令按名册把那些送礼的大臣，逐个进行了究治。只有外戚张延龄弟兄霸占民田一事，因有皇后的说情，没有追究。

朱宸濠之叛

　　朱宸濠是宁王朱权的玄孙,弘治十年(1497)袭爵。正德初年,朱宸濠见武宗昏庸无能、荒淫误国,便萌生了取而代之的野心。正德二年(1507)四月,朱宸濠用两万两金银收买了掌权的大宦官刘瑾,得以将南昌左卫改为宁王府护卫,并取得了在南昌设河泊所,收取来往捐税的特权。谁知好景不长,正德五年(1510)八月,刘瑾事发,被处死,朝廷下令仍将宁王护卫改为南昌左卫。朱宸濠心中十分不满,加紧勾结宦官、权贵以及地方官员,企图推翻朝廷。

　　正德九年(1514),朱宸濠自称阃王,改护卫为侍卫,改令旨为圣旨。六月,密令刘吉等招募大盗杨清、李甫、王儒等百余人入府,称为"把势"。收买鄱阳湖大盗杨子乔等人,纵容他们劫掠商民。八月,他还无理要求巡抚以下的地方官穿戴朝服参见,遭到巡抚俞谏的拒绝。

　　正德十四年(1519)六月十四日,朱宸濠公开造反。他下令捕杀了江西巡抚孙燧、按察司副使许逵,囚禁了御史王金,主事马思聪、金山,右布政使胡濂,都指挥使许清、白昂等一大批地方官员。

　　七月初一日,朱宸濠发布檄文,历数武宗荒淫昏暴之事,声言替天行道,率领6万大军,号称10万,出鄱阳湖,顺江而下攻占南京。浙江镇守太监毕贞准备起兵响应。初七日,叛军进攻安庆。知府张文锦等死守孤城,迫使宁王驻扎于坚城之下,失去了战机。

　　这时,王守仁也在江西积极组织府县的兵力,准备平叛。七月十八日,各府县兵马在丰城会合,王守仁决心直接进攻南昌,以断朱宸濠的后路。十九日,王守仁率兵出发,一鼓作气于二十日攻占南昌。

王守仁像

二十二日,王守仁否定了固守待援的主张,拿出大批粮食赈济城中军民,赦免参与叛乱的胁从者和投诚者,稳定了民心和军心,然后,亲自督师迎击叛军。二十四日,两军激战于黄家渡,叛军败退。次日,再战于黄石矶,叛军死伤惨重。最后,二十五日,官军在樵舍击溃叛军主力,俘虏了朱宸濠以下所有叛乱首领,乘胜收复了九江、南康等地。

王守仁平叛和擒捉叛王朱宸濠的捷报未传到京师,明武宗下诏亲征并启程,九月到达南京。当听说王守仁押解朱宸濠来南京的消息后,江彬等竟主张释放朱宸濠,让他到鄱阳湖召集旧部,由明武宗亲率大军与他展开决战,以显示明武宗的天威。同时,他们在明武宗耳边大讲王守仁的坏话。王守仁只好连夜抄小路将朱宸濠送到杭州,交给太监张永,经张永为王守仁讲情辩诬,才打消了明武宗对他的猜忌,被任命为江西巡抚。同时,明武宗下令张忠、许泰、刘晖等率领京军、边军讨伐朱宸濠余党。张忠等趁机纵兵劫掠百姓,大发横财。次年九月,武宗要求王守仁重写捷报,加入江彬、张忠等人的"功劳"。十月,明武宗班师回到北京,十二月,处死朱宸濠及其余党。但朝廷在政治上仍旧继续腐败下去。

明世宗崇道教

明世宗朱厚熜是明朝的第 12 位皇帝。他极端信奉道教,特别想长生不死。即位后整天在宫内打醮设斋、炼汞化铅,在宫外搜罗红玉、黄玉用来祀神,还四处招徕道士寻访符箓秘方。

嘉靖元年(1522),明世宗刚刚即位便开始兴建寺观,继而崇道的活动接连不断,皇帝本人几乎整年不上朝理政,全身心地投入道教之中。

嘉靖二十一年(1542),发生了"宫变事件"。以宫女杨金英为首的十几名宫女趁明世宗熟睡之际,用绳索将他的脖子勒住,决心勒死这个荒淫好色的皇帝。因为宫女们在慌乱之中没有把绳索打成死结,又立即被人发现,世宗幸免一死,而十几名宫女全部被处死。事后他说:"朕非赖天地鸿恩,遏除宫变,焉有今兹。"从此搬出皇宫,移居西苑,整日求取长生之术,对道教更加深信不疑。

明世宗在位期间,对道士和所谓"高人"非常宠爱,因此在他周围陆续聚集了一批道士,这些人投其所好,将世宗哄得心醉神迷,一心要当神仙。当然世宗对他们也加官晋爵、巨额封赏。

嘉靖三年(1524),世宗把龙虎山上清宫的道士邵元节请进北京。邵元节曾经跟范文泰学过《龙图龟范》,据说会祈雨雪。此人年纪虽大,但是童颜鹤发,颇有些仙风道骨。世宗对他十分信任,封他为"清微妙济守静修真凝元衍范志默秉诚致一真人",赐给他玉带冠服和玉、金、银象印各一枚。还在城西修建一座真人府,每年给俸禄100石,派遣40人充当仆役。嘉靖十五年(1536),世宗有了儿子,这被认为是邵元节祷祀显灵的结果,邵元节被加授礼部尚书,官封一品,赐给白金、文绮、宝冠、法服、貂裘等物。嘉靖十八年(1539),邵元节死,明世宗悲痛万分,手诏为邵元节举行葬礼,恤典按伯爵的等级。同年,封方士陶仲文为"神霄保国宣教高士"。陶仲文在万玉山学过符水诀,据说会"符水噀剑"的驱妖法。一次,在皇帝周围突然有一阵旋风刮来,陶仲文解释说将有火灾。当夜果然在皇帝居住的行宫中失火,陶仲文由此更得信任。嘉靖十九年(1540),进封陶仲文为"忠孝秉一真人",主管道教事务,以后又兼任少保、少傅、少师、礼部尚书,食一品俸,地位赫然居于群臣之上。难怪当时的群臣感叹地说,以一人兼领三孤,在明朝独一无二。顾可学本来是一个因贪污公款而被罢官的小官僚。他不知从哪里学来了一套道教法术,便自称可以"炼童男女溲为秋石,服之延年"。嘉靖二十四年(1545),顾可学被世宗赐以金银,官至礼部尚书、太子太保。

明世宗身边的道士形形色色,无所不有。其中大都只会一两种骗术,用以取悦于皇帝,而他们的结局也并非全如邵元节、陶仲文等人那样幸运。一旦所谓"法术"失灵或者败露,往往就会大祸临头。

很多大臣对明世宗崇信道教不理国政十分不满,纷纷上疏劝谏。嘉靖二年(1523),大学士杨廷和在上疏条奏"慎始修德十二事"时,就把"斋醮祈祷"列为第一条,认为"必须统绝其端,不可轻信"。九卿乔宇上疏中也说"信用娇幻""建立坛场"是"不可之大者"。明世宗在他执政时期的头十年还稍有收敛,从嘉靖十年(1531)之后便有些瘾头大发、走火入魔了。嘉靖十七年(1538年),给事中黄臣劝谏世宗勿用方士,世宗对此置之不理;嘉靖十八年(1539),太仆卿杨最劝谏勿用道士方术,说丹药伤元气,应该"恭默思道,不迩声色",结果被捉到镇抚司处死。

明世宗晚年,对道教的信奉已经到了无以复加的程度。他的一些做法十分荒唐可笑。嘉靖二十三年(1544)之后,明世宗长住西苑,在20多年的时间里不上朝理政。同时大兴土木,兴建了许多斋宫秘殿。嘉靖四十四年(1565)又招来了自称能合丹药的王金等人。此时恰逢世宗生病，王金等道士将所炼的金石丹药一起进献。世宗服后浑身如火烧般焦躁，病情日益加重，在从西苑搬回乾清宫的当天就死了。

明世宗在位45年，道教在盛极了45年后也走向了衰退。

蒙古南犯

蒙古在正统年间南侵明朝之后，其内部不久即发生了争斗，开始走向衰落，与此相反，东蒙古鞑靼部开始崛起。到明弘治初年，鞑靼部的汗王达延汗以武力统一了蒙古各部，将其子阿著封于河套。阿著有两个儿子，一名吉囊，一名俺答。吉囊的分地在河套、关中一带，地方富饶；俺答的分地在开原、上都一带（为后来的内蒙古），地贫，因而俺答惯于劫掠。后来俺答强盛起来，拥兵10多万，在蒙古诸部中势力最为强大。嘉靖八年（1529）十一月，吉囊、俺答入侵榆林（陕西今县）、宁夏塞，总督王琼率兵击退他们。王琼为此请求明廷批准明廷修筑边墙（长城），从兰（今甘肃兰州）、洮（今甘肃临洮）起到榆林，长3000多里。当月，俺答又入侵大同。嘉靖九年（1530），俺答又入侵宁夏，并时常侵掠边境。七月，入侵宣府（今河北张家口市宣化）。嘉靖十年（1531）四月，俺答又侵大同，十月，入侵陕西，十一月侵大同，还侵扰西川。从那时起，每年都要入侵内地，杀人掠物，不可胜数。

嘉靖十九年（1540）八月，俺答所统诸部大举入侵宣府，一路破关占地，杀人如麻。年底，俺答又入侵大同。

嘉靖二十年（1541）十月，吉囊又入大同塞，深入到太原，并从太原南犯，杀人、掠畜数万，朝廷大为震动，京城宣告戒严。

嘉靖二十一年（1542）七月，俺答再入大同、太原，一直向南。此次入侵，俺答杀人20多万，杀牛马羊猪等牲畜200万口，还焚毁了大量房屋、田地。

嘉靖二十三年（1544）十月，俺答又入大同，被总督翟鹏击退。十一月，俺答攻破宣府，入紫荆关，朝廷将总督翟鹏、巡抚朱方下狱追究责任。

嘉靖二十八年（1549）三月，俺答又大举入侵，攻掠大同，到达怀来，明将江瀚、董阳战死，总兵周尚文率兵一万击退蒙古兵。

嘉靖二十九年（1550）七月，俺答侵犯大同境内，大同总兵张达、副总兵林椿均阵亡，被俺答割去人头。九月，俺答东犯，攻入蓟州。当时严嵩当权，明将仇鸾因向严嵩之子严世蕃行贿，被任命为宣大总兵，他在俺答将入侵大同时，派人向俺答送上重赂，请求不侵大同，去侵其他地方，以至俺答东侵，犯蓟州。兵部尚书丁汝夔不向明世宗奏报，仅命令蓟州守将严防，等待警报渐急，才发京营兵24 000人、调边兵12 000人防守诸关。失败。九月，俺答攻古北口，被都御史王汝孝击走。后俺答又用计夹击明军，明京兵大败。俺答随后大掠怀柔、顺义，进入京畿。巡按顺天御史王忬闻报，知兵弱无力抵抗，连夜起草奏章，认为俺答入侵威胁京师，请皇帝速议对策。王忬随即前往通州驻扎，布置防务。夜半，蒙古兵到达，王忬求援，京师震动。宣大总兵仇鸾以2万兵入援，与副总兵徐珏、游击张腾等率兵镇守通州河西，京城紧急布防。俺答兵自白河东渡潞水西北行，大掠村民，焚毁房舍，难民纷纷逃入京城。俺答一直攻到东直门，掠去内侍8名，后放回，带回俺答书信，求入贡。夜间，俺答又在德胜、安定两门外烧杀。

俺答又犯明陵、巩华城，掠西山、良乡以西，保定震动。

俺答又引兵西掠，前后所获人口、牲畜、财物无数，满载而去。明朝兵有10余万人，在俺答近走时，不敢拦击。仇鸾在昌平以北遇到俺答兵，被杀伤1000多人，随后从古北口逃走。

嘉靖三十年（1551）四月，明朝与俺答互通马市，但年底俺答又入侵大同，原因是俺答多索马价未遂，立即大怒，侵大同，掠宣府。从此间市间侵，变化无常。由于边防营堡损坏，戍兵尽撤，俺答兵得以长驱直入。这时兵部尚书赵锦主张备战，明世宗采纳此议，命总督侦查、防御。

嘉靖三十一年（1552）二月，俺答又侵扰大同，御史李逢时建议讨伐和练兵，不再隐忍。明世宗也认为应专心备战守。三月，俺答再次侵扰大同，直抵怀仁大掠，得利后逃走。八月，俺答入侵蓟州，这时佩大将军印的仇鸾病死，其党害怕罪过企图叛逃，被处斩，朝廷还追究仇鸾罪行，剖棺戮尸，布告天下。俺答闻知仇鸾事败，自行退走。此后，俺答每年都向大同入侵。嘉靖四十二年（1563），俺答由墙子岭直犯通州，北京震动。嘉靖四十五年（1566）又犯大同、宣府。

隆庆元年（1567）六月，俺答再犯大同，被参将刘国击退。次年，明廷整修边备。

隆庆四年（1570）十一月，俺答之孙把汉那吉率其部属阿力哥军10人投降。总督王崇古纳降，明穆宗则言：他们慕义来归降，应该优加安抚，并封把汉那吉为指挥,阿力哥为正千户,还给赏赐。这使俺答既感动又愧悔,表示要世代归服明朝。年底,俺答为表示效忠明朝,还抓送叛人赵全等9人于明朝。隆庆五年(1571),明廷封俺答为顺义王。

神宗万历年间,与俺答子宾兔开河西互市,又应俺答要求开洮州等茶市。万历九年(1581),俺答死。万历十一年(1583),子黄台吉袭封为顺义王。万历十四年(1586),黄台吉死。次年,封其子扯力克为顺义王。万历四十一年(1613),扯力克死,孙卜失兔袭封。此时其部落多已散失,力量削弱,对明朝的威胁也已不复存在。

东林党争

万历时期,以皇帝、宦官、王公、勋戚为代表的统治阶级中最反动腐朽的势力操纵了朝政,朝中一时政治腐败,军事窳败,财政拮据。横征暴敛十分严重,人民群众反抗不断出现。崛起于东北的满洲贵族,不仅不服明朝中央政府管辖,成为对明朝的威胁,而且对朝廷虎视眈眈,伺机入关。

面对国事每况愈下的形势,一批政治头脑清醒的地主阶级知识分子,发出"风声、雨声、读书声,声声入耳;家事、国事、天下事、事事关心"的呼声。当时的代表人物是明末东林党人著名领袖顾宪成。顾宪成是无锡人,万历八年(1580)中进士后历任京官。万历二十一年(1593),任吏部文选司郎中,掌管官吏班秩迁升、改调等事务。他敢于直谏,因争立皇太子,引起神宗反感。万历二十二年(1594),朝廷会推内阁大学士,顾宪成提名的人,均为神宗厌恶,因此更加触怒了神宗,竟被削去官籍,革职回家。

顾宪成回到家乡无锡,在东林书院讲学,在从事讲学中,也宣传自己的政治主张。由于他德高学湛,在士大夫中声望极高,得到常州知府和无锡知县的资助,在万历三十二年(1604)重新修复了这所宋朝书院。同年十月,顾宪成会同顾允成、高攀龙、安希范、刘元珍、钱一本、薛敷教、叶茂才(时称"东林八君子")等,发起东林大会,制定《东林会约》,规定每年举行大会一二次,每月小会一次。东林书院既讲学又议政,吸引了众多有识之士,包括因批评朝政而被贬官吏,人数之多,竟使东林书院的学会无法容纳。一部分官员,也同东林讲学者"遥相应合",东林书院实际上由学术团体变成了一个政治派别,因此他们的反对派称他们为"东林党"。

东林党人在明末经历了神宗万历、熹宗天启、思宗崇祯三朝,存在时间达半个世纪之久。他们的政治主张大致有:强烈要求改变宦官专权乱政的局面,主张"政事归于六部,公论付之言官",使国家欣欣望治;反对皇帝派矿监、税监到各地大肆掠夺、搜刮民财,主张重视农、工、商,要求惠商恤民、减轻赋税、兴修水利,开垦荒地;反对科举舞弊行为,主张取士不分等级贵贱,按个人才智破格录用。在军事上,主张加强辽东军事力量,积极防御满洲贵族的威胁,以保证东北边疆的安定。

顾宪成、顾允成、高攀龙等在东林书院讲学议政,逐渐聚合发展成一个政治集团——东林党时,另一批贪权的官僚,依附皇室、勋戚,交结宦官,结党营私,不断打击、排斥清廉正直的官员,形成反

东林书院

对东林党的几个"党"。按籍贯而言,这几个"党"是浙党、昆党、楚党、宣党、齐党。其中浙党势力最大,浙党首领沈一贯、方从哲先后出任内阁首辅,齐党、楚党、宣党、昆党等重要人物纷纷占据要津,成为"当关虎豹",他们不以国事为重,专门热衷于攻击东林党,并且往往作为他们首要任务,不遗余力地残酷打击东林党人。而东林党人则一再抓住他们的弊端,加以揭露和参劾,于是出现了明末历史上著名的东林党争。

东林党同各对立派的争论,涉及的问题很多,范围也很广,但主要围绕是否拥立朱常洛(神宗万历帝长子)为皇太子这条主线,在宫廷三案即"梃击案""红丸案"和"移宫案"中激烈斗争。东林党争中,双方都利用明朝"京察"制度作为打击对方的工具和手段。

　　东林党争开始于"争国本"，所谓"国本"，指皇帝的继承人。"国本之争"是围绕着立皇长子朱常洛还是皇三子朱常洵为皇太子。按封建礼制，"有嫡立嫡，无嫡立长"，应当立朱常洛为太子，作为神宗之继承人。神宗的宠妃郑氏生了皇三子朱常洵，神宗十分宠爱郑氏，且封她为"贵妃"，还想立常洵为皇太子，作为皇位的继承人。由于东林党人顾宪成等的反对，到万历二十九年（1601）神宗才册立年满 20 的皇长子常洛为太子。

　　"梃击案"发生在万历四十三年（1615），张差手执木棍，闯进太子朱常洛（光宗）住的慈庆宫，击伤守门太监，被抓后供出系郑贵妃手下太监庞保、刘成所差。将张差斩首于市，将庞、刘在内廷击毙了案。

　　"红丸案"发生于光宗即位的泰昌元年（1620）。光宗重病，司礼监秉笔兼掌御药房太监崔文升下泻药，致使光宗病情加剧。鸿胪寺丞李可灼进红丸，自称仙方，光宗服后即死。东林党人杨涟、高攀龙等上书，指出系郑贵妃指使下毒，结果崔文升发南京，李可灼遣戍。

　　"移宫案"。光宗死，熹宗当立，抚养他的宫嫔李选侍与心腹宦官魏忠贤，企图利用熹宗朱由校年幼，把持政权，占据乾清宫。东林党人、朝臣杨涟、左光斗等不让她同熹宗同居一宫，迫其迁至哕鸾宫，然后举行即位仪式。

　　东林党人同反东林党各派斗争还表现在争"京察"。京察是明代考核京官的制度，规定六年举行一次，称职者予奖或晋升，不称职者处罚或斥退。争京察就是争朝廷的人事大权。万历三十三年（1605）的京察，由东林党人、吏部侍郎杨时乔主持，他不讲情面、刚直廉洁，在京察中提出要处分的几个人是浙党首脑沈一贯的党羽。由于沈一贯蒙蔽万历皇帝，其党羽钱梦皋等人受到包庇，未遭处分，而杨时乔反被严旨斥责。东林党人一再奏劾沈一贯遍置私人产业并结党营私，沈也被迫谢病不出。万历三十九年（1611）京察，由东林党人、大学士叶向高主持朝政，将齐党、楚党、浙党、宣党、昆党大批人物罢官。但是，这次主持南京京察的是浙党、楚党和齐党官员，他们合谋，排斥所有支持以李三才为首的东林党人。李三才任凤阳巡抚时，刚直廉政，深得民心，是东林党的领袖之一。万历四十五年（1617）京察时，方从哲掌政，浙、楚、齐党多居要职，尽力排斥东林党。终万历一朝，东林党人大部分不掌朝政，在京察中处于被排斥打击的地位。后来熹宗即位，他们竭力支持熹宗，才受到重用。天启三年（1623），东林党人叶向高任首辅，赵南星也系东林党人，以左都御史身份参与主持京察，他痛斥楚党官应震等"四凶"，坚决罢了他们的官，取得了胜利，使"天下快甚"。赵南星任吏部尚书时,纠正选用官吏中的弊端,锐意澄清,独行己志,皇帝宠信的宦官也不得有所干政。东林党打击的都是贪黩奸邪的官吏,他们力求革除弊政,澄清吏治。

东林党人反对矿、税之弊。贪财成癖的明神宗,从万历二十四年(1596)起,派宦官到各地采矿和征税,滥肆搜刮。仅万历二十九年(1601)一年,由宦官运至北京献给神宗的白银有90余万两,黄金1575两,除此之外,还有大批珠宝。其中直接装入矿监、税使私囊的达所给神宗的十分之九。各地人民反抗矿监、税使的斗争一直持续了20余年,斗争的范围东至苏常,西至陕西,南至滇粤,北达辽东。东林党人同人民站在一起反矿、税之弊。万历二十八年(1600)五月,东林党领袖李三才上疏:"自从矿、税迭兴以来,万民失业,朝野嚣然,莫知为计。皇上为民之主,不惟不给民以衣食,反而剥夺民手中之衣食。征税之吏,急如星火;搜刮之令,密如牛毛。""臣请皇上焕发德音,罢除天下矿、税;欲心既去,然后政事可理。"李三才的奏疏击中了万历皇帝造成的矿、税之弊的要害,奏折只能束之高阁。但李三才凭借凤阳巡抚,对派驻徐州的矿监、税使陈增及其爪牙,作了坚决斗争。李三才的德政,赢得了民心和朝野正直人士的赞赏,李三才声望日高,已极有可能被推举进入内阁。浙党、齐党和楚党一派官僚,怕李三才入阁对他们不利,连连上疏攻击李三才,诬陷他奸诈贪横。顾宪成等东林党领袖则痛斥这些流言。这样,双方展开一场笔墨官司。由于李三才一再受到攻讦,万历三十九年(1611),不得已自动辞职,才结束了李三才入阁事件。

万历四十八年(1620),神宗死,朝廷才宣布撤掉一切矿监、税使,过去反矿监、税使的官员,也得到酌量起用。至此,反矿、税之弊的斗争取得了一定胜利。

东林党人不顾迫害、猛烈抨击阉党。神宗、光宗相继死去,熹宗即位,东林党人因支持熹宗而得到重用,但东林党人参掌朝政只维持了一个很短的时期,以魏忠贤为首的阉党势力,控制了朝廷,以至形成魏忠贤一人专政的独裁局面。天启四年(1624)六月,东林党人、左副都御史杨涟奏劾魏忠贤二十四大罪状,把反对阉党的斗争推向高潮。魏忠贤为了报复,对劾奏他的东林党人往往进行恶毒进攻,有的甚至毒打致死,把杨涟和左光斗削职为民。东林党人基本上失去参预与朝政的权力。

魏忠贤为了一网打尽东林党人,天启五年(1625)十二月,以朝廷的名义,把东林党人的姓名榜示全国,共309人。凡榜上有名者,生者削职为民,死者追夺官爵。魏忠贤编《三朝要典》,说宫廷三案颠倒是非,混淆黑白,污蔑东林党人借三案"快私愤",并颁布全国,成为迫害东林党人的另一工具。天启六年(1626)

二月,阉党再次制造屠杀东林党人的大冤案。魏忠贤对已罢官居家的东林党领袖高攀龙、周顺昌、缪昌期、李应升、周宗建、黄尊素、周起元等7人(史称"七君子"),诬以贪赃罪予以逮捕,7人最后均被迫害致死。阉党残酷地镇压了东林党人,但东林党人并未殆尽,东林党争一直继续到明朝灭亡。

明宫三案

万历四十三年(1615)三月,万历帝命福王朱常洵到洛阳封地,但是郑氏集团阴谋夺取皇位继承权的斗争并未终止,他们一再策划谋害太子朱常洛,因而发生了明末著名的宫廷三案:梃击案、红丸案和移宫案。

梃击案发生于万历四十三年(1615)五月四日。这一天,有个不知姓名的男子,手持枣木棍,从东华门直奔内廷,闯入皇太子朱常洛居住的慈庆宫,打伤守门内官李鑑,一直闯到前殿檐下,才被内官韩本用抓获,交东华门守卫指挥朱雄收留,第二天,皇太子奏闻,命法司提审。负责审问的巡视皇城御史刘廷元是浙党官吏,奏称"人犯供名张差,系蓟州井儿峪民。语言颠倒,形似风(疯)狂。臣再三考讯,本犯口中呶呶称吃斋讨封等语"。企图以"疯癫"病人为借口,糊涂结案。五月十三日,东林党人、刑部提牢主事王之寀(同采)通过单独提审,认为,张差"不颠不狂,有心有胆",只是害怕刑罚而不敢招,给他饭吃,才开始有点想说,其中必有疑。他主张穷追到底,纠出幕后指使者,缚凶犯于文华殿前朝审。户部郎中陆大受上疏言:"张差业招一内官,何以言其名?明说一街道,何以不知其处?"疏中提到"奸戚"二字,矛头直指郑贵妃之兄郑国泰,怀疑郑国泰是张犯的后台,所以建议神宗"大振朝纲,务在首恶必得,邪谋永销,明肆凶人于朝市,以谢天下"。神宗对王之寀、陆大受等疏十分厌恶,疏俱不报。

御史过庭训及知州戚延龄都说其致癫始末,以张差"疯癫"二字定为此案了事。

五月二十日,刑部司官再审张差,供称:"马三舅名三道,李外父名守才,同在井儿峪居往。又有姊夫孔道住本州城内。不知姓名老公,于是修铁瓦殿之庞保。不知街道大宅子,乃住朝外大街之刘成。三舅、外父常往庞保处送炭,庞、刘在玉皇殿商量,和我三舅、外父逼着我来,说打上宫中,撞一个打一个,只要打小爷(皇太子),吃也有,住也有。刘成跟我来,把我领进去,又说:'你打了,我救得你。'又有'三舅送红票,封我为真人'等语。"刑部立即派人前往蓟州提解马三道等,疏请法司提审庞保、刘成。五月廿七日,神宗再下令法司严刑鞫审,速正典刑。何士晋、陆大受和王之寀等推断,梃击案是郑贵妃兄郑国泰谋害皇太子的阴谋案,坚决要求穷追到底。神宗看出案情牵连到自己的宠妃及国舅郑国泰,只得亲自出面,于五月廿八日在慈宁宫召见群臣,宣谕:"忽有风颠(疯癫)张差闯入东宫伤人,外庭有许多不同的说法,尔等谁无父子,乃欲离间我耶?"他拉着太子常洛手,向百官说什么"此儿极孝,我极爱惜",又说:"福王已赴封地,太子之位已定","今又何疑?"神宗下令立即将张差以"疯癫奸徒"之罪,斩首于市,又把郑贵妃宫内参与此事的两个内监庞保、刘成在内廷凌迟处死,草草了结了这件大案,并指出"不许波及无辜一人",保护了郑贵妃和郑国泰。而王之寀却遭到反东林党一派官吏的攻击,神宗也竟将他削职为民。

红丸案发生于万历四十八年(1620)九月。万历四十八年(1620)七月,神宗病死,皇太子朱常洛即位,是为明光宗。八月十日,光宗得病,召医官陈玺等诊视。八月十二日,他病情越来越重,"圣容顿减"。八月十四日,内臣崔文升进献泻药,光宗服后病情更重。

八月二十九日,光宗在乾清宫召诸臣,因问:"有鸿胪寺官进药何在?"方从哲奏称:"鸿胪寺丞李可灼自云仙丹,臣等未敢轻信。"光宗即下令李可灼前来。李诊视后,不说病源及治法,进奉光宗两颗红丸,光宗服后不到两天,在九月初一日突然"驾崩",于是廷臣哗然。对于光宗服红丸立即宾天,中外藉藉,认为李可灼误下劫剂,担心有情弊。而方从哲反而草拟敕书赏赐李可灼白银50两,这更激起了朝臣的责难。御史王安舜认为崔文升、李可灼是"庸医杀人",声称"往者张差谋逆,实系郑国泰主谋"。由于郑氏集团和方从哲等人的阻挠,此案没有追究下去。直到天启四年(1624),朝廷才判处李可灼遣戍,崔文升被贬谪到南京。

明光宗在泰昌元年(1620)八月即位,郑贵妃为了进一步控制他,将自己宫中的李选侍(选侍系宫中无封号的宫嫔)送给光宗,李选侍深得光宗的宠爱。光宗死后,由其长子16岁的朱由校即位,是为熹宗。这时李选侍应立即迁出乾清宫。但是,李选侍企图挟持熹宗以擅权,仍与朱由校居住在乾清宫内,不肯迁出。她还让心腹太监窃盗宫中珍宝,以贿赂首辅方从哲。并制造舆论,说皇长子年幼,需要李选侍以太后身份垂帘听政。东林党人杨涟、左光斗等指出,皇长子已经长大成人,"何必托于妇人女子之手?"并一针见血地指出,这是"借抚养之名,行专制之实"。惠世扬指斥"李选侍原为郑氏私人,丽色藏剑",指责方从哲通过内监得到大量贿赂珍宝,同李选侍相勾结。在这场移宫案的争议中,郑贵妃、李选侍和方从哲一方面理亏,另一方面当时还没有夺取最高权力,因此,东林党人后来占了上风,李选侍终于移出乾清宫,迁至哕鸾宫。朱由校在东林党人支持下,摆脱了李选侍的挟制,于九月初六日正式即位。

萨尔浒之战

万历四十四年(1616)努尔哈赤建立了后金(清),建元天命。两年来,努尔哈赤为作好征明的准备,发布"七大恨",诉说明军"起衅边陲,害我祖、父",宣扬与明军有深仇大恨。同时,修整器械,申明军纪,颁布《兵法之书》,进行军事上的训练。万历四十六年(1618)四月十五日,努尔哈赤计取抚顺,装着令部夷到市,潜以精兵跟在,突入抚顺城,八旗兵不仅夺占抚顺、东州、马根单,而且劫掠小堡、庄屯500余处,掳获李永芳等,抚顺城陷。掳获人畜30余万。

抚顺清河被攻破,明总兵张承荫等全军覆没的消息传至京师,明廷上下,举朝震骇。万历帝怒不可遏,立即下征努尔哈赤的上谕,要求作积极进攻后金的准备:以兵部侍郎杨镐为辽东经略,周永春为辽东巡抚,起用了山海关总兵杜松,征调还乡的老将刘綎,特起已废将领李如柏。到第二年二月,调集福建、浙江、四川、山东、山西、陕西、甘肃等兵星驰援辽,集驻辽阳,号称24万,分四路深入进攻赫图阿拉。由兵部侍郎杨镐任四路总指挥,坐镇沈阳。

万历四十七年(1619)二月二十一日出师,正赶上十六日天降大雪,不能前进,又改为二十五日。但大学士方从哲、兵部尚书黄嘉善等日发红旗,催杨镐进兵。杜松、刘綎以大雪迷路不熟悉地形,要求缓师。杨镐勃然大怒:"国家养士,正为今日,若复临机推阻,有军法从事耳!"杨镐不顾地理、天气、军心以及敌情,大张旗鼓地执意下令出师。

努尔哈赤探明明军的部署、师期,针对杨镐兵分四路,分进合击,决定不以分散兵力,四面出击,他言:"恁尔几路来,我只一路去!"于是决定采取集中兵力,各个击破的战略原则。

明军抚顺路主将总兵官杜松率领所部3万官兵,二十八日从沈阳起行,二十九日乘夜列炬,出抚顺关。

三月初一日,杜松军到了萨尔浒。分兵为二:一部分在萨尔浒山下结大营,另一部由杜松亲自率领进抵吉林崖,攻打界凡城。其时,明军其他几路军的形势是:东路刘綎军于二月二十五日出了宽奠,但因在凉马佃会合朝鲜,因此仍在马家口一带行进中;北路马林军二月二十九日出铁岭,因叶赫军未出动,加上后金砍树设路障,尚在途中;南路李如柏军,第二天刚出清河鸦鹘关。这种形势既没有给后金造成真正威胁,也不能真正援助杜松军。

努尔哈赤命代善、皇太极以二旗兵援助界凡,自己亲率六旗铁军45 000人攻打明军萨尔浒大本营。明军列炬以战,金兵从暗击明,万矢雨集,发无不中;而明军以明击暗,铳炮都中了树木,八旗兵却并未受伤。明军最后被金军一鼓作气攻下萨尔浒大本营。

攻下萨尔浒的后金军,麾师援助吉林崖。当时,金兵所派遣的援助吉林崖3000人,自山驰下冲击;皇太极率领的右翼二旗兵,直前夹攻在界凡山麓的明军。杜松听说萨尔浒营陷的败绩,已经狼狈失措,军心开始动摇,又遇到从吉林崖山上压下来的八旗兵,士气更加颓丧。努尔哈赤又以萨尔浒致胜之六旗,与之前后配合,四面围攻。金兵从河畔与莽林、山崖与谷地,以数倍于明军的劲旅,把明军团团围住。《清太祖高皇帝实录》载:"短兵相接,我兵纵横驰突,无不以一当百,遂大破其众。杜松、王宣、赵梦麟都战没。横尸山野,血流成渠,旗帜、器械及士卒死者,蔽浑河而下,如流渐焉!追奔逐北,20余里,至舒钦山,时已皆,军士沿途搜剿者,又无数。"杜松、王宣、赵梦麟等主将战死,杜松部尸横遍野,全军覆没。

初二日,努尔哈赤击败尚间崖马林营,又命将士驰往斐芬山,攻击潘宗颜军。

潘宗颜在斐芬山,依山扎营,楯车为垒,以列火器,督军坚守。努尔哈赤令八旗兵一半下马,持刀枪者在前冲,操弓矢者在后紧跟;另一半骑马,环山包围,并且令步骑仰山而攻。明军居高临下,施放火器,八旗兵死伤惨重。八旗兵虽死者枕藉,仍顶冒火器,缘山猛冲,明军终于被八旗军突破营阵,摧其坚楯,一军尽没。至此,北路马林军,除主将马林仅以数骑逃回开原外,全军覆没。

初三日,努尔哈赤又接到明总兵刘綎由宽奠进董鄂路、总兵李如柏由清河进虎拦路之警报。他派一支军队往南,防御清河路李如柏军;派主力部队,由大贝勒代善、三贝勒莽古尔泰和四贝勒皇太极统率,设伏山谷,以待刘綎军。自己返回赫图阿拉,亲自率兵4000留守,并坐镇指挥与刘綎军展开了决战。

初四日,努尔哈赤派去迎击刘綎的八旗兵互相配合。"浙兵崩溃,须臾间厮杀无余,目睹之惨,不可胜言"。接着,代善移师富察,进击监军康应乾统领的刘綎余部及助明作战的朝鲜兵。在明监军乔一琦的催促下,姜弘立率领的朝鲜兵四日到达富察。都元帅姜弘立下令朝鲜兵分左、中、右安营,自驻中营。营刚扎下,代善率数万骑冲杀向富察,来势凶猛,康应乾、乔一琦瞬间战败,乔一琦奔向朝鲜营。当朝鲜左右两营铳炮初放,还未来得及再燃,后金骑兵已突入营中。无奈之际,都元帅姜弘立、副元帅金景瑞投降。监军乔一琦走投无路,跳崖而死。

明军抚顺路、开原路、宽奠路相继惨败,经略杨镐急檄清河路李如柏回师。李如柏逃回清河,后下狱自裁。

努尔哈赤在萨尔浒大战中大败明军。据统计,明军文武将吏死亡310余员,军丁死亡45 870余人,阵失马、骡、驼共计28 600余匹。后金士卒仅伤数百人。萨尔浒之战是决定后金兴明朝亡最为关键的一次战役。之后,明朝由进攻转为防御,后金则由防御转为进攻。

宁远之战

天启二年(1622),努尔哈赤亲统八旗劲旅,西征广宁,明军败绩。消息报至明廷,京师戒严,举朝岌岌。明以日讲官孙承宗为兵部尚书兼东阁大学士,管理军事,遴选袁崇焕协助他防御后金。

袁崇焕,字元素,广西藤县人。万历四十七年(1619)进士,为邵武知县。他机敏、胆壮、喜谈兵,善骑射。天启二年(1622)正月,他单骑出阅塞外,巡历关上形势。回京后言:"予我军马钱谷,我一人足守此。"袁崇焕的豪言壮语,使同僚们极为赞叹。二月,明廷授袁崇焕为兵部职方司主事,旋升为山东按察司佥事山海监军。

袁崇焕主张积极防御,坚守关外,屏障关内,营筑宁远城,以图大举之计。八月,孙承宗自请督师,天启帝赐尚方剑。孙承宗到达关外后,重用袁崇焕。

天启三年(1623)秋,孙承宗同意袁崇焕建议,决计戍守宁远。袁崇焕亲自制定营筑宁远城规划,亲自督责,使荒凉凋敝的宁远,立即变成明朝抵御后金南犯的关外重镇。孙承宗与袁崇焕商议,遣将率卒分据锦州、松山、杏山、右屯、大凌河、小凌河,修缮城郭,驻扎军队,进图恢复辽东大计。但是,魏忠贤专权后,阉党气陷更加嚣张,他们将不肯归附于魏党、功高望重的权臣孙承宗罢去。天启五年(1625)十月,以高第为兵部尚书代为辽东经略,辽东形势急剧逆转。

高第素不知兵,以趋炎附势,投靠阉党魏忠贤而受封疆重任。他畏敌如虎,只图守关,采取了不图进取的消极防御策略。撤锦州、右屯、大凌河及松山、杏山、塔山守具,尽驱屯兵、屯民入关,这种不战而退的策略,使军心涣散,民怨沸腾,哭声震野。宁前道袁崇焕得不到兵部尚书高第的支持,大批兵民撤回关内,但袁崇焕铁骨铮铮,不畏强敌,不怕孤立,率领1万余名官兵拒守宁远。

努尔哈赤占领广宁后的几年间,加强整顿内部,训练军队,发展生产,积蓄力量,准备再次进攻明朝。这次得知孙承宗被罢去,高第庸懦,宁远孤城,认为时机已到,决计进攻袁崇焕,夺取宁远城。

天启六年(1626)正月十四日,后金汗努尔哈赤亲率诸王大臣,统领13万大军,号称20万,向宁远方向推进。十六日到了东昌堡,十七日西渡辽河,八旗军布满辽河平原,旌旗如潮,剑戟似林,凶猛地扑向宁远。

袁崇焕率领士卒仅1万余人,驻守着孤城宁远。城中兵民在袁崇焕爱国热忱的激励下,誓与宁远共存亡。袁崇焕在面临十倍于己的强敌、后无援师的情况下,临危不惧,指挥运筹若定。他召集诸将议守城之策,参将祖大寿力主紧关城门,奋力把守,不可与其争锋,避实就虚。诸将和袁崇焕均赞同祖大寿之议。

将士们同仇敌忾,准备迎击努尔哈赤的进犯。

努尔哈赤统率13万大军西渡辽河之后,长驱直入,于二十三日到达宁远城郊。努尔哈赤命令军队远离城5里,横截山海大路,安营扎寨。在宁远城北设大营。他在发起攻城之前,释放被虏汉人回宁远城,劝袁崇焕投降,遭到袁崇焕严词拒绝。袁崇焕命孙元化、罗立等向宁远城北后金军大营燃放西洋大炮,一炮歼敌数百,迫使努尔哈赤西移大营。

二十四日,后金兵发起猛攻。步骑蜂拥至城前,万矢齐射城上,城堞箭镞如雨注。后金军集中攻打城西南隅,左辅率兵坚守,祖大寿率军支援,两支军队发西洋大炮下射,抛矢石、铁铳,后金兵死伤累累,只好移师南面。努尔哈赤命在城门角两台间火力弱处凿城,后金兵冒严寒、顶炮火,用斧凿城不止,明军掷礌石、飞火球、投药罐,炮击不断。后金兵前仆后继,冒死凿城,凿开高两丈余之大洞三四处,宁远城危急。袁崇焕急中生智,缚柴浇油并掺火药,用铁索系下烧之。选50名壮士掴下,以棉花、火药等物烧杀挖城之后金兵。是日,自清晨至深夜,后金兵久攻不下,尸首堆积如山。

二十五日,后金兵再次奋力攻城。城上施放火炮,炮击之处,后金兵死伤一片。后金兵一面继续攻城,一面抢走城下尸体,至城西门外焚化。此日后金兵攻城仍不克,死游击二员,备御二员,兵500。

二十六日,后金兵继续围城,仍久攻不下,又下令武讷格率军履冰渡海,攻觉华岛,杀明将,焚营房,烧民舍以及船只,掠走粮货。

二十七日,努尔哈赤这位久经沙场"战无不胜、攻无不克"的老将,在久攻宁远不克,损兵又折将的情况下,"遂大怀忿恨而回"。后金军全部回师。袁崇焕守卫宁远城取得辉煌胜利。

宁远之捷是明朝从抚顺失陷以来取得的第一个大胜仗,也是"辽左发难"8年来第一次击败后金之大进犯。袁崇焕在宁远之战中,立下殊功,理应得到明廷的嘉奖。但是正由于他击败努尔哈赤所取得的奇勋,遭到敌仇众忌,加上后金反间,阉党诬陷和明帝昏暗,最终含冤被磔。

李自成进北京

大顺军渡河东征的消息传到京城,崇祯坐卧不宁,崇祯十七年(1644)正月二十四日,决定命李建泰以督师辅臣身份"代朕亲征",并为他举行了隆重的遣将礼。但李建泰率兵到邯郸时,传来了大顺军左营刘芳亮部沿黄河东进的消息,立即往北开始撤退。

与此同时,朝廷也开始商议抽调驻守宁远防备清军的吴三桂部队。

不久,起义军更加逼近,明廷一片恐慌,于三月初六正式下令放弃宁远,命蓟辽总督王永吉、宁远总兵吴三桂统兵入卫京师,并檄调蓟镇总兵唐通、山东总兵刘泽清率兵勤王。但吴三桂因路途遥远,直到京师被占部队还在跋涉途中。刘泽清接诏后,谎称坠马负伤,无法从行。唐通率8000兵卒至京,屯扎于齐化门(即朝阳门)外,但不久又撤兵而去,盘踞在居庸关上。大小群臣见大势已去,也纷纷逃离京师。

三月十五日,大顺军进抵居庸关,唐通随即投降。

大顺军围攻北京时,李自成在昌平与北京之间的沙河设下临时总部,由大将刘宗敏担任前线总指挥。

崇祯领太监王承恩爬到煤山(即景山)顶瞭望,见无处可逃,便决计自尽。

三月十九日,大顺军占领了北京。军队通过正阳门、崇文门、宣武门进入城内。午刻,李自成由刘宗敏、牛金星、宋献策等文武官员陪同,由沙河的巩华城大营入城。

至此,执政276年的朱明王朝被李自成农民起义军推翻。

大战一片石

明朝末年,清王朝崛起于东北。明崇祯十五年(1642)松山——锦州战役结束后,清王朝已经基本上具备了逐鹿中原、推翻明朝统治的条件。但由于李自成等农民起义军正在全面发起对明朝的进攻,清统治者于是决定静观事变,期望农民军与明朝在厮杀中相互削弱,以坐收渔翁之利。崇祯十七年(1644)春,李自成部推翻明朝已成定局,清大学士范文程遂于四月初向和硕睿亲王多尔衮建议,乘机果断出兵,直取燕京(今北京)。四月七日,清廷以摄政王多尔衮为统帅,祭告太祖、太宗,整兵待发。九日,多尔衮等率三分之二的满蒙兵及汉军共约14万出征。十三日,清军行至辽河,得到李自成大顺军已经攻占北京的消息。

大顺军三月十九日攻占北京,明崇祯帝于同日自缢身死,明亡。此时明平西伯、宁远总兵官吴三桂正在奉诏入京觐王的途中,得知京师形势突变后对如何举措有些举棋不定。但不久后有消息传来,说其家已被农民军抄没,爱妾陈圆圆遭劫,吴三桂于是决心同农民军对抗。四月八日,吴三桂军回攻已被大顺军占领的山海关,并斩李自成所派招抚使臣,公告远近,共约士民"缟素复仇"。此前,吴三桂还派人持书信向清方乞借援师,请清朝"速选精兵,直入中协西协,三桂自率所部,合兵以抵都门,灭流寇于宫廷""则我朝之报北朝者,岂唯财帛?将裂地以酬,不敢食言"。

吴三桂占据山海关一带战略要地,所部又相当有战斗力,因而他的政治动向对于关内的大顺政权和关外的清朝都是至关重要的。李自成在得知吴三桂公然决裂后,以其为大患,一面再次遣使招降,进行政治攻势,一面于四月十三日亲率20万大军东征,准备消灭吴三桂部,巩固东北边防。

　　四月十五日,多尔衮率师抵今锦州一带后,才见到吴三桂求援的信件。这一对清军十分有利的消息使多尔衮大喜过望,他立即复书吴三桂,同意出兵,同时又趁火打劫,要求吴三桂归降清朝。吴三桂在李自成大军压境的情况下只得同意降清。多尔衮于是统兵昼夜兼程奔赴山海关,于二十一日晚抵达距关门20里处的一片石。此时的山海关城已经处于李自成军的包围之中了。

　　大顺农民军于二十一日清晨抢先一步到达山海关,立刻在石河西岸与吴三桂军对阵。李自成派降将唐通率兵绕道九门口出长城,欲在山海关以东阻断吴军退路(这支部队当晚被清军击溃),同时再次遣使劝降。劝降失败,李自成下令向吴军进攻,两军战于石河西岸,吴三桂大败。农民军突破石河防线后,立即向关城四周的辅城西罗城、东罗城、北翼城发起猛攻。二十二日晨,多尔衮率清军来到离关城仅二里的威远堡,仍疑心吴三桂与大顺军合谋设计,观望不前。吴三桂为表示对抗农民军的决心,亲率200亲军在炮火掩护下突围出关,到清营后剃发向多尔衮称臣,正式投降了清朝。当日,吴三桂再返关城,命全体官兵剃发,并以白布系肩为标志,而后在关门大竖白旗,迎接清军入城。阿济格率清军左翼入北水门,多铎率右翼入南水门,由于当时狂风大作,沙尘漫天,清军的入城相当隐蔽。

　　李自成攻城不克,想要诱使吴三桂军出城野战,于是把大军自北山横亘至海,沿石河西岸排开一字长蛇阵。作战经验丰富的多尔衮根据敌阵情况,决定由吴三桂率所部集中攻击农民军右翼阵尾,而暂不暴露清军实力,以便在关键时刻实施突然打击。吴三桂军在海滨龙王庙一带同大顺军接战。战役终于以大顺农民军的失败而告终。

第十八篇 从极端专制到封建末路的清王朝

清朝定都北京

　　清朝发源于东北地区的建州。16 世纪末，太祖努尔哈赤以 13 副遗甲起兵，四方征讨，至明万历四十四年（1616）建立起后金汗国。万历四十六年（1618），后金开始向明朝发起进攻，并在几年之内攻占了辽东的大部地区，迁都至沈阳。崇祯九年（1636），清太宗皇太极改国号为大清，即皇帝位，继续攻击明朝。崇祯十五年（1642），清军夺得松山、锦州等地，明朝在关外仅存宁远一城，至此，清朝已经基本上具备了入主中原的实力。

　　崇祯十七年（1644）春，农民军李自成部进军北京，向明王朝发起总攻击。清朝统治集团的核心人物摄政王多尔衮感到时机成熟，遂于这年四月率大军西进，准备乘战乱伺机夺取明朝天下。此时李自成农民军已经攻克北京，明亡。原明平西王吴三桂据山海关降清。四月二十二日，清军和吴三桂军联兵在山海关内大败李自成农民军，农民军溃退回京。多尔衮于当日封吴三桂为平西王，统马步兵 1 万隶之。第二天即向北京进军。

　　清军及吴三桂部在西进京师的途中发布榜文告示，宣传"义师为尔复君父仇，非杀尔百姓"。多尔衮也极重视部队的政策与纪律，

多尔衮

向诸将提出"今入关西征,勿杀无辜,勿掠财物,勿焚庐舍"。这种做法消除了许多汉族官僚地主的疑惧,因而在向北京进发的过程中几乎没有遇到抵抗。这样,清军兵不血刃,轻易地占领了北京这座故明都城。

入关后的清军把大顺农民军看作自己的主要敌人,进京后立即马不停蹄地继续深入攻击围剿。而对故明势力,清方则采取了安抚拉拢的政策。在清军的政策攻势下,直隶和山东、山西等地的大批官僚士绅归顺清朝,清朝在京畿及周围地区的统治初步巩固。

摄政王多尔衮在占领北京后就以北京作为对关内军事、行政发号施令的指挥中心,常驻下来。

十月初一日,顺治帝在北京行登基礼,宣布仍用大清国号,顺治纪元。初十,顺治帝于皇极门向全国颁即位诏书。诏书除宣布自己作为天下最高君主的毋庸置疑的合法性之外,还提出 55 款。其主要内容有:加封亲王宗室及满洲开国功臣;察叙满洲将领及入关后降顺之文武官绅;赦免十月初一日以前的罪犯;加恤出征兵丁;地亩钱粮俱照前朝原额,而加派辽饷、新饷、练饷、召买等项悉行减免;大兵经过地方免征正粮一半,无大兵经过者免三分之一;各直省拖欠钱粮,自五月初一以前,凡未经征收者尽行减免;等等。

清朝迁都北京,顺治帝在北京行定鼎礼,标志着清朝政权在中原地区统治的初步确立。尽管清朝统治者又用了近 20 年的时间,才真正统一了天下,但其新的统治中心北京地区却一直是相当巩固的。北京作为清朝的首都,也就一直延续到 20 世纪初清朝灭亡,200 多年中始终没有改变地位。

大顺政权的覆亡

顺治元年(1644)四月二十九日,大顺政权撤离北京前,李自成在武英殿举行即位典礼,草草完毕后,便吩咐全城军民,各自出城避难,并放火焚毁了明代宫殿和各门城楼,开始撤离北京。他们严守纪律,日夜兼程。但不出十天,清兵在庆都(今河北望都县)追上大顺军,双方交战,大顺军饥疲交迫,士气不振,败退下去。接着又在今河北正定与清军相遇,交战失利,只得退入山西境内。清军也马困人疲,不得不退回北京附近。

在太原，李自成亲自召见陈永福，授以防御之计，并对山西一带的防务做了具体的部署，便自己率大部回西安，积极准备反攻。而清军入京后，也加紧为大举进兵做准备，前期的一个主要工作是招抚农民军。不久，山西北部的一些大顺将领便投降了清军。大顺军加紧防御太原，他们处死了明宗室千余人，又把大批明朝官绅押往陕西，以防内患。九月十三日，叶臣等统率清军进抵太原城下，但因防守坚固，无法突破。20天后，清军调来"西洋神炮"，轰破西北城角，城垣毁塌数十丈，清军蜂拥而入，大顺军大败，守将陈永福也投降了清朝。清廷又令英亲王阿济格、吴三桂、尚可喜等由北京出发，准备先攻陕西，取西安，另一支部队则由豫亲王多铎、孔有德等统领南下进攻江南。

与此同时，大顺军于河南(今河南泌阳)做了局部反攻。十月十二日，大顺军两万多人，连克数城，击毙清军提督金玉和，直扑怀庆。清廷闻讯大惊，遂改变进军南京的计划，命多铎先救怀庆，再取潼关，与阿济格夹攻西安。多铎部队不久抵怀庆，大顺军兵力不足，主动撤退，多铎乘势追击，于十二月二十二日进抵潼关。当时，李自成将主要的防御精力投在陕北，以防由蒙古取道而来的阿济格军，此时，就不得不抽调驻守该地的部队，由刘宗敏带领赶往潼关。

十二月二十九日，潼关战役打响。刘宗敏先战不利，李自成便亲率部队参战，遭多铎部八旗兵全力反击，损失甚重。次年正月九日，清军调来攻坚利器红衣大炮，轰击潼关，然后大举进攻。大顺军尽力反抗，并派骑兵迂回至清军阵后突击，均未成功。十二日，清军占领潼关。

在北线，阿济格已至陕北，占领了米脂，将李自成故里居民不分老幼，全部屠戮殆尽，随即进兵西安。李自成在两面夹攻下，带主力退回西安。正月十三日，又决定放弃西安，取道蓝田、商洛地区向河南转移。

清军占领西安后，多尔衮即命多铎按原计划移师进攻在南京建立的南明弘光政权，命阿济格部由陕北南下追击大顺军。李自成率大顺军先至河南，由于士气低落，行动迟缓，直到阿济格部清军追上后，才拔营南下湖北。三月，大顺军渡长江，在荆河口击败明将左良玉部将马进忠等驻军，旋又占领武昌。此时，李自成想夺取东南之地作为据点，把主要兵力置于东部，同清军争夺南京，而把次要兵力置于北面，拒北来的阿济格部。结果阿济格部尾追而来，大顺军后方空虚，刘宗敏、田见秀领兵5000出击，不久败还。大顺军只得弃武昌东下。

四月，清军追至九江一带，直接攻入老营。

五月初，李自成率残部欲由江西西北部入湖南。行至湖北通山县境九宫山下,遭当地地主武装袭击。当时随身左右的仅义子张鼐等20余人。20余名战士均被击杀,李自成也于搏斗中身亡。至此,轰轰烈烈的大顺政权覆亡。

南明的兴亡

　　明崇祯十七年(1644)三月,农民军李自成部攻陷北京,崇祯帝自缢身亡。四月中旬,消息传到明朝的陪都南京,参赞机务南京兵部尚书史可法立即召诸大臣会议立君。凤阳总督马士英为争拥戴之功,坚持要立福王,并密约江北四镇总兵黄得功、刘泽清、高杰、刘良佐拥兵护送福王至仪真。史可法只得接受既成事实,迎福王至南京。五月十五日,福王朱由崧即皇帝位,以次年为弘光元年。

　　弘光帝即位之前,多尔衮已率清军在山海关大败李自成军,入关后占领北京,传檄远近,大有一统天下之势。在这种危急时刻,弘光朝君臣却以为"君父之仇"稍稍得报,幻想偏安一隅,把主要精力放在内部的钩心斗角和奢侈享乐上。马士英因拥戴有功入阁,但仍受命督师凤阳,于是大怒,向弘光帝揭发史可法等人曾有"七不可"之议,挤史可法督师于扬州,自己终于入阁掌握了朝廷大权。不久,马士英荐用崇祯初年被列入"逆案"的阮大铖为兵部尚书,而阮大铖憾于积年党争成见,终日以党同伐异,翻逆案、排东林为第一要务,一些较有作为的大臣如姜曰广、刘宗周等相继罢去,朝中充满庸碌之辈。

　　弘光帝贪图享乐,是个毫无进取心的人。

　　四月二十五日,清军攻破扬州,史可法被杀。五月十五日,清军进入南京,弘光朝大批官员迎降。弘光帝逃至芜湖,不久也为清军俘获。次年五月,弘光帝在北京被杀。

　　南京陷落时,明唐王朱聿键正流亡杭州,福建巡抚张肯堂等议奉唐王监国。闰六月二十六日,唐王于福州即皇帝位,改福州为福京天兴府,建元隆武。与此同时,浙东张煌言等人拥立鲁王朱以海临国,不奉隆武正统。而江西、湖广及两广的残明势力则都拥护隆武帝。

　　隆武帝好读书,比较了解民间疾苦,即位后欲有一番作为。但当时清军不断向南方推进,大局已难以扭转,而且闽中一切军政大权实际都把握在郑芝龙兄弟手中。他虽然以自己的势力拥戴隆武帝,却不愿意出闽进取。顺治三年(1646)

六月,清军克浙东诸邑,郑芝龙即通投于清军,尽撤闽界守军,清军长驱直入,隆武帝自今福建南平逃往今福建长汀。六月二十八日,隆武帝被乱军杀害。隆武之后,其弟朱聿镭浮海至广州,由大学士苏观生等拥立为帝,改元绍武,但仅维持了一个多月。这年年底,清军攻陷广州,朱聿镭被俘,绝食死。

顺治三年(1646)八月,隆武帝遇难的消息传到广东,两广总督丁魁楚、广东巡抚瞿式耜等议以正在肇庆的明桂王朱由榔监国。十一月十八日,朱由榔即皇帝位,改次年为永历元年。当时南明政权的势力范围,除广西、贵州、云南及广东一部外,尚有何腾蛟支撑于湖广,而郑芝龙之子郑成功起兵海上,也尊奉永历帝为正统。

永历帝庸碌无能,初年大权被身边的太监掌握着。顺治四年(1647),清军攻占肇庆,进而占领广东全境,并进一步攻取广西的梧州、平乐、今广西桂平等地。永历帝面对一连串的军事失败,对策只是不停地逃亡、转移,成为中国历史上最为行踪不定的一个皇帝。顺治八年(1651)被张献忠大西军余部孙可望挟持,第二年安置于广西贵州交界处的今安龙,改称安龙府。此后数年间,永历帝完全在孙可望的掌握之中。

顺治十三年(1656),孙可望与李定国决裂,相互攻击。李定国至安龙,护送永历帝入云南,以昆明为滇都。第二年七月,孙可望反叛,兵败,奔长沙降清。此后永历朝内部较稳定,稍具国体,但其势力范围仅余滇、黔两省而已。

顺治十五年(1658),清朝命贝子洛托及洪承畴、吴三桂等率军分三路进攻南明。十月,清三路大军会师于今贵州福泉,李定国组织力量抵抗,但终于战败。十二月,清兵抵曲靖,李定国等保护永历帝撤离滇都。顺治十六年(1659)正月,清军入昆明,永历帝在崇山中仓皇奔逃,从人所剩无几,最后逃入缅甸。

云南既定,清廷命吴三桂镇守之。顺治十八年即南明永历十五年(1661),吴三桂发兵至缅甸边境,威胁缅甸交出永历帝。十二月,缅方向吴三桂献上永历帝及太后、太子。次年四月十五日,吴三桂在昆明将永历帝及太子绞死于市。不久后,率余部在滇南坚持抗清的李定国亦病逝,其子以所部降清。

大西政权

在明末农民起义军中，最强大的两支力量是张献忠军和李自成军。张献忠是陕西柳树涧堡人，天启末年起义，号八大王。崇祯年间，张献忠率所部转战于黄河以及江淮流域。崇祯十一年（1638）春，张献忠降于明，几个月以后再度起事。此后，张献忠部曾破武昌、长沙等重镇，并占领了湘、赣的广大地区。张献忠于崇祯十四年（1641）在武昌称西王，设置官职，建立政权。至崇祯十六年（1643），张献忠已经拥有数十万百战之师，力量十分强大。

崇祯十七年（1644），李自成军自陕西向明朝的统治中心北京进军。而张献忠为了同李自成争夺霸业，决定以四川为根本，然后北伐并征讨天下，因而率重兵自荆州入川。八月初九日，张献忠攻陷成都，成都附近的各州县也相继被占领。九月，张献忠部同此前进入川北地区的李自成大顺军展开激战，大顺军失败退回汉中。至此，张献忠的农民军基本控制了整个四川。

张献忠在扫平四川后，于十一月十六日在成都正式称帝，国号大西，改当年为大顺元年，改成都府为西京。

大西政权建立后的最初阶段，采取了一些安抚民众的措施。为了网罗人才，又于顺治二年（1645）两度开科取士。在这段时间里，大西政权是较稳定巩固的。

张献忠性情暴躁，称帝后更发展为残忍嗜杀，常因小事屠戮身边近侍和朝廷官员，还屠杀了许多居民。由于执行这种错误的屠杀政策，大西政权迅速衰落。

顺治二年（1645）底，清廷在初步平定江南之后，也开始腾出手来对付大西政权。这年十一月，顺治帝发布劝降诏书，要求张献忠率众来归，这次招降遭到拒绝。于是清廷于顺治三年（1646）正月任命肃亲王豪格为靖远大将军，统大军入川征剿张献忠部。此时张献忠仍在全力对南明军作战。大西政权受到南北两方面的巨大威胁。

这年七月，张献忠决计放弃成都，向北插入陕西，再同清军周旋。

十一月末，张献忠的大西军主力行至川北西充县境内，而清军主力也到达了今四川仪陇的南部县，两军相隔不过百里。大西军并不了解清军情况，而清军则因有大西军保宁守将刘进忠投降,对张献忠的实力和营地了如指掌。二十七日凌晨,清军以刘进忠为向导,兼程奔袭至西充大西军营寨。张献忠闻讯带亲兵和太监数人到营外凤凰坡探察虚实,被清军的弓箭射中,当即死亡,时年41岁。

张献忠突然去世造成大西军各营惊慌失措,十分混乱,无法组织抵抗。清军乘胜攻破了大西军所有营盘,斩首数万人。大西军奔溃四散,只有孙可望、李定国等人收集了数千残部和万余名家口,经顺庆府(今南充)南逃,始终组织严紧,并且一直坚持大西国号。这支大西军几经转战,于第二年春进入贵州,而后进攻云南,以云南为根据地,成为抗清斗争中最重要的一支力量。

顺治帝亲政

崇德八年(1943)八月,清太宗皇太极突然逝世于盛京(沈阳),死前没有对皇位继承问题做出任何安排。于是,清皇室内部为了争夺皇位继承权,以皇太极长子肃亲王豪格为一方,以皇太极的异母弟睿亲王多尔衮为另一方,展开了激烈的争夺。最后,为了保持清皇室内部的团结,斗争双方达成妥协,共同拥戴皇太极的第九子、年仅6岁的福临继承皇位,而由济尔哈朗和多尔衮共同辅政。

八月二十五日,福临即位,改第三年为顺治元年。不久,济尔哈朗和多尔衮称摄政王。多尔衮机智狡诈,富于政治斗争经验,在掌握摄政权力后极力排挤异己势力。

四月初九,多尔衮自任"奉命大将军",统率满蒙八旗部队三分之二及汉军全部向中原进军。清军在山海关打败李自成大顺军,于五月初二进入北京城。多尔衮因战功卓著,且为入关清军的最高统帅,其声誉和权力又有进一步的发展。关内迎降的明朝旧臣甚至有的只知有摄政王,而不知有顺治皇帝。这年九月,顺治帝自盛京迁移至北京,于十月一口行定鼎登基礼,加封多尔衮为"叔父摄政王",建碑记

顺治帝福临像

绩,而济尔哈朗仅被封为"信义辅政叔王"。至此,多尔衮已经成为清朝实际上的最高统治者,诸王已无力与他相抗衡。

顺治四年(1647)十一月,多尔衮受封为"皇父摄政王",一切政务均出其手,而年幼的顺治帝只能"拱手以承祭祀"而已。

顺治七年(1650)十一月,多尔衮出猎古北口外,受了重伤,于十二月初九死于喀喇城。多尔衮死讯传至京城后,顺治帝诏臣民易服举哀。枢车至京,顺治帝率诸王百官孝服迎于城外。数日后,追尊多尔衮为"诚敬义皇帝",庙号成宗。但与此同时,在多尔衮临终前曾与其密谋的英亲王阿济格回京后立即被囚禁,其亲信都被治罪。

次年正月十二日,未满13周岁的顺治帝在太和殿行亲政礼,诸王大臣上表行庆贺礼,同日颁诏大赦。此前,顺治帝传谕议政王大臣等,"朕年尚幼""遇紧要重大事情,可即奏朕,其诸细务令理政三王理之"。理政三王指济尔哈朗和端重郡王博洛、敬瑾郡王尼堪,其中以济尔哈朗辈分最高,声望最重,在后来的一段时间里,济尔哈朗对于顺治朝政治的影响是相当大的。

济尔哈朗重新握有大权后的第一个重大政治举动就是追论多尔衮之罪。直到100多年后的乾隆时代,多尔衮才得到昭雪,恢复了王爵,"世袭罔替"。

对于以郑亲王济尔哈朗为首的皇室王公把持朝政,顺治帝非常不满。他一方面优待济尔哈朗,另一方面,抑制济尔哈朗之权。为了加强自己的实力,顺治帝根据亲信太监吴良辅的建议,于顺治十年(1653)六月决定设置内十三衙门,部分地恢复了前明时代宦官在政治上的地位。经过多方面的努力,在顺治十年(1653)前后顺治帝已经基本上控制了国家权力。

顺治帝亲政后,清朝在军事、政治和经济方面形势都相当严峻。西南军事战线于顺治九年(1652)受到前所未有的挫折;国家财政危机,民饥饷绌;满汉官僚之间和他们内部派别林立,矛盾重重。顺治帝根据这种情况,整顿吏治,清除朋党,在军事上采取"剿""抚"相结合的政策,对百姓也在一定程度上采取了与民休息的方针。数年之后,清朝的政治、军事局面大为改观,为不久后"康乾盛世"打下了基础。

抗击沙俄入侵

　　顺治七年至十七年（1650～1660），沙皇俄国先后派遣哈巴罗夫和斯捷潘诺夫武装入侵我国东北地区，当地清军和各族人民坚决抗击，重创沙俄侵略者，捍卫了祖国的神圣领土。

　　早在明崇祯十六年（1643），俄国雅库次克督军戈洛文就曾派出以文书官瓦西里·波雅科夫为首的远征军130余人，侵入我国黑龙江流域进行烧杀抢掠，直到顺治三年（1646），才取道鄂霍次克海返回雅库次克。俄国侵略者的暴行遭到当地各族人民的坚决反击，全队133人，只有53人生还俄国。

　　顺治七年（1650）一月，叶罗菲·哈巴罗夫率领70名哥萨克人越过外兴安岭，侵入我国雅克萨以西达斡尔族聚居地区。哈巴罗夫见当地人民已有准备，自己力量薄弱，乃放火烧毁村庄，撤回雅库次克。

　　第二年初，哈巴罗夫再次率领他新招募的100余名侵略军侵入黑龙江流域。他们首先攻占了战略要地雅克萨城，又于同年六月向黑龙江中下游进犯。十月到达乌扎拉村，并在此休整过冬。乌扎拉村是赫哲族人聚居地区，他们一面以简陋的武器对抗俄国侵略者，一面派人向驻守今吉林宁安的清军报警。顺治九年（1652）春，清宁古塔章京海色率领600名清军前往乌扎拉村，同时赶来助战的还有黑龙江流域各族人民千余人，清朝军民英勇作战，冲入敌营，200余名沙俄侵略军被压缩成一团，但由于海色下令只准生俘，不能击杀，束缚了自身的手脚，给敌人以可乘之机，致使战斗失利，清军被迫撤出乌扎拉村。尽管初战失利，仍给了侵略者以沉重打击。哈巴罗夫不敢继续深入，率部向黑龙江上游撤退，途中遭到清军及沿江各族人民的阻击。

　　哈巴罗夫回国后，沙皇改派斯捷潘诺夫前来中国，继续率军在黑龙江流域进行侵略。顺治十年（1653），清政府任命沙尔虎达为第一任宁古塔昂邦章京，负责抗击沙俄侵略，保卫边境安宁。顺治十一年（1654），沙尔虎达率满洲兵300、虎尔哈兵300、朝鲜兵100前往松花江口，抗击沙俄侵略军。当时斯捷潘诺夫率哥萨克370余名活动于该地。两军相遇，俄国侵略者倚仗船大枪多，向清军挑衅。清军占据有利地形，设置埋伏，诱敌登岸，伏兵四起，俄军大败，狼狈逃窜，许多哥萨克兵被打死打伤,士气大为低落。顺治十二年(1655)二月,清政府命尚书都统明安达礼自京师率军前往黑龙江征剿沙俄侵略军。其时斯捷潘诺夫及其部下正盘踞在呼玛尔城中。二十七日,明安达礼所部到达呼玛尔,向城内俄军发起进攻。俄军凭借坚固的工事和精良的武器进行顽抗。双方激战 10 天,清军未能攻破呼玛尔城,反而由于劳师袭远,粮草不足,难以持久,遂班师还朝。

顺治十五年(1658)七月,斯捷潘诺夫又带领哥萨克侵略军 500 余名窜到松花江流域进行骚扰。他们抢劫粮食、貂皮,杀人放火,给当地各族人民的生产生活造成极大破坏。七月十五日,宁古塔昂邦章京沙尔虎达率领清军分乘 47 只小船,在松花江与牡丹江会流处以逸待劳,设下伏兵,朝鲜兵闻讯,也前来助战。当斯捷潘诺夫率部到来后,清军在朝鲜兵的协助下,将俄国侵略者团团包围。面对清军强有力的攻势,俄军大乱,180 多名哥萨克士兵脱离大队四处逃窜,斯捷潘诺夫等 300 余人被困核心,无法脱身。经过一场激战,清军大获全胜,打死、打伤及俘获俄军 270 余名,击毙敌酋斯捷潘诺夫。顺治十六年(1659),沙尔虎达去世,其子巴海继任宁古塔昂邦章京。顺治十七年(1660),巴海率领清军继续在黑龙江流域进行围剿,最终肃清了中下游地区的沙俄侵略者残部。

铲除鳌拜

顺治十八年(1661)正月,顺治帝患天花病逝,遗诏以第三子玄烨继位,即康熙帝。康熙帝时年仅 8 岁,国家政事由索尼、遏必隆、苏克萨哈、鳌拜四辅政大臣掌管。四辅政大臣分属皇帝亲领的正黄、镶黄、正白三旗,即所谓上三旗,他们虽非皇族宗室,却是早在太宗时期就被信用的显贵老臣,势力庞大。由于索尼年老多病,遏必隆庸懦无主见,苏克萨哈意见多与其他三人不合而无力抗争,因而在联合辅政开始后不久,位居四辅政大臣之末的鳌拜实际上已经独擅大权。

作为老一代满洲贵族的代表人物,鳌拜对顺治时期仿效明朝建立的一系列规章制度不满,思想感情上也同内地高度发达的经济、文化格格不入。在掌握国家权力后,鳌拜等辅政大臣"率祖制,复旧章",竭力扩大少数满洲贵族的利益,打击汉族地主阶级和知识分子。这些做法延缓了清朝统治集团封建化的进程,也严重影响了社会的安定。

康熙六年(1667)七月,康熙帝亲政,辅政大臣仍然帮助处理政务。此时索尼已死,鳌拜更加目空一切,苏克萨哈因感到处境艰难,在康熙帝亲政后不久就提出愿往守先帝陵园,鳌拜立刻以苏克萨哈不愿辅政的罪名,命议政王大臣议罪,不久即议定24款罪状将苏克萨哈处以死刑。

清除苏克萨哈后,鳌拜气焰更加嚣张,康熙帝无法容忍鳌拜的专横跋扈,但考虑到其党羽遍布中外、盘根错节,只好不露声色地暗中布置。他还采取欲擒故纵之计,先后加赐鳌拜原二等公以外另赐一等公,加封太师,平时对鳌拜也极其礼貌尊重。

实际上康熙帝却在积极行动,准备夺回大权。他注意培植新一代贵族中的人才,任用索额图、明珠等人,逐渐形成了一个自己的势力范围。同时又挑选一批少年卫士,在宫中练习布库之戏(即摔跤)。鳌拜入宫奏事,常见康熙帝同少年卫士嬉戏,遂不加注意。康熙八年(1669)五月十六日,康熙帝已安排就绪,召鳌拜入见。鳌拜只身入宫,立即被众少年卫士擒获。康熙帝又命将鳌拜党羽全部逮捕,交议政王大臣等议罪。二十八日,议政王大臣等议定鳌拜罪行30款,拟革职,立斩。康熙帝以鳌拜效力年久,战功卓著,不忍加诛,命革职,籍没拘禁。

在铲除鳌拜之后,康熙帝大力调整治国政策,废除圈地等弊政,恢复内阁、翰林院,兴学校,重农桑,为后来的守成创业奠定了基础。

三藩之乱

"三藩"是指平西王吴三桂、平南王尚之信、靖南王耿精忠。早在清入关之前,耿精忠之祖耿仲明和尚之信之父尚可喜先后降清,受到重用,吴三桂则在山海关降清,为清朝定鼎中原立过汗马功劳。清廷入关后,吴三桂等人分别率军南下追剿农民军和南明势力。顺治末年,吴三桂受封于云南,尚可喜受封于广东,耿仲明之子耿继茂受封于福建,不但各自握有重兵,而且把持地方政务,截留地方税收,成了一方霸主。康熙初年,平定国内反清势力的战争已经全部结束,而三藩仍据于南方各省,耗费巨大的国家财政开支,而且对清廷的中央集权构成极大威胁。康熙帝亲政后,以三藩隐患为关心的第一大事,决心伺机解决。

康熙十二年(1673)初,尚可喜上疏请求归老辽东,由其长子尚之信继承爵位,在粤继续掌管藩中事务。康熙帝认为这正是分别削弱三藩实力的良机,不允许尚之信袭爵,而令平南全藩一起撤离广东。清廷的这一举动引起了吴三桂和不久前才袭靖南王爵位的耿精忠的不安。为了窥测清廷意向,吴三桂和耿精忠于这年七月也分别疏请撤藩。清廷中一部分人不同意遽然撤藩,认为撤藩则吴三桂必反。康熙帝却看到,吴三桂等"蓄彼凶谋已久,今若不及早除之,使其养痈成患,何以善后? 况其势已成,撤亦反,不撤亦反,不若先发制之可也"。决计三藩同时裁撤,并派员前往滇、粤、闽三省料理搬迁事宜。

吴三桂和耿精忠早怀异心,见到朝廷决然撤藩,分别积极准备反叛。十一月二十一日,吴三桂杀云南巡抚朱国治反叛,自称天下都招讨兵马大元帅,立国号为周,令部属皆蓄发易衣冠,并命其部将马宝等率军由贵州进攻湖广,王屏藩等率军进攻四川以威胁陕西。吴三桂还致书耿精忠和尚可喜以及各地旧部好友,约定共同起兵。清廷在一个月以后才得到吴三桂叛乱的消息,立即决定暂停撤平南、靖南二藩,并派兵分守荆州、常德、岳州、汉中、南昌等要地,同时还宣布削吴三桂爵,诏谕天下,"其有能擒斩吴三桂头献军前者,即以其爵爵之",表示了坚决镇压叛乱的决心。

吴三桂早有叛乱准备,兵精粮足,进展非常顺利。短短4个月的时间里,叛军和清军几乎还没有正式对阵,就已经占据了云南、贵州、四川、湖南、福建五省全部和广东、广西、浙江、江西、湖北、陕西六省的一部,形势对清廷十分不利。

康熙十三年(1674)初,吴三桂亲统主力已经抵达长江南岸,设营于松滋。这时清廷仓促布防,各地的叛清之风涌起。吴三桂如果当机立断渡江北上或是顺流而下占领江南地区,都将给清廷以沉重打击。在吴军最初的攻势面前,一些满族大臣甚至有撤回关外的打算。但吴三桂贪恋云贵根据地,又想保存实力以待天下自乱,长期下不了这决心,因而在最初几个月的长足进展之后就止步不前了。吴三桂的这一重大战略失误使清廷赢得了宝贵的时间,得以从容调兵遣将,安排布防。自康熙十二年(1673)底至十三年(1674)九月,康熙帝先后任命宗室贵族顺承郡主勒尔锦等六人为大将军,率八旗劲旅和大批绿营军奔赴前线,分别担任湖广、川陕、闽浙和两江方面的统帅。勒尔锦出兵最早,又直接面对吴三桂主力,是清军诸方面军中的核心力量。但勒尔锦是纨绔子弟,既无克敌的谋略,又无进攻的勇气。因此吴三桂主力与勒尔锦部在彝陵(今宜昌)至今岳阳一线的长江两岸长期对峙,却基本上没有战斗。康熙十三年至十五年(1674~1676)间,清军与叛军的战斗主要发生在东南、西北和两广战线。

耿精忠于康熙十三年(1674)三月叛乱于福州,囚禁福建总督范承谟,自称总统兵马大将军,分兵3路向浙江和江西进攻。清廷数次招抚不成,于四月削耿精忠之爵以示决裂。

耿精忠叛乱之初,曾邀台湾郑经登陆支援。但郑经率军入闽后,与耿精忠不和,反而从背后攻袭耿部,连陷数府。耿精忠腹背受敌,无力抵抗,先杀范承谟而后降。耿精忠降后,康熙帝命还其爵如故,但在三藩之乱平定后将他凌迟处死。

在平定三藩之乱初期,清廷对绿营军很有疑虑,不肯重用,对出征的绿营在待遇方面也多有歧视。康熙十三年(1674)末,参加进剿四川的平凉提督王辅臣部因缺粮饷而发生兵变,西北战况对清廷的安危关系很大,康熙帝几欲御驾亲征,后调集甘肃绿营军张勇、王进宝、孙思克等部与定西大将军贝勒董额军夹击王辅臣,形势才得缓解。康熙十五年(1676)六月,王辅臣困于平凉,再度降清。吴三桂军也相继退入川中,双方在陕南一带再次陷于对峙状态,一直到最后清军全面反攻的时候。王辅臣后自杀。

两广方面最先叛应吴三桂的是孙延龄,由于他与三藩渊源甚深,清廷对他也非常不信任。康熙十三年(1674)二月,孙延龄诱杀都统王永年,自称安远大将军,配合吴三桂行动。不久,广西提督马雄亦叛,广西全陷,广东方面三面受敌,形势吃紧。平南王尚可喜始终忠于清廷,在吴三桂叛清后一直竭力支撑广东局面。但尚可喜老病,其长子尚之信昏暴狂妄,掌握着藩中实权。康熙十五年(1676)二月,吴三桂军在广东节节胜利,广东各路总兵纷纷反叛,尚之信遂降于广州,接受吴三桂封号为辅德亲王。尚可喜不能控制形势,郁愤而死。不久福建耿精忠部平定,清廷命莽依图为镇南将军入广东。康熙十六年(1677)五月,尚之信率官军剃发降清,康熙帝命其袭父王爵。在平定三藩大局初定后,尚之信于康熙十九年(1680)被处死。孙延龄则在此之前被吴三桂杀死。

康熙十六年(1677)以后,清军的作战对象主要是吴三桂军本部,战场主要在湖南和广西。驻荆州的勒尔锦和岳州外围的安远靖寇大将军贝勒尚善仍然怯懦不敢出战,岳乐、喇布之军围攻长沙等地也没取得什么进展。但吴三桂早已成强弩之末,同样不能有所突破,双方再次陷入僵局。为了鼓舞士气,吴三桂于康熙十七年(1678)三月在衡州(今衡阳)称帝,建元昭武。随后,吴军欲开辟向闽南的通道,与郑经相呼应,于是以大兵攻永兴。清军野战失利,都统宜理布等大将阵亡,永兴城被困,形势紧迫。但八月间,吴三桂病死,吴军阵营大乱。主攻永兴的马宝闻讯自焚,其营垒撤军还衡州,各处吴军守将也人心瓦解,丧失斗志。

康熙十八年(1679)初,清军向叛军发动总攻。康熙二十年(1681)初,清三路大军相继入云南,吴军溃败不能成阵,三月,遂围昆明,吴三桂之孙吴世璠与大将郭壮图等固守孤城10余月,终因粮尽无援而生内变。吴世璠自杀,其所部开城迎降。三藩之乱平定。

清政府统一台湾

郑成功及其子郑经在收复台湾后,仍然用南明永历年号,以明朝遗臣的身份继续同清廷对抗。但是,清朝政府经过入关之后数十年的统治,已经完全巩固了其地位,国内满汉之间的民族矛盾也已趋于缓和,台湾郑氏实际上成为阻碍国家走向统一的一股割据势力。早在康熙初年,统一台湾的问题已经提到清朝统治者的议事日程上来,只是由于掌握实际权力的鳌拜集团以为"海洋险远,风涛莫测,驰驱制胜,计难万全",才被搁置下来。

"三藩"之乱爆发后,郑经乘机率军进攻福建等地,客观上起了策应吴三桂叛军的作用,增加了清军平息叛乱的困难。直至康熙十九年(1680)夏,郑经军连遭失败,才再度退归台湾。

康熙二十年(1681)初,郑经病逝于台湾,其子郑克𡒉监国。郑经的亲信侍卫冯锡范等人为了争夺权力,诱杀了郑克𡒉,又奉郑经年幼次子郑克塽继位。此后台湾地方大权落入冯锡范与刘国轩二人手中。郑氏集团内部争权夺利的斗争削弱了自己的力量,岛上人心不稳。

这年六月,康熙帝在确知郑经已死和台湾统治集团内乱的消息后,即谕令福建总督姚启圣、巡抚吴兴祚、提督诺迈和万正色等人乘机进兵台湾、澎湖。但由于当时进军准备尚不充分,水军提督万正色等人对进取台湾又存有异议,这次军事行动没能立即实施。稍后由于内部长学士李光地的荐举,康熙帝决定任用熟悉海上情况,并曾为郑成功部将的施琅,于七月任命他为福建水师提督总兵官、加太子太保,率军进攻台湾。

康熙二十一年(1682)正月,施琅至福建上任,即于厦门调集军队,修整船只,积极准备攻台。台湾方面得知情况,也加强了防备,以刘国轩统兵6000人镇守海上要冲澎湖。

康熙二十二年(1683)六月,施琅率军由铜山(今东山)出发,进军澎湖。这时澎湖的刘国轩部已增兵至2万,战船200余艘,而且在岸上和外围布列了大炮和炮船,防御体系相当坚固。十六日,清军发起进攻,刘国轩迎战,双方各有伤亡。施琅首战不胜,只得暂时退兵,集全军船队于八罩屿。二十二日,施琅再次发动进攻,派总后官陈蟒、董义等分别率船攻打牛心湾、基隆屿,作为偏师和疑兵,自己则率大船50余艘居中直冲娘妈宫。刘国轩亲率船队迎战。双方自辰时开战,炮火交攻,极其激烈。至已时,南风忽起,施琅命乘风放火,郑军于是大溃,战船大量被击沉焚毁,一些将士阵前投降,刘国轩仅率残余的31只大小船只自吼门逃走,澎湖36岛于是全部剃发归清。

澎湖的失陷引起台湾郑氏当局的极大恐慌。七月二十七日,郑克塽正式向清军递降表,台湾自此统一于清朝。

施琅在台湾也采取了安民措施。八月十三日,施琅率军来到台湾,颁布《谕台湾安民告示》,提出"土地既入版图,则人民皆属赤子,保义抚绥,倍常加意"。又严束部队,不许扰民。台湾全局于是安定如常。

在平定台湾郑氏之后,清廷内部对于如何处置台湾这个岛屿发生过分歧。一部分人主张彻底放弃台湾,迁其人,弃其地,而以兵力驻防澎湖。施琅则力主坚守台湾,他数次上疏陈述利害,建议留守台湾。

清廷最后做出决定,在台湾设置台湾府,隶属福建省。康熙二十三年(1684)春,清朝驻台湾的第一批文武官员全部就职。

康熙南巡

康熙帝即位后,经过20余年的励精图治,创下了重大业绩,先后平定三藩之乱,击败沙俄侵略,收复台湾。国内形势得到了稳定。于是从康熙二十三年(1684)起,至康熙四十六年(1707),六次下江南巡视,也成为他的重要业绩之一。

自从宋代以来,黄河下游河道从河南经江苏北部入海,在淮阴附近与淮河运河汇合。明末清初,因战事频繁,黄河没有治理,因此水灾时有发生。顺治至康熙初年,即决堤80余次,不仅淹没宿迁以东的今江苏淮安七州县,而且危及南北运输的命脉——运河，每年 400 万漕粮的北运，常因黄河水患而受阻。因此，康熙深知治河的重要性，早在平定三藩之前，就列入国家亟须解决的三件要务，书于宫中柱上。康熙二十三年（1684）十月，他第一次南巡到山东泰山，再到宿迁，查访了黄河北堤岸 180 里。随后到宝应、高邮一带，再由扬州到京口，乘沙船西下，抵苏州而回。在南京，康熙帝亲自祭奠了明太祖陵墓，又赴高家堰检查堤岸工程，最后经泗水回曲阜，拜谒孔林后，由德州返回。

康熙二十八年（1689）正月，康熙帝开始第二次南巡，于二月到达杭州，渡过钱塘江拜谒禹陵，三月由南京起程回北京。

康熙三十八年（1699）二月，康熙与皇太后一同举行第三次南巡，他"亲乘小舟，不避水险，各处周览"，还登上堤岸，用水平仪测量地势水位，命令河道总督于成龙绘出河图。经过实地勘测，康熙帝认识到造成水患的原因，是"黄河逼近清口，黄水倒灌，以致淤垫"，因此洪泽湖的水位低于黄河，下游山阳、高邮等七洲县尽被淹没。针对此弊，他提出要"深浚河身"，加高两岸堤坝，使河水湍急，带走泥沙入海。

康熙四十二年（1703），康熙帝第四次南巡中，又查看了高家堰、徐家湾、翟家坝等处堤岸工程。两年后，康熙帝南巡到济宁，看到黄河情况已与初次南巡泛滥横行时大不一样。初次所见，两岸人烟树木历历在目，船高地低十分明显。二次南巡时，则只见两旁堤岸。至第四次南巡中，船已低于河岸不少。显然浚通河岸、加高堤坝已经收到了较大效果。此后，黄河水患得到了较好的控制。

康熙帝的最后一次南巡是在康熙四十六年（1707）正月，他检查淄淮套后来到杭州，住至四月回京。他在谕旨中自称："朕廑念河防，屡行亲阅，凡自昔河道之源流，治河之得失，按图考绩，靡不周知。"

康熙南巡的另一个目的，是为了查访江南的吏治民情，笼络团结汉族士大夫。江南是明朝的心腹之地，物产丰富，人才荟萃。而自清兵入关以后，在江南扬州、嘉定等地进行了血腥镇压，引起汉族士大夫的普遍抵触情绪。为了改变这种状况，康熙在南巡途中广泛接见当地的名士闻人，屡加慰抚，这些都起到了笼络人心，消除对立情绪的作用。在南巡中，康熙还通过耳闻目睹的了解，对吏治进行考察，发现了一批人才。

康熙在六次南巡中，勤于公事，不讲排场，巡访所需费用及供应物品，大多数出自内务府开销，沿途所设行宫也比较俭朴。尽管康熙帝的六次南巡不可能做到毫不扰民，在南京、杭州等地由李煦、曹寅安排的行宫也是相当豪华的，但与其前其后的各代皇帝相比,从他南巡的主要目的看,他的六次南巡还是应当作为正面业绩予以肯定。

雅克萨之战

　　顺治年间,中国军民击毙了沙俄侵略头子斯捷潘诺夫,将沙俄侵略者赶出了黑龙江中下游地区,但他们仍占据着黑龙江上游的尼布楚城(今俄罗斯涅尔琴斯克),等待时机,策划着新的侵略活动。康熙四年(1665),俄军重占雅克萨城,并建堡筑寨,勒索财物,设置殖民农庄,奴役和镇压当地中国人民。康熙十五至二十一年(1676～1682)沙俄又利用清廷全力镇压南方"三藩之乱"、无暇北顾之机,派出大量军队入侵黑龙江各支流,并调集大批枪炮、物资到尼布楚、雅克萨等地,加强侵略力量。对此,清朝政府多次提出交涉、抗议,警告他们必须停止对中国的侵略。沙俄侵略者不但置若罔闻,反而变本加厉,公然在中国领土上设立据点,强征贡赋,开采银矿,烧杀抢掠。清政府忍无可忍,遂于"三藩之乱"平定之后,立即集中力量,准备武力驱逐沙俄侵略者。

　　事先,康熙帝总结了30多年来与沙俄斗争的经验,进行了周密、细致的准备工作。康熙二十二年(1683)十月,清廷以萨布素为第一任黑龙江将军,着手扫除俄军在黑龙江中下游设置的侵略据点。与此同时,当地各族人民也纷纷拿起武器,以各种形式打击沙俄侵略军。在各族人民的配合下,清军相继拔除了许多俄军据点。至该年年底,除尼布楚、雅克萨等少数地区外,侵入黑龙江流域的沙俄侵略者基本被肃清。

雅克萨之战油画

在加紧军事部署的同时,清政府始终未放弃谋求政治解决的努力,曾通过各种途径表示,只要沙俄停止侵略活动,清朝愿与之保持和平。直到大兵进发雅克萨之前,康熙帝还写信给沙皇,劝其迅速撤回雅克萨之兵,"互相贸易遣使,和睦相处"。但是,沙俄政府将清方的和平努力看成是软弱可欺,不但不予接受,反而继续扩大侵略。他们调整了侵略黑龙江地区的军事指挥机构,任命熟悉当地情况且以骁勇著称的弗拉索夫和托尔布津分别担任尼布楚和雅克萨督军,又增调援军,贮存粮草,加固城防,还派普鲁士军官拜顿在托博尔斯克招募哥萨克来中国助战。至此,清政府已别无选择,只有下决心以武力将侵略者赶出中国。

康熙二十四年(1685)四月,都统彭春、郎谈、黑龙江将军萨布素等分率满、蒙、汉等官兵3000余人自黑龙江城(今爱辉)和卜魁城(今齐齐哈尔),水旱两路向雅克萨进发。五月二十二日,彭春率部抵达雅克萨城下,立即向俄方发出咨文,要求其撤出雅克萨,归还逃人,以雅库(今俄罗斯雅库次克)为界,遭到俄方拒绝。次日,清军列阵,包围雅克萨城。二十五日,一队增援雅克萨的俄军自黑龙江顺流而下,被清军将领林兴珠率福建藤牌兵拦于江西。一场激战,毙伤俄军40余人。随即,清军架设"神威无敌大将军"炮,向雅克萨城猛烈轰击,同时水陆并进,四面围攻。经过一昼夜激战,俄军伤亡惨重,城内到处起火。二十六日,郎谈命积柴焚城。俄国雅克萨督军托尔布津走投无路,只得出城投降,并发誓不再回雅克萨城。清军准其投降,派人将托尔布津及其手下官兵、眷属等700余人送到额尔古纳河河口,收复了被俄军侵占达20年的雅克萨城。不久,清军撤回黑龙江。

托尔布津等残兵败将回到尼布楚后,仍不死心。正巧拜顿率领600名哥萨克援兵也到达尼布楚,又探得清军全部撤退,并未留兵驻防的消息,遂率领500余名俄军返回雅克萨,加筑工事,重新盘踞。康熙二十五年(1686)五月,萨布素、郎谈、班达尔沙等奉命率领清军2100余人会师于查克丹,再次进兵雅克萨,命俄俘鄂克索木果带信入城警告俄军,如不立即撤出,必将其全部歼灭。是时,盘踞城中的俄国侵略军共有800余人,他们凭借充足的火器装备、弹药粮草和坚固的城防工事负隅顽抗,并自城中频繁出击,不让清军炮位和攻城器械逼近城墙。萨布素率领清军将士在当地各族人民的协助下,屡次击败出城挑战的俄军。六月初九日夜,萨布素下令向雅克萨城发起进攻。自夜到晨,重创俄军,数日之内毙敌100余人,托尔布津也中炮毙命,由拜顿继任其职。但是,由于清军除拥有少量大炮外,士兵作战主要依靠刀矛弓箭,杀伤力较小,对攻坚战尤为不利,故未能迅速拿下雅克萨城,战事一时陷入僵持状态。萨布素等为避免牺牲过大,停止强攻,于城外东、南、北三面挖掘长壕,修筑堡垒,又于城西江南布置水师,封锁来自尼布楚方向的援兵航道,对城中俄军进行长期围困。由于城中无井,通常依靠通向黑龙江的水道引来水源。清军经过四昼夜激战,切断了城中水源。数月之后,城中饮水、粮食、弹药皆已告罄,加之疾疫流行,800多名俄军只剩下66人,尼布楚方面也无力派来援军,困守雅克萨的俄国侵略者已经濒临绝境。

尽管清方在军事上取得重大进展,但为求得边界上持久的和平,仍然不断谋求与沙俄进行谈判。此时的俄国,正值彼得一世之姐索菲亚公主执政,政权极不稳固,不可能再派大批军队前来中国,眼看困在雅克萨的俄军将被全歼,遂决定接受清政府的建议,派出以戈洛文为全权代表的谈判使团与清朝进行边界谈判。该年十月,俄国信使文纽科夫和法沃罗夫等到达北京,呈递沙皇给康熙帝的书信,要求清政府停止攻打雅克萨,等待戈洛文一行到达后进行谈判。清政府以礼接待了俄国信使,并在雅克萨城唾手可得的情况下同意了俄国的请求,命令萨布素等撤雅克萨之围,又派太医赴雅克萨为患病俄军治疗,且发粮赈济,保住了坐困城中坐以待毙的俄国人性命。次年七月,清政府闻知戈洛文使团抵达边境,遂命萨布素等率部返回黑龙江、墨尔根(今嫩江)等地驻守。至此,历时两年之久的第二次雅克萨之战正式结束。

《尼布楚条约》

第一次雅克萨之战后,沙俄见仅靠武装入侵难以实现其对中国进行侵略扩张的目的,遂改变策略,企图以军事侵略和外交谈判交替使用,迫使清政府就范。康熙二十五年(1686)正月,沙皇政府任命戈洛文为对清谈判使团全权大使,率使团于正月十三日自莫斯科启程来华。康熙二十六年(1687)八月,戈洛文一行到达贝加尔湖东岸。

戈洛文一行在贝加尔湖东岸一带停留了两年时间,因此时清军已撤销雅克萨之围,戈洛文就不急于与清方谈判。他一面窥探清政府的意图,一面竭力鼓动中国喀尔喀蒙古各部脱离清朝,臣服于俄国,遭到喀尔喀蒙古领袖土谢图汗和哲布尊丹巴的坚决拒绝。戈洛文见挑拨离间难以奏效,又企图以武力逼蒙古各部屈服。是年冬,戈洛文诬陷蒙古人民偷盗俄军牛羊马匹,命俄军闯入蒙古牧区进行烧杀抢掠,俄国侵略者的暴行遭到喀尔喀蒙古人民的坚决反击。十二月,蒙古军民在楚库柏兴(今色楞格斯克)一带打败俄军,迫使戈洛文等躲在城中不敢出来。康熙二十七年(1688)六月,正当喀尔喀蒙古各部抗俄斗争取得一系列胜利之际,准噶尔部首领噶尔丹以"为弟报仇"为借口大举入侵喀尔喀蒙古。喀尔喀各部相继战败,土谢图汗和哲布尊丹巴等率数十万众南归,要求清政府予以保护。戈洛文见有机可乘,遂与噶尔丹相勾结,派俄军分路出击,逼迫喀尔喀各部归顺俄国。由于喀尔喀蒙古人民的坚决反对,戈洛文一伙的阴谋未能得逞。

康熙二十七年(1688)五月,清政府派领侍卫内大臣索额图、都统公佟国纲、尚书阿喇尼、左都御史马齐、护军统领马喇等组成谈判使团,取道蒙古前往楚库柏兴与俄使进行谈判。索额图等行至蒙古,正值噶尔丹大举入侵,道路受阻,不得不暂时返回北京。康熙二十八年(1689)四月,索额图等再次启程,谈判地点改在尼布楚(今俄罗斯涅尔琴斯克)。六月,使团到达尼布楚。

中国使团到达尼布楚半月有余,仍不见戈洛文等前来,反受到俄国方面无理指责,说中国使团带军队前来违反国际法准则,又诬陷中国士兵途经雅克萨时杀死两名俄国人,还要求中国使团驻地不得离尼布楚城太近,应退往额尔古纳河口,等等。对此,索额图等据理予以驳斥。

七月初五日,戈洛文使团到达尼布楚。初八日,双方进行第一轮会谈。谈判一开始,双方即展开了针锋相对的激烈辩论。戈洛文一口咬定黑龙江流域"自古以来"即为俄国领土,却又拿不出确凿的证据,指责中国"突然派兵侵犯"俄国领土,制造流血事件,引起战争,要求清政府赔偿俄国损失,惩办有关人员。索额图对戈洛文的无稽之谈逐条予以驳斥,以大量事实说明,鄂嫩、尼布楚等地皆为中国人民世代居住之地,当地人民一直向中国政府交税,其首领和子孙至今仍在,因俄国侵略而逃到内地。索额图在回顾了俄国侵略黑龙江流域的历史以后指出,当地中国各族人民多年来遭到俄国侵略者的蹂躏,绝不是如戈洛文所言仅仅为"小小纷争"。对此,中国政府曾多次提出抗议、警告,但俄方始终置若罔闻,中国忍无可忍,只得以武力驱逐侵略者。因此,引起战争的正是俄国的侵略和屠杀,如果要说"惩凶""赔偿"的话,那么俄国首先应惩办侵略凶手,赔偿中国人民生命财产的损失。最后,索额图表示,中国使团是为争取和平而来,故只谈边界划分,谋求达成协议,并不想要求俄方"惩凶"和"赔偿"。在无可争辩的事实面前,戈洛文等理屈词穷,无话可说,在随后进行的划界谈判中,戈洛文首先提出以黑龙江为中俄两国边界的方案,遭到索额图等断然拒绝。清方提出以勒拿河与贝加尔湖划界,也未被俄方接受。第一天会谈没有结果。

次日举行第二次会谈。开始,戈洛文仍坚持以黑龙江划界,后见中国使团坚决反对,又提出以牛满河为界,仍将黑龙江上、中游北岸划归俄国。此时,中国使团当然不会同意,但索额图等以为俄方已然让步,于是提出以尼布楚为界的新方案。由于中国使团缺乏外交谈判经验,一下子就将事先确定的最后方案拿了出来,因而上了戈洛文等人的当,将尼布楚轻易划给了俄国。戈洛文见清方肯让出尼布楚,不由喜出望外,但为了勒索更多的利益,故意与中国使团继续纠缠,拒绝了这一方案。第二天会谈仍无结果。

索额图等不知戈洛文的真正意途,以为最后方案遭到拒绝,谈判已经破裂,准备返回北京。戈洛文一见,急忙通过在中国使团中充当译员的两名传教士——法国人张诚和葡萄牙人徐日升,劝中国使团留下来继续谈判。七月初十至二十三日,张诚与徐日升频繁往来于中、俄使团驻地,进行会外活动。经过激烈的谈判,中国使团又作出一系列重大让步,有些甚至超出了康熙帝允许的范围。戈洛文等见此行目的已基本达到,又赶上大批受俄军残害的中国各族人民听到中国使团到来的消息,纷纷突破俄军封锁,来到尼布楚附近,引起他们的恐慌,于是表示愿意接受中国使团的方案,同意撤出雅克萨。

康熙二十八年(1689)七月二十四日,中、俄两国正式签订《尼布楚条约》。条约共六条,内容如下:(1)以流入黑龙江的格尔必齐河、外兴安岭直到海边为界,山南归中国,山北归俄罗斯。(2)额尔古纳河以南属中国,以北属俄罗斯,其南岸眉勒尔客河口所有俄罗斯房舍均迁往北岸。(3)将雅克萨地方俄罗斯所修之城尽行收图拆毁,雅克萨所居俄罗斯人民及诸物尽行撤往察汉汗之地。(4)凡猎户人等断不许越界,有越界者即行擒拿,送各地方官惩处。从前一切旧事不议,中国所有俄罗斯之人或俄罗斯所有中国之人均不必遣返。(5)今既永相和好,以后一切行旅,有准令往来文票者,许其贸易不禁。(6)不得容留对方逃亡者,一经发现即行送还。另外,双方还商定将外兴安岭和乌第河之间的地区暂行存放,留待后议。

《尼布楚条约》是中、俄两国签订的第一个条约,其正式文本为拉丁文本,由双方代表签字盖章,另有满文和俄文副本。《尼布楚条约》是在平等的基础上签订的,其内容也未超出两国政府愿意接受的范围。条约明确划定了中俄两国东段边界,在此后相当长的一段时间时,两国边境相对安定,人民往来和贸易关系皆有所发展。

康熙亲征噶尔丹

厄鲁特蒙古又称漠西蒙古，在明代称为瓦剌。约在 16 世纪末，厄鲁特蒙古分为准噶尔、和硕特、杜尔伯特和土尔扈特四大部，并形成了四部联盟。后准噶尔部势力日益强大，在天山以北至阿尔泰山的广阔地区称雄。

17 世纪中叶，准噶尔内部发生争夺统治权力的斗争。康熙十年（1671），准噶尔贵族噶尔丹夺取了统治权。噶尔丹极富于扩张野心。康熙二十七年（1688），噶尔丹趁喀尔喀蒙古内部动乱之机，向喀尔喀大举进攻。以土谢图汗察珲多尔济为首的喀尔喀军民在鄂罗会诺尔等地数次同准噶尔部激战，却终于全面溃败。土谢图汗等遂率部向南，寻求清廷的保护。

喀尔喀诸部归附清廷后，康熙帝仍然希望能以和平方式解决问题，但噶尔丹的野心却在不断膨胀，并于康熙二十九年（1690）初以追击喀尔喀部众为借口，组织力量再度东征。这年六月，噶尔丹部深入到内蒙古的乌珠穆沁境内，在乌尔会河打败了清军骑兵。噶尔丹对清廷造成的巨大威胁迫使康熙帝倾全力对付。七月，康熙帝任命裕亲王福全为抚远大将军，出古北口，恭亲王常宁为安北大将军，出喜峰口，并亲自出塞指挥各路大军，准备对噶尔丹决战。

八月初一日，清军左翼福全部与噶尔丹军相遇于乌兰布通（今内蒙古克什克腾旗南境），大败噶尔丹军。

噶尔丹在乌兰布通大败后，一面卑辞求和，一面弃辎重向漠北奔逃。由于清军前敌统帅福全没有果断地进行追击，噶尔丹得以逃脱，但其部众沿途饥饿死亡，精锐几乎损失殆尽，回到科布多大营（在今蒙古国西部一带）时仅剩下数人了。

乌兰布通战役的胜利极大地提高了清廷在蒙古诸部中的威望。为了进一步巩固北方边防，加强对喀尔喀各部的控制，康熙帝在康熙三十年（1691）四月亲往承德西北的多伦诺尔，集喀尔喀土谢图汗部、车臣汗部、札萨克汗部和内蒙古49 旗的王公首领会盟。康熙帝在会盟中宣布：保留喀尔喀三部首领汗号，同时对各级贵族分别赐以亲王、郡王、贝勒、贝子、镇国公、辅国公等爵位；其行政体制则照 49 旗例编为旗队。多伦会盟后，噶尔丹完全丧失了在喀尔喀的势力地位，在对清作战中更为孤立。

在第一次对清作战失败后,噶尔丹在准噶尔部的统治地位也受到了挑战。他的侄子策妄阿拉布坦趁噶尔丹常年在外作战,夺取了大量原来属于噶尔丹的土地和财产。为了摆脱在内部权力斗争中的困境,噶尔丹经过几年的休养生息,再度发动了对喀尔喀的进攻。

康熙三十四年(1695)八月,噶尔丹率军沿克鲁伦河而下,驻军在巴颜乌兰地方过冬。康熙帝在得知这一情况后,力排众议,决心亲自率军征讨,以期彻底剪除、消绝后患。康熙三十五年(1696)春,康熙帝亲征,分兵三路。东路由萨布素率领截噶尔丹东进之路,西路由抚远大将军费扬古率领截击噶尔丹西归之路,康熙帝亲率劲旅居中,直扑克鲁伦河。

康熙帝所率中路军于五月接近克鲁伦河。由于东、西两路部队都没能按时赶到集结地点,康熙帝决定由所部先行袭击噶尔丹大军。而噶尔丹在得知康熙帝亲率主力征讨后,自忖实力相差悬殊,于是迅速撤退。五月二十日,因军粮跟不上,康熙帝下令班师,撤回后方。

五月十三日,费扬古率领的西路军来到土喇河畔的昭莫多(今蒙古国乌兰巴托附近),正好噶尔丹的军队逃经这里,两军在这里进行了决战。清军分兵一队突击噶尔丹军左翼,另一队偷袭其辎重。两队突袭都取得了成功,清军正面又同时发起猛烈攻势,噶尔丹等首尾难顾,立刻溃败下来。噶尔丹在乱军中仅率数十骑逃走。

昭莫多之战的失败使噶尔丹完全失去了元气,他的根据地科布多也已被策妄阿拉布坦占领。此后他只能带领着千余名男子和3000名妇孺流落在阿尔泰山一带。噶尔丹生性桀骜不驯,即使到了这种境地也绝不向清廷屈服投降。康熙帝则仍然把噶尔丹看成必须速行剿灭的心腹大患,于是在康熙三十六年(1697)春又组织了第三次对噶尔丹的征讨。

这年二月,康熙帝渡过黄河来到宁夏,亲自监督指挥对噶尔丹残部的剿除,这时噶尔丹众叛亲离,力量已极其衰微,不堪为战,又无路可逃。闰三月十三日,噶尔丹突然患病而死,其余部后来归顺了清朝。

噶尔丹被剿灭后,策妄阿拉布坦取得了珲台吉的称号,成为整个准噶尔部的正式统治者,并且在西北继续同清廷相对抗。

征讨噶尔丹策零

  康熙末年至雍正初,准噶尔同清朝的关系一度较为缓和。雍正五年
(1727),准噶尔珲台吉策妄阿拉布坦死,其长子噶尔丹策零继为珲台吉,立即派
遣贡使到北京纳贡,奏报父亲亡故的消息。但清廷对于不久前在青海发动叛乱
的罗卜藏丹津兵败后逃往准噶尔一事,一直耿耿于怀,此时要求噶尔丹策零将罗
卜藏丹津解送回京。

  噶尔丹策零对于送还罗卜藏丹津的事没有立即答复。雍正帝等了一年没见
回应,以为噶尔丹策零可能准备叛乱,决定先发制人,对噶尔丹策零进行征讨。
尽管朝廷中许多大臣认为出兵时机不宜,竭力谏止,雍正帝还是固执己见,派傅
尔丹为靖边大将军出北路,岳钟琪为宁远大将军出西路,向准噶尔进军。

  雍正七年(1729)秋,噶尔丹策零终于决定派人押送罗卜藏丹津。但押解人
员至伊勒布尔和硕,听到消息说岳钟琪正率军两万出哈密来攻,于是又退回伊
犁。雍正帝在得知此讯后,命令暂缓一年进兵,调傅尔丹、岳钟琪回京议事。同
时,雍正帝又谕令噶尔丹策零"请封号,所有属下悉编旗分佐领"。这一要求噶
尔丹策零彻底臣服的谕令使噶尔丹策零非常不满。这时清军一部在科舍图卡伦
一带放牧驼马,疏于防范,噶尔丹策零乃会袷木特率两万军兵偷袭科舍图卡伦。
清兵闻讯后赶来救援,双方激战七日。这一冲突急剧地恶化了清廷与准噶尔部
的关系。

  雍正九年(1731),清军北路傅尔丹部进驻科布多。噶尔丹策零以少量兵力
引诱清军前锋,而将主力部队两万人埋伏在山谷中,直待清军全部进入埋伏后才
突然向清军出击。清军毫无准备,在准噶尔军的攻击下伤亡惨重,立即溃败。傅
尔丹虽然勇猛过人,此时也只能且战且退,回到科布多的时候,出击的 1 万人只
剩下 2000 人。这次战争史称和通淖尔之战,是清军在对准噶尔作战中损失最为
惨重的一次。

  噶尔丹策零在和通淖尔之战后自觉不可一世,准备进一步向喀尔喀方向进
兵。清廷在和通淖尔之战后改派顺承郡王锡保为北路军统帅,调整了北路的军
事部署。锡保以丹津多尔济和额驸策凌率军迎击准噶尔军,双方在鄂登楚勒进

行激战,准噶尔大将喀喇巴图鲁阵亡,被迫败归。

鄂登楚勒之役中准噶尔军虽然失利,但并没有遭到根本性打击,噶尔丹策零仍对喀尔喀地区跃跃欲试。他先是数次派人煽动喀尔喀各部反清,这一阴谋失败后,又于雍正十年(1732)六月派小策凌敦多布率军3万深入喀尔喀克鲁伦地方,劫掠喀尔喀游牧地。

正效力于军前的喀尔喀蒙古赛音诺颜部首领亲王额驸策凌受命同将军塔匀岱在本博图山设防,小策凌敦多布趁策凌的游牧地空虚,以兵奔袭其塔米尔河畔牧地,攻破营寨,掳走其妻子儿女和部众,劫掠了数万牛羊。额驸策凌闻讯后割断发辫和所乘马尾立誓复仇。于是自率其军2万人,夜半由间道绕山后,黎明时自山顶直向准噶尔军冲击。准噶尔军大惊而起,仓促间无法迎战,只得抛弃辎重,慌忙逃窜。策凌乘胜追击,一路连败准噶尔军十余阵,最后追至喀尔喀大喇嘛哲布尊丹巴呼图克图的驻地额尔德尼昭(汉名又作光显寺)。

额尔德尼昭左依高山,右有大河,地形非常险要。额驸策凌熟悉地形,先期赶到,控制了要路,同时命满军背水布阵,自己则亲率劲旅万人埋伏于山侧。准噶尔军日暮时候抵达额尔德尼昭附近,只见到临河的清军,乃发起冲击,准备攻占要隘。此时策凌伏兵四出,准噶尔军突遭袭击,乱作一团,被斩杀者以万计。小策凌敦多布收拾残部,趁黑勉强逃出重围。

额尔德尼昭的惨败极大地打击了噶尔丹策零的气焰。雍正十一年(1733)冬,噶尔丹策零被迫再向清廷请和。雍正帝也因连年用兵,劳师动众,愿意和平解决同准噶尔部的冲突。雍正末年至乾隆初,清廷多次同噶尔丹策零交涉,议定了以阿尔泰山为准噶尔与喀尔喀的游牧界限。噶尔丹策零还遣使进京纳贡,表达了求和诚意。以后10多年的时间,准噶尔部同清廷一直保持和睦关系。

平定大、小金川

大小金川为川西大渡河上游的两个支流,分别源自松潘西北巴细土司和理番县西雪山,在今四川小金县崇化屯汇合,因沿岸富有金矿而得名。该地形势险阻,交通不便。其民多为藏人,明代隶杂谷安抚司,与绰斯甲布、革布什扎等九土司与之接壤。顺治七年(1650),清廷封小金川头人卜尔吉细为土司;康熙五年

（1666），又给大金川头人嘉勒塔尔巴"演化禅师"印，使二人分掌大、小金川。雍正元年（1723），清廷因嘉勒塔尔巴之孙莎罗奔随清军平藏有功，授为安抚司。后莎罗奔势力渐强，谋取小金川等地，以其女阿扣嫁给小金川土司泽旺为妻，泽旺生性懦弱，为其妻所制。乾隆十一年（1746），莎罗奔劫持泽旺，夺其印信，经四川总督出面干涉，才放回泽旺。乾隆十二年（1747），莎罗奔出兵攻掠革布什扎、明正两土司，四川巡抚纪山派兵前往镇压，反被打败。清廷闻报，调平苗有功的云贵总督张广泗为川陕总督，统兵镇压莎罗奔叛乱。

张广泗调3万大军分两路进攻大金川：一路由川西攻河东，一路由川南攻河西。是年六月，张广泗进驻小金川之美诺。莎罗奔恃险抵抗，以石筑垒，号称"战碉"，大小林立，清军受阻，难以前行。乾隆十三年（1748）四月，清廷命大学士讷亲为经略前往督师，又起用前大将军岳钟琪为提督、原领侍卫内大臣傅尔丹为内大臣兼统领驰往军前效力。讷亲极力进攻，总兵任举、参将贾国良等相继战死，攻战数月，未能前进。讷亲损兵折将，张广泗所用向导良尔吉为泽旺之弟，平时与阿扣关系暧昧，为莎罗奔充当耳目，将清军动向随时报与莎罗奔知道，更使清军陷入困境。后岳钟琪奏劾张广泗误用奸细良尔吉，讷亲亦劾其劳师靡饷，清廷遂于是年九月改派大学士傅恒为经略总统金川军务，把张广泗、讷亲革职。十二月杀张广泗、讷亲。

傅恒到军前，杀良尔吉、阿扣等人，切断叛军内应，又增调邻省兵力，尽撤各地守碉、攻碉之兵，与岳钟琪等制定集中兵力，直捣中坚计划。傅恒不及奉诏，与岳钟琪分兵两路，连克碉寨，直扑莎罗奔老巢勒乌围。岳钟琪亲率13骑至叛军营中，示以诚信，莎罗奔等顶经立誓，投降清军。乾隆十四年（1749）二月初五日，莎罗奔带领喇嘛、头人等焚香跪迎大学士傅恒等。傅恒赦其死罪，命仍为土司。是为第一次平定金川之役。

乾隆中叶，莎罗奔老，其侄郎卡继为大金川土司，不断侵犯邻近土司。乾隆三十一年（1766），清廷命四川总督阿尔泰征调大金川周围九土司之兵会剿大金川。阿尔泰按兵打箭炉（今四川康定）半载不前，清廷遂将阿尔泰赐死，命大学士温福赴四川督师，以尚书桂林为四川总督，再次统兵前往镇压。温福由汶川出西路，桂林由打箭炉出南路，夹攻小金川。乾隆三十七年（1772）春，桂林克复革布什扎，温福进占资里及阿喀，逼近小金川。五月，桂林派部将薛琼统兵3000，带五日粮，欲截小金川后路，不意反被其困于墨垄沟。薛琼派人向桂林请援未果，致使全军覆没。清廷将桂林革职拿问，以阿桂署四川总督，代统其军。十一月,阿桂率部连夺险隘,直捣叛军巢穴,十二月进抵美诺,清军乘胜进兵,占领底木达,俘泽旺。十二月十三日,清廷以温福为定边将军,阿桂、丰伸额为副将军,舒常、海兰察为参赞大臣,率兵进剿。乾隆三十八年(1773)春,清军六路大军会攻大金川。索诺木增筑碉垒,据险抗守,严密十倍于小金川。温福重蹈张广泗覆辙,采取"以碉攻碉"之策。是年夏,温福屯兵大金川东都木果木,索诺木于六月初一日夜袭陷提督董天弼底木达大营。初二日,索诺木派兵占据要隘,切断清军粮道,温福仍骄傲轻敌,不加戒备。初十日,叛军突袭木果木清军大营,温福仓皇应战,中枪而死,各路清军相继溃散。海兰察等闻警赴援,收拾残兵万余人。是役,清军被歼3000余人,提督马会、牛三界,副都统巴朗、阿尔纳素,总兵张大经等皆战死,小金川再度落入叛军之手。

清廷闻知小金川之败,遂命阿桂为定西将军,丰伸额、明亮为副将军,富德为领队大臣,富勒浑为四川总督,再调健锐、火器二营兵2000,索伦兵2000前往助战。阿桂受命后,整饬队伍,激励士气,重新集结两万大军,分兵三路直扑美诺。十月二十九日,清军各路齐进,于十一月初四攻克资里,收复鄂克什,进占美诺。收复小金川全境后,阿桂统军乘胜挺进大金川。乾隆三十九年(1774)正月至七月,清军数路进击,连克要隘,直逼索诺木老巢勒乌围。乾隆四十年(1775)八月十五日,清军直捣勒乌围大寨,次日黎明,清军攻占勒乌围,莎罗奔、索诺木等逃往噶拉依。阿桂等兵分两路:北路自勒乌围夺大金川上游,南下主攻;西路据河西辅政。十二月,清军逼近噶拉依,明亮等克拢寨,进后独松隘口。二十二日,清军向噶拉依发起进攻。乾隆四十一年(1776),正月,索诺木之母、姑、姐妹等投降清军,而索诺木、莎罗奔等仍在官寨中冒死顽抗。阿桂督清军筑长围、断水道困之,二月初四日,寨中水尽粮绝,索诺木、莎罗奔跪捧印信出降。四月,押索诺木等于京师。是为第二次平定金川之役。

两次金川之役前后共5年,费银7000多万两。事后,清廷在噶拉依设总兵,勒乌围设副将,又以大金川为阿尔古厅,小金川为美诺厅,并招募大批内地汉民前往该地屯田,加强了对这一地区的控制。

乾隆皇帝南巡

清政权经过顺治、康熙、雍正三朝近百年的休养生息,出现了政治统一、经济繁荣的稳固发展局面。乾隆帝弘历看到其祖康熙六次南巡的盛况"盛典昭垂",也欲效法,于乾隆十六年至四十九年(1751～1784)先后六次南巡。

第一次南巡始于乾隆十六年(1751)正月。乾隆帝陪皇太后渡过黄河至高家堰,经淮安,三月抵杭州,渡钱塘江,祭祀禹陵后,又在杭州召见地方人士。回途中经过苏州、南京,亲往明太祖陵祭祀,并阅视兵阵。四月渡过黄

郎世宁《马术图》

河,于泰安祭祀东岳庙,五月回到京师。乾隆二十二年(1757)举行第二次南巡,经过直隶、山东、江南等省,召见在原籍的大臣史贻直、梁诗正、钱陈群,及致仕老臣沈德潜等人。复至嘉兴石门阅兵,驻杭州10余日后返回。经苏州、南京、徐州,抵达曲阜,祭奠孔子。四月回到北京。乾隆二十七年(1762)正月开始第三次南巡,渡过黄河视察清口、东坝、惠济闸等河工。三月到达浙江,亲赴海宁观看海塘,又于观潮楼检阅福建水师。四月返回,再渡黄河。命庄亲王胤禄奉陪皇太后仍走水路,自己登陆至徐州,查看黄河各处堤坝。五月回到京师。3年后的乾隆三十年(1765),举行第四次南巡。二月抵达杭州,指示修筑海宁石塘。归途驻跸江宁、德州等地。第五次南巡于乾隆四十五年(1780)正月出发,三月到达海宁观潮。归途中于南京招试举人,赐内阁中书等职。乾隆四十九年(1784)正月,乾隆帝举行最后一次南巡,先后于泰安祭祀少昊陵、曲阜拜谒孔庙。三月至海宁,巡视海塘后返回。

乾隆六次南巡的目的,其称为:"南巡之事,莫大于河工。"其实与康熙六次视察黄河堤坝大相径庭。乾隆在途中虽也附带查看了一些黄河工程,颁布了数

次减免赋役诏令及赦免人犯、截漕平粜谕旨,起到了一定程度的关注生产、维系人心的作用,但他的主要目的,还在于游赏江南山水。

乾隆南巡中的奢华铺张,给沿途人民造成的沉重负担和惊扰,也远远超过了康熙南巡。南巡出行,用度所需的巨额银两,都被摊派到沿途甚至相邻省份的人民身上。乾隆尽管每次南巡前,都要训饬属臣"各守本业,力屏浮华",但实际上却默许甚至嘉奖地方官员的进贡和浮华接驾之风,直接鼓励了社会靡烂之风。

由于乾隆南巡给国家财政、人民生计增加了沉重的负担,六次南巡的各项花费,总数达2000多万两。因而从朝中到野鄙,都激起了不同程度的怨愤。然而,刚愎自用的乾隆,当时对这些民间疾苦根本不闻不问,依然南下寻乐。直到他晚年时,才颇有悔悟之意,命臣下今后对后世之主的巡幸予以劝诫。然而,乾隆南巡所造成的经济恶果及社会奢侈糜烂之风,已无法挽回。

平定准噶尔部

清朝初年,厄鲁特蒙古中的准噶尔部实力日益强盛,不但成为厄鲁特四部之长,而且兼并了天山以南的广大维吾尔族聚居区,成为称雄于西北的一支强大的地方割据势力。自康熙中叶起,准噶尔部首脑人物噶尔丹、策妄阿拉布坦和噶尔丹策零多次进攻喀尔喀和西藏等地,挑起同清朝的武装冲突,始终是清朝政府统一全国、巩固中央政权的重大障碍。

乾隆十年(1745),准噶尔珲台吉噶尔丹策零病逝,其子女和各部贵族为争夺继承权展开了十分残酷的斗争。噶尔丹策零之子策妄多尔济那木札勒、喇嘛达尔札先后被推翻杀害,准噶尔大贵族、大策凌敦多布之孙达瓦奇于乾隆十七年(1752)末夺得了珲台吉的宝座。连年争权夺利的斗争给准噶尔部统治的天山南北广大地区造成了严重的破坏,由于战乱频繁,各处的农业、牧业凋零衰败,人民或死于兵灾饥饿,或流落逃亡。各部领主为了保护自己的利益,大批内迁,归附清朝。长期处于准噶尔贵族统治之下的维吾尔族人民也趁动乱之机发动起义。准噶尔政权实际上已经危机四伏,面临崩溃了。

乾隆十九年(1754)八月,准噶尔的辉特部台吉阿睦尔撒纳率部众两万余人归附清政府,为乾隆帝带来了准噶尔统治集团内部互相杀戮,达瓦齐众叛亲离的消息。此时清朝正值国力强盛之际,乾隆帝早有彻底平定准噶尔,完成对西北的统一的打算。阿睦尔撒纳等人的来归坚定了乾隆帝出兵伊犁的决心。这年年底,清廷开始进行出兵的准备工作。第二年初,任命班第为定北将军,以阿睦尔撒纳为定边左副将军,由北路进军;任命永常为定西将军,以不久前归附的准噶尔部宰桑萨喇尔为定边右副将军,由西路进军。二月,两路大军各25 000人,分别由乌里雅苏台和巴里坤出发。

由于准噶尔地区的人民早已对分裂战乱的局面十分厌恶,渴望和平安宁,而准噶尔统治者又因内耗乏力,无法组织有力抵抗,因而两路清军进展都非常顺利。各地的宰桑、台吉望风归附,并从军作战。五月中旬,两路清军没遇到什么抵抗就在博罗塔拉会师,又继续向伊犁推进。达瓦齐竭力想从四处调集兵力抵御清军,但其所调军队却全都投降了清军。最后达瓦齐只得率亲军万人退出伊犁,在格登山(今新疆昭苏县)筑营据险固守。清军轻易占领伊犁。不久之后,清军前锋探哨仅数十人乘夜突袭达瓦齐的营地。达瓦齐逃走,后被乌什城的阿奇木伯克霍吉斯诱捕,献给定北将军班第。达瓦齐于是平定。

粉碎准噶尔地方割据政权后,清廷准备按照喀尔喀的旧例,在西北分别封四卫拉特(即厄鲁特)部汗,以车凌为杜尔伯特汗,阿睦尔撒纳为辉特汗,班珠尔为和硕特汗,噶勒藏多尔济为绰罗斯(即准噶尔部)汗,众建以分其势,防止再产生割据势力。但是,这一计划还没有实施,一直怀有独揽厄鲁特四部大权野心的阿睦尔撒纳就发动了叛乱。

阿睦尔撒纳本来是和硕特部拉藏汗之子丹衷的遗腹子,因为随母嫁至辉特部后才降生,所以继位为辉特部台吉。在准噶尔统治集团内乱期间,阿睦尔撒纳一度曾与达瓦齐联合,并趁机培植自己的势力。他的亲哥哥和硕特台吉班珠尔和杜尔伯特台吉纳默库等人都依附在他的势力下,阿睦尔撒纳于是能行令于辉特、和硕特、杜尔伯特三部。因为受到达瓦齐的排挤,阿睦尔撒纳被迫率众内附,受到清廷极高的礼遇,晋封为双亲王食双俸。但他只是想借用清军实力来实现自己做"四部总台吉,专制西域"的野心,并不是真心归附。因此,当清军在平定达瓦齐后大部撤离,只留500人镇守伊犁时,阿睦尔撒纳开始积极活动,准备叛乱。

阿睦尔撒纳一面四处招兵买马,扩充其实力,一面派人到各部活动,制造叛乱的舆论,同时还向清廷提出设立四部总汗的请求,试探清廷的意向。阿睦尔撒纳知道清廷对他已有戒心,就故意拖延行期,后来被迫起程,行至乌隆古河时借故逸去，正式背叛了清廷。时为乾隆二十年(1755)八月。

阿睦尔撒纳叛清后立即集兵包围了驻防伊犁地区的清军。由于寡不敌众，清军被歼，班第自杀殉职。但准噶尔部的大部分台吉、宰桑并不愿服从阿睦尔撒纳的号令，整个地区各自为政，异常混乱。阿睦尔撒纳本身的力量因而始终没能强大起来。乾隆二十一年(1756)二月，清军由策楞率领，出巴里坤进讨阿睦尔撒纳，同时由哈达哈率北路军配合行动。阿睦尔撒纳因军力不足，不敢同清军正面交锋，一路奔逃，清军于三月顺利再次开进伊犁。但由于阿睦尔撒纳连施缓兵之计，清军几次失去机会，没能俘获阿睦尔撒纳。此后，阿睦尔撒纳在哈萨克聚集力量，数次返回准噶尔同清军对阵，但均没有取得胜利。

乾隆二十二年(1757)三月，清定边将军成衮扎布率军7000人再度由珠勒都斯和额林哈毕尔察分两路出发进剿阿睦尔撒纳，此时叛军内部矛盾重重，很快就在清军的攻击下溃败，阿睦尔撒纳于这年七月再次逃到哈萨克，身边只剩20余人。哈萨克阿布赉汗已经同清廷议定，要将阿睦尔撒纳擒献清廷。阿睦尔撒纳闻讯后仅带8骑侍从逃到俄国，不久后就因患天花而死。

清廷在平定了阿睦尔撒纳叛乱之后，又镇压了维吾尔贵族大、小和卓发动的叛乱，最终完成了对西北边陲地区的统一。为了巩固统一成果，清廷于乾隆二十七年(1762)设置总统伊犁等处将军，统辖全新疆地区的行政和军事事务。其下又设都统、参赞大臣、办事大臣等分驻新疆各处，分管各地军政事务。在军事部署方面，清廷调集了大量军队，驻扎在天山南北，以保障边疆地区的安宁。

平定回部

维吾尔人世居天山南路，清代称之为"缠回"。清初，统治天山南路的察合台后王日益衰败，而维吾尔族封建农奴主贵族——和卓的势力强大，众和卓互争雄长。此时正值准噶尔部首领噶尔丹崛起于天山之北，遂趁回部内乱进军南疆，把天山南路的广大地区置于自己的统治之下。回部首领阿布都什特等人被扣留伊犁作为人质。

康熙中叶，噶尔丹对清朝用兵失败，阿部都什特于是来到京师，受到清政府优遇，被送回到叶尔羌(今新疆莎车)，掌管回疆事务。阿部都什特死后，其子玛罕木特继为和卓,"总理回地各城"。当时,由准噶尔策妄阿拉布坦控制回疆,玛罕木特因欲摆脱其统治,被俘至伊犁囚禁,所生二子布拉尼敦、霍集占(即大小和卓)亦遭禁锢。乾隆二十年(1755)清军战败准噶尔达瓦齐集团,派兵护送布拉尼敦返回叶尔羌"使统回部",留霍集占于伊犁掌管伊斯兰教事务。后霍集占参与准部阿睦尔撒纳叛乱,失败后逃回叶尔羌,唆使其兄布拉尼敦背叛清廷。乾隆二十二年(1757)五月,定边将军兆惠派副都统阿敏前往回疆进行招抚,霍集占兄弟杀阿敏,自称"巴图尔汗",正式据回疆发动叛乱。

乾隆二十三年(1758)正月,清廷宣示大小和卓罪状,不久即命都统雅尔哈善为靖逆将军、额敏和卓为参赞大臣,率领满汉官兵万余人于该年五月自吐鲁番进攻库车,镇压回部叛乱。清军以万余之众,围城三月之久,损兵折将,仅得一座空城。乾隆帝大怒,诏杀雅尔哈善、顺德纳等,改命刚刚平定天山北路的兆惠率兵前来。

先是大小和卓叛清独立时,回疆人民因长期受准噶尔压迫,不愿再受他族统治,故众心一致,乐为所用。及至黑水营之役,见清军以数千人当数倍之敌,战守数月不屈,不觉气为之夺;加以在大小和卓统治下,赋役繁重,难以承担,稍有迟延,立遭破产之祸;且布拉尼敦等久居伊犁,与曾在当地垦种之人相善,及归长回疆,仍亲信其人,反与旧部疏远,因而众渐离心。兆惠等兵还阿克苏后,援军是年六月,清军兵分两路,兆惠率15 000人由乌什攻取喀什噶尔,富德率13 000人由和田攻取叶尔羌。大小和卓闻清军大至,不敢再据守孤城,携其妻孥亲从与辎重越葱岭西逃。清军先锋千余人追至霍斯库岭,斩首500。七月,兆惠与富德相继占领喀什噶尔与叶尔羌,大小和卓的所谓"巴图尔汗国"垮台。清军乘胜追击,八月进至伊西洱库河(今阿富汗境内喷赤河)。布拉尼敦遣家眷逃走,霍集占则率万余人据险顽抗。富德、阿里衮等分路阻截,并派兵向叛军发起进攻,又命回部伯克鄂对、霍吉斯等树旗招降回众。降者蜂拥,霍集占虽手刃多人,仍难阻止,只得率亲信数百人窜入巴达克山。十月,巴达克山首领素勒坦沙率兵拒战于阿尔浑楚岭,将布拉尼敦与霍集占等擒杀,献其头于清军,驰送京师。至此,大小和卓发动的回部叛乱最后平定。

清廷在平定回部叛乱后,于天山南北建立军府制。乾隆二十七年(1762)十月在惠远城(今新疆霍城南)设伊犁将军,统辖新疆南北两路军政事务;在南疆,于喀什噶尔设参赞大臣,叶尔羌、英吉沙尔(今英吉沙)、和田、乌什、阿克苏、库车等地设办事大臣、领队大臣,加强了中央政府对新疆地区的控制。

土尔扈特部东归

　　土尔扈特部是厄鲁特蒙古四部之一,本来游牧于天山以北地区。大约 17 世纪 30 年代,土尔扈特部首领和鄂尔勒克率其所部及和硕特部和杜尔伯特部的一部分向西迁徙到伏尔加河下游地区。在以后的一个多世纪里,土尔扈特部逐步被沙皇俄国控制,被迫向沙皇俄国提供兵力,自身的政治事务也要受到沙俄当局的干涉。

　　18 世纪 60 年代,俄土战争爆发,沙皇政府强征土尔扈特人参加战争,在战争初期死伤已达七八万人。贪得无厌的沙俄政府计划再次从土尔扈特征兵,甚至要 16 岁以上的男子都开赴俄土战场。这可怕的灭族之灾使得整个土尔扈特部人情汹汹,土尔扈特首领、年轻的渥巴锡汗在这生死存亡的时刻,终于作出最后决定,率领全族返回祖国。

　　乾隆三十六年(1771)正月四日,渥巴锡召集全体战士,控诉了沙俄对土尔扈特部的压迫,发出重返祖国的号令。第二天,全部族 1 万多户陆续出发,踏上征程。殿后的 1 万多名战士点燃了渥巴锡的木制宫殿和无数的村落,还杀死了住在那里的上千名俄国官员和商人,表示了同沙皇俄国彻底决裂的决心。

　　沙皇叶卡捷琳娜二世得知土尔扈特部向东迁移的消息后大发雷霆,立即派出大批哥萨克士兵进行拦截追击。土尔扈特部在越过乌拉尔河、进入哈萨克草原后,遭到过哥萨克的一次突然袭击,损失达 9000 人。此后,渥巴锡率军在奥琴峡谷歼灭了一支拦截的哥萨克部队,才基本上粉碎了哥萨克的追堵。

乾隆皇帝骑马像

经过了半年时间,土尔扈特人终于进入了中国境内。乾隆帝对土尔扈特整部来归非常重视,在最初得到其东迁的消息后就确定了"接济产业,分定游牧"的方针。同年六月初,渥巴锡等人率部来到伊犁河畔,清廷特派参赞大臣舒赫德前往伊犁,主持接纳安插事宜。清廷还从各地调集了牲畜、粮食、茶叶、棉布、毡庐等大量物资,优恤历尽辛苦的土尔扈特部民。渥巴锡也在致清方的信中表明了"向居俄罗斯地,久愿为大皇帝(乾隆帝)臣仆",希望准令入觐,以伸积诚。渥巴锡还进献了其祖先受明永乐八年(1410)汉篆封爵玉印一颗,表示归顺清朝的决心。

这年九月,渥巴锡、策伯克多尔济、舍棱等13位土尔扈特部首领应召来到热河的木兰围场,觐见了正在这里的乾隆帝。乾隆帝用蒙古语亲自询问了土尔扈特部的历史情况和举族归来的经过,并命渥巴锡等人随围观猎。秋狝之后,乾隆帝回到避暑山庄,再于澹泊敬诚殿接见渥巴锡等人,多次赐宴,还举行了盛大的灯宴火戏。其时正值喇嘛教庙宇普陀宗乘之庙落成,渥巴锡等人与内蒙、喀尔喀及青海等处的各蒙古部首领一起参加了大法会。乾隆帝乘兴撰写了《土尔扈特全部归顺记》和《优恤土尔扈特部众记》,凿石竖碑,立于普陀宗乘之庙内。

嗣后,清廷封渥巴锡为卓哩克图汗,封策伯克多尔济为布延图亲王,封舍棱为弼里克图郡王,封巴木巴尔为毕锡呼勒图郡王,其他首领也分别被授以爵位。根据分而治之的原则,清廷又将土尔扈特部众分为旧土尔扈特与新土尔扈特两部分。旧土尔扈特是和鄂尔勒克的后裔,由渥巴锡汗统领,总称乌纳恩素珠克图盟,以下又分为东西南北四路,共十旗,分别在准噶尔盆地南北和西边游牧,统归伊犁将军管辖。新土尔扈特是和鄂尔勒克叔父卫衮察布察齐的后裔,由舍棱统领,为青色特启勒图盟,下分左、右二旗,在科布多(今新疆北部、蒙古国西部及前苏联边境部分地区)游牧,归科布多大臣管辖,定边左副将军节制。随渥巴锡归来的和硕特部恭格一支也受到妥善安置。各部遂安居于其牧地。

征讨安南

安南即今越南,古称交趾。明永乐年间,曾于该地设交趾布政使司。宣德三年(1428)安南卜黎利兴兵打败明军,俘交趾布政使黄福,建立大越国。宣德六年(1431),明政府承认大越国对安南的统治,黎氏接受明政府册封,两国建立起密切的政治、经济、文化联系。清初,清政府继续册封黎氏为安南王,两国关系依然和平友好。乾隆年间,安南内乱,广南豪强阮文岳兴兵占据了广南,自称大帝,封其弟阮文惠为北平王。后二人隙,互相攻杀,安南王黎维祁乘机攻取阮文惠所居之地。阮文惠派兵进攻河内,黎维祁出走。乾隆五十三年(1788),两广总督孙士毅、广西巡抚孙永清奏报:黎维祁之母率老幼60余口逃入中国境内,并请求援助。清廷以世受安南朝贡,负有保护之责,遂命安置黎氏眷属于广西南宁,命孙士毅督师出兵安南。

是年十月,孙士毅与广西提督许世亨率两广兵一万出镇南关(今友谊关),以8000兵直捣河内,留2000人驻扎谅山以为后援。云南提督乌大经也率8000兵取道开化厅出马关进入安南。因安南贫瘠不堪供给,清军于两路设台站70余所,由云贵总督富纲驻扎边外,负责自内地筹运粮草饷器械,故清军所过,秋毫无扰。孙士毅、许世亨自谅山命总兵尚维升、副将庆成率广西兵,总兵张朝龙、李化龙率广东兵分路进军,各地士兵、文勇随行,号称大军数十万。阮文惠慑于清军声势,将各寨守兵撤回,退保寿昌、市球、富良、长江,据险抵抗。十一月十三日,尚维升军率兵1200抵达寿昌江,阮军不支,退保南,毁断浮桥,阻止清军渡江。清军砍竹造筏,强渡寿昌江。孙士毅分兵1500,命张朝龙等率领由山间小路疾趋三异,阮军于山坡上竖立红、白、黑等色旗帜,适清军至,阮军擂鼓进攻。张朝龙率参将杨兴龙、游击明柱等奋力迎击,将阮军击败,又预设伏兵于山坳之中,再败阮军,共计擒斩阮军数百人。阮文惠部下大司马吴文楚见寿昌兵败,又于河内添调兵丁5000人,由内侯潘文璘统率固守市球江。十一月十五日,清军进至市球江北岸。阮军凭借南岸地势较高,居高临下向北岸清军发炮轰击。清军一面建造浮桥于正面猛攻,一面暗遣张朝龙率兵2000于上游20里外江势弯曲处乘小舟偷渡,绕至阮军背后。十七日夜,清军由正面浮桥强行渡江,张朝龙于背后突袭阮军大营。阮军黑夜间不知清军从何而来,人数多少,遂全军崩溃,潘文璘率残兵千余人逃回河内,旋与吴文楚等弃河内退走清花,并驰书向阮文惠告急。十九日黎明,清军抵达富良江北岸。阮军驾船在江心施放枪炮,清军亦分寻沿江民船及竹筏攻击阮军,歼敌百余。次日五鼓,许世亨、张朝龙等率清军200乘竹筏直冲南岸,夺得船只30余艘,大队人马迅速过江,击败阮军。阮军残兵三四百人分乘船只十余艘顺流而逃,游击张纯率部乘船猛追,抛掷火球,烧毁敌船,使阮军无一得脱。上午,清军师次河内城外,阮军不战自退,黎氏宗族及河内百姓出迎清军于城郊。孙士毅、许世亨等入城宣慰后扎营城外富良江边。河内城墙为土垒,高仅数尺,上植丛竹,内有砖城两座,即王宫所在,是时宫室荡然。安南国王黎维祁藏匿民间,于当夜至清营谒见孙士毅,拜谢再造之德。二十二日,孙士毅入城传旨册封黎维祁为安南国王,并传檄广西巡抚送归其眷属。清廷以孙士毅等于一日之内克复安南国都,诏封孙士毅一等谋勇公,许世亨一等子,诸将皆赏赉有差。

阮文惠虽然兵败,但势力仍在。其大司马吴文楚等退回清花后,称言清军势大,而阮文惠不以为然,笑道:"何事张皇,彼自来送死耳。"遂亲率将士渡河北上,过清花时征兵至 8 万,驻军于寿鹤,谋袭清军,先派人至清营假意请降,以麻痹清军,并探其虚实。先是,在清军克复河内后,清廷因安南残破空虚,无力供给大军粮草,全赖自内地转输,所征夫役达 10 余万人,且多染疾病,遂诏孙士毅班师。而孙士毅等时时以未能亲俘阮文惠为憾事,屡催黎维祁募人打造战船,准备直捣富春擒杀阮文惠,因黎维祁以人口离散、难以筹措为由一直拖延不办而未果。后又见阮文惠卑辞请降,故依然驻兵河内,并未遵旨撤兵。是年十二月,阮文惠兵至三叠山,黎维祁亲至清军大营问计。孙士毅因出关以来,所向克捷,骄傲轻敌,又误信阮军投降之说,故不以为意,防备空疏。乾隆五十四年(1789)正月,清军正在庆祝新年,忽闻阮军杀至,只得仓促应战。阮军以象群为前导,兵勇紧随其后,向清军阵地猛冲。清军抵挡不住,全军大乱,昏暗中自相践踏,死伤甚重。黎维祁带领眷属先逃,孙士毅抢渡富良江后,马上斩断浮桥以阻追兵,率残兵数千退回镇南关。提督许世亨,总兵尚维升、张朝龙,副将邢敦行,参将杨兴龙、王宣、英林等以下 5000 余人皆战死。正月初六,阮文惠重占河内。

孙士毅败退镇南关后,具疏自劾。乾隆帝念其以往之功,且变生意外,非尽为其之咎,故命其解职回京,另以尚书补用,调福康安为两广总督,驰赴镇南关代统其众,又命海禄为广西提督,协助福康安办理善后事宜。

阮文惠虽然击败清军,重占河内,但其内部尚不稳固,与其兄阮文岳各不相容,又与暹罗发生战事,故深恐清军再次进讨,遂改名阮光平,数次遣使向清军谢罪请和,表示愿投诚纳贡,皆为清廷严词拒绝。后阮光平又遣其亲侄阮光显至镇南关,恳请进京入觐,且请求准许阮光平于第二年亲至京师为乾隆帝恭祝八旬万寿,并送还被俘清军官兵,惩处杀死许世亨等人的凶犯,为许世亨立庙祭奠。是年六月,清廷以安南地处蛮荒,征剿不易,且黎维祁优柔废弛,二弃其国,即所须册印亦不能守,难以存立,阮光平既愿奉表称臣,遂封阮光平为安南国王。旋命黎维祁率其所属来京,归入汉军旗,编成一佐领,使黎维祁掌管。从此两国关系又恢复正常。

击败廓尔喀

尼泊尔自很久以来就与我国西藏地区保持着密切、友好关系。在明末清初,统治加德满都河谷的主要是尼瓦尔族人建立的加德满都、巴特冈、帕坦三个土邦。这三个土邦内讧不已,因此在 18 世纪中叶为廓尔喀族的首领拉纳阳所灭。廓尔喀王朝积极向外扩张,占领了西藏周边的哲孟雄、宗木、作木郎等藩属地区。此外,廓尔喀王朝沿袭尼瓦尔土邦的旧例,继续与西藏进行银钱交易。廓尔喀向西藏地方政府提出了苛刻的银钱交易条件,使彼此间的商业贸易受到影响,关系愈加趋于恶化。乾隆五十三年(1788),廓尔喀王朝以西藏地方政府增加税额、在食盐中掺土为借口,占领济咙、聂拉木、宗喀等后藏三个地区,爆发了廓尔喀第一次侵藏战争。

清朝中央政府得知廓尔喀侵藏的消息后,立即派理藩院侍郎巴忠、四川提督成德、成都将军鄂辉等人率领满汉官兵 3000 人火速入藏御敌,派四川总督李世杰等人负责督催运解粮饷。另一方面,乾隆帝又传旨安抚达赖喇嘛,以稳定西藏局势。清政府最高统治者的意图是,必须用武力使廓尔喀侵略军镇服,确保边隅安宁。清军入藏后受到全藏的热烈欢迎,然而,巴忠以迁就敷衍了事,轻率地答应了廓尔喀请求讲和的条件,派噶伦丹津班珠尔、总兵官穆克登阿前往边界谈判,最后答应赔偿廓尔喀人 900 个元宝,分三年付清,以换取廓尔喀侵略军撤出西藏。由于西藏距北京遥远阻隔,清朝政府最高统治者对西藏局势难以周察,所以当巴忠向乾隆谎报"已将聂拉木、宗喀、济咙等地方次第收复"之后,乾隆帝竟然认为巴忠等人为国宣力,劳绩卓著,命令交部议叙。

达赖喇嘛等西藏上层人物对巴忠用银子向廓尔喀贿和的做法极为不满,不肯付给廓尔喀贿币。正在这时,五世班禅之弟沙玛尔巴珠嘉措因与其兄弟仲巴呼图克图在继承班禅遗产问题上发生争执,遂逃往尼泊尔,唆使、带领廓尔喀侵略军进犯西藏。乾隆五十六年(1791),廓尔喀人以西藏方面不纳贿币为借口发动了第二次侵藏战争,占领聂拉木、济咙,并且兵锋直指日喀则,"突袭扎什伦布寺,以毁损、抢劫、偷拿三种手法,把贵重的东西和佛像、佛经、佛塔洗劫一空,返回原地"。

廓尔喀的侵藏战争严重破坏了清政府西南边陲的安定,迫使清政府不得不严肃地对待这一问题。乾隆帝鉴于廓尔喀第一次侵藏战争中巴忠贿和的教训,其反击廓尔喀的决心坚如磐石。乾隆帝高瞻远瞩,潜谋独断,为清军取得反击廓尔喀战争的胜利奠定了基础。

乾隆帝对这次反击战极其重视,任命嘉勇公福康安为大将军、超勇公海兰察为参赞大臣,让他们带领从满洲调来的骁勇善战的索伦兵2000人迅速从西宁出口,赶赴西藏前线。此后,清政府又从金川调遣土屯兵5000人、从四川调遣绿营兵3000人,并令署四川总督孙士毅、驻藏大臣和琳等得力大臣负责粮饷的筹划和运输。福康安抵藏后,亲自率领主力部队从日喀则经宗喀、济咙向廓尔喀腹地进攻,派成德带兵一部进攻聂木拉作为配合,命令藏军自帕克里向宗木进攻,以收复被廓尔喀占据的宗木地方。为了牵制廓尔喀的力量,福康安还曾传檄布鲁克巴、哲孟雄、甲噶尔(即印度)之王,号召他们出兵助战。乾隆五十七年(1792)五月,福康安率军接连收复擦木、济咙等地,攻至藏廓边境上的热索桥,成德等率领的一路清军也于同时收复聂拉木,攻克木萨桥,并俘获廓尔喀大头目咱玛达阿尔曾萨野。这样,清军将侵入西藏的廓尔喀人全部驱逐出境,并且乘胜前进,攻入廓尔喀境内,重兵迫进廓尔喀首都加德满都。在廓尔喀境内的噶勒拉堆补木,清军与廓尔喀军队展开了空前激烈的战斗。清军付出相当沉重的代价,终于取得胜利。廓尔喀土王屡屡派人前往清军营中乞降,由于当时已届深秋,因此福康安向乾隆帝汇报说:"藏地边界雪泽最早,如宗喀通拉山等处,常年八九月间即已大雪封山,今年节气较早,已交秋令十余日,总须赶封山以前藏事撤兵,不能久稽时日。"乾隆帝赞同福康安的意见,乃下令清军班师回国。

清政府对廓尔喀的这场自卫反击战所费甚巨,共由国库支付军费1052万两。但这次战争使西藏边境自此之后到鸦片战争之前保持了近半个世纪的和平局面,功不可泯。通过这次反侵略战争,清政府的威信得到大大提高,受到西藏上下层僧俗人民的衷心爱戴,从而为清政府颁行《钦定西藏章程》29条创造了良好的社会环境。

《钦定西藏章程》

　　清朝在定鼎北京之初，统一全国的大业尚未彻底完成，其对西藏地区的统治也只有利用已经归顺清朝的和硕特蒙古领袖，当时西藏地方的掌权人顾实汗对西藏实行间接统治。1681～1683年的拉达克战争之后，黄教集团与和硕特贵族的关系日渐恶化，并最终导致双方的武装冲突。康熙四十四年（1705），顾实汗的后裔拉藏汗执杀第巴桑结嘉措，经清政府同意而废黜六世达赖仓央嘉措，另立阿旺伊希嘉措为六世达赖喇嘛，但没有得到西藏黄教上层的认可。康熙四十八年（1709），清政府认为西藏事务不便命拉藏汗独理，因此派侍郎赫寿前往西藏协同拉藏汗办理事务。清廷直接派官管理西藏实肇端于此。

　　在康熙五十九年（1720）驱逐准噶尔扰藏势力之后，清政府趁机废除和硕特部在西藏建立的地方政权，改由清政府直接任命的若干噶伦共同负责西藏地方政务，从而进一步加强了清政府对西藏的施政。当时，清政府任命康济鼐、隆布鼐、阿尔布巴、颇罗鼐、札尔鼐为噶伦，其目的在于使其彼此牵制而任何一人都不能独断专行。然而，在清政府在西藏实行的分权政策维持了数年安定局面之后，西藏地方掌握实权的上层贵族之间的矛盾便日益公开暴露出来。雍正帝鉴于西藏地方政府统治集团内部不和的情况，于雍正五年（1727）任命内阁学士僧格、副都统马喇为驻藏大臣，前往西藏直接监督西藏地方政府，调解阿尔布巴等人与康济鼐的矛盾，安定西藏政局。清政府派遣驻藏大臣始于此。

　　乾隆十五年（1750）平定珠尔墨特叛乱之后，乾隆曾命令四川总督策楞拟定《西藏善后章程》，对西藏行政进行了一次重要改革。这次改革大大加强了清朝中央政府对西藏的管辖，但也有一定缺陷，不够完善。最主要的就是清朝自乾隆十五年（1750）改革以来，派去的驻藏大臣，能力都很低，他们很少努力去和摄政抗衡。在廓尔喀战争爆发之前，清政府已经收复了台湾，驱逐了沙俄在东北的骚扰势力，绥服了内、外蒙古，平定了准噶尔。这样，其注意力必然要集中到西藏地区的长治久安。通过驱逐廓尔喀入侵的战争，清朝政府在西藏的威信更加提高。同时，这次反侵略战争也使清政府在经济上、政治上、军事上付出了高昂的代价。乾隆帝决定对西藏事务进行一次比较彻底的整顿，把清朝中央政府对西藏的管辖以法律形式巩固下来。乾隆帝在廓尔喀战争结束后便立即利用战胜廓尔喀的军威和得到西藏人民感激的有利条件,命令福康安会同八世达赖、七世班禅等共同筹议西藏善后章程。乾隆五十八年(1793),清政府正式颁行了《钦定西藏章程》29 条。《钦定西藏章程》29 条有汉文本、藏文本两种,藏文本比汉文本略微详细,内容大体相同,个别之处稍有出入。从藏文本的语气、语体等方面来看,藏文本是西藏地方政府根据汉文本翻译后向各地人民宣布执行的文件(藏文中称为"雄译")。《钦定西藏章程》29 条的内容主要包括:

(1)政治方面。驻藏大臣督办藏内事务,应与达赖喇嘛、班禅额尔德尼平等,共同协商处理政务。所有噶伦以下的官员以及活佛隶属于驻藏大臣,无论官职大小都须服从驻藏大臣的命令。除噶伦、代本必须呈请皇帝任命之外,其他官职遇有缺额时,由驻藏大臣会同达赖喇嘛拣选,颁发满、汉、藏文执照。噶伦、代本以下人员和各个宗本须按规定逐级升迁,不得躐等越进,并且必须呈报驻藏大臣批准方可实施。

(2)宗教方面。格鲁派创立初期,为了解决宗教迅速发展所带来的领袖继承问题,正式采用噶玛噶举派在 13 世纪中叶开始实行的活佛转世制度。为了确保西藏社会的安定,清政府参酌吏、兵二部选官时抽签决定的办法,创立了金奔巴制度,又称金瓶掣签制度(因为"奔巴"一词系藏语瓶子的音译)。规定:凡达赖、班禅以及前后藏、西宁等处大小呼图克图的转世灵童一经呈报出世,就应该将所寻找到的各灵童的姓名、出生年月日,用满、汉、藏三种文字写于签牌之上,先选派真正有学问的喇嘛在大昭寺内诵经祈祷七日,届期再由驻藏大臣亲自监视掣签以定。即使寻到的灵童仅有 1 名,亦须将一个没有名字的签牌添放到瓶内共同掣签,假如抽出没有名字的签牌,那么已寻得的灵童便不能被认定,而需另外寻找。

(3)边界防御方面。驻防西藏的绿营设有游击、都司、守备、千总、把总、外委等职,兵额共计 646 名,分别驻守定日、江孜等处。驻藏大臣衙门及其他文武官员不得滥用兵丁供自己使用。藏军兵额为 3000 名,其中前后藏各驻藏军 1000 名,江孜、定日各驻藏军 500 名。藏军设代本 6 名,每名代本统领 500 人;代本之下设如本、甲本、和定本,分别统领藏军 250 名、125 名、25 名。驻藏大臣每年按期巡视边界,检阅兵丁。

(4)对外交涉方面。廓尔喀、布鲁巴克、哲孟雄等邻国写给达赖、班禅的通问布施书信,须报驻藏大臣译出查验,代为决定回书。噶伦以下官员不得对外私自发信。邻国商旅和朝圣者入藏,必须由边界营官查明人数,禀明驻藏大臣验放进口,事毕后查点人数,发给照票,再行遣回。

(5)财政方面。西藏商上(其办事官为"商卓特巴",在藏文中称"强佐",负责管理仓库出纳)一切出纳,统归驻藏大臣核查,以防商卓特巴侵渔舞弊。

《钦定西藏章程》29条用法律形式明文规定了驻藏大臣的职权以及西藏的军事、财政、对外交涉等制度,严密周详,有力地促进了西藏地区的稳定、发展,标志着清朝在西藏的统治达到了最高阶段。在《钦定西藏章程》颁布后,驻藏大臣和琳、松筠等精明强干的官员积极将章程付诸实施,西藏地方上层也恭谨从命。后来,驻藏大臣琦善妄加改动《钦定西藏章程》规定的军事、财政等制度,使驻藏大臣的权力遭到削弱,但是,直到清末,西藏地方许多政务仍然是按照《钦定西藏章程》的规定办事。

乾隆惩治贪官

清朝建国之后,因天下太平日久,统治阶级日益腐化,贪官增多,赃额巨大。

乾隆帝即位以后,为严厉打击各级官吏和贪污受贿活动,对康熙、雍正以来的有关法律进行了一系列增补。乾隆四年(1739),改"八法考绩"制为六法,宣布"贪、酷二者,不应待三年参劾",使参惩贪污成为经常之事。乾隆六年(1741),改变以往犯侵贪罪的文武官员只要于限内完赃,即可减轻发落的旧俗,下令将乾隆元年(1736)以来侵贪重犯陆续发往军台效力,并规定以后均照此办理。乾隆十八年(1753),加重对禁卒受贿放纵囚犯之罪的处罚,以被纵囚犯之罪加在纵囚禁卒身上,"全律科断"。乾隆二十三年(1758),宣布废止以往"侵亏入己者限内完赃之例",以使侵亏官犯知"法在所不赦";又停止重犯捐赎旧例,堵塞了他们逃脱和减轻罪责之途径。乾隆三十年(1765),增定"侵盗仓库银钱入己例",规定除千两以上者仍照旧例斩监候外,对千两以下者亦分为三等加重处罚。乾隆四十一年(1776),增定"亏空银粮入己,限内完赃不准减等"之例。乾隆四十八年(1783)规定,官员犯贪赃之罪,除照旧例议处推荐上司之外,还要对不先所查参的臬、道、府及督抚等分别给予降级、调用等处分。

除以上对旧例的8条删改外,乾隆帝还根据具体情况新定了8条严惩贪污的法律。乾隆十二年(1747),新定侵贪官犯"限满拟入情实"之例,以杜绝其"明知不死,更欲保其身家"之心。乾隆十三年(1748),新定"代赔帑项限期不完"之罪,不准纳赎,使此后不仅上司代赔之事普遍存在,且父死子赔、父赃子偿之事也时有发生。乾隆二十一年(1756),新定对驿站奏销各官多支钱粮利己之罪的惩罚条例。乾隆二十七年(1762),新定"得受贿赂顶认正凶"罪例。乾隆二十八年(1763),规定凡因贪污等罪遭斥革者,不准继承恩骑尉世职。乾隆三十七年(1772),规定凡"蠹役犯赃",一律刺字,以防其"日久事冷,钻营复职"。乾隆四十三年(1778),新定凡"白役诈赃逼命之案",正役分别问拟,以防止白、正各役串通舞弊。乾隆四十五年(1780),规定凡督抚衙门交首县、中军等下属购物者,督抚照"违制杖一百私罪律"革职,首县、中军等照"溺职例"革职,以杜绝上官利用职权侵贪、科索下属和下官巧借名目贿赂、馈送上司之风。另外,乾隆帝还规定严禁各部需索,严禁省级官员设立管家门人收受红包,严禁上司留请属官用膳时勒索"押席银两"等,丰富了乾隆惩贪的内容。

尽管乾隆帝制订了一系列惩办贪官污吏的律例条文,但因其时整个封建统治阶级已日渐腐朽没落,各级官吏贪赃枉法、贿赂公行之弊根深蒂固,再加上乾隆帝本人的穷奢极欲,使乾隆朝贪污之风不但未能消除,反愈演愈烈。对此,乾隆帝以严刑峻法进行了坚决的镇压。终乾隆一朝,因贪赃而被处死的二品以上大员达 30 人之多。

应当指出,乾隆惩治贪污虽然大张旗鼓,但很不彻底,往往凭个人好恶,任意更改成法。一些贪官污吏因得乾隆帝赏识而一直确保官位;有些虽被革职,甚至"拟斩",却终究官复原职。特别是乾隆后期,最大的贪官和珅因受乾隆帝宠信,把持朝政达 20 余年,更使朝政腐败,贪污成风,各种社会矛盾、社会危机日益恶化,终于导致了嘉庆初年的白莲教农民大起义的爆发。

白莲教起义

白莲教为民间秘密宗教组织,始创于元朝末年。清乾隆后期,各地白莲教组织活动极为活跃,并从秘密传教转为公开活动。白莲教支派繁多,名目不一,大多信奉"真空家乡,无生老母"8 字真言,宣扬"弥勒转世,当辅牛八,入教者可免诸厄"。"牛八"即明代的朱姓,由于白莲教的主张满足了广大人民群众反对满洲贵族残酷的经济剥削和民族压迫的要求,符合了人们长期以来普遍存在的"反清复明"愿望,故具有很强的号召力。

乾隆五十三年(1788)三月,白莲教支派"混元教"传人刘松及其弟子刘之协将混元教改名三阳教。次年二月,刘之协为扩大三阳教实力,前往湖北襄阳,吸收原"收元教"教首宋之清入教。乾隆五十七年(1792),宋之清因与刘松、刘之协等发生矛盾,另创"西天大乘教",西天大乘教在湖北、四川、河南、陕西等地影响很大,成为白莲教中一支重要力量。另外,收元教教徒王应琥等,也在湖北、四川交界地区积极发展组织。

白莲教组织的迅速发展及其鲜明的反清宗旨,引起清朝统治者的惶恐不安。乾隆五十九年(1794)六七月间,清朝官府在陕西兴安地区破获西天大乘教组织,逮捕了其重要骨干萧贵、萧正杰等六七十人,不久又在四川大宁县逮捕收元教骨干谢添绣等9人。于是,清廷严令各省督抚对各地白莲教进行大肆搜捕。八月至十月,各地白莲教主要首领宋之清、刘林、王应琥、宋显功、刘松、刘四儿以及刘之协的母、兄、妻子等相继被清廷杀死,各支派组织几乎全部遭到破坏。同时,各地贪官污吏以此作为搜刮民脂民膏的大好时机,竟以查办"邪教"为名对平民百姓多方勒索,封建官府的野蛮掠夺和残酷迫害,造成大批农民破产逃荒,阶级矛盾空前激化。在这种形势下,白莲教以"官逼民反"为号召,发动群众奋起反抗。嘉庆元年(1796)正月初七日,湖北荆州枝江、宜都两县白莲教徒在首领张正汉、聂杰人领导下首先起义。随即,长阳、长乐两县教徒在林之华、覃加耀等率领下起义响应。于是,各地白莲教组织闻风而动,数月之间,以鄂西五府(襄、郧、荆、宜、施)、一州(荆门州)为中心,南至四川酉阳,北到河南新野,到处燃起反清烈火。各地起义军尤以襄阳黄龙垱一支最为著名,其主要领导人是王聪儿。嘉庆元年(1796)二月,王聪儿率襄阳地区白莲教教众万余人起义反清,被推为总教师。另一首领姚之富,与其子姚文学长期游历于鄂西北山区,宣传教义,发展组织,为襄阳起义作出了重要贡献。三月底,襄阳起义军焚烧吕堰驿,进攻樊城,声势浩大,逐渐成为湖北起义军主力。

清廷听说湖北白莲教起义消息,急忙调兵遣将进行镇压,同时,各地地主富豪也纷纷组织团练乡勇,搜捕教民,驻防关隘,配合清军镇压起义军。各地起义军由于组织不严,力量涣散,装备落后,经验缺乏,相继为清军所败。只有襄阳起义军依然独存。他们不计较一城一地的得失,以流动作战方式同清军进行作战,多次粉碎清军的围攻。嘉庆二年(1797)春,襄阳起义军分兵三路经豫西进入陕南秦岭地区。四月,王聪儿、姚之富与王廷诏、李全等三路会师于镇安,在表带铺一带击毙护军统领阿尔萨瑚等,又于王家坪设伏重创清军。五月,起义军在陕南兴安(今安康)与紫阳之间的白马石一带抢渡汉水,六月分三路入川,穿越大巴山到达通江、达州,解除了清军对四川起义军的围攻,两军会师,声势大振,将白莲教起义推向新阶段。

四川白莲教与湖北等地声息相通,湖北白莲教起义后,四川教众也纷纷响应。嘉庆元年(1796)九月十五日,四川达州白莲教首领徐天德在亭子铺首举义旗,从者万余人。随即,东方白莲教首领王三槐、冷天禄、张子聪等聚众万人起义响应。十一月,陕西各地白莲教教众也纷纷举起义旗。十二月三十日,徐天德、王三槐等率众攻破东方城,击毙哈密办事大臣佛住。但因起义军只知株守山寨,未能乘胜追击,遂给清军以调兵遣将之机。将军明亮、都统德楞泰等在剿灭湘黔苗民起义之后移师入川,各地团练乡勇也烽起助剿。次年春,清军在各地乡勇配合下接连攻破起义军营寨,义军重要领袖孙士凤不幸牺牲,使四川起义军遭受重大损失。六月,徐天德、王三槐、冷天禄等被困东乡、达州一带,屡遭失败,部队仅剩2000余人。危急关头,幸亏襄阳起义军应时赶到,两军会合,战败清军,方使局势出现转机。

两军会师后,决定按青、黄、蓝、白分别确立各路起义军建制,设置掌柜、元帅、先锋、督兵、千总等各级官职。四川起义军方面,徐天德所部称"达州青号",王三槐、冷天禄所部称"东乡白号",太平首领龙绍周所部称"太平黄号",巴州首领罗其清所部称"巴州白号",通江首领冉文涛所部称"通江蓝号"。襄阳起义军方面,王聪儿、姚之富等称"襄阳黄号",高均德、张天伦等称"襄阳白号",张汉朝等称"襄阳蓝号"。东乡会师并未提出统一的斗争纲领和战斗口号,仅张汉朝部入川时曾以"兴汉灭满"为号召,较以往一般的"官逼民反"前进了一步。两军名为联合,实际仍将各自的地方利益放在首位,互相猜忌、防范,不能团结对敌,不久遂重新分裂。

闰六月,襄阳起义军除李全、樊人杰等率部留在四川外,主力分两路返回湖北。七月,两路会合直扑襄阳,因清军防守严密,遂放弃攻城计划,欲乘机北渡汉水,未果,继续西进入陕西。九月,李全部亦入陕西,在兴安与主力会师。从此,襄阳起义军时分时合,忽川忽陕,以流动作战方式多次粉碎清军围剿,并两次进逼西安,沉重打击了清王朝的统治。清廷调集重兵,采取分路追堵、各负其责之法,用以对付起义军的分股流动战术。由于众寡悬殊,起义军逐渐陷入被动。嘉庆三年(1798)三月,王聪儿、姚之富等被困于湖北郧西卸花坡山上一碗水地方。王聪儿与姚之富等相继跳崖。王聪儿牺牲后,襄阳起义军余部在李全、高均德、张汉朝等率领下继续与清军作战,后因内部分裂,屡遭失败,逐渐衰败。

襄阳起义军衰落后,四川起义军代之成为反清斗争主力。其中,冉文涛、罗其清等活动于川北仪陇、营山、巴州一带,王三槐、冷天禄、徐天德等转战于川东开县、梁山一带。清军打败湖北起义军主力后挥师入川,全力围剿四川起义军。是年八月,王三槐在云阳安乐坪被清军诱捕,解京处死。十一月,罗其清在大鹏山麻坝寨兵败被俘,亦为清军所杀。王三槐死后,其余部在冷天禄率领下转战于南充、广安、定远一带。嘉庆四年(1799)三月初十,冷天禄率领3000余人转战广安州城头堰地方,遭到清军袭击。冷天禄中箭落马,身中数枪而死。次日,清军趁起义军渡石笋河之机突然袭击,5艘渡船倾覆,起义军大败。四月以后,川东起义军各部相继转入川陕老林之中。嘉庆五年(1800)正月,"通江蓝号"起义军占据的麻坝寨被清军攻破,首领冉文涛死。其余部在冉文涛之侄冉天元率领下抢渡嘉陵江,转战遂宁、西充、蓬溪等县,重庆、成都同时震动,声势大振。二十九日,冉天元率部在高院场击败清军,阵斩总兵牛射斗、参将罗定国等。二月,冉天元会合其他义军在江油马蹄岗大战清军,不幸牺牲。余部继续转战,至嘉庆七年(1802)被清军剿灭。

嘉庆五年(1800)七月,白莲教总教师刘之协在河南叶县北关被清军捕杀。次年,徐天德、龙绍周等部亦相继失败。至嘉庆九年(1804),白莲教起义军各部主力先后被清军剿灭。

整个白莲教起义历时9年半,纵横5省,抗击了清廷16省数十万大军,击毙提、镇、副、参以下清军将领400余人,迫使清廷耗费饷银2亿两之多,相当于当时清王朝4年的财政收入。起义军虽然失败了,但他们沉重打击了清王朝的统治,成为清王朝由盛转衰的转折点。

虎门销烟

　　19世纪开始,鸦片大量涌入中国。面对烟毒泛滥带来的种种危害,清廷内部发生了激烈的争论,形成驰禁派和严禁派之争。道光十六年(1836)六月,太常寺卿许乃济上奏折,提出放弃禁烟政策,驰禁派的主张受到一部分开明官员的反对。道光十八年(1838)六月,鸿胪寺卿黄爵滋上书道光皇帝,痛陈鸦片的种种危害,提出严禁的主张,提出以"重治吸食"的办法,抵制鸦片的输入。道光皇帝把他的奏折发给各省将军及督抚大军复议。七月,林则徐遵旨筹议《严禁鸦片章程》六条,赞成黄爵滋的主张,他同时在两湖地区切实执行禁烟措施,成绩显著。九月,他又上《钱票无甚关碍宜重禁吃烟以杜弊源片》一折,进一步指出鸦片的祸害。面对鸦片造成的"兵弱银涸"的严重形势,道光皇帝倾向了严禁派的主张,决定派林则徐为钦差大臣到广东查禁鸦片。

　　道光十九年(1839)三月十日,林则徐到达广州,经过调查,确定禁烟应先断绝鸦片的来源,所以一面与邓廷桢和水师提督关天培等加紧整顿海防,一面严拿烟贩,并缉拿颠地,惩处受贿的水师官弁,并调查了解鸦片屯户、小贩的活动以及贩卖内幕。十八日,林则徐召集行商,宣布禁烟政策,传令烟贩三日内从速将存放的鸦片尽数缴出,造具清册,经点检后毁掉,并要他们保证以后永远不再带鸦片,如有重犯,一经查出,全部没收,人即正法。林则徐还宣布:"若鸦片一日未绝,本大臣一日不回,誓与此事相始终,断无中止之日。"表示了禁绝鸦片的决心。

　　英国驻华商务监督义律在接到通知后,便想方设法抗拒禁烟,唆使英商拒交鸦片。英国方面还用威胁手段相对抗,令珠江口外英船开到香港,悬挂英国国旗,由英军舰调度,作出战斗态势;又抗议中国在广州设防,准备迫令英国侨民撤离广州。二十四日,义律经澳门潜入

林则徐

广州洋馆,指使烟贩颠地乘夜逃走。为此,林则徐下令停止中英贸易,并派兵封锁洋馆,撤出仆役,断绝了广州与澳门的交通。义律得知这些情况后,觉得无法用直接抵抗办法来保护鸦片贸易,便想利用缴烟一事引起中英两国的直接冲突,以此来破坏林则徐的禁烟。于是他命令英商交出鸦片,并保证其所受损失由英政府赔偿,同时为联合美国共同侵华,也让美商交出鸦片,损失将来也由英国政府负责赔偿。英美烟贩在得到义律的保证后,陆续交出鸦片两万多箱,合计2 376 000余斤。义律交出烟后,林则徐立即下令恢复中英贸易。

六月三日至二十五日,林则徐率领地方官吏,在虎门海滩将所缴获的鸦片当众销毁。海滩高处用树栅围起,开池漫卤,然后投进石灰,顷刻间池内沸腾。最后打开池前涵洞,被烧毁的鸦片随潮冲入大海。整个销烟过程,准许外国人观看。前去现场观看的中国百姓熙熙攘攘,无不感到欢欣鼓舞。

虎门销烟在当时产生了极大影响,是中国反对外来侵略的一项重大胜利。

鸦片战争

八月,虎门销烟的消息传到伦敦后,英国政府上下哗然,十月,正式作出向中国出兵的决定。次年二月,正式任命乔治·懿律为东方远征军总司令,兼谈判全权代表,查理·义律为副代表。是年六月,英军战船18艘抵达广东海面,并在美、法两国支持下,挑起战端,鸦片战争正式爆发。英军首先进犯广州海口,这时林则徐已任两广总督,他制定了以守为战的积极防御战略,认真备战。他相信民心可用,于是招募渔民五六千人编为水勇,并告示民众:英军兵船一进内河,人人可持刀痛杀。英军见广州防备森严,不便进攻,就北犯厦门。这时已调任为闽浙总督的邓廷桢督师迎战,击退英军。于是英军又继续北上,攻陷定海,八月,到达天津大沽口,向清政府递交了英外交大臣巴麦写给清政府的照会,提出鸦片贸易合法化及向清政府提出赔款、割地等要求,并声称如不答应,则"必利战不息",以武力威胁清政府。这时以首席军机大臣穆彰阿、直隶总督琦善、两江总督伊里布等为首的驰禁派,借机向道光皇帝进谗言。道光皇帝看到英军来势凶猛,于是发生动摇,指责林则徐禁烟措施失当,并派琦善到天津海口与英军谈判。在谈判过程中,琦善一再妥协,散布英军船坚炮利、难以取胜的谣言,并说即便今年能把英军击退，明年他们依旧还会来，"边衅一开，兵结莫释"。与此同时，他还向英国人表示，一定替英国惩办林则徐、邓廷桢，只要英军退回广东，一切问题都可在广州谈判解决。在琦善的允诺下，英军同意退回南方交涉。九月，道光皇帝任命琦善为钦差大臣、两广总督，到广州继续与英军议和。不久，又以"误国病民、办理不善"之名，将林则徐、邓廷桢革职查办。十一月二十九日，琦善到达广州，首先查办了"林则徐禁烟案"，并自动撤防，解散水勇，摆出与英国人议和的态势。

关天培像

道光二十一年（1841）一月七日，英军趁琦善解除战备之时，派军舰突然袭击沙角、大角炮台。清军不敌，副将陈连升及其子举鹏、守台张清龄均战死，沙角、大角两座炮台相继陷落。此时，广东巡抚怡良、将军阿精阿、副都统英隆等人都主张立即增兵反击，均遭琦善拒绝。一月二十五日，琦善乘船亲自前往狮子洋面与义律会晤于莲花山，全部接受了义律提出的《穿鼻草约》，允割香港，赔烟价60万元，开放广州等。

消息传到北京后，道光皇帝对《穿鼻草约》所提条件不予批准，感到有损尊严，因此又倾向主战。当得知沙角、大角炮台被占的消息后，于一月底决定对英宣战，并派御前大臣奕山为靖逆将军，到广东主持战事。英军闻讯后，在奕山还未到达广州时，就派兵进攻虎门炮台，守将提督关天培率兵坚守，终因寡不敌众，与将士数百人全部殉国，虎门炮台陷落。三月，英军继续发动进攻，占领了离广州城30里的二沙尾炮台，后又攻陷海珠等炮台，此时广州城完全陷于英军的威胁之中。四月，奕山率大军17 000人齐集广州，于五月二十一日怀着侥幸心理派军队夜袭英舰，初获小胜。第二天，英军开始反扑，经过五天激战，城外炮台尽失。二十七日，奕山竖白旗向英军乞和，并签订了《广州和约》，答应缴赎城费6000万元，一周内交付，清军退出广州城60英里。道光皇帝听到消息后，借口"准令通商"，批准了《广州和约》。五月底，广州城郊三元里等地数万民众奋起抗英，迫使英军退回军舰。

　　这年四月,英国政府接到义律的《穿鼻草约》,认为所得利益太少,不予批准,并决定召回义律,改派璞鼎查为全权公使,扩大对华战争。临行前,英国首相训令璞鼎查,让他到中国后,再占舟山,恫吓清政府。英外交大臣给璞鼎查的训令中指示,只有清政府无条件地接受英国提出的全部要求,签订一个有广泛特权的条约,才能停止军事行动。八月,璞鼎查抵达中国。这时,清政府对英国调兵遣将扩大战争毫无准备,沿海各省还在继续裁兵撤勇。八月初,两江总督裕谦获知英军准备再度进犯浙江的消息后,奏请朝廷暂缓撤退江、浙两省调防官兵,可是道光皇帝却批驳说:"不必为浮言所惑,以致糜饷劳师。"这样,当战争爆发后,清军完全处于被动挨打的地位。八月二十六日,英军首先攻陷厦门,后又进攻定海,总兵葛云飞、王锡朋、郑国鸿率领5000守军奋战六昼夜,最后全部牺牲,定海再次失陷。接着,英军进攻镇海,裕谦率军队浴血奋战,终因力战不支,镇海城陷,裕谦投水自尽。不久之后,宁波也失陷,英军在进攻浙江的同时,先后两次进攻台湾,遭到当地军民的顽强抵抗,英军被歼俘数百人,只好退却。

　　在浙江连失三城、清军相继失利的情况下,清政府又急忙派协办大学士奕经为扬威将军,率兵救援浙江,并从江西、湖北、安徽、四川、河南、陕西、甘肃等省调集军队。道光二十二年(1842)二月,奕经及各省军队陆续到达绍兴前线。在准备不充分的情况下,奕经命令部队从绍兴分兵三路,冒雨向宁波、镇海、定海出发,希望同时收复三城。因事机不密,英军早有准备,清军大败,奕经撤到广州,从此畏战议和,不敢再战。道光皇帝闻知奕经惨败,从此便停止调兵,一意求和,并派盛京将军耆英带同伊里布到浙江与英军议和,要他们千万不能失去议和的良机。然而,英军对耆英等人的求和活动不予理睬,进一步对清军进行攻击,要彻底压服清政府,不许清政府有讨价还价的余地。五月,英军又攻占了江、浙海防重镇乍浦。六月,英国又从印度派来援兵,进攻长江口吴淞炮台,江南提督陈化成率部奋起抗击,力竭牺牲,上海、宝山相继陷落。而后,英军又进犯镇江,副都统海龄率领军民殊死奋战,重伤英军,最后镇江失守。八月初,英军到达南京江面。二十九日,耆英与璞鼎查在南京江面英舰"皋华丽"号上,按照英国提出的全部条款,签订了中国近代史上第一个不平等条约——《南京条约》,第一次鸦片战争结束。

太平天国起义

  道光二十三年(1843),洪秀全吸取了《劝世良言》中所宣传的创造天地万物人的"神天上帝"是唯一真神及在上帝面前人人平等的思想,创立"拜上帝会"。最早接受洪秀全拜上帝思想的是他的同学冯云山和族弟洪仁玕。第二年,洪秀全与冯云山一起到广西贵县一带进行"拜上帝会"的宣传和组织活动。不久,洪秀全又回到广东花县家乡进行理论创作。洪秀全先后写出了《原道救世歌》《原道醒世训》和《原道觉世训》三篇著作。《原道救世歌》宣传宇宙间唯一主宰,拯救万物的真神是上帝,"开辟真神惟上帝,无分贵贱拜宜虔""天父上帝人人共,何得君王私自传"。又说,普天之下皆兄弟,上帝视之皆赤子。这就否定了封建帝王至高无上的权力。《原道醒世训》中说,天下男人都是兄弟之辈,天下女子都是姊妹之群,不应存在此疆彼界之私,更不应存在你吞我并之念,同时还宣传了经济上的平等思想。《原道觉世训》中明确地把皇帝指作"阎罗妖",把贪官污吏指作"妖卒鬼徒",蔑视皇权,号召人民群众起来消灭"阎罗妖"。在同一时间里,冯云山在紫荆山区进行"拜上帝会"的宣传和组织工作。道光二十七年(1847)上半年,"拜上帝会"会员已达 2000 多人。是年八月,洪秀全再次到广西,在紫荆山与冯云山会合,共同制定"拜上帝会"的各种宗教仪式和十款天条,并派人四处发展会员,其会员主要是贫苦农民。第二年七月,杨秀清、萧朝贵、韦昌辉、石达开和洪秀全、冯云山结成异姓兄弟,"拜上帝会"从此有了领导核心。

  "拜上帝会"在其发展过程中,同封建势力的斗争逐渐公开化,会员开始捣毁甘王庙及紫荆山区的神庙社坛,与地主团练也展开了斗争。道光三十年(1850),广西群众的反抗斗争继续增多。同年七月,洪秀全发布"团营"总动员令,各地会员纷纷变卖田产房屋,向"拜上帝会"总机关所在地金田村进发。十一

洪秀全

月,各路会员汇集在金田村,约2万人。在"团营"过程中制备器械,编制营伍,一同拜上帝,广大分散的农民组织成一个严密的武装团体。

道光三十年十二月十日(1851年1月11日),"拜上帝会"会员在广西桂平县金田村正式起义,建国号"太平天国"。随即东进,占领交通要道江口镇。"天地会"罗大纲、苏三娘(女)等率众几千人也投入太平军,声势更加壮大。三月,太平军转而西进,入武宣县境。洪秀全在武宣东乡即位称天王,封杨秀清为中军主将、萧朝贵为前军主将、冯云山为后军主将、韦昌辉为右军主将、石达开为左军主将。此后半年,太平军转战武宣、象州和紫荆山区,设法打破清军的包围堵截。九月,太平军乘胜攻克永安州城(今蒙山县),这是太平天国起义以来占领的第一座城池。洪秀全在这里封杨秀清为东王、萧朝贵为西王、冯云山为南王、韦昌辉为北王、石达开为翼王,西王以下,俱受东王节制。又封秦日纲、胡以晃为丞相,罗大纲为总制。其余有功将士,均分别擢拔任职。洪秀全又针对农民起义队伍在战斗过程中产生的实际问题,发布许多诏令:严禁兵将私藏在战斗中缴获的各种财物,巩固圣库制度,告诫全军恪守天条天令,严守纪律,警惕敌人的诱惑;勉励将士团结一致,同心协力,"男将女将尽持刀""同心放胆同杀妖",同时,清除了暗藏的奸细。《太平诏书》《太平军目》《太平条规》《天父下凡诏书》等一批重大文献也先后刊刻公布。这就是著名的"永安建制"。"太平天国"的政治制度从此初具规模。次年四月,太平军从永安突围,北上攻桂林不下,进占全州(今广西金州),入湖南。在全州战斗中,南王冯云山负重伤身亡。入湖南后,太平军连克道州(今湖南道县)、江华、永明、嘉禾、蓝山(今湖南蓝山)、桂阳(今湖南桂阳)、郴州等地。这一带的"天地会"群众争相参加太平军,多达五六万人。九月,太平军猛攻长沙不克,西王萧朝贵中炮牺牲。十一月,撤围长沙,转经益阳(今湖南益阳)、岳州(今湖南岳阳),向湖北挺进。太平军在岳州建成水营,战斗力继续加强。咸丰三年(1853)一月,太平军攻克武昌。进城后,太平军宣布"官兵不留,百姓勿伤",群众积极参军,队伍猛增至50万人。随后顺江东下,水陆并进,旌旗蔽日,连克九江(今江西九江)、安庆(今安徽安庆)、芜湖(今安徽芜湖),于同年三月十九日占领江南第一重镇南京,随后以南京为都,改称天京,正式建立了一个与清朝政权相对峙的农民政权。不久,又攻下镇江和扬州。

咸丰三年(1853)五月,太平军约2万人在天官副丞相林凤祥、地官正丞相李开芳、春官副丞相吉文元率领下从扬州出发,出师北伐,历经江苏、安徽、河南、山西、直隶、山东6省,转战数千里,深入清朝统治的心脏地区,震撼京津。咸丰五年(1855)三月,北伐军林凤祥部营地被清军攻破,全军将士宁死不屈。林凤祥被俘遇害。五月,李开芳部也失败。与北伐同时,太平军又在夏官副丞相赖汉英统率下沿长江西进,进行西征,相继占领安庆、九江、武昌等重镇。到咸丰五年(1855)九月,江西八府 50 多个州县均归太平军势力之统治。第二年四月和六月,秦日纲率冬官正丞相陈玉成和地官副丞相李秀成分别攻破江北和江南大营,解除了天京的肘腋之患。太平天国在军事上达到了全盛时期。

太平天国定都天京后,咸丰三年(1853)冬颁布了纲领性文件《天朝田亩制度》。其核心内容是关于土地制度的规定,即把全部土地平均分配给无地的广大农民,还规定了"太平天国"的乡官制度。《天朝田亩制度》规定的总目标是实现"有田同耕,有饭同食,有衣同穿,有钱同使,无处不均匀,无人不饱暖"的理想社会。

太平天国农民起义推动了全国各地群众的反封建斗争,天地会、小刀会、捻党等在各地纷纷发动武装起义,响应并配合太平军作战,有力地推动了太平天国农民起义的顺利发展。

咸丰六年(1856)八月,太平天国内部发生了杨、韦事件;次年,石达开又分军出走,太平天国的力量受到了削弱。接着,武汉、镇江、九江又相继失守,天京被围。洪秀全遂于咸丰八年(1858)恢复五军主将制度,任命蒙德恩为中军主将,陈玉成为前军主将,李秀成为后军主将,韦俊为右军主将,李世贤为左军主将。洪秀全自己总掌军权,取得浦口和三河镇大捷。次年四月,洪仁玕到达天京,洪秀全封其为军师、干王,主持朝政。几个月后,洪仁玕向洪秀全提出了《资政新篇》,内容共四部分:(1)用人察失,禁止朋党;(2)革除腐朽生活方式,移风易俗;(3)实行新的社会和经济政策,仿效西方资本主义;(4)采用新的刑法制度。第三部分是全篇的中心。咸丰十年(1860),太平军消灭攻破了江南大营,天京解围。太平军乘胜连克常州、无锡、苏州等地,太平天国的力量再度崛起。

第二次鸦片战争之后,英、法、美、俄等国支持清朝镇压太平天国。清廷也确定了"借师助剿"的方针。同治元年(1862),太平军在上海和宁波与英、法、美军队进行了英勇的战斗。在中外反动势力的联合进攻下,苏州、杭州相继失守。同治三年(1864)六月,洪秀全病逝,长子洪天贵继位。七月十九日,天京被湘军攻陷。太平天国农民起义失败,余部又继续战斗多天。

太平天国起义坚持了 14 年之久,其势力发展到了 18 省,动摇了清朝的封建统治,打击了外国侵略者。

第二次鸦片战争

　　咸丰四年(1854),英国公使包令曲解中美《望厦条约》中关于12年后"所有贸易及海面各款,恐不无稍有变通之处"的内容,援引所谓"一体均沾"的条款,向清政府提出全面修约的要求。随后,法国、美国公使也援例向清政府提出相似的修约要求。他们还以协助清政府镇压太平天国为诱饵,以换取权益的扩大。清廷为维持"大国体面",决定采取"坚守成约"的方针,拒绝了"修约"的要求。英、法、美未达到目的,便威胁要诉诸武力。但当时英、法正与俄国进行克里米亚战争,无力在中国开辟新的战场,美国也因国内局势不稳,不可能发动侵华战争。

　　两年后,美国驻华公使巴驾联合英、法驻华公使,再次提出"修约"要求,但清廷仍坚持原订条件,拒绝全面"修约"。英、法、美由于外交讹诈失败,决心用武力达到其目的。这时克里米亚战争以英法获胜而结束,于是英法便积极准备发动新的侵华战争。

　　为了诉诸武力,强迫清政府就范,英国蓄意制造了一起所谓"亚罗号事件",并以此为借口,于咸丰六年(1856)十月,在海军头目西马縻各厘指挥下向广州进犯,挑起第二次鸦片战争。英军攻占了珠江沿岸的一系列炮台,并一度攻入广州城。中国军民奋起反击,放火烧毁了城郊13个洋行商馆,迫使英军退出广州,全部逃回船上。

　　次年,英国政府派遣额尔金为全权专使,率领英军到中国进行战争讹诈,并且照会法、美、俄等国,约其联合出兵,迫使清政府签订新的不平等条约。法国欣然接受其约,并以所谓"马神甫事件"为借口,打着"为保卫圣教而战"的旗号,任命葛罗男爵为特命全权专使,率领一支法国远征军,继英军之后来华。美、俄也分别派遣公使列卫廉和普提雅廷到中国,与英、法策划"联合行动"。

　　英军在入侵广州失败后,于第二年底又联合法军再犯广州。两广总督叶名琛在清廷"息兵为要"的方针指导下,既不做应敌的准备,也不准广州军民抵抗,结果英法联军只用两天就占领了广州。叶名琛被俘,押往印度加尔各答,次年在囚禁中毙命。面对联军进攻,广州将军穆克德纳、广东巡抚柏贵竖起白旗投降。联军入城后,烧杀抢掠,无恶不作,并组成以巴夏礼为首的"联军委员会",对广州实行殖民统治的"军事管制"。柏贵等在英法联军的监督下继续"任职",成为中国近代史上第一个地方傀儡政权。

咸丰八年(1858)二月,英、法、美、俄公使分别照会清政府,要求于三月底以前派全权代表到上海举行谈判,否则即向白河口进发。其要求又遭到清廷拒绝,四国公使便决计率领由香港集中到上海的英舰10余艘、法舰6艘、俄舰1艘,分批北上。

四月二十日,英、法、美、俄四国公使汇集白河口外,几天后,分别照会清政府,要求派全权大臣在北京或天津举行谈判。英、法公使限令6日内答复,否则即采取军事行动。美、俄公使则打出"调停"的旗号,劝告清政府尽快会谈。与此同时,联军舰队陆续驶抵大沽口,做了进攻大沽炮台的各种准备。

接到四国照会后,咸丰帝令谭廷襄与其谈判,要求英、法美公使返回广东,听候黄宗汉办理,俄公使则仍到黑龙江等处会办。英、法借口谭廷襄非全权大臣,拒绝谈判。美、俄公使则假充"调停人"单独和谭廷襄周旋,麻痹清政府。英、法联军在美、俄掩护下,做好一切战争准备,并于五月二十日对大沽炮台发动突然袭击。驻守炮台的官兵奋起抵抗,由于直隶总督谭廷襄等文武官员带头逃跑,使得大沽炮台很快失陷。英法联军占领大沽炮台,直犯天津,并扬言要进攻北京。清政府惊慌失措,急忙派全权大臣桂良和花沙纳赶赴天津议和。桂良等与四国代表进行了多次交涉。在英法代表蛮横要挟下,桂良等被迫接受了全部要求,分别于六月二十六日和二十七日签订了中英《天津条约》和中法《天津条约》。条约的主要内容是:公使常驻北京;增开牛庄(今营口)、登州(今烟台)、台湾(今台南)、淡水、潮州(今汕头)、琼州、汉口、九江、南京、镇江为通商口岸;扩大领事裁判权;对英赔款400万两、对法赔款200万两;修改税则,等等。条约规定第二年在北京交换批准书。

当桂良等与英法代表谈判时,美、俄公使假演"调停者"的角色,玩弄阴谋诡计,竟抢在英法之前,诱逼清廷分别于六月十三日和十八日签订了中俄《天津条约》和中美《天津条约》。在中俄《天津条约》签订以前半个月,黑龙江将军奕山在沙俄武力威胁下与西伯利亚总督穆拉维约夫签订了《瑷珲条约》。沙俄侵吞了中国黑龙江北岸、外兴安岭以南60多万平方公里的领土。同年十一月,桂良、花沙纳又在上海同英、法、美三国分别签订了《通商章程善后条约》及《海关税则》,作为《天津条约》的补充。

咸丰九年(1859)六月,英国公使普鲁斯、法国公使布尔布隆各率一支舰队北上大沽口,准备进京换约。清政府指定换约代表由北塘登陆经天津至北京,并要求换约代表不得携带武器,各兵船武装人员不得登陆。而英法公使却仗恃武力,坚持要从大沽口溯白河进京,蓄意利用换约时机,重新挑起战争,向清廷索取更多的权益。二十五日,英法兵舰突然炮轰大沽炮台,守军奋起迎击获胜,英舰司令贺布受伤,击沉击伤联军兵舰 10 余艘,伤毙敌兵 400 多人,英法舰队在美舰支援下撤走。不久之后,英法两国政府分别再次任命额尔金、葛罗为特命全权代表,以陆军中将格兰特和孟托班为英法远征军总司令,组织一支新的联军约两万余人,于咸丰十年(1860)春开始第三次北犯,先后占领了舟山、大连湾、烟台。七月,联军再次闯入大沽口。由于北塘守军毫无戒备,联军顺利登陆北塘。而后,清军又在新河、军粮城、唐儿沽(今塘沽)节节败退,大沽炮台失陷,联军长驱直入占领天津。

联军占领大沽炮台后,咸丰帝极度惊恐,急派桂良为钦差大臣赶赴天津,会同直隶总督恒福向英法联军乞和,因联军索需苛重,天津、通州谈判相继破裂。于是联军又进攻通向北京的要隘张家湾、八里桥,清军先后败绩。消息传到北京,清廷极为震惊,咸丰帝命其弟恭亲王奕䜣为钦差大臣留守北京"督办和局",自己却于九月二十二日带着皇妃等逃奔热河。

十月五日,北京附近海淀失陷。英法联军将圆明园内的宝藏洗劫一空,最后又纵火焚烧。火势延续三昼夜,罕世名园成了一片焦土。

十月十三日,北京被联军占领。奕䜣按着咸丰皇帝"委曲将就,以其保全大局"的谕旨,屈膝求和,于十月下旬,与英法交换了《天津条约》批准书,全部接受了《天津条约》的侵略要求,而且还订立了《北京条约》。《北京条约》除承认《天津条约》有效外,还增加了几项内容:开天津为商埠、准许华工出国;割九龙司给英国;将以前被充公的天主教产发还;准许"法国传教士在各省租买田地,建造自便";把《天津条约》中规定的对英法的赔款各增加为 800 万两;"恤金",英国 50 万两,法国 20 万两。

沙俄借口"调停"有功,要求订立新约。同年十一月,清政府又被迫订立了中俄《北京条约》,沙俄再次割去中国大片领土并攫取更多特权。美国虽未与清政府签订新约,但根据"一体均沾"的条款,同样可以享受英、法、俄所攫取的特权。同月,侵略军陆续撤离北京,第二次鸦片战争结束。

中俄《瑷珲条约》

19世纪50年代初,沙皇俄国逐步控制了我国黑龙江口地区的主要据点,并占领了库页岛。此后,沙俄不断派遣侵略军武装"航行"黑龙江。

咸丰四年(1854)五月,沙俄派遣穆拉维约夫率领舰船75艘,军队1000余人,闯入黑龙江。六月,到达黑龙江下游一带,随即屯兵筑垒,实行军事占领。第二年五月,穆拉维约夫率舰船100多艘,军队3000人,再次在黑龙江上武装"航行"。这次航行运来近500名俄国居民,在黑龙江下游占地筑屋,建立移民点,蓄谋永久霸占。

咸丰六年(1856)五月,沙俄军队分乘百余只舰船,第三次在黑龙江上武装"航行"。他们在黑龙江中、上游建立军事哨所,设置村屯,屯集粮食,并于同年宣布设立以庙街为首府的滨海省,擅自把中国黑龙江下游地区划归沙俄版图。

同年十月,英国发动第二次鸦片战争后,沙俄趁火打劫,加紧侵略扩张活动。穆拉维约夫指挥侵略军第四次武装"航行"黑龙江,不断向黑龙江下游和中、上游北岸移民增兵,遍设哨所,并宣布:"从明年航期开始,凡留在黑龙江左岸的居民,均属俄国管辖;不愿受俄国管辖的,都须迁到右岸;中国方面要是稍有反抗或集结兵力,俄国就要进兵右岸,收缴他们的武器,占领瑷珲。"这样,沙俄基本上完成了对我国黑龙江上、中游北岸地区的军事占领。

两年以后,沙俄政府认为从政治上最终解决黑龙江问题的时机已经成熟。于是,趁英法联军攻占大沽、北京之机,再派穆拉维约夫率官兵数百人,在两艘炮艇护送下,闯入瑷珲,与清政府黑龙江将军奕山进行谈判。谈判一开始,穆拉维约夫就重弹沙俄"助华防英"的老调,向奕山勒索大片中国领土。他宣称:"中英正在交战,英国很可能表现出占据黑龙江口及其以南沿海地区的欲望;只有我国根据所订条约声明上述地区系归俄国占有时,才能遏止英国的侵犯。"而英国一旦"侵占了方便的沿海港湾,就有可能进攻满洲腹地",因此,"中国政府当前尤须尽快了结此事"。随后,他又抛出了"自卫"论,说"俄国为从海上保卫自己的领土,应当占有滨海地区,而为了建立滨海地区同西伯利亚的联系,应当在黑龙江建立居民点""为了双方的利益中俄必须沿黑龙江、乌苏里江划界,因为这是两国之间最合适的天然疆界"。然后,便拿出俄方擅自绘制的沿黑龙江、乌苏里江至海为界的"边界草图",叫奕山看。对此,奕山据理力争。双方进行了激烈的辩论,会议历时4小时,没有结果。在以后两天的会议上,俄方代表不是无理取闹,就是要弄花招,所以未能达成协议。

穆拉维约夫看到中国方面不肯屈服,便决定亲自出马对奕山施加更大的压力。五月二十六日,他身穿侍从将军的礼服,佩戴沙皇赐予的各种绶带和勋章,带着随从和卫队来到瑷珲,以"最后通牒的方式"向中国方面提交条约的最后文本,企图逼迫奕山马上签字。奕山接阅,看到并未删改,便援引历史事实,再次拒绝俄方的无理要求。

接着,穆拉维约夫把近几年沙俄武装侵占我国黑龙江地区的罪行,说成是为了"保卫"这些地方不受外国人的侵犯。对此奕山加以驳斥,穆拉维约夫大为恼火,又以英国人入侵中国相威胁,硬逼奕山签字,并说"这个条约对中国特别重要",否则,"以后英国人在什么地方滋事,制造麻烦,那时只能责怪中国自己了",奕山回答说:"要是英国人企图出现在黑龙江,我们将把他们抛到大海里去。"没等奕山说完,穆拉维约夫便大声叫嚷:"同中国人不能用和平方式进行谈判!我们不能再等了,我给他们限期到明天。"说完便怒气冲冲地离开会场。穆拉维约夫回船后,当夜俄军大肆以武力威胁,故意进行挑衅,黑龙江左岸炮声不绝,陆屯水船,号火通明。

在沙俄枪炮声的恫吓下,奕山终于屈服了,被迫于咸丰八年(1858)五月二十八日与穆拉维约夫签订了不平等的中俄《瑷珲条约》,其主要内容是:

（1）黑龙江以北、外兴安岭以南的中国领土割给俄国,只有精奇里江以南至额尔莫勒津屯(江东六十四屯)仍由中国人"永远居住",归中国政府管理。

（2）乌苏里江以东,包括吉林省全部海岸线及海参崴海口,划为中俄"共管"。

（3）黑龙江、乌苏里江只准中俄两国船舶航行。

（4）中俄两国在黑龙江、乌苏里江、松花江一带互相贸易。

清政府感到此条约有失国威,拒绝批准。直到咸丰十年(1860)中俄订立《北京条约》时

曾国藩像

才予承认。

此条约的签订，不仅使黑龙江以北、外兴安岭以南 60 多万平方公里的大片领土被俄国侵占，而且俄国还获得了经由黑龙江前往太平洋的通道。

洋务运动

19 世纪 60 至 90 年代，清政府在太平天国和捻军的打击下，又在第二次鸦片战争中再次被外国侵略者打败。面对这种形势，封建统治阶级营垒中的一些有识之士，如在中央官吏中以总理衙门大臣奕䜣、大学士桂良、户部侍郎文祥等为代表，在地方官吏中以两江总督曾国藩、闽浙总督左宗棠、直隶总督李鸿章以及后起的湖广总督张之洞等为代表，他们感受到外国的"船坚炮利"，从而意识到无论拯救民族危亡，还是维护自身统治，都不能再固守陈腐的"祖宗之法"，唯一的办法是向西方学习，引进先进的生产方式和物质文明；他们还继承了林则徐、魏源的"师夷长技以制夷"的思想，这就形成了以拯救清王朝封建统治、御侮自强为目的，以引进西方先进的生产技术为主要内容，以"中学为体，西学为用"为宗旨的向西方学习的潮流，史称"洋务运动"，旧称"同光新政"（意即同治、光绪年间举办的"新政"，又称"自强新政"）。

洋务运动初期，是在"自强"的口号下筹建近代军事工业和编练新式海军。咸丰十一年（1861）底，曾国藩在安庆设立"内军械所"，"制造洋枪洋炮，广储平实"，是洋务派兴办军事工业的起点。同治三年（1864），安庆内军械所随军迁到南京。安庆内军械所虽然是以手工业制造为主，却是当时清军的一大武器供应中心。

同治四年（1865）六月，曾国藩、李鸿章在安庆内军械所和上海、苏州洋炮局的物力、人力和技术经验的基础上，收买了美国人在上海虹口地区创办的旗记铁厂，又将容闳从美国购买的"制器之器"一并归入，正式成立"江南机器制造总局"，简称"江南制造局""上海制造局""沪局"。该局由原旗记工厂主科尔任制造技术指导，其一切事宜最初由上海海关道日昌督察筹划，后又任命湖北补用道沈保靖督办。创办经费约用银 20 余万两。同治六年（1867）江南制造局因厂地狭窄，由虹口移至上海城南高昌庙镇，进行扩建，到光绪十九年（1893），共建成工厂 15 个，增设方言馆、炮队营、工程处、翻译馆各一个及各种附设机构 10 多个,建置经费先后用银 200 万两。江南制造局从事军火生产、轮船修造、机器制造、科技书籍的翻译和培养外语人才。所制造的枪炮、弹药,供应南北驻军,"遍及全国,共达七八十个单位"(主要是湘、淮军)。同治四年(1865),李鸿章将由马格里主办的苏州洋炮局移设南京雨花台,扩建为金陵制造局,简称"宁局",主要生产枪、炮、子弹和军用物资。到 19 世纪 80 年代上半期,已有工厂 10 余座,用银 50 余万两,所造之枪炮弹药主要供应南北洋驻军。同治五年(1866),左宗棠在福州创办船政局,后由沈葆桢接办。船政局由铁厂、船厂和学堂三部分组成。初由法国人日意格和德克碑任正副监督,雇用工人 1700 至 2000 人。原计划 5 年内造船 16 艘,创办经费 40 余万两银。同治八年(1869)开始生产,到同治十三年(1874)共造船 15 艘,这时船政局共有工厂 16 座,船台 3 座,先后用银达 135 万两。光绪元年(1875),船政局由艺局学生主持接办,开始仿造旧式木船。从光绪二年(1876)起,造 750 匹马力的新式机器铁胁轮船,光绪七年(1881)为南洋水师造三艘 2400 匹马力、排水量为 2200 吨的巡洋快船。同治六年(1867),恭亲王奕䜣奏准,由三口通商大臣崇厚在天津办"天津军火机器局",同治九年(1870)由直隶总督李鸿章接办,改称天津机器制造局,简称"津局"。不久,李鸿章将洋总办密妥士免职,另委沈保靖为总办。天津机器局主要生产火药、枪炮、子弹,供应淮军和直隶用练军。到 19 世纪 80 年代上半期,先后共用银 110 余万两。

在同一时期内,各地还设立许多军火工厂,"惟一省仿造,究不能敷各省之用",到光绪十年(1884)为止,清政府先后设厂局 20 所,除江南制造局停办外,其余 19 所分布在全国 12 个省区。从 19 世纪 60 到 90 年代的 30 多年中,洋务派创办军事工业,共用银 4500 万两,均由国库支出;所有局厂一律归官办;生产的枪炮弹药和轮船均由清政府调拨发给湘、淮军和沿海各省使用;每个厂局均有成群的官吏,机构庞大,洋务派创办洋务首先聘请洋员。

在洋务运动中,洋务派也筹建新式海军。咸丰

"致远"号

十一年（1861），恭亲王奕䜣请英国人"协助购买欧洲造战舰"。同治元年（1862），两广总督苏崇光与英国人议定，向英国购买兵船。同治二年（1863），一支包括大小船只 8 艘的舰队，由英国海军军官率领到达上海。由于英国人强夺中国海军的指挥权，清政府拒绝接受，这支舰队被遣散。清政府先后用银 160 余万两的筹建海军活动失败。同治五年（1866），清政府批准了左宗棠的"设局监造轮船"的建议，决定江南制造局、福州船政局各以造船为重点，仿照西方，制造兵船，以装备海军。同治十年（1871），两厂分别造出"惠吉""测海""操江""万年青""福星"等兵船数艘。同治十三年（1874），丁日昌提议建立北洋、东洋、南洋三支水师。光绪元年（1875），由两江总督沈葆桢、直隶总督李鸿章等人倡议，经总理衙门准，拨银 400 万两，作为筹办海军军费，准备在 10 年内建成南、北、粤洋三支海军，后由于财力有限，决定"先就北洋创设水师一军"。沈葆桢死后，海军大权集于李鸿章一身，他在天津设水师营务处，办理海军事务；又于光绪六年（1880）在天津设立水师学堂，训练北洋系海军军官。同时又用银 300 万两，从德国购买"定远""镇远"两只铁甲舰。光绪七年（1881），李鸿章派丁汝昌统领北洋海军。光绪十年（1884），三洋海军初具规模，南洋海军约有军舰 19 艘，北洋海军约有军舰 15 艘，福建海军约有军舰 11 艘。光绪十年（1884）六月，中法战争爆发，八月，法国远东舰队击毁了福建海军全部舰船，并摧毁福州船政局，南洋海军也受到损失，只有李鸿章的北洋海军保存了实力。李鸿章又向英国订购了"致远""靖远"和从德国购进"经远""来远"等舰，北洋海军实力增强。在这前后，李鸿章又修建了大沽、旅顺船坞，为修理铁甲舰之用。光绪十四年（1888），北洋海军正式成军，丁汝昌任海军提督，拥有军舰22 艘。军事训练由英国人、德国人操纵。光绪二十年（1894），北洋海军在中日甲午战争中全军覆灭，结束了北洋海军的历史。

洋务派在开办军事工业的活动中，需要巨额经费，使他们感到"百方罗掘，仍不足用"，认为外国资本主义以工商致富，由富而强，"求富"是"求强"的先决条件，因此，洋务派仿照西方，开展了建立民用工业的"求富"活动，借以达到"兴商务，浚饷源，图自强"的目的。

从 19 世纪 70 年代开始，洋务派采取了官办、官督商办和官商合办的形式，创办民用工业，包括采矿、冶炼、纺织、交通运输等，到 90 年代中期，共办几十个企业。

同治十一年（1872），李鸿章派漕运委员朱其昂创办轮船招商局，这是洋务派创办民用工业的开端。轮船招商局共招商股73 万多两银，海关拨官款190 多万两银,官督商办。总局设在上海,在上海、天津等地设码头,代政府运漕米等。光绪二年(1876),李鸿章派唐廷枢筹办开平矿务局,光绪三年(1877)九月在开平正式创立,招商股80多万两银,官督商办。光绪四年(1878)开井,次年使用外国机器,按新式方法开采。光绪七年(1881),开平矿务局每日出煤"五六百吨之多"。10余年后,开采量增加,每日"可出煤一二千吨",且"煤质极佳,甲于地处"。光绪五年(1879),李鸿章在大沽和北塘海口炮台试架设电报到天津,"号令各营,顷刻响应"。光绪六年(1880)九月,李鸿章在天津设电报总局,由盛宣怀任总办。电报线由天津沿运河南下至上海等地,以后又架设了上海至南京及南京至汉口的线路。光绪八年(1882)四月,电报局改为官督商办,招商股80万元。光绪十年(1884),电报总局迁往上海,并在各地设电报分局。光绪十六年(1890年),即电报总局成立10周年时,电报线已遍布全国各地。光绪七年(1881)成立黑龙江漠河金矿,商股7万两银,官款13万两银,官督商办,李鸿章派吉林候补知府李金镛办理。光绪十五年(1889),用新式机器开采,这一年产金18 961两。同年,两广总督张之洞主持兴办汉阳铁厂,由清政府拨款200万两银作资金。光绪十六年(1890),在大别山下动工兴建,光绪十九年(1893)完工,共建十厂。官办无款可等,后由盛宣怀接手,改为官督商办。光绪二年(1876),李鸿章和两江总督沈葆桢开始议办上海机器织布局,光绪五年(1879)派郑观应筹办,光绪八年(1882)成立。招商股银达50万两,采取官商合办形式。该局享有10年专利,不许民间仿办。光绪十六年(1890)开工,营业兴隆。光绪十九年(1893)失火,损失约70多万两银。光绪二十年(1894)又设华盛纺织总厂,下设10个分厂。光绪十五年(1889)八月底,张之洞在两广总督任期内奏准在广东设织布局,后张之洞奉调湖广总督,织布局随之迁往湖北,由于筹办资金困难,张之洞先后向英国汇丰银行借款16万两银,于光绪十七年(1891)开始建造厂房,光绪十八年(1892)底才正式开工,尚有盈余。

洋务派在19世纪70年代后的20多年里,先后创办了41个资本主义性质的企业,到光绪二十年(1894)尚存30个,共计资本约计3900万元。这是中国早期的官僚资本。

此外,洋务派从同治元年(1862)起,先后设立京师同文馆、上海方言馆、福建船政学堂和天津水师学堂等20多所近代学校,培养外语和近代科技人才。从同治十一年(1872)至光绪十二年(1886),清政府还向欧美国家派遣近200名留学生。

随着北洋海军在中日甲午战争中覆灭,洋务运动也宣告破产。

中法战争

　　19 世纪 50 年代末,法国军队开始进攻越南南部,吞并了越南南圻诸省,70 年代又把势力扩展到北圻。同治十年(1871)后,法国探明红河是通往中国云南的航道,于是两年后出兵攻袭河内及其附近各地,以便控制红河航行权,遭到了越南军民以及驻扎中越边境的中国人刘永福率领的黑旗军的顽强抵抗。进入 80 年代,法国组成了茹尔·费理内阁,极力扩大侵越战争。光绪九年(1883)八月,法国军队攻陷越南首都顺化,迫使越南政府签订了《顺化条约》,越南接受法国保护。法国随后把目标指向中国,要求清政府承认法国对越南的统治,撤出在越南的中国军队,并开放云南边界。面对法国军队的步步紧逼,清政府多次派李鸿章去进行交涉,李鸿章虽然做了妥协,但是法国并不满足,是年十月,法国谈判代表特利古宣布中止谈判。

　　此时,清政府内部出现了主战和主和两派。以李鸿章为首的淮系集团,一意主和,另一部分官员,如翰林院侍进学士周德润和陈宝琛、两江总督刘坤一、驻法公使曾纪泽等人都持主战观点,认为越南是中国的外藩,理应加以保护,决不能坐视不理。随着法军的不断深入,清政府"保全和局"的幻想逐渐破灭,于是清廷传旨,奖励黑旗军将领刘永福"矢志效忠、奋勇可靠",从此主战派的主张占了上风。

　　光绪九年(1883)十月下旬,法国政府任命孤拔为越南北部法军的总司令。冬天后,茹尔·费理在议会上宣布:法国已经决定牢固地立足于红河三角洲,占据山西、兴化、北宁等地。而这些地方正是清政府极力捍卫的地盘,其中北宁由清政府正规军驻扎。十一月十七日,驻法公使曾纪泽照会法国政府,确切声明:茹尔·费理十月三十一日议会上宣称要占领的地区驻有中国军队,这些守军的任务是保护中国本身及越南的利益。如果法国挑起中法两国军队之间的冲突,将引起严重后果。在此前一天,总理衙门也以同样的内容照会法国及各国驻华使馆。与此同时,清军在山西的部队张旗、着号衣、列队三日,表示中国军队驻扎此地,"犯必开仗"。法国军队不顾中国方面的一系列警告,于十二月十四日发动进攻,中法战争正式开始。

　　十二月十四日,法军 5000 人在孤拔的指挥下,水陆并进,进攻山西城,守军与法军血战三昼夜,山西失陷。次年二月,米乐继孤拨为法国军队总司令,兵数增加到16 000人。三月,法军进攻北宁,清军不战而退。几天之后,北宁失陷,法军继续北进,占领太原和兴化,至此,法国军队完全占领了红河三角洲。清政府因军事上的一时失利而惊慌失措,法国乘机由一海军军官福禄诺出面诱降。此时议和活动的主要牵线人李鸿章鼓吹"遇险而自退,见风而收帆",并极力炫耀法国的武力,恫吓清政府。光绪十年(1884)五月,清政府派李鸿章到天津与法国代表福禄诺谈判,慈禧严令李鸿章"不得迁延观望,坐失良机",十一月签订了《中法会议简明条款》。条款中承认法国有权保护越南,并将进驻北圻的中国军队调回边界,法国商品可以由越南自由输入中国。这样就向法国打开了西南大门。消息传到清廷,在朝廷内部掀起一片反对声,然而控制实权的慈禧太后完全接受了这个条约,以为如此一来,就可以避免中法之战。

然而,条款签订后不久,法国军队700多人又到谅山附近,对尚未接到撤防命令的清军发动进攻,声称三日内一定要清军立即退出谅山,并在观音桥打死前去解释的清军代表,随即炮轰清军阵地。清军被迫还击,打退法军,这就是所谓的"北黎事件"。法军被击退后,法国政府驻北京公使向清政府提出抗议,声称中国方面破坏了《中法会议简明条款》,中国应该对这次军事行动赔偿法国2.5亿法郎,并声称要以海军进攻中国,占领中国的一两个海口作为赔款的抵押。清政府认为这是毫无理由的要求,但为了谋求解决争端的途径,表示愿意在一个月内撤退驻越全部清军,并派曾国荃等人去上海与刚到中国的法国公使巴德诺进行谈判,并请各国出面主持公道。李鸿章怂恿曾国荃为法国伤亡士兵向朝廷请款加以抚恤,于是在谈判中曾国荃擅自答应巴德诺,愿出抚恤费银50万两(约合350万法郎),没有得到巴德诺的认可。与此同时,法国派孤拨率领法国海军远东舰队开到台湾海峡。是年八月五日,法国远东舰队的一支分队在副司令利士比的率领下,进攻台湾基隆,遭到当地守军的抵抗。法军见台湾守军早有准备,转而集中力量进攻福州。这时,清政府拒绝了福建官员提出的拦阻法舰入口、"塞河先发"的建议,不准清军先行开火。于是法军舰队驶入马尾军港,与福建水师兵轮毗邻相接。八月二十三日,法国驻福州领事通告说,本日开战。随即马尾港内的法国军舰立即发动攻击,大炮、水雷同时轰击中国兵轮。福建船政大臣何如璋和会办福建海疆事务的张佩伦,事先未有任何准备,见到法军进攻,只好仓促应战,结果大败。仅1个多小时,军舰8艘、商舰19艘就全部被击毁,接着法舰又炮轰马尾造船厂,将之全部击毁。法国军舰只有几艘受到损伤。消息传出后,清廷大震,举国哗然。清政府于八月二十六日正式对法宣战。此后,战争主要在台湾、澎湖及越南北部进行。

在台湾方面,法军于十月初对基隆和淡水发动进攻,督办台湾军务大臣刘铭传放弃基隆,退守淡水。光绪十一年(1885)一月至三月,占据基隆法军向台北进攻,清军和当地居民顽强抵抗,在淡水大败法军,粉碎了法军夺占台湾的计划,法军遂于三月侵占澎湖。

在越南北部,战争分东西两路进行。同年初,法军着重进攻东线,中国守军潘鼎新放弃谅山,逃回广西,法军几天之内不战而夺取了谅山、文渊州等数百里的地方。随后法军又向中国广西边界进攻,三月,中法两军在镇南关(今友谊关)进行了关系全局的一战,二十三日,法军倾巢出犯镇南关,中国军队在年近70岁的老将冯子材的指挥下,沉着应战。法军攻势凶猛,冯子材率军居中,身先士卒,法军全线溃败,前线统将尼格里身受重伤,清军乘胜追击逃窜的法军,连克文渊州、谅山,夺回半年前失去的全部阵地。西路黑旗军与越南义军配合,大败法军,取得了临洮大捷,相继收复十几个州县。

法军战败的消息传到巴黎,引起法国政府的恐慌,三月三十日,巴黎市民举行游行示威,反对侵略战争,高呼"打倒茹尔·费理"的口号,茹尔·费理内阁当晚垮台。战争的形势对中国有利,中国军队也掌握了战场上的主动权。然而,恰在这时,李鸿章等人却提出"乘胜即收"的主张,要同法国进行谈判,得到清廷准许。此时战争正在进行。清朝官员不便于直接同法国人谈判,就委托总税务司英国人赫德进行斡旋,赫德从中法战争开始就曾在中法之间充当调停人。于是赫德派英国人金登干去巴黎,全权代表清政府与法国政府和谈。经过秘密谈判,金登干以清政府的名义在巴黎和法国政府签订了停战草约。光绪十一年(1885)四月七日,慈禧太后颁发停战令,并加紧与法国进行缔结和约的谈判。谈判仍在巴黎进行,金登干是清政府的主要代表,李鸿章就细节和约文加以核对。六月九日,李鸿章和法国公使巴德诺在天津签订了《中法会订越南条约十款》,重申《中法会议简明条款》有效,承认法国对越南的统治权,同意在云南、广西两省的中越边界开埠通商,并给予特殊权益,规定中国以后如在这两省修造铁路,要同法国人商办。从此法国势力侵入中国西南。中法战争以中国"不败而败"、法国"不胜而胜"结束。

甲午战争

　　同治七年（1868），日本明治维新后，就走上了对外扩张的军国主义道路，并制定了所谓的"大陆政策"，利用地理上的便利条件，加紧进行对中国和朝鲜的侵略战争准备。光绪二十年（1894）春，朝鲜发生大规模的东学党农民起义，朝鲜政府请求清政府出兵协助镇压，这时日本也怂恿清政府派兵，并保证在此过程中，日本不图其他利益。于是清政府派淮军将领、直隶提督叶志超率领部队1500多人赶赴朝鲜，驻守在离汉城200余里的牙山，协助朝鲜政府镇压农民起义。与此同时，日本以保护本国使馆和侨民为借口，陆续向朝鲜派军队达2万多人，占据了从仁川到汉城一带的战略要地，使叶志超部陷入被围的险境。在日本步步紧逼和国内舆论的压力下，清政府不得不派兵增援。一方面将驻扎天津附近的盛军卫汝贵部6000余人、驻防旅顺后路的毅军马玉昆部2000余人以及奉军左宝贵部八营和丰升阿部盛军六营汇集起来，命其从辽宁越过鸭绿江，从陆路开赴平壤；另一方面调天津新军2000余人雇英轮从水路运送朝鲜，增援牙山驻军。七月二十三日，日军占领朝鲜王宫，成立以大院君李是为首的政权，迫使他宣布废除中朝间所有条约，授权日军驱逐在朝鲜的清军。两天之后，日本联合舰队司令官伊砂祐亨率领舰船15艘，在朝鲜牙山口外丰岛附近，不宣而战，袭击中国运兵船和护航舰，中国军舰"济远"号战败退却，"广乙"号中炮受重伤，"操江"号被劫走，日舰又强迫载运清兵的英轮"高升"号随行，船上士兵坚决抵抗，结果"高升"号被击沉，中国士兵700余人殉难。至此，揭开了中日战争的序幕。

　　八月一日，中日两国同时宣战，中日战争（1894年为甲午年，故称之为甲午战争）正式爆发。

　　八月初，卫汝贵、左宝贵等四部先后到达平壤，清政府任命叶志超为统领。然而叶志超既不派兵侦察敌情，又没有部署战局，而是把平壤以南的广阔地带弃置不顾，仅在城内外筑垒防守。在完成进攻平壤的周密部署后，于九月初，日军万余人采取分进合击的战术，向平壤进攻。日军一部首先对平壤东面连续佯攻，吸引清军专防东路。随后日军四路同时向清军发起猛攻。东路战斗十分激烈，清军马玉昆部英勇顽强。北路战斗也极为激烈，左宝贵亲自登城，指挥士兵拼死奋战。敌炮兵攻占了附近的山头，发排炮轰击清军，左宝贵中炮殉国，营官多名力战牺牲,玄武门失守。日军猛攻平壤西门,卫汝贵率部继续抵抗,叶志超见形势危机,下令撤退,夜间率诸将弃平壤逃走。清军后路已被日军切断,突围时溃不成军,士兵2000余人遭伏击牺牲,600余人被俘,叶志超率一万余人渡过鸭绿江撤回国内,这样,日本便轻易地占领了整个朝鲜。

九月十六日,海军提督丁汝昌率领北洋海军护送增援平壤的清军到达大东沟。十七日返航途中,日舰12艘组成"一"字竖阵队形来袭击。中国军舰大小13艘排成"人"字形阵迎击敌舰。提督丁汝昌乘坐旗舰"定远"号发出第一炮,舰上飞桥被震断,丁汝昌从桥上跌落负伤。右翼总兵"定远"号管带刘步蟾代替指挥作战。日军先攻中国舰队右翼,"扬威"号、"超勇"号二舰中炮起火沉没。"致远"号负重伤,弹药用尽,管带邓世昌命舰艇猛撞日舰吉野号,准备与敌人同归于尽,不幸中敌鱼雷沉没。"经远"号管带林永升力战殉职,全船官兵奋战到最后,英勇牺牲。"济远"号匆忙出逃,途中撞沉搁浅的"扬威"号,"广甲"也触礁搁浅,后被击沉于海。黄海海战经历5小时,双方损失相当。这次海战后,李鸿章严令北洋海军舰队全部避藏在威海卫港内,不准出海迎战,从而使日本取得制海权。

清军从平壤溃败后,清政府在鸭绿江设下十里防线,部署重兵,由淮军提督宋庆和黑龙江将军依克唐阿统率,但渤海湾旅顺的防守却减弱了。日军在黄海海战之后,经一个月的休整、部署,以三、五师团组成第一军,由陆军大将山县有朋任司令官,以一、二师团,第十二混成旅团组成第二军,由陆军大将大山岩任司令官,并出动海军全部主力配合作战。计划攻下旅顺、大连为作战重点,由朝鲜义州冲击鸭绿江防线,牵制清军,从而达到在中国东北建立侵略基地的作战目标。

十月二十四日,日军第一军突破清军的鸭绿江防线,侵入中国本土,占领九连城、凤凰城、海城一带,其目的在于牵制清军,掩护第二军进攻金州、大连和旅顺。同日,日军第二军在距大连湾百余公里处的花园登陆,采取迂回包围、截断后路的办法,从陆路夺取旅顺、大连。十一月四日,日军开始进攻金州,两天之

邓世昌

后,金州失陷,随后日军不战而获大连。十八日,日军又开始攻旅顺,清军各部仅总兵徐邦道部拼死抗敌。二十二日,旅顺失陷,中国当时最大的海防要塞落入日军之手。日军占领旅顺后,一方面以第一军继续在辽南地区与清军相持;另一方面又从国内调部队来华,编为"山东作战军",在海军舰队的配合下进攻威海卫,企图全歼北洋海军。李鸿章命令北洋海军死守港内,不准出击,坐待敌人进攻。次年一月二十日,日本仍采取包抄后路的办法,一方面在荣成县成山头登陆,另一方面以海军22艘舰艇、15艘鱼雷艇封锁威海卫港口。二月初,日军占领南、北帮炮台,北洋海军和刘公岛、日岛守军被日军封锁在威海卫港中,受到水陆夹攻,陷入绝境。到二月十一日,北洋海军的"定远""靖远""威远""来远"诸舰先后沉没,鱼雷艇全部丢失,日岛炮台失守。丁汝昌召集诸将会议,提出拼死突围,但军官们不同意,北洋海军洋员海军副统带、英国人马格禄及美国顾问浩威,勾结中国官员,胁迫丁汝昌降敌,丁汝昌知事不可为,随即于二月十七日自杀殉国。先后自杀殉国的重要将领还有"定远"号管带刘步蟾、刘公岛护军统领张文宣、"镇远"号管带杨用霖等。丁汝昌自杀后,浩威起草投降书,以丁汝昌的名义,由"广丙"号管带程璧光向日军舰队司令伊东祐亨投降,将"镇远""济远""平远""广丙"等大大小小10艘舰船以及大批军火全部送给日军。洋务派耗费无数金钱而建立的北洋海军,全军覆灭。

旅顺陷落后,日军第一军在第三师团长桂太郎率领下,西犯海城,清军守将丰升阿弃城逃走,海城失陷。奉天府受到威胁,辽西震动。十二月底,日军第二军8000余人由第一旅团长乃木希典率领,北犯盖平,盖平守将章高元率军英勇抵抗,营官杨寿山、李仁党力战阵亡,盖平沦陷。清军这时源源不断地开到关外援辽,其中最为清廷寄予厚望的是湘军,任命湘系军阀首脑、两江总督刘坤一为钦差大臣,节制山海关内外各军。二月二十日、二十七日,清军出动6万人,以9倍于日军的兵力进行收复海城战斗,经过多次激烈争夺,清军失败。二月下旬,日军第一军、第二军会合,开始执行对辽东平原扫荡性作战方案。三月二日,日军攻陷鞍山站。两天之后,日军进攻牛庄,镇守牛庄清军抵抗一昼夜。七日,日军轻取营口。九日,日军三个师团会攻田庄台,湘、淮军二万余人顽强抵抗,田庄台终于失守。至此,清军在辽南一线全部崩溃,这是自平壤、九连城失败后,清军的又一次溃败。三月二十三日至二十五日,日本海军掩护混成支队在澎湖文良港登陆,很快占领澎湖列岛。辽南定局后,日本动员全部常备军及后备部队的三分之一,宣称要在直隶平原与清军决战,压迫清政府在《马关条约》上签字。光绪二十一年(1895)四月十七日,清政府派李鸿章与日本最后签订了《马关条约》,甲午战争以中国失败而结束。

中日《马关条约》

　　光绪二十年(1894)八月一日,中日两国同时宣战,中日战争正式开始。九月下旬以后,随着清军的不断失利,清廷中的主和派便开始乞求外国调停,由于列强各国或认为时机未到,或态度冷漠,也由于日本确定的媾和条件太苛刻,同时清廷中的主战派还拥有一定实力,因此,主和派的几次乞求外国调停活动都未成功。次年二月,北洋海军全军覆灭,湘、淮等军在辽东战场相继失败,这使朝廷中的主战派大为泄气,一时间感到束手无策。二月十八日,清政府通知日本,将按照日本的要求派出全权代表,准备接受包括割地在内的屈辱条件。几天后,清政府又进一步明确地向日本宣布,任命李鸿章为全权大臣,日方提出的割地、赔款、订约等谈判内容,李均能全权处理。至此,日本同意议和。二十日,李鸿章应召到京,他考虑到日本提出的条件,深感此次议和责任重大,于是先同军机处商议。翁同龢希望能做到不割地,而其余大臣则担心不割地就不能议和。李鸿章又先后同美英公使进行商量,但都不得要领。三月二日,恭亲王奕䜣向李鸿章传达光绪面谕,授予李鸿章以商让土地之权。同日,李鸿章上折陈述其对议和的看法,认为割地之事,古今中外皆有,"但能力图自强之计,原不嫌暂屈以求伸",只是地有多寡要次之分,须力与争辩,谈判定有一番周折,朝廷必须密为筹备,防止日军直犯京畿等。

　　三月十四日,李鸿章率参议李经方,参赞马建忠、伍廷芳、罗丰禄,美国顾问科士达等随员100多人,前往日本马关议和。二十日,李鸿章与日本首相伊藤博文、外相陆奥宗光在马关春帆楼开始谈判,双方交换全权证书,李鸿章劝日本不要"寻仇不已",要求先议停战协定。第二天,双方举行第二次谈判,商议停战之事。伊藤提出停战条件:日军占领大沽、天津、山海关,解

李鸿章

除上述各地清军武装,日军管理天津至三海关铁路,清政府负担停战期内日本军费。在这种情况下,李鸿章被迫要求先不谈停战,只议和条款。对此伊藤限定李鸿章于三日内答复停战要求。二十四日,李鸿章正式备文拒绝日本提出的停战条件,要求先谈议和条款。伊藤允许第二天提出议和条件。李鸿章在返回寓所的途中,被早已隐伏的日本浪人小山丰太郎用枪击中左颧,血流不止,顿时晕倒。小山是日本自由党方面的打手,他们认为议和时机未到,不占领北京是日本的耻辱,所以有意来破坏议和,以此扩大对华战争。李鸿章被刺后,伊藤、陆奥感到人心已变,不能再战,如果此时谈判破裂,对日极为不利,同时,也担心因此招致列强干涉。于是在二十八日,陆奥与李鸿章在病榻前议定无条件停战。三十日,中日签订为期21天的停战条约,但范围不包括澎湖和台湾。但是,两天后日本首次公布议和条件,提出和约底稿,条件苛刻,并限四日内答复。李鸿章为此进行了多次争辩,先后两次向日本送说帖,逐条请求减让。四月九日,李鸿章提出体面修正案,允割辽南、安东、宽甸、凤凰、岫岩四地与澎湖列岛,赔款一亿两,新订商约"以中国与泰西各国现行约章为本"。次日,李鸿章与伊藤举行第四次谈判,日本提出修改稿,将辽东割地由北纬41°以南缩至营口、海城、凤凰城、安平河以南,将赔款由3亿两减为2亿两,商埠由七处减为四处,声称此为尽头条款,中国只有答应或不答应而已,不能减少。同时又威吓:如果谈判破裂,中国全权大臣一旦离去此地,是否再能安然出入北京城门,亦不予保证。李鸿章急忙请旨应付。清廷闻讯后,答应割台湾一半,但是,一定要争回牛庄、营口。日方得到李鸿章的答复后,继续进行恫吓,并运兵至大连湾加以威胁。四月二十日,清政府致电李鸿章:倘无可再商,即与订约。李鸿章连续发回三封电文,催促清政府照日方改款定约。十四日,清廷批准李鸿章"遵前旨与之下约"。第二天,中日双方举行最后一次谈判,李鸿章与伊藤博文议定《中日马关新约》(即中日《马关条约》),共11款,附有《另约》《议订专条》。

《马关条约》主要内容是:(1)中国承认朝鲜完全独立自主。(2)割让辽东半岛、台湾全岛及所有附属各岛屿和澎湖列岛。(3)中国赔偿日本军费2亿两白银,分八次交完,三年之内全数清还。(4)开放沙市、重庆、苏州、杭州为商埠,"以中国与泰西各国现行约章为本,订立两国通商行船条约及陆路通商章程。新订约章未经实行之前,所有日本政府官吏、臣民及商业、工艺、行船船只、陆路通商等,与中国最为优待之国礼遇护视一律无异"。(5)允许日本在中国通商口岸设立工厂,任便从事各项工艺制造;产品远销中国内地时,只按进口货纳税,并准在内地设栈寄存。条约还规定日本在条约批准后三个月内撤退,但为保证中国履行条款,日军暂时占领威海卫。在另约中又规定:(1)所有暂行驻守威海卫的日本军队驻守需费,"中国自本约批准互换之日起,每一周年届满,贴交四分之一——库平银50万两"。(2)在威海卫,应将刘公岛及威海卫口湾沿岸40里以内地方,为日本国军队伍驻守之区。无论何处中国军队不宜逼近或驻扎,以杜生衅之端。(3)日本军队所驻地方,"治理之务仍归中国官员管理;但遇有日本国军队司令官为军队卫养安宁军纪及分布管理等事必须施行之处,一经出示颁行,则于中国官员亦当责守"。

四月二十二日,光绪皇帝看到李鸿章派专人送来的条约之本,鉴于割地一事太苛刻,曾拒绝批准,但他毫无实力,顶不住内外压力,延至五月二日,不得不批准《马关条约》。第二天任命伍廷芳、联芳为换约大臣。五月八日,伍廷芳、联芳与日本伊东美久治在烟台换约,《马关条约》开始生效。

反割让台湾斗争

甲午战争后,清政府于光绪二十一年(1895)与日本签订了《马关条约》,将台湾割让给日本。消息传出后,举国哗然,民众义愤填膺,进而掀起了一场声势浩大的反割让台湾的斗争浪潮。在京赶考的台湾举人上书督察院,强烈抗议清政府割让台湾,表示台湾人民"如其生为降虏,不如死为义民","台地军民必能舍生忘死",为反抗日本侵占台湾奋战到底。台湾各界人士也以罢市、发表檄文、通电、上书等形式表示强烈抗议,表示要誓死守御,与山河共存亡。诸多民众拥到台湾巡抚衙门,抗议示威。台湾一带人民发出"桑梓之地,义与存亡"的誓言,每天都有数以千百计的群众参加抗日义军。

六月二日,清政府与日本签订了割让台湾证书。实际上日军却早已于五月二十九日由近卫师团从冲绳中城湾出发,分两路进攻台湾。台湾巡抚唐景崧及大小官吏和当地一些地主豪绅,仓皇内渡逃命,日军不战而胜,于六月七日入侵台北。

唐景崧逃跑后,台湾人民纷纷组织义军,共同推举当时驻防台湾的刘永福为首领,领导抗战。

六月中旬,日军近卫师团由台北南犯,先后在新竹、台中、彰化、云林一带遭到台湾军民的激烈抵抗。当日军分兵三路进攻新竹时,刘永福派分统杨紫云为新竹守将，吴汤兴、姜绍祖率义军协同防御，与日军相持一个多月，多次打退日军进攻。在激战中，杨紫云苦战阵亡，姜绍祖力战不屈，最后壮烈牺牲，新竹沦陷。七月下旬，徐骧和刘永福联合反攻新竹，在城外3里的十八尖山上激战终日，大小战役20余次，但因武器不良，只好退守大甲溪、台中、彰化一带。八月下旬，日军南犯大甲溪，徐骧和刘永福部将吴彭年同守大甲溪。吴彭年伏兵于大甲溪旁，突然出击，日军大败，溃退北渡，徐骧的伏兵又大呼横截，日军纷纷落水，死亡无数。激战数日后，因日军收买汉奸土匪袭击，日军才强取大甲溪。八月底，日军进犯彰化，抗日军民奋勇抵抗，双方在彭化东门外八卦山展开激战，击败日军主力师，日军少将山根信成毙命。后日军收买汉奸，由小路抄袭义军。义军拼死抵抗，吴汤兴率30人冲向敌阵，中炮牺牲，吴彭年率300勇士死守八卦山，全部英勇战死。徐骧率众冲锋肉搏，突出重围，退往台南。台中、彰化失陷后，刘永福急派王德林率军守嘉义城，派杨泗洪率军反攻彰化，高山族人民纷纷起来抗战，派遣700健儿参加徐骧的义军。义军虽多次反攻彰化，终因补充极度困难，无力克复。

十月上旬，日军近卫师团在不断增援的情况下，倾巢出动海、陆、步、马、炮全力进攻，台湾军民英勇奋战，日军用很大力气才侵占了云林、大莆村。接着大举进犯嘉义。嘉义志士林昆岗号召人民武装起来和守军王德标部合力抗击日军。王德林在城外设地雷诱敌，一举杀死敌人700余。后来日军用大炮轰塌城墙，窜进城中，义军浴血巷战，逐街逐屋地争夺，杀伤日军无数，日军近卫师团团长中将北白川能久亲王也受重伤而毙命。日军死伤甚重，气急败坏，疯狂进攻。而台湾军民死命苦战，林昆岗发誓说："如果天命绝我台湾，今天一战当先把我打死！"闻者奋战。此时军民已饥困寡不敌众，林昆岗英勇战死，嘉义城破，王德林奋战阵亡。日军用了重大代价夺取了嘉义，接着包围台南。

刘永福黑旗军和徐骧等路义军在嘉义失陷后仍坚持抗战。日军第二师团在台湾南部枋寮和台南以北的布袋口登陆，配合近卫师团夹攻台南。布袋口登陆日军与义军大战于曾文溪，徐骧率义军和高山族勇士死守曾文溪，战至枪弹断绝，仍持短刀迎击敌人。徐骧持刀督战，大呼："此地失守，台湾就完了，我是不愿偷生还大陆的。"于是与从者50余人皆战死。十月中旬，日军夹攻台南府城，刘永福率军驻守安平炮台，城中绝食，守军溃散。十九日，刘永福兵败返回大陆。二十一日台南沦陷。

台湾人民经过5个多月的激烈战斗，抗击了日本三个近代化师团和一支海军舰队，打死打伤日军32 000多人。台湾军民在保卫祖国神圣领土的历史上，写下了悲壮的一页。在此后日本统治台湾的50年时间里,台湾各族人民一直坚持反抗侵略,要求返回祖国的斗争从未止息。

戊戌政变

光绪二十四年(1898)六月十一日,光绪帝颁布"明定国是诏",标志了百日维新的开始,也预示着帝党和后党之争进入了决战阶段。光绪帝的这一举动,慈禧极为重视,六月十五日,迫使光绪帝连下三道上谕:一、免除支持变法的翁同龢协办大学士、户部尚书的职务,逐回江苏原籍;二、命直隶总督王文韶入京觐见,任命荣禄署理直隶总督,不久又授荣禄为直隶总督兼办理北洋通商事务大臣,节制直隶境内董福祥(甘军)、聂士成(武毅军)及袁世凯(新建陆军)三军;三、嗣后在廷臣工如蒙赏加品级及补授文武一品暨满汉侍郎,均须具折诣太后前谢恩,各省将军、督抚、都统、提督等官亦同。接着,慈禧又分别命崇礼、怀塔布和刚毅控制守卫京都与颐和园的卫戍部队,命裕禄在军机大臣上行走,并在内廷布满亲信太监,监视光绪帝和维新派活动。这样,光绪变法从一开始,后党势力就抓到了军政实权,以北京西郊颐和园、天津直隶总督衙门为据点,部署力量,做好了政变准备。

光绪皇帝

光绪帝不顾后党的严重威胁,继续推行变法维新。七月八日,后党御使文悌因参奏康有为"任意妄为,遍结言官,把持国是",而被革职;九月四日,礼部尚书怀塔布、许应骙及侍郎堃岫、徐会沣、溥颋、曾广汉等六人阻挠主事王照条陈事务而被革职,赏王照三品顶戴并四品京堂候补;随后又赏谭嗣同、杨锐、刘光等、林旭以四品卿衔,在军机章京(清代官名,满语"管事"之意)上行走,参与新政;九月七日,从总理衙门中赶走对抗变法的李鸿章和敬信。这一系列措施使新政改革走上轨道,同时也使帝党同后党的矛盾达到白热化的程度。庆亲王奕劻、内务府总管大臣立山和属僚数十人以及太监李莲英,看到形势危机,竟跪在慈禧面前失声痛哭,控告光绪帝,恳请皇太后临朝"训政"。

是年九月,后党加快了政变步伐。怀塔布、杨崇伊衔慈禧之命赴天津与荣禄密谋,预定十月底慈禧、光绪同赴天津阅兵时,发动政变,废黜光绪帝,捕杀维新派人士。风声日紧,形势十分危急,康有为急向光绪帝进策:一、仿照日本设立参谋部,收回军权,皇帝自为海陆军大元帅;二、改元为维新元年,断发易服,以示变法决心;三、迁都上海,摆脱后党圈禁。同时又深感武装的重要,便把希望寄托于拥有7000重兵并曾加入强学会的袁世凯身上。康有为先派亲信弟子徐仁禄到小站探察,获悉袁世凯表示拥帝,致使康有为、谭嗣同认为"可救上者只此一人",于是密奏光绪帝结袁以备不测。九月十六日、十七日,光绪帝两次召见袁世凯,破格赏以侍郎候补,专办练兵事务;面谕袁"与荣禄各干各事",使其不受掣肘。然而,袁世凯在光绪帝召见之后,便立即去拜谒军机大臣裕禄、刚毅、王文韶,乞求宽谅。九月中旬,光绪帝已感大祸临头,先于十三日向康有为等下密诏,称"今朕位几不保,汝康有为、杨锐、林旭、谭嗣同、刘光第等,可妥速密筹,设法相救"。由于杨锐带此密诏不敢传出,光绪帝不见康有为等回音,就于十七日又密谕康有为出逃,前往上海督办官报,"将来更效驰驱,共建大业"。第二天,康有为从林旭处得两密诏后,立即召集谭嗣同、梁启超、康广仁、徐世昌等在南海会馆共商对策,大家见面后抱头痛哭,一筹莫展,最后决定孤注一掷,由谭嗣同携密诏去劝说袁世凯举兵勤王。当日深夜,谭嗣同赴袁世凯寓所法华寺,请袁起兵杀荣禄、围慈禧太后所居颐和园,实行兵谏,以此来保卫光绪帝执政。袁世凯佯作许诺,正色厉声表示竭死力救"圣主","诛杀荣禄如杀一狗耳!"九月二十日,袁世凯请训回天津,光绪帝赐密诏,命其保护新政。袁世凯再表"忠心",但是当他回天津后,立即向荣禄告密,表示要为"缉捕奸谋,效忠太后"尽力。

当袁世凯应召从津赴京陛见时,后党就立即调聂士成5000人兵力开赴天津陈家沟一带布防,切断了北京与小站间通道。九月十八日,董福祥甘军开进北京城,扬言京师有大变。九月十九日,慈禧太后自颐和园赶回紫禁城。九月二十一日凌晨,慈禧发动宫廷政变,幽禁光绪帝于中南海瀛台,并用光绪帝名义发布上谕,"再三吁恳慈恩训政",宣布慈禧重新"垂帘听政",下令废除变法法令。九月二十二日,荣禄派兵3000人在京城搜捕维新派和帝党人士。政变前后,维新派曾议定由李提摩太(英传教士)、容闳、梁启超分别去见英、美、日三国公使,求其设法救助光绪帝和维新派,结果都落空。康有为得到英国保护,逃奔香港,后去日本;梁启超得到日本保护,逃至日本横滨。九月二十八日,谭嗣同、林旭、刘光第、杨锐、杨深秀、康广仁等六人(史称"戊戌六君子")同时被杀害于北京菜市口。谭嗣同临刑前悲愤喊出"有心杀贼,无力回天"。康有为、梁启超被通缉;维新派官员陈宝箴、江标、黄遵宪等数十人被革职或流放;除京师大学堂外,新政全部废止。戊戌变法失败。

八国联军侵华

清光绪二十五年至二十六年(1899～1900),在中国北方爆发了大规模的义和团反帝爱国运动,波及全国,西方列强见清政府镇压无效,极其恐慌,从光绪二十六年(1900)三月开始,用各种手段不断恐吓清政府,一步步加紧对中国的侵略。各国外交使团先是警告清政府,必须明令禁止义和团的活动,否则各国政府将采取"必要手段"保护外侨生命财产。随后,英、美、德、法四国公使又照会总署,要求清政府两月内"剿灭"义和团,否则将出兵"代剿"。随后,英、美、德、意、法、俄军舰在大沽口外举行联合示威。五月二十一日,外交团照会总署,勒令清廷将参加习拳、传布揭帖恐吓外人者,一律查办;将拳众聚会之住处屋主,一并收监;将查办拳众不利之员一律惩办;将为首焚杀之拳众,一并正法;将纵拳助拳之人尽行诛戮;直隶与邻省有拳团之处,地方官出示严禁,否则各国将自行调兵办理。二十八日,公使团议定调兵来京,武装干涉义和团运动。三十一日,美、英、法、意、日、俄六国公使借口"保卫使馆",调兵300多人侵入北京。随后,德、奥又派军队80名侵入北京,进驻东交民巷各使馆,建筑工事,枪击义和团民。俄、英、德、日、美、法、意兵船24艘停在渤海湾和大沽口外示威,并派一部分军队在大沽口强行登陆,并且进驻天津租界。

六月十日,英、美、德、法、俄、日、意、奥等组成八国联军2100多人,在英国海军中将西摩尔的率领下,乘火车由天津向北京进犯。为阻挡八国联军进犯,义和团和清军拆毁了通往北京的铁轨,沿途阻击敌人,使联军三天才走了130里。在落垡和廊坊,义和团在董福祥的甘军配合下给八国联军以重创,联军"进京之路,水陆俱穷",迫使联军逃往杨村,又向天津方向节节败退。联军沿途遭到团民袭击,在西沽武库又被清军和义和团层层包围,直到二十六日,才在大队援兵解围之下回到天津租界。在西摩尔联军进犯期间,北京的联军经常开枪射杀义和团民和普通群众。六月十四日下午,德国公使克林德带领一排德国兵外出,命令士兵开枪,打死正在练武的团民约20人。当西摩尔联军在廊坊车站受阻时,沙俄海军中将基利杰勃兰特与各国海军头目合谋夺取大沽炮台,作为大举进攻中国的滩头阵地。十六日晚上8时,联军向大沽炮台守将提督罗荣光发出最后通牒,限于十七日午夜2时前交出炮台,被罗荣光断然拒绝。于是,联军先于通牒限定时间轰击大沽炮台,正式挑起了八国联军大举入侵中国的战争。罗荣光率领将士与敌激战6小时,毙伤敌军130余人,击伤敌舰6艘。但是罗荣光孤军无援、腹背受敌,导致大沽口三个炮台失守。随后,联军从大沽登陆,强占了塘沽等地。经过三天的烧杀,塘沽变成一片废墟。清政府于六月二十一日颁布谕旨向联军宣战。大沽失守后,义和团和清军开始了天津保卫战,在老龙头火车站、紫竹林租界地等处与联军展开浴血奋战。六月三十日,从大沽登陆的联军增至18 000多人,其中日、俄军队最多。七月九日,联军在天津城南发起总攻。直隶提督聂士成率部4000多人,在城南八里台与敌遭遇,冒着枪林弹雨一马当先迎战来犯之敌。聂士成中炮,腹裂肠出,壮烈牺牲。七月十四日,天津失陷。八国联军在天津城内抢劫、纵火与屠杀,致使天津"积尸数里,高数丈",河上浮尸"阻塞河流",官署、钱庄、商店、工厂、仓库、民宅均被抢劫一空。七月二十二日,由列强主持的天津都统衙门成立,对天津、静海、宁河等地实行殖民统治。沙俄率先在占领区成立俄租界,各国纷起效仿,已占有租界的英、法、日、德则扩大地盘,未占有租界的意、比、奥也各占一块,形成列强分割天津的局面。

八国联军占领天津后,兵力增至2万人,八月四日自天津沿运河两岸分兵两路向北京大举进攻。两天后,直隶提督裕禄在杨村兵败自杀。清政府不但不全力抵抗,反而于七日任命李鸿章为议和大臣,乞求停战,但联军对此置之不理。八日,李东衡率领的"勤王军",在京津之间的河西务一触即溃,退走通州张家湾,李服毒自杀。十三日,八国联军攻占通州。次日,英国攻破广渠门,北京陷落了。慈禧太后携带光绪帝和皇室成员仓皇出京,逃往西安,途中派奕劻和李鸿章为全权大臣,向联军乞和。

八国联军攻陷北京时,部分爱国清军和义和团同联军展开了激烈巷战。在北京保卫战中毙伤侵略军400余人,清军也有640多人战死。八国联军在北京进行疯狂的烧杀抢掠,繁华的街市成为废墟,成群的居民被集体射杀。北京"自元明以来之积蓄,上自典章文物,下至国宝奇珍,扫地遂尽",所失"已数十万万不止"。联军占领北京后,将全城分为英、日、俄、美、法、意等几个占领区。为镇压当地居民反抗,美占区成立了"协巡公所",日占区设立"安民公所",英占区设立"保卫公所",德占区设立"华捕局"等等。八月,德国陆军元帅瓦德西率两万名德军来华。九月,瓦德西任联军统帅。十月二十五日,瓦德西到京,八国联军增至 10 万人。十二月十日,联军设立"北京管理委员会",对北京实行殖民统治。联军还四处攻掠,北犯张家口,东占山海关,南侵保定、正定,俄国在参加八国联军侵略京、津的同时,还单独出兵,占领了东北三省。

在八国联军的一再逼迫下,清政府不得不派全权代表奕劻、李鸿章与英、美、俄、德、日、奥、法、意、西、荷、比等 11 国在北京签订了《辛丑条约》,以屈辱、赔款等条件与联军议和。

《辛丑条约》的签订

光绪二十六年(1900)八月十四日,八国联军占据北京后,他们之间的矛盾日趋激化,形成英、俄两国争霸中国的局面。沙俄为求得清政府对它独占东北的承认,首先表示"认皇太后为合例"政府,李鸿章为议和全权代表,主张各国军队撤出北京,开始议和。沙俄独占东北的阴谋,遭到各国的反对。英国不承认李鸿章为议和代表,反对联军从北京撤退,声称要等"中国立有合例政府才可开议"。德国在联军占据北京后继续调兵,企图以武力攻占烟台,进而抢占山东全省,并提出惩办慈禧太后,用以恫吓清政府,以攫取更大的利益。日本是后起的强国,侵略中国时派兵最多,它与俄国争夺中国东北有矛盾,所以支持英国的主张。法国企图吞并云南,对英国在两广的扩张极为不满,所以支持俄国以抑制英国。美国为防止别国趁机强占中国更多的地盘,对自己不利,又第二次提出"门户开放"政策,主张"保持中国的领土和行政的完整",维持现在的慈禧太后为首的清政府,实际上是要求对中国建立列强共管的局面。这样,经过长期反复斗争、妥协、协商,最后美国"门户开放"政策逐渐被各国所接受。

十月四日,法国提出谈判的六项条件:(1)惩办各国公使提出的罪魁祸首;(2)禁止运入军火;(3)给予各个国家、社团和个人的公平的赔偿;(4)各国在驻北京使馆设立永久性的卫队;(5)拆毁大沽口炮台;(6)在北京至大沽口的道路线上选择两三处据点,实行军事占领。十月十五日议和谈判开始后,奕劻和李鸿章向各国代表发出一份同文照会,提出了一个"我们建议的初步和约"草案五款:第一,中国承认围攻使馆是违反国际公法,它已经认罪,并且保证以后不再发生类似事件。第二,中国承担对各国偿付赔款的责任。第三,中国同意根据各国的要求,重新订立通商条约。第四,联军交还总理衙门机关和中国档案。第五,和议开始后应立即宣布停战。各国公使对中国的议和草案断然拒绝,并蛮横地斥之为"狂妄",表示在列强之间达成协议之前,不能和中国代表进行谈判。

各国代表在法国提出的 6 项谈判条件基础上,反复磋商,最后拟定了"议和大纲"12 条。此大纲基本上包括了后来正式和约的内容。十二月二十四日,外交团以照会形式,将"议和大纲"12 条交给清政府议和代表奕劻、李鸿章,转达西安,并声称所列全部条款都是"无可更改"的。李鸿章为了保全慈禧太后的地位,在谈判过程中,奔走于列强公使间,特别请沙俄从中斡旋。他和俄国公使格尔思签订了《天津俄租界议定书》,承认俄国强占租界合法,甚至准备以东北主权做交易。在沙俄坚持下,列强终于同意用苛刻的条件换取对慈禧太后的谅解。逃到西安的慈禧太后惧列强以首祸议己,常惊惶不安。当她接阅"议和大纲"之后,如得免罪赦书,说"今兹议约,不侵我权,不割我土地",立即以"警念宗庙社稷,关系至重,不得不委曲求全"为词,于十二月二十七日电复奕劻、李鸿章:"所有 12 条大纲,应即照允。"此后,各国在强迫清政府惩办祸首和勒索最大限度赔款及保证上,又展开了长达 9 个月的争论,直至和约内容基本确定之后,列强才开始同中国全权代表商谈余下的一些细节问题。

光绪二十七年(1901)九月七日,清政府全权代表奕劻、李鸿章与英、美、俄、德、日、奥、法、意、西、荷、比等 11 国在北京签订了《辛丑条约》,即《辛丑议定书》或《辛丑各国和约》12 款,附件 19 件。

主要内容是:

(1)派头等专使到德国谢罪,在德国公使被杀的地方竖立纪念碑。

(2)惩办支持或协助过义和团运动的官吏,凡义和团战斗过的城镇和农村,一律停止文、武各等考试 5 年。以后凡民间产生反帝斗争组织,地方官吏必须严加惩办。对镇压不力的官吏要"一概革职,永不叙用"。

(3)派官员为专使到日本谢罪。

(4)外国人的坟墓被挖掘及损坏的地方,要立"涤垢雪侮"之碑。

(5)两年内禁止军火及为制造军火的各种器材进口。

(6)赔款 4.5 亿两。此款分 39 年付清,本息合计 9.8 亿两。英规定以关余、盐余(即每年关税、盐税在分别归还外债后的剩余部分)和常关(即清政府在水陆交通要道和商品集散地设立的税关)三项收入,作为担保。

(7)划定外国使馆区,各国可以在使馆区内驻兵。

(8)削平大沽炮台及大沽到北京沿线的所有炮台。

（9）从北京到山海关沿线的12个战略要地，由外国人驻兵驻守。

（10）不准中国人民建立反对外国列强的组织，违者处斩，各地官员在自己管辖范围内如发现有"伤害"外国人的事件发生，必须立即镇压，否则即行革职，永不叙用。

（11）修改过去所订的各国认为需要修改的条约。

（12）把总理各国事务衙门改为外务部，列六部之首。

《辛丑条约》的签订，将外国列强与清政府的关系完全确定下来，公使团成为清政府的"太上皇"，清政府完全成了"洋人的朝廷"，标志着中国完全沦为半殖民地半封建社会。

中国同盟会成立

20世纪初，各种反清的革命小团体在国内纷纷建立起来。这些革命小团体，大多都互不联合，各自为政，缺乏明确而完备的纲领，没有严密的组织。为了便于"召集同志，合成大团，以图早日发动"，完成革命任务，革命党人已经意识到必须将这些分散的、带有地方性的革命力量尽量联合起来，组成一个全国性的统一的革命组织。

光绪三十一年（1905）夏，孙中山由欧洲前往日本。这时的日本东京，已成为中国留日学生从事反清斗争的活动中心，华兴会、光复会、科学补习所等革命团体的一些领导和骨干分子如黄兴、刘揆一、宋教仁、陈天华等也先后来到这里。

七月十九日，孙中山到达日本后，经日本友人宫崎寅藏介绍，认识了华兴会领袖黄兴。孙中山建议兴中会与华兴会联合，共同致力革命，对此黄兴欣然应允。孙中山又约华兴会的重要骨干宋教仁、陈天华在《20世纪之支那》杂志社会面。会见时，孙中山着重强调建立统一的革命组织的重要性，指出"现今之主义，总以互相联络为要"，而不相联络，各自起事，单独行动，"各国乘而干涉之，则中国必亡无疑矣"。

经过孙中山的积极活动，他所提出的建立统一革命组织的设想，得到了在日本的各革命小团体中大多数人的同意。

三十日，孙中山和黄兴派人分头邀请各省有志革命的留日学生，到东京赤坂区桧町三番内田良平的住宅，召开建立统一革命组织的筹备会。到会的有孙中山、黄兴、张继、陈天华、宋教仁、冯自由、居正、胡毅生、曹亚伯、朱执信、宫崎寅藏、内田良平等70余人，包括除甘肃以外的国内17个省的留学生。会上，孙中山被推为会议主席，并用了大约一个小时的时间演讲革命的道理、革命的形势和革命的方法。接着，黄兴等也相继发表演说，说明革命后如何普及教育，如何振兴实业，如何整理内政，如何修睦外交。他们的演讲得到与会者的赞同。在讨论统一后的革命组织的名称时，孙中山提议为"中国革命同盟会"，有人则主张用"对满同盟会"。对此孙中山做了阐述，他认为革命的目的并不专在排满，还要废除封建专制制度，建立共和国。还有人建议，这是个秘密组织，不应明用"革命"二字。经过大家反复讨论，最后定名为"中国同盟会"。在讨论宗旨时，孙中山提议以"驱除鞑虏，恢复中华，创立民国，平均地权"16字作为同盟会的革命宗旨。但有人对"平均地权"表示异议，要求取消。孙中山当即例举世界革命发展的趋势和社会民生问题的重要性，说明平均地权就是解决社会民生的第一步方法，并指出，作为世界最新的革命党，应高瞻远瞩，不仅仅只去解决种族、政治这两大问题，还应将最大困难的社会问题，一起连带解决，才可建设一个世界上最良最善的富强国家。孙中山解释完，众人鼓掌，表示赞同。于是同盟会宗旨获会议通过。接着，黄兴提议，与会者签订盟书。于是，每人抄写一份，由孙中山带着大家举右手宣誓。誓词是："当天发誓，驱除鞑虏，恢复中华，创建民国，平均地权。矢信矢忠，有始有卒，有渝此盟，任众处罚。"宣誓后，孙中山又到隔壁一屋，分别传授同志相见的握手暗语和三种秘密口号。随后，孙中山与各会员一一握手，并祝贺说："为君等庆贺，自今日起，君等已非清朝人矣！"会议最后推举黄兴、陈天华、马君武等8人起草同盟会章程，准备召开成立大会。

经过20天的筹备后，八月二十日下午2时，在东京赤坂区灵南坂阪本金弥住宅内举行了同盟会的正式成立大会，出席会员有100多人。会上，首先由黄兴宣读了同盟会章程草案30条。这个章程明确规定："本会以驱除鞑虏，恢复中华，创立民国，平均地权为宗旨。"本部设在东京。本部机构根据三权分立原则，在总理之下设执行、评议、司法三部。执行部权力最重，由总理直接领导，内分庶务、内务、外务、书记、会计、调查6科。在这6科中，又以庶务科最为重要，如总理不在本部，庶务可代行总理职权。另外在评议部里，设有评议长和评议员；在司法部里，设有判事长、判事和检事长。同盟会章程还规定在国内外分设9个支部，接受东京本部的领导。国内有东、南、西、北、中5个支部，国外有南洋支部、美洲支部、欧洲支部、檀岛支部。支部之下还设立各省区的分会。这个章程草案经过讨论修改，被大会通过。接着，在黄兴的倡议下，选举了孙中山为同盟会总理。会上又根据会章选举了同盟会各部职员,黄兴当选为执行部庶务,协助总理处理本部工作,汪精卫被推选为评议长,邓家彦为判事长,宋教仁为检事长。最后,黄兴提议把《20 世纪之支那》杂志作为同盟会的机关报,大家一致鼓掌通过。整个会议过程十分热烈。

中国同盟会的成立,基本上结束了各革命小团体分散斗争的局面,中国革命运动开始有了一个统一的领导机关,将推翻帝制的革命推向一个新阶段。

预备立宪

同盟会成立之后,革命形势不断蓬勃发展起来,使清政府大为震惊,若干朝廷重臣、地方督抚,为了维护清朝的统治,并且保持和扩大自己的权势,要求"变更体制","实行立宪"。日俄战争之后,一些民族资产阶级上层的代表人物,趁机以"俄以专制败,日以立法胜"为由,提出立宪的要求,以便使自己能有机会参与国家政权。

光绪三十一年(1905)七月,清廷发出谕旨,派载泽、戴鸿慈、徐世昌、端方及绍英五大臣赴东西洋各国考察宪政。九月二十四日,五大臣带领大批随员,乘火车离京。革命党人吴樾怀揣炸弹,乔装成皂隶,从容步入站台,登上五大臣专车,准备炸死五大臣,但由于车身震动,触发炸弹,吴樾死难,载泽、绍英二人负伤,出洋考察只得暂缓。十月二十五日,清政府又改派李盛铎、尚其亨顶替徐世昌、绍英,凑足五人再次分途出路考察。

光绪三十二年(1906),五大臣先后回国,他们向慈禧太后力陈实行立宪的种种好处。他们看到,天下人心思变,如果拒不实行任何改革,就不能安定人心;而人心不安,革命党就容易"煽动"群众,革命的"祸乱"就难以避免。只要先定下立宪的"国是",就能安抚立宪派、稳定大局。如果继续狐疑,就会使希望立宪的人们感到失望,甚至"激成异端邪说,紊乱法纪"。总之,载泽向慈禧太后密奏立宪有三大好处,即"皇位永固""外患渐轻""内乱可弭",并提醒她说:"今日宣布立宪不过明示宗旨为立宪之预备,至于实行之期,原可宽立年限。"慈禧太后反复考虑他们的建议,尔后于光绪三十二年(1906)九月一日颁布上谕,宣布"预备仿行宪政"。这道上谕承认,"各国之所以富强者,实由于实行宪法,取决公论",而中国"政令积久相仍,日处阽危,受患迫切",所以"非广求知识,更订法制"不可。尽管清廷宣称要"仿行宪政",但又声称"大权统于朝廷,庶政公诸舆论,以立国家万年有道之基",同时又借口"目前规制未备,民智未开",将"祝进步之迟速,定期限之远近"。

清政府的"预备立宪",使民族资产阶级上层看到了参政的希望,他们的代表人物立刻积极活动起来。张謇、汤寿潜等人在上海组织了"预备立宪公会"。康有为将"保皇会"改组为"中华帝国宪政会",梁启超与蒋智由等在日本东京建立"政闻社"。此外,汤化龙在湖北成立"宪政筹备会",谭延闿在湖南成立"宪政公会",丘逢甲在广东成立"自治会"。

同年十一月,清政府首先宣布改革中央官制,行政中枢仍为军机处,把部的数目增为11个,有些部的名称有所更改。这次改革标榜不分满、汉,但是各部长官中,满洲贵族的人数不仅没有减少,反而有所增加。一些重要的部如陆军、度支、外务等,长官都是满洲贵族。第二年,宣布改革地方官制,把各省督抚的军权、财权分别收归中央陆军部和度支部。立宪派见清政府并无立宪的实际行动,便采取联名上书进行请愿的办法,要求清政府速开国会。光绪三十四年(1908)八月,预备立宪公会联络宪政公会、宪政筹备会、自治会等立宪团体,邀集各省立宪派的代表到北京,向清政府请愿。一些地方督抚也电请早日召开国会。在这种情况下,清政府颁布了《钦定宪法大纲》,宣布以9年为立宪的预备期限。《钦定宪法大纲》以根本大法的形式,确定"君上大权",规定皇帝有颁行法律、召集或解散议院、设官制禄及黜陟百司、统率陆海军及编定军制、宣战议和及订立条约、总揽司法等权,实际上与专制君主并无多少区别。

宪法大纲颁布后不久,同年十一月,光绪皇帝与慈禧太后相继死去,不及3岁的溥仪继承帝位,由其生父载沣以摄政王执政,改元宣统。

载沣执政后,宣布要继续推行立宪,同时进一步加强皇室贵族集权。他以"足疾"为名,罢斥了权势显赫的袁世凯,令其回籍"养疴",自己以监国摄政王代理大元帅,亲自统率禁卫军。命其弟载洵和载涛分别担任海军大臣和军谘大臣,荫昌担任陆军大臣,由皇室来把持兵权。

宣统元年(1909)十月,诏令各省成立谘议局。各省谘议局基本上为立宪派所控制。立宪派的头面人物如张謇、汤寿潜、汤化龙、谭延闿、薄殿俊等,分别担任江苏、浙江、湖北、湖南、四川等省谘议局的议长。

江苏省谘议局成立后,议长张謇向各省呼吁,主张速开国会,组织责任内阁。十二月,16省谘议局代表在上海集会,决议到北京向都察院请愿上书。第二年一月,16省谘议局代表在北京联名上书。清政府坚持9年预备立宪的期限,拒绝速开国会。第一次请愿失败。六月,立宪派又组织了十个请愿团,赴都察院上书,仍遭拒绝。第二次请愿也失败。十月,清政府的中央资政院在北京正式开会。这时,各省立宪派联名举行第三次请愿,立宪派组成的国会请愿代表团向资政院呈递了请愿书,资政院的多数议员支持立宪派的活动,资政院上达了请愿书,并且通过"陈请速开国会"的奏折和设立责任内阁的议案。各省督抚也发来电报,呈请清政府设立内阁,召开国会。迫于这种形势,清政府宣布缩短预备立宪期限,定于"宣统五年"(1913)召开国会,在国会召开前两年,先成立内阁。另一方面又利用立宪派的分化对他们采取强硬态度,下令押解东三省的请愿代表返回原籍,宣布禁止请愿活动。

宣统三年(1911)五月,清政府宣布第一届"责任内阁"成立。以庆亲王奕劻为总理大臣,徐世昌、那桐为协理大臣。在 13 名内阁成员中,汉族仅 4 人,满族有 9 人,其中皇族占 7 人,被称为"皇族内阁"。

皇族内阁的成立,彻底暴露了清政府假立宪的骗局,引起全国人民的愤怒,就是原来赞成民国二年(1913)召开国会的那部分立宪派也大失所望。各省谘议局议长再次在北京召开联合会推举谭延闿为主席,向清政府上书,要求另组内阁。他们的请求,遭到清政府的断然拒绝。至此立宪运动最终失败。

武昌起义

武汉素称"九省通衢",各种矛盾尖锐集中。武昌起义前,武汉地区的革命团体主要是文学社和共进会,其成员大部分是湖北新军中的士兵。1911 年 9 月,为镇压四川保路运动,清政府抽调一部分鄂兵入川,造成湖北统治的空虚,为发动武装起义提供了有利条件。

9 月 14 日,在同盟会的策动下,文学社和共进会两个革命团体召开联合会议,决定联合行动,在武昌发动起义。会上,文学社领导人蒋翊武被推为革命军总指挥,共进会领导人孙武为参谋长。24 日,文学社和共进会又联合召开会议,详细讨论制定了起义计划并分配了任务,决定利用中秋节(10 月 6 日)休假期间举事,以左臂缠白布为记号。不料,起义的消息被泄漏出去,武汉的街头巷尾传遍了中秋起义杀鞑子的消息。清军为此而加强了防务,起义未能按期举行。同时,上海的同盟会中部总会负责人及在香港的黄兴得到报告后,也不同意马上起义,建议推迟半个月,等待 11 省同时发动。

黄 兴

10 月 9 日,孙武等在汉口俄租界宝善里机关部配制炸药,由于不慎引起爆炸,孙武头部受伤,在同伴掩护下逃离现场。俄国巡捕闻声前来搜查。机关内的旗帜、文告、印信、名册、符号、弹药等,均被搜走。鉴于起义计划被暴露,情况紧急,蒋翊武便以总司令的名义,于下午 5 时在小朝街 85 号发出紧急命令十条,决定半夜 12 点以炮声为令,同时行动。命令被复写 20 余份,派人分头传送新军各标、营。但是,由于给炮队的命令没有送到,夜里 12 点,炮声未响。尽管其他标营的新军革命党人都做好了准备,起义仍然未能按时举行。就在这一夜,清政府开始了大搜捕。小朝街的起义总部和其他许多机关都被破获,蒋翊武逃脱,彭楚藩、刘复基、杨宏胜等 30 多人被捕。三人当夜受到审问,次日早晨先后英勇就义,史称辛亥三烈士。清政府湖北当局在杀害三烈士后,又下令紧闭城门,封锁营门,禁止士兵出入,并根据所获名册搜捕革命党人。由于起义未能按时举行,当时的武昌形势已是十分危急。这时,革命基础比较雄厚的新军第八镇工程第八营的革命党人总代表熊秉坤,秘密联络 30 标和 29 标的革命士兵,相约在十日晚上二道名时,鸣枪为号,发动起义。

10 日晚,工程第八营后队二排排长陶启胜在巡查中,看见士兵金兆龙行动有疑,就厉声呵斥,并命令将金兆龙捆绑起来,金兆龙大喊道:"今不动手,尚待何时?"士兵程定国举枪托击陶头部,继开一枪,起义的第一枪打响了,参加起义的士兵纷纷持枪,反动军官或被击毙,或闻风而逃。起义士兵 40 余人,在熊秉坤的率领下,向楚望台军械所进攻。守卫军械所的士兵也响应起义,军械所很快被工程八营的革命党人占领。在枪声与炮声中,武昌城各处的步兵、炮兵、辎重各营及陆军测绘学堂的学生,也不断奔赴楚望台。午夜,集中起来的起义军拥戴工八营左队队官吴兆麟为临时总指挥。吴兆麟根据当时情况,提出作战方针,并宣布纪律。在他的指挥下,发起了对湖广总督署的三次进攻。清军死力抵抗,起义军步炮工兵合力围攻,举火照明,大炮击中总督衙署,总督瑞徵等挖后墙,逃到停泊在长江的兵舰上,第八镇统领张彪继续负隅顽抗。这时,由革命士兵组成的敢死队冲在前边,占领了湖广总督署。张彪逃往汉阳,后转至汉口日租界。经过一夜的激战,到 11 日晨,武昌城里自藩属以下各官署、各城门,全部都由革命军占领。汉口和汉阳的革命军也响应武昌起义。至 12 日上午,武汉三镇全部光复,红底十八星大旗飘扬在武汉三镇的上空。

起义胜利后,同盟会的主要领导人都不在武汉,而直接组织这次起义的文学社和共进会的领导者,有的遭杀害,有的受伤,有的被迫逃亡。这样,11 日下午,在谘议局召开的一次会议上,被革命士兵用枪口威胁来参加会议的原新军 21 混成协统领黎元洪被推为湖北军政府都督。可他直到 16 日才正式就职。所以,最初几天里军政府的一切大事是由十一日成立的谋略处来决定的。12 日,由谋略处以黎元洪的名义,通电全国,宣告武昌光复。

武昌起义胜利的消息传出后,得到许多省区的响应。湖南、陕西、江西等省区相继发动起义。至 11 月下旬,仅一个月的时间,清政府所统辖的全国 24 省区,就有 15 个宣布脱离清政府,没有独立的省区,也在积极行动,清政府面临着最后的崩溃。

辛亥南北议和

1911 年武昌起义后,清政府急调北洋军"赴鄂剿办",接着又复请袁世凯出山,袁世凯在向清政府讨价还价后,就下令北洋军向汉口发动猛烈进攻,不久北洋军占领汉口。接着袁世凯一面奏请停止进攻,一面与黎元洪进行联系,向革命阵营进行试探。他先是让其幕僚刘承恩,以同乡关系给黎元洪写了三封信,希望黎袁之间能和平了事,早息兵争。而后又派刘承恩、蔡廷干为代表,亲赴武昌与黎元洪会晤。11 月 11 日,黎元洪接待了刘、蔡二位,刘、蔡要求暂息兵事,实行君主立宪。黎元洪表示不同意保持清朝皇帝的君主立宪,但希望袁世凯能赞助共和,并说以袁世凯的威望,"将来大功告成,选举总统,当推首选"。经过这次议和试探,袁世凯已经刺探到革命阵营中的虚实。11 月 13 日,他北上组织内阁,清政府的军政大权全部落入他手中。

11 月 26 日,袁世凯在北京和英国公使朱尔典会晤,表示愿意与黎元洪在双方满意的条件下求得和解,并要求英国人将此意转达给黎元洪。朱尔典于当天立即电告英国驻汉口的总领事出面调停。同时,袁世凯向革命军施加军事压力。27 日,北洋军攻陷汉阳,并隔江炮轰武昌。这时,袁世凯是想利用南北对峙的局面,"挟北方势力与南方接洽,借南方势力以挟制北方"。

经英国人从中斡旋,南北双方决定从 12 月 3 日起在武汉地区停战 3 天,期满后又暂延 3 日。11 月 30 日至 12 月 7 日,在汉口英租界为商议成立中央临时政府而召开的各省都督府代表会议上,接受了由英国人转达的袁世凯的建议,决定在第二个 3 天停战期满后,继续在全国范围内停战 15 天,并同意袁世凯、唐绍仪为代表与黎元洪或其代表讨论时局。12 月 9 日,黎元洪电告袁世凯,伍廷芳为各省一致同意的南方议和代表。

12 月 11 日,唐绍仪到达原定议和地点汉口,但伍廷芳表示不愿离开上海。为此又特求助于英国驻上海总领事周旋,议和地点遂改在上海。17 日,唐绍仪及其随从人员 40 余人由鄂抵沪。18 日,以伍廷芳和唐绍仪为代表的"南北议和"在上海英租界市政厅正式开始。会上,伍廷芳首先提出,在双方约定的停战期内,山西、陕西、安徽、山东等地均遭清军进攻,北方如此违约,和议无法继续进行,除非得确实停战承诺后,始可开议,并指出,既要停战,就不应有例外的地区。唐绍仪则急于要求南方使停战状态继续保持下去,所以表示同意。于是,双方通知交战地区各自的军队一律停战。

12 月 20 日,双方举行了第二次会议,决定有预备的停战期满后,继续停战 7天,拟定了停战条文。在这一天的和议中,双方还就国体和召开国民会议进行了磋商。伍廷芳提出,根据当时中国人心皆共和的情形,应使君主退位,优待满人,实行共和立宪。唐绍仪则表示,他对共和立宪并无反对意向,同时还放出空气,袁世凯也赞成共和,只不过不能说出口,现在的问题只在于"宜筹一善法,使和平解决,免致清廷横生阻力",也"使清廷易于下台,使袁氏易于转移"。对此,伍廷芳还表示,只要北方承认共和,其他一切事情都可以商量。最后唐绍仪建议,召开国民大会,以少数服从多数的办法,来决定是实行君主还是共和,伍廷芳表示同意。

会后,唐绍仪致电袁世凯,告知谈判内容。袁世凯得知消息后,便要求召集宗室王公,对国体问题表态。12 月 28 日,清廷经过御前会议讨论后,发布谕旨,同意召开临时国会付之公议。

这样,12 月 29 日,双方又举行了第三次会议,会上伍廷芳提出 7 条议案。双方商讨的主要问题是关于退兵问题,并达成协议。

第二天,又举行第四次会议,就伍廷芳的 7 条议案继续进行谈判。双方争论的主要问题是召开国民会议的地点、选举及借外款。关于开会地点,双方各持己见,争执不下。伍廷芳提议在上海或香港,唐绍仪则主张在北京或汉口、威海卫、烟台。对于借外款之事，这次会议也未达成协议，但就召开国民会议如何选派代表作出了规定，决定由南北各省包括内外蒙古、西藏各派三名代表，每人都有表决权，还规定了召集、通知各省代表的办法。

12月31日，双方再一次举行会议。这是伍廷芳与唐绍仪之间举行的最后一次公开谈判。这次谈判仍是就第三、第四次会议上没有达成协议的借款至开会地点问题进行商讨。双方议定于1912年1月8日在上海召开国民会议。至于借外款一项，双方决定南三北二分成。

从12月18日到31日，在整个和议过程中，双方的公开谈判及报刊刊载的电文只不过是一些表面文章，实质性的问题及私人电传都秘而不宣。双方代表在议场时，神情严肃，打着官腔，但在夜间则到"惜阴堂"赵凤昌寓所再行商洽。

1912年1月1日，孙中山在南京宣誓就职，就任中华民国临时大总统。同日，唐绍仪按照袁世凯的旨意，请求辞职。第二天，袁世凯批准，同时电告伍廷芳，宣称唐绍仪超越了只以讨论为范围的权限，签订了他所不能承认的协议。他要求同伍廷芳通过电报继续进行谈判。第二天，袁世凯又指使他的部将冯国璋等48名将领联名电告伍廷芳，声称他们反对共和，拥护君主立宪。这时，西方诸国也对南京政府施加压力，胁迫孙中山让位。

从表面上看，南北议和一时陷于停顿状态，但是唐绍仪并未离开上海，而是以袁世凯个人秘使的身份继续与伍廷芳秘密联系。实质性的问题还是通过密电来商谈的。这时，双方争议的中心，是如何结束南北两个政权的对立局面。在内外压力下，孙中山于1月15日致电伍廷芳，再次表示，如果清帝退位，宣布共和，他就让位于袁世凯。袁世凯在得到这个许诺后，马上加紧进行"逼宫"。从1月17日起，清廷连开几次御前会议，最后万般无奈，2月3日授予袁世凯全权，要他同南京政府磋商退位条件。经过南北双方的多次交涉，确定了优待皇室条件8款、优待皇族条件4款、优待满蒙回藏各族条件7款。2月12日，朝廷接受了这些条件，溥仪退位。第二天，孙中山遵诺言，提出辞职咨文。15日，临时参议院选举袁世凯为临时大总统。南北议和以袁世凯篡夺政权而告终。

第十九篇　反抗内部专制与外来侵略的中华民国

中华民国的建立

1911 年 10 月 10 日晚 7 时许,新军工程第八营的革命党人由熊秉坤领导首先发难,占领楚望台。之后,总督瑞澂仓皇逃往长江上的兵舰,起义军很快占领武昌全城。11 日和 12 日,汉口、汉阳的新军也先后起义,武汉三镇完全被革命党人所控制。这就是震惊中外的武昌起义。

11 日,湖北军政府在武昌宣告成立,由于当时同盟会主要负责人不在武汉,孙中山远在海外,黄兴、宋教仁也未到武汉,组织起义的士兵没有意识到革命领导权的重要性,认为自己地位低微,只有社会上有名望的人担任才能组织政府,遂推举新军第 21 混成协统领黎元洪为军政府的都督。与此同时,全国各地新军纷纷发动起义,攻占巡抚衙门,宣告独立。革命形势的迅速发展,为全国人民最后推翻清王朝建立全国统一的中央政权奠定了基础。

1911 年 11 月 30 日,独立各省代表联合会在汉口英租界举行,讨论筹建中央政府。12 月 2 日正式通过《中华民国临时政府组织大纲》3 章 21 条,议决临时政府采取总统制。12 日,在南京召开了各省代表会议。为争取袁世凯倒戈,代表会议决定缓行选举临时大总统,暂时以黄兴为假定大元帅,后因黄兴力辞不就,各方争执不下。12 月 25 日,革命领袖孙中山由海外回到上海,大总统人选众望所归,将临时政府的成立推上日程。

12 月 29 日,各省代表会议在南京再度开会,孙中山当选为临时大总统。1912 年元旦,孙中山在南京宣誓就职,宣告中华民国临时政府成立,以 1912 年为中华民国元年,改用阳历(公历)。1912 年 1 月 3 日,又增选黎元洪为副总统,通过了孙中山提出的国务员名单,组成了中华民国临时政府。11月,各省代表会议议决以五色旗为中华民国国旗,以红、黄、蓝、白、黑五种颜色代表汉、满、蒙、回、藏五个民族,即"五旗共和"。

南京临时政府的成立——中华民国诞生,是中国历史上划时代的事件,它不仅结束了清王朝的统治,同时也结束了中国2000多年的封建帝制,标志着中国历史上第一个资产阶级共和国的建立,揭开了中国现代史的序幕。

南京临时政府在开国之初,颁布了一系列除旧布新的政令。在政治上,根据资产阶级"自由平等""天赋人权"的原则,临时政府宣布,人人享有选举、参政等"公权"和居住、言论、出版、集会、信教等"私权";命令各官厅焚毁刑具,停止刑讯;通令保护华侨,禁止贩卖华工;严禁买卖人口,禁止蓄奴;解放"昼户"等所谓"贱民",允许他们享有公民权,革除"大人""老爷"等称呼;禁止蓄辫、缠足、赌博,严禁种植和吸食鸦片等。在经济上,颁布了保护工商业的政策,保护私有财产,兴办实业,废除清代的苛捐杂税,奖励华侨在国内投资。在文化教育方面,提倡以自由、平等、博爱为纲的"公民道德";废除清政府颁行的教科书,对于《大清会典》《大清律例》等书一律禁用,小学禁读经科等。

特别是南京临时政府制定并颁布了资产阶级的根本大法——《中华民国临时约法》。明确规定了"中华民国之主权,属于国民全体",确立了行政、立法、司法三权分立的政治体制。内阁向国会负责,内阁各国务员辅佐临时大总统组成行政机关;参议院为立法机关,选举临时大总统和行使立法权;法院为司法机关,独立审理民刑诉讼,行使司法权。《中华民国临时约法》是中国历史上第一部资产阶级宪法,是南京临时政府最珍贵的政治文献和思想遗产,开创了资产阶级民主政治的新格局,在中国政治制度史、法制史上具有划时代的历史意义。

袁世凯窃取革命果实

南京临时政府成立后,一直处于反动势力包围之中,政治、军事和财政上都面临着严重的困难。由于同盟会丧失了革命领导能力,接连犯了一系列的错误,最终酿成历史悲剧——临时政府仅存三个月,辛亥革命的果实被帝国主义与封建势力的代理人袁世凯所篡夺。

武昌起义爆发后,中外反动势力万分惊恐。帝国主义为了维护它们的在华权益,对辛亥革命进行了粗暴的干涉和破坏。各国驻远东舰队纷纷驶向武汉,随时准备武装干涉。日本宣称"不与叛党发生任何外交关系",并与俄国勾结"一举分割满洲、蒙古"。英美帝国主义则披着"中立"的外衣对革命施加压力,政治上,拒绝与南京临时政府建交,在经济上实行封锁,扣留海关税收,切断南京政府的财源。迅速发展的革命形势,使得帝国主义看到清政府已大势而去,"用武力来挽救这个国家的企图失去了可能性",便着手从中国内部寻求新的代理人,以作为其统治中国的工具。

武昌起义后,清政府派人前往镇压。但北洋军是袁世凯一手培植起来的,主要部将均为袁世凯的心腹爪牙,根本指挥不动。况且,袁世凯因掌握北洋军实际领导权,被帝国主义认为是最合适的人选。10月14日,清政府只得起用已罢官还乡的袁世凯为湖广总督,但他因官位太小,以"足疾未愈"作为推托。27日,清政府改任袁世凯为钦差大臣,袁世凯仍不肯接受,提出了召开国会、组织责任内阁等条件,清政府迫于各方压力,只得于11月1日下令解散皇族内阁,颁布"十九信条",任袁世凯为内阁总理大臣。袁世凯于是着手实施夺取全国政权。他命令北洋军夺下汉口、汉阳后,不继续攻打武昌,利用南北对峙的局面,以南方的革命势力威胁清政府向他让权,同时又以清王朝来恐吓革命势力,引诱和迫使革命党人停战议和。

而南京临时政府内部存在的一系列问题,又为袁世凯夺权提供了机会。南京临时政府虽号称中央政权,但它并未能统一中国。当时北京尚残存着清政府,华北地区还有北洋军阀集团。在光复省区,虽然挂旗"革命",却卷入了许多掌握实权的立宪派和旧官僚政客。他们极力主张议和,害怕革命继续发展将危及自身的利益。而作为领导革命的政党——同盟会,在辛亥革命后,已呈现"意见不相统属,议论歧为万途",相互攻伐的涣散状态。临时政府刚成立之时,章炳麟便宣布脱离同盟会,与立宪派、旧官僚联合在上海另建"中华民国联合会"(3月2日改为"统一党"),通电主张拥护袁世凯为临时大总统。黄兴在开国之后便滋生"大风歌罢不如归"的消极引退思想,力主与袁世凯妥协。1月20日,同盟会在南京召开改组会议,在其修订的"总章"中提出"采用国家社会政策",代替"平均地权"的主张,还提出"种族同化"的口号,这是政治上的倒退。而在组织上选黎元洪为协理,广收会员,许多官僚政客混入其中,同盟会领进的性质发生改变。孙中山等虽不愿妥协,但已陷入孤立,被迫妥协让权。

12月18日,南北双方代表在上海举行和平谈判。会谈中,袁世凯以帝国主义为靠山,以北洋军武力为后盾,以"赞成共和"为诱饵,迫使南京临时政府让步,并接受由他提出的清廷皇室优待条例。规定"清帝逊位之后,其尊号永尊不废","岁用400万元由中华民国付给"等。孙中山等迫于各种压力,只得向袁世凯表示:在清帝退位,宣布共和之后,即行政式解职,交出政权。

2月12日,早已无力控制局面的清王室接受优待条件,清帝正式退位。次日,袁世凯致电南京临时政府,声明赞成共和。同日,孙中山提出辞呈,15日,南京临时参议院选举袁世凯为临时大总统。

3月10日,袁世凯正式就任临时大总统。4月1日,孙中山正式宣布解职。5月,临时参议院议决政府由南京迁往北京。至此,辛亥革命的果实被袁世凯篡夺,中华民国开始了北洋军阀的统治时代。

二次革命

"二次革命"是继辛亥革命之后孙中山领导的一次民主革命。南京临时政府由南京迁都北京后,中央政权被以袁世凯为首的北洋军阀所把持,故称"北洋政府"。袁世凯窃取临时大总统后,在全国实行独裁统治。其专权是从破坏责任内阁开始的,1912年8月,他任命其旧部将、清末旧臣兼同盟会会员双重身份的唐绍仪出任第一任国务总理。但后来他感觉对唐绍仪不能任意指挥,不利于他独断专行,便借故迫使唐绍仪从内阁辞职。9月改任其亲信赵秉钧为国务总理。这样,《临时约法》遭到破坏,责任内阁主持的国务院,变成了总统的办事机关。

袁世凯的举动并未引起同盟会的警惕。他们认为要实现责任内阁,必须有一个在议会中占绝大多数的政党。1912年8月,宋教仁以同盟会为基础,联合其他小党在上海组建国民党。其政治上主张"巩固共和,实行平民政治",反对袁世凯的独裁统治。其成立后,大批官僚、政客、军阀纷纷参加,国民党很快成为参议院的第一大党。12月,在国会选举中获得多数席位。宋教仁到处演讲,宣布政见,力图以多党的地位组织责任内阁,遭到袁世凯的忌恨。1913年3月20日,当宋教仁准备北上进京组阁时,在上海站被杀害。"宋案"发生后,袁世凯感到"愕然",并命令江苏地方官员"穷究"杀人凶手。而"穷究"的结果是,行刺的主谋者正是袁世凯自己,直接布置暗杀行动的则是其亲信赵秉钧。

"宋案"的枪声撕破了袁世凯伪装"共和"的面纱,也使许多革命人士清醒过来,这也成为"二次革命"的导火索。

孙中山从日本赶到上海,坚决主张武力讨袁。6月,袁世凯下令免去江西都督李烈钧、广东都督胡汉民、安徽都督柏文蔚等人职务。7月12日,李烈钧面对北洋军对江西的猛烈进攻,在湖口誓师,宣布讨袁起义,"二次革命"正式开始。7月15日,黄兴在南京组织江苏讨袁军,宣布江苏独立,接着,安徽、广东、湖北、四川、福建等省先后响应。

由于国民党内部力量涣散,意见分歧,缺乏统一指挥,"二次革命"不到两个月便失败。孙中山、黄兴等国民党人被以"乱党"名目严令通缉,不得不流亡日本。北洋军阀的势力伸展到长江流域,资产阶级革命派掌握的地方政权全部丧失。从此,全国进入了北洋军阀的黑暗统治时期。

袁世凯复辟帝制

袁世凯并不仅仅满足于大总统这个宝座,他想要彻底摧毁"共和"这块招牌,真正登上"皇帝"宝座。在镇压"二次革命"之后,便进一步破坏国会,取消《临时约法》,准备复辟封建帝制。

1913年初,袁世凯就下了一道《整饬伦常令》,鼓吹"中华立国,以孝悌忠信礼义廉耻为人道之大经"。6月,通令学校恢复尊孔读经。1914年9月,袁世凯率百官到孔庙祭孔,12月又到天坛祭天,掀起封建复古的思想逆流,为复辟帝制之先声。

袁世凯以武力扫除南方几省的反袁势力后,认为由临时大总统变为正式大总统的时机已经成熟。为了当上正式大总统,袁世凯一方面收买部分分化的国民党议员,使国民党分裂成各种小集团,另一方面又进一步利用进步党人。1913年7月,他任命进步党人熊希龄组织责任内阁,接着便上演了一场先选总统,后立宪法的丑剧。1913年10月6日,袁世凯派便衣警察、地痞流氓数千人包围国会,并打着"公民团"的旗帜,鼓噪于会外,声称"非将公民所瞩望的总统选出,不许选举人出会场一步",从上午8点到晚上10点,国会议员忍饥挨饿,连续三次投票,袁世凯才获得法定的票数而当选正式大总统。

袁世凯当上正式大总统,认为国会和政党对其已失去作用。11月4日,他借口国民党议员与李烈钧有联系,下令解散国民党,撤销国民党议员的资格。这样,国民党因此被逐出者达半数以上,国会因法定人数不足不能开会。1914 年 1 月,袁世凯干脆下令解散国会。各省的议会也随即被通令取消。这样,象征资产阶级民主制度的国会以及各地有关机构被袁世凯一扫而光。1914 年 5 月 1 日,袁世凯宣布废除《中华民国临时约法》,并公布了迎合其专利的《中华民国约法》。《约法》中明确规定:取消内阁制,实行总统制,由总统独揽一切大权;撤销国务院,在总统府内设政事堂,作为辅助总统的办事机构。根据这部约法,又成立了代行立法权的参政院,参政全部由袁世凯任命。1915 年元旦,袁世凯又公布了新的《总统选举法》,规定总统任期改为 10 年,连选连任无限制,总统继任人由现任总统推荐。这样,袁世凯不仅可以终身充任总统,还可以由他的子孙后代继任。袁世凯利用自己手中的军事力量,一步步取消了辛亥革命以来所建立的各项民主制度,铲除了资产阶级民主制度,建立起封建军事独裁统治,中华民国只剩下一块空招牌。

与此同时,袁世凯又极尽卖国之能事,向帝国主义寻求复辟之靠山。1914 年,第一次世界大战爆发,日本趁各帝国主义国家无暇顾及中国,妄想独占中国,并于 1915 年 1 月向袁世凯递交了一份旨在灭亡中国的"21 条要求",其主要内容是:德国在山东的特权转让给日本;日本租界旅顺、大连及南满、安奉两条铁路的期限延长至 99 年;汉冶萍公司改为中日合办,附近矿山也不准他人开采;中国沿海所有的港湾、岛屿不得让与他国;中国政府当聘请日本人作为政治、军事、财政顾问,警政与兵工厂由中日合办。其实际上是要把中国变为日本的殖民地。经过几个月的秘密谈判,日本帝国主义采取软硬兼施的手段,一面以不能阻止革命党人"在中国煽动骚乱"相威胁,一面又以"对袁总统提供援助","再高升一步"相利诱。1915 年 5 月 9 日,袁世凯不顾全国人民的坚决反对,除第五项"容日后协商"外,其余全部接受。

在换取帝国主义的支持后,袁世凯便开始了复辟帝制的行动。1915 年 8 月,他授意其顾问美国人古德诺发表了"共和与君主论"一文,诬蔑中国人民"民智低下",鼓吹中国复辟帝制。各地袁世凯的死党、爪牙和投机分子一片喧嚣之声,又是函电,又是进京请愿,"请求"袁世凯当皇帝,复辟之风席卷京城。老谋深算的袁世凯为给帝制披上"民意"与"合法"的外衣,又指使其御用参政院炮制出一个"国民代表大会组织法",要求各省选出"国民代表"进行投票。12 月,参政院宣布全部 1993 名代表完全一致地主张究行君主制,拥戴书一字不差地写着"恭戴今大总统袁世凯为中华帝国皇帝"。袁世凯就于 12 日宣布接受"推裁",承认帝制。1915 年 12 月 13 日宣布改民国五年为"中华帝国洪宪元年",改总统府为新华宫。1916年元旦,袁世凯举行登基大典,爬上皇帝宝座,演出了一幕复辟帝制的历史丑剧。

护国运动

袁世凯的黑暗统治和复辟帝制的活动,激起了全国人民的反对,并爆发了全国规模的护国战争。

人民群众是反袁斗争的主力。1913年至1914年间,河南爆发了白朗农民起义。各地的工人、城市贫民和小资产阶级知识分子不断掀起自发的反抗斗争。孙中山等革命党人在日本继续高举反袁旗帜。孙中山在日本成立“中华革命党”,作为开展反袁斗争的领导核心。但他没有明确提出反帝反封建的革命纲领,仍未发动群众,只是单纯地军事冒险,所以没有在这次运动中起到应有的领导作用。但其在上海、山东、江苏、浙江、广东等沿海地区策动一些零散的武装起义,虽以失败而告终,却为护国战争的兴起作了准备。

以梁启超为首的进步党,原是袁世凯的追随者,后遭到冷落。当袁世凯复辟帝制的野心暴露无遗并日陷困局的时候,梁启超预感到袁氏必然失败的下场,便不甘心“我为牛后”,一反过去的主张,抢先举起了反袁旗帜。他利用其学生、爱国将领蔡锷的政治影响,同时联络西南立宪派地方军阀势力,秘密在云南集结力量,掀起一场讨袁护国战争的风暴。

1915年8月20日,梁启超拒绝20万元的收买,不顾枪弹威胁,在《大中华》杂志上发表了《异哉所谓国体问题者》的文章,对袁世凯、古德诺之流进行揭露和讽刺,成为护国反袁斗争的序曲。而蔡锷则以养病为名返回云南,联合唐继尧、李烈钧等组织护国军。1915年12月25日,云南宣布独立,1916年元旦组成云南军政府,兵分三路进军四川、广西和贵州,发动了护国战争。3月,护国军相继攻占川南重镇叙府、泸州,逼近重庆。

护国运动获得了人民群众的热烈支持。人民群众踊跃参军,争先恐后捐款,护国军士气高昂。随着护国战争的进行,袁世凯在西南的统治纷纷解体。是年1月,贵州宣布独立;3月,陆荣廷在广西宣布独立;4月,龙济光在广东宣布独立。5月,西南各省的省份在广东肇庆成立“军务院”,宣布“指挥全国军政”,与北洋政府决裂。当时孙中山也在海外发表了《第二次讨袁宣言》,号召“除恶务

尽",决不使谋危国民者复生于国内。海外华侨也纷纷发表通电,要求将袁世凯
"执行国法"。

在席卷全国的护国浪潮冲击下,北洋军阀统治集团内部也呈现出一片分裂
之势。袁世凯的心腹大将段祺瑞、冯国璋在全国反袁进入高潮时,也感到复辟帝
制无望,早已辞职而走,托病引退;冯国璋则拥兵江南,坐镇观望。原来支持袁世
凯复辟帝制的日本帝国主义,此时也顺风转舵,责备袁世凯"断行帝制,无视友
邦劝告","日政府当然不能承认",并着手寻找新的代理人。

袁世凯在内外交困中,被迫于1916年3月22日取消帝制,次日废除"洪宪"
年号。袁世凯83天的皇帝梦就这样破灭了。但他仍希望依靠北洋军队,保持他
的总统权位,但护国军坚持要他下台。最后,袁世凯于6月6日,在全国人民的
唾骂声中气绝身亡。

护国运动取得粉碎袁世凯复辟帝制的胜利,结束了袁世凯的独裁统治,具有
资产阶级民主运动的性质,反映了人民群众的要求,顺应了历史发展的潮流,具
有进步意义。但护国运动并没有改变中国半殖民地半封建社会的性质,代替袁
世凯而起的,仍然是帝国主义控制下的封建军阀专制独裁的统治。

军阀割据

北洋军阀由袁世凯创立而成。1895年,他奉清政府之命,在天津小站练兵,
编建了新型陆军。1901年,袁世凯继任北洋大臣后,把新建陆军改称北洋常备
军,拥有六镇,约七八万人。袁世凯凭借这支强悍的北洋军篡夺了辛亥革命的果
实,建立了北洋军阀的统治。

袁世凯死后,帝国主义列强失去了统治中国的共同工具,各自寻找和培养自
己的得力走狗,扩张侵略势力。北洋军阀也分裂为不同的派系,各派力量也都在
寻找自己的政治靠山,互相争权夺势,造成了割据的局面和相互间持续不断的
战争。

北洋军阀中相继操纵过中央政权的有皖、直、奉三大派系。皖系以段祺瑞为
首。皖系军阀在日本帝国主义的支持下,势力日渐扩大。段祺瑞在袁世凯死后,
出任国务总理兼陆军总长,操纵北京政府,控制着安徽、陕西、山东、浙江、福建
等省。

直系军阀以冯国璋为首。冯国璋在袁世凯死后出任副总统兼江苏督军,坐镇南京,控制直隶、江苏、江西、湖北等省地盘,对外投靠英美帝国主义。直、皖两系是北洋军阀的嫡系。

奉系军阀的首领是张作霖。张作霖在辛亥革命后任陆军27师师长、奉天将军。袁世凯死后,出任东三省巡阅使兼奉天督军,称雄东北,问鼎中原,对外投靠日本帝国主义。

属于北洋军阀系统的还有以阎锡山为首的晋系军阀。阎锡山参加辛亥革命,后投靠袁世凯,任山西都督。袁世凯死后投靠段祺瑞,继任山西督军兼省长,割据一方。

此外,还有盘踞徐州、兖州,后来上演复辟丑剧的张勋。而在滇、桂、粤、黔、川、湖6省,还有与北洋军阀对峙的西南军阀。他们都是在反袁护国战争中崛起的。滇系军阀唐继尧盘踞云贵,桂系陆荣廷占有两广,粤系陈炯明驻防广东等。

北洋军阀和西南军阀都是在帝国主义支持下各霸一方,互相争斗,各军阀之间的连年混战给中国人民带来无穷的灾难。

张勋复辟

张勋复辟是利用"府院之争"导演的一幕拥溥仪上台的丑剧。

袁世凯死后,黎元洪以副总统继任中华民国大总统,段祺瑞以国务总理兼陆军总长操纵北京政府的实权。在护国战争的打击下,黎、段被迫打起"民主共和"的旗号。6月29日,黎元洪明令废弃袁世凯的《约法》,恢复孙中山制定的《临时约法》。8月1日下令恢复国会,实行责任内阁等。但这种妥协和统一是暂时的。段祺瑞凭着手中的军事实力,妄图武力统一中国,建立以国务院为中心的军事独裁统治。这必然引起与其他军阀的矛盾。1917年,黎、段围绕着对德参战问题而激化,引发了"府院之争"。段祺瑞在日本的支持下,主张对德宣战,企图乘机扩大实力。黎元洪则在美国的支持下利用国会反对参战,并下令免除段祺瑞内阁总理的职务。段祺瑞则跑到天津策动武装倒黎。6月2日,段祺瑞在天津成立"独立各省总参谋处",并以13省督军名义联名通电,威逼黎元洪辞去大总统之职。黎元洪无计可施,只得求助拥兵徐州的张勋入京调停。张勋趁机展开复辟活动。

张勋原为清末江南提督,因镇压"二次革命"有功,被袁世凯升任为江苏督军,后转任长江巡阅使,率所部定武军约2万余人,驻守徐州。其以清王室老臣自居,本人与所部士兵一直都留着长辫,被人们称为"辫帅",所部武军称为"辫子军"。段祺瑞被免职后,也想借张勋之力赶走黎元洪,故向其作出"复辟一事,自可商量"的含糊允诺。

1917年6月7日,张勋以"调停""府院之争"为名,从徐州率3000辫子军北上,途经天津又与段祺瑞密谈,威逼黎元洪解散国会。12日,黎元洪被迫下令解散国会。7月1日,张勋及其同党拥戴溥仪登上清宫太和殿,正式宣告复辟,改民国六年为宣统九年。一时间,成群的遗老遗少,穿着朝服朝靴,拖着长长的假辫,又出现在北京大街小巷。

张勋的倒行逆施,引起全国各阶层人民的强烈反对。7月2日,逃匿日本使馆的黎元洪发出通电,要副总统冯国璋代行大总统职权,并恢复段祺瑞的总理职务。段祺瑞见时机已到,便在天津马广组织"讨逆军",自任总司令,进京讨伐张勋。7月12日,辫子军悬旗投降,张勋逃往荷兰使馆,溥仪再次退位,12天的复辟逆流宣告结束。

张勋复辟的失败,是辛亥革命之后,民主共和观念深入人心,复辟不符合历史发展潮流的必然结果。

护法战争

段祺瑞赶走张勋后,以"再造民国"的功臣自居,重新组建内阁,自任国务总理兼陆军总长,又夺取了北京政权。段祺瑞重掌政权后,极力推行对外亲日卖国、对内武力统一的方针,以图建立皖系军阀的独裁统治。他公然宣称"一不要约法,二不要国会,三不要旧总统",拒绝恢复约法的国会。1917年8月,段祺瑞在日本的支持下,正式向德、奥宣战。只以出卖国家主权为代价,向日本大量借款,以扩大自己的实力。

段祺瑞的反动统治激起了全国人民的反对,也引起英美帝国主义及其他军阀的不满。由此,中国大地掀起了与军阀混战相交错的护法战争的风暴。

当袁世凯败亡时,孙中山就指出:中国能否大治,关键是能否"尊重约法,拥护共和"。1916年6月9日,他发表了《恢复约法宣言》,重申"恢复约法,尊重民意机关"是报国"唯一无二之方"。为了维护《临时约法》,恢复国会,1917 年 7 月 17 日,孙中山由上海到达广州,举起护法旗帜。同时他还电请国会议员南下,呼吁西南各省督军与各界"火速协商,建设临时政府"。在孙中山的号召下,北京政府海军总长程璧光、海军第一舰队司令林葆怿于 7 月 21 日发表联名通电,拥护约法,并率舰由上海开往广州。原国会中的国民党议员也大多南下抵粤。程系军阀和滇系军阀希望利用孙中山的威望对抗段祺瑞,确保自己的势力范围,并趁机发展,于是采取了与孙中山合作的态度。

8 月 25 日,孙中山召集来到广州的国会议员 130 多人开会,因不是法定人数,故称"非常国会"。会议决定组织中华民国军政府,推选孙中山为大元帅,唐继尧、陆荣廷为元帅,任命了各部部长。军政府的成立,揭开了护法战争的序幕,中国形成了南北对峙的政局。

广州军政府成立后,两广、云贵成为护法运动的中心,并组织了以广西督军谭浩明为总司令的粤桂浙三省护法联军,开进湖南,出师北伐。当年 8 月,段祺瑞政府以"背叛开国"罪通缉孙中山等人,10 月,命令直系军队进入湖南与护法军作战,护法战争开始。

正当直、皖两系军阀斗争日益激烈时,护法军政府内部由于军阀们为各自利益打算,也发生了重大分裂。西南军阀迎接孙中山南下的目的并不在于"护法",而是借助孙中山的护法旗号,抵制北洋军的"武力统一",保护其地方割据。当直系军阀曹锟、吴佩孚攻占长沙后,段祺瑞任命皖系军阀张敬尧为湖南督军,引起直系军阀的强烈不满。1918 年 6 月,吴佩孚通电主张和平,并与西南军阀相勾结,共同对抗皖系。这样,西南军阀反倒觉得孙中山是他们进行政治活动的障碍,力图排挤孙中山。同年 11 月,陆荣廷不顾孙中山的反对,擅自通电主和,与冯国璋的"和平攻势"相呼应。次年 2 月,又与直系军阀勾结,签订停战协议。

1918 年 5 月 10 日,滇桂军阀联合政学系议员,操纵非常国会通过了《军政府组织大纲修正案》,改大元帅制为总裁合议制,选出岑春煊、陆荣廷、唐继尧、孙中山等 7 人为总裁,实权操于西南军阀之手。孙中山被孤立起来,军政府成为西南军阀的工具,孙中山只得被迫通电辞职,愤懑地指出"南与北如一丘之貉"。5 月 21 日,孙中山离开广州赴上海,护法运动失败。

护法运动是以孙中山为首的资产阶级民主派领导的,旨在对抗北洋军阀封建独裁统治的民主革命运动,具有进步的历史意义。但在当时情况下,用资产阶级的"约法"来号召,已不能适应形势的发展和群众的需要。孙中山依靠和北洋军阀有矛盾的南方军阀,脱离广大人民群众,第一次护法运动只能以失败而告终。这表明中国资产阶级旧民主主义革命已经陷入绝境,民族资产阶级再也不能领导中国革命前进。

护法运动是辛亥革命的尾声,它标志着中国旧民主主义革命的危机。

新文化运动

辛亥革命后,以袁世凯为首的北洋军阀,在政治上实行独裁统治,疯狂反对共和,复辟帝制。在文化思想领域,大肆鼓吹尊孔复古,向资产阶级文化大举进攻。在五四前后,一大批具有民主思想的知识分子掀起了一场彻底的反封建主义的启蒙运动——新文化运动。

新文化运动的兴起是以 1915 年 9 月陈独秀在上海创办《青年》杂志(1916年以后改称《新青年》)为开端的。陈独秀参加过"二次革命",是新文化运动的旗手与主将。1917 年,蔡元培出任北京大学校长,聘请陈独秀为北大文科学长,《新青年》杂志社也随着迁到北京。当时在北大执教的李大钊、鲁迅等人成为主要撰稿人。这样,新文化运动便以北大为中心,以《新青年》为火炬在全国点燃起来。

新文化运动的主要内容是提倡民主和科学,反对封建专制和迷信观念。民主是指西方资产阶级的民主思想与民主政治。陈独秀在《青年杂志》创刊号上,发表《敬告青年》一文,猛烈地抨击了中国腐朽的封建文化的社会制度。他说:"吾国欲图世界的生存,放弃数千年相传之官僚的、专制的个人政治,而易以自由的、自治的国民政治。"要建立这样的民主政治,就要有民主的思想,提倡人权、平等与个性解放,反对奴性。他说,人"各有自主之权,绝无奴役他人之权利,也绝无以奴自处之义务"。

提倡科学,就是提倡西方先进的自然科学和社会科学,宣传唯物论、无神论、进化论,反对封建迷信、愚昧和盲从。陈独秀认为科学和民主是密不可分的,同为"近代欧洲的时代精神"。他说"科学之兴,其功不在人权说下,若青年之有两轮焉","国人而欲脱离蒙昧时代。羞为浅化之民也,则急起直追。当以科学与人权并重"。他号召人们排除虚妄、迷信和盲从,用民主和科学的态度,去对待一切传统观念和社会问题,以求实的进取精神,自觉奋斗。

当时把民主称为德先生(德谟克拉西,democracy),科学称为赛先生(赛因斯,science)。陈独秀说:"西洋人因为拥护德、赛两先生,闹了多少事,流了多少血,德、赛两先生才渐渐从黑暗中把他们救出,引到光明世界。我们现在认定只有这两位先生可以救治中国政治上、道德上、学术上、思想上一切黑暗。"

新文化运动的倡导者们认为,中国之所以危亡,民主与科学之所以不能实现,都是由于封建伦理主张没有扫除的缘故。因此,他们把斗争的锋芒集中指向孔子学说的核心——纲常等级制度。"打倒孔家店"的呼声震撼着中国。他们认为孔子是帝王专制的护符,君主政治之偶像,因此号召青年抛弃儒家的"三纲五常"与"忠孝节义"等"吃人的礼教"。李大钊对于孔教的攻击更加猛烈,他相继发表文章,尖锐地指出孔子是"数千年前之残骸枯骨""历代帝王专制之护符""保护君主政治之偶像"。他在《青春》一文中号召青年"冲决过去的网罗,破坏陈腐学说的囹圄",以"青春之我"去创造"青春之中华"。

新文化运动的另一个重要内容就是提倡白话文和文学革命运动。文学革命的发起者首推胡适,1916 年 11 月他在《新青年》发表《文学改良刍议》一文,提出文学改革的 8 项主张,极力提倡白话文,反对文言文,主张写文章,"不做无病之呻吟""须讲求文法之结构""不尊仿古人""须言之有物",主张文学反映时代精神,"实写今日社会之情况"。他认为"白话文是中国文学正宗和将来文学必用之利器""把国语的文学,文学的国语"作为文学改革的宗旨。

1917 年 2 月,陈独秀在《新青年》上发表《文学革命论》,把文学改革明确地同反封建的思想革命联系起来。他说:"今欲革新政治,势不得不革新盘踞于运用此政治看精神界之文学",并提出了三大主张:推倒贵族文学,建设国民文学;推倒古典文学,建设写实文学;推倒山林文学,建设社会文学。

鲁迅是把文学革命从内容到形式结合起来的最好典范。1918 年 5 月,鲁迅在《新青年》上发表了第一篇白话文小说《狂人日记》,揭露封建礼教吃人的本质,呼吁社会"救救孩子"。后来又发表了《孔乙己》《药》等小说,成为中国现实主义文学的先驱。

北京大学校长蔡元培则扛起了教育革命的大旗。1917 年他上任后,提出"教育救国"的口号。他倡导"思想自由,兼容并包",推行资产阶级自由主义的教育方针。又推行"人才主义",极力聘请各家名师,不问政治,只要有一说之长,就予以聘用。

五四前的新文化运动,就其性质来说,仍然属于资产阶级的旧民主主义的范畴。尽管这场运动局限于知识分子的小圈子内,没有与广大工农群众相结合,对中西文化采取了形而上学的绝对肯定与绝对否定的态度,也没能给中国人民真正指明谋求解放的道路,但这场运动有重大的历史功绩。它以民主主义的革命精神,批判了封建主义的政治制度与伦理道德,冲破了孔子学说的思想禁锢,唤起了中国人民的觉醒,形成了一次思想解放运动,为五四爱国运动的爆发作了思想准备,为马克思主义在中国的传播开拓了道路,为中国迎来了新民主主义的曙光。

五四运动

五四运动是在中国无产阶级不断成长和壮大,俄国十月革命爆发,帝国主义对中国加紧侵略,而北洋军阀政府对外屈膝投降,对内残酷压迫造成严重民族危机的情况下爆发的,其导火线是由于巴黎和会上中国外交的失败。

1919 年 1 月 8 日,英、美、法、日、意等战胜国在巴黎凡尔赛宫召开"和平会议"。中国以战胜国身份出席,并提出取消列强在华特权,取消袁世凯与日本签订的"21 条",归还大战期间日本夺去德国在山东的各种特权等三项要求。在帝国主义操纵下,中国这些合理要求遭到了否决。4 月 30 日,《凡尔赛和约》竟明文规定将德国在山东的特权转让给日本。中国在巴黎和会上的失败,暴露了北洋军阀政府的软弱和帝国主义的侵略本质。中国人民的怒火爆发出来,形成了一场轰轰烈烈的爱国运动。

5 月 4 日,北京大学等 13 所学校 3000 多学生高呼"外争主权,内除国贼""拒绝和约签字""抵制日货"等口号,手执各种旗帜、标语在天安门前集会,要求北京政府惩办曹汝霖、陆宗舆、章宗祥三个卖国贼。集会后,学生们出发游行示威。游行队伍向东交民巷使馆区进发,被外国巡捕无理拦阻,遂向赵家楼胡同曹汝霖住宅进发,他们包围并冲进曹汝霖住宅,痛打了正在曹宅的章宗祥,因寻曹汝霖不见,就放火烧了曹宅。这就是"火烧赵家楼"。北洋军阀政府派出反动军警残暴地进行镇压,殴打爱国学生,并逮捕了 22 人。第二天,北京专科以上学校实行总罢课,抗议政府捕捉学生。5 月 6 日成立了学生联合会,统一领导学生运动。爱国学生在北京街头、在长辛店等工人区,挥泪演讲,号召人们奋起救国,坚决要求出席和会的代表拒绝在"和约"上签字,要求严惩卖国贼,听众爱国热情也日益高涨。

五四爱国运动很快由北京波及到全国。从 5 月 7 日起,天津、保定、上海、南京、湖南、武汉、东北三省等地爱国学生,都纷纷举行了集会游行和罢课斗争。6月初,各地学生代表聚集上海,16日成立了全国学联。

6月3日,北京学生大批被捕的消息传开后,全国各地人民为之震怒,纷纷举行罢工、罢市、罢课斗争,声援北京。这样,整个斗争形势出现了新局面。主要由青年学生参加的五四爱国运动,发展成为工人阶级、小资产阶级、民族资产阶级共同参加的广泛的群众爱国运动,工人阶级成为运动的主力军,运动的中心也由北京转到了上海。

6月5日,上海内外棉纱厂工人首先罢工,揭开了上海工人大罢工的序幕。同日,上海商界宣布总罢市。许多商店门口贴上"国家将亡、无心营业"的标语。当天上海各团体召开联席会议,宣布成立上海商学工报联合会。6月9日和10日,上海工人罢工达到高潮。上海罢工的工厂企业共50多个,罢工人数达六七万人。在上海工人的带动下,罢工浪潮迅速席卷全国。京汉铁路的长辛店、京奉铁路的唐山以及南京、天津、杭州、济南、武汉、九江、芜湖、长沙等地工人都先后举行罢工和示威游行。

全国人民空前规模的斗争,特别是工人阶级的罢工斗争,使北京反动政府十分惊慌。迫于各方面的压力,北京政府被迫于6月10日下令免去曹、章、陆三个卖国贼的职务。同日,国务总理钱能训辞职。6月28日,是《巴黎和约》签订之日,全国人民又展开了新的斗争。6月27日,上海召开了万人大会,要求政府拒签和约。6月28日,中国的外交代表在全国人民的强大压力下,再加上旅居法国的华侨和留学生的直接监视,终于被迫拒绝在《巴黎和约》上签字。五四运动的直接目标胜利实现。

五四爱国运动是反帝反封建的革命运动,也是一次伟大的思想解放运动。它表明中国由资产阶级领导的旧民主主义革命开始转变为无产阶级领导的新民主主义革命。五四运动中,工人阶级开始以自觉的姿态登上历史舞台,使运动迅速取得胜利。五四运动之后,马克思主义在中国得到了更加广泛的传播,一大批共产主义者涌现出来,工人阶级也在斗争中提高了阶级觉悟,推动了马克思主义与工人运动相结合,为中国共产党的成立作了思想上与干部上的准备。